Bartels/Bartels
Physiologie

Physiologie

Heinz Bartels und Rut Bartels
unter Mitarbeit von Klaus D. Jürgens

6., überarbeitete Auflage

301, meist mehrfarbige Abbildungen
und 23 Tabellen

Urban & Schwarzenberg
München – Wien – Baltimore

Anschrift der Verfasser:
Prof. Dr. med. Heinz Bartels, Rut Bartels (Ärztin)
Am Rebberg 7
78337 Öhningen-Wangen

Prof. Dr. Klaus D. Jürgens
Medizinische Hochschule Hannover
Zentrum Physiologie
Carl-Neuberg-Str. 1
30625 Hannover

Programmleiterin: Annette Heuwinkel
Lektorinnen: Birgit Ruf, Susanne Ortmann
Herstellerin: Renate Hausdorf
Zeichner/in: Günther Marks, Jonathan Dimes, Michael Budowick, Henriette Rintelen
Abbildungsnachweis im Anhang des Buches
Innen- und Umschlaggestaltung: Parzhuber & Partner, München

Die Deutsche Bibliothek – CIP-Einheitsaufnahme

Bartels, Heinz:
Physiologie : Tabellen / Heinz Bartels und Rut Bartels. Unter Mitarb. von Klaus D. Jürgens. [Zeichn.: Günther Marks ...]. 6., überarb. Aufl. – München ; Wien ; Baltimore : Urban & Schwarzenberg, 1998
ISBN 3-541-09056-1

4	3	2	1	0
01	00	99	98	

1. Auflage 1980 (ISBN 3-541-09051-0)
2. Auflage 1983 (ISBN 3-541-09052-9)
3. Auflage 1987 (ISBN 3-541-09053-7)
4. Auflage 1991 (ISBN 3-541-09054-5)
5. Auflage 1995 (ISBN 3-541-09055-3)
6. Auflage 1998 (ISBN 3-541-09056-1)

Druck: Appl, Wemding
Bindung: Großbuchbinderei Monheim
Printed in Germany

ISBN-3-541-09056-1

Vorwort zur 6. Auflage

Wir freuen uns, die 6. Auflage unseres Buches in neuem Format und neuer Gestaltung vorlegen zu können. Jede Textseite ist am äußeren Rand mit der zugehörigen und farblich unterlegten römischen Ziffer, einer bunten Griffmarke mit Kapitelnummer und neugestaltetem Kolumnentitel versehen. Zusammen mit der Einführung der Dezimalklassifikation dient dies einer besseren Orientierung und Übersichtlichkeit.
Pathophysiologische Sachverhalte sind durch abgesetzten Satz und die Abkürzung: **Path** gekennzeichnet. Dasselbe gilt für Absätze, in denen Präventionsmaßnahmen geschildert werden: **Präv.** Die gewählten Beispiele erheben keinen Anspruch auf Vollständigkeit der Thematik. Die blau unterlegten **Kurzgefaßt-Texte** wurden beibehalten, da sie von vielen Lesern als gute Lernhilfen angesehen werden.
Wie bei den vorhergehenden Auflagen, sind gesicherte neue Ergebnisse aller Gebiete berücksichtigt, was auch für Untersuchungsmethoden und Funktionsprüfungen gilt.
In Kapitel 4 sind **Vererbungsregeln** ausführlicher als früher behandelt. Kapitel 26, Fortpflanzung, wird eingeleitet durch einen neuen Text: **Sexueller Reaktionszyklus.** Kapitel 27, Das Neugeborene, wurde ausführlicher dargestellt und tabellarisch ergänzt.

Unser Dank gilt vor allem Herrn Professor K. D. Jürgens, der seit der ersten Auflage das Buch mit Anregungen und Kritik begleitet hat. Bei der 6. Auflage hat uns Professor Jürgens mit großartigem persönlichem Einsatz und Effizienz zur Seite gestanden. Dies betrifft sowohl die Textgestaltung der **Vererbung, Sexueller Reaktionszyklus,** die Aktualisierung des Inhalts, Hilfe bei der Dezimalklassifikation, dem Inhaltsverzeichnis, den Abbildungen mit Legenden und die besonders sorgfältige Durchsicht des Vorumbruchs. Wie bei den vorhergehenden Auflagen, wurden wir von Professor Dr. med. Mathias Bartels bei der Bearbeitung der Kapitel Nerv, Muskulatur und Nervensystem beraten, wir bedanken uns.
Allen Mitarbeitern des Verlages Urban & Schwarzenberg, aus den verschiedensten Bereichen, die diese Auflage in neuem Gewand ermöglichten, danken wir sehr. Vor allem gilt unser Dank Frau Renate Hausdorf. Mit ihrer großen Erfahrung und Umsicht besorgte sie, wie bei allen vorhergehenden, so auch bei dieser 6. Auflage, wieder Herstellung.
Für kritische Stellungnahme von Leserseite sind wir weiterhin sehr dankbar.

Öhningen, Bodensee, Sommer 1998

Rut und Heinz Bartels

Vorwort zur 1. Auflage

Die Anregung des Verlages, ein neuartiges Lehrbuch der Physiologie für medizinische Assistenz- und medizinisch-technische Berufe zu schreiben, war unter einer ganzen Reihe von Gesichtspunkten reizvoll.
Einmal wurde die Möglichkeit geboten, **didaktische Hilfsmittel** wie mehrfarbige Illustrationen und Rasterunterlagen bei den kurzen Zusammenfassungen etc. in reichem Maße zu verwenden. Zum anderen konnte ein bestimmtes Konzept verfolgt werden, bei dem sich die **Grundlagen der naturwissenschaftlichen Fächer** in stärkerem Maße, als bisher üblich war, in das Stoffgebiet integrieren ließen.
Aufgrund langjähriger Unterrichtserfahrung waren konkrete Vorstellungen vorhanden, in welcher Form der Stoff allgemeinverständlich und doch wissenschaftlich korrekt dargestellt werden kann.
Oft wird Physiologie, die Lehre von den normalen, nicht krankhaften Funktionen des Körpers, bereits in frühen Ausbildungsstadien einzelner medizinischer Assistenzberufe stark spezialisiert gelehrt. Wir glauben jedoch, daß man sich bei der Diagnostik und Behandlung von Krankheiten nicht auf spezielle Organe und Organsysteme beschränken darf. Der Mensch als Ganzes steht im Vordergrund. Ein **Grundwissen der normalen Lebensfunktionen** schafft die Voraussetzung, das Krankhafte, Pathologische besser zu erkennen und zu beeinflussen.
Das Verständnis der Funktionen des Körpers sollte auf **physikalischen und chemischen Vorgängen der Zelle** aufbauen, denn alleinige Hinweise auf spezielle Lehrbücher der Chemie und Physik scheinen uns keine gute Lösung. Diese Bücher sind zwar eine wichtige Ergänzung, können aber meist nicht ausreichend Bezug auf die Gesamtschau der Physiologie des Menschen nehmen. Wir haben deshalb versucht, in den einleitenden Kapiteln, die sich mit der Physik, Chemie und den chemischen Umsetzungen der Zelle befassen, Voraussetzungen für das Verständnis von Funktionen einzelner Organe und Organsysteme zu schaffen. Das geregelte Zusammenwirken, die **Koordination von Organfunktionen,** ist im Kapitel „Nervensystem“ und ganz besonders im Kapitel „Das hormonelle System“ dargestellt.
Da sich die Mitarbeit von in medizinischen Assistenzberufen Tätigen besonders auf Gebiete wie Stoffwechsel, Ernährung und Verdauung, Herz und Kreislauf, Atmung sowie auf Betreuung Schwangerer, Gebärender, Neugeborener und deren Mütter erstreckt, sind diese Abschnitte etwas ausführlicher behandelt, ebenso wie diejenigen **Untersuchungsmethoden,** die unter Heranziehung des medizinischen Assistenzpersonals durchgeführt werden.
Medizinische Namen, Begriffe und Sachverhalte sind so einfach wie möglich erklärt, ebenso sich wiederholende Wortstämme (z. B. hypo, hyper) und die gebräuchlichen **Abkürzungen, Grundeinheiten,** abgeleitete Einheiten sowie Standardvorsilben für alle gebräuchlichen Einheiten **(SI-Einheiten)** sind in Tabellen zusammengefaßt und erklärt.

Vorausgesetzt werden Grundkenntnisse in der **Anatomie,** wie sie für die gleiche Zielgruppe von H. Lippert in seinem Buch „Anatomie, Text und Atlas" vermittelt werden.

Wenngleich das Buch vor allem für die Ausbildung zu **medizinischen Assistenzberufen** konzipiert ist, kann es u.E. auch in Studienfächern hilfreich sein, bei denen Kenntnisse der Physiologie des Menschen gefordert werden, z.B. **Biologie, Biochemie, Leibeserziehung, Psychologie** oder **biomedizinische Technik.**

Unser Dank gilt dem Verlag Urban & Schwarzenberg, der auf viele besondere Wünsche, die uns für die Gestaltung des Buches wichtig erschienen, einging. Besonderen Dank schulden wir Herrn Professor Dr. H.-J. Clemens, der zu diesem Buch einen weit über die übliche Verlagsbetreuung hinausgehenden Beitrag leistete. Einen wichtigen Bestandteil des Buches bilden die Illustrationen, die Herr G. Marks, dankenswerterweise stets auf unsere Vorstellungen eingehend, zu unserer großen Zufriedenheit gestaltete. Schließlich sind wir Herrn Dipl.-Ingenieur Klaus D. Jürgens, Wiss. Mitarbeiter des Instituts für Physiologie der Medizinischen Hochschule Hannover, besonders zu Dank verpflichtet, da er das Manuskript und die Fahnenkorrektur mit großer Sorgfalt kritisch bearbeitet hat. Dr. med. M. Bartels, Facharzt für Psychiatrie und Neurologie an der Universität Tübingen, danken wir für die kritische Durchsicht der Kapitel Nerv, Muskel und Nervensystem.
Selbstverständlich fühlen wir uns für noch bestehende Fehler allein verantwortlich und sind für kritische Stellungnahmen dankbar.

Hannover, März 1980

Heinz und Rut Bartels

Inhalt

Professor Dr. med. Heinz Bartels

Studium der Medizin in Straßburg und Tübingen. 1947 Medizinisches Staatsexamen und Promotion in Tübingen. 1948 bis 1951 Assistent am Physiologischen Institut Kiel, 1951 Habilitation, 1953 bis 1955 Lehrstuhlvertretung in Göttingen. 1956 apl. Professor. Bis 1965 Abteilungsleiter in Tübingen. 1965 Gastprofessur in Sapporo/Japan. 1966 bis 1985 Professor ordinarius am Physiologischen Institut der Medizinischen Hochschule Hannover. 1969/1970 Sabbatical am Primate Center Portland/Oregon/USA. Wissenschaftliche Schwerpunkte: Gasaustausch in der Lunge und der Plazenta, vergleichende Physiologie des Blutes und Stoffwechsels. Monographien: Lungenfunktionsprüfungen, 1963, Prenatal Respiration, 1970, Perinatale Atmung, 1972, Handbuchartikel und Reviews. Mitautor in Lehrbüchern der Physiologie. 1973 bis 1983 Fachausschußvorsitzender Theoretische Medizin der Deutschen Forschungsgemeinschaft Bad Godesberg. 1985 Emeritierung.

Rut Bartels

Studium der Medizin in Straßburg, Kiel und Göttingen. 1954 Medizinisches Staatsexamen in Göttingen. Ärztliche Tätigkeit am Kreiskrankenhaus Backnang und in der Kinderklinik Göttingen. Erziehung unserer 5 Kinder, daneben Übersetzung wissenschaftlicher Werke (Stoffwechsel, Endokrinologie, Physiologie und vergleichende Physiologie, Verhaltensforschung) aus dem Englischen und Niederländischen. 1970 bis 1982 Wissenschaftliche Angestellte (Forschung und Lehre). Seit 1980 Mitautorin des Lehrbuches der Physiologie.

Prof. Dr. Klaus D. Jürgens

Studium der Elektrotechnik in Braunschweig. Medizinisches Aufbaustudium in Hannover. 1975 Wissenschaftlicher Mitarbeiter an der Abteilung Vegetative Physiologie der Medizinischen Hochschule Hannover. 1981 Promotion zum Dr.-Ing. mit einer interdisziplinären Dissertation. 1982 Fachanerkennung für Medizinische Physik. 1988 Habilitation zum Dr. rer. biol. hum. habil. Gastwissenschaftler in Seattle, USA, und Banyuls-sur-Mer, Frankreich. 1995 außerplanmäßiger Professor für Physiologie in Hannover. 1998 Akademischer Direktor.
Auszeichnungen: 1994 Sir-Hans-Krebs-Preis für medizinische Grundlagenforschung, 1995 Große Medaille der Stadt Banyuls-sur-Mer.
Monographie: Allometrie als Konzept des Interspeziesvergleichs von physiologischen Größen.
Wissenschaftliche Schwerpunkte: Physiologie des O_2- und CO_2-Transports, Vergleichende Physiologie körpergrößenabhängiger Bau- und Funktionsprinzipien (Allometrie).

E.1 Kreislauf des Lebendigen

Die **Physiologie** ist die Lehre von den **Lebensvorgängen;** die wörtliche Übersetzung ist: Die Lehre vom Körper. Wichtige Voraussetzung für das Verständnis der Lebensvorgänge ist die Kenntnis vom **Bau des Körpers** (Morphologie), die von der **Anatomie** vermittelt wird.
Das Verständnis vom Bau und den Vorgängen des Lebendigen erfordert eine Abgrenzung zwischen Lebendigem und Unbelebtem bzw. die wesentlichen **Merkmale, die Leben kennzeichnen,** zu kennen. Das sind vor allem:

- **Stoffwechsel,**
- **Fortpflanzung,**
- **Wachstum.**

Alle lebenden Organismen nehmen Stoffe auf und verändern sie in ihren Zellen unter Aufnahme oder Abgabe von Energie zu anderen Stoffarten („wechseln" die Stoffe). Diese Stoffe werden entweder als Bestandteile in die Zellen eingebaut oder dienen zum Aufbau neuer Zellen (Fortpflanzung, Wachstum), oder sie werden ausgeschieden.
Zwischen den beiden großen Gruppen des Lebendigen, den Pflanzen und Tieren, besteht ein wichtiger Stoff- und Energieaustausch, der in Abbildung E-1 vereinfacht dargestellt ist. Das erste Leben auf der Erde entstand im Meerwasser und war pflanzlicher Art. Aus dem **Kohlendioxid** (CO_2) der **Atmosphäre** und **Wasser** (H_2O) kann die Pflanze mit Hilfe der Sonnenenergie **Kohlenhydrate** (CH_2O) aufbauen. Die Pflanzen bestehen zum größten Teil aus Kohlenhydraten, von denen wir Zucker am besten kennen. Rohr- oder Rübenzucker besteht aus zwei ähnlichen Molekülen: Fruktose und Glukose. Stärke und Pflanzenfasern bestehen aus vielen solchen Molekülen (Polysaccharide). Es entstehen also Rie-

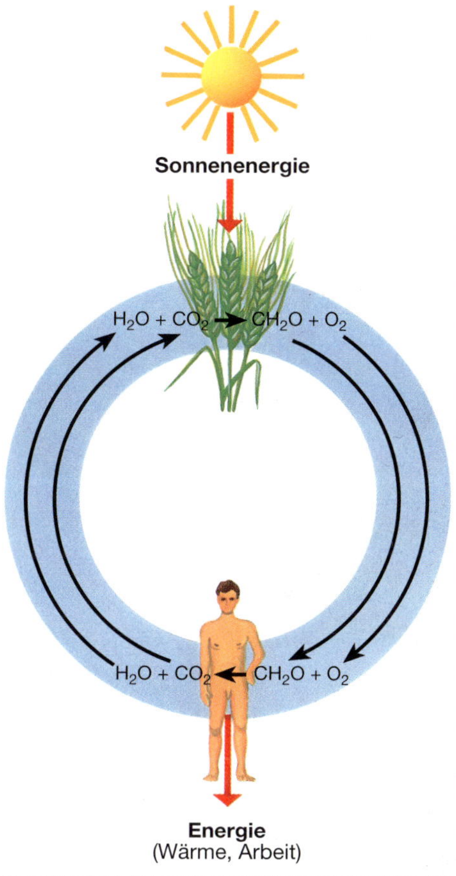

Abb. E-1 Stoffwechselkreislauf

Abhängigkeit des Lebens von Mensch und Tier vom pflanzlichen Leben.

sen- bzw. Makromoleküle aus H_2O und CO_2. Bei der Synthese wird **Sauerstoff** frei. Tiere ernähren sich direkt durch Pflanzen oder indirekt über Tiere, die sich von Pflanzen ernährt haben.

Im Körper des Tieres (und des Menschen) werden Pflanzen (und tierische Nahrung) mit Sauerstoff um- und abgebaut. Bei Kohlenhydraten sind die **Abbauprodukte** Wasser (Oxidationswasser) und Kohlendioxid. Bei diesem Abbau wird so viel **Energie** frei, wie zum Aufbau in der Pflanze an Sonnenenergie aufgenommen wurde. Dieser Stoffwechselkreislauf der belebten Natur zeigt, daß tierisches Leben letztlich vom pflanzlichen Leben und pflanzliches Leben von der Sonnenenergie, Wasser und dem Kohlendioxid der Atmosphäre abhängen.

Diese Erkenntnisse hat man auch für die Raumfahrt nutzbar gemacht (Abb. E-2). In einem geschlossenen Atemgaskreislauf können Menschen tagelang mit dem von Algen unter Lichteinwirkung erzeugten Sauerstoff leben. Die Algen ihrerseits verbrauchen das Kohlendioxid, das der Mensch abgibt.

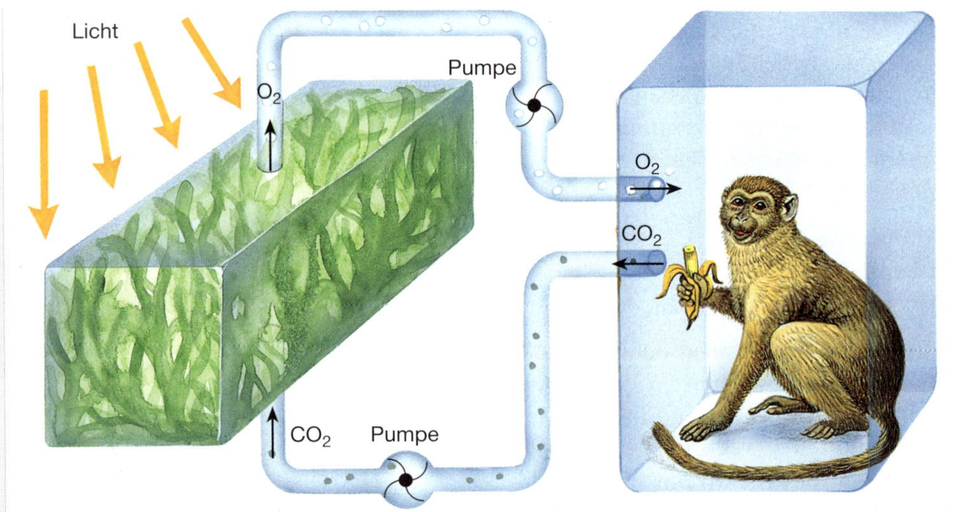

Abb. E-2 Kreislauf der Atemgase zwischen Mensch und Pflanze

Ein Mensch bzw. Rhesus-Affe kann von dem Sauerstoff leben, den die Algen unter Sonneneinfluß mit CO_2 und Wasser beim Aufbau von Kohlenhydraten bilden.

E.2 Stofftransport

Der Transport von Nahrungsstoffen und Gasen in die Zellen und der Abtransport von Abbauprodukten geschehen beim **einzelligen Lebewesen** vor allem infolge von Konzentrationsunterschieden, d.h. durch Diffusion. Das Konzentrationsgefälle kann im Meer- oder Süßwasser dadurch aufrechterhalten werden, daß die Nahrungsstoffe in der Zelle abgebaut werden; es besteht also immer für Nährstoffe ein Gefälle **in** die Zelle hinein, für Abbauprodukte **aus** der Zelle heraus (Abb. E-3). Ein **vielzelliger Organismus,** wie ihn auch der Mensch darstellt, konnte nur entstehen, weil **Transportsysteme** entwickelt wurden, die die Körperzellen in ähnlicher Weise, z.B. durch Diffusion, versorgen wie die Einzeller. Bei Säugetieren und Vögeln ist es der Blutkreislauf, der so fein verzweigte Blutgefäße (Haargefäße, Kapillaren) hat, daß in vielen Organen, wie Muskeln, Gehirn oder Leber, nur wenige Zellen zwischen zwei Haargefäßen liegen. Dadurch können die Zellen durch Diffusion ausreichend mit Sauerstoff versorgt werden.

Für die **Aufnahme von Nahrungsstoffen** ist ein **Verdauungssystem,** für diejenige **von Sauerstoff** ein **Atmungssystem** erforderlich. Für die **Ausscheidung von Stoffen** sorgen **Enddarm, Niere und Lunge.**

Die **normale Funktion** dieser Systeme und ihre **Regulation** bei unterschiedlicher Beanspruchung kennenzulernen, ist das Hauptanliegen der Physiologie. Erst wenn die normale Funktion verstanden wird, können entgleiste Funktionen – **Krankheiten** – erkannt und beurteilt werden.

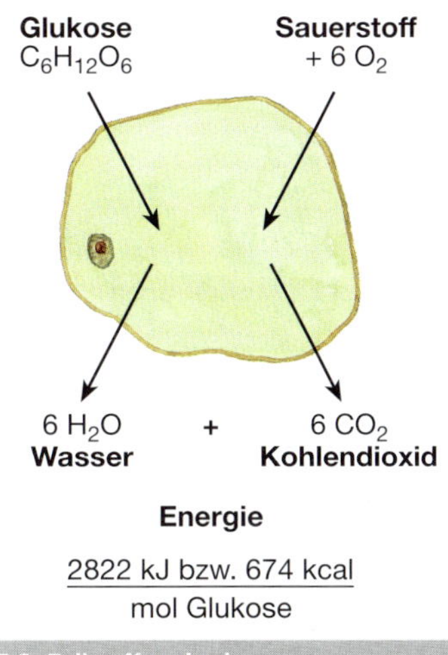

Abb. E-3 Zellstoffwechsel

Abbau des Kohlenhydrates Glukose mit Sauerstoff in der tierischen Zelle zu Wasser und Kohlendioxid, unter Freisetzung von Energie.

I Grundlagen der physiologischen Vorgänge

1 Die Zelle

2 Chemische Zusammensetzung der Zelle

3 Ionen, Säuren, Basen, pH, Puffer

4 Chemische Umsetzungen in der Zelle

5 Transportvorgänge

6 Elektrische Erscheinungen des Nervensystems

7 Elektrische und mechanische Erscheinungen der Muskulatur

8 Regelung biologischer Vorgänge

1 Die Zelle

Beim Einzeller laufen alle Lebensfunktionen, Stoffwechsel, Wachstum, Fortplanzung, in einer Zelle ab. Bei höheren Organismen ist die Zelle der kleinste Baustein. Für die vielen unterschiedlichen Aufgaben in einem vielzelligen Organismus haben sich die Zellen in verschiedener Weise spezialisiert (s.u.). So gibt es Zellen im Verdauungssystem, die für die Aufnahme von Nahrungsstoffen, und andere, die für die Herstellung und Abgabe von Verdauungssäften (Drüsenzellen) spezialisiert sind. Im Ausscheidungsorgan Niere nehmen speziell gebaute Zellen den Austausch von Wasser und Elektrolyten (Natrium-, Kalium-, Chlorid- und Bikarbonationen) vor. Besonders flache, dünne Zellen für den Gasaustausch befinden sich in den Lungenbläschen, und für Bewegungsabläufe sind Muskelzellen entwickelt worden. Um die Tätigkeit der unterschiedlich spezialisierten Zellgruppen (Gewebe, Organe) aufeinander abzustimmen, zu koordinieren, war es notwendig, einen weiteren Zelltyp zu entwickeln und daraus ein System aufzubauen, das in der Lage ist, Informationen im Körper über größere Strecken hinweg zu übermitteln: die Nervenzellen und das Zentralnervensystem.

1.1 Zellaufbau

Entsprechend der unterschiedlichen Funktion sind die Zellen auch unterschiedlich gebaut. Die meisten Zellen haben einen Durchmesser im Bereich von etwa $^1/_{100}$ mm (10 µm). Den größten Durchmesser hat die menschliche Eizelle mit mehr als $^1/_{10}$ mm (ca. 140 µm). Muskelzellen (Myozyten), die für Bewegungen spezialisiert sind, erreichen eine Länge von ca. 10 cm (100000 µm), und die langen Fortsätze (Neuriten) der Nervenfasern, die zur raschen Informationsübermittlung vom und zum Zentralnervensystem spezialisiert sind, können mehr als einen Meter lang sein, das sind mehr als 1000000 µm, also das 100000fache des Durchmessers der meisten Zellen.

Die Zellen besitzen, mit wenigen Ausnahmen (z.B. reifer Erythrozyt des Menschen), einen von einer Membran umgebenen Zellkern (Abb. 1-1). Der **Zellkern** ist Träger der Erbanlagen, seine Hauptfunktion ist, diese bei der Zellteilung an die neugebildete Zelle weiterzugeben. Im Zellkern befinden sich die „Baupläne“ mit genauen Angaben über alle Eigenschaften, die sowohl das Individuum als Ganzes als auch das Zellspezifische betreffen. Die „Baupläne“ sind in den **Chromosomen,** komplizierten Riesenmolekülen (Desoxyribonucleinsäuren = DNA), niedergelegt und werden in jede neugebildete Zelle übertragen. Bei der Teilung einer menschlichen Leberzelle beispielsweise entsteht eine neue Leberzelle der Gattung Mensch, in deren DNA u.a. sowohl niedergelegt ist, ob das Individuum männlich oder weiblich ist, als auch, welche speziellen Leberenzyme in der Zelle hergestellt werden können.

Neben dem Zellkern existieren innerhalb der Zelle Strukturen, „Organe“ der Zelle, daher **Organellen** genannt, deren Funktionen größtenteils bekannt sind:

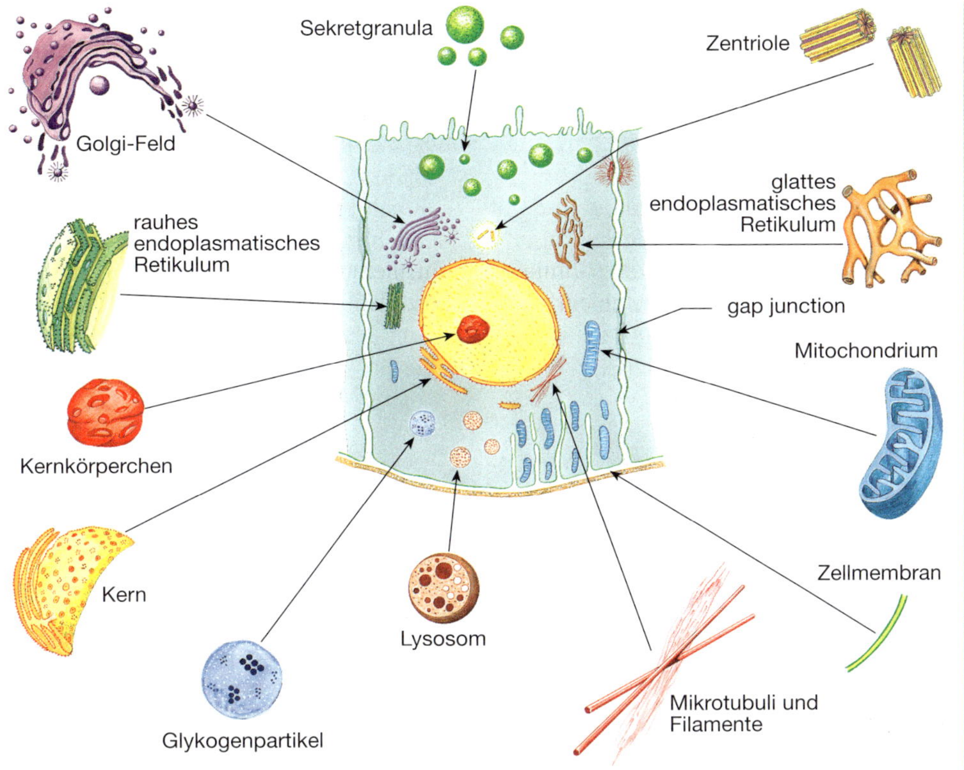

Abb. 1-1 Zellaufbau

Halbschematische Darstellung einer menschlichen bzw. tierischen Zelle mit ihren Organellen.

Das endoplasmatische Retikulum ist ein schlauchartiges Gebilde, dessen Membran mit Körnchen besetzt sein kann (rauhes oder granuläres endoplasmatisches Retikulum). Die Körnchen sind **Ribosomen,** die **Ribonukleinsäuren** (RNA; man verwendet die englische Bezeichnung: A = acid = Säure) enthalten; dort werden die Eiweiße hergestellt. Bestimmte Drüsenzellen enthalten körnchenfreies endoplasmatisches Retikulum, in denen bestimmmte Hormone (s. Kap. 25) hergestellt werden.

Der Golgi-Apparat besteht aus einer Ansammlung dünner Schläuche und Bläschen und ist vermutlich eine Art „Verpackungsmaschine“ für Eiweiße. Der Golgi-Apparat ist besonders ausgeprägt in Drüsenzellen zu finden, in denen Hormone oder Enzyme als Körnchen verpackt vorkommen und auf diese Weise auch aus der Zelle freigesetzt werden.

Mitochondrien sind wurstförmige Gebilde mit leistenartiger Innenstruktur. Sie sind die „Kraftwerke“ der Zellen, in denen aus dem Abbau von Kohlenhydraten **energiereiche Phosphorverbindungen,** z.B. **Adenosintriphosphat** (ATP), gebildet werden. Für das gesamte Tier- und Pflanzenreich ist ATP der Hauptlieferant von Energie. Daher sind Mitochondrien in Zellen, die besonders aktiv sind, wie z.B. Herzmuskelzellen, zahlreich vorhanden.

Lysosomen sind bläschenartige, unregelmäßig geformte Organellen. Sie sind sozusagen das Verdauungssystem der Zelle. Lysosomen enthalten Verdauungsenzyme, die zellfremde Substanzen (auch Bakterien) verdauen und unschädlich machen. Auch zelleigene Bestandteile, die unbrauchbar geworden sind, werden von Lysosomen umschlossen, angedaut und in Bläschen aus der Zelle befördert.

Gap junctions sind „offene" Verbindungen zwischen Zellen, die den Durchtritt kleinerer Moleküle erlauben, durch die ein Informationsaustausch möglich ist.

Weitere Zellbestandteile werden in den einzelnen Kapiteln näher besprochen. Mit stets sich verfeinernden Techniken der Elektronenmikroskopie entdeckt man immer mehr Einzelheiten der Zellstruktur. Man muß sich aber klarmachen, daß es sich bei den Bildern um „Momentaufnahmen" handelt und daß die Zellbestandteile sich in ständiger Bewegung befinden, um ihre Aufgaben bei den chemischen Umsetzungen innerhalb der Zelle zu erfüllen.

2 Chemische Zusammensetzung der Zelle

Um die chemische Zusammensetzung der Zellen und ihre Stoffwechselleistungen zu verstehen, muß man sich mit den Atomen, Molekülen und ihrem Bindungsverhalten beschäftigen.
Wie die kleinste Einheit des Lebendigen die Zelle ist, so ist das Atom die kleinste Einheit der Materie.

2.1 Das Atom

Das Atom besteht aus zwei funktionell wichtigen Teilen, einem **Kern** und einer **Hülle** (Abb. 2-1). Der Atomkern enthält (elektrisch neutrale) **Neutronen** und (positiv geladene) **Protonen.** Die den Kern in der Hülle umkreisenden **Elektronen** sind negativ geladen. Alle Elektronen, die den Kern in gleichem mittleren Abstand umkreisen, bilden eine **Schale,** die man sich als Kugeloberfläche vorstellen kann. Das in der Abbildung räumlich dargestellte Kohlenstoffatom besitzt einen

Atomkern mit	6 Neutronen
und	6 Protonen
2 Schalen mit zus.	6 Elektronen

Daraus ergibt sich, daß das C-Atom elektrisch neutral ist. Da jedes Atom die gleiche Zahl an Elektronen und Protonen hat, verhalten sich alle Atome nach außen neutral. Protonen und Neutronen liegen im Atomkern auf engstem Raum beieinander, zusammengehalten von starken **atomaren Kräften,** aus denen bei der Kernspaltung ungeheure Mengen an Energie frei werden. Dies geschieht z. B. auch bei der Explosion einer Atombombe.

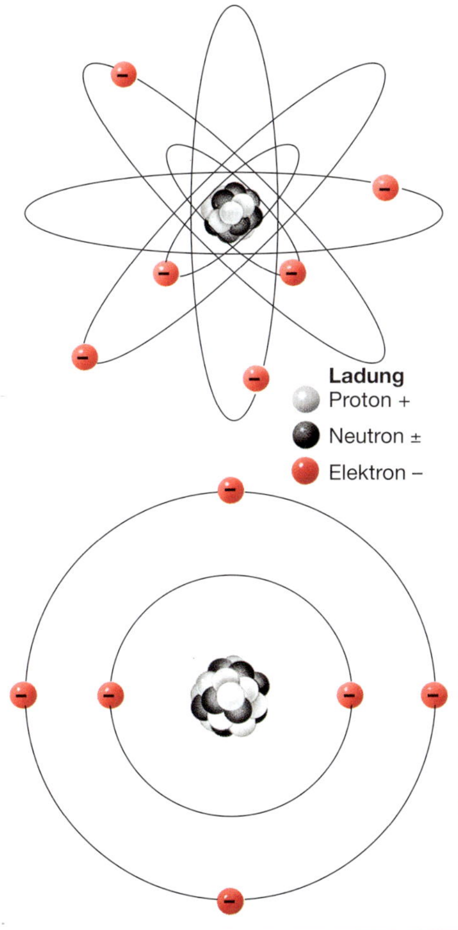

Abb. 2-1 Atommodell

Atommodell nach *Bohr* am Beispiel des Kohlenstoffs. Die Elektronen kreisen auf Schalen oder „Hüllen“, Ellipsen darstellend. Im unteren Teil ist das Molekül noch weiter schematisiert dargestellt.

Aus Abbildung 2-1 ist ferner zu ersehen, daß 2 Elektronen den Kern in gleichem Abstand umkreisen; sie bilden die erste Schale. Die 4 übrigen Elektronen, die den Kern in größerem Abstand umkreisen, bilden die zweite Schale. Ein Atom kann 1 bis 7 Schalen besitzen. Jede Schale kann maximal nur mit einer bestimmten Zahl von Elektronen beladen sein, z.B. mit 2 auf der ersten Schale, 8 auf der zweiten Schale usw. und bis zu 98 Elektronen auf der siebten Schale. Die Elektronen der Schalen spielen eine wichtige Rolle bei allen chemischen Reaktionen, besonders diejenigen der Außenschale.

2.2 Atommasse

Die Atommasse (früher Atomgewicht) eines Elementes wird (seit *Dalton* 1766–1844) in einer Zahl ausgedrückt, die angibt, wieviel mal schwerer es als Wasserstoff (= 1) ist, also eine relative Angabe. Obwohl dieser Verhältniszahl keine SI-Einheit zugeordnet ist, hat es sich eingebürgert, sie mit dem Zusatz „Dalton" (Da) zu kennzeichnen. Wie aus Tabelle 2-1 zu ersehen ist, besitzt das Wasserstoffatom im Kern nur 1 Proton, kein Neutron; es wäre sonst doppelt so schwer, denn Protonen und Neutronen sind gleich schwer, jedoch jeweils ca. 2000mal schwerer als ein Elektron. Das bedeutet, daß die Elektronen „nicht ins Gewicht" fallen und daß der Atomkern die Hauptmasse, nämlich zu 99,9%, des Atoms darstellt.

Man fand, daß die Atommasse von Wasserstoff $1{,}673 \cdot 10^{-24}$ g ist, eine fast unvorstellbar kleine Zahl mit 23 Nullen hinter dem Komma und vor dem eigentlichen Wert. Daher wird praktisch immer noch die obengenannte „relative Masse" benutzt, und man macht keine wesentlichen Fehler dabei.

Neuerdings nimmt man den Kohlenstoff als Bezugselement, weil er in den meisten Verbindungen, besonders in den organischen, vorkommt.

Die „atomare Masseneinheit" ist $^{1}/_{12}$ des C-Isotops 12. Die relative Masse des Wasserstoffatoms ist danach 1,00797.

2.3 Das Molekül

Ein Molekül setzt sich aus zwei oder mehreren Atomen zusammen. Seine Masse, die **Molekularmasse** (früher Molekulargewicht), wird, wie die Atommasse, relativ angegeben. Es ist **die Summe aller Atommassen** derjenigen Atome, auch Elemente genannt, aus denen es besteht.

1 Mol einer Verbindung entspricht der Molekularmasse in Gramm.

Beispiel:
Kochsalz besteht aus

1 Atom Natrium,	Atommasse	22,990 Da
und		
1 Atom Chlor,	Atommasse	35,453 Da
Molekularmasse von NaCl =		58,443 Da

Tab. 2-1 Einige Atome und ihre Zusammensetzung

Ordnungszahl	Name	Symbol	Protonenzahl	Neutronenzahl	Elektronenzahl	Atomgewicht
1	Wasserstoff	H	1	0	1	1
6	Kohlenstoff	C	6	6	6	12
7	Stickstoff	N	7	7	7	14
8	Sauerstoff	O	8	8	8	16
104	Kurtschatowium*	Ku	104	154	104	258

* Dieses Element wurde erst in jüngster Zeit entdeckt; es hat das höchste bisher bekannte Atomgewicht.

1 Mol Kochsalz sind 58,4 g NaCl. Dementsprechend gibt die Masse einer Verbindung geteilt durch die Molekularmasse an, um wieviel Mole es sich handelt:

$$\frac{100\ \text{g}}{58{,}4\ \text{g/mol}} = 1{,}7\ \text{mol}$$

Konzentrationen von Stoffen in Lösungen sollten möglichst in Mol pro Liter angegeben werden (mol/l). Aufgrund der Molangabe läßt sich die **Anzahl der Moleküle** des gelösten Stoffes errechnen, denn 1 Mol jeder Verbindung besteht aus $6 \cdot 10^{23}$ Molekülen. Eine physiologische Kochsalzlösung ist 0,9%ig, d.h. in einem Liter Wasser sind 9 g Kochsalz gelöst; das sind in Mol umgerechnet:

$$\frac{9\ \text{g/l}}{58{,}4\ \text{g/mol}} = 0{,}154\ \text{mol/l} = 154\ \text{mmol/l}$$

Konzentrationen in Körpersäften (z.B. in Blut oder Lymphe) werden meist in Millimol/l (mmol/l), Mikromol/l (μmol/l = 10^{-6} mol/l) oder gar Nanomol/l (nmol/l = 10^{-9} mol/l) angegeben.

2.4 Isotope

In der Natur liegen von den z.Z. 109 bekannten Elementen oft mehrere Formen vor, die man **Isotope** (gr.: am gleichen Ort stehend, im Periodensystem der Elemente) nennt und von denen derzeit ca. 2400 bekannt sind. Sie verhalten sich zwar chemisch gleich, haben auch gleich viel Protonen, unterscheiden sich aber voneinander in der Zahl ihrer Neutronen, wodurch auch ihre Atommassen geringfügige Unterschiede aufweisen. Atomkerne, besonders solche mit hohen Protonenzahlen, sind von Natur aus „radioaktiv“. Sie zerfallen mit unterschiedlicher Geschwindigkeit und geben dabei Strahlung ab.

Künstliche Radioaktivität kann man durch Beschuß von Atomkernen mit radioaktiven Strahlen erzeugen; es entstehen künstliche Isotope, die man sich u.a. in der Medizin nutzbar macht. Ein solches Isotop ist z.B. das Jod 123 (^{123}J), mit dessen Hilfe man die Funktion der Schilddrüse untersuchen kann. Das verabreichte Jod sendet radioaktive Strahlen aus, die mit einer Art Geigerzähler aufgefangen werden. So kann man die Jod-Isotope im Körper lokalisieren und die Geschwindigkeit, mit der sie in die Schilddrüse eingebaut, umgesetzt und wieder ausgeschieden werden, feststellen.

Da radioaktive Strahlen Gewebe zum Zerfall bringen, kann man zur Diagnostik nur Isotope anwenden, die ihre Radioaktivität schnell verlieren bzw. schnell ausgeschieden werden (Kap. 10.9).

2.5 Molekülbindungen

Wir haben bereits gesehen, daß die **Außenschale** der Atome wichtig für die Molekülbindung ist. Der positiv geladene Atomkern übt auf die negativ geladenen Elektronen der Schalen eine Anziehungskraft aus, die mit dem Quadrat der Entfernung abnimmt. Die Elektronen der Außenschale haben daher eine erhöhte „Reaktionsbereitschaft“ bzw. Neigung, mit anderen Atomen eine Molekülbindung einzugehen. Man nennt sie auch **Valenzelektronen.** Bei einer chemischen Verbindung nehmen die beteiligten Atome Elektronen auf oder geben sie ab **(Ionenbindung),** oder benachbarte Atome haben Elektronen gemeinsam **(Elektronenpaarbindung).**

Die im Körper am häufigsten vorkommenden Atome, auch Elemente genannt, sind Wasserstoff (zu 63%), Sauerstoff (26%), Kohlenstoff (9%) und Stickstoff (1%). Sie alle haben das Bestreben, ihre Außenschale auf 8 Elektronen „aufzufüllen“, und besitzen ein hohes Maß an Bereitschaft, Molekülbindungen einzugehen. Wasserstoff besitzt 1 Elektron in der Außenschale und kann damit 1 Bindung eingehen, Sauerstoff bindet an 2 Stellen, in vielen organischen Verbindungen oft als Doppelbindung. Stickstoff besitzt 3 Bindungsmöglichkeiten und Kohlenstoff 4.

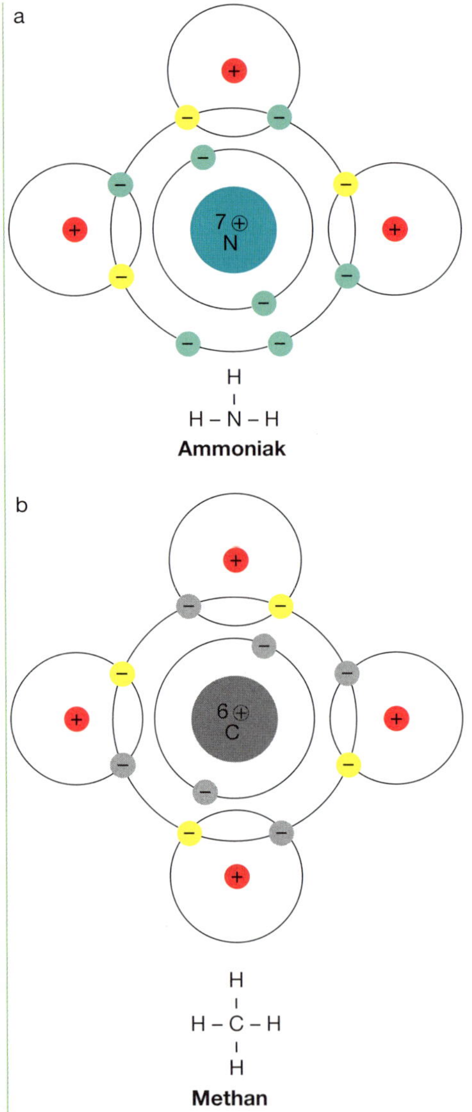

Abb. 2-2 Einfache Molekülbindungen

Darstellung der Bindung von Wasserstoffatomen an das Stickstoffatom (Ammoniak) bzw. an das Kohlenstoffatom (Methan).

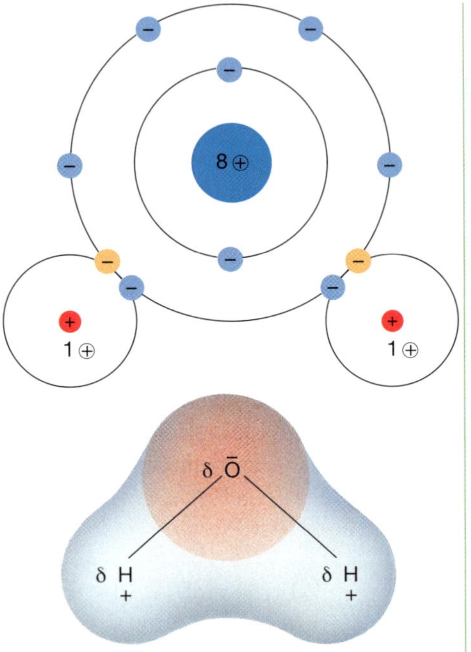

Abb. 2-3 Wassermolekül

Das Wassermolekül mit schematischer Darstellung der polaren Form, δ bedeutet Teilladung.

C-Atome bilden das Grundgerüst vieler **großer Moleküle.** Als Beispiel kennen wir bereits Glukose ($C_6H_{12}O_6$) mit einer Molekularmasse von 180 Da. Riesenmoleküle des Kohlenstoffs sind die Zellulose und die Eiweiße. Der rote Blutfarbstoff Hämoglobin z.B. hat eine Molekularmasse von ca. 64 500 Da. Plasmaeiweiße haben Molekularmassen bis zu 3,2 Millionen Da. Abbildung 2-2 zeigt einfache Verbindungen zwischen Stickstoff und Wasserstoff (Ammoniak) und die Kohlenwasserstoffverbindung Methan.

Polarisierte Moleküle (polare M.) nennt man Moleküle, innerhalb derer die elektrischen Ladungen nicht symmetrisch verteilt sind und die dadurch eine Teilladung (δ) aufweisen, wie z.B. im Wassermolekül (Abb. 2-3). Im Wassermolekül werden die negativ geladenen Elektronen der beiden H-Atome vom Kern des Sauerstoffatoms mit seinen 8 Protonen stärker angezogen als von ihren eigenen Atomkernen mit jeweils nur einer positiven Ladung. Dadurch wird das Sauerstoffatom schwach negativ, die beiden Wasserstoffatome schwach positiv (Abb. 2-3). Das Molekül ist ein Dipol. Polarisierte Moleküle haben mehr Möglichkeiten, mit anderen Molekülen zu reagieren. Die Polarität des Wassermoleküls ist von großer Bedeutung für biologische Vorgänge, da sich fast der ganze Stoffwechsel in wäßrigen Lösungen abspielt.

Ionenbindung

Der Übergang von Elektronen von einem Atom auf das andere wird als Ionenbindung bezeichnet. Bei der Kochsalzbildung gibt das Natriumatom ein Elektron an das Chloratom ab und hat durch das überschüssige Proton eine **positive Ladung,** es wird zum **Kation.** Durch die Übernahme eines Elektrons erhält das Chloratom eine **negative Ladung** und wird zum **Anion.** Geladene Atome werden **Ionen** genannt und durch entgegengesetzte Ladungen zusammengehalten. Moleküle können in wäßrigen Lösungen in ihre Ionen zerfallen, dissoziieren (Abb. 2-4).

2.6 Elektrolyse

Wenn man in eine ionenhaltige Flüssigkeit, die man Elektrolyt nennt, zwei Elektroden einbringt und eine Gleichspannung anlegt,

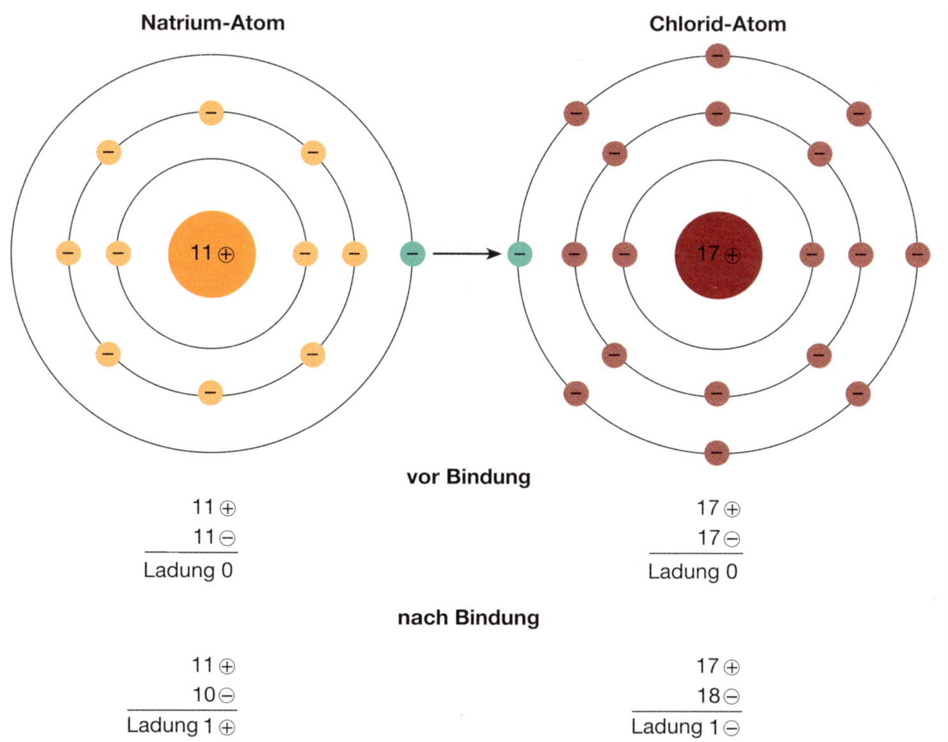

Abb. 2-4 Natriumchlorid

Chemische Bindung im Natriumchlorid. Das Natriumatom gibt ein Elektron an das Chloratom ab, dabei entstehen das Kation Na^+ und das Anion Cl^-.

wandern die negativ geladenen Ionen zum positiven Pol, der **Anode;** man nennt sie daher auch **Anionen.** Zum negativen Pol, der **Kathode,** wandern die positiv geladenen Ionen, die man **Kationen** nennt. Durch diesen Vorgang, die Elektrolyse, kann man dissoziierte Moleküle trennen und durch Entladung an die entsprechenden Elektroden in ihre Atome umwandeln. Dieses Verhalten, die Wanderung von Ionen unter dem Einfluß des elektrischen Feldes, ist auch die Grundlage der **Elektrophorese** zur Trennung von Eiweißen unterschiedlicher elektrischer Ladung (Kap. 3.3.2).

2.7 Die wichtigsten biologischen Stoffgruppen

2.7.1 Kohlenhydrate

Kohlenhydrate sind Verbindungen von Kohlenstoff mit Wasserstoff und Sauerstoff, wobei das Verhältnis der Atome zueinander meist, aber nicht immer, ein Vielfaches der Formel CH_2O (s. Abb. E-1) ist. Wenn 3 C-Atome vorhanden sind, spricht man von **Triosen** ($C_3H_6O_3$), bei 5 C-Atomen von **Pentosen** und 6 C-Atomen von **Hexosen.** Der überwiegende Teil von Kohlenhydraten, den wir als Nahrung aufnehmen (Kartoffel, Reis, Teigwaren, Zucker), besteht aus Hexose-Bausteinen. Es sind dies vor allem **Glukose, Fruktose** und **Galaktose.** Abbildung 2-5 zeigt die Glukose in der Aldehydschreibweise, wie sie oft beim Aufzeigen chemischer Umsetzungen verwendet wird. Die Ringform gibt jedoch eine bessere Vorstellung über die räumliche Anordnung des Moleküls, das wegen seiner vielen polaren OH-Gruppen gut wasserlöslich ist.

In der Nahrung kommen häufig Doppelzucker vor, **Disaccharide,** vor allem **Rohr-** oder **Rübenzucker,** der aus einer Verbindung von Glukose und Fruktose unter Wasserabspaltung (glukosidische Bindung) entsteht (Abb. 2-5b). Bei der Verdauung werden die Disaccharide durch **Hydrolyse** (Wasseranlagerung) gespalten, um ins Blut aufgenommen werden zu können. Der **Milchzucker** (Laktose) kommt zu 6% in der Frauenmilch, zu 4,5% in der Kuhmilch vor und besteht aus Glukose und Galaktose. **Maltose** besteht aus 2 Molekülen Glukose, kommt aber in der Nahrung selten vor, sondern entsteht erst im Mund und im Darm durch Spaltung aus höheren Zuckern.

Höhere Zucker, Polysaccharide, sind z.B. Stärke, die in Kartoffeln, Getreide und Reis vorkommt, Glykogen in Fleisch und Leber, und Zellulose, ein pflanzlicher Faserstoff. Polysaccharide sind Verbindungen von vielen Hunderten Glukosemolekülen. Dazu gehören das Muskelglykogen mit einer Molekularmasse von 1 Million Da und Leberglykogen mit sogar 16 Millionen Da. Obwohl Kohlenhydrate nur etwa 1% des Körpergewichtes ausmachen, sind sie wichtige Energiespender für den Zellstoffwechsel. Manche Gewebe, wie das Gehirn, können z.B. nur Glukose als Energiespender nutzen. Die Pentose **Ribose** spielt als Bestandteil des **Adenosintriphosphats** (ATP) und der **Nukleinsäuren** (Ribonukleinsäuren, RNA, und Desoxyribonukleinsäuren, DNA) eine wichtige Rolle.

2.7.2 Fette und fettähnliche Stoffe

Fette **(Lipide)** sind die einzigen Nahrungsstoffe, die der Körper in nennenswerter Menge als **Energiespeicher** nutzen kann. Während Glykogen, die Speicherform der Kohlenhydrate, nur in Mengen von 300 bis 500 g vorkommt und die Energieversorgung des Körpers kaum über einen Tag aufrechterhalten kann, werden Fette kilogrammweise gespeichert. Dies geschieht im Unterhautfettgewebe und im Bereich der Eingeweide. Im ersten Fall bildet Fett

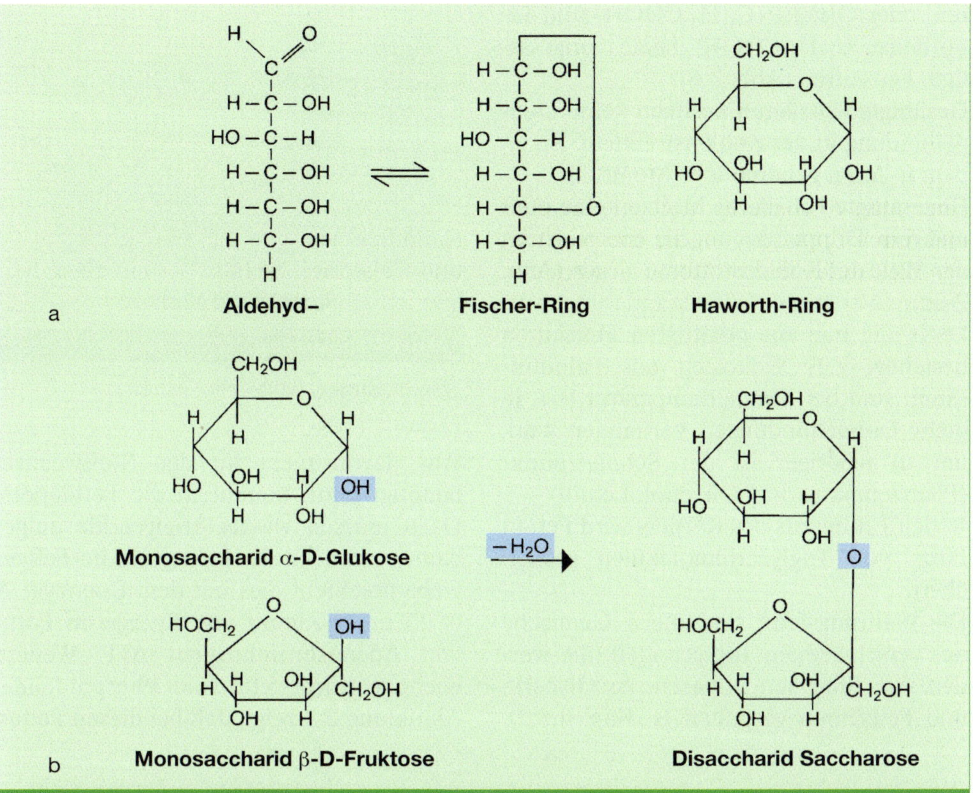

Abb. 2-5 Zuckermoleküle

a) Glukosemolekül in Aldehydschreibweise und in Ringform.
b) Rohr- oder Rübenzucker. Die glukosidische Bindung zwischen Glukose und Fruktose erfolgt durch Wasserabspaltung.

eine gute Wärmeisolationsschicht, im zweiten Fall bietet es einen gewissen Schutz gegen Gewalteinwirkung von außen, oder es hält Organe, wie die Nieren, in einer bestimmten Lage. Übergewicht besteht praktisch nur aus Fett. Es wird vorwiegend im Bereich der Hüften, des Bauches, der Oberschenkel und der Oberarme angesetzt.

Die Anfälligkeit für Krankheiten nimmt durch Übergewicht erheblich zu. Die Skelettbelastung, besonders dic der **Wirbelsäule** mit ihren **Bandscheiben** und die des Bänderapparates der Füße (Plattfüße), ist erheblich vergrößert. Ablagerungen von Fett in den Wänden der großen Arterien führen zu Kreislaufstörungen, z.B. Bluthochdruck. Diese Blutgefäßveränderungen werden begünstigt, wenn der Anteil an **gesättigten Fettsäuren** in der Nahrung hoch ist (s.u.). Diese kommen besonders in tierischen Fetten, z.B. Speck und Milchfett (Butter), vor.

Chemisch sind Fette organische Stoffe aus Kohlenstoff, Wasserstoff und Sauerstoff; sie sind leichter als Wasser und nicht wasserlöslich. Fette bestehen aus dem **dreiwertigen Alkohol Glycerin,** $C_3H_5(OH)_3$, und **3 höheren Fettsäuren,** daher **Triglyceride** genannt. Höhere Fettsäuren sind Palmitinsäure, $C_{15}H_{31}COOH$, oder Stearinsäure, $C_{17}H_{35}COOH$, beides gesättigte Fettsäuren, oder Ölsäure, $C_{17}H_{33}COOH$, und Linolsäure, $C_{17}H_{31}COOH$, beides ungesättigte Fettsäuren (Abb. 2-6).

Gesättigte Fettsäuren besitzen keine Doppelbindung in der Kohlenstoffkette. Zu jedem C-Atom gehören 2 H-Atome.

Ungesättigte Fettsäuren besitzen **eine** oder **mehrere** Doppelbindungen, die meist in der Mitte der Kohlenstoffkette liegen (Abb. 2-6b).

Fette, die nur aus gesättigten Fettsäuren bestehen, z.B. Kokosfett aus Palmitinsäure, sind bei Zimmertemperatur fest. Je mehr Doppelbindungen vorhanden sind, um so niedriger ist der Schmelzpunkt (Pflanzenmargarine, Olivenöl, Leinöl).

In den Fettdepots des Körpers wird Fett in Form von Triglyceridmolekülen gespeichert.

Die Nahrungsfette sind meist Gemische aus verschiedenen Triglyceriden. Sie werden von Enzymen, Lipasen, zu Glycerin und Fettsäuren gespalten (s. Kap. 4.6.2).

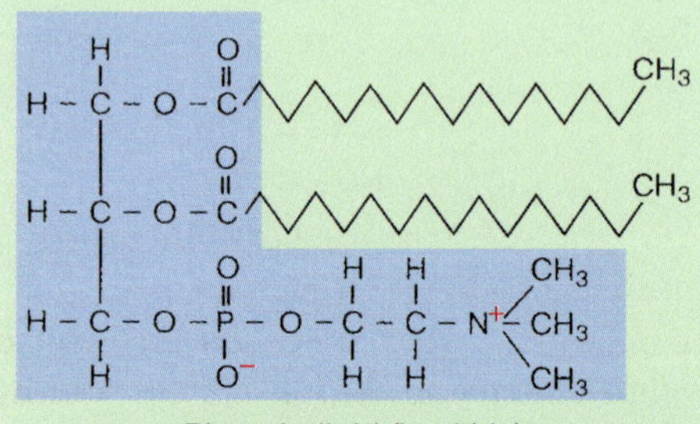

Abb. 2-7 Phospholipid

Das Phospholipid Lecithin mit 2 Fettsäuren.

Was davon nicht für den Stoffwechsel benötigt wird, kommt in die Fettdepots. Dazu müssen wieder Triglyceride aufgebaut werden. In der Leber und im Fettgewebe geschieht dies mit dem Coenzym A (s.u.) unter Zufuhr von Energie in Form von Adenosintriphosphat ATP. Weitere wichtige Körperfette sind **Phospholipide.** Abbildung 2-7 zeigt, daß bci diesen Fetten

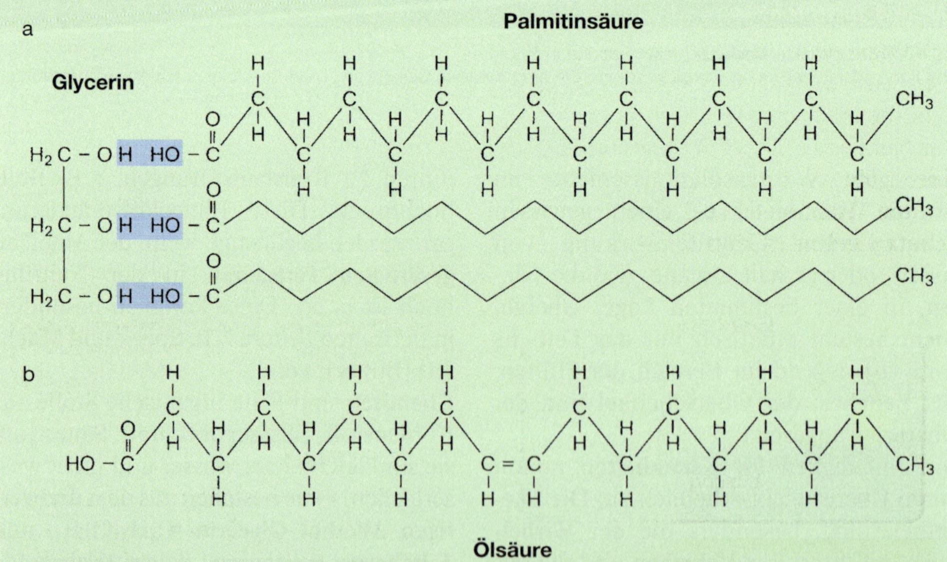

Abb. 2-6 Fett- und Fettsäuremolekül

a) Fettmolekül. Triglycerid mit gesättigter Fettsäure Palmitinsäure. b) Einfach ungesättigte Fettsäure Ölsäure.

Glycerin mit zwei Fettsäuren und das restliche C-Atom mit einer Phosphatgruppe verbunden ist, die oft noch eine stickstoffhaltige Gruppe enthält. Phospholipide sind nur gering wasserlöslich und ordnen sich an Wassergrenzflächen charakteristisch an. Dabei zeigt der polarisierte Teil zum Wasser. Die „Fettsäureschwänze" wenden sich vom Wasser ab, sie sind **hydrophob** (wasserfliehend; Abb. 2-8). Phospholipide spielen eine wichtige Rolle beim Aufbau von Zellmembranen. Das **Sphingomyelin** ist ein wichtiger Bestandteil der Nervenmarkscheiden.

Ähnliche Verbindungen, ohne Phosphorsäure, sind die **Cerebroside** und **Ganglioside**, die besonders im Gehirn (Cerebrum) und den Nerven vorkommen, die **Glykolipide.**

Steroide werden ebenfalls zu den fettähnlichen Substanzen des Körpers gerechnet, da sie nicht wasserlöslich sind. Es handelt sich um ringförmige Kohlenwasserstoffe, deren wichtigste Verbindungen in Abbildung 2-9 gezeigt sind. **Cholesterin** ist ein wichtiger Bestandteil der Zellmembranen, außerdem eine Vorstufe der männlichen **(Testosteron)** und weiblichen **(Östrogen)** Geschlechtshormone sowie der Hormone der Nebennierenrinde **Cortison** und **Aldosteron.** Zu den Fettstoffen gehören weiterhin die **Vitamine A, D, E** und **K** sowie die **Prostaglandine** (s. Kap. 25.11.2)

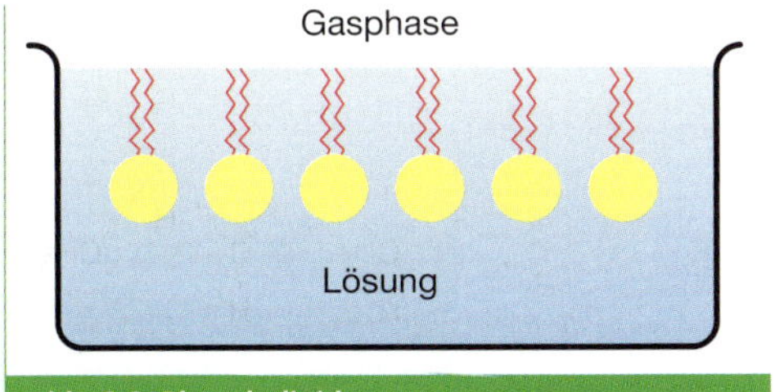

Abb. 2-8 Phospholipid

Phospholipidmoleküle an der Grenzfläche Wasser-Gas. Die Fettsäure-„Schwänze" sind hydrophob (wasserfliehend).

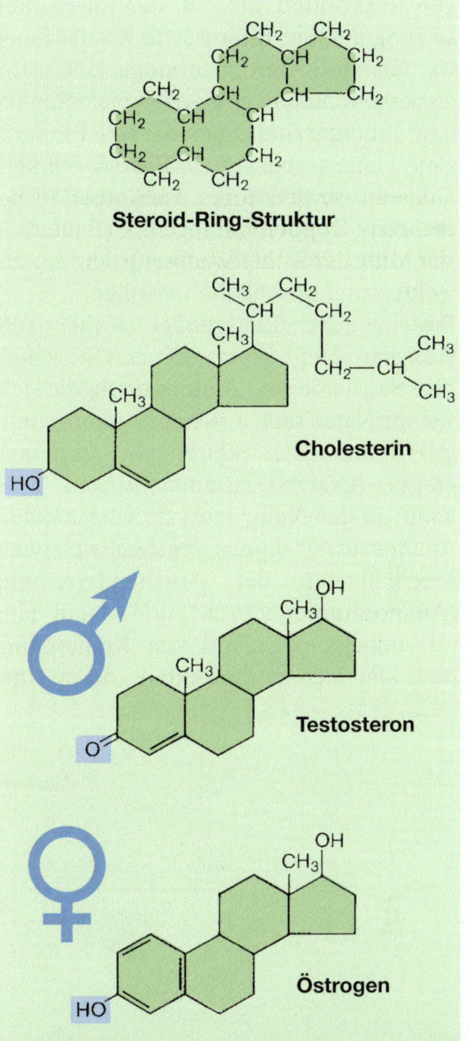

Abb. 2-9 Steroide

Einige Beispiele von Steroiden: Cholesterin, Testosteron, männliches, und Östrogen, weibliches Geschlechtshormon.

2.7.3 Eiweiße

Eiweiße (Proteine) bilden das Grundgerüst aller Zellen und Gewebe. Neben dieser **Stützfunktion** spielen sie eine wichtige Rolle bei vielen Stoffwechselvorgängen. Spezielle Eiweißmoleküle, **Enzyme** (Biokatalysatoren), beschleunigen eine Reihe von Reaktionen, die u.a. der Energiefreisetzung dienen. Biologische Regulationen werden häufig durch **Hormone,** Botenstoffe, vorgenommen, von denen viele Peptide bzw. Proteine sind. Auch der **rote Blutfarbstoff,** Hämoglobin, ist ein Eiweiß. Schließlich sind Abwehrstoffe, **Antikörper,** Proteine, die körperfremde Eiweiße (Bakterien, Viren und ihre Stoffwechselprodukte) abwehren und unschädlich machen.

Proteine enthalten außer Kohlenstoff, Wasserstoff und Sauerstoff noch Stickstoff. Ihre Bausteine sind **Aminosäuren,** die sich, wie ihr Name sagt, aus einer Aminogruppe (NH_2) und einer Säure- bzw. Carboxylgruppe (COOH) zusammensetzen. Man kennt in der Natur etwa 20 verschiedene Aminosäuren; daraus ergeben sich viele Möglichkeiten der Aneinanderreihung (Aminosäuresequenzen) und damit eine fast unbegrenzte Zahl von Kombinationen, die sich insbesondere durch ihre räumliche Molekülstruktur unterscheiden. Es gibt artspezifische Proteine. So unterscheidet sich z.B. das Insulin des Rindes von demjenigen des Schafes. Viele Proteine sind sogar von Mensch zu Mensch verschieden. Nahe Verwandte haben die ähnlichsten Proteine; bei eineiigen Zwillingen sind sie gleich; relativ ähnlich sind die Eiweiße unter Geschwistern, eine Tatsache, die man bei Gewebs- und Organverpflanzungen beachten muß.

Ein Beispiel für eine Aminosäure, die Glutaminsäure, zeigt Abbildung 2-10. Im Proteinmolekül sind die Aminosäuren durch **Peptidbrücken** miteinander verbunden, je nach der Anzahl der Aminosäuren heißen sie z.B. Bi-, Tri-, Octa-, Deca- oder Polypeptide. Die Peptidbindung erfolgt zwischen Carboxyl- und Aminogruppe unter Abspaltung von Wasser. Lange Polypeptidketten sind meist gefaltet oder spiralig gewunden. Um diese Form zu

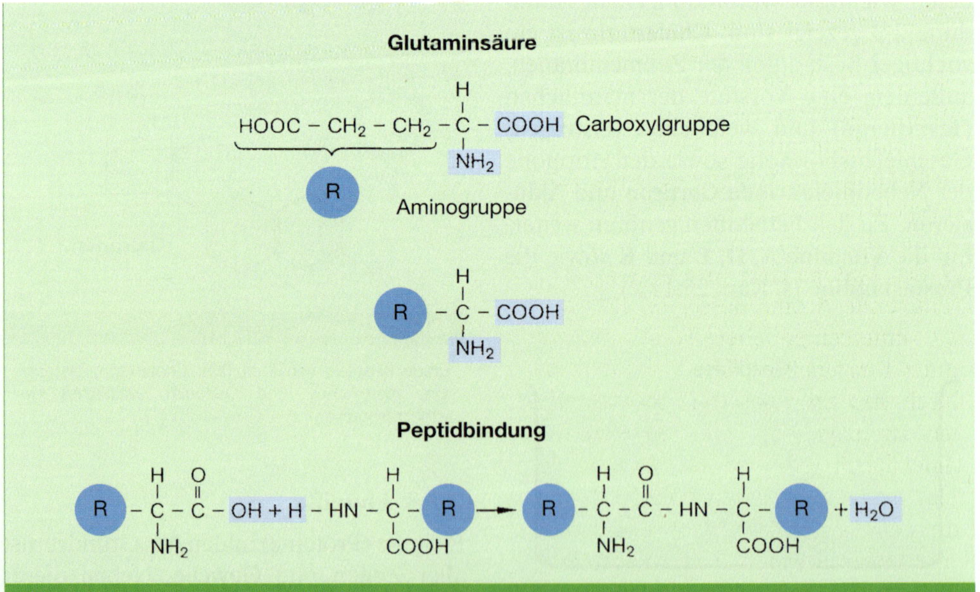

Abb. 2-10 Aminosäure und Peptidbindung

Glutaminsäure (oben) und allgemeine Schreibweise der Aminosäuren (Mitte), bei der R für „Rest" oder „Radikal" steht, dadurch werden sich wiederholende Gruppen, wie z.B. Aminosäurereste oder Fettsäurereste, gekennzeichnet. Unten ist die Entstehung der Peptidbindung dargestellt.

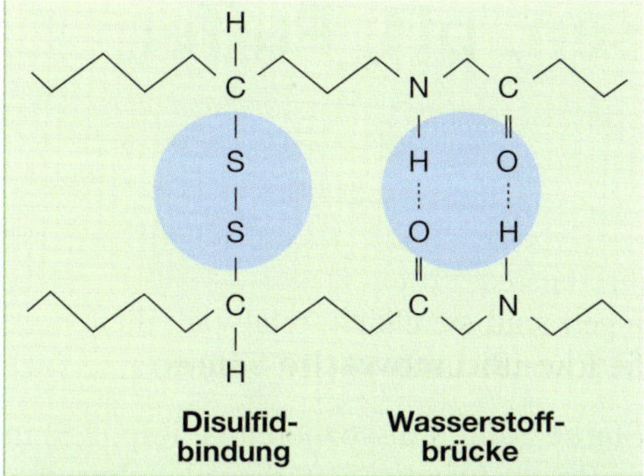

Abb. 2-11 Bindungen zwischen Eiweißketten

Eiweißketten können durch Disulfidbindung und/oder Wasserstoffbrücken miteinander verbunden sein.

stabilisieren, besitzen sie z.B. Schwefelbrücken, **Disulfidbindungen,** die aus zwei benachbarten SH-Gruppen (-SHHS-) durch Abspaltung von 2 H-Atomen entstehen (S---S). Zur Stabilisierung von spiralig gewundenen Eiweißformen dienen außerdem **Wasserstoffbrücken** (Abb. 2-11).

Kurzgefaßt

Die kleinste Einheit der Materie, das **Atom,** besteht aus dem Kern mit Protonen und Neutronen und der Hülle mit Elektronen. Die **Atommasse** wird relativ angegeben. Wasserstoff hat die Atommasse 1 Dalton (Da), Kohlenstoff 12 Da. **Isotope** sind in der Natur vorkommende Atome desselben Elements mit unterschiedlicher Neutronenzahl und z.T. radioaktiv. Künstliche Isotope, durch Atomkernbeschuß erzeugt, dienen zu diagnostischen Zwecken. Als **Molekularmasse** wird die Summe der relativen Atommassen einer Verbindung in Gramm bezeichnet. Ein **Mol** (mol) eines Stoffes ist diejenige Menge in g, die die Molekularmasse angibt (in Lösungen mol/l).

Eine chemische Verbindung von Atomen, die **Molekülbildung,** kann durch Aufnahme bzw. Abgabe von Elektronen der beteiligten Atome (Ionenbindung) oder dadurch entstehen, daß zwei Atome Elektronen gemeinsam haben (Elektronenpaarbindung). **Polarisierte Moleküle** sind Moleküle mit unsymmetrischer Ladungsverteilung, wie z.B. das Wassermolekül. Bei der Ionenbindung entstehen elektrisch geladene Teilchen, die man **Ionen** nennt. Negativ geladene Ionen (Anionen) wandern im elektrischen Feld zum Pluspol (Anode), positiv geladene (Kationen) zum negativen Pol (Kathode).
Die wichtigsten **biologischen Stoffe** lassen sich den **Kohlenhydraten** (Glukose, Fruktose, Galaktose und höhere Zucker wie Glykogen und Zellulose), den **Fetten** und fettähnlichen Stoffen (Triglyceride, gesättigte und ungesättigte Fettsäuren, Ganglioside, Steroide, Vitamine A, D, E und K sowie Prostaglandine) und den **Eiweißen** (Aminosäuren, Polypeptide) zuordnen.

3 Ionen, Säuren, Basen, pH, Puffer

3.1 Säuren und Basen

Für die biochemischen Umsetzungen in Körperflüssigkeiten und Zellen ist die **Konzentration von H^+-Ionen** von entscheidender Bedeutung; sie wird in sehr engen Grenzen konstant, d.h. auf gleicher Höhe gehalten. Man kann aber genausogut sagen, daß die **Konzentrationen von OH^--Ionen** in Körperflüssigkeiten konstantgehalten wird, denn das Produkt der Konzentration von H^+-Ionen und OH^--Ionen, das **Ionenprodukt,** ist ebenfalls konstant:

$$[H^+] \cdot [OH^-] = \text{konstant}$$

(die Klammerschreibweise bedeutet: molare Konzentration von ...)

Ob eine Lösung **sauer** oder **alkalisch** (basisch) ist, hängt davon ab, welcher **Anteil am Ionenprodukt,** die H^+- oder die OH^--Ionen überwiegt. Wenn der Anteil der H^+-Ionen überwiegt, ist die Lösung sauer; sie ist eine **Säure.** Wenn der Anteil an OH^--Ionen überwiegt, ist sie alkalisch, und es handelt sich um eine **Base** (Lauge). Sind die Anteile gleich, 1:1, so ist die Lösung **neutral.**

Ob eine Lösung sauer oder basisch bzw. neutral ist, läßt sich (außer mit dem pH-Meter) mit **Indikatoren** prüfen. Ein Beispiel dafür ist das Lackmuspapier, das sich in einer Säure rot, in einer Lauge blau verfärbt. Andere Farbstoffindikatoren, die auch im Kliniklabor, z.B. zur Feststellung des Säuregrades von Magensaft, verwendet werden, sind Methylorange, Methylrot und Phenolphthalein.

Starke und schwache Säuren

Starke Säuren dissoziieren (s. Kap. 2.5) in wäßrigen Lösungen stärker als schwache, z.B. Salzsäure zu über 90%, Schwefelsäure zu etwa 60%, Essigsäure nur zu ca. 1,3% und Kohlensäure nur zu 0,17%. Schwache Säuren spielen, wie wir noch sehen werden, bei der Pufferung in Körperflüssigkeiten eine große Rolle.

3.2 Der pH-Wert

Wasser ist ebenfalls in geringem Maße in Ionen zerfallen, und zwar nicht, wie man früher annahm, in H^+- und OH^--Ionen, sondern hauptsächlich in H_3O^+- und OH^--Ionen (H_3O^+ hat gegenüber H_2O ein zusätzliches H^+-Ion). Wasser, vor allem destilliertes Wasser, ist neutral. Es enthält also gleiche Anteile an H_3O^+- und OH^--Ionen: In 1 Liter Wasser befinden sich bei 22 °C 0,0000001 mol H_3O^+- und dieselbe Menge OH^--Ionen oder zweckmäßiger in Potenzschreibweise $1 \cdot 10^{-7}$ mol. Das **Ionenprodukt** von Wasser und allen neutralen Lösungen beträgt:

$$(1 \cdot 10^{-7}) \cdot (1 \cdot 10^{-7}) = 1 \cdot 10^{-14}$$

Die **H^+-Ionenkonzentration** (im folgenden immer statt H_3O^+-Ionenkonzentration verwendet) einer sauren Lösung ist stets höher als $1 \cdot 10^{-7}$, z.B. $1 \cdot 10^{-6}$, $1 \cdot 10^{-5}$, $1 \cdot 10^{-4}$ usw. Die H^+-Ionenkonzentration einer alkalischen Lösung ist stets niedriger als $1 \cdot 10^{-7}$, z.B. $1 \cdot 10^{-8}$, $1 \cdot 10^{-9}$, $1 \cdot 10^{-10}$ usw. Anstelle der H^+-Ionenkonzentration verwendet man meistens den pH-Wert, der als **negativer dekadischer Logarithmus der H^+-Ionenkonzentration** definiert ist:

$$pH = -\log [H^+]$$

Eine neutrale Lösung hat demnach einen pH-Wert von

$$pH = -\log 10^{-7} = 7$$

Abbildung 3-1 zeigt eine pH-Skala (logarithmisch aufgetragen), den Neutralpunkt, die pH-Werte von Blut, Urin und Magensaft sowie die Richtung, in die die Säuerung bzw. die Alkalisierung zunimmt.

3.3 Pufferung

Wie bereits erwähnt, werden die pH-Werte der Körperflüssigkeiten in sehr engen Grenzen konstantgehalten. Obwohl bei verschiedenen Stoffwechselprozessen große Mengen an Säuren erzeugt werden (z.B. Kohlensäure, Milchsäure, Nukleinsäure und Phosphorsäure) und in die Blutbahn gelangen, bewegt sich beim Gesunden der arterielle pH-Wert des Blutes nur zwischen 7,37 und 7,43, der venöse zwischen 7,34–7,40. Die **Pufferung,** das Abfangen durch Bindung oder Ausscheidung überschüssiger H^+-Ionen (oder OH^--Ionen), geschieht durch folgende Mechanismen:

- Puffersysteme des Blutes und anderer Körperflüssigkeiten.
- Abgabe von CO_2 durch die Lunge.
- Ausscheidung von Säuren durch die Niere.

Der Abgabemechanismus von CO_2 durch die Lunge ist in den Kapiteln 11 und 13, der von Säuren durch die Niere im Kapitel 15 beschrieben.

3.3.1 Natriumbikarbonatpuffer

Natriumbikarbonat ($NaHCO_3$), auch **Natriumhydrogenkarbonat** genannt, ist der wichtigste Puffer des Blutes und anderer Körpersäfte. Seine Wirkung läßt sich in einem Beispiel zeigen. Wenn man zu einer bikarbonathaltigen Lösung Salzsäure gießt, ändert sich der pH-Wert kaum, obwohl HCl eine starke Säure ist. Es findet folgende Reaktion statt:

$$HCl + NaHCO_3 \rightleftharpoons NaCl + H_2CO_3$$
$$H_2CO_3 \rightleftharpoons H_2O + CO_2 \uparrow$$

Es entstehen ein Salz, in diesem Falle Kochsalz (NaCl), und flüchtige Kohlensäure.

Ein Beispiel für die Pufferung von Milchsäure (Laktat), wie sie z.B. bei Muskelarbeit entsteht, ist:

$$\text{Laktat} + NaHCO_3 \rightleftharpoons \text{NaLaktat} + H_2CO_3$$
$$H_2CO_3 \rightleftharpoons H_2O + CO_2 \uparrow$$

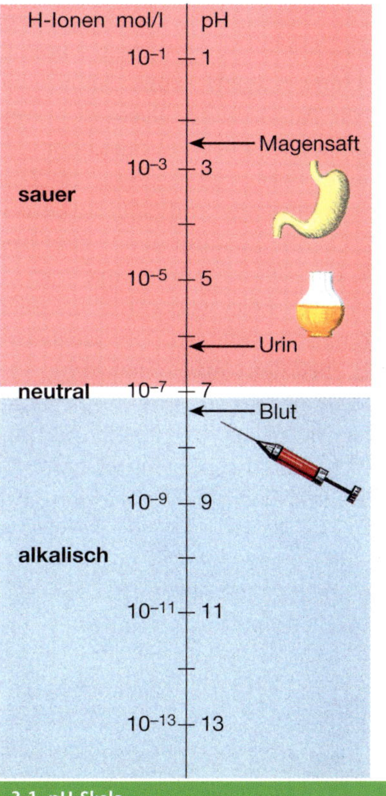

Abb. 3-1 pH-Skala

pH-Skala mit Neutralpunkt und den Werten einiger wichtiger Körperflüssigkeiten.

Natriumbikarbonat übernimmt den Hauptanteil der Pufferung im Blut, aber auch Hämoglobin als schwache Säure wirkt puffernd. Weitere Puffer sind die Plasmaeiweiße und Phosphate. Das Bikarbonat im Blut wurde früher auch als Alkalireserve bezeichnet, weil eine große Menge zur Pufferung von H^+-Ionen vorhanden ist. Die Säuerung **(Azidose)** tritt im allgemeinen häufiger auf als ein OH^--Ionenüberschuß **(Alkalose).** Die Alkalireserve wird heute durch den **Standardbikarbonatwert** angegeben (s. Kap. 16.2).

3.3.2 Aminosäuren und Eiweiße als Puffer

Die Bezeichnung **Aminosäure** deutet bereits auf Eigenschaften ihrer Bestandteile hin. Die Stickstoff- oder **Aminogruppe NH_2** ist **basisch,** die Säuregruppe **Carboxylgruppe COOH** reagiert **sauer.** Abbildung 3-2 zeigt die Aminosäure **Glycin** in saurer, positiv geladener Form, in basischer, negativ geladener Form und in neutralem Zustand mit einer positiven und einer negativen Ladung. Diesen Zustand nennt man **isoelektrisch,** denn dann würde Glycin in einem elektrischen Feld weder zur Anode noch zur Kathode wandern. Der **isoelektrische Punkt,** bei dem eine chemische Verbindung gleich viele positive und negative Ladungen hat, liegt bei einem bestimmten pH-Wert der Lösungsmittel vor. Durch Registrieren der pH-Wert-Änderung beim Zusetzen von Säuren oder Laugen (Titrieren) läßt sich der isoelektrische Punkt bestimmen. Verschiedene Plasmaeiweißkörper haben unterschiedliche isoelektrische Punkte; daher tragen sie bei einem bestimmten pH-Wert unterschiedlich viele Ladungen. Dadurch ist ihre Wanderungsgeschwindigkeit in einem elektrischen Feld unterschiedlich groß, und sie lassen sich darin trennen **(Elektrophorese).**

Die in Abbildung 3-2 dargestellten unterschiedlichen Zustände von Glycin erreicht man, wenn man einer Glycinlösung einmal H^+-Ionen zufügt, wodurch die Ionisierung (Dissoziierung) der Carboxylgruppen herabgesetzt wird und das Molekül eine positive Ladung aufweist; es ist **sauer.** Gibt man OH^--Ionen in die Lösung, so gibt die Aminogruppe ein Proton (H^+-Ion) ab; das Molekül erhält eine negative Ladung – es wird **basisch.**

Verbindungen, die ein derartiges Verhalten zeigen, heißen **Ampholyte.** Diese Ampholyteigenschaft der Aminosäuren ist trotz der Peptidbindung in Eiweißen noch insoweit vorhanden, als noch freie Säure- und Aminogruppen vorliegen. Als Beispiel dafür zeigt Abbildung 3-3 ein Tripeptid mit einer freien Säuregruppe und einer freien Aminogruppe. Auch hier gilt, daß nur schwache Säuren und Laugen als Puffer wirken. Beim pH-Wert des Blutes puffert vor allem die Aminosäure Histidin.

isoelektrisch

$^+H_3N—CH_2—COO^-$

$^+H_3N—CH_2—COOH$ **sauer**

$NH_2—CH_2—COO^-$ **basisch**

Abb. 3-2 Glycin

Aminosäure Glycin in saurer, basischer und neutraler Form.

3.4 Zustände der Materie

Materie besteht aus Aggregaten (Anhäufungen) von Molekülen, die mehr oder weniger dicht gepackt sind.

Aggregatzustände können fest, flüssig oder gasförmig sein. Im Körper kommen alle drei Zustände vor. Feste Bestandteile sind z.B. Zähne, Haare, Fingernägel und vor allem die Knochen. Die Atemluft ist gasförmig; den größten Anteil nimmt jedoch die flüssige Materie ein. Der Wasseranteil

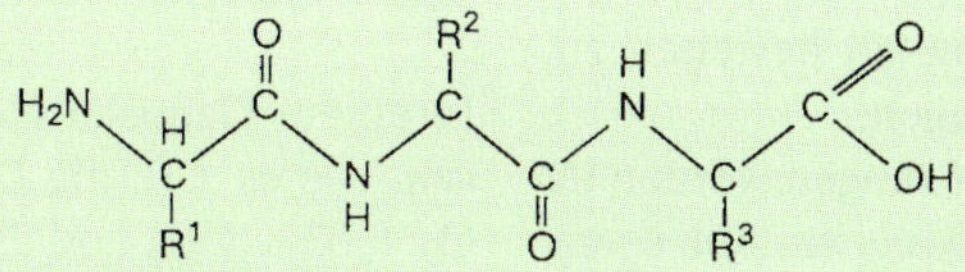

Abb. 3-3 Peptid

Tripeptid mit freier Säuregruppe (rechts) und freier Aminogruppe (links). R^1, R^2, R^3 sind Orte, an denen die *Reste* oder *Radikale* der Aminosäuren angelagert sind.

des menschlichen Körpers liegt zwischen 50 und 70%. Er hängt vom Fettanteil ab, bei 10% Fett beträgt er 66%, bei 33% Fett 51%.

Durch **zwischenmolekulare Kräfte** werden Moleküle zusammengehalten und ziehen sich gegenseitig an.

Durch die **kinetische Energie der Molekularbewegung** haben die Moleküle das Bestreben auseinanderzuweichen, sich zu zerstreuen.

Moleküle sind in jedem Aggregatzustand immer in Bewegung, in gasförmigem Zustand mit großer, in festem Zustand mit geringer Geschwindigkeit. Die Moleküle stoßen bei ihrer Bewegung miteinander zusammen, wobei sie aber keine Energie verlieren, denn ihre Zusammenstöße sind elastisch.

Der Aggregatzustand hängt wesentlich davon ab, in welchem Raum sich die Moleküle bewegen können. Wenn sie dicht gepackt sind, bedeutet das, daß die elektrischen Kräfte der Anziehung überwiegen, die Kräfte der Molekularbewegung stark beschränkt sind und die Moleküle nur vibrieren. **Die Materie ist dann fest.**

Wenn sich beide Kräfte etwa die Waage halten, können sich die Moleküle freier bewegen und treffen öfter aufeinander; die **Materie ist flüssig.**

Überwiegt die kinetische Energie der Molekularbewegung, so bewegen sich die Moleküle völlig frei und streben auseinander, die **Materie ist gasförmig.**

Man kann die Materie, zum Beispiel Wassermoleküle, aus ihrem festen Zustand, Eis, in ihren wäßrigen und schließlich gasförmigen Zustand, Wasserdampf, durch Zufuhr von Wärme überführen, in umgekehrter Richtung durch Abkühlung.

Chemische Reaktionen spielen sich im Körper ganz überwiegend in wäßrigen Lösungen ab. In ihnen können a) ausreichend hohe Konzentrationen von reaktionsbereiten Molekülen enthalten sein und b) kann die Molekularbewegung (besonders bei der Körpertemperatur des Warmblüters) so groß sein, daß Moleküle verschiedener Art genügend oft aufeinandertreffen und miteinander reagieren können.

In festem Zustand sind die Moleküle zwar viel enger gepackt und daher in höherer Konzentration als in wäßriger Lösung vorhanden, doch die Wahrscheinlichkeit, daß sie mit anderen Molekülen zusammentreffen und reagieren können, ist wegen der eingeschränkten Beweglichkeit gering.

3.5 Lösungen

Wenn feste Stoffe lose elektrische Bindungen mit Flüssigkeiten, z. B. den polarisierten Wassermolekülen, eingehen, entstehen Lösungen. Ein einfaches Beispiel dafür ist die Lösung von Kochsalz (NaCl) in Wasser (Abb. 3-4) mit der Anordnung der positiven polaren Gruppen der Wassermoleküle um das Anion Cl^- und der negativen Gruppen um das Kation Na^+. Die meisten Gewebe des Körpers, Blut-, Lymph-, Gehirn- bzw. Rückenmarksflüssigkeit bestehen zu großen Teilen aus Lösungen.

Mengen von Stoffen in Lösungen werden in Mol oder Teilen eines Mols (mmol usw.) pro Liter angegeben (s. Kap. 2.3).

Mengen von Gasen müssen wegen der starken Temperatur- und Druckabhängigkeit der Gasvolumina auf eine bestimmte Temperatur und einen bestimmten Druck bezogen werden. Den Sauerstoffverbrauch gibt man z. B. bei 0 °C und 101,3 kPa (760 Torr) an (s. Kap. 9.5.2). 1 Mol O_2 nimmt unter den genannten Bedingungen 22,4 l Volumen ein. Je größer der Druck (P) ist, unter dem ein Gas steht, desto kleiner ist bei gleicher Teilchenzahl sein Volumen (V), d. h.

$$P \cdot V = \text{konstant}$$

Wenn ein Mol O_2 also nur das Volumen von einem Liter einnimmt, dann errechnet sich der Druck, den es ausübt, aus folgender Gleichung:

$$P_1V_1 = P_2V_2\text{, also } P_2 = \frac{P_1V_1}{V_2} = \frac{101{,}3\ \text{kPa} \cdot 22{,}4\ \text{l}}{1\ \text{l}} = 2269\ \text{kPa}$$

3.6 Gaspartialdrücke

In einem **Gemisch von verschiedenen Gasen,** wie es z. B. die Luft darstellt (20,93% O_2, 0,03% CO_2 und 79,04% N_2 einschließlich Edelgase), übt jedes Gas einen Druck am Gesamtdruck aus, der seinem prozentualen Konzentrationsanteil entspricht. Dieser „Teildruck" wird Partialdruck genannt. Auf Meereshöhe ist der atmosphärische Druck (P_L = Luftdruck) im Bereich von 100 ± 10 kPa. Der **Sauerstoffpartialdruck** (P_{O2}) verhält sich zum Gesamtdruck wie der O_2-Prozentanteil zum Gesamtgas (100%):

$$\frac{P_{O2}}{P_L} = \frac{O_2\%}{100\%}\text{, also } P_{O2} = \frac{P_L \cdot O_2\%}{100\%} = \frac{100\ \text{kPa} \cdot 20{,}93\%}{100\%} = 20{,}93\ \text{kPa}$$

Gase lösen sich auch in Flüssigkeiten und Geweben (physikalische Löslichkeit), wobei die gelöste Menge vom Partialdruck, der Art des Gases, der Art der Flüssigkeit und der Temperatur abhängt. In 1 Liter Blut lösen sich bei 37 °C und 100 kPa Sauerstoffdruck 23,6 ml Sauerstoff. Da

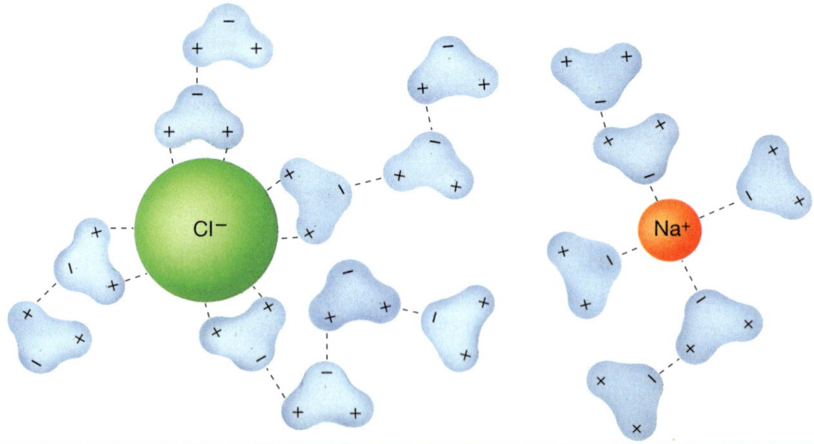

Abb. 3-4 Dissoziiertes NaCl

Anordnung des dissoziierten NaCl-Moleküls in einer wäßrigen Lösung.

der höchste O_2-Partialdruck im Körper (in den Lungenkapillaren) nur etwa 13 kPa beträgt, sind unter dieser Bedingung in 1 Liter Blut nur

$$\frac{13}{100}\,23{,}6 = 3{,}07 \text{ ml } O_2$$

physikalisch gelöst. Im Körper chemisch gebundene Gasmengen von O_2 und CO_2 werden zweckmäßig in mol/l bzw. mmol/l angegeben.

Kurzgefaßt

Für die meisten chemischen Umsetzungen im Körper ist die **H^+-Ionenkonzentration** wichtig. In den meisten Körperflüssigkeiten überwiegen die OH^--Ionen geringfügig. Das Ionen-Produkt des Wassers $[H^+] \cdot [OH^-]$ ist konstant. Eine Lösung, in der die H^+-Ionen überwiegen, ist sauer, eine in der die OH^--Ionen überwiegen, alkalisch. Die H^+-Ionenkonzentration wird durch den **pH-Wert** ausgedrückt, der als negativer Logarithmus der H^+-Ionenkonzentration definiert ist:

$$pH = -\log\,[H^+].$$

Eine Lösung mit der H^+-Ionenkonzentration von 10^{-4} mol/l hat einen pH-Wert $= -\log 10^{-4} = 4$; sie ist sauer.

Die **Pufferung** vorwiegend beim Stoffwechsel entstehender H^+-Ionen geschieht durch schwache Säuren und deren Salze, vor allem Bikarbonat und Hämoglobin im Blut und Phosphate in den Gewebezellen. Der Bikarbonatpuffer wird dadurch zum wichtigsten Puffer, da das durch Säuerung aus H_2CO_3 neben H_2O entstandene CO_2 durch die Lunge abgegeben werden kann und dadurch der pH-Wert des Blutes in engen Grenzen konstant bleibt. Die Niere kann durch Veränderung der H^+-Ionen-Ausscheidung die Pufferung unterstützen. Plasmaeiweißkörper können puffernd wirken, da sie basische NH_2^-- und saure COOH-Gruppen haben; sie sind **Ampholyte.** Bei bestimmten pH-Werten haben sie gleich viele positive und negative Ladungen; sie sind elektrisch neutral **(isoelektrischer Punkt).** Unterschiedliche Ladungen bei einem bestimmten pH-Wert ermöglichen die Trennung verschiedener Eiweiße im elektrischen Feld (Elektrophorese).

Die **Aggregatzustände** fest, flüssig und gasförmig ergeben sich durch unterschiedliche Wirkungen der kinetischen Energie der Molekularbewegung und der zwischenmolekularen Anziehungskräfte.

Lösungen enthalten Stoffe in loser elektrischer Bindung.

Gasvolumina sind temperatur- und druckabhängig. In **Gasgemischen** üben einzelne Gase einen ihrem prozentualen Anteil entsprechenden Druck, **Partialdruck,** aus. Auch Gase lösen sich in Flüssigkeiten entsprechend ihrem Partialdruck, der Art der Flüssigkeit und der Höhe der Temperatur.

4 Chemische Umsetzungen in der Zelle

Ehe wir auf die chemischen Umsetzungen in der tierischen Zelle im einzelnen eingehen, müssen wir den für alle Lebewesen wichtigsten biochemischen Vorgang, die Photosynthese, kennenlernen, die in den grünen Pflanzen stattfindet. Besondere Abschnitte sind den energiespeichernden und -übermittelnden Verbindungen, z. B. Adenosintriphosphat (ATP), den Enzymen und Coenzymen, den Nukleinsäuren (DNA, RNA) und der Eiweißsynthese gewidmet.

4.1 Photosynthese

Ohne Sonnenenergie ist weder das pflanzliche noch das tierische Leben denkbar. Auf unseren Planeten Erde treffen nur 50 Milliardstel Prozent der ausgestrahlten Sonnenenergie, und davon kann ca. 1 Prozent durch die Pflanzen eingefangen werden. Das Einfangen von Strahlungsenergie in Form von **Lichtquanten** und der damit verbundene Aufbau organischer Verbindungen wird als Photosynthese bezeichnet. Photosynthese findet in den **Chloroplasten,** mikroskopisch sichtbaren Zellorganellen der Pflanzen, statt. Sie enthalten den grünen Pflanzenfarbstoff **Chlorophyll,** der in der Lage ist, Lichtquanten einzufangen. Chlorophyll, wörtlich Blattfarbstoff, hat in seiner chemischen Struktur große Ähnlichkeit mit dem **Häm** (Abb. 4-1), das dem Bluteiweiß Hämoglobin seine rote Farbe verleiht. Chlorophyll besitzt ein zentrales Magnesiumatom, Häm an dessen Stelle ein Eisenatom.

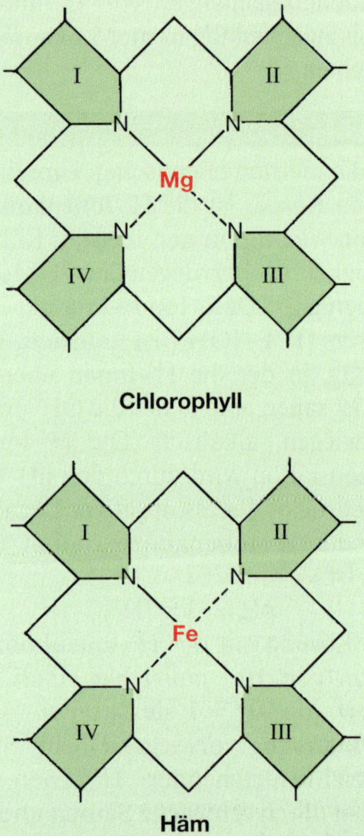

Abb. 4-1 Chlorophyll und Häm

Grundgerüst des grünen Pflanzenfarbstoffs Chlorophyll mit zentralem Magnesiumatom und das Häm des roten Blutfarbstoffs (Hämoglobin) mit zentralem Eisenatom.

Durch das Auffangen von Lichtquanten wird das Farbstoffmolekül Chlorophyll auf ein höheres energetisches Niveau angehoben, und die „überschüssige" Energie wird von den sogenannten Akzeptormolekülen aufgenommen. Es handelt sich um **Redoxkörper** (s. Kap. 4.7), Cytochrome, die Elektronen aufnehmen und weitertransportieren können. „Physikalische“ Energie wird auf diese Weise in chemisch gebundene Energie umgesetzt und u.a. zur Bildung von **ATP** und **NADP.H** benutzt. An beide Verbindungen wird mit Hilfe der Lichtquanten anorganisches Phosphat gebunden. Der Vorgang wird daher als **Photophosphorylierung** bezeichnet. ATP ist, wie wir später noch sehen werden, ein Energiespeicher, NADP.H ein Transportmolekül für Wasserstoff.

Zum photosynthetischen Aufbau von Kohlenhydraten, z.B. Glukose, sind außer Lichtquanten **Kohlenstoff** und **Wasserstoff** erforderlich:

$$6\,CO_2 + 6\,H_2O \xrightarrow{\text{Lichtquanten}} \underset{\text{(Glukose)}}{C_6H_{12}O_6} + 6\,O_2$$

Wasserstoff und der für den tierischen Organismus lebensnotwendige **Sauerstoff** entstehen bei der **Wasser-Photolyse:**

$$2\,H_2O \xrightarrow{\text{Lichtquanten}} O_2 + 4\,H^+ + 4\,e^-$$

(e^- ist die Abkürzung für Elektron).

Dem Vorgang der Wasser-Photolyse entspricht in umgekehrter Weise die Atmungskette in der tierischen Zelle (s. Kap. 4.6.5), in deren Verlauf der beim Stoffwechsel anfallende Wasserstoff energetisch mit Sauerstoff zu Wasser zusammengefügt wird.

Kohlenstoff-Bindung aus der Umgebungsluft ist ein weiterer Vorgang im Laufe der Photosynthese, für den jedoch keine Lichtquanten erforderlich sind. Akzeptormolekül für CO_2 ist **Ribulosebiphosphat,** ein 5er-Zucker. Nach Anlagerung von CO_2 entstehen 2 Mol Phosphoglycerat, die enzymatisch zu Triosephosphat, einem 3er-Zucker, umgebildet werden.

4.2 Stickstoff-Assimilation

Mensch und Tier sind ferner auf die Fähigkeit der Pflanzen angewiesen, anorganischen Stickstoff aus ihren Nährböden aufzunehmen, wo er als Nitrat vorliegt. Stickstoff wird stufenweise an Wasserstoff gebunden und dient dem Aufbau vieler organischer Stickstoffverbindungen, z.B. Aminosäuren. Interessant ist, daß die meisten Pflanzen in der Lage sind, alle für den tierischen Organismus wichtigen, „essentiellen“ Aminosäuren (s. Kap. 9.2.2) zu synthetisieren, eine Fähigkeit, die höhere Tiere und der Mensch nicht besitzen. Manche Pflanzen, vor allem Leguminosen (z.B. Erbsen, Lupinen), können indirekt den reichlich vorhandenen Luftstickstoff nutzen. Durch Zusammenleben mit sogenannten Knöllchenbakterien, die Luftstickstoff assimilieren, erhalten sie Stickstoff im Austausch mit Kohlenhydraten, auf die die Bakterien angewiesen sind. In der Land- und Forstwirtschaft werden Leguminosen angepflanzt, um stickstoffarme Böden zu verbessern.

Kurzgefaßt

Die **Photosynthese** ist der wichtigste biochemische Prozeß überhaupt. Ohne sie wäre weder pflanzliches noch tierisches Leben denkbar. Ihre Bedeutung liegt darin, daß Wasser „photolytisch“ gespalten wird und den für die chemischen Umsetzungen in der tierischen Zelle unentbehrlichen **Sauerstoff** liefert, sowie in der **Photophosphorylierung** und der **Kohlenstoff-Bindung.** Dabei wird aus dem atmosphärischen Gas Kohlendioxid (CO_2) Kohlenstoff gewonnen, ohne den weder Kohlenhydrate noch Eiweiße, Fette und andere unentbehrliche organische Verbindungen synthetisiert werden können. Der Photosynthese entspricht der umgekehrte Prozeß der **Atmungskette** (s.u.), in dessen Verlauf der im Stoffwechsel anfallende Wasserstoff mit Sauerstoff zu Wasser verbunden wird.

4.3 ATP, ADP, AMP und cAMP

Diese Verbindungen bezeichnet man als **Adenosin-Nucleotide,** sie bestehen aus Adenin, einer Base, dem Zucker Ribose und Phosphorsäure (Abb. 4-2).

ATP, Adenosintriphosphat, dient jeder lebenden Zelle als Energiespeicher:

Ade – Rib – Ⓟ∼Ⓟ∼Ⓟ

Die Energie ist in Form zweier energiereicher Pyrophosphatbindungen (∼) enthalten. Sie dient u.a. dem aktiven Stofftransport durch Zellmembranen und liefert Energie für die Muskelzusammenziehung.

ADP, Adenosindiphosphat, enthält zwei Phosphatreste, die über eine Phosphatbindung verknüpft sind. Die enthaltene Energie kann zur ATP-Bildung benutzt werden:

$$2\ ADP \rightleftharpoons ATP + AMP$$

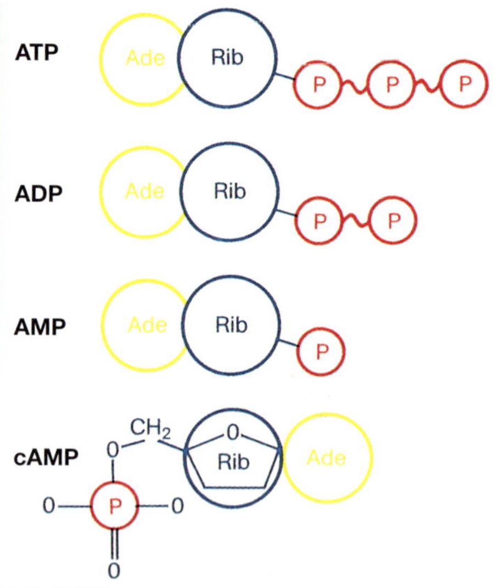

Abb. 4-2 Nucleotide

Die Nucleotide ATP, ADP, AMP und cAMP, letzteres mit eingezeichneter Strukturformel. Ade = Adenosin, Rib = Ribose, P = Phosphat. An den mit einer roten Wellenlinie gekennzeichneten Stellen kann bei Abspaltung des Phosphats (P) Energie freigesetzt werden.

AMP, Adenosinmonophosphat, sein Phosphatrest ist mit der Ribose durch eine Esterverbindung verknüpft. AMP spielt eine Rolle bei der Aktivierung von Fettsäuren (s. Kap. 4.6.2) und von Aminosäuren für die Proteinsynthese (s. Kap. 4.8).

cAMP, zyklisches Adenosinmonophosphat, entsteht bei Spaltung von ATP durch das Enzym **Adenylatcyklase.** Der Phosphatrest ist zyklisch (ringförmig) über zwei Esterbindungen mit der Ribose verbunden. Das cAMP spielt als **sekundärer Botenstoff** bei der Wirkung bestimmter Hormone (primäre Botenstoffe) eine Art Vermittlerrolle. Das Hormon wird außen an der Zellwand an einen Hormonrezeptor gebunden, über den dann das Adenylatcyklase-System an der Innenseite der Zellmembran angeregt wird. Es erhöht z.B. den Abbau von Glykogen in der Leber und fördert den Abbau von Fett aus den Fettgeweben (Lipolyse).

4.4 Das Energiegleichgewicht

Die Zelle hat das Bestreben, ein bestimmtes Energiegleichgewicht aufrechtzuerhalten, das den Charakter eines **Fließgleichgewichts** hat. Dieses Streben nach dem energetischen Gleichgewicht ist sozusagen die Triebfeder für die ständig in der Zelle ablaufenden energiefreisetzenden und energieverbrauchenden Prozesse, zumal durch die Membran laufend Substanzen aufgenommen und abgegeben werden.

Energiefreisetzende Prozesse nennt man **exergonisch** (Abb. 4-3a). In der Körperzelle ist der Zuckerabbau ein Beispiel dafür. Die Energie, die nötig ist, um einen derartigen Prozeß zu aktivieren, vergleichbar mit der Zündung bei einem Verbrennungsvorgang, die **Aktivierungsenergie,** ist in bezug auf die Energiebilanz ein Verlust. Wenn aus energiearmen energiereiche Verbindungen aufgebaut werden, handelt es sich um einen **endergonischen** Prozeß (Abb. 4-3c). Die dazu notwendige Energie

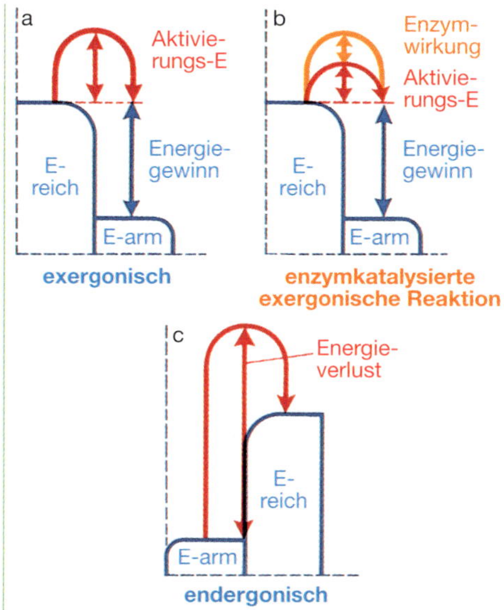

Abb. 4-3 Reaktionsenergie

a) Exergonische Reaktion, z. B. Abbau einer energiereichen zu einer energiearmen Verbindung. Die aufzubringende Aktivierungsenergie ist ein Verlust, der bei b) einer enzymkatalysierten Reaktion vermindert ist. c) Endergonische Reaktion, z. B. Aufbau einer energiereichen Verbindung.

wird in der Regel durch die Spaltung von ATP bereitgestellt. Der Aufbau von Depotfett aus Fettsäuren in der Zelle ist ein Beispiel dafür.
Ein Teil der Aktivierungsenergie kann durch Katalysatoren eingespart werden. Ein Katalysator versetzt die Moleküle in einen reaktionsbereiteren Zustand. Im lebenden Organismus übernehmen **Enzyme** (s. u.) diese Aufgabe. Abbildung 4-3b zeigt schematisch eine Reaktion mit Enzymbeteiligung.

4.5 Enzyme und Coenzyme

Die Chemie und physiologische Chemie der Enzyme und Coenzyme sind ein großes Gebiet. Hier können daher nur einige wichtige Merkmale dieser Substanzen beschrieben werden.

Die **Enzymdiagnostik** gewinnt zunehmend an Bedeutung; sie ergibt Informationen über normale oder gestörte Stoffwechselvorgänge sowie über die Funktionstüchtigkeit von Organen, die spezielle Enzyme herstellen. Beispiel: Ausfall oder Abnahme von Leberenzymen bei entzündlichen Leberprozessen.
Die Benennung der Enzyme und Coenzyme richtet sich nach ihrer Wirkung auf eine bestimmte Substanz, das **Substrat.** Wird eine Oxidation angeregt, heißen sie Oxid**asen;** katalysieren sie den Abbau von Eiweißen (Proteinen), sind es Protein**asen,** spalten sie Phosphat ab, sind es Phosphat**asen.** Wenn Umstellungen innerhalb eines Moleküls katalysiert werden, sogenannte Isomere entstehen, handelt es sich um Isomer**asen.** Enzyme, die die Übertragung von Aminogruppen vermitteln, heißen Aminotransfer**asen,** handelt es sich dabei um eine ganz spezielle Aminosäure, z. B. Alanin, kommt dies in der Bezeichnung Alanin-Transamin**ase** zum Ausdruck.
Chemisch gehören die Enzyme zur Klasse der Proteine. Manche Enzyme benötigen für ihre Wirkung **Coenzyme,** Nichteiweiße, die mehr oder weniger leicht vom Enzym abzutrennen sind. Wenn Coenzyme fest mit dem Protein verbunden sind, bezeichnet man sie als „prostethische (hinzutretende) Gruppen“. Der Komplex ist ein Proteid.

Wirkungsweise

So verschiedenartig die Wirkung einzelner Enzyme auch sein mag, ihre Hauptaufgabe besteht darin, die Umsetzrate chemischer Reaktionen zu beschleunigen. Sie erhöhen die Reaktionsbereitschaft der Moleküle. Das Enzym wirkt auf ein bestimmtes **Substrat,** das Ergebnis der Reaktion ist das **Produkt. Dabei bleibt das Enzym unverändert.** Abbildung 4-4 zeigt ein solches Verhalten. Anders ist es mit den Coenzymen, die bei der Reaktion eine Veränderung erfahren:

$$NAD + 2\,H \rightarrow NAD.H + H$$

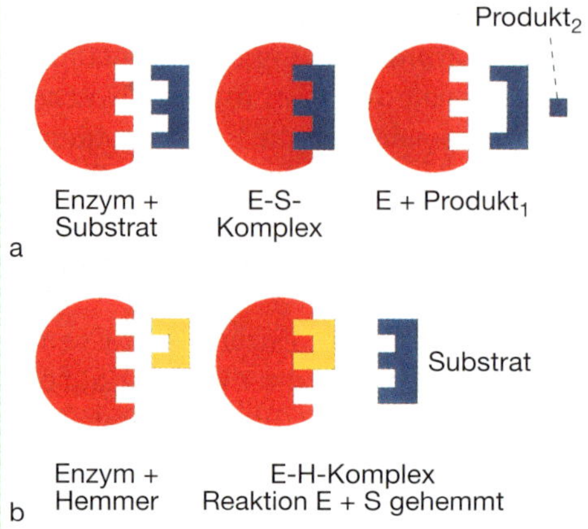

Abb. 4-4 Enzymkatalysierte Reaktion

a) Das Enzym paßt zum Substrat wie das Schloß zum Schlüssel. E-S = Enzym-Substrat. Das Enzym bleibt unverändert. Es entstehen hier 2 Produkte. b) Kompetitive Hemmung: Ein dem spezifischen Substrat ähnlicher Stoff blockiert die Enzym-Substrat-Reaktion.

Der Punkt vor dem H soll andeuten, daß das Molekül leicht Wasserstoff aufnimmt oder abgibt.

Viele Coenzyme gehören chemisch zu den Nukleotiden. Sie enthalten Phosphorsäure, Zuckerbestandteile (Ribose) und Stickstoff. Diese chemische Kombination haben wir bereits kennengelernt: ATP, ADP, AMP und NAD.H sind Coenzyme. Vitamine, z.B. Vitamin B_2 (Riboflavin), können Bestandteile von Coenzymen sein.

Eine besondere Eigenschaft der Enzyme ist ihre **Wirkungsspezifität.** Darunter versteht man, daß sie nur eine spezielle Umsetzung katalysieren, z.B. eine Oxidase die Oxidation oder eine Transaminase die Übertragung einer Aminogruppe.

Unter **Substratspezifität** versteht man die Eigenschaft bestimmter Enzyme, ihre Wirkung nur auf bestimmte Substrate auszuüben. Das Enzym paßt zum Substrat wie das Schloß zum Schlüssel. Das Enzymmolekül ist im Vergleich zum Substratmolekül sehr groß, was in Abbildung 4-4 zum Ausdruck gebracht wird.

Enzymkatalysierte Reaktionen sind **temperaturabhängig.** Die Umsetzungsrate nimmt mit dem Temperaturanstieg exponentiell zu, fällt aber nach Erreichen eines bestimmten Wärmegrades rasch ab. Wird die Temperatur so hoch, daß das Enzym geschädigt wird, d.h. die Eiweißstruktur zusammenbricht, erreicht die Rate den Nullpunkt. Für den Menschen als Warmblüter heißt das, daß bei normaler Körpertemperatur (37 °C) die Umsetzungsrate „physiologisch günstig" ist. Bei erhöhter Temperatur (Fieber) steigt sie zwar noch an, fällt aber über 40 °C sehr schnell ab.

Enzymkatalysierte Reaktionen sind ferner **pH-abhängig.** In der Zelle ist ein pH-Wert von 7,2 optimal. Wie wir später noch sehen werden, liegen die pH-Optima extrazellulärer Enzyme, der Verdauungsenzyme, in ganz anderen pH-Bereichen.

Wenn sich in der Zelle ein bestimmtes Substrat ansammelt, wird die Enzymtätigkeit beschleunigt. Sammelt sich das Produkt an, wird sie gehemmt; man spricht von **Produkthemmung.** Beides dient der Wiederherstellung des energetischen Gleichgewichts. Man kennt verschiedene Mechanismen der **Enzymhemmung,** zum Beispiel die **kompetitive Hemmung.** Sie ist in Abbildung 4-4 schematisch dargestellt (engl. compete = konkurrieren). Eine dem Substrat ähnliche Substanz, die teilweise in das Enzymschloß paßt, konkurriert mit dem Substrat, indem sie sich selbst an das Enzym anlagert und dessen Wirkung blockiert. Wenn die Substratkonzentration eine bestimmte Höhe erreicht hat, wird die Hemmung aufgehoben.

Im Citratzyklus (s.u.) wird das Enzym Succinat-Dehydrogenase, das die Oxidation der Bernsteinsäure (Succinat) katalysiert, **kompetitiv** durch die sehr ähnliche Äpfelsäure (Malat) gehemmt.

Die Enzymwirkung wird auch kommerziell ausgenutzt. Bestimmten, sogenannten biologischen Waschmitteln werden eiweißspaltende Enzyme zugesetzt, um Eiweißflecke, z.B. Blutflecke, zu entfernen.

Kurzgefaßt

Enzyme sind Eiweiße; sie katalysieren Reaktionen, ohne selbst verändert zu werden. **Coenzyme** sind keine Eiweiße, oft Nukleotide, z.B. ADP, AMP und NADP; sie werden bei der Reaktion verändert. Nukleotide enthalten Ribose, Phosphorsäure und Stickstoff. Enzyme wirken katalytisch auf das **Substrat** (oder Substrate); Ergebnis ist ein **Produkt** (oder Produkte). Ein Enzym paßt zum Substrat wie ein Schloß zum Schlüssel. Die Aktivität der Enzyme ist pH- und temperaturabhängig.

4.6 Wege des Zellstoffwechsels

Im folgenden wird der **Abbau der Nährstoffe** Zucker, Fett und Eiweiß beschrieben, die in den meisten Zellen in Form von Glukose, Fettsäuren und Aminosäuren vorliegen. In Zellen, die als Fettspeicher dienen oder in denen die Speicherform der Kohlenhydrate, Glykogen, vorkommt, gibt es spezielle Stoffwechselwege. Dies gilt auch für spezialisierte Zellen, etwa solche, die Hormone bilden oder z.B. am Knochenaufbau oder -abbau beteiligt sind.
Das Ziel des Abbaus von Nährstoffen ist der Energiegewinn, Energie in Form von ATP-Molekülen, aus denen sie jederzeit zur Aufrechterhaltung der Funktion und der Struktur der Zelle freigesetzt werden kann.

4.6.1 Abbau der Glukose

Glukose kann mit Sauerstoff zu Kohlendioxid und Wasser „verbrannt" werden, wobei Energie freigesetzt wird:

$$C_6H_{12}O_6 + 6\ O_2 \rightarrow 6\ CO_2 + 6\ H_2O + 2822\ kJ/mol$$

Aus 1 mol Glukose könnten ca. 98 mol ATP gewonnen werden, da die Bindung eines Phosphats an ADP etwa 29 kJ erfordert. Dies wäre theoretisch möglich, wenn nicht durch den stufenweisen Abbau der Glukose Energie in Form von Wärme abgegeben würde, insgesamt ca. 1720 kJ/mol. 1 mol Glukose liefert deshalb nur 38 mol ATP.
Im Laufe des Glukoseabbaus werden drei Abschnitte durchlaufen: die Glykolyse, der Citratzyklus und die Atmungskette. Die Beschreibung des Citratzyklus und der Atmungskette erfolgt nach der des Fettsäure- und Aminosäureabbaus, da Produkte daraus in beide Stoffwechselwege eingehen.

Die Glykolyse

Glykolyse heißt Auflösung von Zucker. Der glykolytische Abbau kann ohne Sauerstoffverbrauch, **anaerob,** ablaufen, z.B. in Muskelzellen, wenn infolge Stoffwechselsteigerung bei Arbeit die Speicherform des Zuckers, Glykogen, abgebaut wird. Dabei kann allerdings nur $^1/_{20}$ der Energiemenge gewonnen werden, die beim **aeroben** Abbau in Anwesenheit von Sauerstoff freigesetzt wird.
Unter **aeroben Bedingungen** entstehen bei der Glykolyse aus:
1 Molekül Glukose → 2 Moleküle Pyruvat (Brenztraubensäure)

$$C_6H_{12}O_6 \rightarrow 2\ H_3C - \underset{\underset{\displaystyle O}{\|}}{C} - COOH$$

Bei der **anaeroben Glykolyse** entstehen aus: 1 Molekül Glukose → 2 Moleküle Lactat (Milchsäure)

$$C_6H_{12}O_6 \rightarrow 2\ H_3C - \underset{\underset{\displaystyle OH}{|}}{CH} - COOH$$

Auch bei der anaeroben Glykolyse entsteht zuerst Pyruvat, das aber nicht zu Acetyl-Coenzym A umgebaut und in den Citratzyklus eingespeist, sondern durch

das Enzym Lactatdehydrogenase (LDH) zu Milchsäure reduziert wird. Im Herzmuskel und in der Leber kann Laktat oxidiert und dadurch energetisch genutzt werden.
Unter aeroben Bedingungen wird Pyruvat zu Acetyl-Coenzym A umgewandelt, das dann im Citratzyklus weiter oxidiert wird. Der Abbau von Glukose zu Pyruvat erfordert insgesamt 10 Schritte (Abb. 4-5).

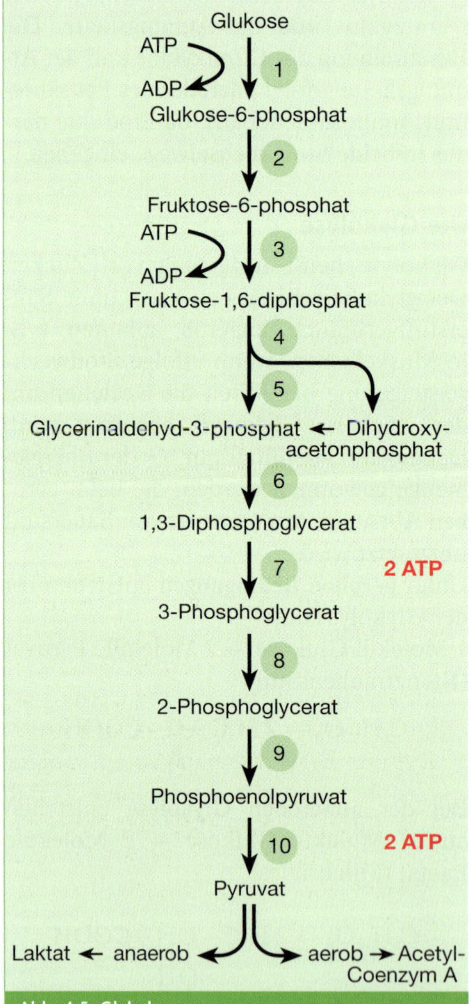

Abb. 4-5 Glykolyse

Die einzelnen Schritte bei der Glykolyse. Bilanz: 2 ATP werden verbraucht, 4 ATP werden erzeugt = 2 ATP sind der Gewinn.

Als **Phosphorylierung** bezeichnet man die bei der Glykolyse stattfindende Phosphatübertragung. Bei Schritt 1 und 3 wird aus dem Abbau von ATP zu ADP je ein Phosphat übertragen, zur Phosphorylierung bei Schritt 6 wird anorganisches Phosphat aufgenommen. Man bezeichnet dies als Substrat(ketten)phosphorylierung. Bei Schritt 7 und 10 werden je 2 ATP-Moleküle gewonnen. Die Bilanz aus dem glykolytischen Abbau eines Glukosemoleküls beträgt 2 ATP-Moleküle und 2 Pyruvatmoleküle. Phosphorylierte Verbindungen zeigen eine charakteristische Eigenschaft: Sie können die Zellmembran nicht durchdringen, d.h. die Zelle nicht mehr verlassen.

Der Pentosephosphatzyklus

Vom Glukose-6-phosphat ausgehend (Schritt 2), gibt es eine Abzweigung, einen Stoffwechselweg, bei dem ein Zucker mit 5 Kohlenstoffatomen (Pentose), **Ribose,** als Ribose-5-phosphat gebildet wird. Dieser Zucker dient der Bildung von Ribonucleinsäure, RNA, die auch die Vorstufe von Desoxyribonucleinsäure, DNA, darstellt. Diese Verbindungen spielen bei der Zellteilung und Biosynthese der Eiweiße eine wichtige Rolle (s. Kap. 4.8). Der Pentosephosphatzyklus wird daher besonders in Wachstumsperioden des Organismus in Anspruch genommen, wenn eine lebhafte Zellteilung stattfindet.

Kurzgefaßt

Durch **Glykolyse** wird Glukose zu Pyruvat abgebaut, das bei Anwesenheit von Sauerstoff teils zu Acetyl-CoA, teils zu Oxalacetat umgebildet und im Citratzyklus weiter abgebaut wird. Anaerob entsteht aus Pyruvat Milchsäure.
Der **Pentosephosphatzyklus** dient der Bildung von 5-C-Zuckern, Ribosen, die zum Aufbau von Zellkernmaterial (Nukleinsäuren) benötigt werden.

4.6.2 Abbau der Fettsäuren

Der Abbau von Nahrungsfett erfolgt vorwiegend im Dünndarm (s. Kap. 10.4). Triglyceride werden bei der Aufnahme in den Darm durch Lipasen zu Glycerin und Monoglyceriden gespalten, in der Darmschleimhaut aber wieder zu Triglyceriden aufgebaut. Diese werden in Form winziger Fettkügelchen, den Chylomikronen, in der Lymphbahn transportiert. Die Triglyceride werden in Glycerin und Fettsäuren gespalten. Glycerin, als 3-C-Kohlenhydrat, kann nach Phosphorylierung glykolytisch abgebaut werden.

Als **β-Oxidation** wird der Abbau der Fettsäuren bezeichnet (Abb. 4-6). Dabei werden die Fettsäuren schrittweise um 2-C-Einheiten verkürzt, das Endprodukt ist **Acetyl-Coenzym A,** auch „aktivierte Essigsäure“ genannt. Diese Verbindung ist etwas energiereicher als ATP.

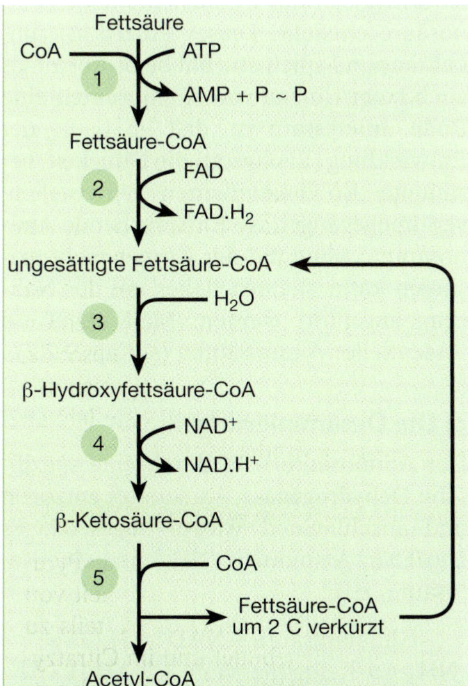

Abb. 4-6 Fettsäureabbau, β-Oxidation

Nach Bildung der um 2 C-Atome verkürzten Fettsäure-CoA-Verbindung erfolgen weitere Oxidationen, bis die Fettsäurekette zu Acetyl-CoA, „aktivierter Essigsäure“, abgebaut ist. Diese wird größtenteils in den Citratzyklus eingespeist.

Zu Beginn der β-Oxidation werden die Fettsäuren aktiviert, d.h. in CoA-Verbindungen umgewandelt. Dabei geht 1 ATP verloren, es wird zu AMP und Pyrophosphat, P – P, abgebaut. Bei beiden Oxidationen innerhalb des Fettsäurenabbaus erfolgt die Übertragung von Wasserstoff auf FAD (Flavin-adenin-dinukleotid) und NAD (Nicotin-adenin-dinukleotid). Das Aufbrechen der C-C-Bindung geschieht bei Reaktionsschritt 4, bei dem auch an die nun verkürzte Fettsäure erneut Coenzym A angelagert wird, wonach sich der Vorgang wiederholt, bis die ganze Fettsäure zu Acetyl-Coenzym A abgebaut ist. Eine C_{18}-Fettsäure ergibt 9 Moleküle „aktivierte Essigsäure“, die vorwiegend in den Citratzyklus eingespeist wird (Abb. 4-7).

Ketonkörper

Path Bei **Hunger, Fasten** und der **Zuckerkrankheit** (s. Kap. 25.10) werden vermehrt Triglyceride abgebaut. Die anfallenden Fettsäuren werden dann nicht mehr vollständig bis zu Acetyl-CoA, sondern nur noch bis zu Acetoacetyl-CoA, das 4 Kohlenstoffatome enthält, abgebaut. Es entsteht **Acetoacetat,** das zu **Hydroxybuttersäure** reduziert bzw. zu **Aceton** decarboxyliert werden kann. Die drei letztgenannten Verbindungen sind Ketonkörper. Der erhöhte Anfall von Ketonkörpern (Säuren) führt zur Abnahme der pH-Werte im Blut, zur **Azidose,** die, weil stoffwechselbedingt, als **metabolisch** bezeichnet wird. Aceton ist „flüchtig“ und wird teilweise mit der Ausatemluft abgegeben. Diese riecht aromatisch, „nach frischem Obst“, ein wichtiges diagnostisches Zeichen bei unbehandelten Zuckerkranken, Hungernden und Fastenden.

Kurzgefaßt

Nach Abspaltung des **Glycerins** von den **Fettsäuren** werden letztere durch Abtrennungen von C-Atomen und Oxidation, **β-Oxidation,** abgebaut. Das Endprodukt, die aktivierte Essigsäure, wird zum größten Teil in den Citratzyklus eingespeist. Glycerin wird glykolytisch abgebaut. Anhäufung von **Ketonkörpern** führt zur metabolischen Azidose.

4.6.3 Abbau der Aminosäuren

Durch spezifische Proteinasen werden die Proteine in ihre Bausteine, die Aminosäuren, gespalten, die sich im Zellinnern ansammeln. Deren Abbau ist kompliziert, da spezifische Enzyme nötig sind, um die einzelnen Aminosäuren abzubauen. Im wesentlichen stehen drei Reaktionswege zur Verfügung: a) Decarboxylierung, b) Transaminierung und c) Desaminierung.

a) Die Decarboxylierung

Spezifische Enzyme, **Decarboxylasen,** spalten die Aminosäuren zu CO_2 und den primären Aminen, die der Eigenart der betreffenden Aminosäure entsprechen. Viele der Zwischenprodukte haben eine ganz spezielle Wirkung. Aus der Aminosäure Histidin entsteht Histamin (s. Kap. 25.11), aus Cystein entsteht Cysteamin (ein Bestandteil des Coenzyms A), aus 5-Hydroxytryptophan entsteht Serotonin. Die teilweise hochaktiven Substanzen können durch Amin-Oxidasen inaktiviert werden. Man kennt Monoamin-Oxidasen (abgekürzt MAO) und Diamin-Oxidasen (DAO).

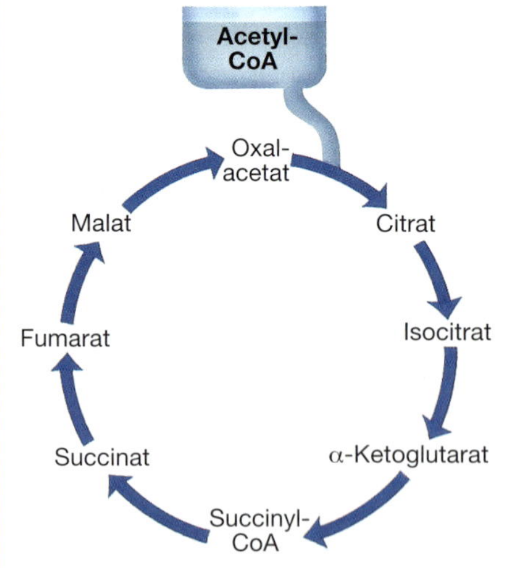

Abb. 4-7 Citratzyklus

Abbau von Acetyl-CoA im Citratzyklus.

b) Die Transaminierung

Spezielle Enzyme, **Transaminasen,** übernehmen die Aminogruppe NH_2 einer Aminosäure und geben sie an ein anderes Kohlenstoffskelett ab, woraus eine neue Aminosäure entsteht. Dieser Prozeß ist umkehrbar und spielt sowohl beim Abbau als auch beim Umbau von Aminosäuren eine Rolle. Interessant ist, daß im Laufe der Entwicklung (Evolution) die Fähigkeit, bestimmte Kohlenstoffketten herzustellen, verlorengegangen ist. Entsprechende Aminosäuren, ohne die der Körper nicht existieren kann, müssen daher mit der Nahrung zugeführt werden. Man nennt sie „essentielle“ Aminosäuren (s. Kap. 9.2.2).

c) Die Desaminierung

Der Aminosäure wird durch eine spezifische **Dehydrogenase** Wasserstoff entzogen und anschließend Wasser zugesetzt. Es entstehen Ammoniak (NH_3) und eine Ketosäure, z. B.:

$$\text{Glutaminsäure} + NAD^+ + H_2O \rightarrow$$
$$NH_3 + \alpha\text{-Ketoglutarsäure} + NAD.H + H^+$$

Harnstoffbildung

Ammoniak, NH_3 bzw. NH_4^+, als Zwischen- oder Endprodukt des Proteinstoffwechsels, ist für die Zelle stark schädigend und muß in eine „harmlosere“ Form, Harnstoff, überführt werden. Dieser kann im Harn durch die Niere ausgeschieden werden. Die Harnstoffbildung ist ein endergonischer Prozeß, verbraucht also Energie.

$$HCO_3^- + NH_4^+ + NH_3 \rightarrow H_2N{-}\overset{\overset{\displaystyle O}{\|}}{C}{-}NH_2 + 2\,H_2O$$

Bikarbonat + Ammoniak → Harnstoff + Wasser

Kurzgefaßt

Aminosäuren werden durch **Decarboxylierung** zu CO_2 und Aminen zerlegt, durch **Transaminierung** und **Desaminierung** teils abgebaut, teils zu anderen Aminosäuren umgebaut. Das Endprodukt Ammoniak (schädigend) wird zu Harnstoff umgebaut und im Harn ausgeschieden.

4.6.4 Der Citratzyklus

Der Citratzyklus, auch treffend als **Drehscheibe des Stoffwechsels** bezeichnet, ist ein Sammelbecken für Zwischenprodukte des Kohlenhydrat-, Fett- und Eiweißstoffwechsels. Aus Zwischenprodukten des Citratstoffwechsels selbst können körpereigene Stoffe aufgebaut werden, z. B. Asparaginsäure und Glutaminsäure oder, über die „aktivierte Bernsteinsäure" (Coenzym-A-Succinat), die Häm-Gruppe des roten Blutfarbstoffs, jedoch keine Kohlenhydrate. Andererseits ist der Citratzyklus in Verbindung mit der Atmungskette eine **gemeinsame Endstrecke des Zellstoffwechsels,** auf der pro mol aktivierter Essigsäure 12 mol ATP gebildet werden. Der Citratzyklus wird, wie Abbildung 4-7 zeigt, gespeist durch **Acetyl-Coenzym A,** dem Endprodukt des Fettsäureabbaus. Aus **Pyruvat,** dem Endprodukt der Glykolyse, entsteht ebenfalls, nach Abgabe von CO_2 und H_2, **Acetyl-Coenzym A** und wird in dieser Form vom Citratzyklus übernommen. Beim ersten Schritt reagiert Acetyl-Coenzym A mit Oxalacetat (Substrat), es entsteht als erstes Produkt die 6-C-Verbindung Citrat, wonach der Zyklus seinen Namen hat. Durch enzymatische Dehydrierung und Decarboxylierung werden stufenweise Wasserstoff und Kohlendioxid freigesetzt, bis sich der Ring, nach erneuter Bildung von Oxalacetat, schließt.

Der Citratzyklus läuft nur in enger Verbindung mit der Atmungskette ab.

4.6.5 Die Atmungskette

Die Zellatmung findet in den Mitochondrien statt. Ihre Aufgabe ist es, den an die Coenzyme gebundenen Wasserstoff bzw. Elektronen, die aus Dehydrierungsreaktionen aus der Glykolyse, dem Citratzyklus und anderen Stoffwechselwegen stammen, zum Sauerstoff zu führen. Dabei entstehen Wasser und Energie in Form von ATP. Für diese komplex ablaufenden Vorgänge ist in der inneren Mitochondrienmembran ein System angelagert, das aus Proteinen und Coenzymen besteht, das u.a. auch Cytochrome enthält. Cytochrome sind dem Häm des roten Blutfarbstoffs ähnliche Verbindungen. Das letzte Glied in dieser sogenannten Atmungskette ist Cytochrom A, das 4 Elektronen auf den Sauerstoff, unter Bildung von Wasser, überträgt:

$$O_2 + 4\,e^- + 4\,H^+ \rightarrow 2\,H_2O$$

Die freiwerdende Energie wird nicht schlagartig frei, sondern in „kleinen Portionen", sie bewirken eine Phosphorylierung von ADP zu ATP. Für die Coenzyme NADH und FADH kann folgende Gesamtgleichung aufgestellt werden:

$$NADH + 3\,ADP + 3\,\text{Phosphat} + H^+ + {}^1/_2\,O_2 \rightarrow NAD^+ + 3\,ATP + H_2O$$

$$FADH_2 + 2\,ADP + 2\,\text{Phosphat} + {}^1/_2\,O_2 \rightarrow FAD + 2\,ATP + H_2O$$

Man bezeichnet die Kopplung von Atmungskette und Phosphorylierung als **oxidative Phosphorylierung.** Sie geschieht an der inneren Mitochondrienmembran, den Leisten, die durch ihre Faltung eine große Oberfläche ergeben (s. Abb. 1-1). In Abbildung 4-8 sind alle Stoffwechselwege der Nahrungsstoffe und ihre Verknüpfungen schematisch dargestellt.

Kurzgefaßt

Citratzyklus und **Atmungskette** sind gemeinsame Endstrecken des Zellstoffwechsels, gebildet werden CO_2, H_2 und H_2O. Aus Zwischenprodukten des Citratzyklus können einige Aminosäuren und andere körpereigene Stoffe, jedoch **keine** Kohlenhydrate aufgebaut werden.

4.7 Biologische Oxidation und Reduktion

Der Abbau biologischer Kohlenstoffverbindungen zu Kohlendioxid und Wasser wurde früher als **Verbrennung** unter Sauerstoffzufuhr und Wärmebildung beschrieben.

Es hat sich aber gezeigt, daß, besonders beim Warmblüter, Oxidationsvorgänge wesentlich rationeller ablaufen. Nur ein Teil der freiwerdenden Energie erscheint als Wärme; wichtige Produkte sind energiereiche chemische Verbindungen, vor allem Adenosintriphosphat, ATP.

Heute beschreibt man Oxidation mit **Entzug von Elektronen.** Bei oxidativen Stoffwechselvorgängen entspricht dem Elektronenentzug die Abgabe von H_2-Molekülen, die **Dehydrierung,** meist durch Nukleotide, z. B. NADP.H oder FAD.H_2.

Bei der **Reduktion** werden Elektronen aufgenommen; es sind **Hydrierungsprozesse. Redoxkörper** sind z. B. Vitamine C und E, die Cytochrome und β-Carotin.

Antioxidanzien sind identisch mit den obengenannten Redoxkörpern. Sie sollen **freie Radikale** (Zwischenprodukte des Stoffwechsels), die als schädlich oder gar als krebsfördernd angesehen werden, neutralisieren.

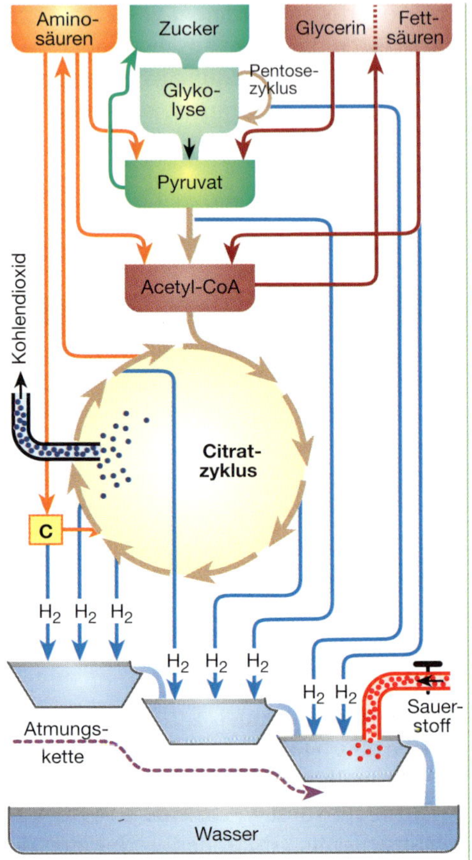

Abb. 4-8 Abbau der Nahrungsstoffe

Schematische Darstellung des Stoffwechsels der Nahrungsstoffe in der Zelle. Entsprechende Linien (Pfeilrichtung) sollen zeigen, in welche „Töpfe" die Abbauprodukte fließen und aus welchen „Töpfen" ein Aufbau von Aminosäuren, Zucker und Fett möglich ist. C = Kohlenstoffskelette aus dem Aminosäurenabbau, die über den Citratzyklus teils zur Herstellung von CO_2, teils von Aminosäuren verwendet werden.

4.8 Proteinsynthese und Vererbung

4.8.1 Nukleinsäuren

Zwischen dem mehr oder weniger abstrakten Begriff der Vererbung und dem kon-

kreten biologischen Vorgang der Proteinsynthese besteht ein enger Zusammenhang. Trägt ein Mensch z. B. das Erbmerkmal dunkle Hautfarbe, so heißt das, daß er bestimmte Enzyme, also Proteine, herstellen kann, die Reaktionen zur Bildung bestimmter Hautpigmente katalysieren.
Alle ererbten und vererbbaren Merkmale sind in verschlüsselter Form in bestimmten Molekülstrukturen niedergelegt. Als Erbmaterial wurde früher der Eiweißanteil der Zellkerne angesehen, man stellte sich ein besonders kompliziert gebautes Eiweißmolekül vor, bis man herausfand, daß es sich um relativ einfach gebaute DNA-Moleküle handelt.
Das DNA-Molekül Desoxyribonukleinsäure (s. Kap. 1.1) besteht chemisch aus **Desoxyribose,** einem 5C-Zucker, **Phosphaten** und 4 verschiedenen Stickstoffbasen: **Adenin, Thymin, Cytosin** und **Guanin,** kurz A, T, C und G. Es gehört, wie RNA, zur Gruppe der **Nukleinsäuren** (deutsch: Kernsäuren). Die Molekülstruktur konnte 1955 von *Watson* und *Crick* als **Doppel-Helix-Modell** aufgeklärt werden. Man kann sich den Bau des Moleküls auch als Strickleiter vorstellen (Abb. 4-9a). Die beiden äußeren Stricke entsprechen den Zucker-Phosphat-Strängen, die Sprossen den paarweise über Wasserstoffbrücken gekoppelten Stickstoffbasen **Adenin, Thymin, Guanin** und **Cytosin,** wobei nur die Kombination A-T oder T-A und G-C oder C-G möglich ist. Die **Reihenfolge** der Basenpaare ist variabel, dieselben Paare können z. B. mehrmals hintereinander vorkommen. Abbildung 4-9b soll die Schraubenform des Moleküls zeigen, Abbildung 4-9c seine Verdopplung.
Vor einer Zellteilung **(Mitose)** müssen die DNA-Moleküle dupliziert werden, damit jede der Tochterzellen die gleiche Information erhält wie die Mutterzelle. Zur Verdopplung trennen sich die Stränge an den Wasserstoffbrücken der Basen, vergleich-

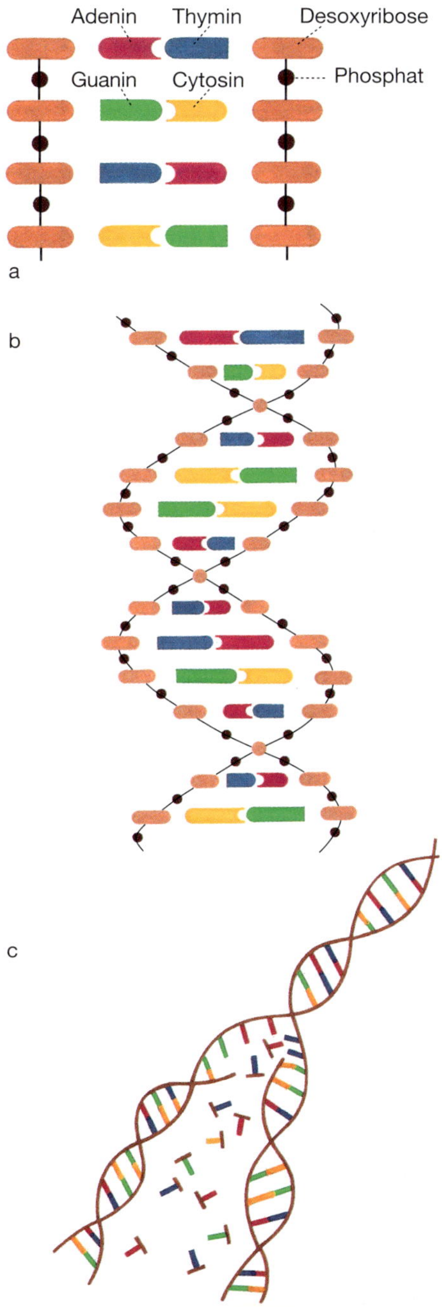

Abb. 4-9 DNA-Aufbau

a) Anordnung der Bausteine. b) Die Doppel-Helix. c) DNA-Verdopplung, jeder der beiden Doppelstränge besteht aus einem „alten" und einem neugebildeten Strang.

bar dem Öffnen eines Reißverschlusses. Passende Basen-, Zucker- und Phosphatteile aus der Umgebung lagern sich an die Molekülhälften an, so entstehen zwei identische Doppelstränge.
Normalerweise, wenn keine Zellteilung stattfindet, sind die DNA-Moleküle fadenförmige, leicht gewundene Gebilde, ein lockeres Netzwerk von unterschiedlicher Dichte. Bei der Zellteilung winden sie sich stärker und verdichten sich zu Strängen, die sich intensiv anfärben und daher **Chromosomen** (gr. Chroma, Farbe) genannt werden. **Gene** sind Chromosomenabschnitte, deren DNA-Sequenz die Information über den Aufbau eines Erbmerkmals enthält, z.B. eines bestimmten Eiweißmoleküls.
Aus den verdoppelten DNA-Doppelsträngen entstehen zwei identische Chromosomensätze, die nach der abgeschlossenen Zellteilung in den Kernen der Tochterzellen wieder eine aufgelockerte Form annehmen. Abbildung 4-10 zeigt den Chromosomensatz des Menschen.

Path Durch Fehler, vor allem bei der Reduktionsteilung (Meiose; s. Kap. 25.14) können Veränderungen im Chromosomensatz auftreten. Durch Brechen, Überkreuzen (Crossing over) und Wiedervereinigen von Chromosomenabschnitten entstehen neue Genkombinationen und damit neue Erbmerkmale. Auch kann es zu überschüssigen Chromosomen kommen, z.B. liegt bei der Trisomie 21 das Chromosom dreifach statt doppelt vor. **Trisomie 21,** auch **Down-Syndrom** genannt, wird durch Chromosomenanalyse nachgewiesen und ist ursächlich nicht behandelbar. Symptome sind u.a.: geistige Behinderung unterschiedlichen Grades, Sprachstörungen, Zahnfehlstellung, mongoloide Lidstellung, Herzfehler, Infektanfälligkeit.

Im Kern sind die DNA-Moleküle in eine Grundsubstanz aus Proteinen eingelagert, von denen die **Histone** eine besondere Bedeutung haben. Sie besitzen basische Seitengruppen, die die sauren Phosphatgruppen der DNA neutralisieren. Sie stellen eine Art Verpackungsmaterial der DNA-Moleküle dar und können die Transkription (s.u.) bestimmter DNA-Abschnitte blockieren.

Das RNA-Molekül

Die Ribonukleinsäure besitzt im Gegensatz zum DNA-Molekül mit seinen 2 Strängen nur **einen,** aber ebenfalls **schraubenartig gewundenen Strang.** Der Zuckeranteil besteht aus **Ribose,** anstatt Desoxyribose, und die Stickstoffbase Thymin ist ersetzt durch **Uracil,** kurz U. Man unterscheidet:

- Messenger-RNA, m-RNA (messenger, engl. Bote)
- Transfer-RNA, t-RNA (transfer, engl. Übertragung)
- Ribosomen-RNA, r-RNA (riband, engl. Band)

Die einzelnen Ribonukleinsäuren haben unterschiedliche Funktionen, wie wir im folgenden sehen werden.

4.8.2 Der genetische Code

Die Eigenart der Eiweiße liegt in der Reihenfolge ihrer Aminosäurebestandteile, ihrer Länge und räumlichen Struktur. Die Peptidbindung ist ein **energetisches Problem,** die korrekte Reihenfolge der Aminosäuren, die Aminosäurensequenz, ein Problem der **Information** und **Informationsübertragung.** Energetische Probleme können über den ATP-ADP-AMP-Mechanismus gelöst werden. Die einzelnen Aminosäuren werden „aktiviert“ (s.u.).
Die Information und Informationsübertragung, die Aminosäuresequenz betreffend, liegt in verschlüsselter Form in den RNA- bzw. DNA-Molekülen vor. Sie muß ent-

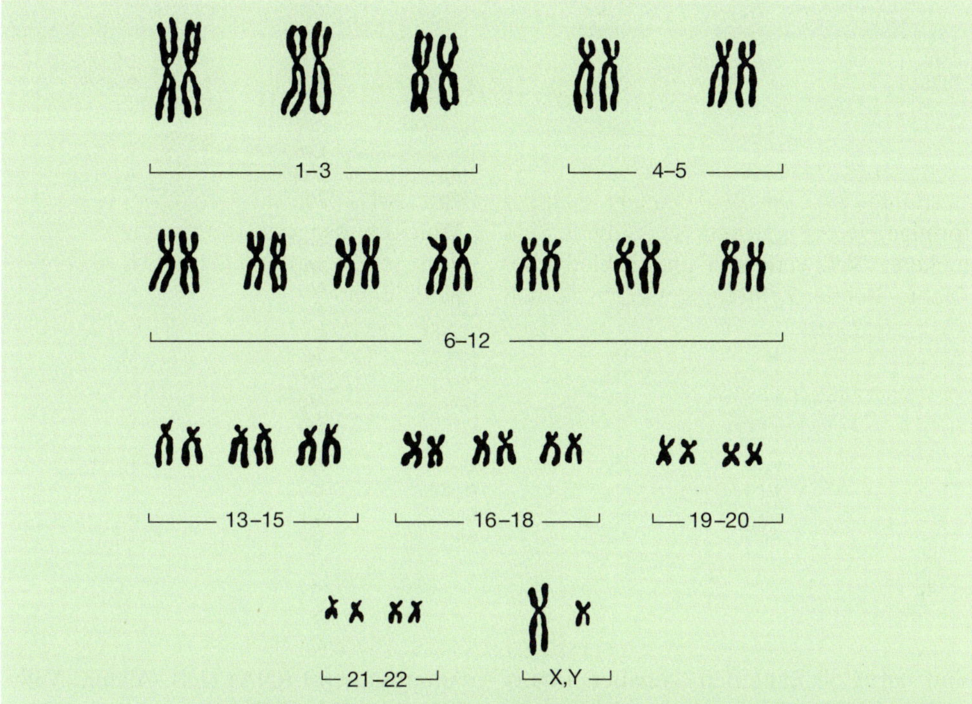

Abb. 4-10 Chromosomensatz

Die Abbildung zeigt den Chromosomensatz menschlicher Körperzellen (diploider Autosomensatz und zwei Geschlechtschromosomen).

schlüsselt und in eine entsprechende Aminosäuresequenz übertragen werden. Die Struktur des RNA-Moleküls läßt erkennen, daß die Information in der linearen Reihenfolge der vier Basen entlang der DNA-Ketten codiert sein muß. Entsprechende Experimente an Bakterien-RNA haben ergeben, welche Basenanordnung einer bestimmten Aminosäure im Protein entspricht. Man kann sich ausrechnen, daß eine einzelne Base als Codewort nicht in Frage kommen kann, da 4 unterschiedliche Basen, A, G, T und C, nur 4 Möglichkeiten ergeben, aus den 20 Aminosäuren eine bestimmte auszuwählen. Zwei aufeinanderfolgende Basen ergeben 4 · 4 = 16 Kombinationen, das ist auch noch nicht ausreichend. Tatsächlich konnte man feststellen, daß die unterschiedliche Reihenfolge von **3 Stickstoffbasen, Tripletts** genannt, zur Entzifferung des genetischen Codes benutzt wird. Allerdings ergeben sich daraus 4 · 4 · 4 = 64 unterschiedliche Kombinationen, 44 zuviel. Nachdem es aber gelungen war, den ganzen Code zu entziffern, stellte man fest, daß für einige Aminosäuren 2–3 Tripletts, auch **Codons** genannt, von gleicher Bedeutung sind. Man spricht bei den sozusagen „überflüssigen" Tripletts vom „degenerierten" Code. Tabelle 4-1 zeigt den genetischen Code für alle 20 Aminosäuren.

Start und **Stop:** AUG und GUG sind Startcodons. Sie sind gleichzeitig die Codons der Aminosäuren Methionin und Valin. Stopsignale sind die Tripletts UAA, UAG und UGA, die keiner Aminosäure als Codon dienen. Start- bzw. Stopmechanismen

Tab. 4-1 Der genetische Code der Aminosäuren

Erste Position	Zweite Position U	C	A	G	Dritte Position
U	Phe	Ser	Tyr	Cys	U
	Phe	Ser	Tyr	Cys	C
	Leu	Ser	**Stop**	**Stop**	A
	Leu	Ser	**Stop**	Trp	G
C	Leu	Pro	His	Arg	U
	Leu	Pro	His	Arg	C
	Leu	Pro	Gln	Arg	A
	Leu	Pro	Gln	Arg	G
A	Ile	Thr	Asn	Ser	U
	Ile	Thr	Asn	Ser	C
	Ile	Thr	Lys	Arg	A
	Met/St.	Thr	Lys	Arg	G
G	Val	Ala	Asp	Gly	U
	Val	Ala	Asp	Gly	C
	Val	Ala	Glu	Gly	A
	Val/St.	Ala	Glu	Gly	G

St. = Start

sind an Coli-Bakterien genauer untersucht.

Der genetische Code ist universell, d.h., **er gilt für alle Lebewesen,** nicht nur für Bakterien und Viren, an denen man seine Grundlagen erforscht hat.

4.8.3 Ribosomen

Ribosomen, so benannt nach ihrem Gehalt an Ribonukleinsäure (r-RNA), sind Teilchen von 15–20 nm Durchmesser. Sie besitzen einen Proteinanteil und bestehen aus 2 Untereinheiten verschiedener Größe, die sich mit der Ultrazentrifuge nach unterschiedlichen Sedimentationskonstanten trennen lassen, 60 S und 40 S. Sie kommen im Plasma teils einzeln, teils aneinandergereiht (Polysomen) vor oder sind an das endoplasmatische Retikulum (s. Kap. 1.1) gebunden. Die Ribosomen spielen ein wichtige Rolle bei der Übertragung der Codons der m-RNA auf die spezifische t-RNA einer Aminosäure (Anticodon) und letztlich beim Entstehen der Aminosäuresequenz. Im Anticodon einiger Aminosäuren-t-RNAs (z.B. Alanin, Valin, Serin) ist Uracil (U) durch Inosin (I) ersetzt, das mit U, C und A der m-RNA Paare bilden kann, wodurch mehrere „degenerierte" Tripletts der t-RNA für eine Aminosäure als „richtig" übersetzt werden können.

Der Ablauf der Proteinsynthese

1. DNA überschreibt die Information an die messenger-RNA.
   a) Der DNA-Doppelstrang öffnet sich an einer bestimmten Stelle, ähnlich wie bei der Verdoppelung. Freie Nukleotideinheiten werden zu einem Strang durch Basenpaarung aneinandergereiht. Am m-RNA-Strang befindet sich Uracil statt Thymin, das sich entsprechend mit Adenin paart. Die m-RNA ist ein spiegelbildlicher Abdruck, eine Matrize, und enthält nun die genetische Information.
   b) Die m-RNA verläßt den Kern durch die großen Poren der Membran und nimmt mit der kleineren Einheit (40 S) eines Ribosoms Verbindung auf.

2. Die freien Aminosäuren werden aktiviert.
   a) ATP reagiert mit der Säuregruppe der Aminosäure unter Freisetzung von Pyrophosphat.
   b) t-RNA, die das spezielle Erkenntnistriplett, auch **Anticodon** genannt, enthält, wird enzymatisch an die Aminosäure angelagert:
   Aminosäure + ATP + t-RNA → Aminosäure-t-RNA + AMP + Pyrophosphat.
   Die Aminosäure mit Anticodon nimmt mit der größeren Einheit (60 S) eines Ribosoms Verbindung auf.
3. Die Proteinkette entsteht im Ribosom (s. Abb. 4-11), wobei sich gleichzeitig 2 Aminosäure-t-RNA-Komplexe befinden, deren Anticodon dem Codon der m-RNA entspricht. Die Aminosäure wird von ihrer t-RNA abgetrennt und in der richtigen Folge an die Polypeptide gereiht. Dies wiederholt sich, bis ein Stopcodon erscheint und das Protein vollständig ist. Proteine mit 150 Aminosäuren können nachweislich in ca. 60 Sekunden gebildet werden.
   Die m-RNA bleibt erhalten und kann immer wieder benutzt werden; auch können an einem Strang mehrere Proteine nacheinander entstehen. Auch die t-RNA-Bruchstücke werden wiederholt benutzt.

4.8.4 Mutationen

Man hat ausgerechnet, daß die DNA-Stränge, die sich im Kern einer einzigen

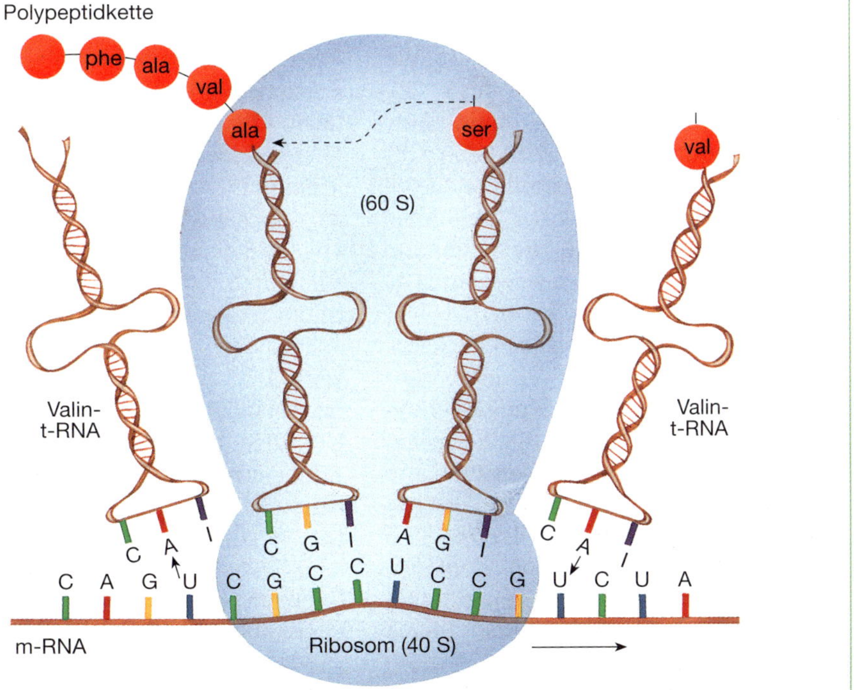

Abb. 4-11 Eiweißsynthese am Ribosom

Entstehung einer Polypeptidkette in einem Ribosom. Zwei Aminosäuren passen mit ihrem spezifischen Anticodon in die Matrize der m-RNA. Sie werden an die links oben entstehende Eiweißkette gereiht, weitere Aminosäuren folgen, bis am m-RNA-Strang ein Stopcodon erscheint und die Eiweißkette abfällt. Die t-RNA-Bruchstücke werden wiederverwendet.

menschlichen Körperzelle befinden, ausgezogen und aneinandergereiht eine Länge von 90 cm ergeben. Etwa 50 Millionen Zellen werden pro Sekunde im Körper neu gebildet (dieselbe Anzahl geht zugrunde). Die neuen Zellen entstehen durch Teilungsvorgänge, und man kann sich ausrechnen, daß sich dabei DNA von 45000 km Länge verdoppelt, einer Länge größer als der Erdumfang (40000 km). Dabei öffnet sich, wie beschrieben, der Doppelstrang reißverschlußartig, und die „richtige" Basenpaarung ist die Voraussetzung, daß in der neuen Zelle die „richtigen" Eiweiße gebildet werden. Was täglich an Kernmaterial neu gebildet wird, kann man sich kaum vorstellen, und es ist erstaunlich, wie selten Irrtümer bei der Basenpaarung vorkommen. Wenn eine einzige Base an einer „falschen" Stelle angelagert wird, ist die Basenfolge verändert, ein verändertes Triplett ist die Folge. Bei der Eiweißsynthese kann aufgrund des veränderten Tripletts eine „falsche" Aminosäure an die Peptidkette gereiht werden, die Aminosäuresequenz ist verändert. Betrifft dies z. B. ein Enzym an seiner funktionell wichtigen Stelle, kann die Enzymfunktion gesteigert oder eventuell so verändert sein, daß ein anderes Substrat bevorzugt wird oder daß es keine Funktion ausüben kann.

Path Wenn eine derartige **Mutation** (mutare, lat. = verändern) z. B. eine Leberzelle des Erwachsenen betrifft, kann die Zelle absterben, ohne daß das Individuum beeinträchtigt wird, denn Tausende von Leberzellen mit ähnlichen Funktionen sind noch vorhanden und werden laufend neu gebildet. Findet dieselbe Mutation zu einem Zeitpunkt statt, in dem die Leber angelegt wird, etwa um den 21.–27. Tag nach der Befruchtung, können alle Leberzellen den Enzymdefekt aufweisen, und das Individuum ist schwer geschädigt.

Mutationen, die in Keimzellen, Ei- oder Samenzellen auftreten, schädigen zwar das Individuum nicht, jedoch seine Kinder. Genmutationen, die sich von Generation zu Generation vererben, sind z. B. Ursache der Rot-Grün-Blindheit, der Bluterkrankheit und anderer Erbkrankheiten. Oft ist dabei nur ein einziges Enzym, durch Austausch einer einzigen Aminosäure, defekt. Mutationen treten gehäuft unter besonderen Umweltbedingungen auf, z. B. bei kosmischer Höhenstrahlung, intensiver Bestrahlung mit ultraviolettem Licht, natürlicher oder künstlicher radioaktiver Strahleneinwirkung. Chemische Auslöser von Mutationen, sog. **Mutagene,** sind u. a. Nitritsubstanzen, Kampfgase (Senfgas) oder das Gift der Herbstzeitlosen, Kolchizin.

Kurz sei noch darauf hingewiesen, daß das Entstehen höherer Organismen aus niederen Organismen im Laufe der Entwicklungsgeschichte (Evolution) nur durch Mutationen möglich war. Durch das Prinzip der „natürlichen Auslese" konnten nur Organismen überleben, denen es durch bestimmte Mutationen und deren Vererbung gelungen war, sich Umweltveränderungen anzupassen, wie Kälteeinbrüchen (Eiszeit), großer Hitze, extremer Trockenheit oder Feuchtigkeit.
Künstlich herbeigeführte Veränderung des Erbmaterials bei Pflanze und Tier ist in zunehmendem Ausmaß möglich geworden. Die Verfahren werden **Gentechnologie** genannt. Sie bestehen in der Isolierung genetischen Materials zur Bildung neuer Kombinationen von genetischem Material und zur Wiedereinführung **(Gentransfer)** und Vermehrung der neu zusammengestellten Nukleinsäuren in anderen Zellen, sog. Wirtszellen.
Durch die Gentechnologie läßt sich die genetische Information für menschliche

Hormone, z.B. Insulin (s. Kap. 25.10), das Wachstumshormon STH (s. Kap. 25.3.2) oder den für Bluter lebensnotwendigen Faktor VIII (s. Kap. 11.9.3), auf geeignete Wirtszellen übertragen, um diese zur Produktion des betreffenden Hormons oder anderen Stoffes zu veranlassen. Im Falle des Insulins dient das Bakterium Escherichia coli als Wirtszelle. Der Vorteil des so erzeugten menschlichen Insulins für Zuckerkranke besteht darin, daß es frei ist von den Begleitstoffen der bisher verabreichten tierischen Insulinpräparate, die oft Allergien auslösen.
Da die Gentechnologie im Prinzip ermöglicht, ein bestimmtes Gen in eine menschliche Zelle einzuführen, z.B. um einen Menschen und dessen Nachkommen gegen eine bestimmte Viruserkrankung resistent zu machen, könnte auch ein Mißbrauch dieser Technologie möglich sein. Die Gefahren werden mit dem Schlagwort **Genmanipulation** umschrieben. Bisher wird Genmanipulation in großem Umfang an Pflanze und Tier zum Vorteil des Menschen betrieben.
Unter einem **Klon** versteht man eine Gruppe von genetisch identischen Zellen. Aus solchen Zellen durch Teilung und Zelldifferenzierung hervorgehende (klonierte) Organismen sind ebenfalls genetisch nicht voneinander zu unterscheiden. Es ist prinzipiell möglich, aus den Erbinformationen einer beliebigen Körperzelle eines Lebewesens ein geklontes, also dem Spender genetisch exakt gleichendes Lebewesen zu erzeugen. Voraussetzung dafür ist, daß es gelingt, den entnommenen Zellkern gegen den Kern einer unbefruchteten Eizelle auszutauschen, da diese zu Teilung und differenzierendem Wachstum befähigt ist.

Kurzgefaßt

DNA-Moleküle, doppelsträngig, enthalten den **genetischen Code, m-RNA-Moleküle,** einsträngig, enthalten einen spiegelbildlichen Abdruck, eine Matrize des genetischen Codes.
t-RNA-Moleküle enthalten den Anticodon für 3 aufeinanderfolgende Stickstoffbasen (Triplett, Codon), spiegelbildlich der m-RNA. Jeder Aminosäure entspricht 1 (bzw. 2–3) Codon, den sie durch ihren speziellen t-RNA-Anticodon erkennen kann.
Im **Ribosom** treffen sich m-RNA und t-RNA-Aminosäurekomplex, und die Eiweißkette kann in vorgesehener Reihenfolge der Aminosäuren (Aminosäurensequenz) gebildet werden.
Mutationen können durch Fehler bei der Übertragung des genetischen Codes entstehen.
Genetisch identische Zellen oder Organismen werden als **Klon** bezeichnet. Ein Klon kann künstlich erzeugt werden.

4.8.5 Vererbungsregeln

Wie in Kapitel 4.8.1 beschrieben, sind in den **Genen der Chromosomen** die Informationen über die **Merkmale** eines Organismus enthalten. Diese Merkmale werden nach bestimmten **Regeln** von den Eltern auf ihre Kinder vererbt. Ei- und Samenzelle enthalten durch die vorausgehende Reduktionsteilung **(Meiose,** s. Kap. 25.14) jeweils nur einen einfachen Chromosomensatz, also 23 statt 46 Chromosomen. Es können bei dieser Teilung zwei verschiedene Typen von Ei- und Samenzellen entstehen, abhängig davon, welcher der beiden Chromosomensätze in die Geschlechtszelle gelangt. Durch die Verschmelzung von Ei- und Samenzelle, die Befruchtung, entsteht wieder ein doppelter Chromsomensatz, der dann in allen Körperzellen (außer den reifen Geschlechtszellen) zu finden ist und der die spezifischen Merkmale eines Individuums bestimmt. Diese Merkmale hängen sowohl von den vom Vater als auch von den von der Mutter vererbten Genen ab.

Die Gene für ein bestimmtes Merkmal liegen auf den väterlichen wie den mütterlichen Chromosomen an der gleichen Stelle und werden **Allele** genannt. Sind die beiden Allele identisch, spricht man von einem **homozygoten** (reinerbigen) Merkmal, sind sie verschieden, ist das Merkmal **heterozygot** (mischerbig). Die Gesamtheit aller genetischen Informationen, die im Chromosomensatz eines Organismus gespeichert ist, wird als **Genotyp** bezeichnet, die Ausprägung der dazugehörigen Merkmale, das Erscheinungsbild, nennt man den **Phänotyp.**

Betrachten wir zunächst die Vererbung eines bei Vater und Mutter jeweils homozygot vorliegenden Merkmals. In Abbildung 4-12 hat der Vater auf beiden Allelen die Anlage A, die zur Ausprägung der Blutgruppe A (s. Kap. 11.11.1) führt, die Mutter auf beiden Allelen die Anlage B, die die Ausprägung der Blutgruppe B bewirkt. Da beide Allele unabhängig voneinander vererbt werden können, gibt es für die Erbanlagen der Kinder dieser Eltern vier Kombinationsmöglichkeiten. Sie sind in diesem Fall alle gleich und ergeben die heterozygote Kombination AB, die die Ausprägung der Blutgruppe AB zur Folge hat. Da sich alle Kinder in diesem Merkmal gleichen, wird der entsprechende Erbgang als **Uniformitätsregel** oder (nach ihrem Entdecker, dem Augustinerpater und Naturforscher *Gregor Mendel*) **als 1. Mendelsche Regel** bezeichnet.

Die Abbildung 4-13 beschreibt die Vererbung von heterozygoten Erbanlagen. Vater und Mutter haben die Blutgruppe AB. Die sich daraus ergebenden vier Allelkombinationen der Kinder führen mit 50% Wahrscheinlichkeit zur Blutgruppe AB, wie sie auch bei den Eltern vorliegt, mit je 25% Wahrscheinlichkeit erhalten die Nachkommen aber die homozygote Anlage AA, also Blutgruppe A, oder die homozygote Anlage BB, also Blutgruppe B. Diese Regel ist die **Aufspaltungsregel** oder **2. Mendelsche Regel.**

Viele Merkmale eines Organismus, auch die das äußere Erscheinungsbild eines Menschen prägenden, wie z. B. Form der Nase, Haut-, Haar- und Augenfarbe, werden durch jeweils mehrere Gene bestimmt, die unabhängig voneinander vererbt werden. Je mehr Gene es sind, desto mehr Kombinationsmöglichkeiten gibt es für die Nachkommen, d. h. es entsteht eine Vielzahl von unterschiedlichen Ausprägungen eines Merkmals. Diese Art der Vererbung bezeichnet man als **Unabhängigkeitsregel** oder **3. Mendelsche Regel.**

Bei heterozygoten Allelen ist die für den Phänotyp entscheidende Wirkung der beiden Gene oftmals ungleich. Beeinflussen

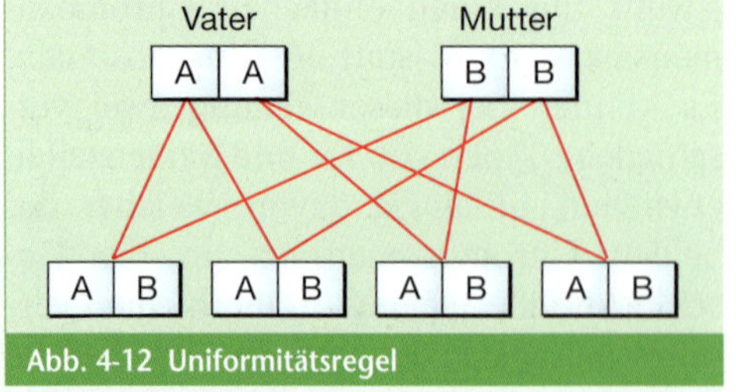

Abb. 4-12 Uniformitätsregel

Vererbung von homozygoten Erbanlagen.

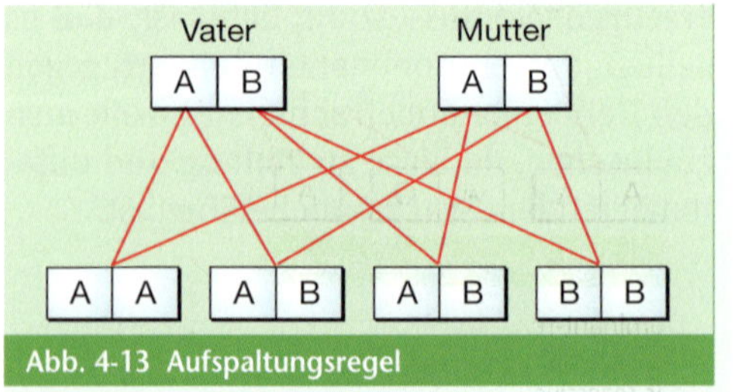

Abb. 4-13 Aufspaltungsregel

Vererbung von heterozygoten Erbanlagen.

beide Allele die Ausprägung des Merkmals, spricht man von einem **intermediären Erbgang.** Bestimmt die genetische Information nur eines Allels den Phänotyp, wird dieses als **dominant** bezeichnet. Es überdeckt die Wirkung des anderen Allels, das **rezessiv** genannt wird. Kommen beide Allele gleich stark zur Wirkung, wie das z. B. bei der Blutgruppe AB der Fall ist, sind die Gene **kodominant.**
Die Abbildungen 4-14a und b zeigen Beispiele für den dominant-rezessiven Erbgang anhand der Blutgruppen des AB0-Systems (s. Kap. 11.1.1). Hier ist das Allel 0 (Null) rezessiv gegenüber A und B. Wenn nur ein Elternteil die Anlage 0 trägt und der andere homozygot A ist, werden alle Kinder wegen der Dominanz von A phänotypisch die Gruppe A haben. Mit je 50% Wahrscheinlichkeit werden sie homozygot AA oder heterozygot A0 sein, d. h. letztere sind Träger (Konduktoren) des rezessiven Allels 0 und können es wiederum weitervererben. Wenn Vater und Mutter heterozygot das rezessive Gen tragen, besteht nach der Aufspaltungsregel eine 25%ige

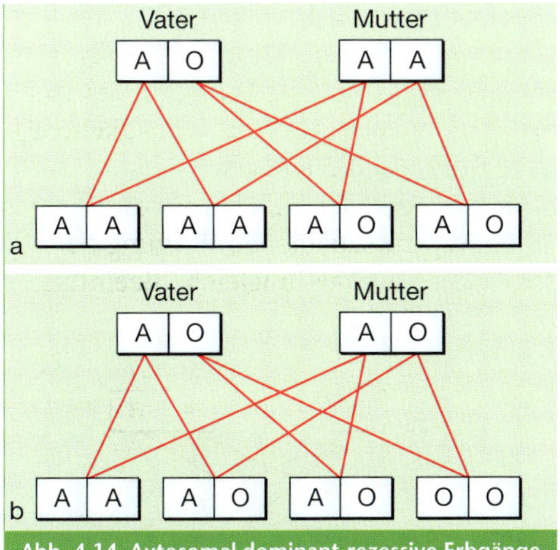

Abb. 4-14 Autosomal dominant-rezessive Erbgänge

Dominant-rezessiver Erbgang, a) wenn nur ein Elternteil das rezessive Gen 0 besitzt, b) wenn beide Elternteile das rezessive Gen 0 tragen.

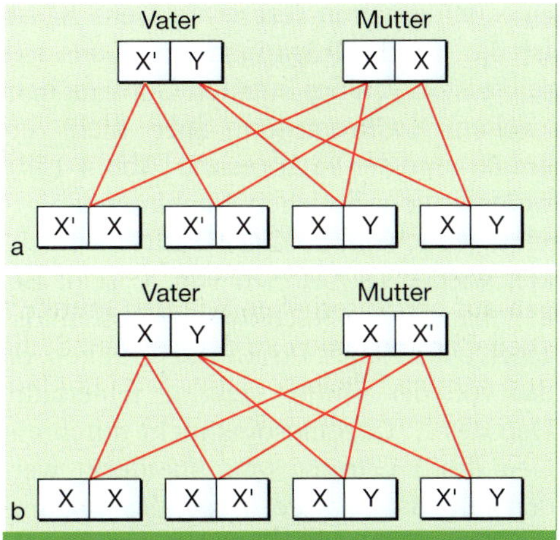

Abb. 4-15 X-chromosomal dominant-rezessive Erbgänge

X-chromosomal dominant-rezessiver Erbgang,
a) wenn der (erkrankte) Vater Träger des fehlerhaften rezessiven Gens X' ist.
b) wenn die (gesunde) Mutter Trägerin des fehlerhaften rezessiven Gens X' ist.

Wahrscheinlichkeit, daß ein Kind homozygot 00 ist und damit auch phänotypisch die Blutgruppe 0 besitzt.
Der dominant-rezessive Erbgang gilt für eine Reihe von **Erbkrankheiten.** Dabei können die zur Krankheit führenden Gene auf einem der 22 gleichartig aufgebauten Chromosomenpaare, den **Autosomen,** oder auf den **Geschlechtschromosomen,** XX bei der Frau bzw. XY beim Mann, liegen.

Path Autosomal-rezessiv wird u. a. die **Mukoviszidose** vererbt, eine der bei uns häufigsten Erbkrankheiten, die zu starken Lungenfunktions- und Verdauungsstörungen führt. X-Chromosomal-rezessiv werden z. B. die klassische Bluterkrankheit **Hämophilie A** (s. Kap. 11.9.3) und **Farbensinn-Störungen** wie die Rot-Grün-Schwäche und die Rot-Grün-Blindheit (s. Kap. 18.4.3) vererbt.

Abbildungen 4-15a und b zeigen den X-chromosomalen Erbgang für die Fälle, daß entweder die Mutter oder der Vater Träger eines fehlerhaften rezessiven Gens X' ist. Ist die Mutter Trägerin dieses Gens (sie selbst ist wegen des intakten Gens auf dem zweiten X-Chromosom aber nicht erkrankt) und der Vater gesund (Abb. 4-15b), werden alle weiblichen Nachkommen gesund, jedoch mit 50%iger Wahrscheinlichkeit wieder Trägerinnen von X' sein. Bei den männlichen Nachkommen besteht dagegen ein 50%iges Risiko zu erkranken, da das von der Mutter vererbte fehlerhafte Gen des X' Chromosoms nicht durch ein Gen des Y-Chromosoms überdeckt werden kann. Ist der Vater Träger des X'-Chromosoms und deshalb auch erkrankt, die Mutter aber nicht Trägerin von X', sind alle Kinder gesund (Abb. 4-15a). Die weiblichen Nachkommen sind jedoch alle Trägerinnen des fehlerhaften Gens.

Path An X-chromosomal-rezessiv vererbten Krankheiten erkranken folglich Frauen sehr viel seltener als Männer, da bei den Frauen die Krankheit nur dann auftritt, wenn sie auf beiden Geschlechtschromosomen defekte Gene, also zwei X'-Chromosomen, besitzen. Von der **Bluterkrankheit** sind deshalb fast ausschließlich Männer betroffen. An angeborenen **Störungen des Farbensehens** leiden in unserer Bevölkerung 8% der Männer und nur 0,4% der Frauen.

Kurzgefaßt

Die in den Genen der Chromosomen festgelegten Erbmerkmale werden nach den *Mendel*schen Regeln vererbt. Erbgänge können **intermediär** oder **dominant-rezessiv** sein. Viele Erbkrankheiten werden dominant-rezessiv vererbt. Das zur Krankheit führende Gen kann auf einem der 22 gleichartigen Chromosomenpaare, den **Autosomen,** oder auf den Geschlechtschromosomen liegen. Autosomal-rezessiv wird z. B. die **Mukoviszidose,** X-chromosomal rezessiv z. B. die Bluterkrankheit und die Rot-Grün-Blindheit vererbt.

5 Transportvorgänge

Der Transport von Stoffen von einem Ort des Körpers zum anderen ist ein wichtiger Vorgang des Lebens. Nahrungsstoffe müssen aus der Umwelt in den Körper aufgenommen werden, sie bzw. ihre Bausteine müssen in die Zellen zur Energiegewinnung transportiert werden. Abbauprodukte müssen zur weiteren Verwendung oder Ausscheidung aus den Zellen abtransportiert werden. Botenstoffe (Hormone) werden in Zellen gebildet, treten ins Blut ein und werden im Blutkreislauf zu bestimmten Organen transportiert, wo sie meist wieder in Zellen eindringen müssen, um ihre Wirkung zu entfalten.

Wir gebrauchen den Begriff Transport für alle Ortsveränderungen von Stoffen, Flüssigkeiten und Gasvolumina, wenngleich in jüngerer Zeit versucht wird, den Begriff auf solche Prozesse zu beschränken, bei denen für den Ablauf eine Energiezufuhr erforderlich ist, auch **aktiver Transport** genannt; der Gegensatz dazu ist **passiver Transport,** worunter vor allem Diffusion und Osmose (s. u.) fallen.

Die **Zellmembranen** sind einerseits Hindernisse für den Stofftransport, andererseits ermöglichen sie, bei einer begrenzten Durchlässigkeit **(Permeabilität),** für bestimmte Stoffe nötige Konzentrationsunterschiede zwischen Zellinnerem und dem Zwischenzellraum (Interstitium) aufrechtzuerhalten. In ähnlicher Weise trennen die **Blut- und Lymphgefäßwände** den Zwischenzellraum vom Blutplasma bzw. der Lymphflüssigkeit. Die Vorgänge, die den Transport von Stoffen über diese Hindernisse hinweg möglich machen, sind Diffusion, Filtration, Osmose, Transport mit Trägermolekülen, Pinozytose, Exozytose und Phagozytose.

5.1 Diffusion

Diffusion ist die Wanderung von Teilchen (Molekülen, Ionen) vom Ort höherer zum Ort niederer Konzentrationen. Die Ursache ist, daß sich die Teilchen, z. B. in Wasser, dauernd bewegen. Der englische Botaniker *Brown* beobachtete 1827 unter dem Mikroskop, daß Blütenstaub (Pollen) sich im Wasser unregelmäßig hin- und herbewegte. Die Bewegung ist sprunghaft, weil Teilchen auf andere prallen und dann abgestoßen werden.

Man nennt das bis heute **Brownsche Molekularbewegung.** Daß sich die Teilchen in größerer Zahl zum Ort niederer Konzentration bewegen, liegt daran, daß sie dort seltener mit anderen Teilchen zusammenstoßen. Zwar werden immer auch Moleküle zu Orten höherer Konzentration wandern, aber im Mittel werden mehr zu Orten niederer Konzentration gelangen, das nennt man **diffundieren.** Die Beweglichkeit der Teilchen hängt vom Lösungsmittel, allgemeiner von dem Medium ab, in dem sie sich befinden, denn auch in Gasen und festen Körpern gibt es Diffusion. In Gasen ist sie am größten. Außerdem hängt die Beweglichkeit von der Molekülgröße ab. Tabelle 5-1 gibt eine Zusammenstellung von verschieden großen Molekülen und deren „Diffusionsfähigkeit", ausgedrückt durch den **Diffusionskoeffizienten D.** Außer dem Gewicht spielt auch die

Tab. 5-1 Molekularmassen und Diffusionskoeffizienten einiger Moleküle

Molekül	Molekularmasse (Da)	D (cm^2/s) bei 20 °C
O_2	32	$1{,}9 \cdot 10^{-5}$
NaCl	58	$1{,}6 \cdot 10^{-5}$
$CaCl_2$	111	$1{,}3 \cdot 10^{-5}$
Glukose	180	$6{,}7 \cdot 10^{-6}$
Hämoglobin	65 000	$6{,}9 \cdot 10^{-7}$
Desoxyribonucleinsäure	6 000 000	$1{,}3 \cdot 10^{-8}$

Form der Moleküle eine Rolle bei der Geschwindigkeit der Diffusion.

Verglichen mit anderen Transportvorgängen ist der Diffusionsprozeß langsam. In den Zellmembranen und deren kleinen Dimensionen von 1/1000 mm und weniger spielt er jedoch eine wichtige Rolle. Wie langsam der Prozeß ist, wird klar, wenn wir daran denken, wie lange es dauert, bis sich Zucker in einem Getränk gleichmäßig verteilt. Selbst in einem heißen Getränk, in dem die Diffusionsgeschwindigkeit groß ist, dauert uns die Verteilung zu lange, wir rühren um, d. h. wir erzeugten Konvektion (s. Kap. 5.6).

Die Menge M eines Stoffes, die pro Zeit t durch eine Membran der Fläche F und Dicke d diffundiert, ist vom Konzentrationsunterschied des Stoffes auf beiden Seiten (c_1-c_2) abhängig. Vereinfacht lautet die Gesetzmäßigkeit:

$$\frac{M}{t} = D \frac{F}{d} (c_1 - c_2),$$

wobei D der schon genannte Diffusionskoeffizient ist. Tabelle 5-1 zeigt, wie klein er z. B. für die Moleküle O_2 und Glukose in wäßriger Lösung bei 20 °C ist. Sauerstoff würde durch eine Membran von 1 mm Dicke und 1 m^2 Fläche bei einem Konzentrationsgefälle von 21 ml O_2/dl (c_1) ($c_2 = 0$) nur mit einer Rate von 0,5 ml O_2 pro min diffundieren. Da die Austauschflächen des Körpers sehr groß sind, in der Lunge z. B. ca. 70 m^2, und die Membranen sehr dünn sind, in der Lunge 1/1000 mm, können dort bis zu 5000 ml O_2/min diffundieren.

5.2 Filtration

Filtration ist Transport von Flüssigkeiten durch einen Filter oder eine Membran, die nicht alle Teilchen der Flüssigkeit passieren können (Porengröße). Die **Filtratmenge** wird durch die **Druckdifferenz** zwischen beiden Seiten des Filters und dessen Fläche bestimmt (Abb. 5-1). Im Körper findet Filtration hauptsächlich in den Haargefäßen (Kapillaren) des Blutkreislaufs statt (s. Kap. 12). Die Druckdifferenz zwischen Kapillarinnerem und dem Zwischenzellraum bestimmt bei einer gegebe-

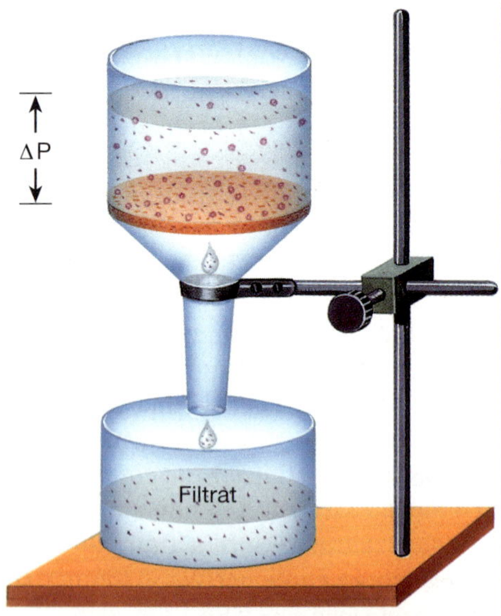

Abb. 5-1 Filtration

Das Filter läßt nur das Lösungsmittel und die kleinen Teilchen durchtreten. Der Filtrationsdruck ΔP wird durch die Höhe der Wassersäule im Trichter bestimmt.

nen Austauschfläche, hier Kapillaroberfläche, die Filtratmenge. Die „Porenweite" der Kapillarwand läßt nur eine Filtration von Teilchen bis zu einer Molekularmasse von ca. 60000 Da zu, d.h., Blutkörperchen und Eiweiße verlassen die Blutbahn nicht; man spricht von **Ultrafiltration.** In den Nieren werden ca. 10% vom sie durchströmenden Blut abfiltriert, das sind etwa 170 l Filtrat innerhalb 24 Stunden (s. Kap. 15.2.1).

5.3 Osmose

Osmose kann man als Diffusion von Lösungsmittel entsprechend seinem Konzentrationsgefälle durch eine nur für das Lösungsmittel durchlässige Membran bezeichnen. In Abbildung 5-2 ist der Vorgang grob schematisch dargestellt. Das Lösungsmittel diffundiert entsprechend seinem Konzentrationsgefälle durch die Membran in das innere Gefäß. Dies geschieht so lange, bis die der Diffusion entgegenwirkende Kraft, der Druck der Wassersäule, den Vorgang zum Stehen bringt. Die Kraft, mit der sich das Lösungsmittel in die Lösung mit höherer Konzentration anderer Teilchen bewegt, kann also durch die Höhendifferenz der beiden Flüssigkeitsspiegel (Druckdifferenz) gemessen werden. Es ist eine Kraft pro Fläche, ein Druck; man spricht deshalb vom **osmotischen Druck** (P_{osm}). Er ist von der Anzahl der Teilchen (n) in einem bestimmten Volumen (V), von der Temperatur (T) und einer Konstanten (R) wie folgt abhängig:

$$P_{osm}V = nRT.$$

Da jede 1-molare Lösung pro Liter (1 mol/l) die gleiche Anzahl von Teilchen enthält (s. Kap. 2.3), müßte auch ihr osmotischer Druck gleich sein, nämlich 2270 kPa (22,4 Atmosphären). Das ist aber aus zwei Gründen nicht der Fall:

1. In höher konzentrierten Lösungen, wie sie z.B. eine solche von 1 mol/l darstellt, beeinflussen sich die Moleküle infolge ihrer dichten Packung gegenseitig, und der gemessene osmotische Druck ist niederer als der errechnete. Man gebraucht deshalb auch die Bezeichnung **osmotische Aktivität.**
2. Verbindungen, die aus 2 Ionenarten bestehen, wie z.B. Kochsalz aus Na^+ und Cl^- (s. Kap. 2.5), ergeben die doppelte Teilchenzahl und damit den doppelten osmotischen Druck.

Um die osmotischen Drucke verschiedener Lösungen miteinander vergleichen zu können, hat man die Bezeichnung **osmol** eingeführt. Eine Glukoselösung von 180 g/l ist, da die Molekularmasse 180 Da beträgt, 1 mol/l und auch 1 osmol/l (gekürzt osm/l). Eine Kochsalzlösung von 58 g/l (5,8%) ist, da die Molekularmasse 58 g beträgt, eben-

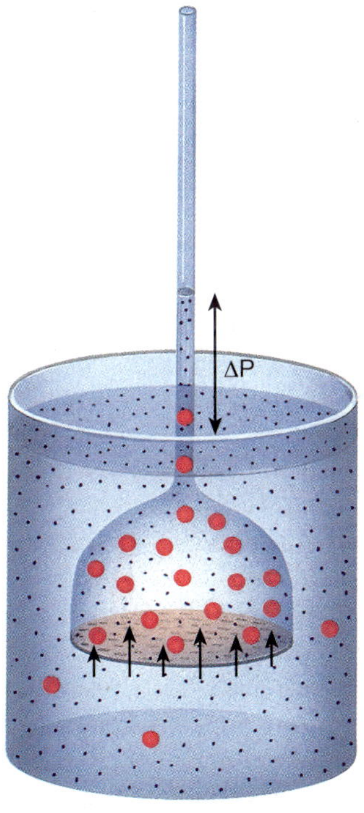

Abb. 5-2 Osmose

Nur die kleinen Teilchen und das Lösungsmittel können durch die Membran diffundieren. Im Endzustand ist der durch die Höhendifferenz der beiden Flüssigkeitsspiegel verursachte Druck gleich dem osmotischen Druck.

falls 1-molar (1 mol/l), aber wegen der Dissoziation in 2 Ionen 2 osm/l.
Demnach haben eine 1-molare Glukoselösung und eine $^1/_2$-molare Kochsalzlösung den gleichen osmotischen Druck (1 osm/l), sie sind einander **isoton** (gleicher Druck). Eine **physiologische Kochsalzlösung** mit 0,9% NaCl (Molekularmasse 58,44 Da) ist dem Inhalt der roten Blutkörperchen isoton, sie hat eine Konzentration von 0,154 mol/l; das entspricht einer Osmolarität von 0,308 osm/l.
Bei den niederen Konzentrationen vieler Stoffe in den Körperflüssigkeiten bevorzugt man die Bezeichnung milliosmol (mosm/l). Die o.a. Lösung wird daher als 308 mosm/l angegeben. Lösungen, die einen höheren osmotischen Druck, als er im Inneren der roten Blutkörperchen herrscht, haben, nennt man **hyperton.** Wasser diffundiert aus den Zellen in die Lösung, die Zellen schrumpfen. Umgekehrt schwellen sie bzw. platzen sogar, wenn die Lösung **hypoton** ist (s. Kap. 11.3).
Der osmotische Druck einer physiologischen Kochsalzlösung ist:

0,31 osm/l · 2270 kPa/osm/l = 704 kPa
(7 Atmosphären).

Man muß sich darüber im klaren sein, daß dieser hohe osmotische Druck an keiner Stelle im Körper wirksam wird. Er kann nur an einer Membran auftreten, die nur für Wasser durchlässig ist, und die gibt es im Körper nicht.
Durch die Kapillarwände treten alle Teilchen außer den Eiweißen des Plasmas (und natürlich den Blutzellen). Osmotisch wirksam (effektiv) können also nur die Eiweißmoleküle werden; man spricht deshalb auch vom **effektiven osmotischen Druck,** der im Plasma etwa 3 bis 4 kPa beträgt und also verschwindend klein ist gegenüber dem errechneten für die nur wasserdurchlässige Membran von über 700 kPa. Dennoch ist dieser kleine osmotische Druck entscheidend für den Flüssigkeitswechsel zwischen Blutgefäßen und Zwischenzellraum (s. Kap. 12.4.3). Weil dieser Druck nur durch die großen Moleküle, allgemeiner Kolloide genannt, zustande kommt, heißt er **kolloidosmotischer Druck.** Der effektive osmotische Druck wird also von der Durchlässigkeit der betreffenden Membran und der Anzahl jener Teilchen bestimmt, die nicht durch die Membran diffundieren können.

5.4 Transport mit Trägermolekülen

Der Durchtritt von Molekülen durch eine Membran oder auch der Transport innerhalb von Zellen kann durch Bindung an Trägermoleküle **(Carrier)** erleichtert werden. Wenn der Transport in Richtung der niederen Konzentration des transportierten Moleküls verläuft, nennt man das erleichterte Diffusion, besser wäre die Bezeichnung **beschleunigte Diffusion.** Geschieht der Transport entgegen dem Konzentrationsgefälle, spricht man von **aktivem Tansport.** Er erfordert Energiezufuhr, die in der Zelle meist durch Spaltung von ATP (s. Kap. 4) geliefert wird.
Die **elektrische Ladung** der Durchtrittskanäle spielt beim Transport kleinerer Moleküle wie H^+, HCO_3^-, K^+, Na^+, Ca^{++} usw. eine wichtige Rolle; sie kann sich zeitweise umkehren (s. Kap. 6). Die zeitweise Blockierung der Kanäle geschieht enzymatisch.

5.5 Transport von Eiweißen und anderen großen Molekülen

Keiner der bisher genannten Transportvorgänge würde den Transport von Eiweißen, also Polypeptiden, durch Membranen ohne vorherige Spaltung in Aminosäuren ermöglichen. Man weiß aber, daß eine Reihe von Hormonen, die Polypeptide sind, ungespalten Zellen verlassen oder in solche eintreten. Dafür kommen zwei Vorgänge in Frage:

- Die **Phagozytose,** das Fressen der Zellen, wie es einige weiße Blutzellen, die Phagozyten, vor allem mit Bakterien machen. Der Vorgang kann unter dem Mikroskop beobachtet werden. Die Zelle „umfließt" Bakterien, abzubauende Körperzellen und kleine Fremdkörper, bis sie ganz eingeschlossen sind (Abb. 5-3).

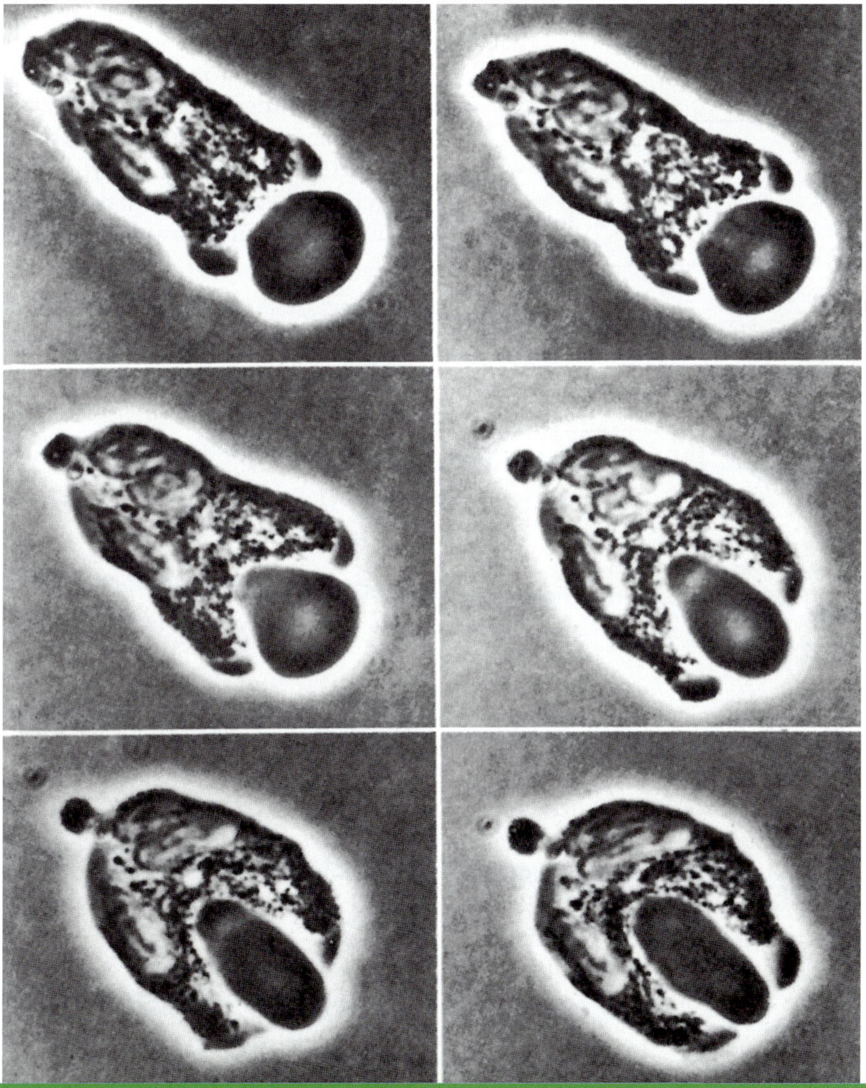

Abb. 5-3 Phagozytose

Stadien der Phagozytose eines Erythrozyten. Die Freßzelle umfließt die abzubauende Zelle, nimmt sie auf und verdaut sie.

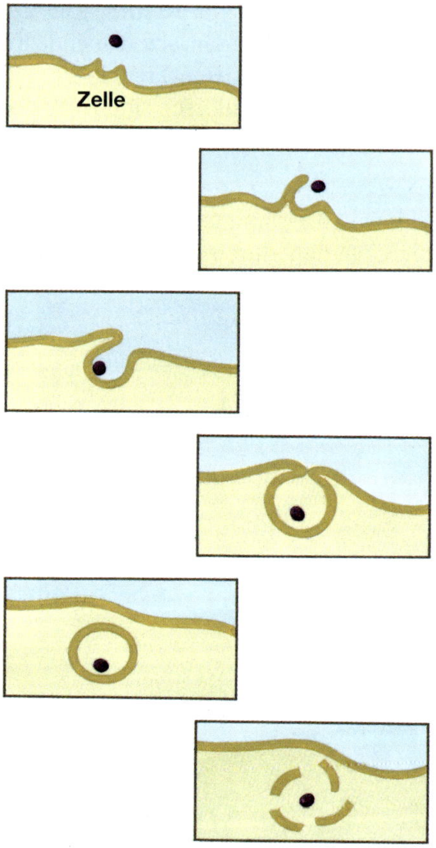

Abb. 5-4 Pinozytose

Aufnahme eines Teilchens in eine Zelle durch Pinozytose.

- Die **Pinozytose,** wörtlich übersetzt das „Zelltrinken", auch **Bläschentransport** genannt, ist der gleiche Prozeß für gelöste Teilchen. Abbildung 5-4 stellt den Vorgang schematisch dar. Man stellt sich vor, daß die Zelloberfläche Strukturen hat, an die sich die Teilchen anlagern. Die Zellmembran stülpt sich dann an dieser Stelle bis zur intrazellulären Abschnürung ein. Die Membran wird dann in der Zelle aufgelöst. Der umgekehrte Vorgang wird **Emeiozytose,** wörtlich „Zellerbrechen", oder **Exozytose** genannt.

5.6 Konvektion

Die größten Volumina werden über die größten Strecken im Körper durch den Vorgang des Massenflusses (Konvektion) befördert. Er ist leicht einsehbar, z. B. wird das Wasser in einem Fluß oder einem Gartenschlauch so befördert. Die erforderliche Kraft wird durch das Wassergefälle zwischen Quelle und Flußmündung oder Wasserreservoir und Schlauchmündung geliefert (Abb. 5-5). Im Körper wird das **Blut** so befördert. Das Herz erzeugt im wesentlichen die erforderliche Druckdifferenz (ΔP). Die **Atemgase** werden ebenfalls durch Konvektion befördert. Bei der Einatmung wird durch Erweiterung des Brust-

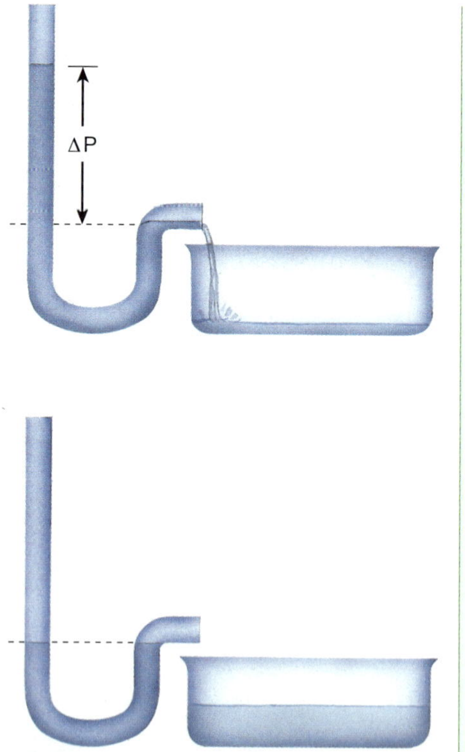

Abb. 5-5 Konvektion

Beispiel zum Massenfluß. Die Flußmenge wird durch die Wasserdruckdifferenz ΔP bestimmt.

korbs und damit der Lunge eine Druckdifferenz zur Außenluft erzeugt. Luft strömt in die Lunge; bei der Ausatmung geschieht das Umgekehrte.

Kurzgefaßt

Diffusion ist Wanderung von Teilchen vom Ort hoher zum Ort niedriger Konzentration. Der Prozeß spielt eine Hauptrolle beim Austausch von Gasen in der Lunge und den Geweben sowie beim Austausch kleinerer Moleküle zwischen Blutgefäßen und Geweben, zwischen Darm und Blutkreislauf sowie in der Niere.

Filtration ist Abpressung von Flüssigkeiten durch Membranen, die nicht alle Teilchen der Flüssigkeit passieren lassen. Der Vorgang spielt eine Rolle beim Flüssigkeitsaustausch in den Kapillaren und der Niere.

Osmose ist eine durch eine Membran, die nur Lösungsmittel passieren läßt, modifizierte Diffusion. Die osmotische Kraft/Fläche, der osmotische Druck, wird außer von einer Konstanten und der Temperatur von der Teilchenzahl, die die Membran nicht passieren kann, bestimmt. Der osmotische Druck der Plasmaeiweiße **(kolloidosmotischer Druck)** spielt beim Flüssigkeitswechsel zwischen Kapillarblut und Geweben eine wichtige Rolle.

Transport von Stoffen mit **Trägermolekülen (Carrier)** beschleunigt bei Transport in Richtung der niederen Konzentration die Diffusion (erleichterte Diffusion), bei Transport entgegen dem Konzentrationsgefälle handelt es sich um einen Energie verbrauchenden **aktiven Transport.**

Große Moleküle, wie z.B. Eiweiße, können von Freßzellen aufgenommen **(Phagozytose)** oder durch Einschluß von Bläschen **(Pinozytose)** transportiert werden.

Große Gasvolumina (Atemwege) und Flüssigkeitsvolumina (Blut und Lymphe) werden durch **Konvektion** (Massenfluß) befördert. Der Fluß erfolgt in Richtung des Druckgefälles.

6 Elektrische Erscheinungen des Nervensystems

An allen Zellgrenzen sind elektrische Spannungen (Potentiale) zu messen, da die Verteilung von geladenen Teilchen zwischen Zellinnerem und -äußerem ungleichmäßig ist. In den meisten Zellen des menschlichen Körpers ist z. B. die Kaliumkonzentration (K^+) erheblich höher als im Zwischenzellraum (Interstitium); umgekehrt verhält es sich mit der Natriumkonzentration (Na^+). Die Zellgrenzen sind für die einzelnen Ionen (s. Kap. 5) unterschiedlich durchlässig. Durch zwei Tatsachen, erstens das **Konzentrationsgefälle** ladungstragender Teilchen (Ionen) und zweitens die **Durchlässigkeit** für nur eine Ladungsträgerart, entsteht an der Zellgrenze ein elektrisches Potential (Abb. 6-1). Der „Kraft" der **Diffusion** der positiven Ladungsträger (Kationen) wirkt die Kraft der **elektrostatischen Anziehung** entgegen, d. h. je größer der Konzentrationsunterschied für das potentialbildende Ion, desto größer die „Spannung" zwischen den beiden Seiten der Membran.

6.1 Ruhemembranpotential

Bei **Muskel- und Nervenzellen** sind die Konzentrationsunterschiede für das Kaliumion besonders groß; es ist nämlich etwa 50mal mehr K^+ in den Zellen als außen. Entsprechend hoch ist auch die Spannung von etwa –90 mV. Man muß sich vorstellen, daß die Kaliumionen, bedingt durch den Konzentrationsunterschied, die Tendenz aufweisen, aus der Zelle herauszudiffundieren. Da die zugehörigen negativen Ladungsträger, die Anionen (vorwiegend Eiweißmoleküle), die Membran nicht passieren können, stellt sich ein Gleichgewicht zwischen dem Zug der Kationen (Diffusion) nach außen und

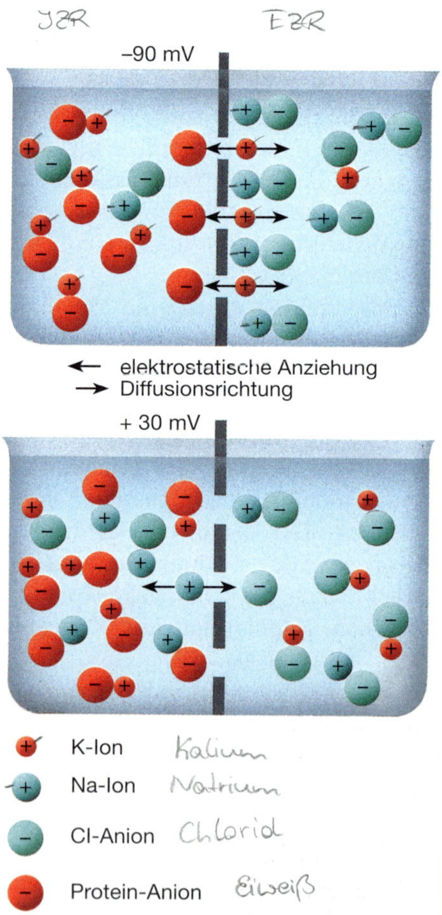

Abb. 6-1 Membranpotentiale

Schematische Darstellung der Entstehung von Membranpotentialen. Oben: Ruhepotential. Unten: Aktionspotential mit Zunahme der Durchlässigkeit für Na^+.

der elektrostatischen Anziehung der beiden Ionenarten ein. Die Anionen legen sich der Innenseite der Membran an, die Kationen befinden sich in der Membran bzw. an deren Außenseite (Abb. 6-1). Dieser Zustand besteht bei Zellen in Ruhe, weswegen man das Potential **Ruhepotential** nennt. Es entsteht fast ausschließlich durch den Kaliumkonzentrationsunterschied vom Zellinneren nach außen und dadurch, daß die Membran nur für Kalium durchlässig ist.

6.2 Aktionspotential

überschwelliger Reiz

Bei **Erregung** (Aktion) von Muskel- und Nervenzellen werden große Potentialveränderungen (bis 120 mV) gemessen **(Aktionspotentiale),** die auf Durchlässigkeitsänderungen der Zellmembran und dadurch entstehende Ionenkonzentrationsänderungen zurückzuführen sind. Die Erregung beginnt mit einer schlagartigen Zunahme der Durchlässigkeit der Zellmembran für Natriumion (Na^+), die entsprechend ihrem Konzentrationsgefälle von außen nach innen in die Muskel- bzw. Nervenzelle einströmen (s. Abb. 6-1). Damit bricht das Kaliumpotential zusammen, denn es sind jetzt ja genügend Kationen in der Zelle, um mit den Anionen ins elektrische Gleichgewicht zu kommen. Die Kaliumionen können ins Interstitium diffundieren, ohne von den elektrostatischen Kräften der Anionen in der Zelle zurückgehalten zu werden. Der Einstrom von Na^+ ist sogar überschießend, d.h., mehr positive Ladungsträger strömen in die Zelle, als dort negative (Anionen) sind. Das Potential an der Zellgrenze steigt nicht von –90 mV auf 0 an, sondern kehrt sich um auf +30 mV **(Depolarisation).** Das ist jedoch beim Warmblüternerven nur einen kurzen Augenblick (Abb. 6-2), weniger als eine Tausendstel Sekunde (ca. 0,2 ms), der Fall.

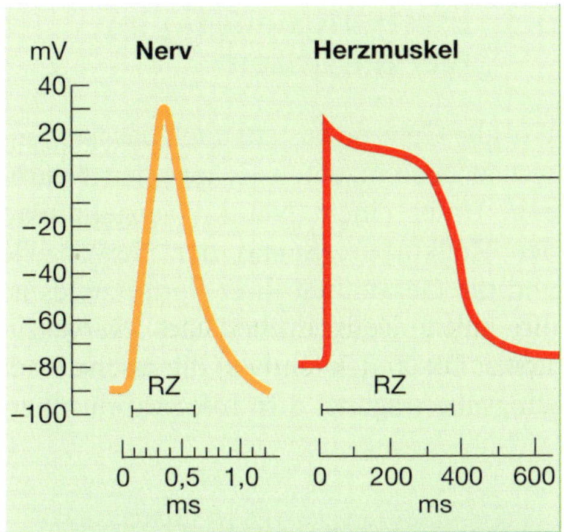

Abb. 6-2 Aktionspotentiale

Aktionspotential von Nerv und Herzmuskel mit Refraktärzeit (RZ).

Danach nimmt die Durchlässigkeit für Na^+ sehr schnell wieder ab, Chloridionen strömen in die Zelle ein, und die Membran wird jetzt für Kaliumionen durchlässiger. Durch den Ausstrom von Kaliumionen wird das Potential wieder auf den Ruhewert von –90 mV gesenkt **(Repolarisation).** Nach 0,5 ms, der **Refraktärzeit,** ist der Nerv erneut erregbar. Beim Herzmuskel (Abb. 6-2) dauert die Refraktärzeit bis zu 380 ms. Hier sind außer den Natriumionen auch Kalziumionen an der Depolarisation beteiligt.

Damit nach vielen Aktionspotentialen die Konzentrationsunterschiede zwischen Zelle und Interstitium von Kalium- und Natriumionen nicht völlig ausgeglichen werden, sorgt eine **Natrium-Kalium-Pumpe** der Zellmembran dafür, daß Kalium wieder in die Zelle hinein-, Natrium wieder hinausgepumpt wird, beide gegen ihr Konzentrationsgefälle. Es handelt sich dabei um einen **aktiven, energieverbrauchenden Prozeß** (s. Kap. 5).

6.3 Erregungsleitung im Nervensystem

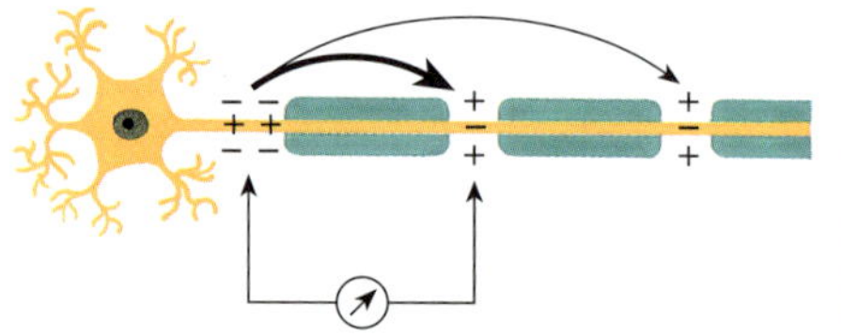

Abb. 6-4 Erregungsleitung

Saltatorische Erregungsleitung von Schnürring zu Schnürring.

Wie alle Gewebe besteht auch das Nervensystem aus einzelnen Zellen, den **Neuronen.** Unter einem Neuron versteht man den Zellkörper **(Soma)** der Nervenzelle und die Gesamtheit ihrer Fortsätze; es ist die funktionelle Einheit des Nervensystems. Die Zellen sind auf die rasche Erregungsübertragung, d.h. Informationsübermittlung spezialisiert. Die Nervenzellen zur Erregungsleitung, z.B. vom Rückenmark zur Skelettmuskulatur, haben zwei Arten von Fortsätzen, einen meist langen, den **Neuriten,** und mehrere kürzere, sich baumkronenartig verzweigende, deshalb **Dendriten** (dendron, gr. Baum) genannt. Abbildung 6-3 zeigt ein **motorisches Neuron.** Von den Neuriten können Nervenfasern abgehen, sogenannte **Kollaterale.** Die meisten Neuriten bestehen aus dem Axon, das von einer Markscheide, dem **Neurilemm** (auch ***Schwann*sche Scheide** genannt), umhüllt ist. Diese Scheide besteht aus einzelnen Zellen, an deren Grenzen sich **Schnürringe** bilden. Die Neuriten einzelner Nervenfasern unterscheiden sich je nach Funktion durch die Dicke der Markscheide und den Abstand der Schnürringe; je dicker die Markscheide, desto größer der Schnürringabstand.

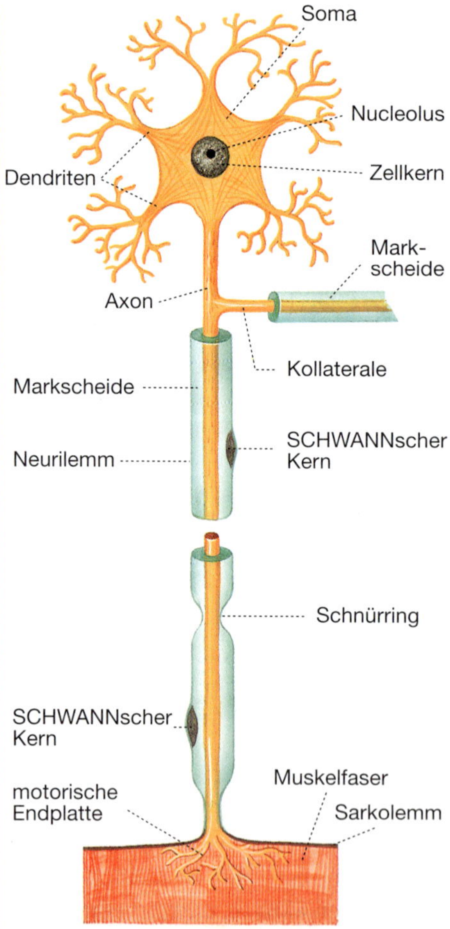

Abb. 6-3 Aufbau eines Neurons

Neuron mit Soma, Neurit, Dendriten und motorischer Endplatte.

Die **Richtung der Erregungsleitung** geschieht vom Zellkörper weg zu den Neuriten und bei den Dendriten, meist durch Dendriten anderer Nervenzellen übermittelt, zum Zellkörper hin. Bei den markhaltigen Neuriten ist die Erregungsleitung sprunghaft **(saltatorisch).** Bei der Erregung einer Zelle, deren Zelloberfläche kurzzeitig negativ geladen ist (s.o.), entsteht ein elektrisches Feld zwischen der erregten Stelle und der positiven Oberfläche des Neuriten, genauer der Schwannschen Scheide (Abb. 6-4) an den Schnürringen. Es fließt ein Strom, und dadurch wird eine

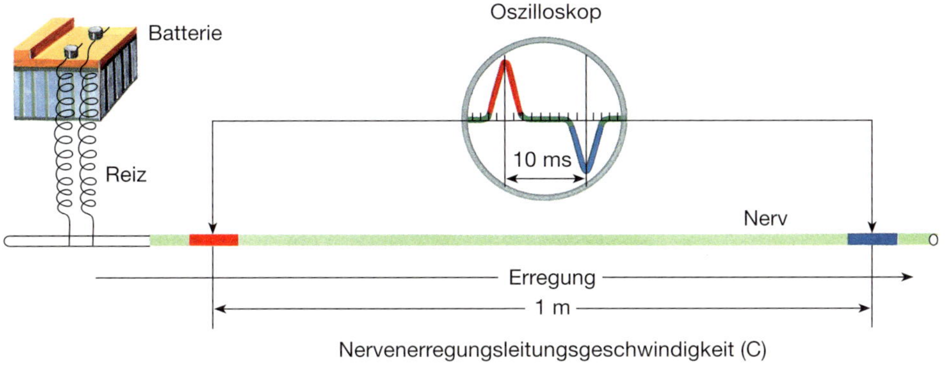

$$C = \frac{\text{Weg}}{\text{Zeit}} = \frac{1\,[\text{m}]}{0{,}01\,[\text{s}]} = 100\,[\text{m/s}]$$

Abb. 6-5 Nervenleitungsgeschwindigkeit

Biphasisches Aktionspotential und Prinzip der Messung der Erregungsleitungsgeschwindigkeit.

Erregung am nächsten oder übernächsten Schnürring ausgelöst, d.h., dort finden die Ionenverschiebungen statt, die oben beschrieben sind. Von einem erregten Schnürring zu weiter entfernt gelegenen entsteht wieder ein elektrisches Feld, und so pflanzt sich die Erregung sprunghaft fort. Empfindliche Meßinstrumente registrieren die Ladungsänderungen der Oberfläche (Abb. 6-5). Einmal leitet die reizortnahe Elektrode (links) negativ gegen die zweite Elektrode (positiv) ab. Mit fortschreitender Erregung im Neuriten leitet die zweite Elektrode negativ gegen die reizortnahe (positiv) ab. Man erhält so ein zweiteiliges, **biphasisches Aktionspotential.** Legt man beide Elektroden so am Nerven an, wie in Abbildung 6-5 gezeigt ist, und löst eine Erregung durch einen elektrischen Reiz aus, so kann man die Geschwindigkeit der Erregungsausbreitung messen.
Tabelle 6-1 zeigt eine Zusammenstellung

Tab. 6-1 Nervenfasertypen verschiedener Funktionen, Durchmesser und Leitungsgeschwindigkeit

Fasertyp			Durchmesser µm	Leitungsgeschwindigkeit m/s
Aα	–	zu Skelettmuskeln		
	Ia	von Muskelspindeln	12–20	~ 100
	Ib	von Sehnenspindeln		
Aβ	II	von Druckrezeptoren der Haut	~ 5–12	~ 50
Aγ	–	zu Muskelspindelfasern	~ 3–6	~ 20
Aδ	III	von Schmerz- und Temperaturrezeptoren der Haut	~ 2–5	~ 15
B	–	autonomes Nervensystem präganglionär	~ 1–2	~ 10
C	–	autonomes Nervensystem postganglionär	~ 1	~ 1
	IV	von Schmerzrezeptoren Eingeweide	~ 1	~ 1

der wichtigsten **Arten von Nervenfasern,** die sich durch ihre Markscheidendicke (Durchmesser) und damit die Größe der Abstände der Einschnürungen und folglich die Erregungsleitungsgeschwindigkeit unterscheiden.

6.4 Funktionsprüfungen der Nerven

Die leichte Erregbarkeit der Nerven durch elektrische Ströme und ein ganz spezielles Verhalten der einzelnen Nervenarten gegenüber elektrischen Reizen ermöglicht es, deren Funktionsfähigkeit durch die Haut hindurch zu prüfen. Zum einen geschieht das durch Messung der Erregungsleitungsgeschwindigkeit. Bei Entzündungen und Degenerations(Abbau-)erscheinungen kann aber auch die Reizstärke, die eine Erregung auslöst, erhöht oder erniedrigt sein, d.h., die **Reizschwelle** ist verändert. Verdoppelt man die Reizspannung, die man bei der Reizschwelle gefunden hat, und stellt dann fest, wie lange der Reizstrom fließen muß, um einen Nerven zu erregen (meist an der eintretenden Muskelzuckung registriert), so mißt man die sogenannte **Chronaxie,** die bei motorischen Nerven zwischen 0,1 und 1 ms liegt. Mit **Gleichstromreizungen** kann durch Schließen und Öffnen des Stromkreises an Plus- und Minuselektrode bei bestimmten Stromstärken eine Erregung eintreten. Wenn die einzelnen Stromstärken bei Schließung bzw. Öffnung des Stromkreises andere Erfolge zeigen als normal, handelt es sich um Störungen an Nerven.

6.5 Signalübermittlung

Die Signalübermittlung im Nerven erfolgt über die Aktionspotentiale (s. Kap. 6.2). Informationen über die Reizstärke können nur durch Veränderung der **Anzahl der Aktionspotentiale** pro Zeiteinheit übermittelt werden. Es gibt also bei einer bestimmten Nervenart keine großen und kleinen Aktionspotentiale. Ist der Schwellenreiz überschritten, so kommt es zu einer über den Nerven fortgeleiteten Erregung mit gleichgroßen Aktionspotentialen, z.B. von 100 mV. Ist der Reiz stark, so laufen über den Nerven bis zu 300 Impulse/s ab; ist er schwach, nur wenige bis herab zu 1–2 Impulsen/s.

Man spricht vom **Alles-oder-Nichts-Gesetz,** d.h., ein überschwelliger Reiz löst das maximale Aktionspotential aus. Die Impulsfrequenz steht meist in keiner verhältnisgleichen Beziehung zur Reizstärke. Die Abbildung 6-6 zeigt Nerven-Impulsfrequenzen von einem Sinnesrezeptor, der unterschiedlich stark gereizt wird.

Die Erregung der Nervenzellen wird über Neuriten und Dendriten auf andere Nervenzellen, über Neuriten auf quergestreifte und glatte Muskeln sowie Drüsen übertragen. Auch Neuriten können über Kollaterale (s. oben) miteinander in Verbindung

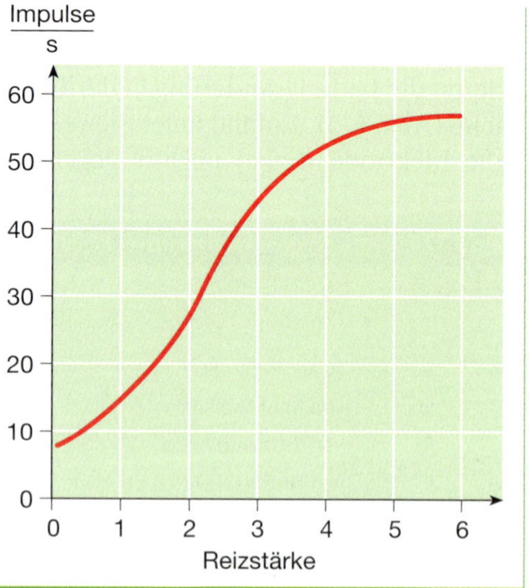

Abb. 6-6 Reizstärke – Impulsfrequenz

Nichtlineare Beziehung zwischen Reizstärke und Impulsfrequenz, dargestellt am Beispiel des Nervs eines Sinnesrezeptors.

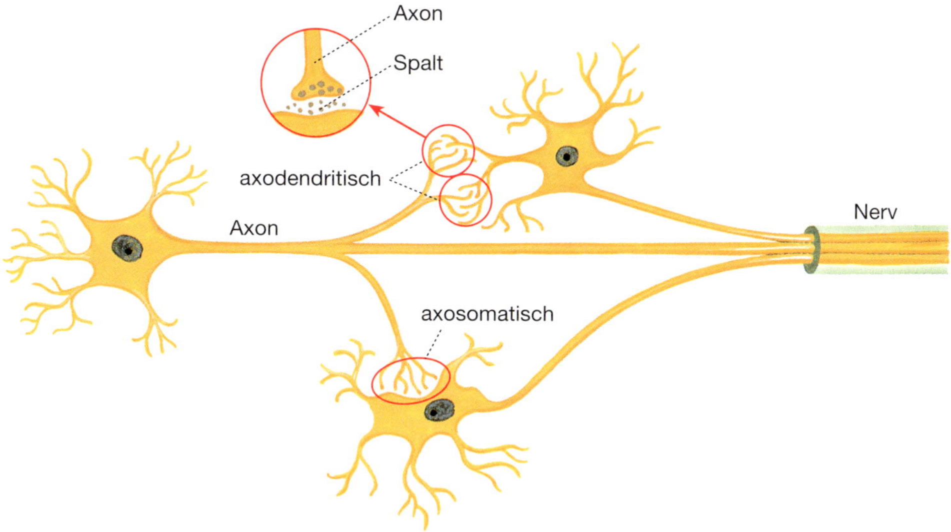

Abb. 6-7 Synapsen

Kontakte zwischen Nervenzellen über Synapsen zwischen Axon und Dendrit (axodendritische) sowie Synapsen zwischen Axon und Zellkörper (axosomatische).

treten. Abbildung 6-7 zeigt einige dieser **Synapsen** genannten Verbindungen. Es ist wichtig zu wissen, daß die Synapsen einen Spalt haben, also die Gewebe nicht ineinander übergehen. In diesen Spalt werden Stoffe abgegeben, die die Erregungen von Dendrit zu Dendrit oder Neurit zu Nerven- oder Muskel- bzw. Drüsenzelle übertragen, deshalb **Überträgerstoffe (Transmitter)** genannt.

Der Überträgerstoff wird in den Bläschen (Abb. 6-7) der Dendriten- oder Neuritenendigungen gebildet und beim Ankommen einer Erregung vom Zellkörper (Soma) her in den Spalt freigesetzt. Er versetzt den gegenüberliegenden Neuriten, Dendriten, Muskel oder die Drüse in Erregung. Durch diesen Vorgang wird die Synapse zu einem **Ventil,** das Erregungen nur in einer Richtung durchläßt, also z. B. vom Neuriten eines Nerven auf die quergestreifte Muskelfaser. Umgekehrt kann keine Muskelerregung auf den Nerven übergreifen, obwohl der Nerv, wie elektrische Reizung zeigt, ohne weiteres in beiden Richtungen Erregungen leiten kann. Physiologisch wird das durch die Synapsenfunktion verhindert.

Überträgerstoffe sind Acetylcholin und Noradrenalin. Im Gehirn spielt Dopamin, eine Vorstufe von Noradrenalin, eine Überträgerrolle (s. Kap. 25.9). **γ-Aminobuttersäure** (GABA) ist ein wichtiger Überträgerstoff hemmender Synpasen.

6 Elektrische Erscheinungen des Nervensystems

Kurzgefaßt

Elektrische Potentiale an Zellgrenzen entstehen durch Unterschiede der Ionenkonzentration und Ionendurchlässigkeit. **Ruhepotentiale** an Nerven- und Muskelzellgrenzen betragen ca. –90 mV. Bei Erregung des Nerven und des Muskels tritt ein **Aktionspotential** von ca. 120 mV auf.

Die **Erregungsleitung** im markhaltigen Nerven erfolgt saltatorisch (sprunghaft) von Schnürring zu Schnürring. Die Geschwindigkeit der Erregungsleitung ist um so höher, je größer der Schnürringabstand ist. Motorische und sensorische Nerven vieler Sinnesorgane leiten die Erregung mit etwa 100 m/s.

Nervenfunktionsprüfungen messen die Erregungsleitungsgeschwindigkeit, die zur Erregungsauslösung erforderliche Reizdauer (Chronaxie) und die Antworten auf Gleichstromreizungen.

Signalübermittlung der Erregungsstärke von Muskeln und von Sinneszellen geschieht durch die Anzahl der Erregungen pro Zeit, die über den Nerven ablaufen (Frequenzmodulation).

Erregungsübertragungen von Nerv zu Nerv und von Nerven auf Muskeln und Drüsen erfolgen durch Überträgerstoffe, vor allem durch Acetylcholin und Noradrenalin, an den **Synapsen.**

7 Elektrische und mechanische Erscheinungen der Muskulatur

Die Tätigkeit der Muskeln wird vom Laien vielfach als Unterscheidungsmerkmal zwischen Tieren und Pflanzen genannt: **Das Tier kann sich bewegen.** Die Forscher hat dieser auffällige Lebensvorgang schon seit langer Zeit beschäftigt. Im 18. Jahrhundert hat der italienische Arzt und Physiker *Galvani* an Fröschen die elektrische Reizbarkeit des Muskels entdeckt.

Man unterscheidet nach Bau und Funktion 3 verschiedene Muskelarten:

- Skelettmuskulatur,
- Herzmuskulatur,
- glatte Muskulatur.

Die elektrischen Erscheinungen sind bei Skelett- und Herzmuskeln sehr ähnlich und teilweise vorher beschrieben (s. Kap. 6.2). Am glatten Muskel sind sie weniger gut untersucht und medizinisch auch noch wenig verwertet.

7.1 Skelettmuskel

Der Skelettmuskel (Abb. 7-1) besteht aus einzelnen **Muskelfasern,** die wir mit dem bloßen Auge noch sehen können. Die einzelnen Fasern setzen sich wiederum aus einer großen Anzahl von Fäserchen, **Fibrillen** genannt, zusammen. Diese stellen die kleinste Baueinheit der Muskeln dar.

Das mikroskopische Bild der Muskelfasern zeigt eine Querstreifung, die auf der

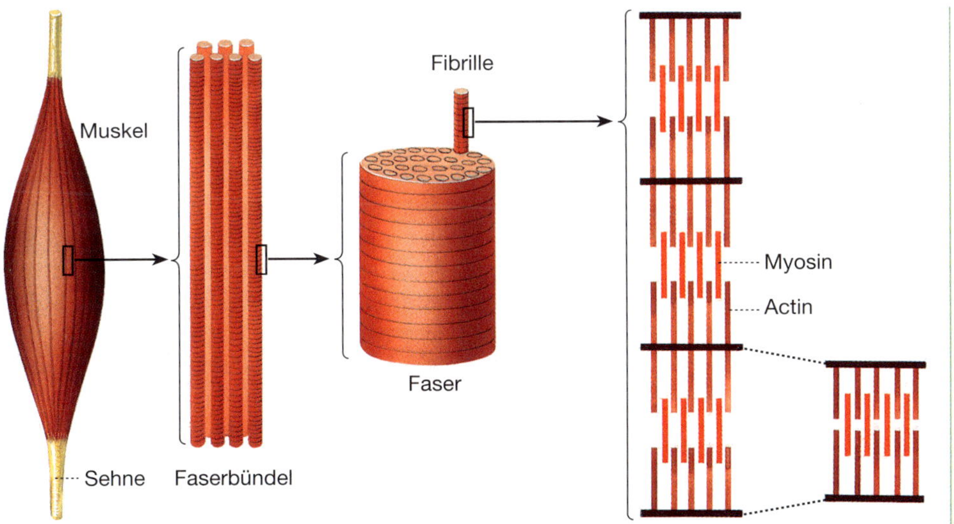

Abb. 7-1 Aufbau des Muskels

Ein Skelettmuskel setzt sich aus vielen Faserbündeln zusammen, die jeweils eine Vielzahl von Muskelzellen (Fasern) enthalten. Die Fasern bestehen aus vielen Fibrillen, die durch die Hintereinanderschaltung von Sarkomeren (zur Kontraktion befähigte Actin-Myosin-Einheiten) gebildet werden.

Zusammensetzung der Fibrillen beruht und durch die sie sich vor allem von der glatten Muskulatur unterscheiden. Der größte Anteil der Festsubstanzen im Muskel besteht aus 2 Eiweißen, dem **Myosin** und dem **Actin.**

Diese beiden faserartigen, langgestreckten Moleküle haben die in der Abbildung 7-1 gezeigte Anordnung. Beim Vorgang der Kontraktion kommt es zu chemischen Bindungen zwischen den filamentartigen Myosin- und Actinmolekülen. Dadurch verkürzt sich der Muskel bzw. steigt die Spannung des Muskels an, wenn er an beiden Enden fixiert ist.

Erreicht ein Aktionspotential eine Muskelzelle, löst es in ihr die Freisetzung von Calciumionen aus intrazellulären Speichern aus. Diese Ionen werden an ein spezielles Protein gebunden, woraufhin sich zwischen den Myosin- und den Actinmolekülen sogenannte Querbrücken ausbilden, die die Muskelkraft erzeugen. Die dazu nötige Energie wird durch Spaltung von ATP (s. Kap. 2.7.1) geliefert, welches beim Abbau von Muskelglykogen, einer Speicherform von Zucker, entsteht.

Die **elektrischen Erscheinungen,** die man beim Muskel beobachten kann, sind ganz ähnlich denen des Nerven; ein wichtiger Unterschied ist, daß das Aktionspotential vor der Kontraktion beginnt und schon fast ganz abgelaufen ist, wenn der Muskel sich kontrahiert. Hier zeigen die elektrischen Erscheinungen also die Auslösung der Kontraktion an; beim Nerven sind sie ein Ausdruck der Erregung selbst (Abb. 7-2).

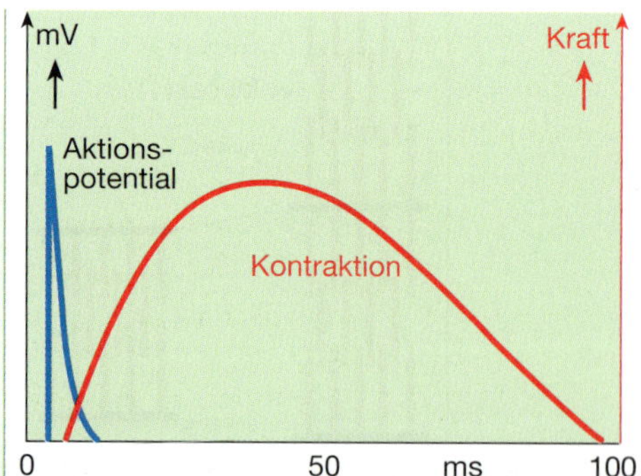

Abb. 7-2 Aktionspotential und Kontraktion

Zeitlicher Ablauf von Aktionspotential und Muskelzuckung (Skelettmuskel).

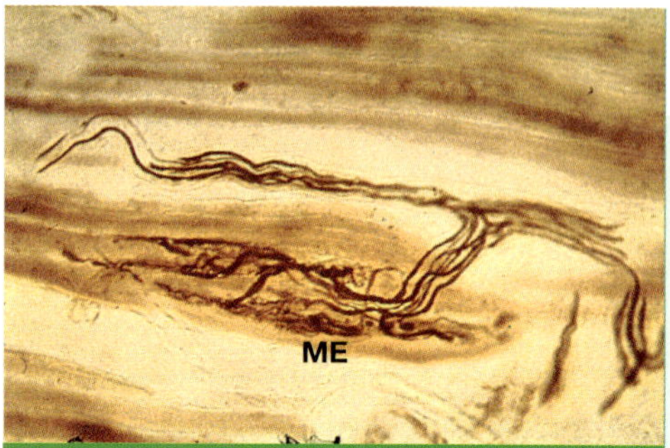

Abb. 7-3 Motorische Endplatte

Mikroskopische Aufnahme einer motorischen Endplatte (ME).

Die **Muskelkontraktion** kommt physiologisch durch die Erregung vom Nervensystem zustande. Eine willkürlich ausgelöste Kontraktion hat ihren Ursprung in Nerven, deren Soma in der Hirnrinde (s. Kap. 25.3) liegt und deren Neurit bis zu den Zellen des Vorderhorns im Rückenmark reicht. Dort beginnt das zweite Neuron mit der motorischen **Vorderhornzelle,** deren Neurit sich an den quergestreiften Muskelfasern aufzweigt und dort mit den Muskelfasern die motorischen **Endplatten** (Abb. 7-3) bildet. Den Nerven mit den zugehörigen Muskelfasern nennt man **motorische Einheit.** Bei Muskeln mit „feiner" Innervation, wie z. B. bei Augenmuskeln, kommen auf einen Nerven nur 5–10 Muskelfasern; in großen Skelettmuskeln der Gliedmaßen, wie dem Wadenmuskel, umfaßt die motorische Einheit mehrere hundert Muskelfasern, d. h., die Aufsplitterung der Nerven ist dort sehr stark. Die Feinheit der

Bewegung ist, außer von der Größe der motorischen Einheit, auch von der **Innervationsstärke,** d.h. von der Anzahl der Nervenimpulse, die die Muskelfasern treffen, abhängig. Sie kann von weniger als 10/s auf 300–500 Impulse/s ansteigen. Unsere normalen Bewegungen kommen niemals durch einen einzelnen Erregungsimpuls aus den Nerven zustande, sondern es sind immer ganze Salven von Impulsen höherer oder niederer Frequenz, die eine Muskelverkürzung erzeugen. Im Experiment kann man mit einem einzelnen Reiz zwar eine Einzelzuckung (Abb. 7-4) erreichen, aber sie kommt im täglichen Leben nie vor und sieht entsprechend unphysiologisch aus. Bei Eigenreflexen (s. Abb. 23-2), z.B. beim Kniesehnenreflex, kann man zwar eine Einzelzuckung sichtbar machen, das ist aber der einzige Fall, in dem man beim Gesunden eine Einzelzuckung auslösen kann.

Bei den physiologisch auftretenden Erregungssalven kommt es zu einer Dauerverkürzung der Muskeln, weil mehrere Kontraktionswellen über die Muskelfasern ablaufen. Je höher die Erregungsfrequenz, desto stärker wird die Verkürzung und desto „glatter" der Verlauf (s. Abb. 7-4). Wenn wir also einen Gegenstand anheben

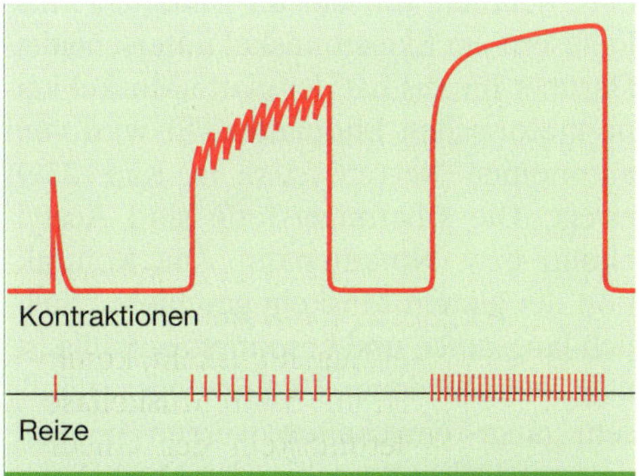

Abb. 7-4 Muskelkontraktionen

Einzelzuckung, unvollständiger und vollständiger „Tetanus" eines Skelettmuskels.

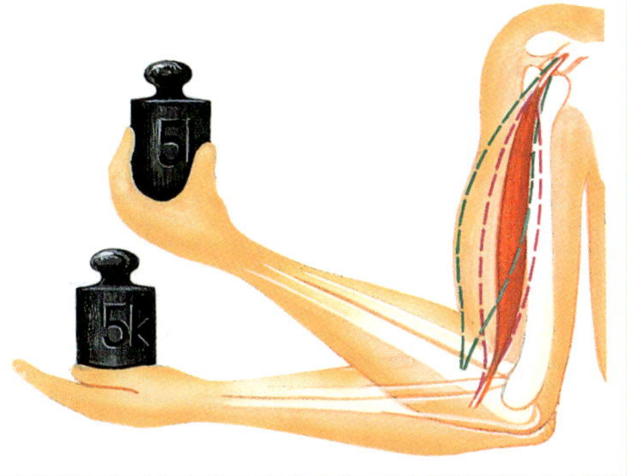

Abb. 7-5 Kontraktionsformen

Isometrische, isotonische und auxotonische Muskelzuckungen beim Heben eines Gewichtes.

und halten, tritt eine solche lang dauernde Kontraktion auf, die man im Gegensatz zur Einzelzuckung eine **tetaniforme Zuckung** nennt. Muskeln mit langen Muskelfasern können sich besonders stark verkürzen, weil auf einer langen Muskelfaser mehr Kontraktionswellen gleichzeitig Platz haben. Lange Muskeln dienen deshalb eher größeren Bewegungen; es sind **Bewegungsmuskeln.** Kurze Muskeln eignen sich eher für länger anhaltende Kontraktionen und sind **Haltemuskeln.** Ein Beispiel für Bewegungsmuskeln ist der lange Schneidermuskel (M. sartorius), für Haltemuskulatur die kurzen Rückenmuskeln der Wirbelsäule.

Bei normalen Muskeltätigkeiten ist Bewegen und Halten häufig vom selben Muskel auszuführen. Wenn wir ein Gewicht anheben wollen, muß zuerst eine bestimmte Kraft entwickelt werden, bis das Gewicht angehoben werden kann (Abb. 7-5). In der ersten Phase wird Spannung entwickelt, ohne daß der Muskel sich verkürzt; er bleibt gleich lang **(isometrisch).** In der zweiten Phase, wenn das Gewicht angehoben wird, verkürzt er sich, und die Spannung bleibt gleich, **isotonisch,** wenn das Heben langsam erfolgt. Bei den meisten unserer Bewegungen, bei denen wir auch

das Gewicht unserer Gliedmaßen heben müssen, gibt es einen fließenden Übergang zwischen beiden Kontraktionsformen, die man **auxotonisch** nennt.
Skelettmuskeln sind außer im Schlaf nie völlig entspannt. Es laufen immer einige Kontraktionswellen ab. Man nennt diese ohne Willkürinnervation vorhandene Spannung den **Muskeltonus** (s. Kap. 23.2). Er kann bei Erregung sehr hoch werden. Wir sind „verspannt". Die Befestigung der Muskeln am Skelett durch Sehnen bringt bei fast allen Körperstellungen die Muskeln unter einen gewissen Zug oder eine Vorspannung, was für die Kontraktionsfähigkeit von Bedeutung ist. Im Experiment kann man zeigen, daß ein nicht gedehnter Muskel ebenso wie ein zu stark gedehnter Muskel bei der Kontraktion weniger Kraft entwickeln kann als bei mittlerer Dehnung (Abb. 7-6). Wir machen bei manchen Bewegungen, die viel Kraft erfordern, davon Gebrauch und „dehnen vor"; wir holen zum Schlag aus.

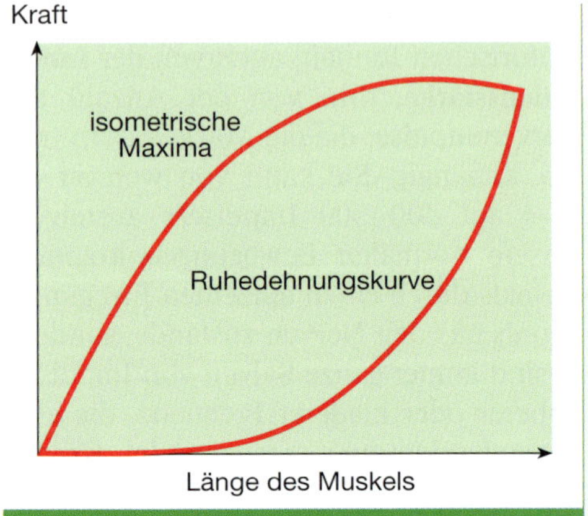

Abb. 7-6 Kraft-Längen-Diagramm

Ruhedehnungskurve und maximale Kraftentwicklung (isometrische Maxima) bei verschiedenem Dehnungsgrad eines Skelettmuskels. Man sieht, daß die Kraftentwicklung bei mittlerer Dehnung am größten ist.

7.2 Herzmuskel

Beim **Herzmuskel** gibt es einige wichtige Unterschiede im Vergleich zu anderen Muskeln, die in Kapitel 12.2.3 beschrieben sind. Allgemein ist festzustellen, daß es keine (tetaniforme) Dauerverkürzung gibt, was durch die Erregungsvorgänge und den anatomischen Aufbau erklärt wird. Die von einem Erregungsbildungszentrum (Sinusknoten) ausgehende Erregung pflanzt sich im Herzen, dessen Fasern anders als beim Skelettmuskel ineinander übergehen (Synzytium), fort. Die Zeit der Unerregbarkeit **(Refraktärzeit)** gegenüber einem zweiten Reiz ist viel länger (s. Abb. 6-2) als beim Skelettmuskel. Eine Dauerverkürzung wäre gefährlich, da das Herz kein Blut mehr in die Lunge und die übrigen Gewebe des Körpers pumpen könnte.

7.3 Glatter Muskel

Der glatte Muskel hat viel weniger Myosin und Actin in den Zellen als der quergestreifte Muskel. Man kann deshalb keine Querstreifung und deren Änderung bei der Kontraktion beobachten wie beim Skelett- und Herzmuskel. Die Muskelfasern gehen ineinander über mit häufig wenig deutlichen Zellgrenzen, was zu einer Erregungsausbreitung von Muskelfaser zu Muskelfaser, ähnlich der am Herzen, führt, sich aber deutlich von der an isolierten Muskelfasern am Skelettmuskel unterscheidet. Darüber hinaus hat der glatte Muskel keine motorischen Endplatten. Er wird vom autonomen Nervensystem (s. Kap. 23.9) erregt. Die Überträgerstoffe sind Acetylcholin bzw. Noradrenalin. Die Kontraktion der glatten Muskeln geschieht erheblich langsamer, und besonders auffällig ist, daß verschiedene Verkürzungszustände sehr lange eingehalten werden können, daß auf Dehnungen hin der Muskel sich verlängert und dann den verlängerten Zustand längere Zeit beibehält. Das ist für die vielen Hohlorgane, die durch glatte Muskeln betätigt werden (Darm, Harn- und Gallenblase) besonders wichtig. Die Einstellung auf verschiedene Längen, ohne daß es zu Erschlaffungen kommt, nennt man **Plastizität,** die Verformbarkeit des glatten Muskels. Der Stoffwechsel der glatten Muskulatur ist erheblich niedriger als derjenige der quergestreiften.

7.4 Elektromyographie

Mit feinen, durch die Haut in die Muskulatur eingestochenen Platinelektroden kann die elektrische Aktivität einzelner motorischer Einheiten untersucht werden.

Path In Ruhe, d.h. ohne Willkürinnervation, sollte sich kaum eine Aktivität zeigen (Abb. 7-7). Eine Spontanaktivität ist immer krankhaft und kann auf eine Schädigung des peripheren Nerven (z.B. eine Polyneuropathie) oder auf eine Muskelerkrankung (z.B. Myotonie) zurückzuführen sein.
Bei schwacher Willkürinnervation können die Einzelpotentiale untersucht werden. Hier findet man bei Muskelerkrankungen charakteristische (meist verkleinerte) Potentiale, während bei Nervenerkrankungen die Potentiale meist verlängert sind.
Bei kräftiger Willkürinnervation sieht man infolge der Aktivierung vieler motorischer Einheiten eine große Anzahl von Potentialen pro Zeit.
Eine Erkrankung am Übergang Nerv – Muskel, die mit einer raschen Ermüdbarkeit des Muskels einhergeht, ist die Myasthenia gravis, eine Autoaggressionskrankheit. Hierbei ist die Erregungsübertragung am Übergang Nerv – Muskel (Synapse) gestört.
Muskelerkrankungen sind selten; in den meisten Fällen sind die Störungen auf Erkrankungen des peripheren Nervs (s.o.) zurückzuführen.

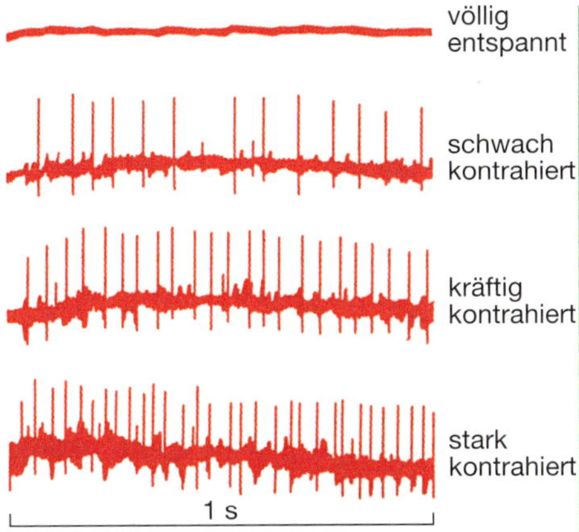

Abb. 7-7 Elektromyogramme

Muskelaktionspotential über Platinelektroden vom Patienten abgeleitet, Elektromyographie.

Kurzgefaßt

Die kleinste Einheit der Muskeln ist die **Fibrille,** die aus hintereinandergeschalteten, die Eiweiße **Myosin** und **Actin** enthaltenden Sarkomeren besteht. Durch chemische Bindung dieser beiden Eiweiße verkürzt sich die Muskelfaser. Die Muskeln werden durch Erregungen motorischer Nerven zur **Kontraktion** veranlaßt. Bei Skelettmuskeln sind um so mehr Nervenfasern pro Muskeleinheit vorhanden, je „feinere" Muskelbewegungen auszuführen sind. Bei den Augenmuskeln besteht eine **motorische Einheit** aus 5–10, bei den Gliedmaßenmuskeln aus mehreren hundert Muskelfasern pro Nervenfaser. Normale Kontraktionen sind tetaniform, d.h. sie entstehen durch Impulssalven der Nerven. **Einzelzuckungen** gibt es nur bei Eigenreflexen.
Man unterscheidet **Bewegungsmuskeln** (lange Fasern) und **Haltemuskeln** (kurze Fasern). Bei der Erregung der kurzen Muskelfasern wird nur Spannung

entwickelt; sie bleiben gleich lang, **isometrisch,** bei Erregung der langen Muskelfasern bleibt die Spannung gleich, **isotonisch,** aber sie verkürzen sich. Die häufigsten Muskelbewegungen sind eine Mischung aus isotonischen und isometrischen Vorgängen, **auxotonisch.** Auch der ruhende Muskel hat eine bestimmte Spannung, einen **Ruhetonus.**

Beim **Herzmuskel** gibt es keine tetaniforme Kontraktion. Die Refraktärzeit dauert länger als beim Skelettmuskel.

Glatte Muskeln bestehen aus ineinander übergehenden Fasern, ihre Kontraktion ist langsam, sie können verschiedene Verkürzungsgrade über längere Zeit einnehmen und sind plastisch.

Die **Elektromyographie** untersucht durch Aufzeichnung der elektrischen Erscheinungen bei der Kontraktion die Funktionsfähigkeit der Muskeln. Muskelerkrankungen sind selten und oft nur Ausdruck von Störungen des Nervensystems bzw. der Erregungsübertragung vom Nerven auf den Muskel.

8 Regelung biologischer Vorgänge

Regelkreis

Viele biologische Zustände sind das Ergebnis eines stetigen Einflusses von Vorgängen, die diese Zustände „regeln". Von bisher besprochenen Zuständen sind z. B. die H^+-Ionenkonzentration (s. Kap. 3) und der osmotische Druck (s. Kap. 5.3) **Regelgrößen.** Der pH-Wert wird im Blut ziemlich genau auf 7,40 ± 0,02 gehalten, obwohl beim Stoffwechsel dauernd Säuren entstehen, die ins Blut gelangen und es sauerer machen müßten, als es tatsächlich ist. Der osmotische Druck würde durch starke Flüssigkeitsaufnahme erniedrigt, durch starke Salzaufnahme oder starkes Schwitzen erhöht, wenn nicht Regulationen vorhanden wären, die dem entgegenwirkten.

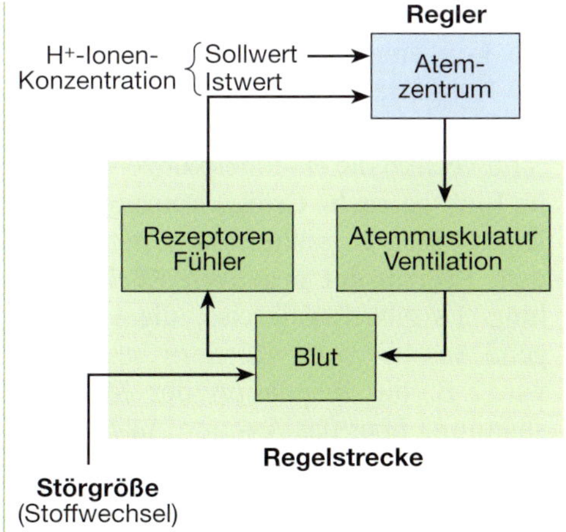

Abb. 8-1 pH-Regelkreis

Regulation der H^+-Ionenkonzentration im Blut. Nur die Regulation über die Atmung ist berücksichtigt, ein zweiter Regelkreis läuft über die H^+-Ionenausscheidung der Niere.

Der Blut-pH-Wert wird konstantgehalten durch Meldungen von Rezeptoren im arteriellen Kreislauf und im Atemzentrum (s. Kap. 13.3). In der Sprache der Regeltechnik nennt man die Rezeptoren **„Fühler".** Bei zu hoher H^+-Ionenkonzentration steigt die Impulsfrequenz in den Nerven, die Informationen von den Rezeptoren zum Zentrum, dem **Regler,** leiten. Dieser veranlaßt in diesem Falle eine Zunahme der Belüftung der Lunge (s. Kap. 13.9). Es wird mehr Kohlendioxid abgegeben. Bei länger dauernder Belastung durch Säuerung reguliert auch die Niere dadurch, daß sie mehr H^+-Ionen ausscheidet. In Abbildung 8-1 ist eine Darstellung der H^+-Ionenregulation durch die Atmung, wie sie die Regeltechnik verwendet, gezeigt. Man spricht von einem **Regelkreis.** Die Erhöhung der Konzentration verursacht regulatorisch eine Erniedrigung; man nennt das **negative Rückkopplung.** Ein zweiter Regelkreis zur Regulation der H^+-Ionenkonzentration läuft über die Niere.

Bei den genannten Regelkreisen bestehen die meisten Teile aus nervösen Verknüpfungen (Rezeptoren → Zentrum → Atmungsmuskulatur). Bei anderen Regulationssystemen überwiegt die Informationsübermittlung durch Botenstoffe, größtenteils auf dem Blutwege, deshalb (Blutsaft gr. humor) **humorale Regulation** genannt. Ein Beispiel ist die Regulation des osmotischen Druckes (Abb. 8-2). Wird zuviel Wasser aufgenommen, sinkt die Ausschüttung des antidiuretischen Hormons (ADH) aus der Hirnanhangsdrüse. In der Niere wird daraufhin weniger Wasser resorbiert, da das ADH die Resorption un-

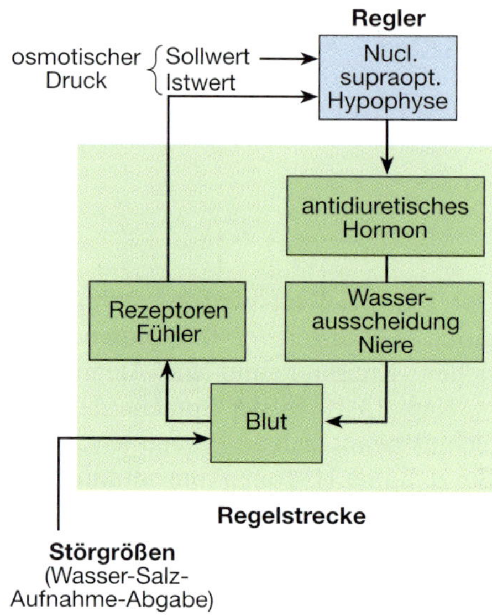

Abb. 8-2 Osmolaritätsregulation

Regulation des osmotischen Druckes im Blut auf humoralem Wege.

terstützt (s. Kap. 15.2.3). Durch die verstärkte Ausscheidung wird dem Körper wieder Wasser entzogen und so der osmotische Druck innerhalb einer Grenze von 1% konstantgehalten. Es handelt sich also ebenfalls um eine negative Rückkopplung. Die genannten Beispiele beschreiben nur einen Teil der jeweiligen Regulationen. So ist bei der Regulation des osmotischen Druckes die Regulation der Salzkonzentrationen im Körper (vor allem Kochsalz und Kaliumchlorid) mitbetroffen. Sie wird durch eine Regelung über Nebennierenrindenhormone, vor allem Aldosteron (s. Kap. 25.8.1), erreicht. Schließlich ist auch die Auslösung des Durstgefühls und dessen Stillung ein wichtiger Faktor eines Regelkreises zur Regelung des osmotischen Druckes. In Abbildung 8-3 wird gezeigt, wie die Regelkreise miteinander verknüpft sind.

Im Gegensatz zum Prinzip der Regelung wird das der **Steuerung** gesetzt. Es kennzeichnet Vorgänge, bei denen keine Rückkopplung und damit kein geschlossener Regelkreis vorliegt. Steuerung kommt innerhalb biologischer Systeme praktisch nicht vor.

Die Anwendung technischer Denkweisen auf Vorgänge der belebten Natur hat es ermöglicht, daß biologische Vorgänge, wenn sie gut erforscht sind, in die Sprache moderner Rechenmaschinen übersetzt werden können. Ein programmierter Vorgang kann dann dazu benutzt werden, um einzelne Glieder eines Regelkreises zu verändern und zu erfahren, wie sich das auf andere Glieder auswirkt. Man hofft, so feinere Zusammenhänge genauer kennenzulernen. Die „Computerantwort" muß dann aber immer im Experiment geprüft werden. Ist die biologische Antwort anders als die errechnete, muß die Programmierung geändert werden.

Kurzgefaßt

Biologische Vorgänge sind im allgemeinen geregelte Vorgänge. Im **Regelkreis** wird eine zu regelnde Größe wie z.B. die H^+-Ionenkonzentration von „Fühlern", den Rezeptoren, an ein **Regulationszentrum** (z.B. Atemzentrum) gemeldet und dort mit dem Sollwert verglichen. Bei einer Abweichung wird die Lungenbelüftung so geändert, daß die Kohlensäureabgabe trotz dauernder Bildung von H^+-Ionen **(„Störgröße")** im Stoffwechsel die H^+-Ionenkonzentration im Blut **(geregelte Größe)** konstant hält. Die meisten Regelkreise arbeiten nach dem **Prinzip der negativen Rückkopplung.** Es gibt Regelkreise, die vorwiegend aus nervösen Gliedern bestehen, wie z.B. die Regulation der Muskelspannung über das Aγ- und Aα-System (s. Kap. 23.3.1), sowie solche, bei denen humorale Glieder die Information übermitteln, wie beim Wasserhaushalt.

Bei vielen biologischen Vorgängen sind mehrere Regelkreise miteinander verknüpft, wie z.B. beim Salz-Wasser-Haushalt.

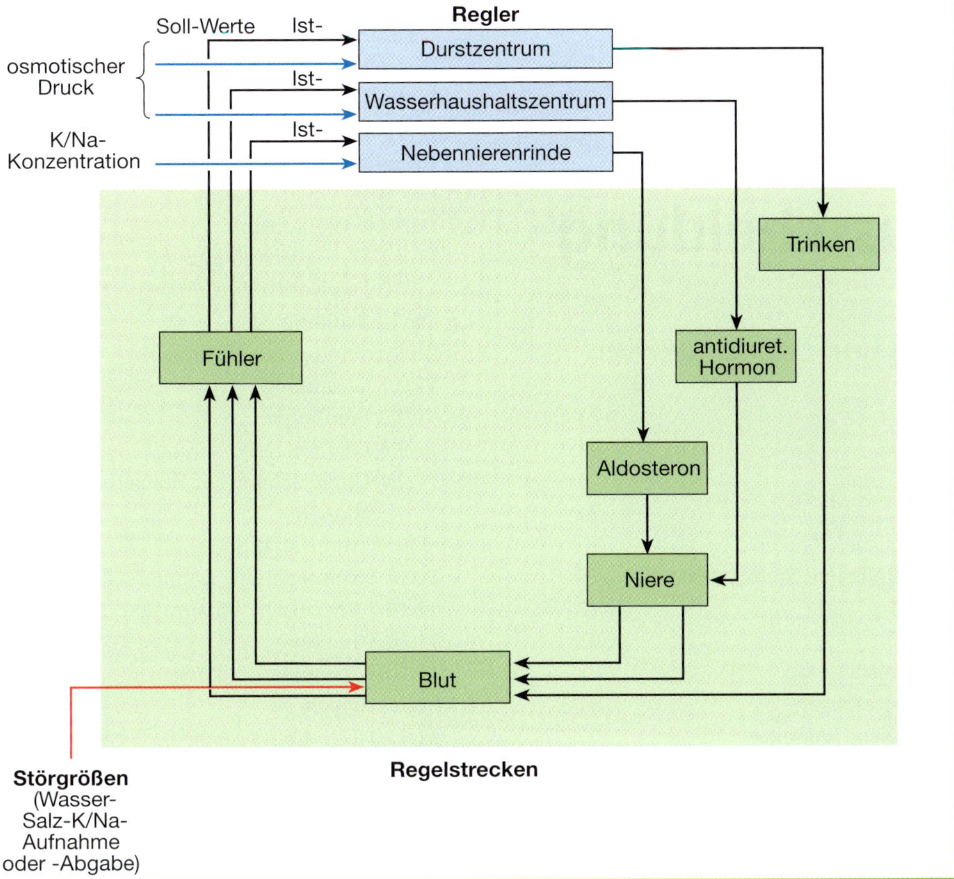

Abb. 8-3 Verknüpfte Regelkreise

Drei miteinander verknüpfte Regelkreise zur Regulation von Elektrolyt- und Wassergehalt des Blutes.

II

Stoffaufnahme, Transport und Ausscheidung

9 Ernährung und Energiegewinn

10 Verdauung

11 Blut

12 Herz-Kreislauf-System

13 Atmung und Gasaustausch

14 Wärmehaushalt

15 Wasser-Salz-Haushalt und Nierenfunktion

16 Säuren-Basen-Haushalt

9 Ernährung und Energiegewinn

Der französische Chemiker *Antoine Lavoisier* (1743–1794) hat als erster nachgewiesen, daß bei der Verbrennung Sauerstoff verbraucht wird und Kohlensäure entsteht. In einem Kalorimeter (Wärmemengenmesser) bestimmte er die von einer brennenden Kerze aufgenommene O_2-Menge, die abgegebene CO_2-Menge und die entstandene Wärmemenge. Als er die brennende Kerze durch eine lebende Maus ersetzte, stellte er denselben Vorgang fest. Sie verbrauchte Sauerstoff und gab CO_2 und Wärme ab. Das konnte also auch beim Menschen nicht anders sein. *Lavoisier* kam zu dem Schluß, daß der Mensch um so mehr Sauerstoff verbraucht, je mehr er körperlich arbeiten muß. Er stellte mit Bedauern fest, daß gerade Wohlhabende, die sich ständig bedienen ließen und kaum körperliche Arbeit verrichteten, reichlich aßen, also viel Energie zuführten, während der weitaus größte Teil der Bevölkerung schwer arbeitete und wenig zu essen hatte. *Lavoisier* wurde während der Französischen Revolution wegen Verrats an England hingerichtet. In Wirklichkeit hatte er an einen englischen Kollegen über seine Forschungsarbeiten geschrieben. Der Zensor hatte die chemischen Formeln in dem Brief für einen Geheimcode gehalten.

Der deutsche Physiologe *Max Rubner* hat um die Jahrhundertwende am Menschen eingehende Untersuchungen über Energieaufnahme und -abgabe gemacht. An einer freiwilligen Versuchsperson, die sich für mehrere Tage in einer gut isolierten Kammer (Kalorimeter) aufhalten mußte, bestimmte er die Sauerstoffaufnahme sowie die Kohlendioxid- und Wärmeabgabe (Abb. 9-1). Der Energiegehalt der aufgenommenen Speisen und derjenige der Abfallprodukte (Kot und Urin) wurde durch chemische Analysen bestimmt. *Rubner* fand eine fast vollkommene Übereinstimmung von Energieaufnahme und -abgabe. Diese Entdeckungen machten es möglich, zu beurteilen, wieviel Nahrung und welcher Art der Mensch unter den verschiedensten Lebensbedingungen benötigt.

In diesem Abschnitt werden die Systeme besprochen, die der Energiegewinnung zur Lebenserhaltung dienen. Unsere Energiequelle ist die Nahrung, und wir beschäftigen uns deshalb zuerst mit unserer **Ernährung** und der dabei freisetzbaren Energie, dem **Energiegewinn**.

Die Nahrungsmittel können erst nach Spaltung in kleinere Moleküle durch die **Verdauung** (Kap. 10) ins **Blut** (Kap. 11) aufgenommen werden. Diese Moleküle werden dann vom **Kreislauf** (Kap. 12) zu den Zellen der Gewebe transportiert. Sie werden dort mit Sauerstoff, der durch die **Atmung** (Kap. 13) aufgenommen wurde, weiter abgebaut, wobei Energie gewonnen wird. Über die Energiefreisetzung in der Zelle wurde schon in Kapitel 4 berichtet. Die freiwerdende Energie ist zum größten Teil **Wärme** (Kap. 14). Abbauprodukte werden vom **Darm** und der **Niere** im Rahmen der Regulierung des **Salz- und Wasserhaushalts** (Kap. 15) ausgeschieden. Beim Energiegewinn entstehende **Säuren und Basen** (Kap. 16) erfordern ein genau regulierendes Puffersystem (Kap. 3.3).

Abb. 9-1 Direkte Kalorimetrie

Kalorimeter zur direkten Kalorimetrie (Wärmeabgabemessung) und indirekten Kalorimetrie über die Bestimmung des Sauerstoffverbrauchs. Kalorimeterkammer mit starker Wärmeisolation nach außen. Die Innenseite wird von einem Wassermantel umgeben, der nur durch eine gut wärmeleitende Metallschicht (meist Kupfer) vom Luftraum getrennt ist. Man läßt Eiswasser (0 °C) zufließen (T_1). Die von der Versuchsperson abgegebene Wärmemenge wird vom Wasser aufgenommen und kann aus der Temperaturdifferenz zwischen ausfließendem und zufließendem Wasser sowie der zur Konstanthaltung der Raumtemperatur erforderlich gewesenen Wasserdurchflußmenge (V) errechnet werden. $(T_2-T_1) \cdot V$ ergibt die Wärmemenge in kcal, wenn für das Volumen Liter eingesetzt wird. Das Wasser, das die Kammer durchflossen hat, muß in einem wärmeisolierten Gefäß aufgefangen werden.

9.1 Ernährung

Die Zufuhr von Energie ist nötig für die Erhaltung der hochkomplizierten Struktur unserer Zellen, für die Aufrechterhaltung der Körpertemperatur, da wir normalerweise ständig Wärme an unsere kühlere Umgebung abgeben, und schließlich zur Verrichtung körperlicher Arbeit.

Unsere **Ernährung** dient daher:

- der **Zufuhr von Nährstoffen** zum Aufbau von Körpersubstanz und zur Energiegewinnung; die Nährstoffe müssen mindestens soviel Energie liefern, wie wir verbrauchen, sonst nehmen wir an Gewicht ab. Nehmen wir über unseren Bedarf Nährstoffe auf, steigt unser Körpergewicht;
- der **Zufuhr von Mineralstoffen**, z.B. Mineralien wie Natrium, Calcium, Kalium, Phosphor, Chlor und Spurenelementen wie Jod, Eisen, Kupfer und Cobalt;
- der **Zufuhr von Vitaminen**, die für viele Lebensprozesse benötigt werden und in bestimmten Nahrungsmitteln enthalten sind;
- der **Zufuhr von Flüssigkeit** (s. Kap. 10 u. 15);
- der **Zufuhr von Füllstoffen**, die auch Schlackenstoffe genannt werden, weil sie nicht absorbiert werden können. Sie sind wichtig für die Darmbewegun-

gen, die u.a. nervös über Dehnungsrezeptoren (s. Kap. 10.3.2) angeregt werden müssen. Wichtigster Schlackenstoff ist die aus pflanzlicher Nahrung stammende Zellulose.

Störungen des energetischen Gleichgewichtes können aus folgenden Gründen auftreten:

- aus **krankhaften**, z.B. bei Schilddrüsenüber- bzw. -unterfunktion, bei der Zuckerkrankheit (Diabetes) oder bei Darmerkrankungen mit mangelhafter Absorption;
- aus **ökologischen** Gründen, z.B. klimatisch oder sozial bedingte Unter- oder Überernährung;
- aus **psychischen** Gründen, z.B. Nahrungsverweigerung oder gesteigerte Eßlust;
- aus **soziologischen** Gründen, z.B. religiös bedingtes Fasten, Verbot bestimmter Nahrungsmittel (Rindfleisch in Indien) oder Völlerei bei religiösen Festen (Weihnachten) und Familienfesten (Hochzeiten).

9.2 Die Nahrung

Unsere **Nahrungsmittel**, z.B. Brot, Fleisch und Butter, enthalten **Nahrungsstoffe** oder **Nährstoffe**, die vom Körper zur Energiegewinnung verwendet werden können. Es sind die drei Grundstoffe: **Kohlenhydrate, Eiweiße** und **Fette**. Aus ihnen können beim völligen Abbau die in Tabelle 9-1 genannten Energiemengen gewonnen werden.

Tab. 9-1 Energiegehalt der Nährstoffe

	kJ/g	kcal/g
Kohlenhydrat	17	4,1
Eiweiß	17	4,1
Fett	40	9,3

9.2.1 Kohlenhydrate

Kohlenhydrate beziehen wir fast ausschließlich aus pflanzlichen Nahrungsmitteln, wie Kartoffeln, Mehl, Reis oder Zucker (Tabelle 9-2). Obst und Gemüse bestehen neben „verdaulichen“, d.h. aus dem Darm aufnehmbaren Kohlenhydraten, noch aus **Zellulose**. Dieses Polysaccharid (Abb. 2-5b) kann nicht zu Zuckern gespalten werden, die absorbierbar sind. Es ist ohne Nährwert, aber für unsere Verdauung als Füllstoff (s. Kap. 9.4) wichtig. Reine Pflanzenfresser haben Darmbakterien, die in der Lage sind, diese Polysaccharide zu spalten und absorbierbar zu machen. Der menschliche Darmtrakt enthält ebenfalls solche Bakterien, ihre Menge reicht jedoch nicht aus, um die Zellulose für die Ernährung nutzbar zu machen. Aufgenommene Kohlenhydrate werden in der Leber und im Skelettmuskel in Form von **Glykogen** gespeichert. Das Leberglykogen hat ein Molekulargewicht von etwa 16 Millionen Da, Muskelglykogen von etwa 1 Million Da. Der Erwachsene kann insgesamt 300–500 g Glykogen speichern; das entspricht einer Energiemenge von 5000 bis 8000 kJ, etwa 3 Tafeln Schokolade. Dies ist verglichen mit unseren Fettspeichern (s.u.) kaum eine Energiereserve. Der tägliche Bedarf an Glukose liegt beim Erwachsenen etwa bei 150 g.

9.2.2 Eiweiße

Eiweiße beziehen wir aus tierischer und pflanzlicher Nahrung, vor allem aus Fleisch, Fisch, Milch, Eiern und aus Brot, Kartoffeln, Nüssen und einigen Hülsenfrüchten (s. Tabelle 9-2). Die Nahrungseiweiße bestehen aus **Aminosäuren** (Kap. 2.7.3). Aus diesen Bausteinen kann die Körperzelle selbst Proteine (Eiweiße) aufbauen, sie kann ebenfalls die einzelnen Aminosäuren synthetisieren, mit Ausnahme von 8 Aminosäuren, die auf jeden Fall

Tab. 9-2 Anteile von Eiweiß, Fett, Kohlenhydraten und Wasser in verschiedenen Nahrungsmitteln sowie deren Energiegehalt

100 g enthalten	g Eiweiß	g Fett	g Kohlenhydrate	% Wasser	Energiegehalt kJ	kcal
Hühnerfleisch	20	12	Spuren	68	836	199
Kalblfeisch	20	9	Spuren	70	701	167
Schweinefleisch	16	34	Spuren	49	1604	382
Salamiwurst	28	48	Spuren	17	2352	560
Hühnereier	14	11	0,6	74	680	162
Milch	3,4	3,4	4,7	88	273	65
Butter	0,8	84,5	0,5	14	3322	791
Vollkornbrot	7,8	1,1	46	42	970	231
Weißbrot	8,1	0,6	57	33	1147	273
Nudeln	14	2,4	69	13	1520	362
Reis	8	0,5	77	15	1487	354
Mehl	11,8	1,5	71	15	1487	354
Äpfel	0,4	–	14	84	248	59
Bananen	1	–	23	74	412	98
Erdnüsse	27,5	44,5	15,6	7	2478	590
Kartoffeln	2,1	0,1	21	75	403	96
Blumenkohl	2,5	–	4	91	113	27
Karotten	1	–	9	88	172	41
Steinpilze	5	–	5	87	181	43
Bohnenkerne	26	2	47	14	1336	318
Sojabohnen	37	24	32	7	1894	435
Linsen	26	2	53	12	1440	343
Schokolade	7	22	65	2	2100	500
Mandeln	21	53	14	6	2671	636
Bier	0,5	–	4,8	90	189	45
Wein	–	–	–	90	273	65
Weinbrand	–	–	–	70	925	220

mit der Nahrung zugeführt werden müssen. Sie sind unbedingt nötig (essentiell) und werden daher **essentielle Aminosäuren** genannt. Da ständig Eiweiße um- und abgebaut werden, tritt dauernd ein Eiweißverlust ein. Wir scheiden täglich eine bestimmte Menge des Abbauprodukts aus dem Eiweißstoffwechsel, den **Harnstoff**, aus. Die im Urin enthaltene Menge an Harnstoff gibt einen Hinweis auf die umgesetzte Eiweißmenge. Bei eiweißreicher Ernährung scheidet ein Erwachsener bis zu 15 g Stickstoff (N) täglich aus, der zum größten Teil aus dem Eiweißstoffwechsel stammt. Bei einem mittleren Stickstoffgehalt der Aminosäuren von 16% entspricht das dem Abbau von etwa 90 g Eiweiß. Führt man mehrere Tage bei sonst energetisch ausreichender Ernährung (Kohlenhydrate und Fette) kein Eiweiß zu, sinkt die Stickstoffausscheidung nicht auf Null ab, sondern bleibt bei 3 g pro Tag stehen, was einem Eiweißabbau von 18 g entspricht. Man nennt dies das **absolute Stickstoff-** bzw. **Eiweißminimum**. Nimmt man 15 g Eiweiß mit der Nahrung auf, so steigt die Stickstoffausscheidung an; es wird also mehr Eiweiß abgebaut als beim Minimum. Wenn man täglich ca. 40 g Eiweiß aufnimmt, scheidet man 6,5 g Stickstoff aus. Das ist genau die Stickstoffmenge (16%), die im aufgenommenen Eiweiß enthalten war; sie wird als **Bilanzminimum** bezeichnet. Dieses Stickstoffgleichgewicht besteht aber nur bei absoluter Ruhe. Wird körperliche oder geistige Arbeit geleistet, muß mindestens 1 g Eiweiß pro kg Körpergewicht zugeführt werden, das sind 50 bis 100 g täglich, um das **funktionelle Eiweißminimum** zu erreichen. Bei diesem funktionellen Eiweißminimum kann aber keine Schwerstarbeit verrichtet werden und auch kein Wachstum stattfinden. Kinder, Schwangere und Schwerstarbeiter benötigen daher bis zu 2 g Eiweiß/kg Körpergewicht.

9.2.3 Fette

Fette nehmen wir aus tierischer und pflanzlicher Nahrung auf. Die Fette können im Betriebsstoffwechsel genutzt werden, wobei 1 g Fett 40 kJ an Energie liefert, das ist doppelt soviel wie die gleiche Menge Kohlenhydrate oder Eiweiß. Fett kann aber auch gespeichert werden und ist unser einziger wirklich großer **Energiespeicher**. Vom gesamten Kohlenhydratspeicher Glykogen in Leber und Muskulatur könnten wir kaum 1 Tag zehren, von 1 kg Fett dagegen volle 4 Tage.

Der Körper kann aus Kohlenhydraten Fett bilden (Mast!), bedarf aber dazu einiger ungesättigter Fettsäuren, die er nicht selbst bilden kann. Es handelt sich dabei hauptsächlich um **Linol-** und **Linolensäure**, die in der Nahrung enthalten sein müssen und daher **essentielle Fettsäuren** genannt werden, entsprechend den unbedingt erforderlichen Aminosäuren.

Cholesterin, ein zu den Steroiden (s. Abb. 2-9) gehörendes Lipid, wird mit tierischem Fett (Eigelb, Butter, Schmalz) aufgenommen, aber auch im Körper, besonders in der Leber, gebildet. Cholesterin ist der Vorläufer der Steroidhormone (s. Abb. 2-9) und der Gallensäuren. Beim Gesunden besteht ein Gleichgewicht zwischen aufgenommenem und im Körper synthetisiertem Cholesterin. Nimmt z. B. der Gesunde bei einer Mahlzeit reichlich Cholesterin auf, wird im Körper entsprechend weniger gebildet, und umgekehrt. Bei bestimmten Krankheiten ist der Plasmacholesterinspiegel erhöht (Normalwert 1,5–2,8 g/l Serum), z. B. bei Arteriosklerose, Herzmuskelinfarkt, Zuckerkrankheit oder Fettsucht. Zufuhr pflanzlicher Fette mit vorwiegend ungesättigten Fettsäuren (s. Kap. 2.7.2) senkt ihn.

Path: Zur Beurteilung eines Arterioskleroserisikos wird nicht nur die Plasmakonzentration des Gesamtcholesterins bestimmt, sondern auch von zwei speziellen Formen, dem HDL (**h**igh **d**ensity **l**ipoprotein) und dem LDL (**l**ow **d**ensity **l**ipoprotein). Ein hoher LDL-Spiegel begünstigt die Arteriosklerose, ein hoher HDL-Spiegel schützt eher davor.

Kurzgefaßt

Der Körper braucht **Energie** für die Erhaltung seiner komplizierten Struktur, für die Erhaltung seiner Temperatur und zur Vollbringung von Leistungen. Dies erfordert **Energiezufuhr** in Form der **Nährstoffe** Kohlenhydrate, Fette und Eiweiße. Manche Eiweiße müssen bestimmte Aminosäuren, manche Fette bestimmte Fettsäuren enthalten, die vom Körper selbst nicht aufgebaut werden können: **Essentielle Amino- und Fettsäuren**. Fette und Kohlenhydrate können für Tage bis Wochen entbehrt werden, nicht aber eine Mindestmenge an Eiweißen, das sogenannte **Eiweißminimum**.

9.2.4 Mineralstoffe und Spurenelemente

Mineralien werden dem Körper vor allem als Salze zugeführt. Natrium-, Kalium- und Chloridionen bestimmen hauptsächlich den osmotischen Druck in den Körperflüssigkeiten und sind entscheidend am Wasserhaushalt (Kap. 15) beteiligt. Calcium und Phosphate werden für den Knochenaufbau benötigt, Magnesium ist für viele Stoffwechselvorgänge wichtig.

Spurenelemente (Tabelle 9-3) kommen, wie der Name andeutet, im Organismus nur in sehr kleinen Mengen vor, sie erfüllen jedoch zum Teil wichtige Aufgaben. Lebensnotwendige Spurenelemente sind: Eisen, Kupfer, Zink, Kobalt, Jod, Fluor, Mangan, Selen. Die Funktion anderer Spurenelemente (Gold, Aluminium usw.) ist entweder unklar, oder seine physiologische Bedeutung ist bisher nicht bekannt (Bor, Brom, Strontium usw.). Manche sind sogar giftig (Quecksilber, Blei u.a.). Die Mineralstoffe haben keinen energieliefernden Wert.

9.2.5 Vitamine

Vitamine (Tabelle 9-4) sind lebensnotwendige Substanzen, die vom Körper selbst nicht oder nur in unzureichenden Mengen gebildet werden können. Sie sind Bestandteile unserer Nahrung wie die Spurenelemente und haben ebenfalls keinen Nähr-

Tab. 9-3 Lebenswichtige Spurenelemente: Vorkommen, Bedarf und Mangelerscheinungen

Element	Vorkommen	Tagesbedarf	Mangelerscheinungen
Eisen	Leber Salat Grüngemüse Hülsenfrüchte	12 mg	Anämie Hautblässe Müdigkeit
Fluor	Trinkwasser Zahnpasta	1,5 mg	Karies
Jod	Meerestiere Leber Trinkwasser	150 μg	Kropf Schilddrüsenunterfunktion
Kupfer	Leber Fleisch	2 mg	Eisenaufnahmestörung Anämie
Zink	Fleisch Brot Gemüse	10–15 mg	keine
Mangan	Getreide Wurzelgemüse Grüngemüse	3–9 mg	keine

Tab. 9-4 Wichtige Vitamine: Vorkommen, Bedarf und Mangelerscheinungen; die fettlöslichen Vitamine sind mit einem * gekennzeichnet

Vitamin	Bezeichnung	Vorkommen	Tagesbedarf	Mangelerscheinungen
A*	Retinol	Karotten Leber Milch Eigelb	1,7 mg	Hautverhornung Nachtblindheit
B_1	Thiamin	Naturreis Kleie Hefe	10,0 mg	Beriberi: Nervenentzündung Durchfälle Herzmuskelschwäche
B_2-Komplex	Riboflavin	Milch Leber Fleisch	1,5–2 mg	Hauterkrankungen Lichtempfindlichkeit Hornhauttrübung
	Nicotinsäureamid	Milch Leber Fleisch	15,0 mg	Erkrankungen der belichteten Haut
	Folsäure	Milch Leber, Fleisch Blattgemüse	0,05 mg	Zahl aller Blutkörperchen vermindert
	Pantothensäure	in allen Nahrungsmitteln	10,0 mg	keine
B_6	Pyridoxol	Milch Leber Fleisch	2,0 mg	bei Kindern: Anfallsneigung Hautschuppung
B_{12}	Cobalamin	Fleisch Leber	2–5 µg	Perniziöse Anämie
C	Ascorbinsäure	Obst, besonders Citrusfrüchte Sauerkraut Kartoffel	75 mg	Skorbut Infektgefährdung
D*	Calciferol	Milchprodukte Fischleber, Eigelb	0,01 mg	Rachitis
E*	Tocopherol	Keimöle	10,0 mg	keine
H	Biotin	Milch, Leber, Hefe	0,03 mg	Hautkrankheiten
K*	Phyllochinon	Blattgemüse Leber Fleisch	1,0 mg	bei intakter Darmflora und Darmfunktion: keine, sonst Blutgerinnungsstörungen

wert. Die Vitamine erfüllen jedoch im Zellstoffwechsel und Stofftransport wichtige katalytische Aufgaben, d. h. sie beschleunigen chemische Reaktionen, ohne selbst verändert zu werden. Im Unterschied zu anderen lebensnotwendigen (essentiellen) Nahrungsstoffen werden Vitamine nur in geringen Mengen benötigt.

Path **Vitaminmangel** führt zu Mangelkrankheiten (Hypovitaminosen, Avitaminosen). Sie entstehen durch einseitige Ernährung (z. B. rein vegetarisch oder fettfrei), durch langes Fasten oder Hungern oder nach Infektionskrankheiten mit hohem Vitaminverbrauch sowie bei Störungen der Darmfunktion.

Vitaminüberschuß (Hypervitaminose) durch übermäßige Zufuhr kann beim Menschen zu Schäden führen.

Die **fettlöslichen** Vitamine A, D, E und K werden von den **wasserlöslichen** B und C unterschieden.
Vitamin A (Retinol) wird als Vorstufe (Provitamin A) in Anwesenheit von Fett und Gallensäuren im Dünndarm aufgenommen und zu Vitamin A umgewandelt. Es wird in der Leber, den Nieren und den Lungen gespeichert, weshalb sich Avitaminosen nur langsam entwickeln. Funktionell ermöglicht Vitamin A das Dämmerungssehen und trägt zum Aufbau und Schutz der Haut und der Schleimhäute bei. Hypervitaminosen können vor allem bei Säuglingen und Kleinstkindern auftreten (Kopfschmerzen, Hautschuppung). Diese Erscheinungen gehen bei verminderter Vitaminzufuhr zurück.
Vitamine B_1–B_{14}: Bisher wurden 14 unterschiedliche B-Vitamine beschrieben, die Existenz der Vitamine B_3, B_4, B_5, B_{13} und B_{14} ist umstritten.
Vitamin B_1 (Thiamin) ist wasserlöslich und eines der am längsten bekannten Vitamine. Es kommt u.a. in den Silberhäutchen (lat. pericarp) von Reis- und Getreidekörnern vor. In Verbindung mit Diphosphat ist Vitamin B_1 ein Coenzym von Decarboxylasen und Aldehydtransferasen, Enzymen, die beim Kohlenhydratabbau und am Citratzyklus beteiligt sind (s. Abb. 4-7).

Path Die Mangelkrankheit **Beriberi** (Polyneuritis) war in Ostasien stark verbreitet, als dort der Reis, als Hauptnahrungsmittel, nur noch in geschälter, polierter Form gegessen wurde. Krankheitszeichen sind: Nervenentzündungen mit nachfolgenden Lähmungen, Muskelschwäche und Nachlassen der Herzfunktion.

Vitamin-B_2-Komplex: Unter dieser Bezeichnung werden folgende Substanzen zusammengefaßt: **Riboflavin, Nicotinsäureamid, Folsäure** und **Pantothensäure**.
Riboflavin kommt in den meisten Nahrungsmitteln als Mono- oder Dinucleotid oder als Flavoprotein (s. Abb. 4-2) vor. Flavoproteide (flavus = gelb) wirken als elektronenübertragende Enzyme in der Atmungskette (Kap. 4.6.5).
Riboflavinmangel ist sehr selten. Bei wachsenden Tieren bewirkt er Wachstumsstillstand, beim Menschen Haut- und Schleimhauterkrankungen.
Nicotinsäureamid, auch PP-Faktor genannt (Pellagra-preventive [engl. verhütend]-Factor), kommt u.a. in Fleisch, Leber, Fisch, Reis- und Getreidehäutchen vor. Aus der Aminosäure Tryptophan kann der Körper selbst das Vitamin herstellen, sie wird daher zur Therapie der Mangelkrankheit Pellagra verwendet, die durch Braunfärbung der Haut, Schleimhauterkrankungen, vor allem auch im Darmbereich und durch Nervenentzündungen gekennzeichnet ist.
Folsäure kommt in Fleisch, Leber, Molkereiprodukten und in Blattgemüse vor. Sie spielt eine wichtige Rolle bei der Bildung von Blutkörperchen (s. Kap. 11.1). Mangelerscheinungen sind relativ selten, da Folsäure auch von den Darmbakterien gebildet werden kann.

Path Bei Folsäuremangel findet man eine erniedrigte Zahl aller Blutkörperchen. Aus der verminderten Erythrozytenzahl bei vergrößertem mittlerem Volumen (MCV) resultiert eine hyperchrome, makrozytäre Anämie.

Pantothensäure kommt, wie der Name andeutet, in fast allen Nahrungsmitteln vor, Mangelerscheinungen treten daher nicht auf. Aus Pantothensäure entsteht in Verbindung mit Cysteamin (s. Kap. 4.6.3) Pantethein, der wirksame Bestandteil des Coenzyms A. Letzteres spielt besonders beim Fettstoffwechsel eine Rolle.

Biotin (identisch mit Vitamin H) ist die prosthetische Gruppe vieler Carboxylasen. Mangel führt zu Veränderungen der natürlichen Darmflora sowie zu Hauterkrankungen und zur Hypercholesterinämie.

Vitamin B_6 (Pyridoxol) kommt in Fleisch, Leber und Milchprodukten vor. Es besteht aus unterschiedlichen Pyridinverbindungen und spielt beim Aminosäurestoffwechsel eine Rolle. Vitamin-B_6-Mangel führt bei Kindern zu epilepsieartigen Anfällen, auch Hautschuppung wurde beobachtet.

Vitamin B_{12} (Cobalamin) enthält Kobalt, fördert Methylierungsvorgänge und ist wichtig bei der Bildung von Proteinen und Ribonukleinsäuren (RNA) (s. Kap. 4.8.1). Vitamin B_{12} ist der sogenannte **Anti-Perniziosa-Faktor**.

Path Die perniziöse Anämie ist eine Reifungsstörung der roten Blutkörperchen, bei der zu wenig und unreife, große Erythrozyten in die Blutbahn ausgeworfen werden.

Die normale Bildung roter Blutkörperchen erfordert einen „Extrinsic-“ und einen „Intrinsic-Faktor“, d.h. einen mit der Nahrung zugeführten und einen körpereigenen. Der „Extrinsic-Faktor“ ist das Vitamin B_{12}, der „Intrinsic-Faktor“ wird in der Magenschleimhaut gebildet und freigesetzt. Er ist ein Glykoproteid und bildet mit Vitamin B_{12} einen Komplex, der nur in dieser Form im Darm resorbiert werden kann.

Vitamin C (Ascorbinsäure) ist ein Kohlenhydratabkömmling. Als Redoxkörper (s. Kap. 4.7) zählt es zu den Antioxidanzien und überträgt Wasserstoff. Es aktiviert den gesamten Zellstoffwechsel und den der Interzellularsubstanzen. Die Nebennierenrinde ist besonders reich an Vitamin C. Die Ascorbinsäure erhöht die natürliche Widerstandskraft des Körpers, z.B. gegenüber Erkältungskrankheiten. Auf den Verlauf hat Vitamin C allerdings keinen Einfluß.

Path Vitamin-C-Mangel-Erkrankungen kommen heute sehr selten vor, sie waren früher besonders bei Seeleuten, die lange Fahrten auf Segelschiffen zurücklegten, verbreitet. Die Krankheit wurde Skorbut (von Scheuerbek = eingerissener Mund) genannt. Weitere Anzeichen sind: Zahnfleischbluten, Zahnausfall, allgemeine Blutungsneigung und Muskelschwund. Beim Säugling und Kleinkind äußert sich Vitamin-C-Mangel außer in den obengenannten Symptomen durch Schwellungen der Knorpel-Knochen-Grenzen des gesamten Skeletts mit Neigung zu Knochenbrüchen. Das Krankheitsbild wird nach den Beschreibern als *Moeller-Barlow*-Krankheit bezeichnet.

Vitamin D (Calciferol) ist fettlöslich und kommt u.a. in allen fetthaltigen Molkereiprodukten und in der Fischleber vor (Lebertran, aus Heilbuttleber gewonnen, wurde früher vorbeugend verabreicht.) Vitamin D fördert den Einbau von Calcium in die Knochengrundsubstanz und steigert die Absorption von Calcium aus dem Darm. Der Calcium-Phosphat-Stoffwechsel wird hormonell geregelt, Vitamin D und ähnliche Stoffe werden daher im Zusammenhang mit entsprechenden Hormonen ausführlicher beschrieben (s. Kap. 25.6).

Path Bei Vitamin-D-Mangel im Säuglings- und Kleinkindalter zeigen sich Wachstumsstörungen am Skelett, die Knorpel-Knochen-Grenzen sind verdickt. Am Brustkorb spricht man von Rosenkranz, den perlenartigen Verdickungen an den Rippen, die Schädelknochen sind eindrückbar, das Skelett verbiegt sich bei Belastung (O-Beine können z.B. die Folge sein), der Zahndurchbruch ist gestört. Diese als Rachitis bezeichnete Krankheit kommt dank der vorsorglichen Maßnahmen bei Neugeborenen in unseren Breiten kaum noch vor.

Vitamin E (Tocopherol) hemmt Oxidationsvorgänge des Zellstoffwechsels und unterstützt die Resistenz der roten Blutkörperchen gegen Hämolyse (s. Kap. 11.3). Tocopherolmangel führt bei weiblichen, trächtigen Ratten zum Absterben und Auflösen der Feten, bei männlichen Ratten zur Hodenrückbildung. Mangelerscheinungen sind beim Menschen nicht erkennbar.

Vitamin F ist kein eigentliches Vitamin, sondern ein Gemisch aus essentiellen Fettsäuren (s. Kap. 9.2.3) (Linol-, Linolen- und Arachidonsäure).

Vitamin H ist identisch mit Biotin.

Vitamin K (Phyllochinon) ist fettlöslich und kommt in Blattgemüse, Fleisch, Leber und Milchprodukten vor. Es spielt bei der Bildung der Gerinnungsfaktoren Prothrombin, Faktor VII, IX und X in der Leber eine Rolle (s. Kap. 11.9.1).

Path Blutungsneigung durch Vitamin-K-Mangel kann entstehen, wenn durch mangelhafte Gallefreisetzung in den Zwölffingerdarm die Fettresorption und damit die Vitamin-K-Aufnahme gestört ist. Normalerweise ist Vitamin-K-Mangel sehr selten, da die Darmbakterien das Vitamin in größeren Mengen bilden können.

Kurzgefaßt

Mineralstoffe sind für den Knochenaufbau, den Wasserhaushalt und viele Zellfunktionen erforderlich. **Spurenelemente** und **Vitamine** sind lebensnotwendige Stoffe, die im Zellstoffwechsel eine besondere Rolle spielen. Mangelhafte Zufuhr dieser Stoffe führt in den meisten Fällen beim Menschen zu Erkrankungen, in einzelnen Fällen auch ein Überangebot. Mineralstoffe, Spurenelemente und Vitamine besitzen keinen Nährwert.

9.3 Energiebedarf

Für mehr als 80% unserer Bevölkerung ist eine Energiezufuhr von 10000 kJ (ca. 2400 kcal) pro Tag ausreichend, um ein Energiegleichgewicht zu halten. Die wenigen, die heute noch schwere körperliche Arbeit leisten oder Sportarten mit großem Kraftaufwand ausüben, können allerdings bis zu 18000 kJ (ca. 4300 kcal) pro Tag umsetzen, die dann auch in Form von Nahrung zugeführt werden müssen.

Richtwerte für den Energiebedarf („Kalorientabellen") sind seit Beginn dieses Jahrhunderts in vielen Laboratorien der Welt sorgfältig erarbeitet worden. Diese Richtwerte müssen nicht nur das **Körpergewicht,** sondern auch das **Lebensalter, Geschlecht** und besondere Lebensumstände wie **Schwangerschaft, Stillen, Kältebelastung** sowie **unterschiedliche körperliche Arbeit** berücksichtigen.

Tabelle 9-5 gibt eine Auswahl von Werten der erforderlichen Energiezufuhr für verschiedene Lebensalter beider Geschlechter. Richtwerte für Schwerarbeiter und Leistungssportler schwanken in ihren Angaben. Die Weltgesundheitsorganisation (WHO) gibt den **Energieumsatz für Schwerstarbeiter** mit 20000 kJ pro Tag (4800 kcal) an, wenn die Arbeit das ganze

Tab. 9-5 Energiezufuhr in bezug auf Alter, Geschlecht, Schwangerschaft und Bedarf Stillender

	Alter Jahre	Gewicht kg	Größe cm	kJ/Tag	kcal/Tag
Säugling	½–1	8		3770	900
Kind	4–5	18	107	6700	1600
Junge	13	45	156	12560	3000
Mädchen	13	47	158	10500	2500
Mann	25	70	175	12150	2900
	45	70	175	10900	2600
	65	70	175	9200	2200
Frau	25	58	163	8800	2100
	45	58	163	8000	1900
	65	58	163	6700	1600
Schwangere 3. Drittel				+1050	+ 250
Stillende				+4200	+1000

Jahr über durchgeführt wird. Steigt der Energieumsatz z.B. bei Saisonarbeitern (kanadischen Holzfällern) bis auf 37000 kJ/Tag an, so nimmt das Körpergewicht ab, weil soviel Energie durch Essen nicht aufgenommen werden kann.

Für wenige Minuten kann der Energieumsatz um das 10- bis 20fache des Ruheumsatzes gesteigert werden, also von 5 auf 50 bis 100 kJ/min.

9.4 Ausgewogene Kost

Bei einer ausreichenden Ernährung muß nicht nur entsprechend den unterschiedlichen Bedingungen (s.o.) das energetische Gleichgewicht, eingenommene kJ zu ausgegebenen, stimmen, sondern auch der Anteil an Kohlenhydraten, Eiweißen und Fetten. Aus verdauungsmechanischen Gründen soll die Nahrung auch eine bestimmte Menge an Ballaststoffen enthalten. Schon lange vor Bekanntwerden neuerer wissenschaftlicher Ergebnisse in der Ernährungslehre haben weite Bevölkerungskreise (mit Ausnahme der Armen – Eiweiß ist teuer – und der Wohlhabenden) eine Kost gewählt, die „gesund" ist. In jüngerer Zeit stellt man jedoch in wohlhabenden Industrieländern einen „Luxuskonsum" fest, der darin besteht, daß zu viel und meist auch zu fett gegessen wird. Die einfachste **Richtregel** für eine ausgewogene Kost, ausgedrückt in Gewichtsanteilen, ist: **⅔ Kohlenhydrate, ⅙ Eiweiß** und **⅙ Fett**.

Der **Anteil der Nahrungsmittel an den 3 Grundnährstoffen** kann Tabellen entnommen werden, die man in den Lehrbüchern der Ernährungskunde findet. Dabei handelt es sich meist nur um grobe Richtlinien, denn Fleisch ist nicht gleich Fleisch (unterschiedlicher Fettgehalt); dasselbe gilt für Wurst, Fisch oder Käse. Auch der Kohlenhydratanteil von Kartoffeln kann durch unterschiedlichen Wassergehalt schwanken.

Path Die Deutsche Gesellschaft für Ernährung hat festgestellt (1960/70), daß 15% der Bevölkerung zu energiereich ißt und daher Übergewicht hat. Statistische Untersuchungen zeigen, daß **Übergewicht** die Krankheitsanfälligkeit steigert.

Amerikanische Lebensversicherungen verlangen daher schon seit Jahren um so höhere Prämien, je höher das Übergewicht der Versicherten ist.

Präv Ergänzungen zu der normalen Ernährung sind erforderlich bei Leuten, die körperliche **Höchstleistungen** vollbringen sowie bei Schwangeren und Stillenden, wobei vor allem der Eiweißanteil gesteigert werden muß. Schwangere müssen einseitige Diäten aufgeben, weil durch diese beim Embryo, Foeten und Neugeborenen bereits Mangelsymptome auftreten.

Bei strenger Einhaltung meist weltanschaulich bedingter **vegetarischer Ernährung, Rohkost** usw. kommt es zu Mangelerscheinungen, weil bestimmte Vitamine, bestimmte essentielle Aminosäuren und essentielle Fettsäuren nur in tierischen Nahrungsmitteln vorkommen. Daß es unter den Vegetariern und Rohkostlern zu weniger Krankheitsfällen kommt, als man zahlenmäßig erwarten würde, liegt daran, daß bewußt oder unbewußt die Diät nicht streng eingehalten wird. Viele nehmen z.B. Milch, Eier, Käse und Butter zu sich. Geringere Abweichungen von einer ausgewogenen Ernährung verlaufen störungslos. So kann bei kaltem Wetter oder von Bewohnern arktischer Zonen (Eskimos) der Fettanteil und der Eiweißanteil auf Kosten der Kohlenhydrate gesteigert werden oder bei Hitze der Kohlenhydratanteil ohne Schäden erhöht werden. Da sich die Nahrungsstoffe entsprechend ihrem Energiegehalt vertreten können (**Isodynamie**), ist bei Zufuhr der Mindestmengen (s.o.) keine Schädigung zu befürchten. Auch kann der Körper im Bedarfsfall aus Aminosäuren Glukose und aus Kohlenhydraten Fett bilden.

Path Beispiele für gestörtes Eßverhalten sind die **Anorexia nervosa** und die **Bulimie**, ein Krankheitsbild, das durch übermäßiges Essen mit nachfolgendem, selbst herbeigeführtem Erbrechen gekennzeichnet ist. Beide Störungen betreffen vorwiegend junge Frauen mit ausgeprägter Angst vor Gewichtszunahme. Folgen sind Kaliumverlust, Muskelschwäche bis Lähmung, Darmverschluß, Störung der Herztätigkeit. Bei beiden Krankheitsbildern haben sich psychotherapeutische Maßnahmen (Einzel-, Familien- und Gruppentherapie) bewährt.

Über den **Alkohol** muß aus energetischen und pathologisch bedeutsamen Gründen gesprochen werden. Da 1 g Alkohol (1,27 ml) 30 kJ (7,1 kcal) liefert, muß er bei der Aufstellung von Kostplänen, besonders für Abmagerungskuren, unbedingt berücksichtigt werden. Wer täglich 1 Flasche Bier (0,5 l mit 4% Alkohol), $^{1}/_{4}$ l Rotwein (mit 12%) und einen Whisky (50 ml mit 43%) trinkt, führt sich 56 g Alkohol und damit 1680 kJ (402 kcal) zu; das ist fast $^{1}/_{6}$ eines täglichen Energieumsatzes von 11000 kJ. Es ist also nicht verwunderlich, wenn eine Abmagerungsdiät nicht zum Erfolg führt, wenn der Alkoholkonsum nicht mitgerechnet wird.

Path Vor dem übermäßigen bzw. regelmäßigen Genuß von Alkohol muß vor allem wegen dessen lebertoxischer Wirkung gewarnt werden. Ein täglicher Alkoholkonsum von mehr als 60 g bei Männern und mehr als 20 g bei Frauen führt in den meisten Fällen zu Leberschäden. Ein medizinisches, vor allem psychiatrisches Problem ist außerdem die Alkoholsucht.

Kurzgefaßt

Kohlenhydrate und Eiweiße liefern ca. 17 kJ/g, Fett ca. 40 kJ/g. Der **Energiebedarf** ist von Lebensalter, Geschlecht und besonderen Bedingungen wie Berufsart, Schwangerschaft, Kältebelastung abhängig. 80% der Bevölkerung hochindustrialisierter Länder benötigen eine Energiezufuhr von ca. 10000 kJ/Tag. Schwerstarbeiter bis 20000 kJ/Tag. Eine ausgewogene Nahrungszusammensetzung besteht ungefähr aus ²/₃ Kohlenhydraten, ¹/₆ Eiweiß und ¹/₆ Fett. Alkohol hat einen Energiewert von 30 kJ/g.

9.5 Energieumsatzmessungen

Die direkte Messung der Wärmeabgabe mit mehreren Thermoelementen (s. Abb. 9-1) ist sehr aufwendig. Man bestimmt daher heute für **arbeits- und sportphysiologische Zwecke** den Energieumsatz nicht direkt, sondern bestimmt die Wärmeabgabe indirekt; man spricht daher von **indirekter Kalorimetrie**. Ausgehend von der Beziehung, die wir bereits kennen (s. Abb. E-3),

$$C_6H_{12}O_6 + 6\ O_2 \rightarrow 6\ CO_2 + 6\ H_2O$$
und 2822 kJ (674 kcal),

kann man durch **Bestimmung des O_2-Verbrauchs** den Energieumsatz berechnen, wenn man weiß, welche Art von Nahrungsstoff verbrannt wird. Für unser Beispiel der Glukose-Verbrennung liefern 6 mol O_2 ($6 \cdot 22{,}4$ l O_2) → 2822 kJ, d.h., 1 Liter verbrauchter Sauerstoff liefert:

$$\frac{2822\ \text{kJ}}{6 \cdot 22{,}4\ \text{l}\ O_2} = 21\ \text{kJ/l}\ O_2\ (5\ \text{kcal/l}\ O_2)$$

Dies nennt man das **kalorische Äquivalent**. Fette und Eiweiße benötigen zur vollständigen Verbrennung mehr O_2 als Kohlenhydrate, weil ihre Moleküle weniger O_2 pro C- und H-Atom besitzen (s. Kap. 2.7.1). Da wir im allgemeinen auch Fette und Eiweiße verbrennen, ist das kalorische Äquivalent nicht so groß wie für reine Glukose. An dem Verhältnis abgegebener CO_2- zu aufgenommener O_2-Menge (**respiratorischer Quotient, kurz RQ genannt**) kann man zwar mit ziemlicher Genauigkeit feststellen, welche Nahrungsstoffe in welchem Umfang verbrannt werden, die Bestimmung ist jedoch schwierig und mit erheblichen Fehlern behaftet. Man benutzt daher für die meisten theoretischen und alle klinischen Untersuchungen einen **mittleren RQ von 0,85**. Daraus ergibt sich ein **mittleres kalorisches Äquivalent von 20,4 kJ/l O_2** (4,87 kcal/l O_2).

9.5.1 Geschlossene indirekte Kalorimetrie

Diese Methode besteht darin, daß man den O_2-Verbrauch aus der Abnahme der O_2-Menge in einem **Spirometer** (Abb. 9-2) bestimmt, das mit reinem Sauerstoff gefüllt ist, an dem der Patient ein- und ausatmet. Dabei wird das ausgeatmete CO_2 durch Natronkalk absorbiert. Durch Aufzeichnen erhält man ein sogenanntes Spirogramm (Abb. 9-3), aus dem man neben den Atembewegungen den Sauerstoffverbrauch des Patienten in einer bestimmten Zeit ablesen kann. Eine ähnliche Methode besteht darin, daß man den Patienten aus einem luftgefüllten Spirometer atmen läßt, was physiologischer ist. Aus einem zweiten, mit reinem O_2 gefüllten Spirometer wird der vom Patienten aufgenommene O_2 im ersten Spirometer ersetzt. Das erste Spirometer zeigt die Atembewegungen, das zweite den O_2-Verbrauch an (Abb. 9-4).

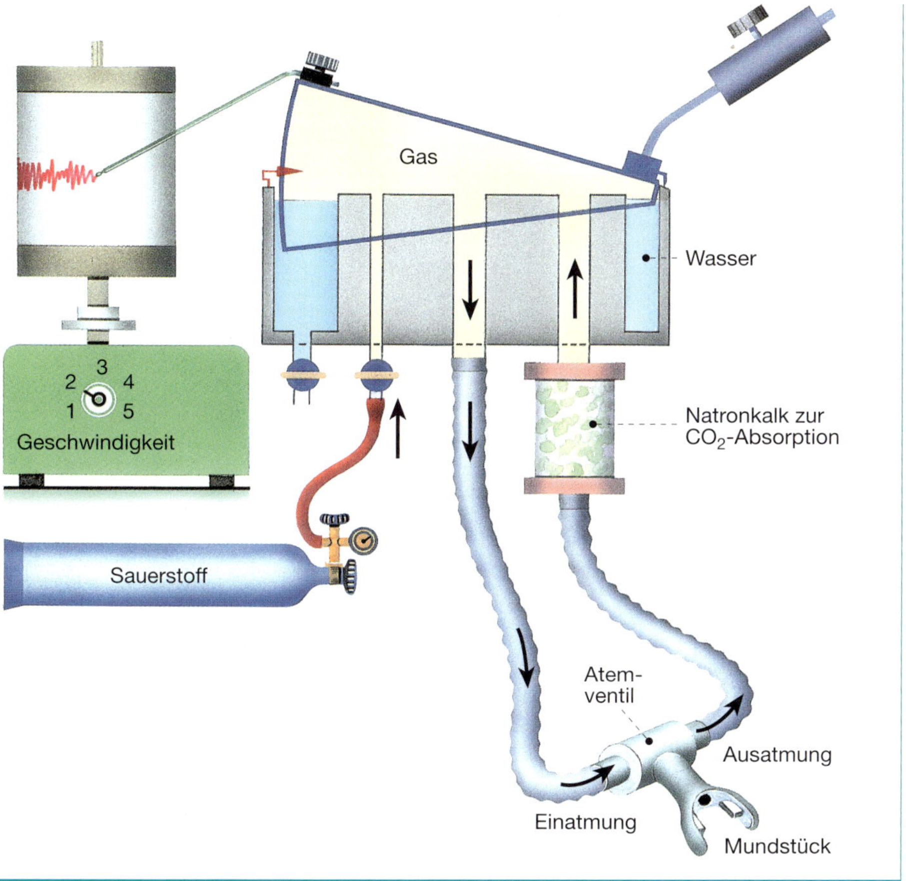

Abb. 9-2 Spirometer nach *Krogh*

Das Spirometer dient zur Bestimmung des Sauerstoffverbrauchs.

9.5.2 Offene indirekte Kalorimetrie

Bei dieser Methode mißt man das Ausatmungsvolumen und die Abnahme der O_2-Konzentration in der Ausatmungsluft, woraus sich der O_2-Verbrauch errechnen läßt.
Beispiel:
Ausatmungsvolumen 6 l/min, O_2-Konzentration der eingeatmeten Luft 210 ml O_2/l, O_2-Konzentration im ausgeatmeten Gas 170 ml O_2/l, daraus folgt ein O_2-Verbrauch von

$$6\ \frac{\text{l}}{\text{min}} \cdot (210-170)\ \frac{\text{ml O}_2}{\text{l}} = 240\ \frac{\text{ml O}_2}{\text{min}}$$

Die Gaskonzentrationen kann man mit unterschiedlichen Methoden bestimmen, z. B. O_2 mit einem magnetischen Verfahren oder CO_2 mit dem Ultrarot-Absorptionsverfahren oder beide Gase aufgrund ihrer unterschiedlichen Wärmeleitfähigkeit.
Die Gasvolumina werden auf 0 °C, Trokkenheit und einen Barometerdruck von 101,3 kPa (760 mmHg) reduziert angegeben. Man kennzeichnet diese Reduktion mit der Abkürzung **STPD**, die wie folgt zustande kommt: **S**tandard **T**emperature, **P**ressure (Druck), **D**ry (trocken).

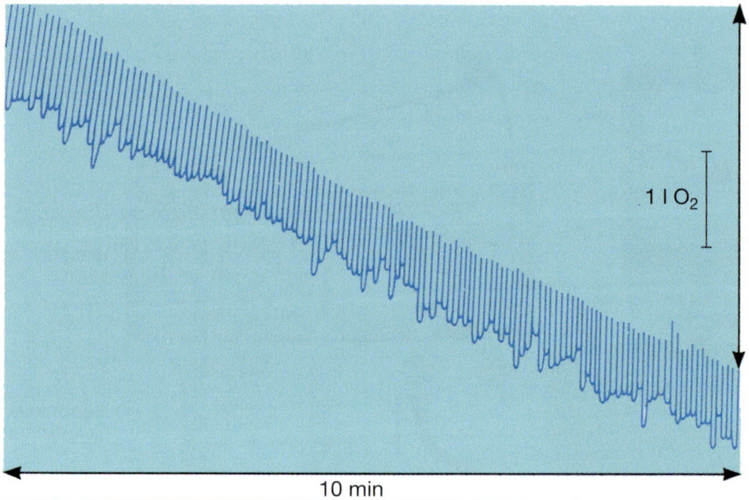

Abb. 9-3 O_2-Verbrauch (*Krogh*-Spirometer)

Kurve einer Sauerstoffverbrauchsmessung mit einem *Krogh*-Spirometer; man sieht die einzelnen Atemzüge.

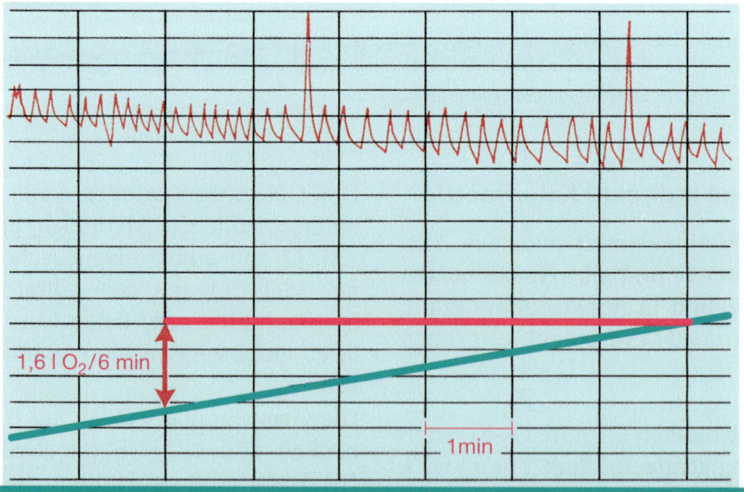

Abb. 9-4 O_2-Verbrauch (Doppelspirometer)

Atem- und Sauerstoffverbrauchskurve eines Doppelspirometersystems. Die obere Kurve zeigt die Registrierung des Spirometers, aus dem geatmet wird, die untere diejenige des Spirometers, das den Sauerstoff ins Atemspirometer nachliefert und somit die Bestimmung des Sauerstoffverbrauchs ermöglicht.

9.5.3 Grundumsatz

Durch eine Schilddrüsenüber- oder -unterfunktion kann der Stoffwechsel krankhaft erhöht oder erniedrigt sein (s. Kap. 25.5.3). Der Arzt kann dies u.a. mit den beschriebenen Methoden ermitteln. Um eine Abweichung von der normalen Stoffwechselgröße nachweisen zu können, benötigt man einen **Richtwert**, den man unter möglichst einheitlichen Bedingungen am Gesunden bestimmt hat. Man nennt ihn **Grundumsatz**. Diese Bedingungen müssen auch beim Patienten streng eingehalten werden, um das Untersuchungsergebnis mit den Richtwerten in den Tabellen vergleichen und eine krankhafte Abweichung feststellen zu können.

Die **Grundumsatzbedingungen**:

- Körperliche Ruhe vor und während der Untersuchung.
- Behaglichkeitstemperatur während der Messung (bekleidet 20–22 °C).
- 12 Stunden vorher keine Nahrungsaufnahme (auch kein Alkohol).
- 24 Stunden vorher keine Eiweißaufnahme, weil danach der Stoffwechsel bis um 30% ansteigen kann. Man nennt dies die **spezifisch-dynamische Wirkung** des Eiweißes. Auch Kohlenhydrate und Fette haben eine spezifisch-dynamische Wirkung, die aber viel geringer ist. Die Ursache dafür ist noch nicht völlig geklärt.

Will man feststellen, ob der Grundumsatz des Patienten von der Norm abweicht, muß sein **Alter, Geschlecht** sowie seine **Körperoberfläche** berücksichtigt werden. Abbildung 9-5 zeigt die Alters- und Geschlechtsabhängigkeit. Man sieht deutlich den geringeren Umsatz des weiblichen Geschlechts und seine Abnahme bei beiden Geschlechtern mit fortschreitendem Alter, etwa vom 10. bis 20. Lebensjahr um fast 15%, vom 20. bis 50. Lebensjahr um weitere 10%. Der Bezug der Stoffwechselgröße auf die Körperoberfläche beruht auf der Feststellung, daß sie besser als das Körpergewicht mit dem Stoffwechsel korreliert. Die Körperoberfläche ermittelt man

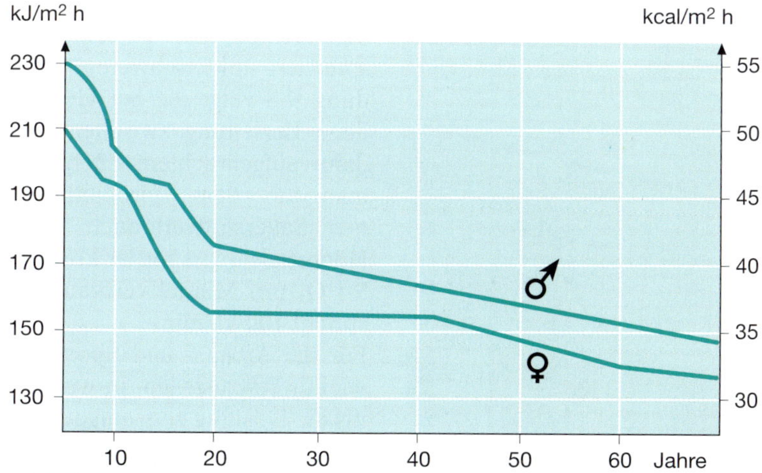

Abb. 9-5 Grundumsatz

Grundumsatz pro m² Körperoberfläche und Stunde für Mann und Frau und seine Abhängigkeit vom Lebensalter nach Daten von *Boothby* und Mitarbeitern.

aus Größe und Gewicht mit Hilfe von Diagrammen oder Nomogrammen (Abb. 9-6). Einen groben **Schätzwert für den Grundumsatz** des Erwachsenen kann man sich leicht merken; er beträgt:
4200 kJ (1000 kcal) pro m^2 (Körperoberfläche) in 24 h. Wenn die Werte des Patienten um mehr als 10% von den tabellierten Richtwerten abweichen, müssen sie als krankhaft betrachtet werden. Schilddrüsenüber- und -unterfunktionen werden heute i.a. nicht mehr über den Grundumsatz, sondern durch Messung der Schilddrüsenhormonkonzentrationen im Blut bestimmt.

9.5.4 Energieumsatz bei Arbeit

Der Energieumsatz, der bei körperlicher Arbeit aufgebracht wird, interessiert vor allem Sport- und Arbeitsphysiologen, aber auch den Arzt, wenn er die körperliche Leistungsfähigkeit von Patienten prüfen will. Dazu läßt man Versuchspersonen bzw. Patienten eine genau meßbare Arbeit vollbringen. Man benutzt sogenannte **Ergometer** (Kraftmesser). Das sind meist fahrradähnliche **Tretkurbel-Ergometer** (Abb. 9-7), die die aufgebrachte Leistung in Watt angeben.

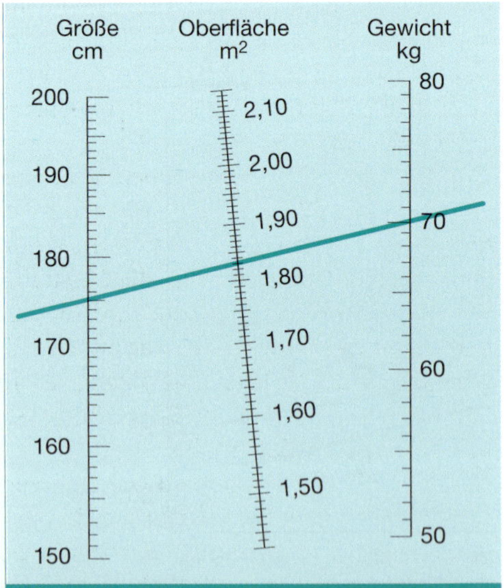

Abb. 9-6 Nomogramm

Die Körperoberfläche kann aus Körpergröße und Gewicht ermittelt werden.

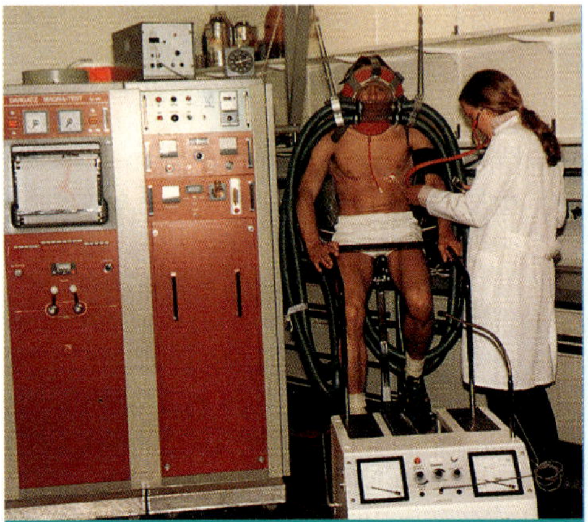

Abb. 9-7 O_2-Verbrauchsmessung

Versuchsperson auf Fahrradergometer. Sie ist über eine Atemmaske mit Schläuchen an ein Spirometersystem angeschlossen. Der O_2-Verbrauch wird auf der Kurve links im Bild aufgezeichnet. Die Leistung kann eingestellt und an den Instrumenten vorne rechts abgelesen werden.

Die Versuchsperson muß so stark treten, daß die gewünschte Leistung auf einem Zeigerinstrument konstant bleibt oder eine Signallampe eben erlischt. 80 Watt entsprechen mittelschwerer Arbeit. Abbildung 9-8 zeigt die bei Gesunden gefundene Beziehung zwischen Leistung und dafür aufgebrachtem Energieumsatz, den man aus dem spirometrisch gemessenen Sauerstoffverbrauch errechnet hat. Höchstleistungssportler können bis zu ca. 5 l O_2 pro Minute verbrauchen; das entspricht 100 kJ/min.
Für die Arbeits- und Sportmedizin ist es wichtig festzustellen, in welchem Verhältnis die Leistung zum aufgewendeten Energieumsatz steht. Man nennt dies, wie in der Technik, den **Nutzeffekt** oder **Wirkungsgrad**:

$$\text{Wirkungsgrad} = \frac{\text{Leistung}}{\text{Leistungszuwachs}}$$

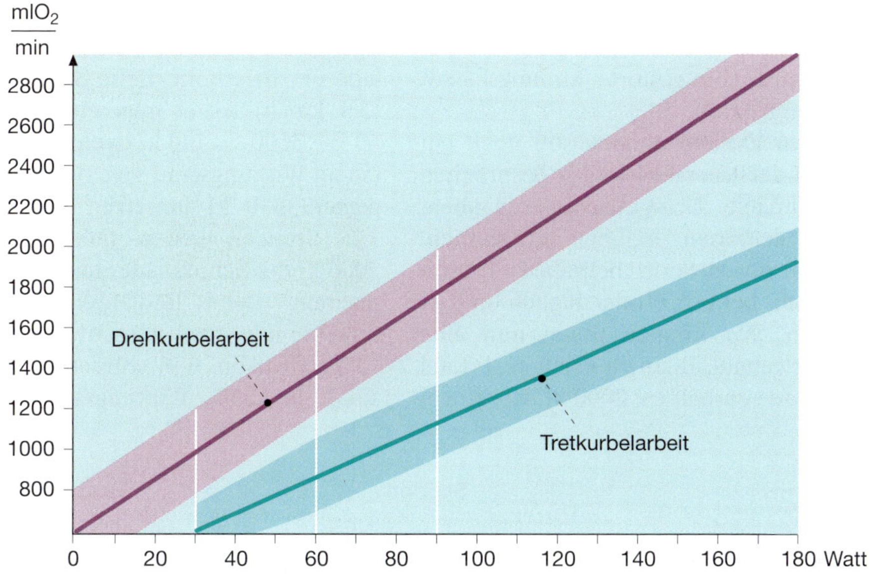

Abb. 9-8 O_2-Verbrauch bei Arbeit

Sauerstoffverbrauch bei Dreh- bzw. Tretkurbelarbeit mit durchschnittlicher Schwankungsbreite.

Rechnet man mit dem vorgeschriebenen SI-System, so wird der Energieaufwand in Joule und die Leistung in Watt angegeben (1 J/s = 1 W). Der **Leistungszuwachs** wird aus dem Sauerstoffverbrauch bei Arbeit, vermindert um den Ruhesauerstoffverbrauch, ermittelt.
Beispiel:
Bei der Leistung von 100 Watt werden 1250 ml O_2/min verbraucht. Nach Abzug eines O_2-Ruheverbrauchs von 250 ml/min erhält man einen zusätzlichen O_2-Verbrauch von 1000 ml O_2/min. Bei einem kalorischen Äquivalent von 21 kJ/l O_2 ergibt sich:

$$\frac{1\,l\,O_2 \cdot 21\,kJ/l\,O_2}{60\,s} = 0{,}35\ kW \text{ oder } 350\ W$$

Zur Berechnung des Wirkungsgrades ist deshalb einzusetzen:

$$\frac{100\ W}{350\ W} = 0{,}285, \text{ das entspricht } 28{,}5\%$$

Das ist ein hoher Wirkungsgrad, den man nur mit Tretkurbelarbeit erzielen kann. Im täglichen Leben, d.h. beim Gehen, Treppensteigen oder Schwimmen, liegt der Wirkungsgrad etwa bei 10%. Dabei wird nur $^1/_{10}$ des Energieaufwands für Arbeit erbracht, $^9/_{10}$ davon gehen durch Wärmeabgabe nach außen verloren.
Der Wirkungsgrad beim Arbeiten an bestimmten Maschinen kann ebenfalls gemessen und durch Konstruktionsänderungen verbessert werden, d.h., die Maschine wird ökonomischer gemacht und die Arbeit daran erleichtert. Dies war ein wichtiges Gebiet der Arbeitsphysiologie, als in der Industrie noch mehr körperliche Arbeit geleistet werden mußte.
In der Klinik kann mit dem **Belastungsversuch** bei Patienten festgestellt werden, wo die Leistungsgrenzen sind, das heißt, ob Atmung und Kreislauf belastungsfähig sind. Wenn mit steigender Leistung der O_2-Verbrauch nicht gleichmäßig, wie in Abbildung 9-8, ansteigt und beim Umschalten

des Spirometersystems auf reinen Sauerstoff der O_2-Verbrauch ansteigt, ist das ein Hinweis auf eine gestörte Atmungs- bzw. Kreislauffunktion.

In diesem Zusammenhang soll noch ein Problem der **Übergewichtigen** besprochen werden. Viele Übergewichtige glauben, sich Leckerbissen erlauben zu können, wenn sie etwas Sport betreiben, Trimm-dich-Pfade benutzen oder täglich spazierengehen. Wir können ihnen nun eine ziemlich genaue Bilanz aufstellen: 1 Tafel Schokolade enthält ca. 2000 kJ. Bei einem Tagesumsatz von 10000 kJ würde dieser durch die zusätzlich gegessene Schokolade um $^{1}/_{5}$ erhöht. Beim Spazierengehen (5,4 km/h) leistet man etwa (Abb. 9-9) 40 W · 3600 s = 144 kJ in einer Stunde. Bei einem Wirkungsgrad von 10% würde man genau 1440 kJ umsetzen und also fast $1^{1}/_{2}$ Stunden gehen müssen, um die 2000 kJ der Schokolade „ungeschehen" zu machen. Beim Radfahren auf ebener Strecke mit einer Geschwindigkeit von 15 km/h (Abb. 9-9) würden 80 Watt und somit bei 25% Wirkungsgrad 320 W ×

	Sportart	Leistung	
		km/h	Watt
	Gehen (ohne Steigung)	4,2	25
	Spaziergang	5,4	40
		7,0	80
	bei Steigung: 10%	2,5	50
	16%	2,5	100
	Geländelauf	6,9	90–110
	Langstrecke ab 1000 m	9,0	180–210
	Ski-Wandern	6	130
		7	150
		9	175
	Radfahren	9,0	25–30
		15,0	60–80
		21,0	150–180
	Schwimmen	18–20 m/min (1,2 km/h)	40–80
		27–30 m/min (1,8 km/h)	80–100
		35–50 m/min (3,0 km/h)	150–175

Abb. 9-9 Leistungsabgabe

Leistungen bei einigen Sportarten.

3600 s = 1150 kJ umgesetzt, d.h., man müßte fast 2 Stunden radfahren, um die zusätzlichen 2000 kJ wieder loszuwerden.

Präv Da infolge der Automatisierung wenig körperliche Arbeit geleistet werden muß, ist es für viele Menschen problematisch, das Normalgewicht zu halten. Man sollte entweder systematisch Sport betreiben oder „maßvoll", also dem Energiebedarf angemessen, essen und trinken.

Die oben angestellten Berechnungen lassen aber auch verstehen, welche Willenskraft ein Übergewichtiger aufbringen muß, um sein Gewicht zu reduzieren. Ob Übergewicht vorliegt, kann mit Hilfe des **Body-Mass-Index** (Körpermassenindex) **BMI** errechnet werden gemäß

$$\text{BMI} = \frac{\text{Körpermasse in kg}}{(\text{Körpergröße in m})^2}$$

Bei 78 kg Körpermasse und einer Größe von 1,70 m ist der BMI danach $78\ \text{kg}/1{,}7^2 = 27\ \text{kg/m}^2$. Ein BMI von 20 bis 25 kg/m^2 entspricht dem Normalgewicht, Werte darüber kennzeichnen eine Adipositas. Menschen mit einem BMI > 30 kg/m^2 bedürfen grundsätzlich einer Therapie zur Gewichtsreduktion.

Kurzgefaßt

Der **Energieumsatz** kann indirekt über die Messung des Sauerstoffverbrauchs (indirekte Kalorimetrie) bestimmt werden. Pro Liter O_2, der verbraucht wird, gewinnt der Körper ca. 21 kJ (kalorisches Äquivalent). Das Verhältnis von abgegebenem CO_2 zu aufgenommenem O_2 (respiratorischer Quotient) gibt an, welche Nährstoffe abgebaut werden. Der O_2-Verbrauch wird mit Spirometern (geschlossene Methode) oder im offenen System gemessen, bei dem das Atemminutenvolumen und die ausgeatmete O_2- und CO_2-Konzentration bestimmt werden.
Um **Abweichungen von Normalwerten** bei Stoffwechselerkrankungen festzustellen, können Patienten unter standardisierten **Grundumsatzbedingungen** untersucht werden, d.h. bei körperlicher Ruhe und Behaglichkeitstemperatur nach 24 h eiweißfreier Kost, 12 h Nüchternheit und Ruhe. 4200 kJ pro m^2 Körperoberfläche und 24 h ist ein grober Richtwert für einen Erwachsenen. Bei **Leistung** interessiert bei Sportlern und Arbeitern an Maschinen der Wirkungsgrad, das Verhältnis von erbrachter Leistung zu zusätzlich dafür aufgebrachter Stoffwechselenergie. Dadurch wird die Ökonomie der Leistung ermittelt. Bei Patienten kann der Leistungsumsatz an Ergometern zur Erfassung von Begrenzungen der Leistungsfähigkeit bestimmt werden.
Übergewichtigkeit bei ca. $^1/_6$ der Bevölkerung der Industriestaaten macht Maßnahmen zur Gewichtsreduktion durch Ernährungsanweisungen (Diät) und dem Gesundheitszustand entsprechendes körperliches Training erforderlich. Übergewicht wird gegen das Normalgewicht durch einen **Body-Mass-Index** (BMI) von mehr als 25 kg/m^2 abgegrenzt.

10 Verdauung

Als Verdauung bezeichnet man Vorgänge, durch die Nahrungsmittel für den Körper aufnahmefähig gemacht werden. Dazu werden sie zerkleinert, einmal grob mechanisch und zum anderen chemisch durch Verdauungsenzyme (s. Kap. 10.5). Man kann deshalb von einer **mechanischen und einer chemischen Verdauung** sprechen. Die Aufnahme der mechanisch und chemisch zerkleinerten Nahrungsmittel in die Körpergewebe nennt man **Absorption der Nahrung**. Der Nahrungsbrei im Verdauungssystem ist im strengsten Sinne noch nicht im Körper; das ist erst nach der Absorption der chemisch zerkleinerten Nahrungsstoffe in die Blutbahn der Fall.

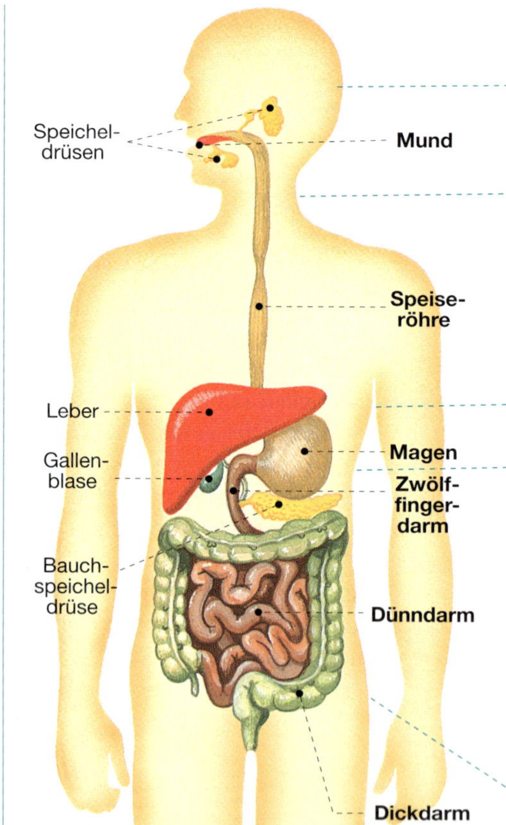

Wirkstoff	Substrat	Spaltprodukt
α-Amylase	Polysaccharide	Maltose
Salzsäure Pepsin	Eiweiß	Polypeptide
Trypsin Chymotrypsin Carboxypeptidasen Aminopeptidasen Elastasen Phospholipase A α-Amylase Maltase Lipase	Eiweiß Polypeptide Polysaccharide Maltose Fett	Oligopeptide Aminosäuren Maltose Glucose Glycerin Fettsäuren
Eindickung		

Abb. 10-1 Verdauungskanal

Die wichtigsten chemischen Spaltungsvorgänge in den einzelnen Abschnitten des Verdauungstraktes.

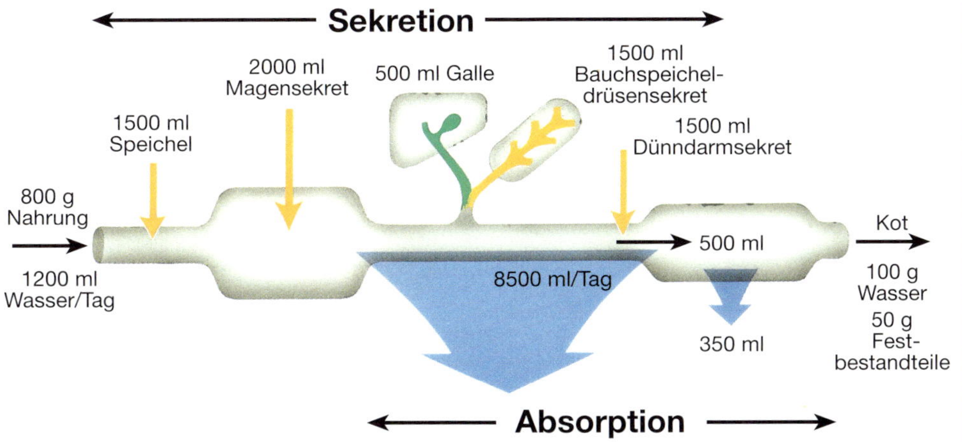

Abb. 10-2 Flüssigkeitsbilanz

Flüssigkeitswechsel im Verdauungskanal.

Abbildung 10-1 gibt einen Überblick über den **Verdauungskanal**, vom Mund, der Speiseröhre, dem Magen und den verschiedenen Darmabschnitten mit ihren wichtigsten Funktionen. Auf der gesamten Strecke, vom Mund bis zum Enddarm, laufen mechanische Prozesse ab, die der Zerkleinerung der Nahrungsmittel und ihrer Fortbewegung dienen. Vom Mund an bis zum Dickdarm werden Verdauungssäfte abgegeben, vom Magen an bis zum Dickdarm werden Spaltprodukte der Nahrungsstoffe in den Körper aufgenommen (absorbiert). Abbildung 10-2 gibt eine Vorstellung von dem Flüssigkeitswechsel im Verlauf des gesamten Verdauungskanals.

10.1 Der Mund

10.1.1 Gebiß und Kauvorgang

Im Mund steht die mechanische Zerkleinerung durch die **Zähne** (Abb. 10-3) ganz im Vordergrund. Ihre unterschiedliche Form, Schneide- und Mahlzähne, erlaubt es, verschiedenartige Nahrungsmittel zu zerkleinern. Die scharfen **Schneidezähne** können z.B. Fleisch, selbst zähes, zerschneiden, die **Mahlzähne** können vornehmlich pflanzliche Nahrungsmittel, z.B. Vollkornbrot, Salat, Obst und Gemüse, „zermahlen“, natürlich auch in kleinere Stücke „zerschnittenes“ Fleisch. Raubtiere, die vorwiegend Fleisch fressen, besitzen Schneidezähne, die jedoch viel schärfer als die des Menschen sind, außerdem spitze, oft verlängerte Eckzähne, um ihre Beute zu „reißen“ (Wölfe, Hunde, Katzen). Pflanzenfresser wie das Rind haben vorwiegend Mahlzähne, mit denen sie das Gras stark zermahlen, ehe es in die verschiedenen Mägen befördert wird, um die Zellulose (s. Kap. 9.2.1) zu verdauen. Bei manchen Pflanzenfressern ist die mechanische Zerkleinerung so wichtig, daß sie sogar mehrmals kauen. Sie befördern den Nahrungsbrei dazu aus dem Magen wieder ins Maul zurück und werden daher auch Wiederkäuer genannt (z.B. Rinder, Ziegen, Schafe).

Der Mensch hat das Gebiß eines **Allesfressers**, eine Kombination aus Fleisch- und Pflanzenfressergebiß. Daher kann nicht geltend gemacht werden, daß der Mensch eigentlich vegetarisch leben müßte.

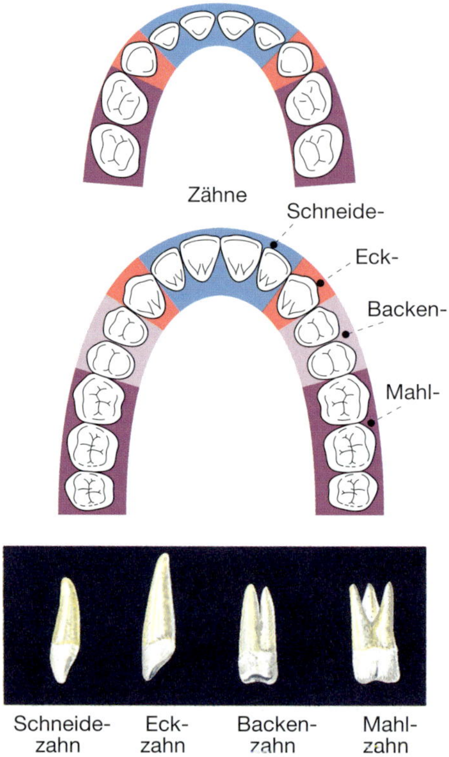

Abb. 10-3 Gebiß

Milch- (oben) und Erwachsenengebiß (Mitte) sowie Zahnformen (unten).

Das erste Gebiß, das **Milchgebiß**, beginnt beim Säugling um den 6. Monat „durchzubrechen" und ist etwa mit dem 2. Lebensjahr vollständig. Ihm fehlen die großen Backen- oder Mahlzähne (Molaren), die im Erwachsenengebiß, das zwischen dem 6. und 14. Lebensjahr das Milchgebiß ersetzt, vorhanden sind.

Die **Kaumuskeln** (Abb. 10-4), vor allem der Masseter und der Schläfenmuskel, bewegen den Unterkiefer gegen den Oberkiefer und ermöglichen die **Schneidebewegung**. Die **Mahlbewegung** wird durch den hinteren Teil des Schläfenmuskels, der den Unterkiefer zurückzieht, und den äußeren Flügelmuskel (M. pterygoideus), der den Unterkiefer nach vorn zieht, ermöglicht.

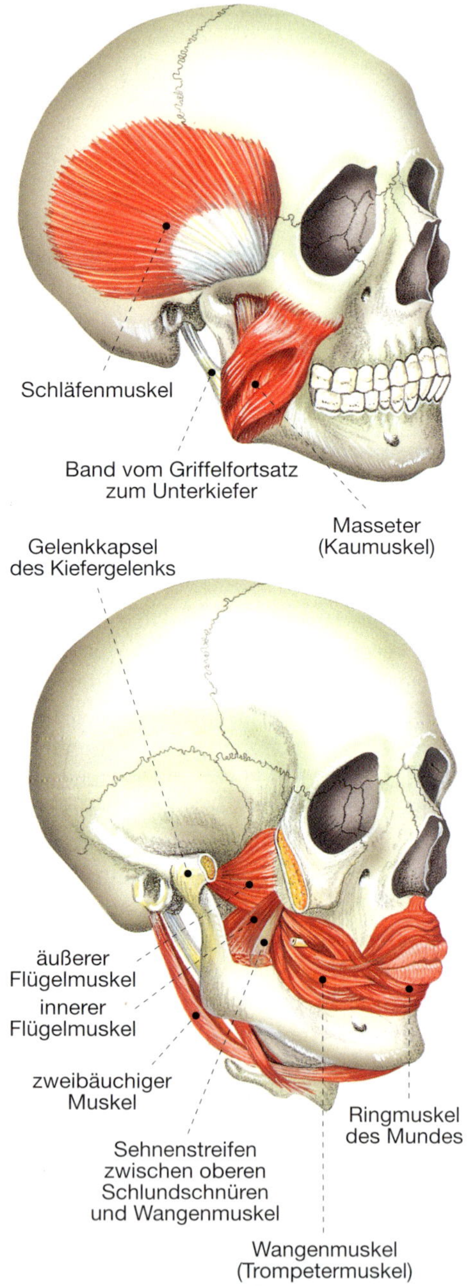

Abb. 10-4 Kaumuskeln

Zum Abbeißen und Kauen der Nahrung werden Ober- und Unterkiefer durch Muskeln des Kopfes gegeneinander bewegt. Durchmischung und Transport der Nahrung im Mund erfolgen durch Wangenmuskulatur und Zunge.

Außer diesen Kaumuskeln spielen die **Wangenmuskulatur** und die **Zunge** eine wichtige Rolle. Sie schieben Nahrungsstücke, die beim Kauen ins Innere des Mundes oder zwischen Zahnreihe und Wangenschleimhaut gelangen, wieder zwischen die Zahnreihen, damit eine fortschreitende Zerkleinerung der Nahrung erreicht wird. Die **Kaukraft** kann bei den Schneidezähnen bis zu 150 Newton (entspricht ca. 15 kg), bei den Mahlzähnen bis zu 600 N (entspricht ca. 60 kg) betragen. Der **Kaudruck** ist bei Schneidezähnen viel höher als bei Backenzähnen, da die Kraft auf eine erheblich kleinere Fläche wirkt. Daß wir uns beim Kauen normalerweise weder in die Zunge noch in die Wangenschleimhaut beißen, beruht auf einer komplizierten nervös-muskulären Steuerung. Sinneszellen, die auf Berührungsreiz erregt werden (sie kommen auch in der äußeren Haut vor), geben dem **Kauzentrum** im Zentralnervensystem eine genaue Information über die Lage der Zunge und der Wangenschleimhaut in bezug zu den Zähnen. Das Kauzentrum verarbeitet diese Information derart, daß praktisch kein schädigender Biß erfolgen kann.

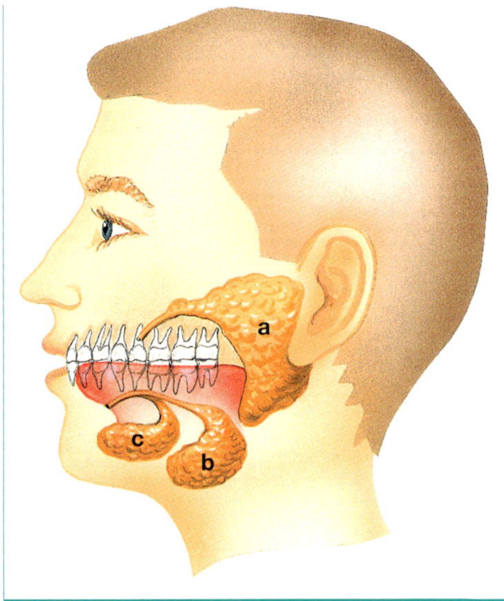

Abb. 10-5 Speicheldrüsen

(a) Ohr-, (b) Unterkiefer-, (c) Unterzungenspeicheldrüse.

Die **Formung des Bissens** (Bolus) geschieht hauptsächlich mit der Zunge und der Begrenzung des Mundraums durch Zähne und Gaumen. Der vom Speichel durchfeuchtete, gleitfähige Brei wird zu kleinen flachovalen „Bissen" zwischen Zunge und hartem Gaumen geformt. Zu große Bissen, die man versehentlich verschluckt, können in Höhe einer der drei physiologischen Engen des Ösophagus – hinter dem Kehlkopf, im Bereich des Brustbeines in Höhe der Teilungsstelle der Luftröhre oder vor dem Mageneingang beim Durchtritt durch das Zwerchfell – steckenbleiben und in diesen Regionen Schmerzen verursachen (s. Abb. 10-11).

10.1.2 Speichelsekretion

Der **Speichel** wird im wesentlichen von drei Drüsenpaaren abgesondert (Abb. 10-5) und dient vor allem der Durchfeuchtung der Speisen; die Bissen werden gleitfähig gemacht. Jede der Drüsen sondert eine bestimmte Art von Speichel ab:

- die **Ohrspeicheldrüse (Parotis)** vorwiegend dünnflüssig,
- die **Unterzungendrüse (Glandula sublingualis)** vorwiegend schleimig,
- die **Unterkieferspeicheldrüse (Glandula submandibularis)** schleimig-dünnflüssig.

Es gibt außerdem noch kleine Drüsen in der Mundschleimhaut, die einen schleimig-dünnflüssigen Speichel abgeben. Die Zusammensetzung des Speichels, den die einzelnen Drüsen absondern, ist veränderlich und kann je nach Nahrungsbeschaffenheit dünn- oder dickflüssiger sein. Auch die **Menge** pro Tag kann schwanken (etwa zwischen 0,2 und 2 l).

Zur Mundbefeuchtung reichen 0,1 ml/min, sofern wir nicht sprechen oder mit offenem Mund atmen (z.B. bei schwerer Arbeit oder geschwollener Nasenschleimhaut bei Schnupfen). Beim Kauen einer trockenen Speise, etwa von Keksen, können bis zu 4 ml Speichel/min abgegeben werden, das ist also 40mal mehr als in „Ruhe“. Es tritt dann ein **„Spüleffekt“** des Speichels auf; der Mund wird gereinigt. Das ist besonders dann sinnvoll, wenn, wie im Kindesalter, z.B. Sand in den Mund genommen wird.

Der Speichel besteht zu 99% aus **Wasser** und den **Elektrolyten** Na^+, K^+, Ca^{++}, HCO_3^- und Cl^-. Spuren von **Fluorid** und **Rhodanid** sind für die Erhaltung des Zahnschmelzes wichtig. Das einzige im Speichel enthaltene **Verdauungsenzym** ist das **Ptyalin**, eine Stärke spaltende Amylase (s. Abb. 10-1). Wenn man z.B. Brot sehr lange im Mund kaut, kann man plötzlich einen süßlichen Geschmack feststellen, weil die im Brot enthaltene Stärke zu Malzzucker (Maltose, s. Kap. 2.7.1) gespalten wurde. Beim normalen Eßvorgang wird das Enzym im Mund nur wenig wirksam, um so stärker jedoch im Magen.

Die **Auslösung der Speichelsekretion** geschieht durch Reizung der **Geschmacks- und Geruchsrezeptoren** in Mund- und Nasenschleimhaut. Während die Geschmacksrezeptoren nur vier verschiedene Eindrücke (**Geschmacksqualitäten**), nämlich süß, sauer, salzig und bitter, registrieren (Abb. 10-6), vermitteln die Geruchsrezeptoren die außerordentliche Vielfalt an Eindrücken, die das Essen angenehm macht. Bei geschlossener Nase und verbundenen Augen schmecken die Stücke eines Apfels, einer Kartoffel und einer Zwiebel praktisch gleich, nämlich nach nichts! Die Rezeptoren geben bei Reizung durch Nahrungsstoffe bzw. sie begleitende „Geschmacksmoleküle“ Erregungen zu den sogenannten **Speichelkernen**, von wo aus dann die Speichelabsonderung angeregt wird. Es handelt sich also um einen **Reflex** (Abb. 10-7).

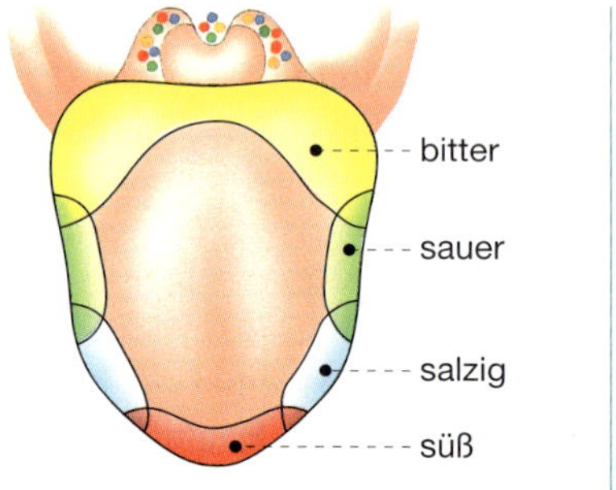

Abb. 10-6 Zunge

Zunge mit den verschiedenen Orten für die Auslösung der Geschmacksqualitäten: süß, salzig, sauer und bitter.

Auch ohne den Geruch oder den Geschmack von Speisen kann es zur Speichelabsonderung kommen, z.B. schon beim Gedanken an eine uns gut schmeckende Speise, oder auch, wenn wir einc Abbildung davon sehen, läuft uns „das Wasser (der Speichel) im Mund zusammen“. Das ist ein Reflex, den wir im Laufe unseres Lebens erlernt haben. Weil die Vorbedingung erfüllt sein muß, daß wir eine Speise oft gesehen, gerochen und geschmeckt haben, bis dann auf den Anblick allein die Speichelabgabe erfolgt,

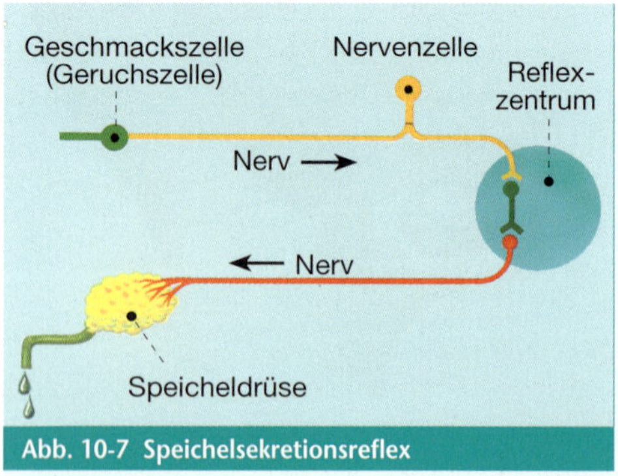

Abb. 10-7 Speichelsekretionsreflex

Reflexbogen (schematisch) zur Auslösung der Speichelabsonderung.

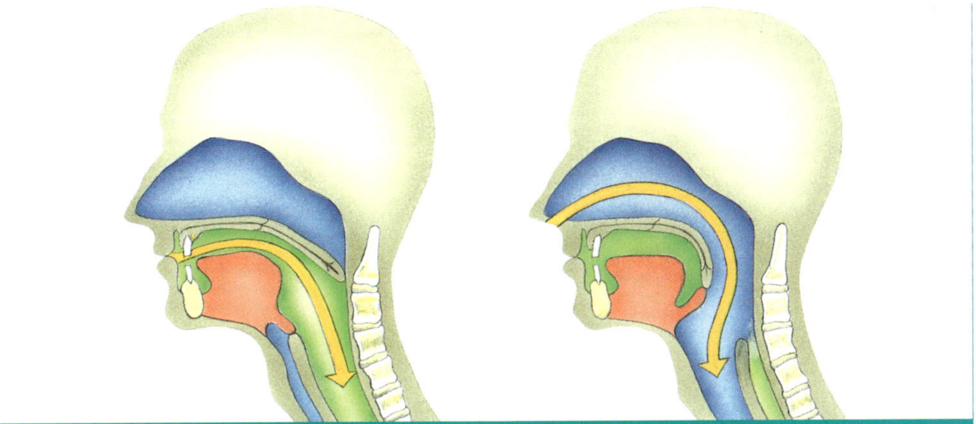

Abb. 10-8 Atem- und Speiseweg

Atem- (blau) und Speiseweg (grün) kreuzen sich.

nennt man diese Art von Reflexen **bedingte Reflexe**. Es muß sich offensichtlich um einen Lernvorgang handeln, weil z. B. ein Säugling, dem man ein Kotelett auf dem Bild zeigt, keine vermehrte Speichelabsonderung hat. Es kommt schließlich nur darauf an, daß man mit dem Geschmacksreiz (unbedingter Reiz) oft genug gleichzeitig einen bedingten Reiz anbietet, z. B. Pausenglocke in der Schule oder Mittagspausensirene in der Fabrik oder Tellerklappern. Dann wird Speichel und vor allem auch Magensaft (s. u.) vermehrt abgegeben. Der Sinn dieses Mechanismus ist klar: Durch den bedingten Reflex kann die Nahrung, nachdem sie im Mund aufgenommen ist, gleich mit Speichel versetzt werden und trifft auch im Magen bereits auf ein gut vorbereitetes Verdauungsmilieu. Man kann bedingte Reflexe auch wieder verlernen, was sehr wichtig ist, denn sonst würde ein Tellerwäscher dauernd Speichel- und Magensaftfluß haben. Das heißt, wenn ein bedingter Reiz längere Zeit nicht mit dem unbedingten Reiz gekoppelt vorkommt, verlernen wir den entsprechenden bedingten Reflex, der dann ja auch keinen Sinn mehr hat.

Die Speicheldrüsen werden vom „unwillkürlichen“, **autonomen Nervensystem** (s. Abb. 23-19) innerviert, weshalb wir willkürlich keine Speichelabsonderung hervorrufen können; es gelingt nur über die Vorstellung guter Speisen, über den bedingten Reflex. Medikamente können die Wirkung dieses Nervensystems hemmen oder erregen. Gibt man z. B. Augentropfen, die die Pupille verengen (beim grünen Star, dem Glaukom, s. Kap. 18-1), wird gleichzeitig die Speichelabsonderung angeregt; gibt man atropinhaltige Augentropfen zur Erweiterung der Pupillen, hemmt man die Speichelabsonderung und bekommt einen „trockenen“ Mund.

10.1.3 Saugen und Schlucken

Das **Saugen**, das in der Säuglingszeit besonders wichtig ist und ebenfalls reflektorisch erfolgt (Saugreflex), siehe auch Abbildung 10-9, entsteht durch Senkung des Mundbodens bei Abschluß des Rachenraums zum Nasenraum durch das Gaumensegel. Der Kehlkopf verschiebt sich nach unten, und durch den Unterdruck kann Milch aus der Brustwarze der Mutter gesaugt werden.

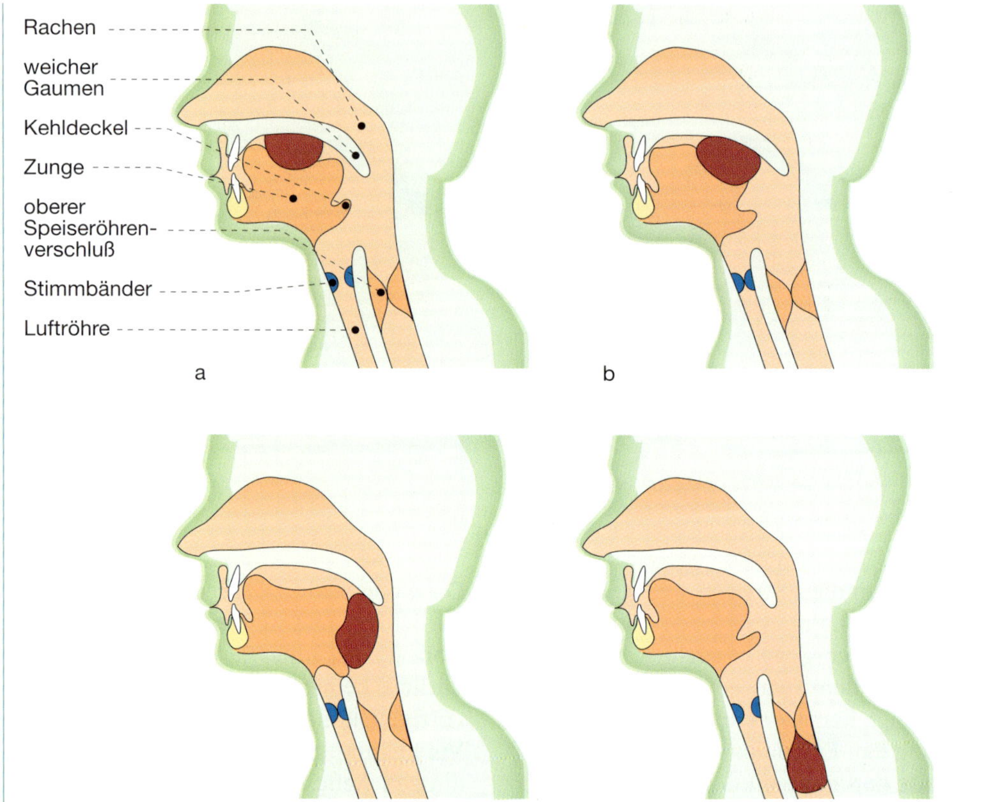

Abb. 10-9 Schluckvorgang

Schluckvorgang mit Transport des Bissens in die Speiseröhre. Beachte, daß der Bissen zur Verdeutlichung erheblich größer dargestellt ist, als er in Wirklichkeit sein darf.

Path Der dichte Schluß der Lippen ist wichtig und kann bei Säuglingen mit einer Lippenspalte („Hasenscharte") zu Schwierigkeiten bei der Ernährung führen, ebenso, wenn der Gaumen durch eine Entwicklungsstörung nicht geschlossen ist (Wolfsrachen) und sich wegen der offenen Verbindung zur Nase kein Unterdruck bilden kann.

Während des Saugens wird das Atemzentrum unwillkürlich gehemmt. Damit beim Saugakt die Wangen nicht aneinanderkommen können, wodurch ein Trinken unmöglich wäre, enthalten die Wangen eines Säuglings einen Fettpfropf (*Bichatscher Fettpfropf*), der dies verhindert.

Das **Schlucken** erfordert einen der kompliziertesten Reflexe, die beim Menschen ablaufen; dabei sind mehr als 20 Muskeln beteiligt. Da sich Atem- und Speiseweg kreuzen, muß „automatisch", d.h. reflektorisch, dafür gesorgt werden, daß vor allem keine Speiseteile in die Luftröhre gelangen (Abb. 10-8). Es ist andererseits nicht erforderlich, die Speiseröhre beim Atmen zu verschließen; etwas Luft wird immer mitgeschluckt.

Die **Auslösung** erfolgt, wie bei jedem Reflex, durch Reize auf Sinneszellen (Rezeptoren); das sind vor allem Tastrezeptoren am Zungengrund und am weichen Gaumen. Wenn wir mit der Zunge einen Bissen hinten gegen den weichen Gaumen schieben (Abb. 10-9), werden diese Rezeptoren gereizt und der Reflex ausgelöst. Wir kennen diesen Auslösemechanismus von Fällen, in denen wir nicht schlucken sollen, obwohl der Reflex ausgelöst wird, z.B., wenn der Arzt in den Hals sehen will und mit einem Spatel den Zungengrund nach unten drückt. Es ist dann schwer, oft unmöglich, das Schlucken zu unterdrücken. Auch beim Zahnarzt, wenn bei zurückgelehntem Kopf Speichel in den Rachenraum fließt, wird der Schluckreflex ausgelöst. Der Reflex läuft in groben Zügen wie folgt ab: Der weiche Gaumen drückt nach oben und verschließt den Nasenraum, der Kehlkopf drückt ebenfalls nach oben, wodurch der Kehldeckel nach unten gedrückt wird und die Luftröhre verschließt. Dadurch wird es möglich, daß trotz der Kreuzung von Atemweg und Speiseweg im Rachen keine Nahrungsteile in die Luftwege kommen.

10.2 Die Speiseröhre

Nach dem Schlucken befindet sich der Bissen am Beginn der Speiseröhre (Ösophagus). Das ist ein Muskelschlauch mit einem anatomischen Aufbau, wie ihn im Prinzip der gesamte Verdauungskanal hat, und der deshalb hier ausführlicher beschrieben wird (Abb. 10-10). Von innen angefangen, findet man zunächst eine **Schleimhaut** mit einigen Schleimdrüsen, deren Sekret die Gleitfähigkeit des Bissens verbessert. Unter der Schleimhaut befindet sich eine **dünne Lage glatter Muskulatur** in Längs- und Ringanordnung, darunter ist eine Bindegewebsschicht, dann eine Schicht Ringmuskulatur, wieder Bindegewebe und eine Schicht Längsmuskulatur, ferner schließlich eine Bindegewebshülle.

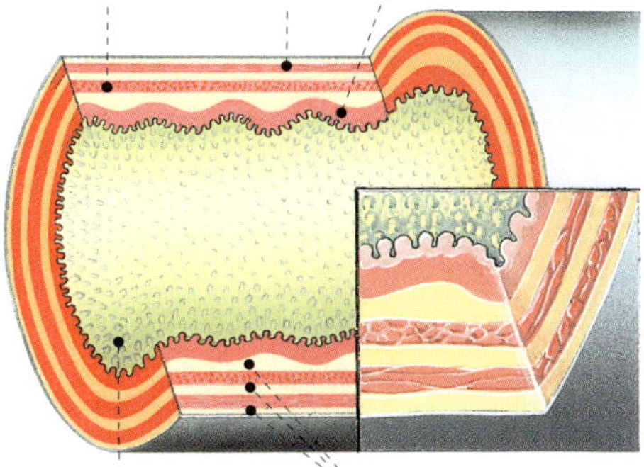

Abb. 10-10 Wandaufbau im Verdauungstrakt

Anordnung der Muskelschichten des Verdauungstraktes in Quer- und Teillängsschnitt (schematisch).

Bei der Muskulatur handelt es sich in den unteren zwei Dritteln der Speiseröhre um glatte Muskeln, die mit dem Willen nicht beeinflußbar sind. Das Prinzip dieses Aufbaus finden wir, mit einigen Abwandlungen, bei denen die einzelnen Muskelschichten mehr oder weniger ausgeprägt sind, auch im Magen, im Dünndarm und im Dickdarm. Die Ringmuskulatur dient vor allem der Weiterbeförderung des Nahrungsbreies, die Längsmuskulatur vor allem der Durchmischung mit den Verdauungssäften. Die Speiseröhre ist kein offenes Rohr, durch das die Nahrung in den Magen hinabfällt, sondern die Wände liegen einander an, und ein Bissen wird aktiv durch die Muskulatur zum Magen befördert. Ein Beweis dafür ist die Zirkusnummer, bei der im Kopfstand gegessen wird. Ist der Schluckreflex ausgelöst worden, läuft eine Kontraktionswelle der Ringmuskulatur (**peristaltische Welle**) vom Speiseröhreneingang magenwärts (Abb. 10-11). Dieser Kontraktionswelle geht eine Erschlaffungswelle voran, die nach ca. 10 s am Mageneingang angelangt ist; der Magen öffnet

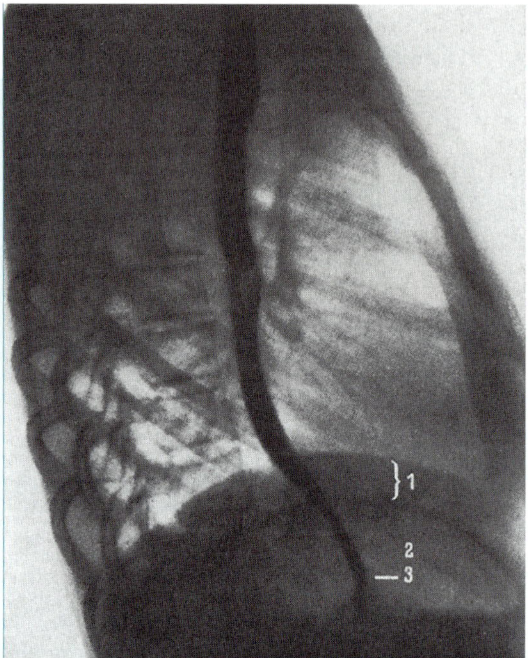

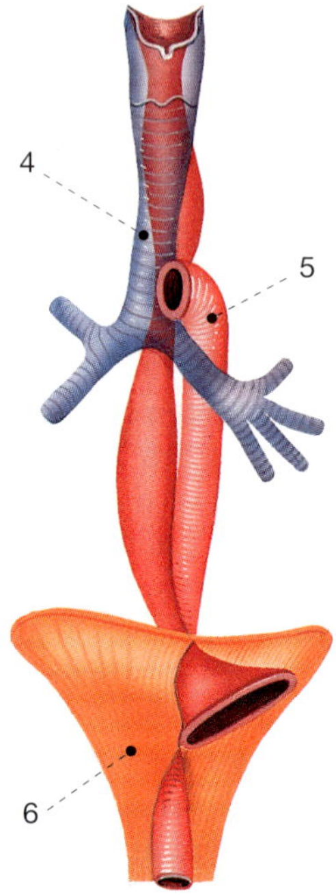

Abb. 10-11 Speiseröhre

Speiseröhre: links Röntgenaufnahme mit Kontrastbrei, rechts Darstellung mit den drei Engstellen. 1 = Zwerchfell, 2 = Magenblase, 3 = Mageneingang, 4 = Luftröhre, 5 = Aorta, 6 = Zwerchfell.

sich dann, und die Bissen können in den Magen eintreten. Die nachfolgende Kontraktionswelle schließt die Magenöffnung wieder. Der aktive Transport der Bissen ist wichtig, da im Brustraum durch den Zug der Lungen (s. Abb. 13-8) ein Unterdruck gegenüber dem Bauchraum besteht, der dem Nahrungstransport entgegenwirken würde. Innerhalb der Speiseröhre können beim Schlucken Drücke bis zu 14 kPa (105 Torr) auftreten. Die Länge des Ösophagus beträgt beim Erwachsenen vom Ösophagusmund bis zum Mageneingang ca. 25 cm. Die Entfernung Zähne–Ösophagus–Mageneingang beträgt ca. 40 cm (Magensonde!). Wenn keine Erschlaffungswelle ankommt, ist das untere Ende der Speiseröhre beim Übergang zum Magen (Cardia) immer geschlossen, wie die ganze Speiseröhre.

Path **Sodbrennen** rührt daher, daß dieser Mechanismus nicht funktioniert und saurer Mageninhalt in die Speiseröhre eintritt.

Kurzgefaßt

Verdauung ist mechanische und chemische Zerkleinerung von Nahrungsmitteln sowie Aufnahme der Spaltprodukte in den Blutkreislauf.

Im **Mund** findet vor allem die mechanische Zerkleinerung durch die Zähne und die Formung des Bissens statt. **Kauen** ist ein vorwiegend reflektorischer Vorgang, der vom Kauzentrum im verlängerten Rückenmark koordiniert wird. Drei paarige **Speicheldrüsen** (Ohr-, Unterzungen- und Unterkieferdrüse) durchfeuchten den Bissen und machen ihn gleitfähig. Die Speichelmenge beträgt ca. 1,5 l pro Tag. Speichelmenge und Zusammensetzung werden reflektorisch von Druck- und Geschmacksrezeptoren im Nasenraum über ein Reflexzentrum im Gehirn geregelt. Der **Schluckvorgang** ist ein komplizierter Reflex, der durch den Druck des Bissens auf Zungengrund und Gaumen ausgelöst wird. Dabei wird die Luftröhre durch den Kehldeckel verschlossen. Die Bissen werden in der **Speiseröhre** durch Kontraktionswellen, vor allem der Ringmuskulatur, denen eine Erschlaffungswelle vorausgeht, aktiv in den Magen befördert. Der **Mageneingang** (Cardia) ist nur geöffnet, wenn eine Erschlaffungswelle der Speiseröhre ankommt.

10.3 Der Magen

Der Magen hat für die Verdauung mehrere Aufgaben:

- Er ist ein Auffangreservoir für die Nahrung.
- Er sorgt für die Durchmischung der Nahrung mit dem Magensaft.
- Er produziert Salzsäure, die der Aktivierung des eiweißspaltenden Enzyms (Pepsinogen) sowie der Desinfektion der Nahrung dient.
- Er bereitet den Weitertransport des Nahrungsbreies in den Darm vor.

Täglich werden bei normaler Ernährung etwa **2 l Magensaft** abgegeben. Die Nahrung wird daher im Magen nicht nur mechanisch (motorisch) durch Muskelkraft, sondern auch chemisch (enzymatisch) zerkleinert.

10.3.1 Mechanische und chemische Abläufe

Die **Magenmuskulatur** ist so angeordnet, daß sie die Aufgaben der Durchmischung und Weiterbeförderung erfüllen kann (Abb. 10-12). Im oberen Teil, dem Fundus mit der meist luftgefüllten Magenblase, ist die Muskulatur am schwächsten ausgebildet und nimmt im Bereich des Magenkörpers zu. Dieser obere Abschnitt ist der **Füllteil** des Magens, in dem wenig Durchmischung stattfindet, aber die Stärkespaltung durch das Speichelenzym Amylase noch fortwirkt. In den unteren Magenabschnitten nimmt besonders die mittlere Ringmuskulatur (s. Abb. 10-12) zu, und am Magenpförtner (Pylorus) ist auch die innere Längsmuskulatur der Magenschleimhaut stark ausgeprägt. Über den ganzen Magenbereich zieht sich ferner eine schwach entwickelte innere „Halblängs“-Muskelschicht. Der untere Magenanteil ist funktionell der **Mischteil**, denn erst dort bilden sich die peristaltischen Wellen aus, die man vor dem Röntgenschirm mit Hilfe des

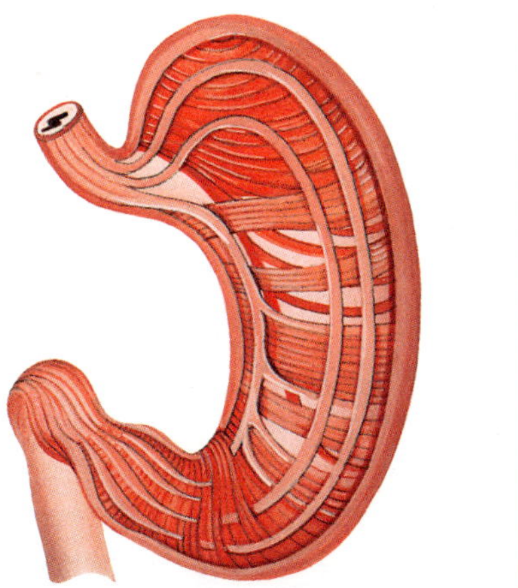

Abb. 10-12 Magenmuskeln

Magen mit den verschiedenen Lagen der charakteristischen Muskelfaserzüge.

Kontrastbreies gut beobachten kann (Abb. 10-13). Die Entleerung des Magens erfolgt in kleinen Portionen, wenn eine peristaltische Welle den „Pförtner" erreicht. Nicht jede peristaltische Welle bewirkt jedoch ein Öffnen des Pförtners. Der Nahrungsbrei kann dann den Magen nicht verlassen, sondern wird zurück in die Magenhöhle (Antrum) befördert, wo er nochmal durchmischt werden.

Die **Verweildauer** der Speisen hängt von ihrer Zusammensetzung ab: Kohlenhydrate verlassen den Magen nach 1–2 Stunden, Eiweiße nach etwa 3 und Fette nach 4–5 Stunden; Getränke, wie Kaffee, Tee, Milch, Wasser, Wein und Bier, verlassen den Magen innerhalb weniger Minuten.

Die **chemischen Verdauungsvorgänge** im Magen gelten vor allem der Eiweißspaltung durch das **Pepsin**. Dieses Enzym wird in den sogenannten **Hauptzellen** der Magenschleimhaut (Abb. 10-14) als noch unwirksame Substanz, als **Pepsinogen**, gebildet und erst durch die in den **Belegzellen** gebildete **Salzsäure** zu Pepsin aktiviert. Die Salzsäure, die den Magensaft auf einen pH-Wert von etwa 2 einstellt (s. Abb. 3-1), wirkt durch ihren Säuregrad auf alle Eiweiße ein; sie werden „denaturiert" und durch Pepsin in ihre Bestandteile, Peptide (s. Kap. 2.7.3), zerlegt. Indem auch Bakterieneiweiße abgebaut werden, wird erreicht, daß der Dünndarm praktisch bakterienfrei ist. Die Besiedlung des Dickdarms mit Coli-Bakterien ist physiologisch. Gefährliche Darmerkrankungen können entstehen, wenn Bakterien aus dem Dickdarm in den Dünndarm gelangen. Normalerweise wird dies durch den Klappenschluß zwischen Dick- und Dünndarm sowie die immer zum Dickdarm gerichtete Peristaltik des Dünndarms verhindert. Haupt- und Belegzellen kommen hauptsächlich im Fundus und im Magenkörper

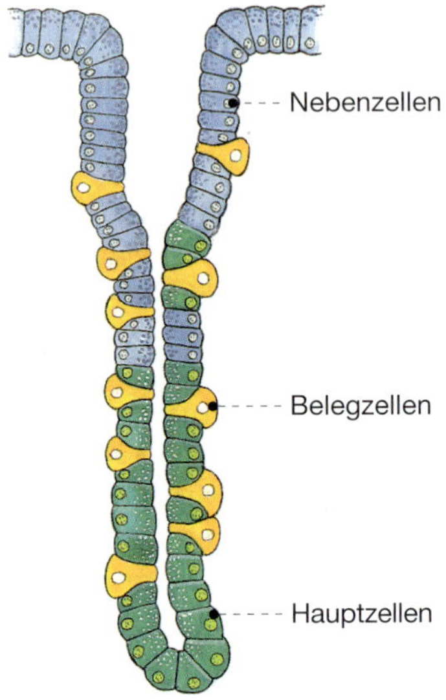

Abb. 10-14 Magendrüse

In den Magendrüsen wird zur Verdauung Pepsinogen (Hauptzellen) und Salzsäure (Belegzellen) gebildet. Die Nebenzellen bilden Schleim.

Abb. 10-13 Magen

Magen mit Kontrastbrei. Man erkennt die „Streifung" durch die Längsfalten.

(Corpus) vor. Daneben gibt es die sogenannten **Nebenzellen**, die reichlich **Schleim** absondern. Wie die hohe Salzsäurekonzentration entsteht (das 100000- bis 1 Millionenfache verglichen mit der in anderen Zellen des Körpers), ist nicht völlig geklärt. Bekannt ist, daß die Carboanhydrase (s. Kap. 11.7.2) in der Magenwand in hoher Konzentration vorhanden ist. Wenn man ihre Aktivität durch Medikamente hemmt, nimmt die Salzsäureproduktion ab. Dies geschieht auch bei Sauerstoffmangel des Magengewebes, d.h., daß die Salzsäureproduktion ein energieverbrauchender Prozeß ist. Es ist noch nicht geklärt, warum das Magen-Darm-Epithel durch die hohe Salzsäurekonzentration nicht angegriffen und durch Pepsinogen nicht angedaut wird. Offenbar ist eine gute Schleimhautdurchblutung mit ausreichender Schleimproduktion wirksam.

Path Eine Schädigung der Schleimhaut kann **Geschwüre** des **Magens** und des **Zwölffingerdarms** verursachen, Blutungen auslösen und sogar die Wandung zerstören und in die Umgebung durchbrechen. Schädigende Wirkung sollen auch zu viel Gallensäuren im Zwölffingerdarm haben, auch im Magen, wenn sie krankhafterweise dorthin gelangen. Das Bakterium **Helicobacter pylori** kann trotz der extrem sauren Umgebung in der Magenschleimhaut leben. Es ist in hohem Maße an der Entstehung von Magen- und Zwölffingerdarmgeschwüren beteiligt.

Eine vierte Zellart, die vor allem im Schleimhautabschnitt des Pförtners vorkommt, sind die **G-Zellen**, die das Gewebshormon **Gastrin** bilden. In den Belegzellen wird wahrscheinlich noch der sogenannte **Intrinsic-Faktor** (innerer Faktor) gebildet, ohne den der sogenannte **Extrinsic-Faktor** (äußerer Faktor), das **Vitamin B$_{12}$** (s. Kap. 9.2.5), nicht ins Blut aufgenommen werden kann. Er spielt bei der Blutbildung eine wichtige Rolle.

10.3.2 Regulation der Magentätigkeit

Die Regulation der Magentätigkeit erfolgt **nervös** sowie über **Hormone** (Botenstoffe). Die **Motorik** (Abb. 10-15) kann rein mechanisch infolge Dehnung der glatten Muskulatur bei Füllung des Magens ausgelöst werden, besonders im mittleren und unteren Magenteil, während eine Erschlaffung im Bereich des Fundus eine stärkere Füllung ermöglichen kann. Nervös kann eine Dehnung des Zwölffingerdarms durch Nahrungsbrei die Magenmotorik hemmen. Einflußreicher sind jedoch Chemo- und Osmorezeptoren in diesem Darmabschnitt. Hormonell kann die Magenmotorik durch **Gastrin** gefördert und hauptsächlich durch die im Zwölffinger-

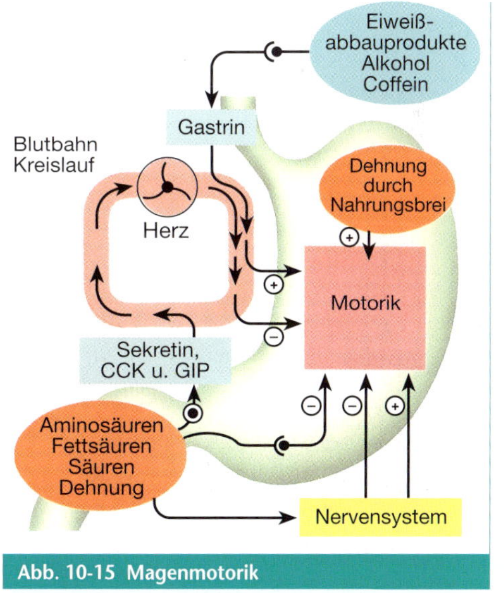

Abb. 10-15 Magenmotorik

Regulation der Magenmotorik durch das autonome Nervensystem und durch die Gewebshormone Gastrin, Sekretin, Cholecystokinin und GIP.

darm gebildeten Hormone **GIP** (**g**astric **i**nhibitory **p**rotein, heute **g**lucose-dependent **i**nsulin-releasing **p**eptide), **Sekretin** und **Cholecystokinin** (CCK) gehemmt werden. Erst wenn der Nahrungsbrei durch den Verdauungssaft der Bauchspeicheldrüse alkalisch (um pH 8) geworden ist, fällt die Hemmung weg, und über die Magenmotorik wird erneut Nahrungsbrei in den Zwölffingerdarm befördert. Mehr als ein Dutzend wirksamer Peptide sind im Verdauungskanal gefunden worden, können hier jedoch nicht alle berücksichtigt werden.

Schließlich wird die **Magenmotorik** auch noch vom **Zentralnervensystem** im Gehirn gesteuert, worauf wir jedoch keinen willkürlichen Einfluß haben.

Die **Regulation der Verdauungssaftabgabe** wird ebenfalls **nervös** und **hormonell** gesteuert (Abb. 10-16). Gefördert wird die Abgabe lokal-nervös über **Dehnungsrezeptoren**; von höheren Zentren im Gehirn angeregt, erfolgt eine vermehrte Magensaftausschüttung a) durch Erregung von Geschmacks- und Geruchsrezeptoren (s. o.) und b) durch den für die Speichelabsonderung bereits beschriebenen (s. Abb. 10-7) **bedingten Reflex**. Er wurde erstmals von *Pawlow* anfangs dieses Jahrhunderts an einem Hund mit künstlichem Magenausgang nachgewiesen (Abb. 10-17). Wenn der Hund Nahrung sieht (auch wenn sie keinen Geruch abgibt), z. B. eine noch geschlossene Dose mit Hundefutter, aus der er schon öfter gefüttert wurde, fließen der Speichel und der Magensaft bereits. Auch ganz unspezifische Reize, wenn sie angelernt wurden, z. B. ein Klingelzeichen oder ein Lichtsignal, können zur Auslösung dieses Reflexes führen.

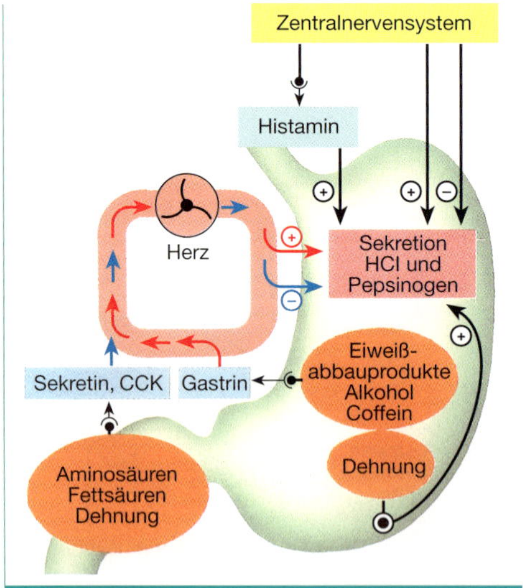

Abb. 10-16 Magensaftsekretion

Regulation der Magensaftsekretion durch das autonome Nervensystem und die Gewebshormone Gastrin, Sekretin, Cholecystokinin und Histamin.

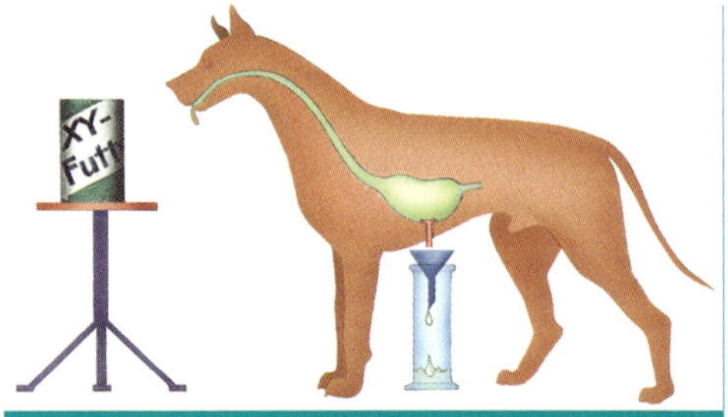

Abb. 10-17 Bedingter Magensekretionsreflex

Konditionierter (bedingter) Magensekretionsreflex beim Hund (historischer Versuch von *Pawlow*). Der Reflex wird bei geschlossener Büchse ausgelöst, weil der Hund schon oft Futter aus einer solchen Büchse erhielt.

Dieser **nervösen Phase** (auch **kephalische Phase** genannt, weil vom Kopf ausgehend) folgt die **hormonelle Phase**, auch **gastrische Phase** genannt, weil sie im Magen (gr. gaster) ausgelöst wird. Diese Phase wird vor allem durch angedaute Eiweiße im Pylorusteil ausgelöst. Die G-Zellen (s. o.) bilden das **Gastrin**, das auf dem Blutweg die Funduszellen anregt, vermehrt Salzsäure (HCl) und Pepsinogen zu bilden. Durch die Aktivität des autonomen Nervensystems (die Vagusaktivität) wird außerdem **Histamin** im Magen gebildet, welches wiederum die HCl- und Pepsinogenproduktion fördert. Wenn wir nur die nervöse Phase hätten, würde spätestens nach Aufnahme des letzten Bissens einer Mahlzeit die Magensaftbildung aufhören, und die Verdauung wäre nur unvollkommen möglich. Umgekehrt würde ohne die nervöse Phase der Speisebrei in einen „trockenen" Magen kommen (Abb. 10-18). Ein dritter Mechanismus wird **intestinale Phase** genannt, weil er durch Verdauungsprodukte im Dünndarm ausgelöst wird.

Absorption im Magen, d.h. Aufnahme von Nahrungsbestandteilen in die Blutbahn, findet kaum statt; absorbiert wird eigentlich nur Alkohol, gesteigert durch CO_2 (Sekt!), das die Magenwanddurchblutung fördert.

Erbrechen ist ein Reflex, bei dem der Mageninhalt über die Speiseröhre stoßweise nach außen entleert wird. Es beginnt mit Übelkeit, starker Speichelabsonderung und Schweißausbruch. Reflektorisch wird nach tiefer Einatmung der Kehldeckel geschlossen und durch starke Kontraktionen der Bauchmuskulatur sowie des Zwerchfells der Inhalt des schlaffen Magens nach oben gepreßt. Es handelt sich also nicht um Kontraktionen der Magenmuskulatur.

Kurzgefaßt

Der **Magen** dient der Nahrung als Reservoir, der Durchmischung des Speisebreies, der Spaltung von Eiweißen und der „Desinfektion" des Speisebreies durch die hohe Salzsäurekonzentration (pH 2). Die **Magenmotorik** kann vom autonomen Nervensystem und über einen örtlichen Reflex durch Dehnung und durch das Hormon Gastrin gefördert, durch das autonome Nervensystem und Zwölffingerdarmdehnung gehemmt werden. Die in der Schleimhaut des Zwölffingerdarmes gebildeten Gewebshormone GIP, Sekretin und

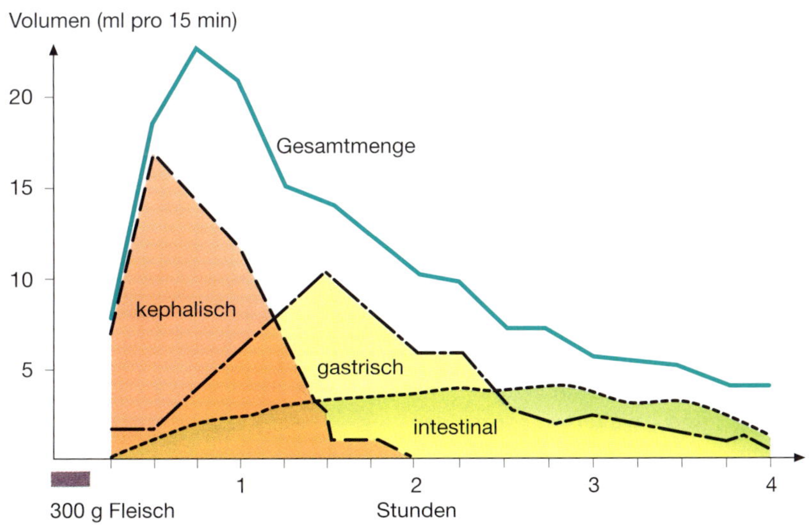

Abb. 10-18 Phasen der Magensaftsekretion

Nervöse (kephalische), gastrische und intestinale Phase der Magensaftsekretion.

Cholecystokinin sowie ein saurer pH-Wert in diesem Darmabschnitt hemmen die Magenmotorik. Der **Magensaft** (ca. 2 l/Tag) wird von Drüsenzellen der Magenschleimhaut abgegeben und enthält Pepsinogen (Hauptzellen), die Vorstufe des durch Salzsäure (Belegzellen) aktivierten Enzyms Pepsin, das Eiweiße zu Polypeptiden spaltet. Stärke wird durch Fortwirken des Enzyms Ptyalin (Amylase) aus dem Speichel zum Disaccharid Maltose gespalten. Nebenzellen sondern reichlich Schleim zum Schutz vor Eigenverdauung ab.

Die **Magensaftabgabe** wird über bedingte Reflexe (Vorstellungen, optische und akustische Eindrücke) eingeleitet. Geruchs- und Geschmacksrezeptoren steuern die Sekretion nervös. Speichelbildung wird auf die gleiche Art geregelt. Angedaute Speisen führen zur Bildung von Gastrin, die Vagusaktivität zur Freisetzung von Histamin, d. h. Gewebshormonen, die die Drüsen auf dem Blutweg (humoral) bzw. lokal zur Sekretion anregen.

10.4 Der Dünndarm

Der Dünndarm gliedert sich in den etwa 20 cm langen Zwölffingerdarm (Duodenum) und den oberen (Jejunum) und unteren (Ileum) Abschnitt, zusammen ca. 2,8 m lang. Drei Hauptaufgaben der Verdauung werden von diesem Abschnitt erfüllt:

- **Mischung und Weitertransport** des Nahrungsbreies,
- **chemischer Abbau** aller drei Nahrungsstoffe, Eiweiß, Fett und Kohlenhydrate, zu in den Körper aufnehmbaren (absorbierbaren) Molekülen,
- **Absorption** der abgegebenen Stoffe.

Die **Mischung** erfolgt durch Ring- und Längsmuskulatur des Darmes. Gleichzeitige Kontraktion der Ringmuskulatur an verschiedenen Darmabschnitten führt zur Teilung (**Segmentierung**) des Nahrungsbreis (Abb. 10-19). Die Längsmuskulatur ermöglicht „Pendelbewegungen", die ebenfalls der Durchmischung dienen. Die Peristaltik ist immer zum Darmende hin gerichtet. Der Dünndarm ist insgesamt beweglicher als andere Darmabschnitte, wie z. B. der Dickdarm, da er „lockerer" im Bauchraum aufgehängt ist, er hängt an einem langen Gekrösestiel. Die Anatomie erläutert dies ausführlicher. Der Darm ist vom zweiblättrigen Bauchfell (Peritoneum parietale und viscerale) überzogen, dünnen Gewebsschichten, die Flüssigkeit absondern und damit die Oberflächen glatt halten. Sie verhindert, daß sich Darmteile bei peristaltischen Bewegungen aneinander „reiben" und beschädigt werden. Die Oberfläche des Bauchfells beträgt etwa 2 m², die Sekretions- sowie die Absorptionsleistung kann erheblich sein.

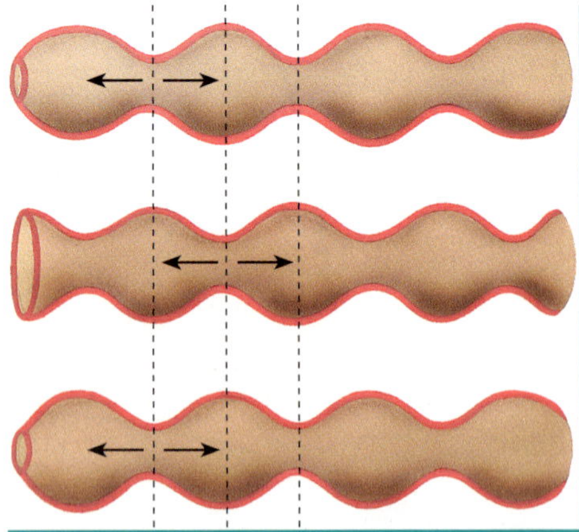

Abb. 10-19 Nahrungsbrei im Dünndarm

Die durch Muskulatur bewirkte Aufteilung (Segmentation) im Dünndarm dient der Durchmischung und dem Weitertransport des Nahrungsbreies.

Path Bei Stauungen im Pfortadersystem (s. Kap. 10.8) infolge von Leber- und Herzerkrankungen kommt es zur Absonderung von Flüssigkeit in den Bauchraum, die mehrere Liter betragen kann (**Aszites**). Dies führt zu Zwerchfellhochstand, Atem- und Kreislaufeinschränkung. Die Flüssigkeit muß durch eine in den Bauchraum eingeführte Kanüle entleert werden.
Die hohe Absorptionsleistung des Bauchfells kann genutzt werden, indem man unter bestimmten Umständen Medikamente intraperitonal verabreichen kann (z.B. Antibiotika), die dort besonders schnell aufgenommen werden. Nachteilig ist die Eigenschaft, wenn bei Darmverletzungen Darminhalt und damit Darmbakterien in den Peritonealraum gelangen. Neben der Bauchfellentzündung kommt es zur raschen Einschwemmung von Keimen in die Blutbahn (Sepsis).

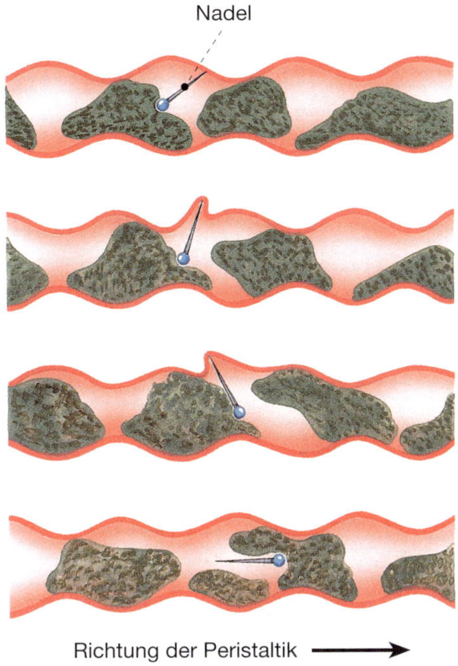

Abb. 10-20 Dünndarmperistaltik

Schutzfunktion im Dünndarm. Eine Stecknadel wird durch peristaltische Bewegungen so lange gedreht, bis sie mit dem Kopf voraus fortbewegt werden kann.

Die **Schleimhautmuskelschicht** (Muscularis mucosae) kann Schädigungen durch verschluckte spitze Gegenstände vermeiden, indem sie an der „gereizten" Stelle erschlafft und der weiterbeförderte Darminhalt den Gegenstand mit dem stumpfen Teil voran weiterschiebt (Abb. 10-20). Die **Darmzotten** besitzen eine Muskelschicht, die bei Kontraktion eine Zottenverkürzung bewirkt. Durch das Zusammenziehen und Erschlaffen kommt das „Pumpen" der Zotten zustande, das dem Transport von Lymphe und Blut dient. Die **Regulation der Motorik** steht hauptsächlich unter dem Einfluß des darmeigenen Nervengeflechts, das über **Dehnung** peristaltische Wellen koordiniert, d.h. aufeinander abstimmt. Ein Hormon, dessen Bildung durch sauren Darminhalt angeregt wird, löst die Zottenbewegung aus und heißt daher **Villikinin** (lat. villi = Zotten).

Das anatomische Bild zeigt einen grundlegenden Unterschied des Dünndarms zu den vorangehenden Abschnitten des Verdauungskanals. Große Falten, besetzt mit zahlreichen Zotten, die ihrerseits wieder mit kleinen Zotten (Mikrovilli) versehen sind (Abb. 10-21), bewirken eine etwa 600fache Oberflächenvergrößerung dieses Darmabschnitts, verglichen mit einem Rohr gleicher Länge. Man schätzt die Gesamtfläche auf ca. 200 m^2, das entspricht der Größe eines Tennisplatzes. Eine Vorstellung von der großen Oberfläche, den die Blutkapillaren einer Zotte bilden, gibt der anschauliche Vergleich der Abbildung 10-22. In einer Zotte ist neben der Blutbahn noch eine Lymphbahn (s. Kap. 12.7), die besonders Lipide auf-

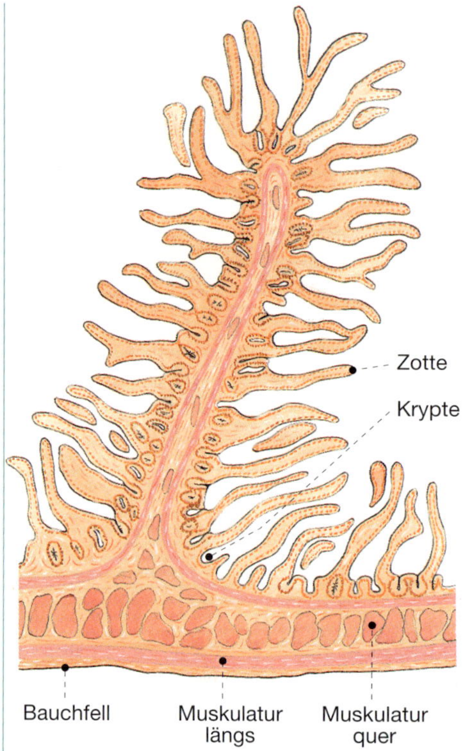

Abb. 10-21 Querschnitt des Dünndarms

Der Dünndarmquerschnitt zeigt die starke Vergrößerung der Darmoberfläche durch zahlreiche Falten und Zotten. Die Zwischenräume der Ausstülpungen werden Krypten genannt.

nimmt. Die große Darmoberfläche dient der Absorption.

10.5 Bauchspeicheldrüse und Galle

Die Verdauungsenzyme liefert vor allem die **Bauchspeicheldrüse**, deren Ausführungsgang in den Zwölffingerdarm mündet. Sie sondert ca. 1,5 l Bauchspeichel pro Tag ab. **Trypsin, Chymotrypsin, Aminopeptidase, Elastasen** und **Carboxypeptidasen** spalten Eiweiße und Polypeptide, **Lipase** und **Phospholipase A** spalten Fette, α-Amylase spaltet Stärke, **Maltase** das Disaccharid Maltose und **Ribonuklease** bzw. **Desoxyribonuklease** spaltet Nukleinsäuren (Abb. 10-1). Die Drüsen der Dünndarmschleimhaut sondern hauptsächlich Schleim ab. Vermutlich werden aus oberflächlichen Schleimhautzellen, die täglich in großer Zahl zerfallen, weitere Verdauungsenzyme frei. Die **Fettverdauung** durch die Lipase der Bauchspeicheldrüse ist nur möglich, wenn das Fett in Form feinster Kügelchen „aufgelöst" ist. Die Lipase ist fettspaltend. Die Kügelchen haben einen Durchmesser von $^{1}/_{1000}$ mm (1 μm) und entstehen durch die Gallensäuren (s. u.), die eine Herabsetzung der Oberflächenspannung bewirken. Den Vorgang nennt man emulgieren; es entsteht eine **Emulsion**, die milchig weiß aussieht, weil die Fettkügelchen Licht reflektieren. Bekannte Emulsionen sind z. B. kosmetische Hautmilch oder die aus Öl geschlagene Mayonnaise. Das Emulgieren im Zwölffingerdarm vergrößert die Oberfläche der Nahrungsfette und macht sie leichter angreifbar für die Lipase.

Die **Regulation der Bauchspeicheldrüsentätigkeit** (Abb. 10-23) erfolgt auf **nervösem** Weg, ausgelöst von höheren Zentren des Gehirns über **Dehnungsrezeptoren** aus Nerven der Darmwand. Die **hormonelle** Steuerung geschieht durch **Sekretin** und **Cholecystokinin**, Hormone, deren Bildung durch Eiweißspaltprodukte und Säuerung im Zwölffingerdarm angeregt wird. Sie werden, wie das Gastrin des Magens, in die Blutbahn abgegeben und regen auf diesem Wege die Drüsentätigkeit an. Sekretin fördert vor allem die Menge, Cholecystokinin den Enzymgehalt des Bauchspeichels. **Cholecystokinin** (CCK) regt außerdem die Muskelfasern der Gallenblasenwand zur Kontraktion an, damit sich Galle in den Zwölffingerdarm entleeren kann. Täglich werden ca. 0,5 l **Galle** (s. Abb. 10-2) aus Gallenblase und Leber in den Darm abge-

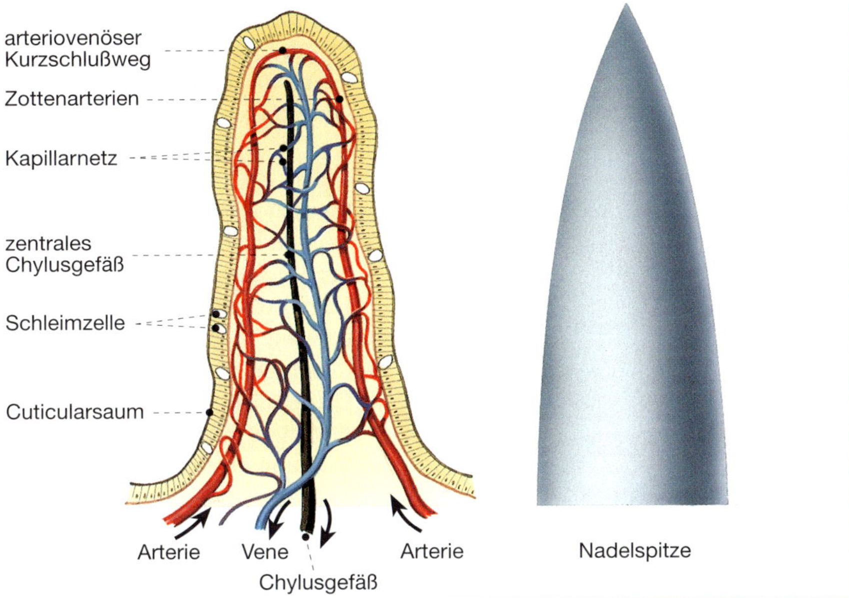

Abb. 10-22 Zottenkapillaren

Zottenkapillaren im Vergleich mit der Spitze einer feinen Nähnadel.

geben. Galle besteht, neben dem Lösungsmittel Wasser, aus Gallenfarbstoffen, die Abbauprodukte des roten Blutfarbstoffs Hämoglobin sind, und Gallensäuren sowie Cholesterin.

Kurzgefaßt

Im **Zwölffinger-** und **Dünndarm** (ca. 3 m lang) erfolgt hauptsächlich der chemische Abbau der Nahrungsstoffe durch Enzyme der Bauchspeicheldrüse, die täglich etwa 1,5 l Flüssigkeit absondert. Trypsin spaltet Eiweiße, Carboxypeptidasen Polypeptide, Amylase Stärke und Disaccharasen (z.B. Maltase) Disaccharide (wie z.B. Maltose). Die Lipase spaltet Fette, die unter der Einwirkung der Salze der **Galle** (ca. 0,5 l/Tag) zu ca. 1 mm kleinen Tröpfchen emulgiert werden. Im Dünndarm findet auch hauptsächlich die Absorption in das Blut (Aminosäuren, Monosaccharide, Fettsäuren) und die Lymphe (Fettkügelchen, Chylomikronen) statt.

Die **Sekretion der Bauchspeicheldrüse** wird **nervös** vom autonomen Nervensystem und **örtlich** über einen Dehnungsreflex der Darmwand sowie **humoral** über die Gewebshormone Sekretin und Cholecystokinin angeregt. Die Auslösung für die Hormonbildung geschieht durch Eiweißspaltprodukte und Säuerung, besonders im Zwölffingerdarm. Cholecystokinin ist ein Gewebshormon, das auch die glatte Muskulatur der Gallenblase anregt und zur Gallenentleerung in den Darm führt.

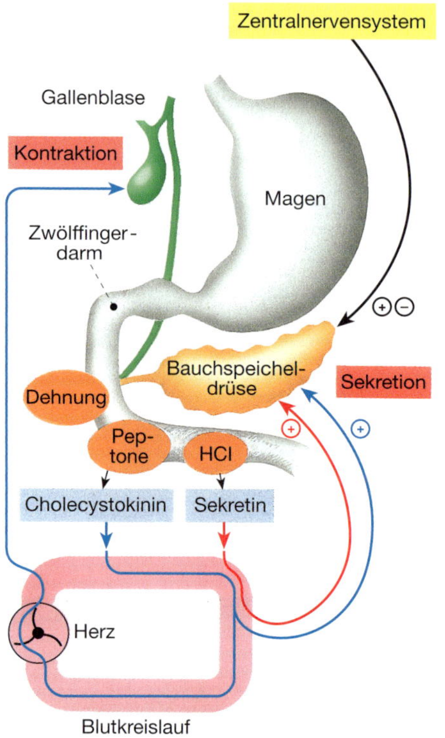

Abb. 10-23 Bauchspeicheldrüsensekretion

Regulation der Bauchspeicheldrüsentätigkeit und der Gallenblasenkontraktion durch das autonome Nervensystem und die Gewebshormone Sekretin und Cholecystokinin.

10.6 Der Dickdarm

Der Dickdarm (Colon) ist etwa 1–1,5 m lang. Er gliedert sich in die folgenden Abschnitte:

den eigentlichen **Blinddarm** (Caecum), an dem der **Wurmfortsatz** (Appendix vermiformis) hängt. Hierauf folgen der **aufsteigende Schenkel** (Colon ascendens), das **Quercolon** (Colon transversum), der **absteigende Schenkel** (Colon descendens), der **S-förmige Teil** (Colon sigmoideum) und schließlich der **End- oder Mastdarm.**

Im Dickdarm findet vorwiegend nur noch Flüssigkeitsentzug (Abb. 10-2) aus dem Nahrungsbrei und damit dessen Eindickung zu **Kot** statt. Die Gleitfähigkeit des Kotes wird durch Schleim gewährleistet, der von den Schleimhautdrüsen produziert wird. Normalerweise findet im Dickdarm keine Absorption von Abbauprodukten der Nahrungsstoffe mehr statt. Die Fähigkeit, Zucker, Aminosäuren und Salze aufzunehmen, ist jedoch vorhanden.

Beim Rektum ist zu beachten (Abb. 10-24), daß nur diejenigen Stoffe unmittelbar zur Leber gelangen, die in seinem obersten Drittel absorbiert werden. Arzneimittel in Form von Zäpfchen gelangen nur bis in die Ampulle des Rektums. Stoffe, die hier absorbiert werden, kommen erst in den Körperkreislauf und dann über die Leberarte-

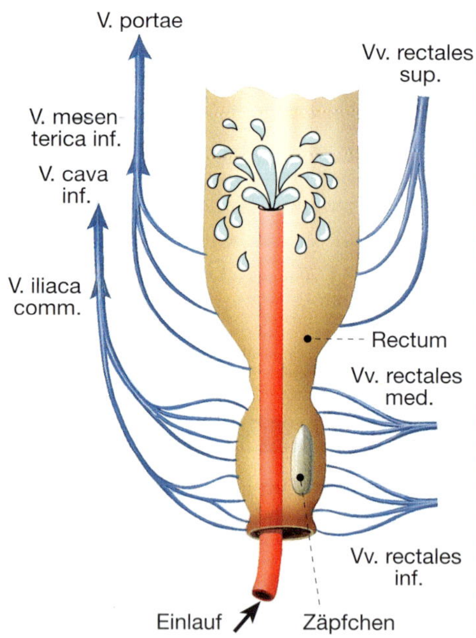

Abb. 10-24 Venöser Abfluß des Rektums

Venöser Blutabfluß aus dem Mastdarm mit Schlauch für Nähreinlauf und Lage eines Medikamentenzäpfchens (Suppositorium) in der Ampulle. In Zäpfchenform verabreichte Pharmaka gelangen in die V. cava inferior (Ampulle des Rektums), Bestandteile eines Einlaufs (Lage im Colon sigmoideum) in die V. portae.

rie in die Leber (s. Kap. 10.8). Sie können so ihre Wirkung im Körper entfalten, bevor sie in der Leber wieder inaktiviert werden. Die **Muskelschichten** des Dickdarmes sind grundsätzlich ähnlich aufgebaut wie in den vorangehenden Darmabschnitten. Die äußere Längsmuskulatur ist hier jedoch zu Bändern zusammengefaßt, **Tänien** genannt, die große Ausbuchtungen der Darmwand, **Haustren**, erlauben. Der **Transport** des Darminhalts ist im Vergleich zum Dünndarm langsam. Es dauert 10–18 Stunden oder länger, bis der Inhalt den Dickdarm passiert hat. Am Übergang vom Dünn- zum Dickdarm befinden sich Schleimhautwülste (Bauhinsche Klappe), die einen Rückfluß von Dickdarminhalt bei höherem Innendruck verhindern. Dadurch wird u.a. auch erreicht, daß Bakterien, die im Dickdarm reichlich vorhanden sind, nicht in den Dünndarm übertreten und hier schädigend wirken können (s. Kap. 10.3.1). Im Dickdarm gibt es eine **Antiperistaltik**, so daß der Darminhalt hin- und herbewegt werden kann, was einem besseren Flüssigkeitsentzug dient.

Colon sigmoideum und Rektum haben eine geschlossene innere Muskellängsfaserschicht, die zusammen mit der starken Ringmuskulatur für die **Kotentleerung** (**Defäkation**) wichtig ist. Im allgemeinen kommt es einmal täglich zur Kotentleerung, besonders nach Nahrungsaufnahme („gastrisch-coloner Reflex"), normal ist es jedoch auch, wenn die Häufigkeit der Kotentleerung zwischen 2–3mal pro Tag und 2–3mal pro Woche liegt. Durch die Kontraktion der Ringmuskulatur mit vorangehender Erschlaffung weitergeschoben, zieht die Kontraktion der Längsmuskulatur den Darm über den Kot sozusagen weg und zurück. Dabei sind der innere und äußere Schließmuskel des Afters erschlafft. Durch Zusammenziehen der Bauchmuskulatur wird dieser Vorgang noch unterstützt (Bauchpresse). Bei geschlossener Stimmritze wird der Lungeninnendruck gesteigert (Pressen). Der Druck im Brustraum kann dabei bis zu 25 kPa (ca. 190 mmHg) und höher ansteigen. Durch diese starke Druckerhöhung kann es bei vorgeschädigten Gefäßen zu Rissen und damit Blutungen kommen, z.B. aus Hämorrhoiden, Herzkranzgefäßen oder Hirngefäßen.

Die **Regulation der Dickdarmmotorik** geschieht vor allem lokal durch Dehnung über Nervengeflechte in der Darmwand, die zu dem autonomen Nervensystem gehören (s. Abb. 23-19). Gewohnheiten, psychische Einflüsse sowie Stoffe, die das parasympathische System anregen, wie Nicotin und Coffein, fördern die Kotentleerung. Bewegungsarmut, morphinhaltige Medikamente sowie bestimmte Schmerz- und Schlafmittel hemmen die Kotentleerung.

Kurzgefaßt

Im **Dickdarm** findet durch Flüssigkeitsentzug die Eindickung des Darminhaltes zu Kot statt. Der Darminhalt bleibt im Mittel 10–18 Stunden im Dickdarm. Stoffe, die im oberen Drittel des Rektums aufgenommen werden, gelangen über die Blutbahn direkt zur Leber (**Portalkreislauf**). Medikamente, die in der Ampulle des Rektums liegen, gelangen primär in den großen Körperkreislauf und erst dann zur Leber. Die **Regulation der Dickdarmmotorik** geschieht durch lokale Dehnungsreflexe und über das autonome Nervensystem.

10.7 Absorption von Nährstoffen

Bei der Absorption der Nahrungsstoffe bzw. deren Spaltprodukte im Darm sind alle Transportmechanismen beteiligt, die in Kapitel 5 beschrieben sind. Die **aktiven**

Prozesse überwiegen die passiven jedoch bei weitem. Die aktiven Prozesse sind stark temperaturabhängig, wodurch es möglich ist zu prüfen, ob der in Frage stehende Prozeß aktiv oder passiv ist. Bei 37 °C werden z. B. die C_6-Zucker Galaktose und Glukose und ein C_5-Zucker im Verhältis 20 : 20 : 1 absorbiert. Senkt man die Temperatur auf 5 °C, so ist das Verhältnis etwa 1 : 1 : 1. Das ist ein Beweis für die aktive Absorption der C_6-Zucker. Sie geschieht durch einen Carrier (s. Kap. 5.4). Der Monosaccharid-Transport erfolgt zusammen mit einem Na^+-Transport (**Kotransport**). Aminosäuren werden ebenfalls im Kotransport mit Na^+, Di- und Tripeptide im Kotransport mit H^+ absorbiert. Energielieferant für den Na^+-gekoppelten Transport ist ATP (s. Kap. 4.3), das für die Aufrechterhaltung des Konzentrationsunterschieds von Na^+ zwischen Extra- und Intrazellularraum sorgt. Dieser Konzentrationsunterschied treibt wiederum den Carrier an (**sekundär aktiver Transport**). Ein kleinerer Teil der Absorption ist passiv durch Diffusion und osmotische Kräfte möglich. Nicht fettlösliche Moleküle mit Molekularmassen über etwa 80 Da können die Zellmembranen nicht in nennenswerter Menge passieren.

Fettlösliche Stoffe wie Fettsäuren und Glycerin lösen sich in den Zellmembranen und werden am endoplasmatischen Retikulum absorbiert und zu Triglyceriden (s. Kap. 2.7.2) resynthetisiert. Sie bilden dann 0,5 µm kleine Tröpfchen und werden zusammen mit Phospholipiden und Cholesterin, von einer dünnen Proteinschicht umgeben, durch den Boden der Zelle geschleust und in die Lymphbahn abgegeben. Die **Elektrolyte** Natrium, Chlorid, Kalium, Calcium werden durch Diffusion und aktiven Transport aufgenommen, ebenso Eisen, Kupfer, Bikarbonat und Phosphat. Mengenmäßig steht die **Wasserabsorption** (s. Abb. 10-2) mit 8 bis 9 l/Tag im Vordergrund; sie geschieht überwiegend passiv auf osmotischem Wege. Manche **Abführmittel**, wie z.B. Karlsbader Salz (vor allem Sulfate), wirken osmotisch. Sie werden nicht absorbiert und halten deshalb soviel Lösungswasser zurück, daß der Stuhl dünnflüssig bleibt.

Pinozytose (s. Kap. 5.5) spielt mengenmäßig bei der Absorption eine untergeordnete Rolle. In selteneren Fällen treten große Moleküle durch die Darmwand; sind es artfremde Stoffe, so können **Allergien** (s. Kap. 11.10.4) entstehen.

Kurzgefaßt

Neben **passiven Vorgängen** (Diffusion, Osmose) spielen vor allem **aktive Prozesse** mit Carrieren bei den Zuckern und Aminosäuren sowie kleinen Peptiden die Hauptrolle bei der **Absorption von Nährstoffen**. Fett wird emulgiert, die Spaltprodukte Fettsäuren und Glycerin lösen sich in den Zellmembranen, werden in den Darmwandzellen zu Triglyceriden synthetisiert und in den Lymphgefäßen abtransportiert.

10.8 Die Leber

Die Leber ist unser größtes inneres Organ; sie wiegt ca. 1,5 kg und wird volkstümlich als chemische Fabrik des Körpers bezeichnet. Sie synthetisiert z. B. Plasmaeiweiße, die für die Blutgerinnung wichtig sind (s. Kap. 11.9.3), inaktiviert Hormone, produziert Harnstoff (s. Kap. 4.6.3), baut körpereigene und körperfremde Stoffe, zum Beispiel Medikamente und Giftstoffe (Toxine), ab, fördert die Kohlenhydratspeicherung, den Fett- und Eiweißstoffwechsel und produziert die Galle. Die einzelnen Funktionen sind ausführlich mit den Organsystemen besprochen, für die sie eine Rolle spielen. Diesen vielfältigen Aufgaben kann die Leber nur durch ihren Läppchen-

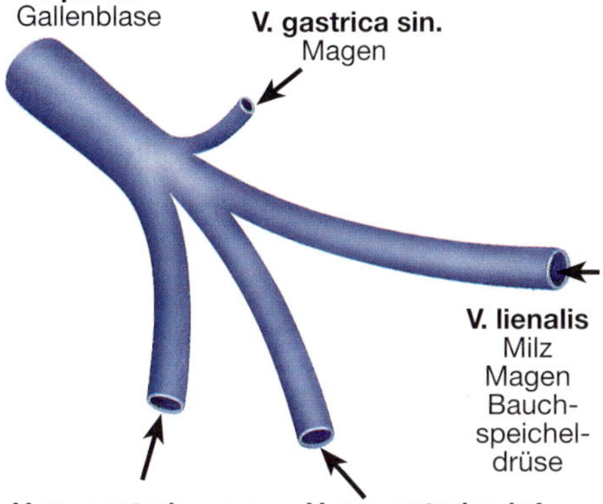

Abb. 10-25 Pfortaderzuflüsse

Vena portae und ihre Zuflußgebiete.

bau und die damit verbundene Differenzierung der Gefäßsysteme gerecht werden.

Die **Pfortader** sammelt das aus den unpaaren Bauchorganen (Abb. 10-25) kommende, mit Nährstoffen und Stoffwechselzwischenprodukten (Darm), Abbaustoffen (Milz) und Hormonen (Bauchspeicheldrüse) beladene Blut und führt es direkt zur Leber bzw. zu den Leberläppchen, die als Baueinheit der Leber gelten. Die Anordnung der Blutgefäße gibt die Läppchenstruktur wieder (Abb. 10-26).

Das Blut strömt von der Zwischenläppchenvene (im Bild 10-26 violett) zwischen den Leberzellbalken zur Zentralvene (im Bild blau). Da alle Leberläppchen etwa 1 mm Durchmesser haben, beträgt die Länge der Leberkapillaren jeweils 0,35 bis 0,5 mm. Diese Länge scheint für die Austauschvorgänge an den Leberzellen optimal zu sein, sonst wäre die millionenfache Wiederholung des Bauprinzips „Leberläppchen“ innerhalb einer Leber nicht verständlich. Die Leberkapillaren unterscheiden sich von Blutkapillaren im übrigen Körper nicht nur dadurch, daß hier Blut von einer Vene zu einer anderen Vene strömt **(„venöses Wundernetz“)**, sondern auch durch ihre Weite, weshalb man sie **Sinusoide** nennt. Die Wandzellen der Sinusoide besitzen die Fähigkeit zur Phagozytose. Die Leberzellen nehmen Stoffe aus dem Pfortaderblut auf und geben Umbauprodukte in das Lebervenenblut ab. Für die Sauerstoffversorgung der Leberzellen ist noch das Blut aus den Ästen der Leberarterie (im Bild rot) wichtig, das dem Blut der Sinusoide beigemischt wird. Zwischenläppchenvene, Leberarterienast, Lymph- und Gallenausführungsgang (letzterer im Bild grün) liegen am Rande des Leberläppchens jeweils in Bindegewebszwickeln beisammen, den „Glissonschen Dreiecken“.

Der Abfluß des Blutes über die Lebervenen beginnt in den Zwischenläppchenvenen. Wir haben also **zwei zuführende Kreislaufsysteme**, das **Pfortadersystem** und das System der **Leberarterien**, die in **ein abführendes System der Lebervenen** führen.

Zwischen den Leberzellen entspringt außerdem das **Gallengangssystem**, dessen anatomische Anordnung aus Abbildung 10-27 zu ersehen ist. Die **Gallenflüssigkeit** wird in den **Leberzellen** (Leberparenchym) gebildet und in eigenen Kapillaren aus den Leberläppchen geführt. Die **Gallengänge** laufen parallel zu den Lebervenen und münden in den **Ductus hepaticus communis**, der in den **Ductus choledochus** übergeht. Die **Fließrichtung** in den Gallengängen ist der der Venen entgegengesetzt. Gemeinsam mit dem Ausführungsgang der Bauchspeicheldrüse mündet der Gallengang in den **Zwölffingerdarm**. Die Mündung **(große Papille, Papilla Vateri)** ist verschlossen, wenn keine Verdauung stattfindet. Da die Galleproduktion in

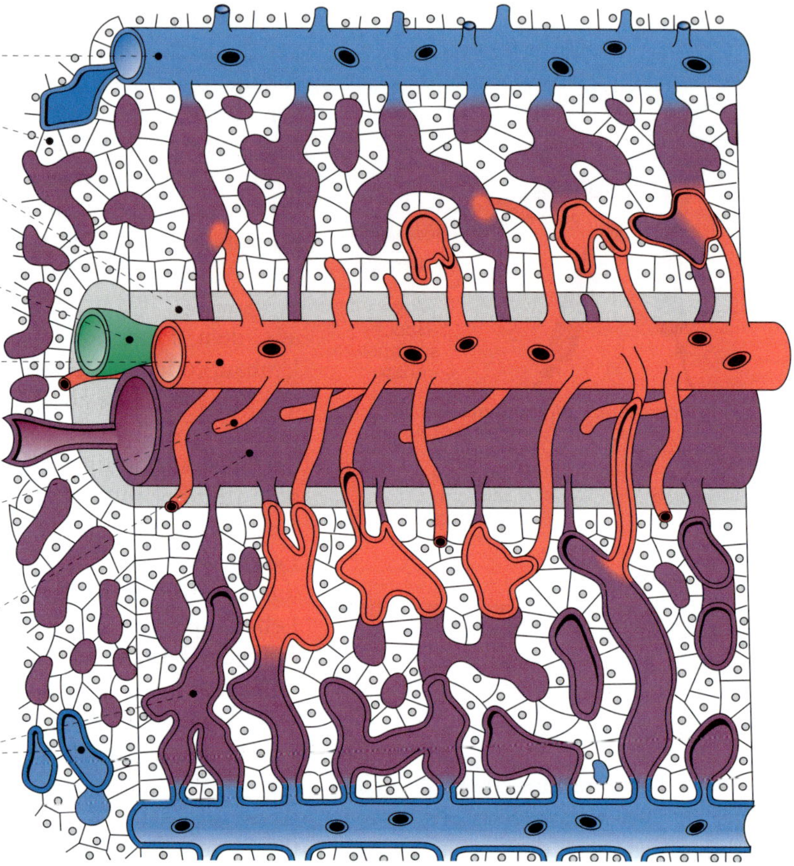

Abb. 10-26 Aufbau eines Leberläppchens

Gefäßsystem und Zellverband im Leberläppchen, der Baueinheit der Leber.

der Leber kontinuierlich vor sich geht, muß ein Speicher vorhanden sein. Die **Gallenblase** bildet diesen Speicher. Neben der Speicherfunktion hat die Gallenblase die Aufgabe, die **Gallenflüssigkeit** von 97 auf 89% Wassergehalt einzudicken und anzusäuern (von pH über 8 auf ca. pH 7,2).

Menschliche Lebergalle (ca. 0,5 l/Tag) besteht zu 0,7% aus Salzen der **Gallensäuren**, aus anorganischen Salzen (0,7%) und den **Gallenfarbstoffen** (Biliverdin und Bilirubin), die Abbauprodukte des roten Blutfarbstoffs sind. Cholesterin, Lecithin, Fett und Fettsäuren haben zusammen einen Anteil von 0,4%, der Rest ist Wasser, etwa 97%. Die wichtigste Rolle für die Fettverdauung spielen die Gallensäuren (s. Kap. 10.4).

Wenn saurer Speisebrei in den Zwölffingerdarm gelangt, bewirkt das Cholecystokinin (CCK), das in Schleimhautdrüsen des Darmes gebildet wird, auf dem Blutweg Kontraktionen der glatten Muskelfasern der Gallenblase, und Galle wird ausgetrieben. Bereits wenn Nahrung in den

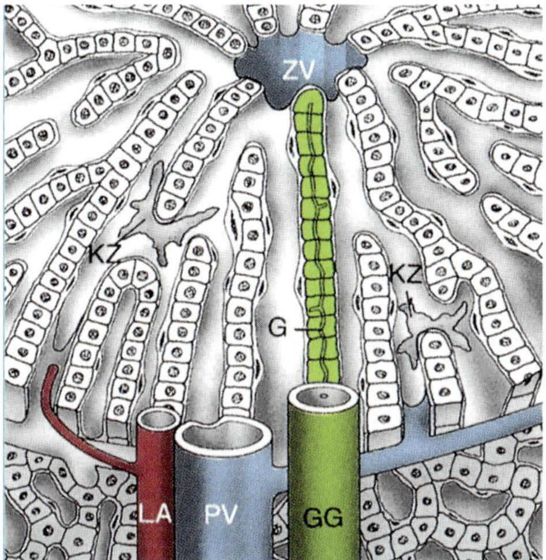

Abb. 10-27 Leberläppchen

Schematischer Ausschnitt eines Leberläppchens. Im Portalfeld liegen ein Portalvenen- (PV) und ein Leberarterienast (LA), die in die Sinusoide münden. Das Blut gelangt so an den Leberzellen vorbei in die Zentralvene (ZV). In den Sinusoiden findet man einzelne Freßzellen (*Kupffer*-Sternzellen, KZ), die unter anderem Bakterien aus dem Blut beseitigen. Zwischen den Leberzellen verlaufen Gallekanälchen (G), die die Galle in die größeren Gallengänge (GG) transportieren.

Mund kommt, erschlafft der Verschluß der Gallengangspapille.

Neben dem Lebervenen- und dem Gallengangssystem stellt das **Lymphsystem** das dritte abführende Lebergefäßsystem dar. Die Leberlymphe ist relativ proteinreich, sie enthält etwa 6% Eiweiß (Lymphe im Oberschenkel 2%). Die Leberlymphgefäße führen die Lymphe über den Ductus thoracicus in die obere Hohlvene (s. Kap. 12.7).

Im Zusammenhang mit der Verdauung interessiert die Tätigkeit der Leber beim **Fettstoffwechsel**. Je nach Bedarf werden Fettsäuren aus den Fettgeweben in die Leber abgegeben und durch β-Oxidation (s. Kap. 4.6.2) abgebaut. Das dabei entstehende Acetyl-Coenzym A wird in den Citratzyklus eingespeist und dient so dem Energiegewinn. Beide Stoffwechselvorgänge finden in den zahlreichen Mitochondrien (s. Kap. 1.1) der Leberzellen statt.

Path Wird zu viel Fett aus den Depots mobilisiert (im Hunger, bei Fasten oder bei der Zuckerkrankheit, dem Diabetes mellitus), bildet die Leber **Ketonkörper** (s. Kap. 4.6.2), deren Anhäufung im Blut zur metabolischen Azidose führt. Die Bildung von Ketonkörpern geschieht ausschließlich in der Leber; sie werden in der Niere ausgeschieden (Ketonurie) und außerdem auch abgeatmet. Neben der Zuckerausscheidung im Urin ist die Ketonurie ein wichtiges Symptom der Zuckerkrankheit.

Die Leber ist auch in der Lage, Fettsäuren aufzubauen, die in Form von Phosphatiden in die Blutbahn abgegeben werden. In den Fettgeweben werden sie zu Neutralfetten aufgebaut und gespeichert.

Path Eine **Fettleber** entsteht, wenn die Leber selbst Neutralfett in ihren Zellen speichert. Ursache dafür ist in den meisten Fällen übermäßiger Alkoholgenuß. Alkohol wird normalerweise in der Leber enzymatisch, u.a. durch die Alkoholdehydrogenase, abgebaut. Durch übermäßige Alkoholzufuhr und die Anforderung, diesen abzubauen, versagt das enzymatische System. Wie es im einzelnen zur Fettspeicherung kommt, ist noch nicht ganz geklärt. Auch durch verstärkte Fettlösung (Lipolyse) aus dem Fettgewebe kann es zum Entstehen einer Fettleber kommen. Aus der Fettleber kann sich eine **Leberzirrhose** entwickeln. Das Lebergewebe wird zerstört, es vernarbt bindegewebig und schrumpft. Dieser Zustand kann therapeutisch nicht beeinflußt werden.

In bezug auf den **Kohlenhydratstoffwechsel** dient die Leber als Speicher, sie baut aus überschüssigem Blutzucker **Glykogen** (s. Kap. 2.7.1), die **Speicherform von Zucker**, auf. Interessant dabei ist, daß die Leberzellen jederzeit für Glukose durchlässig, also insulinunabhängig sind (s. Kap. 25.10.1). Insulin fördert jedoch den Glykogenaufbau. Durch Auf- oder Abbau von Glykogen der Leber können akute Schwankungen des Blutzuckerspiegels kompensiert werden. Bei der Mobilisierung von Glykogen aus der Leber (auch aus den Glykogenspeichern der Muskulatur) spielen die Hormone Glukagon und Adrenalin (s. Kap. 25.10) eine Rolle. Eine weitere wichtige Funktion der Leber ist die Neusynthese von Glukose, die **Glukoneogenese** aus Milchsäure oder aus Kohlenstoffskeletten des Eiweißabbaus.

Den **Eiweißstoffwechsel** beeinflußt die Leber, indem sie die über das Pfortadersystem ankommenden Aminosäuren zu Plasmaeiweißen (Albuminen, Globulinen, Gerinnungsfaktoren) aufbaut. Wichtige Vorgänge dabei sind die **Transaminierung** und die **Desaminierung** (s. Kap. 4.6.3), letztere beim Abbau von Eiweißen. Der dabei anfallende Stickstoff wird, ebenfalls in der Leber, zu **Harnstoff** umgebildet, der teilweise in der Niere ausgeschieden wird.

Die **Abbau- und Entgiftungsfunktionen** der Leber stehen in engem Zusammenhang. Körpereigene Stoffe, aufgenommene Fremdstoffe (Giftstoffe, Arzneimittel) werden u.a. auf folgende Weise abgebaut bzw. entgiftet:

- Durch **Konjugation**, das heißt Kopplung an Glucuronsäure, Schwefelsäure oder Glycin (s. Kap. 3.3.2). Die Stoffe werden dadurch wasserlöslich und können rascher ausgeschieden werden.
- Durch **Hydroxylierung** (Anhängen von OH-Gruppen), **Oxidation** und **Reduktion** findet Stoffabbau in der Leber statt. Auf diese Weise werden z.B. viele Hormone inaktiviert.

Man muß sich klarmachen, daß die Leber nicht gezielt bestimmte Stoffe entgiftet. Es kann sogar vorkommen, daß Stoffe durch die obengenannten Vorgänge erst „giftig" werden oder an Giftigkeit zunehmen. Im Vordergrund stehen der Stoffabbau und die Überführung in eine leicht ausscheidbare Form.

Path Die **Gelbsucht** (Ikterus) ist eine der offensichtlichsten Erkrankungen des Leber-Gallen-Systems. Dabei ist die Konzentration des Abbauproduktes von Hämoglobin, **Bilirubin**, im Blut erhöht und färbt, zuerst sichtbar in der weißen Lederhaut (Sklera) des Auges, Haut und Schleimhäute gelb an. Ursachen dafür sind u.a. Störungen der Bilirubinaufnahme in die Leberzellen, gestörter Bilirubinabbau in der Leber, behinderte Abgabe in die Gallengänge oder behinderter Gallenabfluß, meist durch **Steine,** aber auch durch **Tumoren.** Die Leberfunktion kann weiterhin stark beeinträchtigt werden durch eine heutzutage sehr verbreitete, virusbedingte Entzündung der Leber **(Virushepatitis).** Schließlich kommt es zur Gelbsucht, wenn zu viele rote Blutkörperchen zerfallen und die Leber die Zwischenprodukte des Hämoglobinabbaus, vor allem Bilirubin, nicht schnell genug abbauen kann (z.B. beim Neugeborenenikterus, s. Kap. 27.3).

Kurzgefaßt

Das größte innere Organ, die **Leber**, besitzt **zwei Blutkreisläufe** (Portalkreislauf und nutritiver Kreislauf der A. hepatica), Lymphbahnen und abführende Gallenwege. Für die Verdauung ist die wichtigste Leberfunktion die Produktion der Galle mit den für die Fettverdauung wichtigen **Gallensäuren**. Außerdem werden Abbauprodukte des roten Blutfarbstoffes ausgeschieden. Zucker werden in der Leber zur Speicherform,

dem **Glykogen,** Aminosäuren und kleine Peptide zu **Eiweißen** verschiedenster Art synthetisiert. Die **Entgiftung** von Schadstoffen ist eine weitere Leberleistung.
Die **Gallensaftabgabe** wird nervös und humoral über Cholecystokinin geregelt.
Die **Gelbsucht** beruht u.a. auf einer Störung der Verarbeitung des Bilirubins (Hämoglobinabbauprodukt) oder auf einer Galleabflußstörung (Gallensteine).

10.9 Untersuchungsmethoden

Zu den **allgemeinen Methoden** gehören die Betrachtung der **Zunge** (weiße Zungenbeläge sind oft ein Zeichen von Verdauungsstörungen) und des **Bauches** (Auftreibung kann auf Blähungen innerhalb des Magen- und Darmtrakts beruhen). Durch **Betasten** findet man beim Erwachsenen, falls er lokale Schmerzempfindlichkeit angeben kann, den Ort der Störungen. Durch **Abhören** (Auskultation) läßt sich feststellen, ob der Darm tätig ist. Gefürchtet ist ein „stiller Bauch" bei Lähmung der Darmmotorik, die ohne Behandlung lebensbedrohlich ist. **Beklopfen** (Perkussion) kann, wie bei der Lungenuntersuchung (s. Kap. 13.4), „Luftschall" ergeben und anzeigen, daß Darmabschnitte, hauptsächlich im Dickdarm, mit Gasen gefüllt oder (Dämpfung) Organe vergrößert bzw. verkleinert sind. Die **Röntgenuntersuchung** ist eines der wichtigen Hilfsmittel zur Erkennung von Erkrankungen, besonders im Verdauungssystem (aber auch im Kreislauf-, Atmungs- und Knochensystem). Grundlage jeder Untersuchung ist die **Röntgenaufnahme**; zur Ergänzung dient die **Röntgendurchleuchtung**. Obwohl die neuesten technischen Entwicklungen die Strahlenbelastung stark vermindert haben, versucht man mit wenigen Aufnahmen und möglichst großen Zeiträumen auszukommen. Bei der Durchleuchtung ist die Belastung noch erheblich geringer, da man nur noch mit Bildverstärker-Fernsehtechnik arbeitet.
Durch einen kontrastmittelhaltigen Speisebrei können die Hohlorgane des Verdauungskanals hervorgehoben werden. Man läßt den Patienten den dünnflüssigen Brei schlucken und kann danach zuerst die Durchgängigkeit der Speiseröhre beurteilen. Minuten später füllt sich dann der Magen, dessen Schleimhautrelief und Form nach und nach sichtbar werden (Abb. 10-28). Nach Stunden werden die weiteren Abschnitte sichtbar. Der Dickdarm wird durch Kontrastmitteleinlauf dargestellt. Röntgenologisch läßt sich auch die **Galleproduktion** und das Vorhandensein von **Gallensteinen** nachprüfen. Dabei wird ein Kontrastmittel eingenommen oder in die Blutbahn gespritzt, das normalerweise durch die Leber über die Gallengänge und die Gallenblase ausgeschieden wird. Gallensteine können unterschiedliche Zusammensetzung haben. Wenn sie, wie unsere Knochen, Calcium enthalten, sieht man sie im Röntgenbild auch ohne Kontrastmittel.

Path Steine entstehen hauptsächlich in der Gallenblase, wenn die Gallenflüssigkeit zu stark eingedickt wird und bestimmte Bestandteile, z.B. Calcium oder Cholesterin, ausfallen. Steine in den Gallengängen behindern den Gallenfluß, was zur Gelbsucht führen kann (s. Kap. 10.8).

Zur genaueren Untersuchung einzelner Organabschnitte dient die **Computertomographie** (Abb. 10-29). Bei diesem Verfahren wird ein etwa bleistiftdickes Röntgenstrahlenbündel erzeugt und in kleinen Winkelschritten um den Körper des Patienten bewegt. Die verschiedenartigen

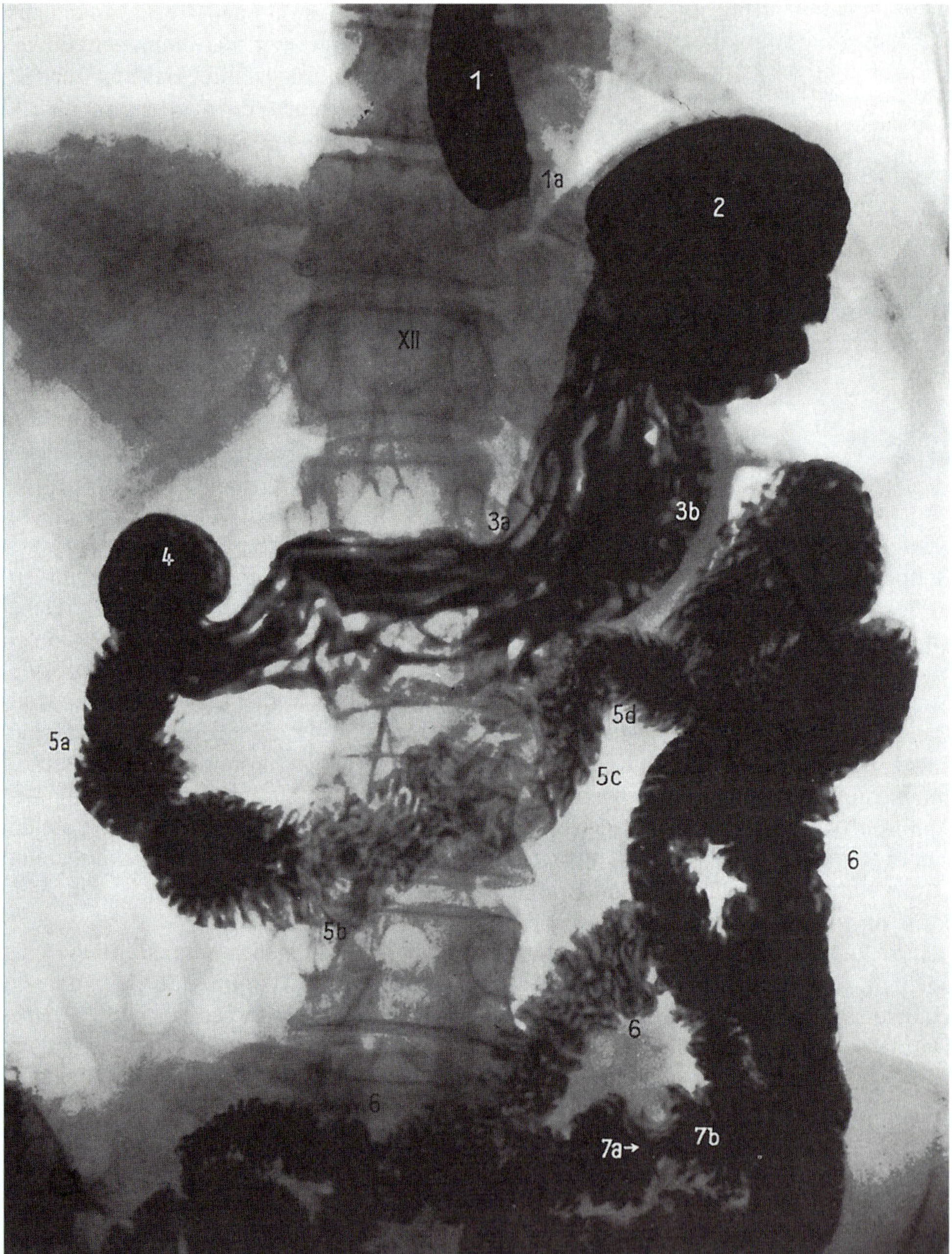

Abb. 10-28 Röntgenkontrastdarstellung des Verdauungskanals

1 = Speiseröhre, 1a = Mageneingang, 2 = Magenkuppel, 3a und 3b = kleine und große Magenkrümmung, 4 = magennaher Teil des Zwölffingerdarms, 5a = absteigender Teil des Zwölffingerdarms, 5b = horizontaler Teil des Zwölffingerdarms, 5c = aufsteigender Teil des Zwölffingerdarms, 5d = Übergang vom Zwölffingerdarm in das Jejunum, 6 = Jejunum (mittlerer Abschnitt des Dünndarms), 7a = der Einschnitt zwischen 7a und 7b ist durch eine peristaltische Kontraktionswelle bedingt, XII = zwölfter Brustwirbel.

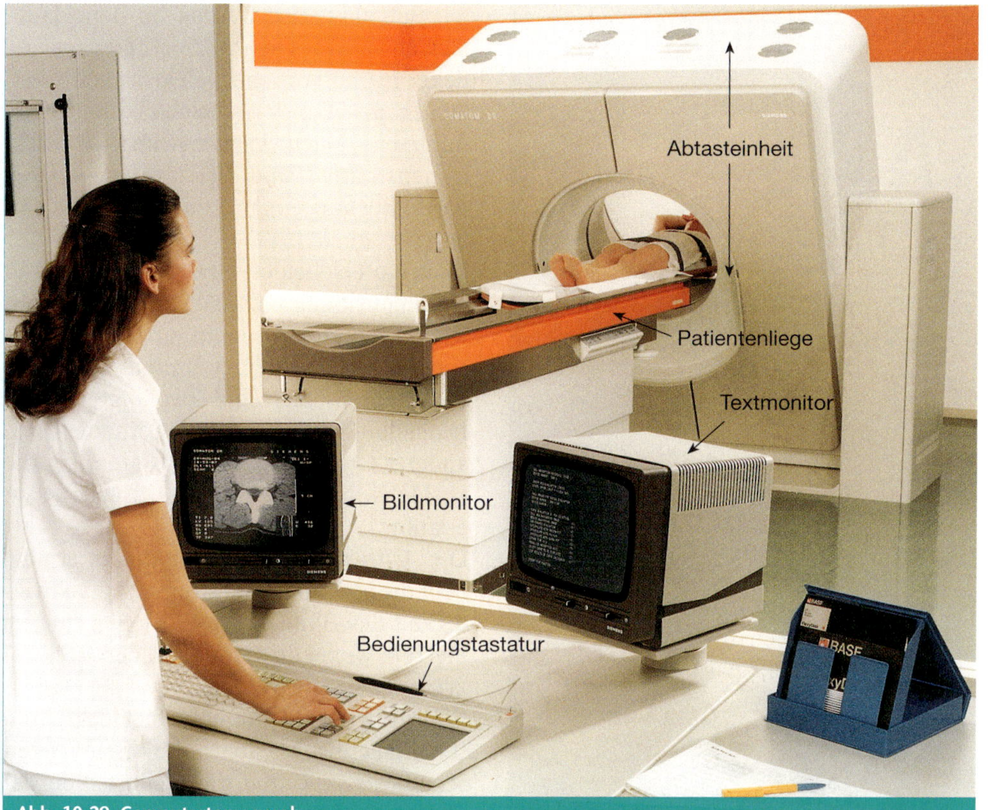

Abb. 10-29 Computertomograph

Gezeigt wird ein Computertomographiegerät, dessen Abtasteinheit kippbar ist. Der Patient kann auf der Liege in kleinen Abständen (z. B. zentimeterweise) durch die von der kreisenden Röntgenröhre bestrichene Schicht geschoben werden. Alle Bedienungsanweisungen und Daten können an der Bedienungstastatur eingegeben und am Textmonitor abgelesen werden. Die vom Sichtgerät dargestellten Tomogramme können auch fotografisch festgehalten werden.

Organstrukturen schwächen den Röntgenstrahl beim Durchdringen des Körpers unterschiedlich stark ab. Ein Detektorsystem auf der Gegenseite der Röntgenröhre mißt die Strahlenintensität und errechnet aus etwa 100000 Meßwerten die örtlichen Dichtenunterschiede. Diese werden auf einen Bildmonitor in Form verschiedener Grau- oder Farbtöne dargestellt. Abbildung 10-30 zeigt ein Computertomogramm des Oberbauches.

Die bildliche Darstellung von Bauchorganen ist auch durch **Magnetresonanztomographie (MRT)** möglich, die den Vorteil hat, daß keine Belastung durch energiereiche Strahlung auftritt (s. Kap. 23.11).

Ultraschalldiagnostik, auch **Sonographie** genannt, ist eine Untersuchungsmethode, die bei vielen Organen und deren Funktion zur Anwendung kommt. Zahlreiche röntgenologische Untersuchungen des Verdauungstraktes wurden durch dieses Verfahren abgelöst, das auch bei wiederholter Anwendung keine nachweisbaren Gewebsschädigungen verursacht. Ultraschall, abgekürzt US, sind Schallwellen

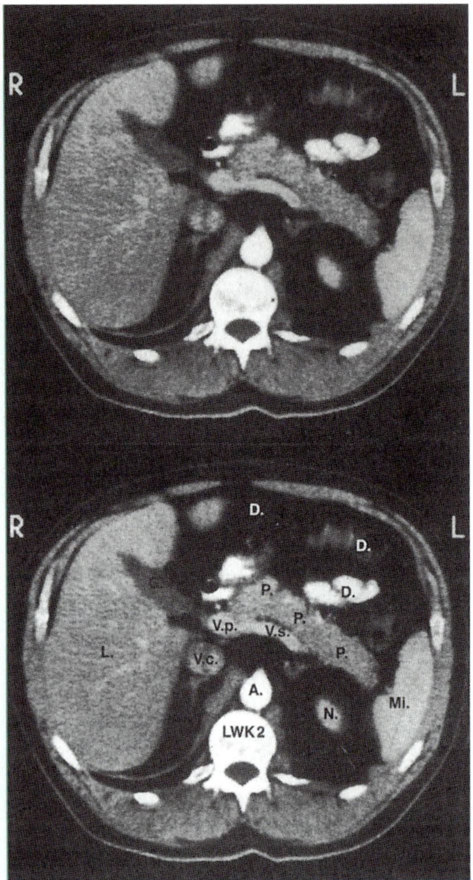

Abb. 10-30 Computertomogramm des Oberbauches

Man blickt von unten kopfwärts und sieht die wichtigsten Organe auf der Ebene des 2. Lendenwirbels (LWK 2). A = Aorta, D = Darmschlingen, L = Leber mit Gallenblase (G), M = Milz, N = oberer Pol der linken Niere, P = Pankreas, Bauchspeicheldrüse, Vc = untere Hohlvene (Vena cava inferior), Vp = Pfortader (Vena portae) mit Einmündung der Milzvene (Vena splenica).

oberhalb des menschlichen Hörbereichs, d.h. über 20000 Hz (s. Kap. 19.1, Abb. 19-2). Diagnostisch werden Ultraschallwellen im 1–10-Megahertz-Bereich in einem Schallkopf erzeugt, gebündelt und als kurze Impulse durch die Haut geschickt. Um die starke Reflexion von der Hautoberfläche klein zu halten, wird zwischen Schallkopf und Haut ein Gel gegeben. Die ausgesandten Schallimpulse werden an den Haut-, Gewebs- und Organ-Schichtgrenzen reflektiert und vom piezoelektrischen Empfänger als Echos im Schallkopf aufgenommen. Nach Umwandlung in Elektronenstrahlen und Verstärkung werden die Echos auf einem Leuchtschirm sichtbar.

Man unterscheidet ein **A-Verfahren** für eindimensionale Darstellung, beispielsweise zur Lagebestimmung und Abmessung eines Organs oder Tumors, sowie das **B-Verfahren**, das eine zweidimensionale Darstellung des Verdauungstraktes und anderer Organe wie Leber, Nieren, Prostata, Gebärmutter, Eierstöcke, Eileiter usw. erlaubt.

Die **Ultraschall-Dopplermethode** ermöglicht die Messung der Strömungsgeschwindigkeit des Blutes in den Gefäßen und im Herzen, wobei die Echos von den Erythrozyten reflektiert werden.

Ein großes Anwendungsgebiet der Ultraschalldiagnostik stellt die Schwangerschaftsvorsorge und die Geburtshilfe dar (s. Kap. 26.6).

Endoskopie erlaubt das „Hineinschauen" in Körperhöhlen und Hohlorgane und in Kniegelenke. Bei der Gastroskopie werden Speiseröhre, Magen und Zwölffingerdarm durch Einführen eines Endoskops durch den Mund untersucht. Bei der Koloskopie wird vom After her der gesamte Dickdarm und das letzte Stück des Dünndarms „gespiegelt". Endoskopisch können kleine chirurgische Eingriffe durchgeführt und Gewebsproben entnommen werden.

Endoskope bestehen aus Glasfaserbündeln und sind den zu untersuchenden Organen angepaßt. Sie tragen an der Spitze eine Lichtquelle und optische Systeme. Mit **elektronisch ausgerüsteten** Instrumenten, die an ihrer Spitze Mikrofernsehkameras tragen, können Monitorbilder erstellt werden.

Endoskope mit rotierender Ultraschallsonde an der Spitze erlauben die Ultraschalldiagnostik der Magen- bzw. Darmwand.

Magensaft, Bauchspeichelsaft und Galle können mit Sonden gewonnen werden (Abb. 10-31), die durch Nase oder Mund in die Speiseröhre und den Magen bzw. Zwölffingerdarm eingeführt werden. Der Patient muß nüchtern sein und durch kräftiges Schlucken mithelfen, damit peristaltische Wellen in der Speiseröhre ablaufen und die Sonde vorankommt. Der Würgereiz kann durch Auffordern zum kräftigen „Durchatmen“ vermindert oder gehemmt werden. Die Sonde hat Markierungen, die anzeigen, wie weit die Mündung im Verdauungskanal vorgedrungen ist. Beim Erwachsenen befindet sich die Mündung, je nach Körpergröße, bei 45–55 cm im Magen. Mit einer 20–50-ml-Spritze kann dann der Nüchternsaft abgesaugt und sein pH-Wert sowie die eiweißspaltende Wirkung untersucht werden. Die Sonde kann auch bis in den Zwölffingerdarm eingebracht werden. Durch intravenöse Einspritzung von gastrinähnlichen Substanzen oder Verabreichung gallefördernder Nahrungsmittel (Eigelb, Speiseöl) kann man prüfen, ob sich die Gallenblase zusammenzieht und normale oder pathologische Galle entleert. Der Röntgenschatten der Gallenblase soll sich dabei innerhalb von ca. 30 Minuten mindestens um ein Drittel verkleinern.

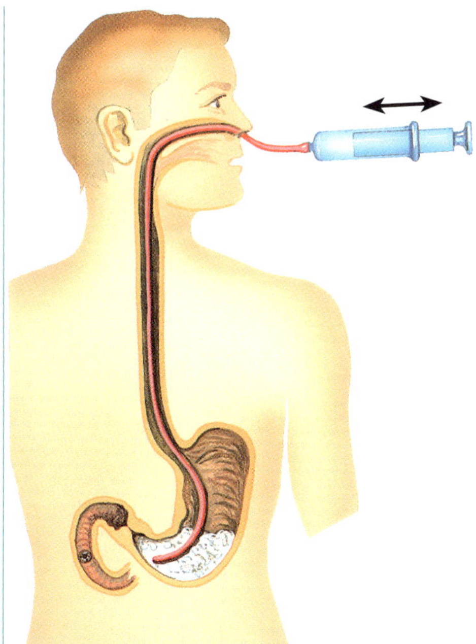

10-31 Magensonde

Sammlung von Verdauungssaft durch einen Magenschlauch.

Darmfunktionsproben sollen vor allem Auskunft über die Absorptionsleistungen geben. So gibt man z. B. dem nüchternen Patienten D-Xylose (Holzzucker mit 5 C-Atomen), die für den Stoffwechsel nicht verwertbar ist und im Urin ausgeschieden wird. Anhand von Richtwerten für normale Darmabsorption kann man Störungen der Absorption (Malabsorption) entdecken.

Stuhluntersuchungen betreffen vor allem die **Beschaffenheit** (geformt, ungeformt, schaumig), den **Geruch** (Gärungsstuhl bei mangelhafter Kohlenhydratverdauung, Fäulnisstuhl bei unvollständiger Eiweißverdauung) und die **Färbung** (hellbraun bis gelb bei mangelhafter Gallenabgabe, schwarzer teerartiger Stuhl bei Blutungen im Bereich des Verdauungstraktes).

Leberfunktionsprüfungen

Galaktose-Probe. Die gesunde Leber kann Galaktose (Milchzucker) innerhalb einer bestimmten Zeit abbauen. Bei gestörter Leberfunktion erscheint Galaktose im Urin oder bleibt längere Zeit im Blut nachweisbar. Weitere Untersuchungen sind:

- **Bestimmung der Serumeiweiße** (Elektrophorese),
- **Prüfung der Gerinnungsfaktoren** (s. Kap. 11.9.4),
- **Bilirubinbestimmung im Serum**, nichtkonjugierter und konjugierter Anteil,

- **Bestimmung von Enzymen**: alkalische Phosphatasen, Transaminasen, Dehydrogenasen,
- **Ausscheidung bestimmter Farbstoffe** durch die Leber, z.B. Bromsulfphthalein.

Nuklearmedizinische Untersuchungen werden in fast allen Bereichen der Medizin angewendet. Das Prinzip der Anwendung beruht darauf, daß die radioaktiven Isotope (s. Kap. 2.4) beim Zerfall Gamma- oder Betastrahlen im Bereich von 10^{-8} bis 10^{-10} m (s. Abb. 18-1) abgeben, die mit einem Geigerzähler meßbar sind. Trotzdem sind alle anderen chemischen Eigenschaften mit denen der stabilen Isotope identisch, und man kann deshalb Stoffwechsel- und Strömungsvorgänge überall im Körper messen. Auch künstliche Isotope werden verwendet. Da nur kurzlebige Isotope verwendet und nur geringste Mengen verabreicht werden, ist die Strahlenbelastung weit geringer als die zulässige Strahlenbelastung.
Nuklearmedizinische Methoden werden in zunehmendem Maße bei der Leberfunktionsprüfung eingesetzt.

11 Blut

Das Blut erreicht über das Kreislaufsystem alle Organe und versorgt sie mit lebenswichtigen Stoffen. Es ist vor allem ein **Transportmittel** und praktisch mit allen Körperfunktionen aufs engste verknüpft. Da sich vom Blut ohne Schwierigkeit durch Anstechen der Gefäße (Punktion) Proben entnehmen lassen, können viele wichtige Untersuchungen angestellt werden, teils seine eigene Funktion, wie z.B. die Zählung der roten Blutkörperchen bei Verdacht auf Blutarmut, teils Funktionsstörungen anderer Organe betreffend, z.B. Bestimmung des Blutzuckergehaltes bei Verdacht auf Zuckerkrankheit. Ein Vorteil ist, daß auf dem Blutweg durch **Injektion** Medikamente zugeführt werden können, die schnell ihren Wirkungsort erreichen (z.B. Herzmittel), was oft lebensrettend sein kann.

Blut ist eine aus **Blutkörperchen** und **Blutplasma** bestehende Flüssigkeit, die ständig im Kreislauf fließt (s. Kap. 12). Seine Zusammensetzung, Blutkörperchen, Eiweiße, Wasser, aber auch sein physikalisch-chemischer Zustand, wie Temperatur, Zähigkeit (Viskosität) oder H^+-Ionen-Konzentration, wird durch eine Reihe von Regulationssystemen, wie z.B. Atmung und Nierenfunktion, weitgehend konstant gehalten. Am augenfälligsten am Blut ist seine rote Farbe, die von seinem Anteil an Hämoglobin, dem roten Blutfarbstoff, herrührt. Hämoglobin hat die Aufgabe, den lebenswichtigen Sauerstoff chemisch gebunden zu transportieren.

11.1 Stofftransport

Gase, Sauerstoff und Kohlendioxid, werden zum größten Teil chemisch gebunden, Stickstoff nur physikalisch gelöst, im Blut transportiert. **Nährstoffe** werden zum großen Teil im Plasma an Eiweiße gebunden befördert. Die Plasmaeiweiße bestehen etwa zu 60% aus Albumin und zu 40% aus Globulinen.

Wie bereits erwähnt, bestehen unsere Nahrungsmittel hauptsächlich aus Fetten, Kohlenhydraten und Eiweißen (s. Kap. 9), die als kleinste Bausteine an die Gewebe herangeführt und abgegeben werden müssen.

Fettsäuren, die nicht mehr als 10 C-Atome enthalten, werden an **Albumin** gebunden, **Glyceride, Phospholipide** und **Cholesterin** an **Globuline** gebunden im Plasma transportiert.

Blutzucker (Glukose) ist wasserlöslich und liegt in einer Konzentration von 0,8–1,2 g/l Blut vor. Im Gegensatz zum Blutfettgehalt, der abhängig von vorangegangenen fettreichen Mahlzeiten über längere Zeit hoch sein kann, ist die Blutzuckerkonzentration beim Gesunden innerhalb der oben angegebenen Grenzen konstant.

Viele Aminosäuren, die Bausteine der Eiweiße, werden als sogenannte **freie Aminosäuren** im Plasma befördert, ebenso **Enzyme** und **Hormone** in unterschiedlichsten Konzentrationen.

Vitamine sind im Plasma in schwankenden Konzentrationen vorhanden, abhängig vom Angebot in der Nahrung und der Absorption im Darm. Fettlösliche Vitamine, z.B. A, D, E und K, werden an Eiweiße gebunden, wasserlösliche, wie z.B. Vitamin C, frei im Plasma transportiert.

Spurenelemente, als wichtige Baustoffe von Enzymen und Hormonen, werden ebenfalls befördert. Für die Bildung des roten Blutfarbstoffs spielt das **Eisen** eine wichtige Rolle. Es ist, nach der Absorption eisenhaltiger Nahrungsstoffe, in der Darmschleimhaut als Eiweißkomplex **Ferritin** (Ferrum, lat. Eisen) vorhanden, wird daraus von **Transferrin**, einem Plasmaeiweiß, übernommen und an die Eisendepots weitergegeben, z.B. die Leber oder die Retikulumzellen des Lymphsystems (s. Kap. 12.7), wo es wieder als Ferritin gespeichert wird. Der Eisengehalt im Plasma beträgt ca. 1,3 mg/l beim Mann, bei der Frau nur ca. 1,1 mg/l. Der Eisenstoffwechsel ist in Abbildung 11-1 schematisch dargestellt.

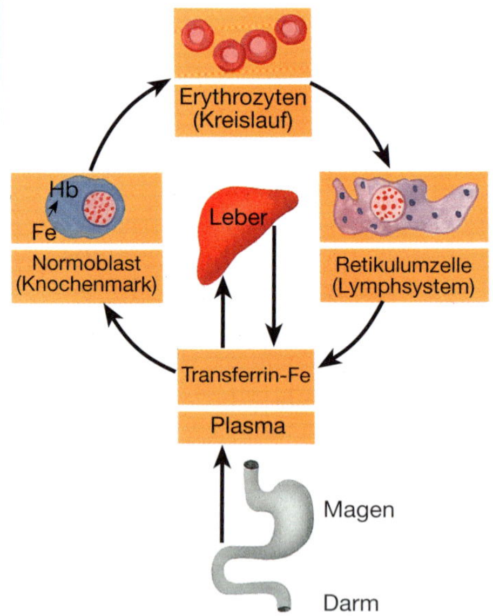

Abb. 11-1 Eisenkreislauf

Kreislauf des Eisens (Fe) im Körper. Ca. 90% des für die Neubildung von Hämoglobin (Hb) erforderlichen Eisens werden aus dem Abbau alter Erythrozyten zurückgewonnen.

Der nicht durch den Eisenkreislauf abgedeckte Eisenbedarf beträgt durchschnittlich 1 mg/Tag bei Männern und 3 mg/Tag bei Frauen. Er muß durch die Ernährung abgedeckt werden. Eisen ist in Fleisch und blutreichen Organen, aber auch in Eigelb, Vollkornprodukten und grünen Gemüsen enthalten.

Folgende **Ausscheidungsprodukte** werden im Plasma transportiert: Bilirubin, ein Abbauprodukt des roten Blutfarbstoffs, Kreatinin, Harnsäure, Harnstoff und Ammoniak, die stickstoffhaltig sind, den Nieren zugeführt und dort ausgeschieden werden.

Wärme wird ebenfalls vom Blut transportiert und je nach den Bedürfnissen der Wärmeregulation (s. Kap. 14) zu den bestimmten Körperteilen geleitet.

11.2 Menge und Zusammensetzung

Das zirkulierende **Blutvolumen** beträgt beim Erwachsenen durchschnittlich 7% seines Körpergewichts. Bei einem 70 kg schweren Menschen sind dies etwa 5 Liter Blut. Ein Neugeborenes mit einem Durchschnittsgewicht von 3 kg hat eine Blutmenge von 300 ml, das sind 10%, ein Wert, der beim Erwachsenen bereits als pathologisch angesehen und als **Hypervolämie** (gr. hyper = über, hypo = unter) bezeichnet wird. Ein normales Blutvolumen wird entsprechend **Normovolämie** genannt. Ein zu geringes Blutvolumen, eine **Hypovolämie**, kann z.B. nach starkem Blutverlust bei Verletzungen, nach schweren Durchfällen oder unstillbarem Erbrechen bestehen.

Durch Zentrifugieren läßt sich Blut in **Plasma** und **Blutkörperchen** trennen. Der prozentuale Anteil aller Blutkörperchen am Gesamtvolumen wird als **Hämatokrit** bezeichnet. Der Normalwert für den Mann ist 46 ± 1,5%, für die Frau 41 ± 1,5%. Über 99% der Zellen sind rote Blutkörperchen.

Im Plasma sind 0,3% Fibrinogen enthalten. Dies ist ein für die Blutgerinnung wichtiger Stoff, der sich ausfällen läßt. Plasma ohne Fibrinogen nennt man **Serum**.

Ist der Anteil der roten Blutkörperchen am Blut im Bereich der Norm, spricht man von **Normozythämie**, ist er höher, von **Polyzythämie**, ist er niedriger, von **Oligozythämie** (gr. poly = viel, oligo = wenig). Im Verhältnis der Blutzellen zum Blutvolumen kann es daher 9 unterschiedliche Kombinationen geben. Bei einer **Anämie** (Blutarmut, s. Kap. 11.7) handelt es sich beispielsweise oft um eine **oligozythämische Normovolämie**. Es besteht ein Mangel an roten Blutkörperchen.

Kurzgefaßt

Die **Hauptfunktion des Blutes** ist der Transport von Gasen und Spaltprodukten der Nährstoffe (Fette, Kohlenhydrate, Eiweiße), die aus dem Darm absorbiert werden. Außerdem werden Botenstoffe (Hormone), Enzyme, Vitamine und Spurenelemente sowie Ausscheidungsprodukte und Wärme transportiert.

Das **Gesamtblutvolumen** beträgt ca. 7% des Körpergewichtes, niedrigere Werte werden als Hypovolämie, höhere als Hypervolämie bezeichnet.

Das Blut besteht aus einem **zellulären Anteil (Hämatokrit)** von ca. 46% beim Mann und ca. 41% bei der Frau. Erniedrigung des Hämatokritwertes wird als Oligozythämie, Erhöhung als Polyzythämie bezeichnet. Die restlichen 54 bzw. 59% nennt man **Plasma**. Es enthält ca. 7% Eiweiß, davon ca. 60% Albumin und 40% Globuline. Der kleine Anteil von 0,3% Fibrinogen ist für die Gerinnung wichtig.

11.3 Die roten Blutkörperchen

Die **Form** der roten Blutkörperchen (Erythrozyten) ist, wie Abbildung 11-2 zeigt, scheibenartig, in der Mitte eingedellt. Es sind kernlose Zellen, deren Inhalt zu 30–35% aus dem roten Blutfarbstoff **Hämoglobin** besteht. Die Eindellung vergrößert die Oberfläche der roten Zelle, was für den Sauerstoff- bzw. Kohlendioxidaustausch günstig ist. Die Durchschnittsmaße sind in Abbildung 11-2 angegeben. Wenn der **m**ittlere **k**orpuskuläre **D**urchmesser **(MCD)** kleiner als 6,5 µm ist, bezeichnet man das als **Mikrozytose**, ist er größer als 8 µm als **Makrozytose**.

Path Besonders große Formen findet man z. B. bei einer Anämie (Blutarmut) mit Zellreifungsstörung (perniziöse Anämie), besonders kleine bei der Eisenmangelanämie.

Die **Anzahl** der Erythrozyten beträgt beim Mann 4,8–6 Millionen, bei der Frau 4–5 Millionen/µl. Bei den meisten Anämien ist die Zahl vermindert, bei Sauerstoffmangel (Herzfehler, Höhenaufenthalt) vermehrt. Auch das Neugeborene hat relativ viele rote Blutkörperchen (im Mittel 5,9 Mio./µl).

Bildungsort: Die roten Blutkörperchen werden im roten Knochenmark gebildet (Abb. 11-3), vorwiegend in platten Knochen wie Brustbein und Beckenknochen. Pro Minu-

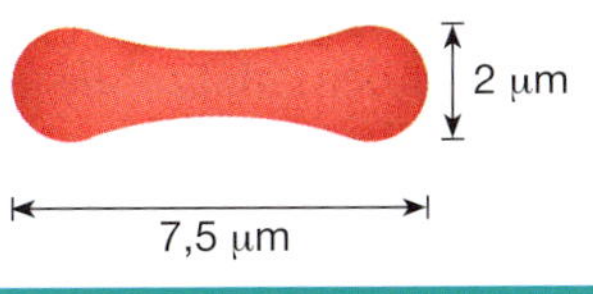

Abb. 11-2 Erythrozyt

Querschnitt durch einen ruhenden Erythrozyten. Im strömenden Blut weicht die Form der roten Blutkörperchen stark von der Ruheform ab (s. Abb. 11-5).

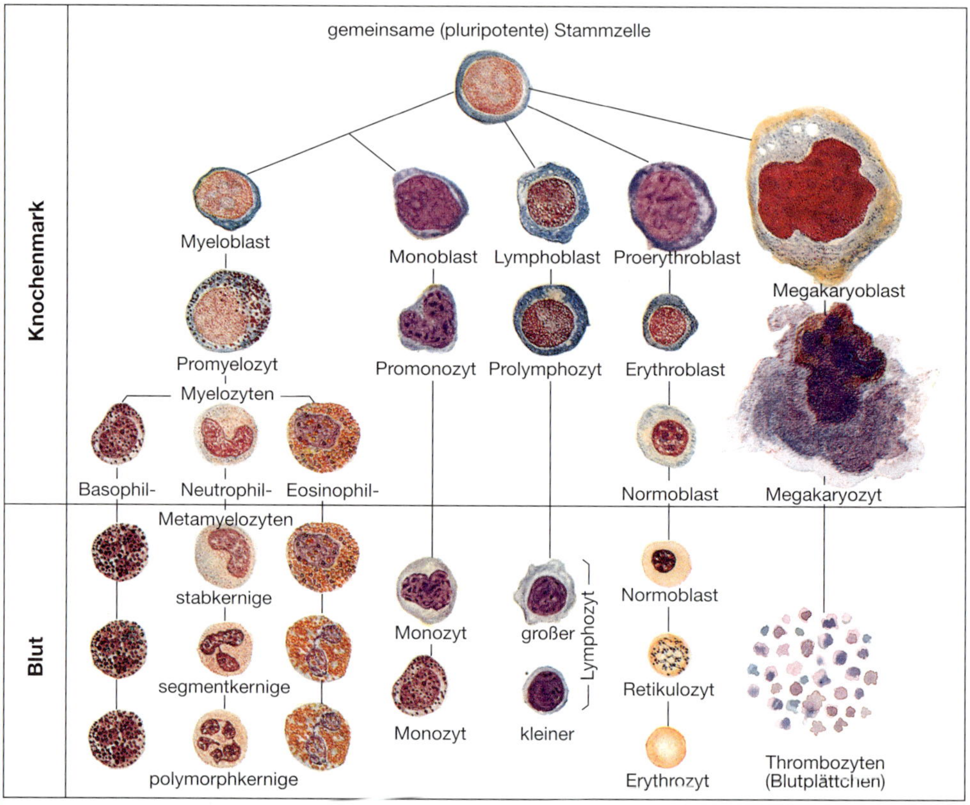

Abb. 11-3 Bildung der Blutzellen

Entwicklung der Erythrozyten, Leukozyten (Granulozyten, Monozyten und Lymphozyten) sowie der Thrombozyten aus den pluripotenten Stammzellen des roten Knochenmarks.

te werden etwa 180 Millionen Erythrozyten neu gebildet, angeregt durch das in der Niere gebildete Erythropoietin (s. Kap. 25.11.3), und ebenso viele abgebaut.
Die im Laufe der Neubildung (Erythropoiese) im Knochenmark auftretenden Formen lassen sich in drei Gruppen einteilen:

- die **Proerythroblasten**,
- die (basophilen) **Makroblasten**,
- die **Normoblasten**.

Die Entwicklung zum ausgereiften Erythrozyten geschieht durch mehrfaches Teilen der Zellen (Mitose). Nachdem der Zellkern ausgestoßen ist, bezeichnet man die Zellen als **Retikulozyten**. Der Name rührt daher, daß man in den Zellen bei mikroskopischer Betrachtung eine netzartige Struktur sieht. Es handelt sich dabei wahrscheinlich um Ribosomen und Mitochondrien (s. Kap. 1.1), und man weiß, daß der Retikulozyt noch Hämoglobin bilden kann. Retikulozyten lassen sich durch Anfärben eines Blutausstrichs mit Brillant-Kresylblau von den Erythrozyten unterscheiden. Ihr Anteil an der Gesamtanzahl ist ein diagnostischer Hinweis auf das Ausmaß der Erythrozytenbildung. Beim Gesunden kommen 5–25 Retikulozyten auf 1000 Erythrozyten. Aus den Retikulozyten entsteht der reife Erythrozyt, der kein Hämoglobin mehr bilden kann.

Lebensdauer: Rote Blutkörperchen leben 100–120 Tage. Man nimmt an, daß die nachlassende Membranfunktion den Zerfall bewirkt.

Die **Funktion** der roten Blutkörperchen ist, den roten Blutfarbstoff, das Hämoglobin, zu befördern. Sie unterscheiden sich daher auch in den Stoffwechselleistungen und der Membranfunktion von den übrigen Körperzellen. Sie können kein Eiweiß synthetisieren und Glukose nur anaerob abbauen (s. Kap. 4.6). Das aus dem Glukoseabbau gewonnene energiereiche ATP dient dem **aktiven Transport** von Ionen durch die Membran. Na^+-Ionen werden aus der Zelle heraus, K^+-Ionen in die Zelle entgegen dem Konzentrationsgefälle befördert. Der Erythrozyt enthält 33% Eiweiß (Hämoglobin), das Plasma nur 7%; dadurch ist der osmotische Druck der Eiweiße (s. Kap. 5.3) in der roten Zelle größer als im Plasma. Um das osmotische Gefälle zum Zellinneren auszugleichen, muß ein entgegengesetztes Gefälle von Elektrolyten vom Plasma zur roten Zelle bestehen. Es wird durch aktive Prozesse der Zellmembran aufrechterhalten. Bei alten Zellen nimmt die Transportleistung ab, es kommt zum osmotischen Ungleichgewicht. Wasser tritt in die Zellen, sie schwellen, nehmen Kugelform an und platzen schließlich (Hämolyse). Bei bestimmten Anämien tritt auch eine Minderung der Membrantransportleistung auf. Die **osmotische Resistenz** und damit die Transportleistung der Membran prüft man, indem man eine Verdünnungsreihe von Kochsalzlösungen herstellt und Blut im Verhältnis 1:40 zu der jeweiligen Verdünnung pipettiert. Nach Zentrifugieren kann man feststellen, bei welcher Konzentration die Hämolyse einsetzt und bei welcher sie vollständig ist (Abb. 11-4).

Für die Funktion der Zelle ist ferner wichtig, daß ihre **Membran verformbar** ist, um auch Kapillaren passieren zu können, deren Innendurchmesser kleiner ist als der Erythrozytendurchmesser (Abb. 11-5).

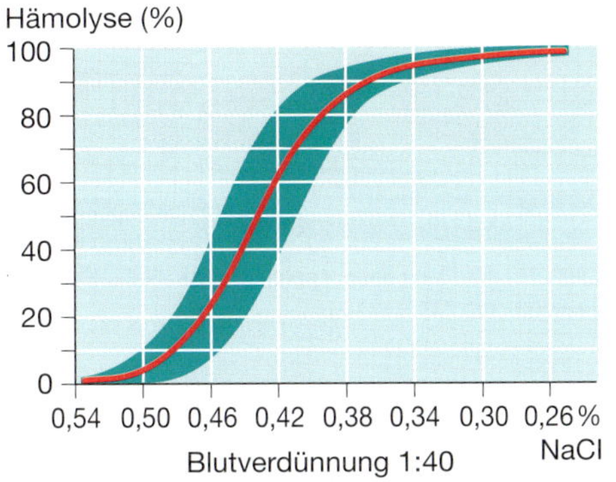

Abb. 11-4 Osmotische Resistenz der roten Blutkörperchen

Abszisse: Konzentration der Kochsalzlösung; Ordinate: Hämolysegrad in %.

Kurzgefaßt

Die **roten Blutkörperchen** (Erythrozyten) haben einen mittleren Durchmesser von 7,5 µm und enthalten 30–35% roten Blutfarbstoff (Hämoglobin). Beim Mann sind ca. 5, bei der Frau ca. 4,5 Millionen/µl enthalten; beim Neugeborenen sind es fast 6 Millionen/µl. Sie werden beim Erwachsenen in den platten Knochen gebildet. Vorstufen, die Retikulozyten, kommen (etwa 15 pro 1000 reife rote Zellen) im Blut vor. Die **Lebensdauer** der kernlosen roten Zellen beträgt etwa 120 Tage. Ihre **Funktion** ist der Transport des roten Blutfarbstoffs. Die hohe Konzentration von ca. 33% Hämoglobin in den Erythrozyten, gegenüber nur 7% Eiweiß im Plasma, führt zu einem osmotischen Gefälle, das durch ein entgegengesetztes Gefälle von Elektrolyten ausgeglichen wird. Alte und krankhaft veränderte Zellen können das osmotische Ungleichgewicht nicht mehr kompensieren; ihre **osmotische Resistenz** ist verringert.

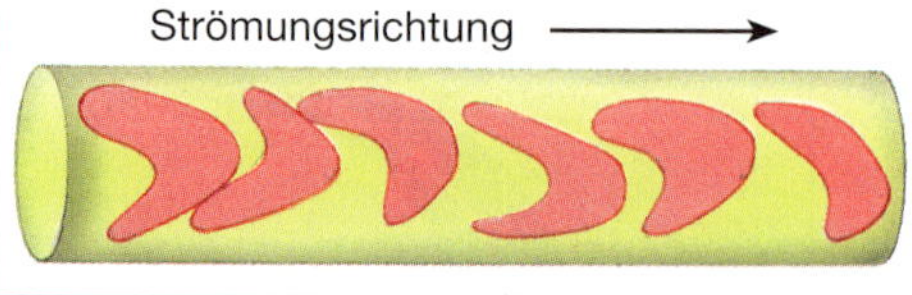

Abb. 11-5 Erythrozyten in einer Kapillare

Die Form der roten Blutkörperchen verändert sich beim Passieren von Kapillaren.

11.4 Die weißen Blutkörperchen (Leukozyten)

Allgemeines: 1 µl Blut enthält zwischen 4000 und 10000 weiße Blutzellen. Ihre Zahl schwankt tageszeitlich, aber auch im Zusammenhang mit ihrer Funktion. Nach einer Mahlzeit z.B. ist ihre Zahl erhöht. Man weiß, daß sich weniger als die Hälfte aller Leukozyten in der Blutbahn befindet und daß sie dort vermutlich nur von ihrem Bildungsort (s. Abb. 11-3) zum Ort ihrer Wirkung transportiert werden, z.B. nach dem Essen in die Darmregion. Etwa ein Drittel der Zellen befindet sich im Knochenmark, der Rest in den Geweben zwischen den Blutgefäßen, im interstitiellen Raum.
Die Leukozyten unterscheiden sich von den Erythrozyten vor allem dadurch, daß sie **kernhaltig** sind und durch die Gefäßwände wandern können **(Diapedese)**. Sie werden an den Ort ihrer Wirkung durch bestimmte Stoffe angezogen, wie Bakteriengifte oder Stoffe, die zur Abwehr von Bakterien gebildet werden **(Chemotaxis)**. Eine weitere spezielle Eigenschaft der weißen Zellen ist, daß sie Fremdstoffe, Bakterien oder Zellbestandteile in sich aufnehmen und sozusagen verdauen können (**Phagozytose,** s. Abb. 5.3). Die Körnchen in den Zellen **(Granula)**, die man durch Färben sichtbar machen kann, enthalten Enzyme, die Verbindungen in kleinere Teile spalten können, z.B. Lipasen, die Fette spalten und Peptidasen, die Eiweiße spalten.

11.4.1 Granulozyten und Monozyten

Mehr als 60% aller weißen Blutzellen sind **Granulozyten**, die entsprechend dem Färbeverhalten der Körnchen in **eosinophile** (säurefreundlich, daher rote), **basophile** (laugenfreundlich, daher blaue) oder **neutrophile** (d.h. farblich neutrale) Granulozyten eingeteilt werden.
Neutrophile Granulozyten: Bis zu 70% aller Granulozyten sind neutrophil. Sie werden noch nach der Form ihrer Zellkerne unterteilt in stabkernige, segmentkernige und übersegmentierte, polymorphkernige Granulozyten.
Die **Funktion** neutrophiler Granulozyten ist vor allem die Freisetzung von Enzymen, die Fremdstoffe (z.B. Bakterien), aber auch Gewebszellen in der Umgebung eines Krankheitsherdes andauen.
Trommelschlegel (engl. drumsticks) sind eine Besonderheit der Zellkerne reifer neutrophiler Leukozyten (Abb. 11-6). Sie kommen nur beim weiblichen Geschlecht vor. Etwa 2–10% der Kerne weisen derartige Ausstülpungen auf. Es handelt sich um Chromatin des zweiten, sozusagen inaktiven X-Chromosoms. Drumsticks werden ausgezählt, um „weibliche Veranlagung" oder Abweichungen davon festzustellen.
Stabkernige und **segmentkernige** neutro-

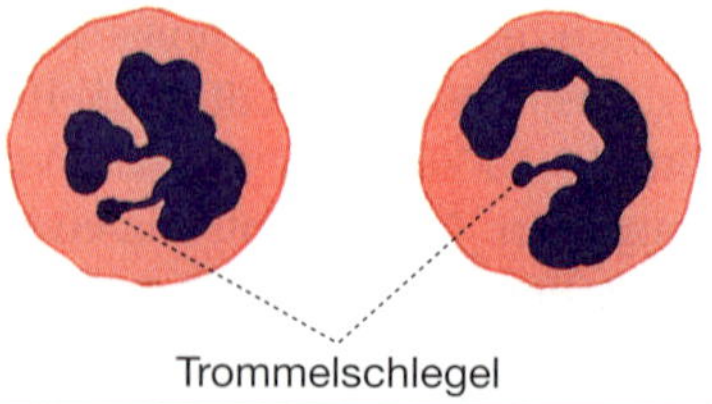

Abb. 11-6 Trommelschlegel

Trommelschlegel („drumsticks") bei weißen Blutkörperchen der Frau.

phile Leukozyten werden oft gesondert bestimmt. Übersegmentierte Kerne beobachtet man bei bestimmten Erkrankungen. Leukozyten mit mehr als 5–6 Unterteilungen sollen in ihrer Beweglichkeit eingeschränkt sein. Im strömenden Blut befinden sich pro µl etwa 4500 neutrophile Granulozyten, die Zahl kann jedoch, wie bereits erwähnt, beträchtlich schwanken. Sie werden im roten Knochenmark gebildet und sind bis zu ca. 30 Stunden in der Blutbahn, manche treten bereits nach 6–8 Stunden ins Gewebe über.
2–4% der weißen Blutkörperchen sind **eosinophile Granulozyten**, das sind 150–300 Zellen pro µl Blut. Ihre Zahl ist tageszeitlichen Schwankungen unterworfen. Morgens und am späten Nachmittag ist sie um ca. 20% niedriger, nachts um 30% höher als im Mittel. Diese Schwankungen werden auf tagesrhythmische Konzentrationsänderungen der Hormone ACTH und Cortisol (s. Kap. 25.3.2, Kap. 25.8) zurückgeführt.

Path Eine Vermehrung dieser Zellen, **Eosinophilie**, findet man bei Wurmerkrankungen, allergischen Krankheiten (Heufieber) und den sogenannten Autoaggressionskrankheiten (Myasthenia gravis, Muskelschwund).

Man nimmt an, daß die eosinophilen Granulozyten die **Funktion** haben, Antigen-Antikörper-Komplexe zu phagozytieren, die Antikörperbildung anzuregen und Antikörper zu transportieren (s. Kap. 11.10.2). Eosinophile Zellen enthalten **Plasminogen**, eine nichtaktive Vorstufe von Plasmin, das Fibrinbestandteile von Blutgerinnseln spaltet.
Eosinophile Granulozyten werden im roten Knochenmark gebildet, ihre Lebensdauer ist schwer bestimmbar, da ihre Zahl so niedrig ist und sie meist die Blutbahn verlassen.

Basophile Granulozyten: Die Körnchen dieser Zellen sind auffallend grob, haben im nach *Pappenheim* gefärbten Ausstrich eine purpurrot-schwärzliche Farbe und liegen so dicht, daß sie oft den Zellkern überdecken. Die reifen basophilen Zellen besitzen gelappte Kerne.
Im zirkulierenden Blut befinden sich ca. 50 Basophile/µl Blut.
Funktion: Die Körnchen enthalten **Heparin, Serotonin** und **Histamin**. Heparin ist ein gerinnungshemmender Stoff (s. Kap. 11.9.3). **Histamin** spielt eine Rolle bei den allergischen Reaktionen. Seine Freisetzung bewirkt u.a. Gefäßerweiterung, Rötung der Haut, Nesselausschlag mit Jucken sowie in schweren Fällen Bronchialkrämpfe (Asthma bronchiale).
Der **Bildungsort** ist das rote Knochenmark, die **Lebensdauer** beträgt wenige Stunden.
Monozyten sind auffallend große Zellen von 10–24 µm Durchmesser. Ihr Protoplasma färbt sich zartblau an und enthält feine Körnchen, der Zellkern ist meist hufeisenförmig. Im Erwachsenenblut findet man 80–800 Zellen/µl. Bei Entzündungsvorgängen ist ihre Zahl vermehrt, sie werden an den Ort der Entzündung gelockt, können sich besonders schnell fortbewegen, und ihre Freß(Phagozytose)-Fähigkeit übersteigt die aller bisher besprochenen weißen Blutkörperchen. Sie nehmen abgestorbenes Zell- und Kernmaterial, Bakterien- und Fremdstoffmaterial in sich auf und zerlegen es mit Hilfe der aus den Körnchen freigesetzten Verdauungsenzyme. Es konnte nachgewiesen werden, daß die im Gewebe vorkommenden größeren **Makrophagen** aus der Blutbahn ausgewanderte Monozyten sind, die sich an Entzündungsorten ansammeln und dort ihre Freß- und Verdauungsfunktion ausüben.
Die **Lebensdauer** im Blut beträgt ca. 2 Tage, im Gewebe bis zu 6 Tage, der **Bildungsort** ist das rote Knochenmark, wo sich Vorstufen der Monozyten, **Promonozyten**, befinden.

11.4.2 Lymphozyten

90% dieser Zellen sind kleine Lymphozyten mit Durchmessern zwischen 8 und 10 μm, die restlichen großen Lymphozyten haben Durchmesser zwischen 10 und 25 μm. Ihre Kerne sind rund und relativ groß, sie füllen fast den ganzen Zellkörper bis auf einen schmalen, sich blaßblau färbenden Saum aus.

Mit 1000–3600 pro μl Blut im Differentialblutbild haben sie einen Anteil der weißen Blutkörperchen von 25–40%.

Die Lymphozyten sind im Gewebe sehr wanderungsfähig. Sie spielen eine wichtige Rolle bei der Abwehrfunktion (s. Kap. 11.10). Da sich ca. 98% aller Lymphozyten außerhalb der Blutbahn befinden, nämlich in den lymphatischen Organen, kann man sie strenggenommen nicht als Blutzellen betrachten.

Etwa ein Drittel aller Lymphozyten ist kurzlebig (ca. 5 Tage), der Rest kann mehrere hundert Tage alt werden.

Im roten Knochenmark werden die Stammzellen (s. Abb. 11-3) gebildet. Im Thymus und anderen lymphatischen Organen erfolgt eine Vermehrung und Spezialisierung zu **T-Lymphozyten** (Abb. 11-19a). Die **B-Lymphozyten** vermehren und differenzieren sich im roten Knochenmark. Beide Zelltypen erfahren nach Antigenkontakt eine weitere Differenzierung in den lymphatischen Geweben.

Eine **biologische Leukozytenverteilungskurve** zeigt Abbildung 11-7.

Path Bei einer Entzündung mit Temperaturanstieg nehmen zuerst die neutrophilen Granulozyten stark zu, **„neutrophile Kampfphase“**, dann folgt die **„monozytäre Überwindungsphase“**, und zuletzt kann man die **„lymphozytäre Heilphase“** beobachten, während der auch die Zahl der eosinophilen Granulozyten etwas zunimmt.

Die Kernverschiebungskurve (Kv) zeigt den prozentualen Anteil der stab-, segment- und polymorphkernigen jugendlichen Granulozyten an der Gesamtleukozytenzahl an; sie ist ein Maß für die Neubildung von neutrophilen Granulozyten.

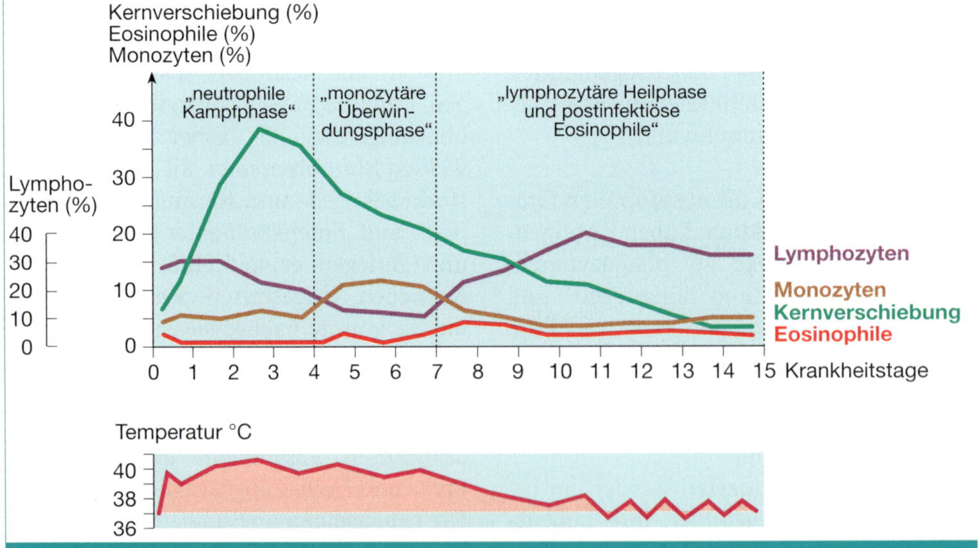

Abb. 11-7 Biologische Leukozytenverteilungskurve

Leukozyten im Verlauf einer Infektionskrankheit. Kv = Kernverschiebung.

11.5 Die Blutplättchen

Blutplättchen, Thrombozyten, sind kleine kernlose Blutzellen (2–4 µm) mit einer durchscheinenden Randschicht (Hyalomer) und einem körnchenhaltigen Zellkörper (Granulomer). Im Blut des Gesunden befinden sich 150000–300000 Zellen/µl. Die Blutplättchen enthalten mehr als 10 gerinnungsaktive Substanzen, darunter gerinnungshemmende und Fibringerinnsel auflösende Stoffe. Thrombozyten ballen sich leicht zusammen, besonders bei Kontakt an rauhen Flächen, z.B. entzündetem oder verletztem Endothel (Auskleidung) der Blutgefäße. Dadurch können kleinere Schäden an Gefäßwänden abgedichtet werden (s. Kap. 11.8). Blutplättchen sind ferner reich an **Serotonin**, das ein starkes Zusammenziehen von Arteriolen bewirkt und kapilläre Blutungen zum Stillstand bringt. Die **Lebensdauer** beträgt 8–12 Tage. Die Blutplättchen stammen von Knochenmarkriesenzellen (s. Abb. 11-3) ab. Plättchenbildende Megakaryozyten legen sich der Gewebsseite von Knochenmarkkapillaren an. Durch Pinozytose (s. Kap. 5.5) treten Zellteile durch Endothellücken aus, werden abgeschnürt und vom Blutstrom mitgerissen. Eine Knochenmarkriesenzelle kann bis zu 3000 Blutplättchen bilden.

Kurzgefaßt

Weiße Blutkörperchen (Leukozyten) sind kernhaltig und können durch Blutgefäßwände ins Gewebe treten (**Diapedese**). Sie nehmen schädigende Stoffe auf und machen sie unschädlich (**Phagozytose**). Ihre Zahl beträgt 4000 bis 10000/µl Blut. 55–65% der weißen Blutkörperchen haben im Zellplasma Körnchen, Granula, daher Granulozyten. Sie färben sich unterschiedlich an. **Neutrophile Granulozyten** sind an der unspezifischen Abwehr beteiligt, Lebensdauer 5–30 Stunden. **Eosinophile Granulozyten** sind bei allergischen Erkrankungen vermehrt, ihre Körnchen enthalten u.a. Plasminogen. Die Körnchen der **basophilen Granulozyten** enthalten das gerinnungshemmende Heparin und das gefäßerweiternde Histamin. **Monozyten** phagozytieren schädliche Zellen und Bakterien. 25–40% der Leukozyten sind **Lymphozyten** und spielen bei der spezifischen Immunreaktion eine Rolle. Man unterscheidet T- und B-Lymphozyten. Die **Blutplättchen (Thrombozyten)** haben wichtige Aufgaben bei der Blutstillung und Blutgerinnung. Normal sind 150000 bis 300000/µl Blut, ihre Lebensdauer beträgt 8–12 Tage.

11.6 Die Milz und ihre Funktion

Dieses Organ ist in den Blutkreislauf einbezogen und besteht anatomisch aus einer bindegewebigen **Kapsel**, die mit glatter Muskulatur versehen ist. Davon ausgehend durchzieht ein Balkenwerk, die **Trabekel**, das Organ und bildet Hohlräume, in die das eigentliche Milzgewebe, die **rote** und die **weiße Pulpa**, eingebettet ist.

Die weiße Pulpa besteht histologisch aus den Milz- oder Malpighischen Körperchen, die den Lymphfollikeln der Lymphknoten entsprechen. Neben Granulozyten und Thrombozyten enthält die weiße Pulpa vor allem B- und T-Lymphozyten, jedoch keine roten Blutkörperchen. Diese befinden sich in der dunkelroten Pulpa in einer Menge von durchschnittlich 20–30 ml.

Funktion: Während bei manchen Tierarten die Milz als Blutspeicher dient, der auf nervöse oder hormonelle Reize in die Blutbahn entleert werden kann, trifft diese Funktion für den Menschen nicht zu, weil das Organ verhältnismäßig klein ist. Die Rolle der Milz bei der **Blutbildung** ist noch unklar. Bekannt ist, daß Retikulozyten, die direkte Vorstufe der roten Blutkörperchen, in der Milz schnell zu solchen heranreifen. Geklärt ist, daß **überalterte rote Blutkörperchen** in der Milz abgefangen und **abgebaut** werden. Bei ihrer Passage durch die Milz mit ihrem Mikrozirkulationssystem müssen die Blutkörperchen Engstellen zwischen 0,5 und 3 µm überwinden. Für Granulozyten, die sich amöbenartig fortbewegen können, ist dies verhältnismäßig leicht, während die Erythrozyten dabei einer extremen Verformung unterliegen. Wenn ihre Membran diese Verformbarkeit durch Überalterung verloren hat, werden sie durch Hämolyse (s. Kap. 11.3) oder Phagozytose (s. Kap. 11.3) abgebaut. Etwa 20% der Erythrozyten, die ihr Lebensalter erreicht haben (ca. 100–120 Tage), werden in der Milz abgebaut, der weitaus größere Anteil in der Leber und im roten Knochenmark. Eine weitere Funktion der Milz ist die **Bildung von Antikörpern** des Typs IgM (s. Kap. 11.10.2), vor allem in Fällen, in denen Antigene direkt auf dem Blutweg in die Milz gelangen.

Kurzgefaßt

Die **Milz** besteht aus der **weißen Pulpa** und der **roten Pulpa.** Sie ist umschlossen von der Kapsel und wird ausgefüllt von einem Balkenwerk, den Trabekeln. **Blutbildend** wirkt die Milz durch rasche Retikulozytenreifung. **Blutabbauend** wirkt sie durch Hämolyse und Phagozytose von roten Zellen sowie Abbau von Leukozyten und Thrombozyten. **Antikörperbildung** vom Typ IgM wurde beobachtet. Die Milz ist kein lebensnotwendiges Organ. Nach Entfernung übernehmen die Leber, das rote Knochenmark sowie die lymphatischen Organe des Körpers ihre Funktion.

11.7 Der rote Blutfarbstoff

Der rote Blutfarbstoff Hämoglobin (Hb) dient dem Sauerstoff- und Kohlendioxidtransport. In 100 ml Blut befinden sich beim Mann im Mittel 16, bei der Frau 14 g Hämoglobin. Die Hb-Konzentration in einem roten Butkörperchen beträgt ca. 35%, das ist die höchste Eiweißkonzentration, die in einer Zelle vorkommt. Ein Hämoglobinmolekül besteht aus **4 Eiweißketten** mit je einer **Hämgruppe**, der Farbstoffkomponente, die dem Blut sein rotes Aussehen gibt. Die Eiweißketten des Erwachsenen-Hb sind paarig, 2 α-Ketten und 2 β-Ketten (α_2 und β_2) von je 141 bzw. 146 Aminosäuren, die im Molekül knäuelförmig angeordnet sind (Abb. 11-8). Die Hämgruppe befindet sich oberflächlich in einer Nische des „Globinknäuels“ und enthält ein **2-wertiges Eisenatom** (Fe^{++}), das den Sauerstoff lose bindet. Man bezeichnet diesen Vorgang als **Oxygenation**, im Gegensatz zur Oxidation. In oxidiertem Zustand ist das Eisen des Hb 3wertig und nicht mehr in der Lage, Sauerstoff zu transportieren.

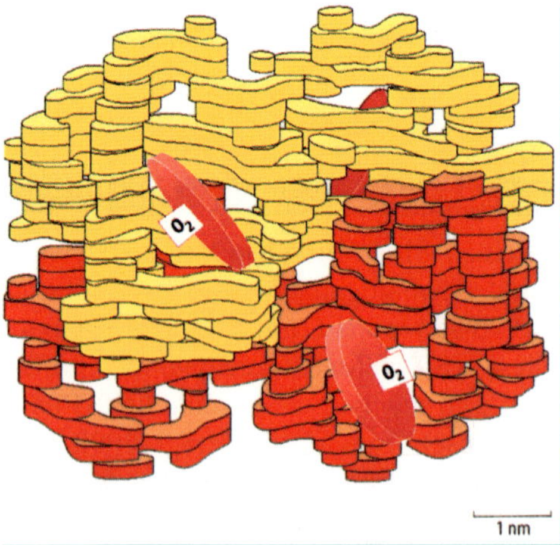

Abb. 11-8 Hämoglobinmolekül

Modell eines Hämoglobinmoleküls. Dargestellt sind die α- und β-Ketten mit ihren sauerstoffbindenden Häm-Gruppen.

Man spricht dann von **Methämoglobin** oder Hämiglobin.

Path Bei bestimmten Erkrankungen besteht im Blut ein erhöhter Anteil an Methämoglobin, was zu einer O_2-Mangelversorgung der Gewebe führen kann.

11.7.1 Die Sauerstoffbindung

Die Neigung des Hb-Moleküls, Sauerstoff anzulagern, nennt man **O_2-Affinität**. Durch die besondere Anordnung der 4 Eiweißketten und ihrer Hämgruppen im Molekül besteht eine gegenseitige Beeinflussung hinsichtlich der O_2-Affinität. Ist das erste Häm mit O_2 beladen, steigert dies die Affinität des 2. Häms. Dessen Oxygenierung steigert die O_2-Affinität des 3. Häms usw. Diese biologisch wichtige Bindungsart drückt sich in einer S-förmigen Charakteristik der O_2-Bindungskurve aus (Abb. 11-9). In der Ordinate ist die prozentuale Beladung des Hb mit O_2 (% O_2-Sättigung) und auf der Abszisse der O_2-Partialdruck (s. Kap. 3.5) aufgezeichnet. Zum Vergleich ist die O_2-Bindung des roten Muskelfarbstoffes **Myoglobin** (Mb), der nur eine Eiweißkette hat, dargestellt. Man sieht, daß bei niederen O_2-Drücken das Hämoglobin weniger O_2 chemisch binden kann als Myoglobin. Das ist ein großer Vorteil für die Sauerstoffbelieferung der Gewebe. Bei etwa 3 kPa (ca. 20 mmHg) O_2-Druck kann das Hb im Blut etwa zwei Drittel seines gebundenen Sauerstoffs abgeben, das Mb nur ein Drittel (senkrechte Linie in Abb. 11-9). Vier weitere Faktoren verstärken diesen Abgabeeffekt des Hämoglobins (Abb. 11-10):

- Zunahme der Konzentration von H^+-Ionen (Ansäuerung),
- Zunahme der CO_2-Konzentration (aus den Gewebszellen),

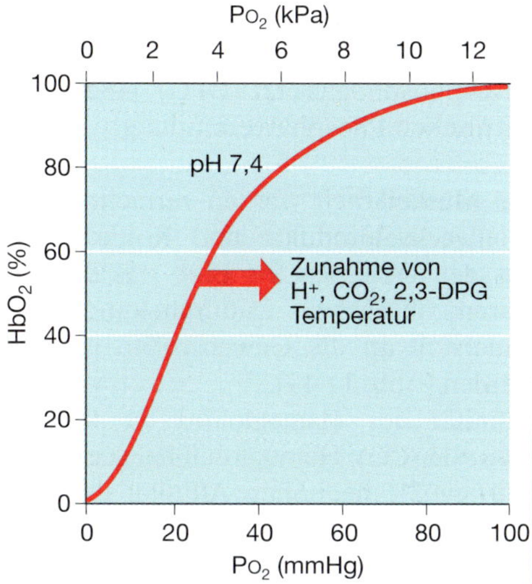

Abb. 11-10 Einflüsse auf die O_2-Bindungskurve

Faktoren, die die Sauerstoffbindungsfähigkeit des Hämoglobins im Blut herabsetzen und dadurch die O_2-Abgabe ins Gewebe begünstigen.

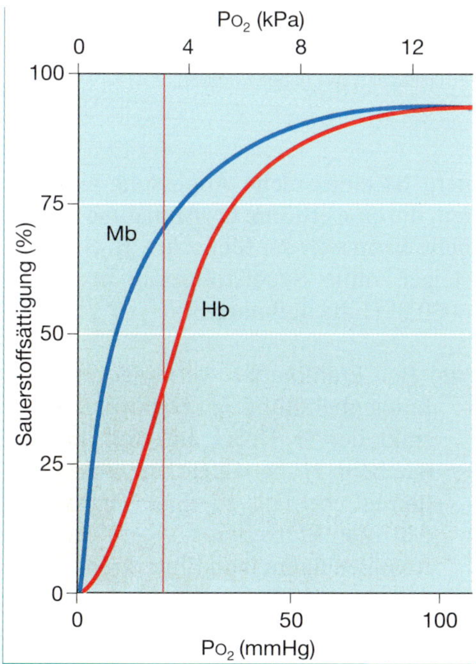

Abb. 11-9 Sauerstoffbindungskurven

Sauerstoffbindungskurven des Muskel(Mb)- und Blutfarb(Hb)-Stoffes. Abszissen: Partialdruck, Ordinate: % Sättigung mit Sauerstoff.

- Temperaturerhöhung,
- Zunahme der Konzentration von 2,3-Diphosphoglycerat (DPG), einer organischen Phosphatverbindung.

Bei Muskelarbeit werden vermehrt saure Stoffwechselprodukte und Kohlendioxid aus den Geweben ins Blut, das sich erwärmt, abgegeben. Dadurch kann mehr Sauerstoff an die Gewebszellen geliefert werden (Abb. 11-11).

Affinität des Hämoglobins zu Kohlenmonoxid (CO): Hämoglobin hat gegenüber CO eine 210mal höhere Affinität als zu O_2, das heißt, daß bereits bei ca. 0,1% CO in der Atemluft das Hämoglobin zu 50% mit CO beladen ist.

Path Ein Anteil von 70–80% CO-Hb im Blut ist tödlich, d.h. wenn die Atemluft 0,2% Kohlenmonoxid enthält. Die große Gefahr: Dieses Gas ist geruchlos! Es entsteht bei unvollständiger Verbrennung, z.B. in schlecht ziehenden Öfen, Verbrennungsmotoren (Auspuffgase 6% und mehr!) und sogar beim Zigarettenrauchen. Krankheitszeichen sind Kopfschmerzen, Übelkeit, kirschrote Verfärbung der Haut, besonders an den Schleimhäuten sichtbar. Künstliche Beatmung, möglichst mit einem Gemisch von 95% Sauerstoff und 5% CO_2, ist die wirksamste Hilfe.

Mit zunehmender Höhe über dem Meeresspiegel nimmt der Luftdruck und damit auch der Sauerstoffpartialdruck ab (s. Kap. 3.5). Auf 3000 m Höhe ist der O_2-Partialdruck in der Lunge ca. 8 kPa (60 mmHg). Dies wird vom Gesunden im allgemeinen gut vertragen, da das Hämoglobin noch immer zu 90% mit O_2 beladen ist (s. Abb. 11-10 und 11-1). Bei längerem Höhenaufenthalt stellt man eine Vermehrung der roten Blutzellen fest, die, je nach Höhe, bis auf 7 Millionen pro µl Blut ansteigen können. Ist eine solche Anpassung eingetreten, die eine erhöhte O_2-Aufnahme ermöglicht, kann sich der Mensch, z.B. ein Bergsteiger, ohne Sauerstoffgeräte in bis zu 8000 m Höhe aufhalten.

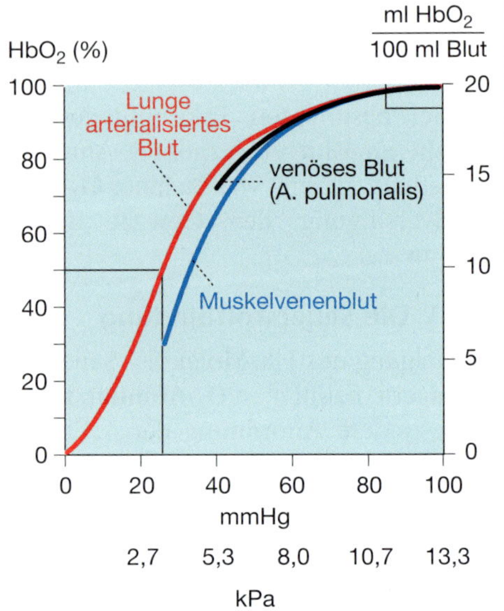

Abb. 11-11 O_2-Aufnahme und -Abgabe

Sauerstoffsättigung des Blutes (Ordinate) im Venenblut der Lungenschlagader (Arteria pulmonalis) und einer Vene eines stark arbeitenden Muskels. Abszisse: O_2-Partialdruck. Das Blut wird im arbeitenden Muskel viel stärker „ausgeschöpft", d.h. von Sauerstoff entsättigt als im Durchschnitt aller übrigen Organe.

Path Bei krankhafter Verminderung der Lungenbelüftung (Hypoventilation) sinkt der O_2-Druck im Blut, ähnlich wie beim Höhenaufenthalt, ab, und es kommt ebenfalls zu einer Vermehrung der roten Blutzellen.

Anämien nennt man Bluterkrankungen mit verminderter Erythrozytenzahl oder zu niedrigem Hämoglobingehalt. Der O_2-Transport ist vor allem bei zu niedrigem Hb-Gehalt der Erythrozyten, der hypochromen Anämie, beeinträchtigt. Nach schweren Blutungen ist sowohl die Zellzahl als auch der Hb-

Gehalt vermindert **(Blutungsanämie).** Die **Eisenmangelanämie** beruht auf einer Bildungsstörung des Hämoglobins. Der Eisenmangel kann durch akute oder chronische Blutungen oder ungenügende Zufuhr von Eisen mit der Nahrung, z. B. während einer Schwangerschaft, entstanden sein.

Reifungsstörungen der roten Blutkörperchen durch mangelnde Absorption wichtiger Blutbildungsfaktoren aus der Nahrung (Vitamin B_{12}, Folsäure) führen zur Bildung großer Zellen (Makrozyten), die zwar eine normale Hb-Konzentration haben, deren Zahl jedoch vermindert ist.

Bei der **Sichelzellenanämie** ist eine Aminosäure der β-Kette (Valin statt Glutaminsäure) ausgetauscht. Dadurch sind Eigenschaften des Hb-Moleküls verändert, die dazu führen, daß bei niederen O_2-Konzentrationen, z. B. im venösen Blut, die Erythrozyten Sichelform annehmen und vorzeitig zugrunde gehen.

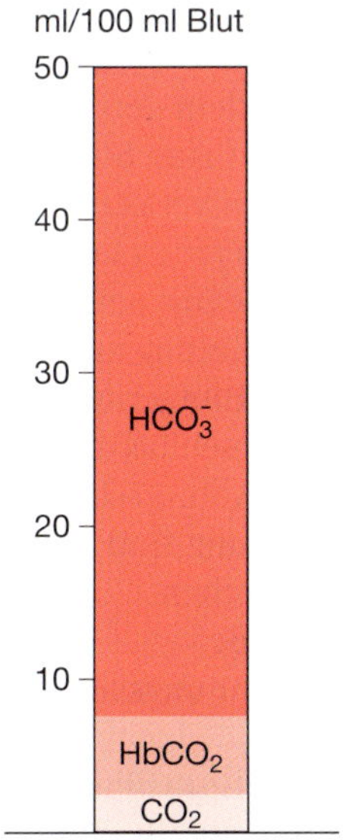

Abb. 11-12 CO_2 im Blut

Drei Formen des Vorkommens von CO_2 im Blut.

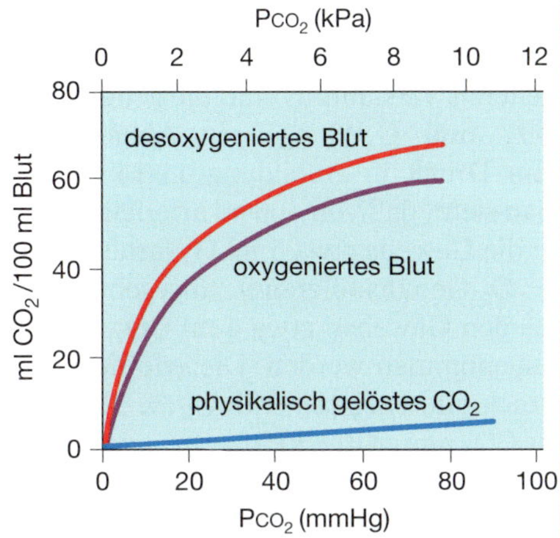

Abb. 11-13 CO_2-Bindungskurven

CO_2-Bindungskurven oxygenierten und desoxygenierten Blutes. Ordinate: CO_2-Gehalt, chemisch gebunden und physikalisch gelöst; Abszissen: CO_2-Partialdruck.

11.7.2 Der Kohlendioxidtransport

CO_2 entsteht beim Abbau der Nährstoffe in den Gewebszellen. Es diffundiert in die Blutkapillaren, zuerst ins Plasma und dann in die roten Blutkörperchen. Es liegt dort zu etwa 5% physikalisch gelöst vor (s. Abb. 11-12), 85% werden aber durch das Enzym Carboanhydrase zu Bikarbonat

$$CO_2 + H_2O \xrightarrow{\text{Carboanhydrase}} H^+ + HCO_3^-$$

umgewandelt. Etwa 10% des entstehenden CO_2 werden direkt an die Aminogruppen (s. Kap. 2.7.3) des Hämoglobins gebunden ($HbNH_2 + CO_2 \rightarrow Hb\ NH\ COOH$) und **Carbaminohämoglobin** genannt. Die auftretenden H^+-Ionen werden von Plasmaeiweißen und Hämoglobin gebunden. Hämoglobin hat außerdem einen Puffereffekt, der darin besteht, daß es nach Sauerstoffabgabe mehr H^+-Ionen und CO_2 binden kann. In Abbildung 11-13 ist für die CO_2-Bindung eine ähnliche Darstellung wie für die O_2-Bindung gewählt, lediglich die absoluten Zahlen in der Ordinate sind beachtlich größer. Man sieht, daß desoxygeniertes Blut bei z.B. 5 kPa CO_2-Druck mehr CO_2 bindet als oxygeniertes. Zum weiteren Verständnis sind die gebundenen CO_2- und O_2-Mengen in Abhängigkeit vom Druck in Abbildung 11-14 gezeigt. Man sieht, daß von 100 ml arteriellem Blut an die Gewebe etwa 5 ml O_2 (arteriovenöse O_2-Gehaltsdifferenz) abgegeben und aus den Geweben etwa 4 ml CO_2 ins Blut aufgenommen werden. Die erforderlichen Druckdifferenzen sind für O_2 ca. 8 kPa und für CO_2 nur ca. 0,8 kPa.

Kurzgefaßt

In 100 ml Blut sind ca. 15 g roter Blutfarbstoff, **Hämoglobin** (Molekularmasse 64450 Da). Die Konzentration in den Erythrozyten beträgt ca. 35%. Das Molekül besteht aus 2 α- und 2 β-Ketten mit je einer **Häm-Gruppe**, die 2wertiges Eisen enthält, an das O_2 lose gebunden wird. Die **O_2-Affinität** des Hb wird durch Zunahme von H^+-Ionen, von CO_2, der Temperatur und eines organischen Phosphates (2,3-DPG) herabgesetzt, wodurch die O_2-Abgabe in die Gewebe begünstigt wird.
Kohlenmonoxid (CO) ist deshalb so gefährlich, weil es eine über 200mal höhere Affinität zu Hb hat als O_2. **Höhenaufenthalt** führt zur Vermehrung der roten Blutzellen und damit des Hb infolge Abnahme des O_2-Druckes in der Einatmungsluft. Dasselbe tritt bei Atmungsstörungen mit Hypoventilation auf. Blutarmut, **Anämie,** mit vermindertem Hb-Gehalt kann aufgrund von Blutungen, Eisenmangel, Vitamin-B_{12}-Mangel oder anderen Blutbildungsstörungen entstehen. Das beim Stoffwechsel entstehende **CO_2** wird im Blut zu 5% physikalisch gelöst, zu 10% an Hb gebunden und zu 85% als Bikarbonat (HCO_3^-), begünstigt durch die enzymatische Umwandlung durch die **Carboanhydrase** transportiert.

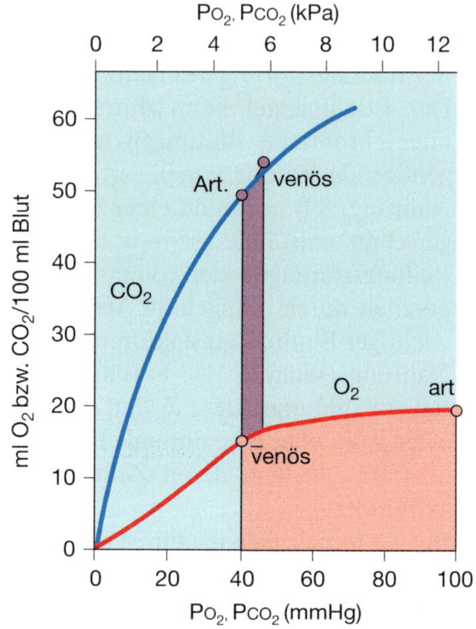

Abb. 11-14 O_2- und CO_2-Gehalt im Blut

CO_2- und O_2-Bindungskurven des Blutes mit arteriellen und venösen Mischblutwerten. Ordinate: Gasgehalt, Abszissen: Gaspartialdrücke.

11.8 Die Blutstillung

Blutungen aus kleineren Wunden kommen nach kurzer Zeit zum Stillstand. Blutplättchen, die an den verletzten Gefäßwänden anhaften, bilden einen lockeren Pfropf. Da sich auch die Gefäße selbst zusammenziehen, steht die Blutung zunächst, doch erst im Verlauf der Blutgerinnung entsteht ein dauerhafter Verschluß durch ein stabiles Blutgerinnsel (Abb. 11-15).
An der Blutstillung sind beteiligt:

- die Blutplättchen,
- die Blutgefäße,
- der Blutgerinnungsvorgang.

Wichtig für die Blutstillung ist eine ausreichende Menge an Blutplättchen (Thrombozyten), 150000 bis 300000 pro µl Blut, sie müssen außerdem voll funktionsfähig sein.

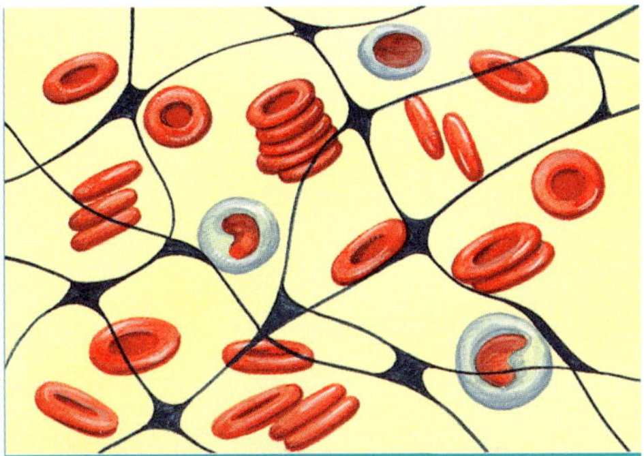

Abb. 11-15 Fibrinnetzwerk

Beim Wundverschluß bildet sich durch die Gerinnung ein Netzwerk von Fibrinmolekülen, in dem Blutzellen mit eingeschlossen werden.

Path Es gibt Erkrankungen, bei denen zuwenig Plättchen gebildet werden; man spricht dann von **Thrombozytopenie** oder von **Thrombozytopathie**, wenn ihre Funktion vermindert ist. Beide Schäden führen zu einer verlängerten Blutungszeit, die normalerweise 1–4 min beträgt.

Wenn Blutplättchen der verletzten Gefäßwand anhaften und sich aneinanderlegen (aggregieren), wird ihre Membran durchlässig für Stoffe wie Serotonin, ADP und Thromboxan A_2, die nach ihrer Freisetzung ein Zusammenziehen der Blutgefäße bewirken (Vasokonstriktion) bzw. die Plättchenaggregation beschleunigen.

Path Die Aggregation der Thrombozyten kann durch Acetylsalicylsäure (ASS), welche die Bildung von Thromboxan A_2 herabsetzt, gehemmt werden. Dies wird therapeutisch genutzt, um die Neigung zur Gerinnselbildung, z. B. bei arteriosklerotisch geschädigten Blutgefäßen, zu vermindern und so die Gefahr von Gefäßverschlüssen (Infarkte, Thrombosen, Embolien) herabzusetzen.

Der lockere Thrombozytenpfropf wird meistens vom nachströmenden Blut weggespült. Erst durch den Blutgerinnungsvorgang entsteht ein stabiles Gerinnsel. Nimmt man Blut ohne Zusatz von gerinnungshemmenden Substanzen, wie z. B. Natriumcitrat, ab, erstarrt es in kurzer Zeit zu einer gallertartigen Masse. Läßt man es einige Stunden stehen, bildet sich ein sogenannter Blutkuchen, über dem das relativ klare Serum steht. Der Gerinnungsvorgang, der nun abgelaufen ist, wurde in groben Zügen bereits um die Jahrhundertwende entdeckt:

Thromboplastin + Calcium
↓
Prothrombin ➡ Thrombin
↓
Fibrinogen ➡ Fibrin

Dieses auch heute noch gültige Schema mußte nach der Entdeckung weiterer gerinnungsaktiver Faktoren erweitert werden und ist in Abbildung 11-16 dargestellt.

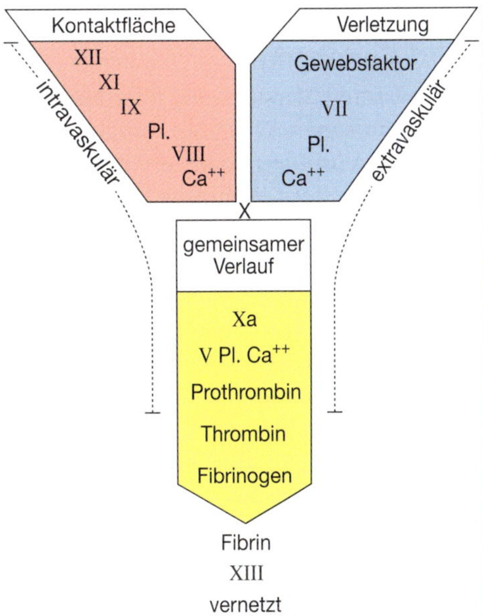

Abb. 11-16 Gerinnungsschema

Intra- und extravaskulärer Weg der Gerinnung (Erklärung s. Text).

Tab. 11-1 Gerinnungsfaktoren im Plasma

Faktor	Name	Biol. Halbwertszeit	Molekularmasse (Da)
I	Fibrinogen	3– 4 Tage	340000
II	Prothrombin	36–72 Stunden	68000
V	Akzelerator-Globulin	10–14 Stunden	250000
VII	Proconvertin	8– 9 Stunden	63000
VIII	Antihämophiles Globulin A	8 Stunden	>200000
IX	Antihämophiles Globulin B	12 Stunden	55000
X	Stuart-Prower-Faktor	30 Stunden	55000
XI	Rosenthal-Faktor	–	160000
XII	Hageman-Faktor	>24 Stunden	90000
XIII	Fibrinstabilisierender Faktor	4–5 Tage	320000

Tabelle 11-1 zeigt eine Aufstellung der bisher bekannten Faktoren, die mit römischen Zahlen bezeichnet werden, und ihre biologische Halbwertszeit, die für die Behandlung von Gerinnungsstörungen von Bedeutung ist. Die biologische Halbwertszeit gibt an, in welcher Zeit die halbe Menge einer Substanz (hier eines Faktors) abgebaut und wieder ersetzt ist.

11.9 Blutgerinnung und Fibrinolyse

11.9.1 Gerinnung

Zum besseren Verständnis, aber auch aus labortechnischen Gründen unterscheidet man eine Vorphase, eine erste und eine zweite Phase der Gerinnung. Die Aktivierung kann vom **Gewebe** her nach Verletzung, aber auch von einer **Kontaktfläche im Blutgefäß** (Entzündung, Kalkeinlagerungen) ausgehen.

Von der Gewebsseite her (**extravaskulär**) kommt es in Sekundenschnelle zur Entstehung von **Thrombin**, das seinerseits in Sekunden **Fibrinogen** zu **Fibrin** umwandelt. Fibrinfäden bilden das Grundgerüst eines Gerinnsels, das sich zusammenzieht, vernetzt und von **Faktor XIII** stabilisiert wird. Der Gerinnungsablauf im Blutgefäß (intravaskulär) ist langsamer. Es dauert Minuten, bis aktives Thrombin vorliegt. Bei Betrachtung von Abbildung 11-16 fällt auf, daß intravaskulär eine größere Anzahl von Faktoren aus der inaktiven in die aktivierte Form überführt werden muß. Beide Aktivierungswege, der intravaskuläre und der extravaskuläre, haben das Ziel, den Faktor X zu aktivieren (Xa), der ein Teil des Prothrombin-Umwandlungsfaktors ist.

Thrombin, aus Prothrombin entstanden, ist ein Enzym, das eine zentrale Stellung bei der Blutgerinnung einnimmt. Es ist in geringsten Mengen hochaktiv. Eine aus 10 ml Blut aktivierbare Thrombinmenge könnte in Sekunden die Gesamtblutmenge eines Erwachsenen zum Gerinnen bringen. Es sind aber **Antithrombine** vorhanden, die seine Wirkung hemmen. Thrombin spaltet aus dem Fibrinogenmolekül Fibrin ab und aktiviert gleichzeitig den fibrinstabilisierenden Faktor XIII.

Zusammenfassung des Gerinnungsvorgangs:

Vorphase: Gewebs- oder Plasmafaktoren führen zur Aktivierung des **Faktors X**.

1. Phase: Xa, Pl. (Phospholipide aus Gewebe oder Blutplättchen), Faktor V (Beschleunigungs-Globulin) und ionisiertes Calcium führen zur Bildung von **Thrombin**.

2. Phase: Thrombin spaltet Fibrinogen zu **Fibrin.**

3. Phase: Fibrin wird **stabilisiert**.

11.9.2 Fibrinolyse

Um der Fibrinbildung entgegenzuwirken bzw. unerwünschtes Fibrin aufzulösen, befindet sich im Plasma ein weiteres Enzym, das **Plasminogen**, eine Vorstufe der Protease **Plasmin**, das sowohl vom Körper selbst als auch therapeutisch aktiviert werden kann:

Urokinase, tPA (und Streptokinase über Proaktivatorkomplex)
⬇
Plasminogen ➧ Plasmin
⬇
Fibrin ➧ Fibrinopeptide

Plasmin ist ferner in der Lage, bereits Fibrinogen anzugreifen und proteolytisch zu spalten. Ein körpereigener Aktivator des Plasminogen ist die **Urokinase** (Molekularmasse 53 000 Da), der im Urin ausgeschieden wird und daraus auch gewonnen werden kann. In Gewebezellen befindet sich **tPA** (**t**issue **p**lasminogen **a**ctivator), ein weiterer Plasminogenaktivator. Sowohl Urokinase als auch tPA werden therapeutisch verwendet, um Fibringerinnsel zur Auflösung zu bringen (z. B. nach frischen Infarkten, Thrombosen oder Embolien). Dazu wird auch **Streptokinase**, ein aus Streptokokkenkulturen gewonnener Fibrinolyseaktivator, eingesetzt. Streptokinase aktiviert Plasminogen zweistufig über einen Proaktivatorkomplex.

11.9.3 Gerinnungshemmung

Um Blutgerinnung in Spritzen, Kanülen, Glasgefäßen, Kathetern usw. zu verhindern, wird das Blut bereits während der Abnahme mit **Natrium-Citrat, Natrium-Oxalat** oder **Natrium-EDTA** (**E**thylen-**D**iamin-**T**etra-**A**cid) verdünnt. Diese Lösungen bilden eine Komplexverbindung mit **Calcium**, das für die Gerinnung unbedingt erforderlich ist (Abb. 11-16). Citrat wird zur Gerinnungshemmung in Blutkonserven verwendet.

Ein **direkter**, d. h. sofort wirksamer **Gerinnungshemmer** ist das **Heparin**, ein körpereigener Stoff, der auch in den Granula der basophilen Granulozyten (s. Kap. 11.4.1) gespeichert und transportiert wird. Heparin aktiviert und verstärkt die Wirkung von Antithrombin III.

Indirekte Gerinnungshemmer sind die **Cumarine**, z. B. das Dicumarol. Auf diesen Stoff und seine Wirkung wurde man zuerst aufmerksam durch Beobachtung unerklärlicher Blutungen bei weidenden Rindern.

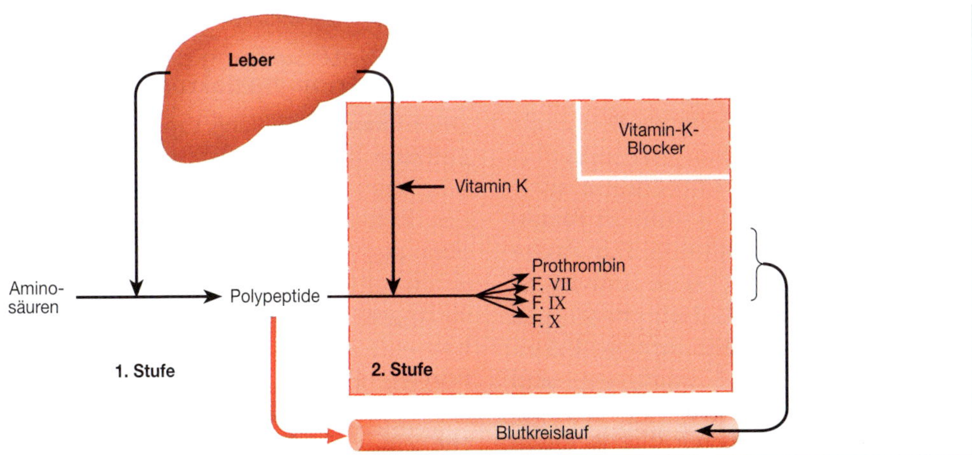

Abb. 11-17 Gerinnungshemmung durch Vitamin-K-Blocker

Rolle des Vitamin K bei der Bildung von Gerinnungsfaktoren und der Einfluß von Vitamin-K-Blockern.

In einer Kleesorte entdeckte man das Cumarin. Es wirkt indirekt auf die Gerinnung ein, indem es das Vitamin K blockiert, ohne dessen Einfluß die Faktoren II (Prothrombin), VII, IX und X in der Leber nicht vollständig synthetisiert werden können (Abb. 11-17). Verabreicht man ein Dicumarolpräparat, so hat man keine direkte, sofortige Gerinnungshemmung, weil ja die obengenannten Faktoren in voller Konzentration im Blut vorhanden sind. Erst wenn diese entsprechend ihrer Halbwertszeit abgebaut sind und nur, je nach Dosierung, kleine Mengen nachgeliefert werden, tritt die gerinnungshemmende Wirkung ein. Sie kann durch Gaben von Vitamin K auch erst nach ca. 12 Stunden wieder aufgehoben werden.

Um bei einer entsprechenden Vorerkrankung das Risiko eines Gefäßverschlusses (Infarkt, Thrombose, Embolie) herabzusetzen, wird vorbeugend Acetylsalicylsäure (ASS) verordnet. Um die Gefahr einer Wiederholung eines solchen Verschlusses zu mindern, werden Cumarine als ambulante Therapie eingesetzt und die Dosierung anhand des Quick-Wertes kontrolliert.

Path **Gerinnungsstörungen** werden durch Mangel an oder Defekte von Gerinnungsfaktoren verursacht. Bei angeborenen Störungen fehlt meist nur ein Faktor, wie z. B. Faktor VIII bei der bekannten, aber glücklicherweise seltenen (1 auf 10000 Einwohner) **Bluterkrankheit (Hämophilie A)**. Der Faktor ist nachweisbar, aber seine Aktivität ist nicht ausreichend. Bei erworbenen Störungen sind meist mehrere Faktoren betroffen, am häufigsten sind Störungen der Faktorenbildung in der erkrankten Leber. Schließlich ist die zu geringe Zahl oder die mangelnde Funktionsfähigkeit der Blutplättchen eine Ursache für Gerinnungsstörungen.

Kurzgefaßt

Zur **Blutstillung** sind Blutplättchen, die **Zusammenziehung der Blutgefäße** und die **Blutgerinnung** erforderlich. Im Blut und im Gewebe sind Substanzen, meist in unwirksamer Vorstufe, die bei Verletzungen frei und aktiviert werden. Sie aktivieren die Plasmafaktoren zusammen mit Calcium und bilden aus dem inaktiven **Prothrombin** das Enzym **Thrombin**. Dieses aktiviert das Plasmaglobulin Fibrinogen zu **Fibrin**, dessen fadenförmige Moleküle mit den roten Blutkörperchen den **Blutkuchen** bzw. **Thrombus** bilden. Blutgerinnsel werden durch **Plasmin**, das ebenfalls in inaktiver Vorstufe vorliegt, aufgelöst.

Gerinnungshemmer, die bei Blutabnahmen verwendet werden, z. B. Na-Citrat, Na-Oxalat, EDTA, wirken durch Calciumausfällung. Der wichtigste körpereigene Hemmstoff ist **Heparin,** ein Cofaktor von Antithrombin III. Indirekt hemmen **Cumarine** durch ihre Vitamin-K-Blockierung. Heparin und Vitamin-K-Blocker werden therapeutisch eingesetzt.

11.9.4 Untersuchung der Blutgerinnungsfaktoren

Die Blutungszeit: Nach Einstich mit einer Lanzette, etwa 4 mm tief ins Ohrläppchen, saugt man alle 20 Sekunden die austretenden Blutströpfchen mit Filterpapier ab, ohne die Wunde zu berühren. In 1–3 Minuten soll die Blutung stehen. Ist die Zeit verlängert, kann eine zu niedrige Zahl bzw. eine verminderte Qualität der Thrombozyten oder eine unzureichende Zusammenziehung der Blutkapillaren die Ursache sein.

Die partielle Thromboplastinzeit: Im Wasserbad (37 °C entsprechend der Körpertemperatur) wird zu Citratplasma ein

Phospholipid, z. B. Thrombozytenfaktor 3, ein Kontaktaktivator, wie z. B. Kaolin, sowie Calcium zugesetzt und die Zeit bis zur Bildung eines Fibringerinnsels mit der Stoppuhr bestimmt. Man erfaßt mit diesem Test vor allem Faktoren der Vorphase, d. h. Faktor VIII, IX, X, XI und XII.

Die Thromboplastinzeit, *Quick*-Wert: Zu Citratplasma wird, im Wasserbad die vorgeschriebene Menge Calcium-Thromboplastin, einem Gewebsextrakt, zugefügt und die Zeit bis zur Bildung eines Fibringerinnsels bestimmt. Man erfaßt die Faktoren Prothrombin, VII und X. Dieser Test wird auch zur Kontrolle und Einstellung der Therapie mit Gerinnungshemmern durchgeführt. Anhand einer Eichkurve wird der *Quick*wert in Prozent der Normalzeit abgelesen. Normalzeit 10–16 s bzw. 70 bis 100%.

Die Thrombinzeit: Sie gibt an, wie schnell Citratplasma nach Zusatz von Thrombin gerinnt. Diese Zeit dauert wenige Sekunden. Um genaue, vergleichbare Werte zu erhalten, verlängert man die Zeit künstlich, indem man das Citratplasma vorher 1:1 mit destilliertem Wasser verdünnt.

Durch obengenannte Suchtests wird vor allem festgestellt, welche Phase der Gerinnung gestört ist, ehe man einzelne Faktoren prüft.

11.10 Die Abwehrfunktion

Wenn körperfremde Substanzen, z. B. Eiweiße, Krankheitserreger oder ihre Stoffwechselprodukte, in die Blutbahn oder ins Gewebe gelangen, erfolgt eine **Abwehrreaktion**, auch **Immunreaktion** genannt.

Man unterscheidet unspezifische und spezifische Abwehrreaktionen, das bedeutet, daß der Körper auf Fremdstoffe, gleich welcher Art, zunächst ungezielt, dann aber ganz gezielt reagiert. Dabei werden entweder Blutzellen oder Abwehrstoffe eingesetzt; es erfolgt eine zelluläre oder eine humorale (stoffliche) Reaktion. In Tabelle 11-2 sind die Möglichkeiten der Infektabwehr und der daran beteiligten Faktoren zusammengefaßt.

11.10.1 Unspezifische Immunreaktionen

Eine **zelluläre, unspezifische Immunreaktion** liegt vor, wenn nach Eindringen von bestimmten Fremdstoffen, die **Antigene** genannt werden, phagozytierende Zellen, z. B. neutrophile Granulozyten, mobilisiert werden und sie angreifen. Dabei werden die Fremdstoffe, z. B. Bakterien, Gräserpollen oder Bestandteile von Kosmetika, in die Zellen aufgenommen und enzymatisch zersetzt, um sie unschädlich zu machen.

Eine **unspezifische humorale Immunreaktion** liegt vor, wenn nach Eindringen eines **Antigens**, z. B. von Bakterien in eine Wunde, Stoffe zur Bekämpfung der Infektion freigesetzt werden. Das sind beispielsweise **Pyrogene**, die Fieber erzeugen, **Kinine**, die zur Gefäßerweiterung mit erhöhter Wanddurchlässigkeit für phagozytierende Zellen und Gewebswasser führen, oder **Interferone**, die besonders bei der Abwehr von Viren eine Rolle spielen. Wenn eine Körperzelle von einem Virus befallen ist, hemmt Interferon in der Zelle die Eiweiß-

Tab. 11-2 Die einzelnen Immunreaktionen

	Unspezifische Reaktion	Spezifische Reaktion
Zellulär	Phagozyten (Freßzellen): Granulozyten Monozyten Makrophagen	speziell sensibilisierte T- und B-Lymphozyten
Humoral	Pyrogene Histamine Kinine Interferone Properdin Komplement-bereitstellung	Antikörper, insbes. IgG, IgM, IgE und IgA

synthese des Virus und dadurch sein Wachstum, seine Vermehrung und die Abgabe von Schadstoffen (Toxinen).

11.10.2 Spezifische Immunreaktionen

Die **spezifisch humorale Immunreaktion** richtet sich gegen **spezifische Antigene**, wie die Erreger vieler Infektionskrankheiten. Sie besteht in der Bildung von bestimmten Eiweißen, die man **Antikörper** nennt. Es sind Globuline, bei denen die Aminosäureketten knäuelartig gewunden sind, wie z.B. beim Hämoglobin (s. Abb. 11-8). Sie heißen **Immunglobuline (Ig)** und werden nach ihrem Absenkungsverhalten in der Ultrazentrifuge eingeteilt. Das IgM ist ein großes Molekül mit einer Molekularmasse von mehr als 900000 Da, IgG und IgA sind kleiner, mit einer Molekularmasse von ca. 160000 Da. Antikörper vom Typ IgE vermitteln die Überempfindlichkeitsreaktionen an Haut und Schleimhäuten nach Allergenkontakt. Abbildung 11-18 zeigt schematisch den Bau eines Antikörpers. Er besteht aus zwei „schweren" Eiweißketten (H = heavy) und zwei „leichten" Ketten (L = light). Jede Kette hat einen konstanten und einen variablen Anteil, der letztere ist je nach Antigen verschieden und besitzt am freien Ende eine Antigenerkennungsstelle, mit der er Kontakt zum Antigen aufnehmen kann. Das Immunglobulin Anti-A (AB0-System, s. Kap. 11.11.1) „erkennt" zum Beispiel mit dieser Kontaktstelle den Erythrozyten der Blutgruppe A. IgM-Antikörper können Kontakt zu mehreren roten Blutzellen aufnehmen, sie agglutinieren und zum Zerfall (Hämolyse) bringen, IgG-Antikörper agglutinieren nicht, bewirken aber eine Hämolyse. Niedermolekulare Antikörper benötigen oftmals zur vollen Wirksamkeit ein **Komplement**. Unter diesem Begriff sind mehrere Plasmaproteine zusammengefaßt, die ähnlich wie die Gerinnungsfaktoren in einer bestimmten Reihenfolge aktiviert werden und dann sowohl die Phagozytose als auch die spezifische Immunreaktion unterstützen.

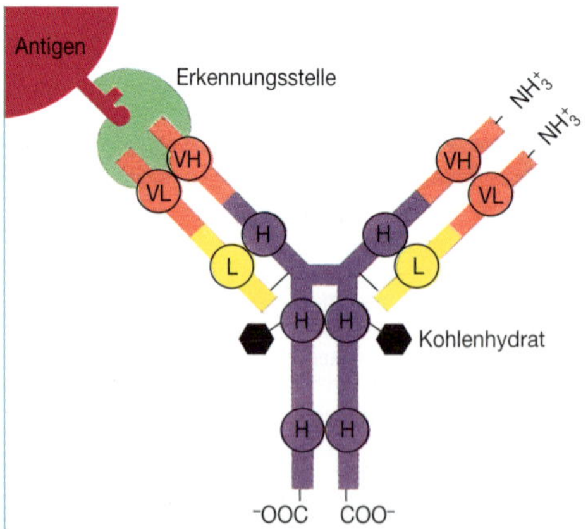

Abb. 11-18 Antikörperaufbau

Antikörper, schematisch. H bedeutet schwere, L leichte Eiweißkette, V = variabler Anteil. Weiteres s. Text.

Abbildung 11-19 zeigt das Entstehen der zellulären und der humoralen Immunität. Die T-Lymphozyten entwickeln sich zu verschiedenen Zelltypen, die jeweils spezifische Aufgaben wahrnehmen. Sie übernehmen zusammen mit den B-Lymphozyten die **spezifisch zelluläre Abwehrreaktion**. Die **T-Lymphozyten** spezialisieren sich unter dem Einfluß der Thymusdrüse in den lymphatischen Organen (Abb. 11-19a). Ein Thymushormon, Thymosin, beeinflußt diese Spezifizierung. Abbildung 11-19b zeigt, wie ein T8-Lymphozyt ein Antigen selbst angreift sowie einen Makrophagen zum Angriff aktiviert. T4-Helferzellen setzen nach Antigenkontakt **Lymphokine** frei, die u.a. B-Lymphozyten, Monozyten und Granulozyten stimulieren.

Die **B-Lymphozyten** werden bereits im Knochenmark spezifisch geprägt. Der Name kommt daher, daß sich bei Vögeln diese Zellen nur unter dem Einfluß eines lymphatischen Organs im Enddarm, der Bursa Fabricii, differenzieren. Dieses Or-

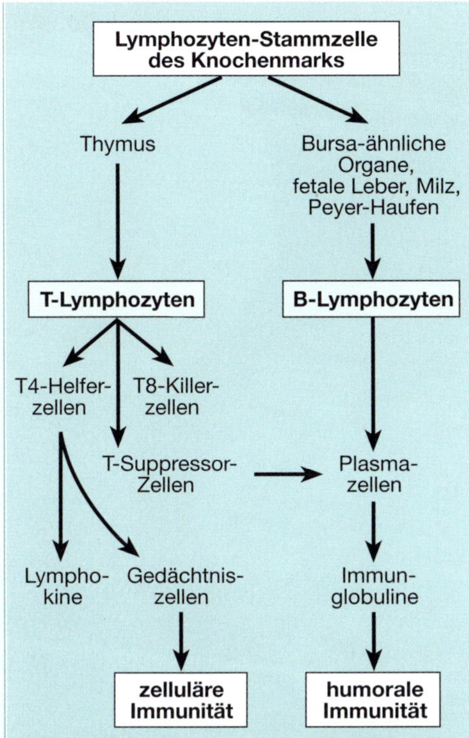

Abb. 11-19a Immunfunktionen der Lymphozyten

Entstehen der zellulären und der humoralen Immunität. Zu beachten ist die Differenzierung der T-Lymphozyten. Sie werden numeriert und nach ihren speziellen Aufgaben benannt, z. B. T8-Killerzellen, weil sie das Antigen vernichten, oder T-Suppressorzellen, weil sie die Makrophagenaktivität am Ende der Immunreaktion hemmen. Die Gedächtniszellen sind antigenspezifisch und erlauben dem Immunsystem, bei erneutem Antigenkontakt schnell zu reagieren. Sie bleiben meist über die ganze Lebenszeit eines Individuums aktiv.

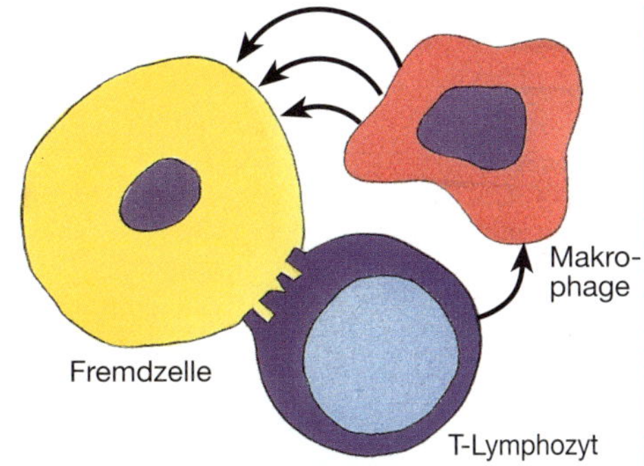

Abb. 11-19b T-Lymphozyten-Funktion

T-Lymphozyt, der ein Antigen (Fremdzelle) angreift und eine Makrophagenzelle aktiviert.

gan besitzen Säugetiere und auch der Mensch nicht. Möglicherweise besteht eine Beeinflussung durch andere lymphatische Organe, wie z. B. die *Peyer*-Haufen im Dünndarm. T- und B-Lymphozyten lassen sich deutlich mit Hilfe des Rasterelektronenmikroskops (Abb. 11-20) unterscheiden. Während der T-Lymphozyt nur einige wenige Fortsätze auf seiner Membran hat, ist die Membran des B-Lymphozyten igelartig davon besetzt. Die Fortsätze werden als die Antigenerkennungsstellen (Rezeptoren) der Immunglobuline (s. Abb. 11-18) angesehen.

Path Die **allergische Reaktion** sei am Beispiel des **Heuschnupfens** erklärt. Beim erstmaligen Kontakt mit Gräser- und Getreidepollen kommt es bei manchen Menschen zur Vermehrung antigenspezifischer Lymphozyten (Sensibilisierung), aber noch zu keiner pathologischen Reaktion. Nachdem wiederholt Pollen eingeatmet und über Schleimhäute in den Organismus aufgenommen wurden, kommt es, durch T-Lymphozyten vermittelt, zur Antikörperbildung. Beim nächsten Kontakt erfolgt eine **Antigen**(Pollen)-**Antikörper-Reaktion**. Die Betroffenen reagieren anders (allergisch) als die meisten Menschen. Es treten Rötung und Schwellung sowie vermehrte Sekretbildung der Schleimhäute, Bindehautentzündung und in schweren Fällen Fieber (Heufieber) auf. Der Heuschnupfen wird unbehandelt von Jahr zu Jahr stärker, da auch die Antikörperbildung gesteigert wird.

Gegen körpereigene Gewebe, Körperflüssigkeiten oder Eiweiße bildet der Organis-

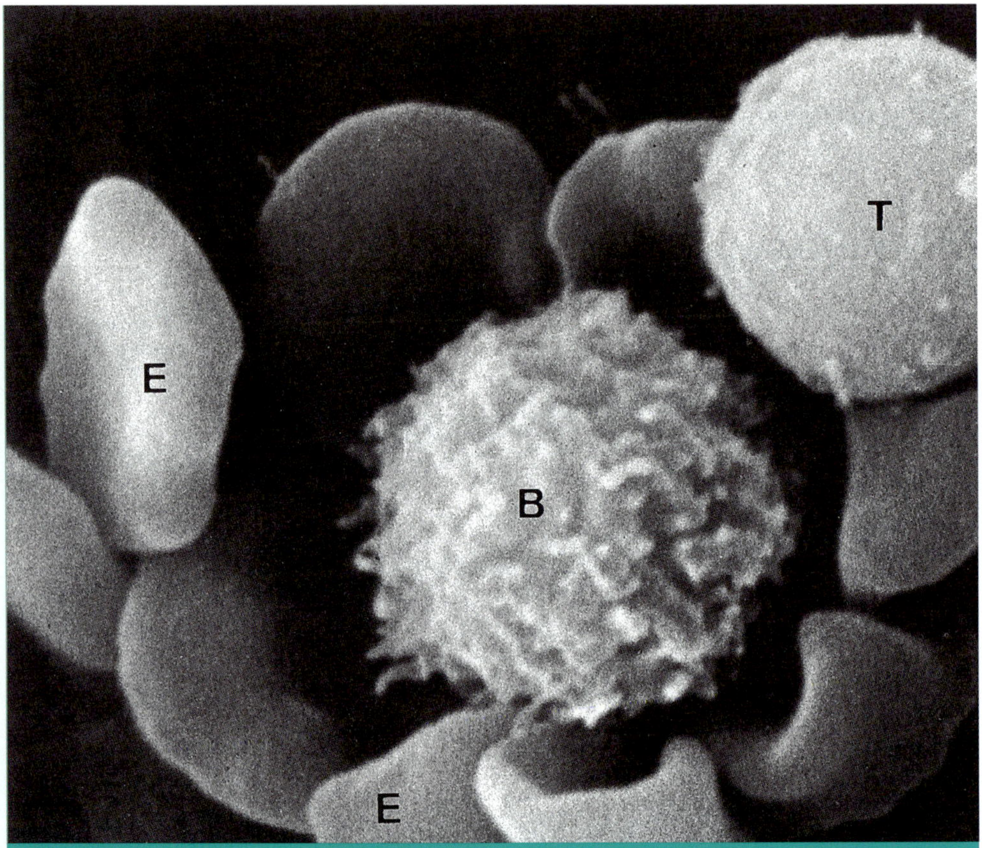

Abb. 11-20 B- und T-Lymphozyten

Rasterelektronenmikroskopische Aufnahme von T- und B-Lymphozyten mit der charakteristischen „Rosettenbildung" von Erythrozyten.

mus im allgemeinen keine Antikörper **(Immuntoleranz),** er „toleriert" z. B. Eigentransplantate wie Hautübertragungen von einer Körperstelle zur anderen, während Fremdtransplantate, Herz, Niere, Leber usw. nur so lange ohne Komplikationen ertragen werden, bis die Immunreaktion einsetzt.

Path „Fremd"-Antigene führen zur Antikörperbildung, das Spenderorgan wird geschädigt, evtl. abgestoßen. Je ähnlicher die Gewebsantigene des Spenders denen des Empfängers sind (identisch bei eineiigen Zwillingen), desto geringer ist die Immunreaktion und die Gefahr der Abstoßung. Günstige Organspender sind Zwillinge, Geschwister, Eltern und Kinder der Empfänger. Immunreaktionen lassen sich unterdrücken u. a. durch Nebennierenrindenpräparate (s. Kap. 25.8.2), Antilymphozytenseren und ionisierende Strahlen. Die Übertragung artfremder Organe, etwa von Schimpansen auf Menschen, hat wenig Erfolg, da die Antigenmuster zu unterschiedlich sind.

11.10.3 Impfung

Durch Impfung soll der Organismus gegen bestimmte Krankheitserreger geschützt werden. Das kann auf zweierlei Art geschehen. **Aktive Immunisierung** erreicht man durch Gabe von abgeschwächten Erregern oder Toxinen, die den Organismus nicht schädigen, aber die Antikörperbildung anregen. Die Pockenschutzimpfung ist ein Beispiel dafür. Der Schutz durch aktive Impfung kann mehrere Jahre anhalten, bei der Pockenschutzimpfung etwa 3 Jahre, und muß wiederholt werden, ehe man in Länder reist, in denen diese Krankheit noch vorkommt. Man muß auch eine bestimmte Zeit vor der Reise impfen, weil die Bildung der Antikörper Zeit (1 bis 2 Wochen) erfordert.

Sofortschutz ist bei der **passiven Impfung** gewährt, denn man bekommt dabei entweder rein hergestellte Antikörper oder antikörperhaltiges Serum vom Menschen. Ist man auf Tierserum angewiesen, etwa Rinderserum, werden im Laufe der Zeit gegen Rindereiweiße Antikörper gebildet. Dann würde nach einer weiteren Verabreichung von Rinderserum eine allergische Reaktion, die bis zu Schocksymptomen (s. Kap. 12.5.5) führen kann, auftreten. Es ist daher sehr wichtig, Impfpässe zu haben, in denen die genauen Daten und Angaben über Impfseren enthalten sind.

Präv Diese Impfpässe werden erstmalig vom Kinderarzt ausgestellt, der die empfohlenen Schutzimpfungen (s. Tab. 11-3) durchführt.

11.10.4 Immunerkrankungen

Allergie als Krankheit

Path Allergie als Krankheit ist bereits in Kap. 11.10.2 beim Heuschnupfen beschrieben. Die genannten **Krankheitssymptome** sind bei allen Allergien mehr oder weniger dieselben: Rötung und Schwellung der Bindehaut und der Schleimhäute mit Sekretion. Hautausschläge, *Quincke*-Ödem und Asthma sind besonders schwerwiegende Fol-

Tab. 11-3 Impfplan

Lebensalter	Impfung gegen
ab 3. Lebensmonat	Diphtherie – Tetanus (D.T.) oder Diphtherie – Pertussis – Tetanus (D.P.T.) Poliomyelitis (Polio-Schluckimpfung)
2. Lebensjahr (ab 15. Lebensmonat)	Masern, Mumps, Röteln D.T. oder D.P.T.
7. Lebensjahr	Nachimpfungen Auffrischimpfungen (Tetanus, Diphtherie)
10. Lebensjahr	Polio-Schluckimpfung (Wiederimpfung)
11. bis 15. Lebensjahr	Hepatitis B-Impfung
15. bis 16. Lebensjahr	Rötelnimpfung (Mädchen) Tetanus (Auffrischimpfung) Diphtherie (Auffrischimpfung)
Erwachsenenalter	Poliomyelitis (Auffrischimpfung alle 5 bis 10 Jahre) Tetanus (Auffrischimpfung alle 10 Jahre)

gen. Das *Quincke*-Ödem ist eine starke Schwellung des Rachenraums mit Erstickungsgefahr, unter Asthma versteht man Krämpfe der Bronchialmuskulatur mit Atemnot. Klassische, seit Jahrhunderten bekannte **Allergieauslöser** sind Pollen, Schimmelpilzsporen, Tierhaare- und Hautbestandteile, Hausstaubmilben, Nahrungseiweiß aus Milch, Eiern und Fisch.

Festzuhalten ist, daß ein Großteil der Bevölkerung nicht allergisch auf obengenannte Allergene reagiert und daß in manchen Fällen eine psychische Komponente eine Rolle spielt. Bewiesen ist aber, daß im Falle von Allergenen, die über die **Atemwege** aufgenommen werden, **Virusinfektionen** sowie **Luftverschmutzung** einen ungünstigen Einfluß haben. Wenn z. B. Pollenallergiker versuchen, ihre Erkältung durch Inhalieren mit Kamillendämpfen zu bekämpfen, verstärken sich Schwellungen der Schleimhäute.

In letzter Zeit häufen sich ernährungsbedingte Allergien. Allergologen führen dies auf die zunehmende Vielfalt unserer Nahrungsmittel zurück. Viele importierte Lebensmittel enthalten keine Angaben über Bestandteile und Zusatzstoffe. Exotische Früchte, z. B. Kiwis, rufen bei manchen Leuten Allergien hervor. **Nüsse** aller Art und **Pflanzensamen** (Mohn, Sonnenblumenkerne, Sojabohnen, Sesamsaat) stellen eine oft unbekannte, aber bedeutsame Allergengruppe dar. **Kosmetika** erzeugen bei Überempfindlichen Haut- und Schleimhautreaktionen. Dabei spielen pflanzliche Zusätze, Proteine und Duftstoffe eine Rolle.

Als **Atopiker** bezeichnet man Patienten, die einen hohen IgE-Spiegel (s. Kap. 11.10.2) im Plasma haben und daher besonders stark allergisch reagieren.

Neugeborene und Säuglinge haben ein noch unreifes Immunsystem. Sie sollten daher vor Allergenen geschützt werden, vor Tierhaaren, Hausstaub und Pollen. Sie neigen nach Ansicht der Immunologen dazu, bei Allergenkontakt vorzugsweise IgE anstatt IgG zu produzieren. Luftverschmutzung und Passivrauchen fördern durch Schädigung der Schleimhäute besonders in diesem Lebensalter die Allergiebereitschaft.

Zusammenfassend kann gesagt werden, daß der erste Schritt zur Bekämpfung der allergischen Erkrankung in der Suche nach dem oder den Allergenen besteht, um den Kontakt weitgehend zu vermeiden. Unspezifisch können entzündungshemmende Nebennierenrindenhormone oder ähnlich wirkende Mittel eingesetzt werden. Wenn das Allergen bekannt ist, wird mit kleinen Dosen davon eine „Desensibilisierung“ durchgeführt.

AIDS

(Path) Eine virusbedingte Erkrankung des Immunsystems ist AIDS (engl. **ac**quired **i**mmuno-**d**eficiency **s**yndrome, auf deutsch: erworbenes Immunmangelsyndrom). Das Virus (HIV = **h**uman **i**mmuno-deficiency **v**irus) befällt bevorzugt T4-Helferzellen (s. Kap. 11.10.2), in denen es sich vermehrt. Die befallenen Zellen gehen zugrunde, die Viren gelangen in die Blutbahn, dringen erneut in T-Zellen ein und vernichten sie.

Zwar werden gegen das HIV-Virus Antikörper gebildet, mit deren Hilfe die Infektion serologisch nachweisbar ist, deren Konzentration jedoch nicht ausreicht, das Virus erfolgreich zu bekämpfen. Beim HIV-Antikörper-Suchtest, z. B. **ELISA** (**e**nzyme-**l**inked **i**mmuno**s**orbent **a**ssay), werden im

Labor gezüchtete HIV-Viren mit dem Serum der Testperson zusammengebracht. Durch Färbemethoden oder radioaktive Markierung der Virusproteine wird das Ergebnis feststellbar. Ein positiver Befund wird durch einen Bestätigungstest, z. B. **Western-Blot**, abgesichert.

Zwischen Infektion und dem Auftreten von HIV-Antikörpern liegt eine Latenzzeit von 3–6 Wochen (das sogenannte diagnostische Fenster). In Forschungslaboratorien wurden „direkte“ HIV-Nachweise entwickelt, die nun auch in größerem Umfang eine klinische Diagnostik ermöglichen. Der **HIV-1-p-24-Test** erfaßt ein Viruskernprotein mit der Molekularmasse 24 000 Da. Zum Einsatz kommt zunehmend die **Polymerase-Kettenreaktion** (PCR): DNA-Stränge virusinfizierter Zellen werden getrennt, bestimmte HIV-spezifische Ketten (Sequenzen) vervielfacht und dadurch frühzeitig nachweisbar.

HIV-positive Ergebnisse ergeben keine Aussage über den Stand der Krankheit. Um weltweit Erfahrungen zu dokumentieren, auszutauschen und zu nutzen, hat man eine Einteilung in Stadien vorgenommen.

Stadium 1: Unmittelbar nach der HIV-Infektion treten Symptome auf, die einer Grippeinfektion ähnlich sind: Unwohlsein, Glieder- und Kopfschmerzen, evtl. Fieber. Nach etwa zwei Wochen klingen die Erscheinungen ab. Ein beschwerdefreier Zustand kann über Monate oder gar Jahre andauern.

Stadium 2: Hier stehen die Lymphadenopathie-Syndrome im Vordergrund, abgekürzt LAS genannt. Es handelt sich um Lymphdrüsenschwellungen, mit Vergrößerung der Milz und der Leber, begleitet von Gewichtsverlust, Hauterkrankungen und Reizhusten. Die Zahl der T4-Lymphozyten ist unter 400/µl Blut abgesunken. Das Verhältnis von T4/T8-Zellen liegt unter 1,0. Dieses Stadium kann ebenfalls über Jahre anhalten, die Vernichtung von T-Zellen schreitet mehr oder weniger schnell fort.

Stadium 3 bedeutet, daß das Immunsystem nahezu völlig zusammengebrochen ist. Der Kranke ist hilflos jeder Art von Infektion ausgesetzt, durch Viren, Staphylo- und Streptokokken, Salmonellen, Toxoplasmose-Erreger und Pilze. Der Kranke ist so gut wie möglich davor zu schützen, die auftretenden Krankheiten sind nach den jeweiligen Symptomen zu behandeln. Besonders werden beobachtet: Pneumocystis carinii, eine Lungenerkrankung, sowie das Kaposi-Sarkom der Haut.

Die Ansteckung mit dem Virus erfolgt durch ungeschützten Sexualkontakt (homo- und heterosexuell), HIV-infizierte Schwangere übertragen in der Regel den Erreger auf das Ungeborene, HIV breitet sich durch intravenösen Drogenmißbrauch aus. Früher kam es zur Infektion nach Übertragung von Blut, Plasma und Plasmafaktoren infizierter Spender. Dieses Risiko kann durch serologische Überprüfung von Spendern minimalisiert werden und liegt derzeit bei 3 Infektionen auf eine Million transfundierter Patienten. Gentechnische Herstellung und Zulassung des Gerinnungsfaktors VIII (s. Kap. 11.9.3) vermindert das HIV-Risiko für Bluterkranke. Bisher konnte dieser Faktor allein aus Spenderplasma gewonnen werden.

Weltweit suchen Forscher nach Impfstoffen und Virostatika (Stoffe, die die Vermehrung der Viren aufhalten). Man hofft, gentechnologisch bestimmte virale Gene abschalten zu können, um den Vermehrungsmechanismus zu blockieren. Azidothymidin (AZT) ist ein Mittel in diese Richtung, das aber seiner Nebenwirkungen wegen nur in fortgeschrittenen Stadien gegeben wird. Es kann die Vermehrung der Erreger hemmen.

Das große Gesundheitsproblem AIDS

Jährlich werden in Deutschland ca. 3000 HIV-Infektionen gezählt. Die Dunkelziffer liegt vermutlich noch höher. Die Weltgesundheitsorganisation WHO schätzt die Zahl der weltweit Infizierten auf 19,5 Millionen. Ausgebreitet wird die bisher unheilbare, tödliche Krankheit durch Risikogruppen, wie Drogensüchtige und Homosexuelle, aber nun auch zunehmend auf heterosexuellem Wege (in Europa bis zu 25% Zuwachs).

Präv Die Präventionsmaßnahmen im Kampf gegen AIDS beinhalten: Aufklärung, also keine Verharmlosung der AIDS-Gefahr, Schutz durch Kondome und Bekämpfung der nadelabhängigen Drogensucht.

Die Betreuung AIDS-Kranker stellt hohe Anforderungen an Pflegepersonal, Ärzte und Angehörige. Information hilft Ängste und Hysterie abzubauen. Schutzmaßnahmen im Umgang mit Blut, Gewebe und infiziertem Material, Spritzen, Kanülen usw. müssen streng eingehalten werden, wie sie bisher bei der Hepatitis B vorgeschrieben sind.

Bemerkt sei zum Schluß, daß es den Rahmen dieses Buches überschreiten würde, die Krankheit AIDS erschöpfend zu behandeln. Es sollte vor allem gezeigt werden, wie ein „physiologisch nützliches" System, das Immunsystem, durch Virusbefall völlig zum Erliegen kommen kann.

Autoaggressionskrankheiten

Path In seltenen Fällen kommt es zu Immunreaktionen gegen körpereigene Eiweiße; man spricht von Autoaggressionskrankheiten, da der Körper bestimmte Eiweiße des eigenen Körpers nicht „erkennt" und Antikörper dagegen bildet. Beispiele: *Hashimoto*-Struma, *Basedow*-Krankheit (s. Kap. 25.5.3), Myasthenia gravis (s. Kap. 7.4).

Kurzgefaßt

Die **Abwehr** in den Körper eingedrungener körperfremder Substanzen, **Antigene**, kann durch **unspezifische zelluläre Reaktionen** der weißen Blutzellen erfolgen. Nach wiederholtem Kontakt mit Antigenen werden **T- und B-Lymphozyten** sensibilisiert und aktiviert, es erfolgt dann eine **spezifisch zelluläre Reaktion. Unspezifische humorale Reaktionen** bestehen in der Freisetzung von Stoffen, die Fieber erzeugen, Blutgefäße zur Durchblutungssteigerung anregen und ihre Durchlässigkeit erhöhen. **Interferone** dienen der Virusabwehr. **Spezifische humorale Reaktionen** bestehen in der Bildung spezifischer Antikörper gegen spezifische Antigene. Es sind Eiweiße vom Typ der Globuline. **Allergien** sind spezifisch humorale Reaktionen. Als **aktive Impfung** wird die Auslösung von Antikörperbildung durch Gabe abgeschwächter Erreger oder deren Schadstoffe bezeichnet, als **passive Impfung**, wenn man die Antikörper direkt gibt.

Beispiele für Erkrankungen des Immunsystems sind u.a. die **Allergiekrankheiten**, die **Immunschwäche AIDS** und die **Autoaggressionskrankheiten.**

11.11 Blutgruppen

Es gibt zahlreiche Blutgruppensysteme, von denen die beiden wichtigsten, das A-, B-, Null(AB0-)System und das Rhesus-(Rh)-System, näher besprochen werden sollen. Es handelt sich um erblich festgelegte Antigene, die sich besonders in der Erythrozytenmembran, aber auch in vielen anderen Gewebsmembranen befinden. Die Vererbung erfolgt nach den *Mendel*schen Gesetzen (s. Kap. 4.8.5). Die Blutgruppenantigene nennt man Agglutinogene, wenn sie bei Reaktion mit den entsprechenden Antikörpern, die man auch Agglutinine nennt, die roten Blutkörperchen zum Agglutinieren, d.h. zum Zusammenballen, bringen (s. Kap. 11.10.2).

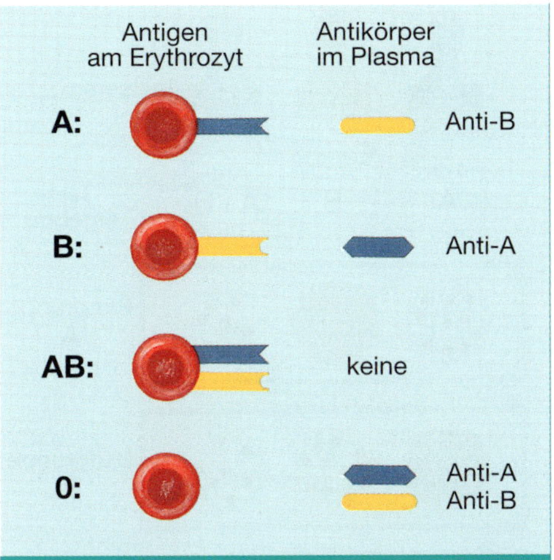

Abb. 11-21 AB0-System

Schematische Darstellung der Antigene und Antikörper des AB0-Blutgruppensystems.

11.11.1 Das AB0-System

Man unterscheidet die Blutgruppen A, B, AB und 0 (Abb. 11-21). Die meisten Menschen in Mitteleuropa haben die Blutgruppe A (ca. 40%) und 0 (ca. 40%), dann folgt die Blutgruppe B mit ca. 14%, am seltensten ist die Blutgruppe AB mit etwa 5%. Bei der Blutgruppe A unterscheidet man A_1 und A_2. Blutkörperchen mit dem Merkmal A_2 ballen sich nur schwach zusammen. Eine Besonderheit des AB0-Systems ist es, daß im Plasma regelmäßig Antikörper gegen die jeweils nichteigenen Antigene gefunden werden (s. Abb. 11-21). Sie werden im Laufe des ersten Lebensjahrs aufgrund einer Immunreaktion mit Darmbakterien gebildet, die zufällig die gleichen Antigene A und B wie die Erythrozyten tragen.

Praktische Bedeutung haben die Blutgruppen bei der Blutübertragung. Grundsätzlich darf im AB0-System **nur blutgruppengleiches Blut** übertragen werden, da es sonst zur Agglutination der roten Blutkörperchen kommt. Ein solcher Transfusionszwischenfall kann den Patienten schwer schädigen, es kommt zu einem allergischen Schock mit Kreislauf- und Nierenversagen.

Blutgruppenuntersuchungen spielen auch in der Gerichtsmedizin eine Rolle bei der Identifizierung von Blutspuren. Da bei etwa 80% der Bevölkerung Blutgruppenantigene auch in Sekreten wie Speichel, Magensaft, Samenflüssigkeit und Schweiß vorkommen, erhält der Gerichtsmediziner durch Blutgruppentests, die sich auch an eingetrockneten Sekreten durchführen lassen (Speichelspuren an Zigarettenstummeln), wichtige Hinweise.

Die **Bestimmung der Blutgruppe** wird mit **Testseren** durchgeführt, die unter strenger Kontrolle hergestellt werden und Antikörper in konzentrierter Form enthalten. Zur Sicherheit sind sie noch unterschiedlich angefärbt (Abb. 11-22 u. Tab. 11-4). Man gibt je einen Tropfen Testserum Anti-A, Anti-B und Anti-AB auf einen Objektträger mit geeigneten Rinnen oder Vertiefungen, fügt je einen Tropfen unbekannten Blutes zu und mischt durch. Agglutinieren die Blutkörperchen mit Anti-A- und Anti-AB-Serum, liegt die Blutgruppe A vor;

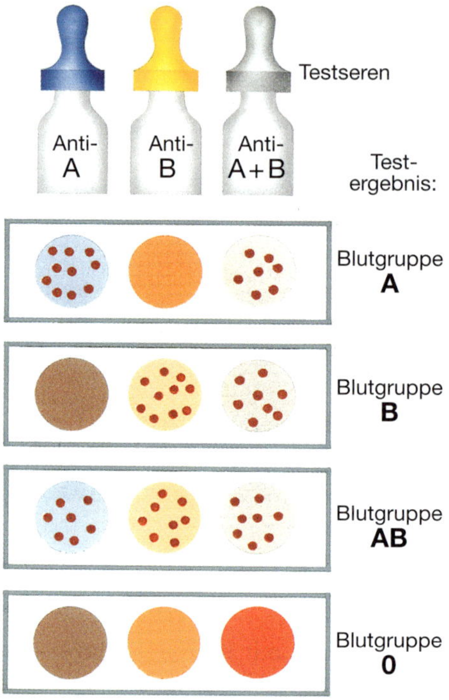

Abb. 11-22 Ergebnis eines Blutgruppentests

Eine Agglutinationsreaktion tritt immer dann auf, wenn Antigene der zu testenden Erythrozyten mit den zu ihnen passenden Antikörpern der Testseren vermischt werden. Tritt z.B. eine Reaktion bei Zugabe von Antikörper A (Testserum Anti-A) auf, müssen im getesteten Blut Erythrozyten sein, die das Antigen A tragen.

agglutinieren sie mit Anti-B und Anti-AB, die Blutgruppe B. Findet überhaupt keine Agglutination statt, so handelt es sich um Blutgruppe 0. Zur Sicherheit macht man die Gegenprobe mit **Test-Erythrozyten** der Blutgruppen A, B und 0. Das unbekannte Blut wird zentrifugiert. Ein Tropfen des überstehenden Plasmas wird je mit einem Tropfen der Test-Erythrozyten versetzt. Agglutinieren nur die Test-Erythrozyten A, liegt die Blutgruppe B vor, agglutinieren nur die Test-Erythrozyten B, die Blutgruppe A, agglutinieren A- und B-Erythrozyten, handelt es sich um die Blutgruppe 0. 0-Test-Erythrozyten dürfen von keiner Blutgruppe agglutiniert werden; sie werden bei diesem Test zugezogen, um einen Vergleich mit negativem Ergebnis zu haben.

Die beiden beschriebenen Tests stellen auch das Prinzip der **Kreuzprobe** dar, die vor jeder Blutübertragung angestellt werden muß:

- Spender-Erythrozyten gegen Empfängerserum,
- Empfänger-Erythrozyten gegen Spenderserum.

11.11.2 Das Rhesus-System

Der Name rührt daher, daß die Entdecker dieses Systems Meerschweinchen mit Rhesusaffen-Erythrozyten impften. Die Meerschweinchen reagierten darauf mit der Bildung eines Antikörpers, des Rhesus-Antikörpers, mit dem bei etwa 85% unserer Bevölkerung die roten Blutkörperchen zur Agglutination mit nachfolgender Hämolyse gebracht werden können; sie reagieren also rhesuspositiv.

Der Rhesusfaktor wird mit einem **Testserum Anti-D** geprüft (s.u.). Wenn eine Agglutination eintritt, ist der Betreffende Rhesuspositiv, Rh+, er besitzt das Antigen D. Ein Rhesus-Negativer, Rh–, wird mit d bezeichnet, außerdem gib es noch schwach positiv Reagierende, die man mit D^u bezeichnet. Als Blutempfänger muß er negativ gelten, als Spender positiv.

Tab. 11-3 Blutgruppensysteme des Menschen

Blutgruppensystem	Hauptantigene	„Natürliches" Vorkommen von Antikörpern
AB0	A, B	regelmäßig
Rhesus	C, C^w, c, D, D^u, e	sehr selten
MNSs	M, N, S, s	selten
P	P_1, P_2	regelmäßig
Lutheran	Lu^a, Lu^b	extrem selten
Kell	K, k, Kp^a, Kp^b	niemals
Lewis	Le^a, Le^b	selten
Duffy	Fy^a, Fy^b	niemals
Kidd	Jk^a, Jk^b	niemals

Bedeutung des Rhesusfaktors:

1. Er ist bei Blutübertragungen zu beachten. Einem Rh-Negativen darf kein Rh-positives Blut übertragen werden. Zwar ist bei der Erstübertragung keine Reaktion zu erwarten, denn grundsätzlich setzt die Bildung der Rhesus-Antikörper erst ein, nachdem Rhesus-positive Erythrozyten in den Blutkreislauf gelangt sind. Gegen Rhesus-negative Erythrozyten werden keine Antikörper gebildet, d.h. daß ein Rhesus-positiver Rhesus-negatives Blut eines Nicht-Sensibilisierten übertragen bekommen kann.

2. Bei Frauen muß der Rhesusfaktor besonders beachtet werden. Ist eine Rh-negative Frau schwanger, muß der Rhesusfaktor des Vaters beachtet werden. Da nur ca. 15% der Bevölkerung Rhesus-negatives Blut haben, ist die Wahrscheinlichkeit groß, daß der Vater und auch das zu erwartende Kind wegen des dominanten Erbgangs des Rhesusfaktors (s. Kap. 4.8.5) Rhesus-positiv sind. Während der Geburt nimmt die Mutter über die Wundfläche, die durch das Ablösen des Mutterkuchens (Plazenta) entstanden ist, kindliche, sogenannte fetale Erythrozyten in ihren Kreislauf auf und bildet, falls diese Rh-positiv sind, sie selbst aber Rhesus-negativ ist, Antikörper (Anti-D-Immunglobuline).

Path Während späterer Schwangerschaften gelangen diese Antikörper über die Plazenta in den fetalen Kreislauf und bringen dort die Rh-positiven Blutkörperchen zur Hämolyse. Der Fetus erleidet dadurch schweren Sauerstoffmangel und kommt entweder mit einem schweren hämolytischen Neugeborenen-Ikterus zur Welt oder stirbt bereits im Mutterleib ab. Im ersten Fall hilft eine Blutaustauschtransfusion mit Rh-negativem Blut, die sofort nach der Geburt durchgeführt werden muß. In speziellen Kliniken sind auch Bluttransfusionen möglich, während sich das Kind noch im Mutterleib befindet.

Präv Um solche Komplikationen zu verhindern, bekommt die Mutter nach der ersten Schwangerschaft Rh-Antikörper, d.h. Immunglobulin Anti-D gespritzt, wodurch die kindlichen Rh-positiven Erythrozyten, die während der Geburt in ihren Kreislauf gelangt sind, zur Hämolyse gebracht werden. Dies muß innerhalb der ersten 70 Stunden nach der Entbindung stattfinden, ehe die Antikörperbildung bei der Mutter einsetzt. Diese **Anti-D-Prophylaxe** muß natürlich nach jeder Geburt eines Rh-positiven Kindes, aber auch nach Schwangerschaftsabbrüchen und Fehlgeburten wiederholt werden. Heute wird die Anti-D-Prophylaxe auch schon während einer Schwangerschaft durchgeführt. Man gibt der Mutter in der 28. und 40. Schwangerschaftswoche eine kleine Menge Anti-D. Diese reicht aus, eine Sensibilisierung der Mutter durch gegebenenfalls bereits während der Schwangerschaft aufgetretenen Kontakt mit fetalem Blut zu verhindern, und sie ist so gering, daß sie dem Kind nicht schadet. Dadurch wird eine Sensibilisierung mit 99%iger wahrscheinlichkeit verhindert, gegenüber einem nur 90%igen Schutz durch die nachgeburtliche Anti-D-Prophylaxe.

Bestimmung des Rhesusfaktors: Ein Tropfen Blut wird mit einem Tropfen Anti-D-Serum, das zusätzlich noch einen agglutinierenden Anti-Antikörper (der zwei Antigenkörperkomplexe verbinden kann) enthält, gemischt und 15 Minuten in einem Brutschrank bei 37 °C gehalten. Um ein Austrocknen zu verhindern, wird der Objektträger mit dem Gemisch in eine feuchte Kammer gelegt. Ist eine Agglutination eingetreten, handelt es sich um Rhesus-positives Blut; bleibt das Gemisch homogen, ist das Blut Rhesus-negativ.

Kurzgefaßt

Beim **AB0-System** handelt es sich um erblich festgelegte **Antigeneigenschaften** A (A_1 und A_2) und B der Erythrozyten (auch der Leukozyten, Thrombozyten und vieler anderer Körperzellen und Körperflüssigkeiten). Blut der Blutgruppe A enthält (im Plasma) **Antikörper** B, der Blutgruppe B Antikörper A, der Blutgruppe 0 Antikörper A und B, der Blutgruppe AB keine Blutgruppenantikörper.

Der **Blutgruppennachweis** ist für das Bluttransfusionswesen, für Vaterschaftsnachweise und gerichtsmedizinische Belange von Bedeutung. Grundsätzlich darf nur gruppengleiches Blut übertragen werden. 85% der Bevölkerung sind **Rh-positiv**. Übertragung ihres Blutes auf **Rh-negative** Personen führt zur Sensibilisierung und Bildung von Ig Anti-D, bei erneuter Übertragung Rh-positiven Blutes kommt es zur Hämolyse und möglicherweise zum Kreislaufschock. Rh-negative Frauen können bei der Geburt (aber auch bei einer Schwangerschaftsunterbrechung und manchmal auch während einer Schwangerschaft) durch Rh-positives Blut der Neugeborenen (bzw. Feten) sensibilisiert werden und Antikörper bilden, die bei späteren **Schwangerschaften** Rh-positive Feten schädigen. Die Antikörperbildung bei der Mutter kann durch Injektionen von Ig Anti-D **(Anti-D-Prophylaxe)** verhindert werden.

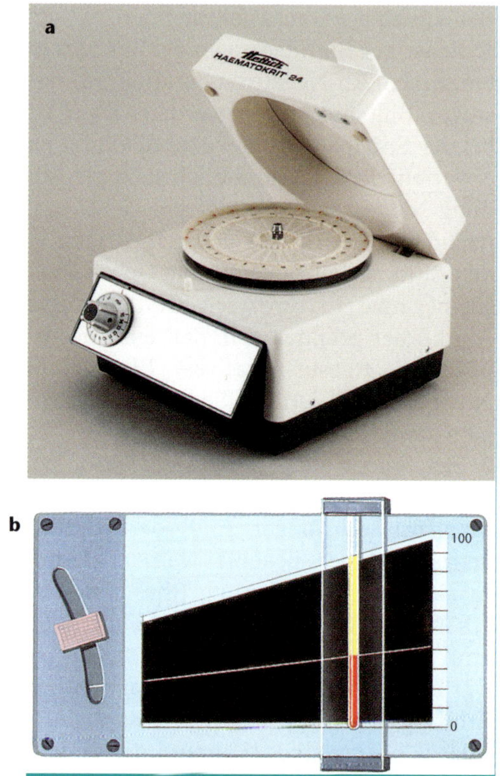

Abb. 11-23 Hämatokritbestimmung

Mit Blut gefüllte Glaskapillaren werden einseitig verschlossen und in einer Hämatokritzentrifuge **a** so zentrifugiert, daß sich Zellanteil (rote Säule) und Plasma (gelbe Säule) trennen. Anschließend wird mit einem Ablesegerät **b** der prozentuale Anteil der Zellen bestimmt.

11.12 Untersuchungsmethoden

Hämatokritbestimmung (Abb. 11-23): Man verwendet dazu sogenannte Mikrohämatokritröhrchen, die 75 mm lang sind und einen Innendurchmesser von 1,1–1,2 mm haben. Sie sind zur Gerinnungshemmung (s. Kap. 11.9.3) mit Heparin präpariert, und man benötigt zu ihrer Füllung nur ca. 50 µl Blut. Ein Ende wird zugeschmolzen oder mit einer geeigneten Masse verstopft, damit das Blut beim Zentrifugieren in einer Mikrohämatokritzentrifuge, in der es waagerecht liegt, nicht herausgeschleudert wird. Nach 5 Minuten Zentrifugieren sind die Blutkörperchen vom Plasma getrennt, und der Hämatokritwert läßt sich mit Hilfe eines Ablesegerätes direkt in % angeben (s. Abb. 11-23) oder nach Abmessen der Gesamtblutsäule und der Blutkörperchensäule in Prozent umrechnen:

$$\frac{\text{Blutkörperchensäule}}{\text{Gesamtsäule}} \cdot 100$$

$$\text{z.B. } \frac{2{,}8}{6} \cdot 100 = 46\%$$

Bestimmung des Gesamt-Plasma- und Blutvolumens: Das **Plasmavolumen** läßt sich mit der Farbstoffverdünnungsmethode bestimmen. Dafür eignet sich z.B. Evans-Blau.

Das **Blutvolumen** läßt sich entweder aus dem Plasmavolumen und dem Hämatokritwert errechnen oder z.B. durch Verdünnung radioaktiv markierter roter Blutkörperchen der Blutgruppe 0 direkt ermitteln. Das Prinzip beider Methoden ist, daß man die Konzentration (c_1) und das Volumen (V_1) der intravenös verabreichten Probe und damit die verabreichte Menge $c_1 \cdot V_1$ kennt und in einer nach ca. 7 Minuten entnommenen Probe die Konzentration c_2 mißt. Nach folgender Gleichung kann man das gesuchte Volumen (V_2) berechnen:

$$c_1 \cdot V_1 = c_2 \cdot V_2$$

Hämoglobinbestimmung – Cyanmethämoglobin-Methode: Blut wird mit Transformationslösung, die u.a. Kaliumferricyanid und Kaliumcyanid enthält, verdünnt, hämolysiert und zu Cyanmethämoglobin umgewandelt, das keinen Sauerstoff mehr binden kann und farbstabil ist. Die Probe wird in eine Küvette gefüllt und mit einem Photometer bei 546 nm Wellenlänge die Extinktion bestimmt. Bei der Umrechung auf g Hb/100 ml Blut müssen die Verdünnung, der Extinktionskoeffizient von Hämoglobin und die Schichtdicke der Küvette berücksichtigt werden.

Zur Blutzellzählung werden in den Großlaboratorien **automatische Geräte** verwendet. Sie beruhen meist auf Leitfähigkeits- oder Lichtstreuungsmessung. Dennoch sollten dem medizinischen Assistenzpersonal die in Abbildung 11-24 dargestellten Verfahren geläufig sein; z.B. muß im Falle einer Blinddarmreizung die Leukozytenzahl schnell bestimmt werden.

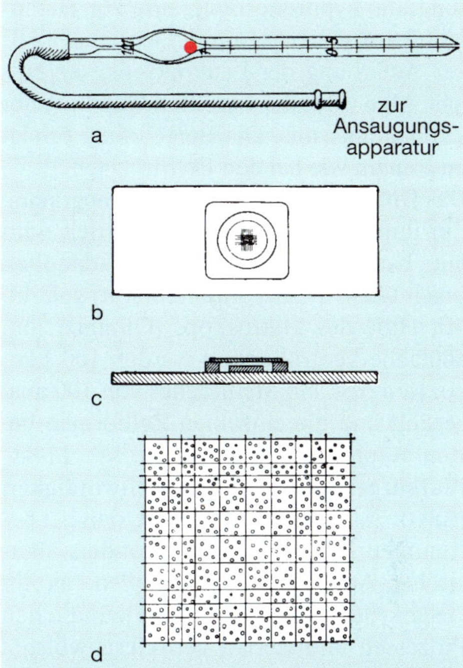

Abb. 11-24 Erythrozytenzählung

Blutkörperchen-Zählkammer und Mischpipette. **a** Mischpipette zum Aufsaugen und zur Verdünnung des Blutes auf 1:100; **b** Zählkammer in der Aufsicht ohne Deckglas; **c** im Längsschnitt mit Deckglas; **d** Bild der gefüllten Kammer unter dem Mikroskop.

Erythrozytenzählung: In einer Erythrozytenpipette (mit roter Perle) (Abb. 11-24) wird Blut mit Hayemscher Lösung 100- bis 200fach verdünnt. Auf eine Zählkammer wird ein Deckglas geschoben. Aus der Pipette werden die ersten Tropfen verworfen, danach die Zählkammer gefüllt und 80 Kleinstquadrate ausgezählt. Die Anzahl pro µl errechnet man aus der ausgezählten Erythrozytenzahl unter Berücksichtigung des Zählkammervolumens und der Verdünnung.

Leukozytenzählung: In einer Leukozytenpipette (mit weißer Perle) wird Blut 10fach verdünnt. Dazu verwendet man Türk-Lösung, die hypotone Essigsäure zur Hämolyse der Erythrozyten und Gentianaviolett zur Anfärbung der Leukozytenkerne enthält. Man zählt die 4 größten Quadrate der Zählkammer aus. Die Berechnung erfolgt im Prinzip wie bei den Erythrozyten.

Das Differentialblutbild oder Hämogramm: Ein dünner, trockener Blutausstrich wird mit basischen und sauren Farbstoffen (nach *Giemsa* oder *Pappenheim*) gefärbt. Mit Hilfe des Mikroskops (Ölimmersion, 800fache Vergrößerung) werden 100 Leukozyten bzw. ein Mehrfaches von 100 ausgezählt und die einzelnen Zellformen bestimmt (prozentuale Angabe s. Tab. 11-4).

Blutkörperchensenkungsgeschwindigkeit (BSG): Sei langem ist bekannt, daß bei bestimmten Erkrankungen, besonders allergischer Art (z.B. Heuschnupfen, akuter Gelenkrheumatismus), bei entzündlichen Prozessen und Zerfall von Geschwülsten die Blutkörperchen schneller absinken als beim Gesunden. Normalwerte für den Mann sind 3–8 mm bzw. 5–18 mm, für die Frau 6–11 mm bzw. 6–20 mm nach 1 bzw. 2 Stunden. Die Eiweißzusammensetzung des Plasmas ist bei obengenannten Erkrankungen zugunsten der Globuline verschoben. Das Verhältnis Albumin : Globulin ist normalerweise ca. 3 : 2 (Eiweißquotient 1,5). Pathologisch vermehrt sind u.a. Haptoglobine und γ-Globuline, die zu den **Agglomerinen** gehören und ein Aneinanderlagern von Blutkörperchen bewirken, die dann schneller als normal absinken. Das Bestimmen der BSG ist eine einfache Methode, die in jeder Praxis durchführbar ist und einen wichtigen Hinweis auf krankhafte Prozesse geben kann. Ein Röhrchen mit Millimetereinteilung wird mit Blut gefüllt, das mit Citrat (4 Teile Blut + 1 Teil Citratlösung) ungerinnbar gemacht wird (Abb. 11-25). Die Grenze zwischen Blutzellen und Plasma wird nach 1 und 2 h (manchmal auch noch nach 24 h) abgelesen.

Tab. 11-4 Hämogramm, Normalwerte für Säuglinge, Kinder (bis 8 Jahre) und Erwachsene

	Säuglinge	Kinder	Erwachsene
	%	%	%
Neutrophile	25–65	35–70	55–70
stabkernige	0–10	0–10	3– 5
segmentkernige	25–65	25–65	50–70
Eosinophile	1– 7	1– 5	2– 4
Basophile	0– 2	0– 1	0– 1
Monozyten	7–20	1– 6	2– 6
Lymphozyten	20–70	25–50	25–40

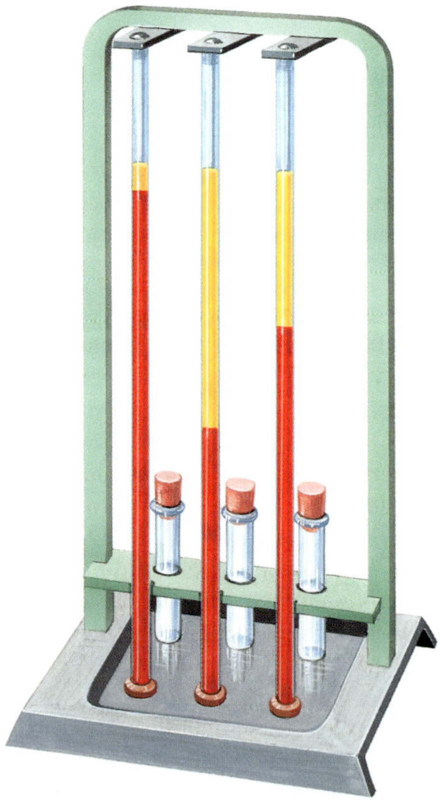

Abb. 11-25 Blutkörperchensenkungsgeschwindigkeit

Röhrchen zur Bestimmung der Blutkörperchensenkungsgeschwindigkeit. Links: normal, Mitte und rechts: erhöhte Werte (ca. 60 bzw. 45 mm), nach einer Stunde.

12 Herz-Kreislauf-System

Aufgabe des Blutkreislaufs ist es, jede Körperzelle mit den für ihren Stoffwechsel nötigen Substanzen zu versorgen. Abbauprodukte des Stoffwechsels abzutransportieren, Botenstoffe (Hormone), Enzyme sowie Wärme zu befördern. Das Blut ist das Transportmittel, das auf den Wegen des Kreislaufs die genannten Stoffe und die Wärme aufnehmen und abgeben kann. Da der **Stofftransport** aus den Blutgefäßen zu den Körperzellen bzw. zurück teilweise nur mit Hilfe des langsamen Prozesses der Diffusion (s. Kap. 5.1) möglich ist, muß eine große **Austauschfläche** vorhanden sein. Am Ort des Austausches muß daher die Oberfläche der Gefäße am größten sein. Diese große Austauschfläche kann nur durch feinste Aufzweigungen der Gefäße des Kreislaufs in die **Haargefäße (Kapillaren)** entstehen. Beispiel: 70 ml Blut (etwa 1/2 Tasse) nehmen, in den Lungenkapillaren verteilt, eine Oberfläche von 70 m^2 ein, während dieselbe Menge Blut in der großen Körperschlagader **(Aorta)** auf 15 cm Länge nur eine Oberfläche von 0,1 m^2 einnimmt – das ist etwa ein Drittel der Fläche einer Seite dieses Buches. Für die Blutversorgung des Darmbereichs und der Skelettmuskulatur gelten ähnliche Verhältnisse. Eine Durchströmung der Haargefäße ist nur möglich, wenn das Blut durch eine Pumpe, das Herz, in Bewegung gehalten wird.

Erkrankungen des Herz-Kreislauf-Systems gehören zu den häufigsten, die den Menschen befallen. Ein großer Anteil der Patienten, die betreut werden müssen, leidet an Herz-Kreislauf-Störungen, häufig im Zusammenhang mit anderen Grundleiden. Die Kenntnis der Organfunktionen in Verbindung mit dem Herz-Kreislauf-System ist deshalb eine wesentliche Voraussetzung für das Verständnis der auftretenden Störungen sowie für die erforderlichen ärztlichen und pflegerischen Maßnahmen.

12.1 Organdurchblutung

Abbildung 12-1 gibt eine Übersicht über die Anordnung des Kreislaufsystems und die Durchblutung der einzelnen Organe. Das sauerstoffreiche, kohlendioxidarme Blut aus der Lunge fließt durch die Lungenvenen in den linken Teil des Herzens, von wo es durch die Zusammenziehung des Herzmuskels in die große Körperschlagader (Aorta) gepumpt wird. Etwa 5% des arteriellen Blutes versorgen den Herzmuskel über die Herzkranzgefäße **(Koronararterien),** 15 bis 20% das Gehirn, und etwa ebensoviel fließt durch die Nieren. Während diese Durchblutungsanteile verhältnismäßig konstant sind, kann sich die Durchblutung des Verdauungskanals, der Milz, der Leber, der Muskulatur und der Haut stark verändern. So kann sich bei schwerer körperlicher Arbeit die Muskel- und Hautdurchblutung um ein Vielfaches erhöhen (s. Kap. 12.5). Das Blutfassungsvermögen des gesamten Kreislaufs beträgt etwa 20 Liter, die Gesamtblutmenge eines Erwachsenen beträgt aber nur ca. 6 Liter, so daß nie alle Gebiete maximal durchblutet werden können. Bei 20 l Blutvolumen müßte das Herz das Dreifache an Arbeit leisten, es müßte erheblich größer und

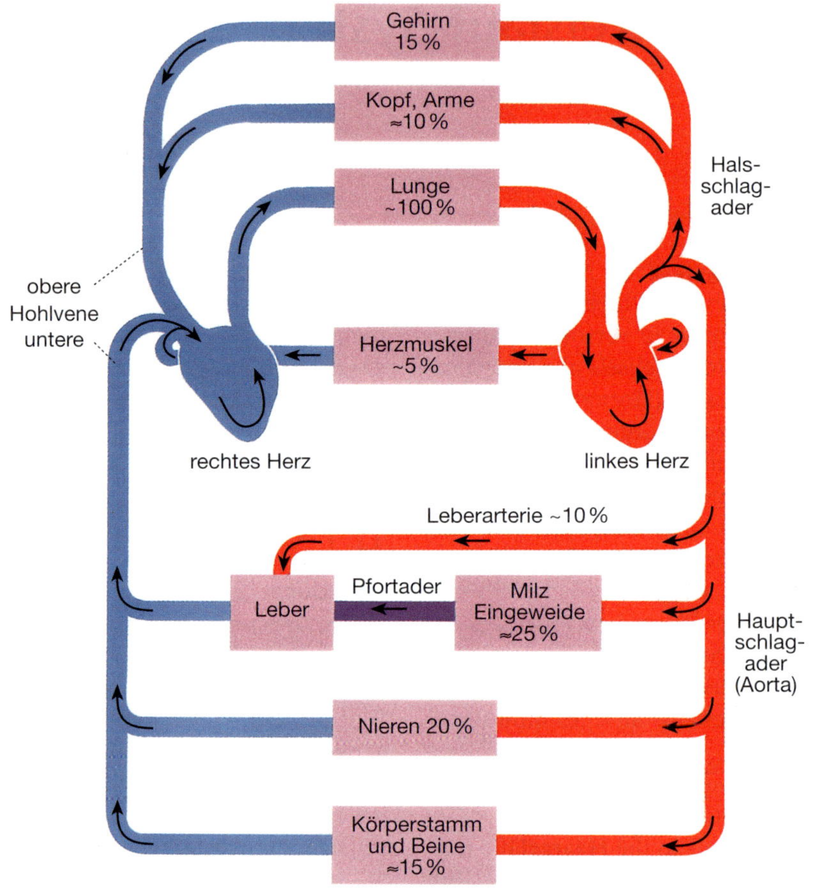

Abb. 12-1 Organdurchblutung

Durchblutungsanteile der einzelnen Organe des Körpers unter Ruhebedingungen.

seine Wände viel dicker sein. Durch Anpassung der Durchblutung der einzelnen Organe entsprechend ihrer Funktion kann Blut und Herzarbeit gespart werden.

12.2 Das Herz

12.2.1 Die Ventilpumpe

Das **Herz** ist eine **Ventilpumpe,** die das Blut durch den Kreislauf treibt. Die Pumpleistung wird vom **Herzmuskel** durch Kontraktion der Muskelfasern und damit Verkleinerung dieses **Hohlorgans** erbracht. Diese Phase bezeichnet man als **Systole.** Die Herzklappen arbeiten als Ventile und ermöglichen einen **gerichteten Blutstrom.** Funktionell kann das Herz in einen rechten und linken Teil getrennt werden („rechtes bzw. linkes Herz"). Die Richtung des Blutstroms durch die Klappen zeigt Abbildung 12-2, in der das rechte Herz dargestellt ist. Links ist der Vorhof kontrahiert (Vorhofsystole), die Segelklappen zwischen Vorhof und Herzkammer sind geöffnet, und das venöse Blut strömt in die Kammer ein. Da zwischen Vorhof und

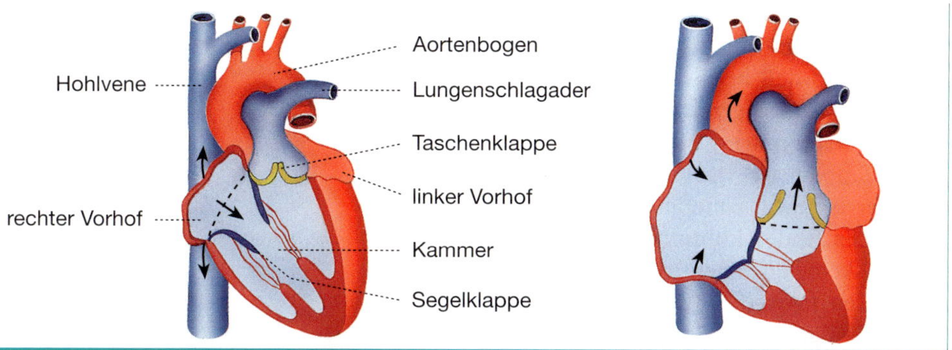

Abb. 12-2 Systole und Diastole

Diastole (links) und Systole (rechts) des rechten Herzens. In der Diastole kontrahiert sich der Vorhof, Blut strömt durch die offenen Segelklappen in die Kammer. In der Systole kontrahiert sich die Kammer, die Segelklappen schließen sich, die Taschenklappen öffnen sich, Blut strömt in die Lungenarterie. Durch die Kontraktion der Kammer rückt die „Ventilebene" tiefer. Das ist gestrichelt links auf der Ebene der Segel-, rechts auf der Ebene der Taschenklappen gezeigt. Dadurch wird Blut in den Vorhof (Pfeile) angesaugt.

Hohlvenen keine Klappen sind, strömt bei der Vorhofsystole etwas Blut in die Hohlvenen zurück. Rechts ist der Vorhof erschlafft (Vorhofdiastole) und die Kammer kontrahiert (Kammersystole). Durch die Steigerung des Kammerinnendrucks werden die Segelklappen geschlossen und die Taschenklappen geöffnet, das Blut strömt durch die Lungenarterie in die Lunge zur Abgabe von CO_2 und Aufnahme von O_2. Die Lungen**arterie** transportiert also **venöses** Blut, die Lungen**vene** dagegen **arterielles.**

Im linken Herzen wird das Blut auf die gleiche Weise transportiert wie im rechten, lediglich die Segelklappen bestehen rechts aus 3 Segeln **(Trikuspidalklappe)** und links aus 2 Segeln **(Mitralklappe).** Die **Pumpkraft** der linken Kammer muß jedoch viel höher sein als diejenige der rechten Kammer, da sie das Blut durch den ganzen Körperkreislauf treiben muß. Die rechte Kammer muß das venöse Blut nur durch das Lungengebiet mit einem vergleichsweise niederen Strömungswiderstand treiben. Wie man in Abbildung 12-3 sieht, hat die Wand der linken Herzkammer eine viel stärkere Muskelschicht. Entsprechend ist der **Blutdruck** in der Aorta bei körperlicher Ruhe um das Sechsfache höher als in der Lungenarterie, ca. 13,5 kPa (100 mmHg) gegenüber ca. 2 kPa (15 mmHg).

Die Pumpkraft wird durch Verkürzung (Kontraktion) der Herzmuskelfasern aufgebracht. Die **Anordnung** der **Muskelfaserzüge** und ihre Feinstruktur spielen dabei

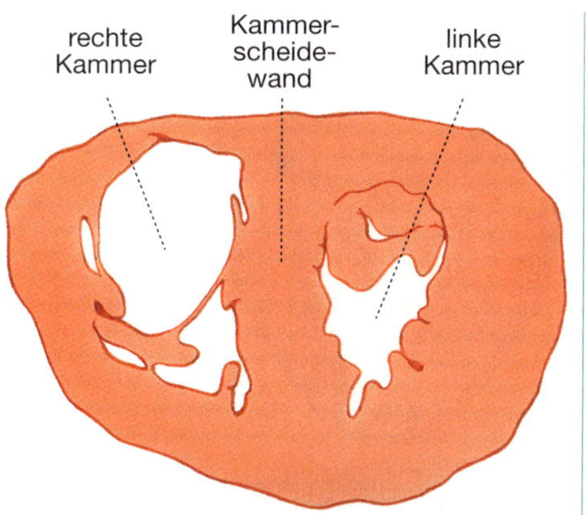

Abb. 12-3 Herzmuskulatur

Querschnitt durch ein Herz mit der stärkeren Muskulatur der linken Kammer.

eine wichtige Rolle (Abb. 12-4). Die Faserzüge der Herzmuskulatur sind spiralig angeordnet, so daß bei der Kontraktion der Innenraum des Herzens in jeder Dimension verkleinert wird und zusammen mit den Klappen ein gerichteter Blutstrom möglich ist. Mit zunehmender „Austreibung“ des Blutes kontrahieren sich auch die Muskeln, an denen die bindegewebigen Fäden für die Segelklappen befestigt sind, die **Papillarmuskeln.** Dadurch wird erreicht, daß bei der Verkürzung des Abstandes von der Herzspitze zur Vorhof-Kammer-Grenze die Klappen nicht in den Vorhof „durchschlagen“ und das Blut nur durch die Taschenklappen aus den Kammern austreten kann.

12.2.2 Erregungsleitung

Die **Feinstruktur** des Herzmuskels zeigt, ähnlich der Skelettmuskulatur, Anteile dicker **Myosin-** und dünner **Actinfäden** (s. Kap. 7.2). Die einzelnen Muskelzellen unterscheiden sich aber wesentlich von den Skelettmuskelzellen dadurch, daß sie kürzer sind und untereinander in Verbindung treten, ein sogenanntes **Synzytium** bilden (Abb. 12-5). Diese spezielle Anordnung ist für die Erregungsausbreitung wichtig, denn über diese Zellverbindungen kann sich die Erregung von Muskelfaser zu Muskelfaser ausbreiten. Das geschieht mit einer Geschwindigkeit von etwa 1 m/s; sie allein wäre aber zu langsam, um eine den Anforderungen des Kreislaufs entsprechende Herztätigkeit zu bewirken. Deshalb ist ein spezielles **Erregungsleitungssystem** erforderlich (Abb. 12-6), das die Herzmuskelarbeit der einzelnen Herzabschnitte aufeinander abstimmt, koordiniert. Die Erregung für jeden „Herzschlag“ geht beim normal arbeitenden Herzen von einem **Schrittmacher-**Gewebe im rechten Vorhof aus, das sich nahe dem Eintritt der oberen Hohlvene befindet. Diese Zellansammlung wird ihrer Lage und Form entsprechend **Sinusknoten** genannt. Er hat bei körperlicher Ruhe einen **Eigenrhythmus** (Autorhythmie) von 60–70 Erregungen pro Minute, der zunächst auf beide Vorhöfe übertragen wird und sie zur Kontraktion bringt. Eine rein muskuläre Erregungsausbreitung von den Vorhöfen zu den Herzkammern ist nicht möglich, da die Vorhofmuskulatur durch Bindegewebe, das teilweise die Klappen bildet, von

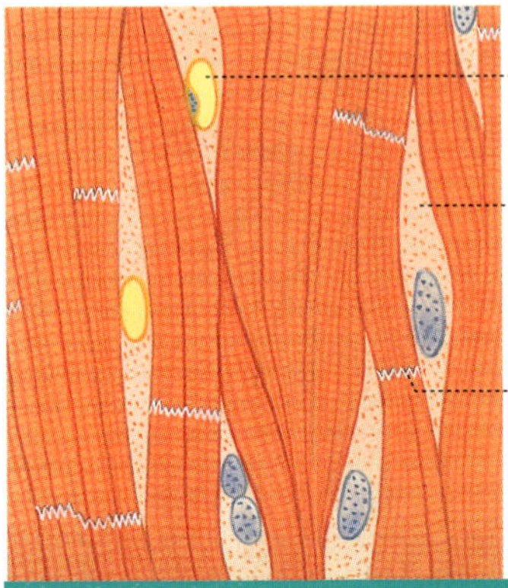

Abb. 12-5 Herzmuskelfasern

Mikroskopisches Bild von Herzmuskelfasern, die miteinander in Verbindung treten (Synzytium).

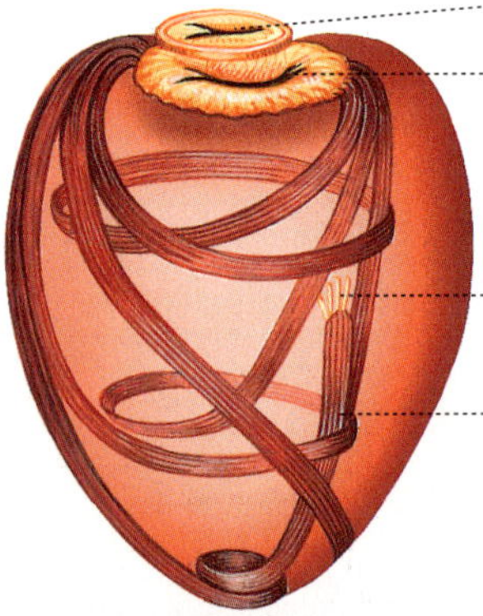

Abb. 12-4 Muskelfaserzüge

Schematische Darstellung der Muskelfaserzüge der linken Herzkammer. Sie ermöglichen eine gleichmäßige Verkleinerung des Kammervolumens bei der Kontraktion und damit die Austreibung des Blutes.

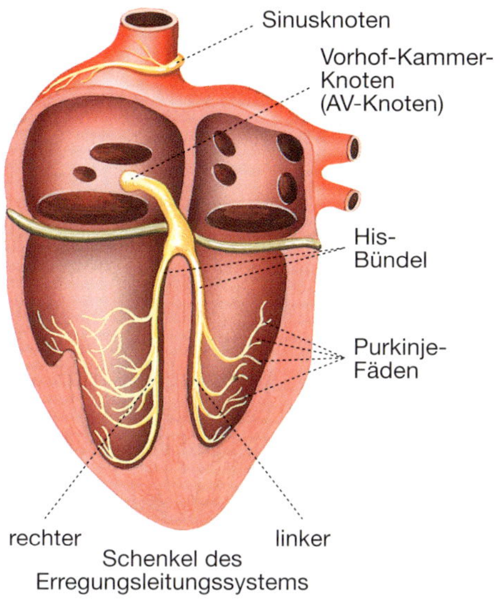

Abb. 12-6 Erregungsleitungssystem

Erregungsleitungssystem des Herzens (oft fälschlicherweise als Reizleitungssystem bezeichnet; nicht der Reiz, sondern die Erregung wird geleitet).

der Kammermuskulatur elektrisch isoliert ist. Die Erregung kann daher nur durch ein zweites Erregungsbildungszentrum an der Vorhof-Kammer-Grenze übergeleitet werden. Dieser **Atrioventrikularknoten** (s. Abb. 12-6) und das von ihm ausgehende zweischenklige Erregungsleitungssystem, nach seinem Entdecker **His-Bündel** genannt, dienen der raschen Fortleitung zur Herzspitze und in die Papillarmuskeln der Herzklappen. Abbildung 12-7 zeigt schematisch, daß zuerst beide Vorhöfe erregt werden, dann die Erregung über das His-Bündel zu den Papillarmuskeln läuft und schließlich über die Endaufzweigungen des Erregungsleitungssystems, die Purkinje-Fäden, die ganze Kammermuskulatur erfaßt. Zu diesem Zeitpunkt sind die Vorhöfe schon nicht mehr erregt, also erschlafft.

Wie beim Nerven und der Skelettmuskulatur gibt es auch beim Herzmuskel während seiner Kontraktion eine Phase, in der er nicht erregbar ist, die **Refraktärperiode** (s. Kap. 6.1). Sie dauert, entsprechend den langsameren Erregungsvorgängen, länger als beim Nerven oder Skelettmuskel (Abb. 12-8). Man sieht aus der synchron eingetragenen Muskeltätigkeit, daß die Refraktärperiode fast die ganze Zeit der Muskeltätigkeit einnimmt. Eine Dauerverkürzung (Tetanus, s. Kap. 7.1), wie wir sie vom Skelettmuskel her kennen, ist infolge der zeitlich festgelegten Erregungsausbreitung

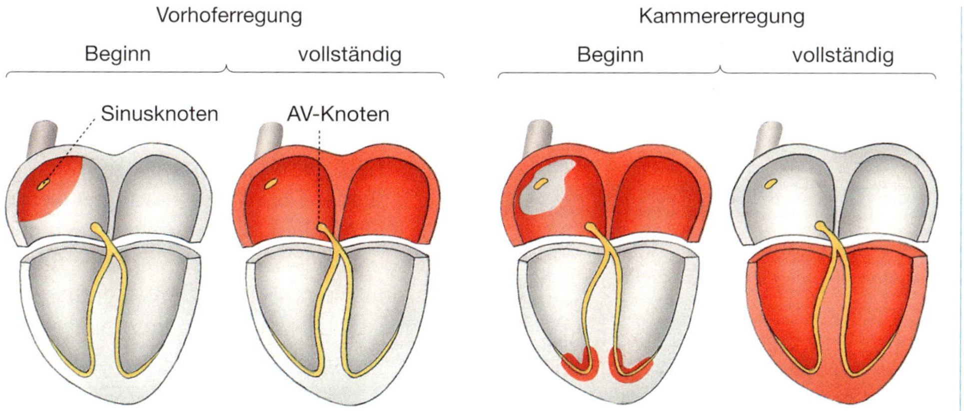

Abb. 12-7 Erregungsausbreitung

Schematische Darstellung der Erregungsausbreitung im Herzen.

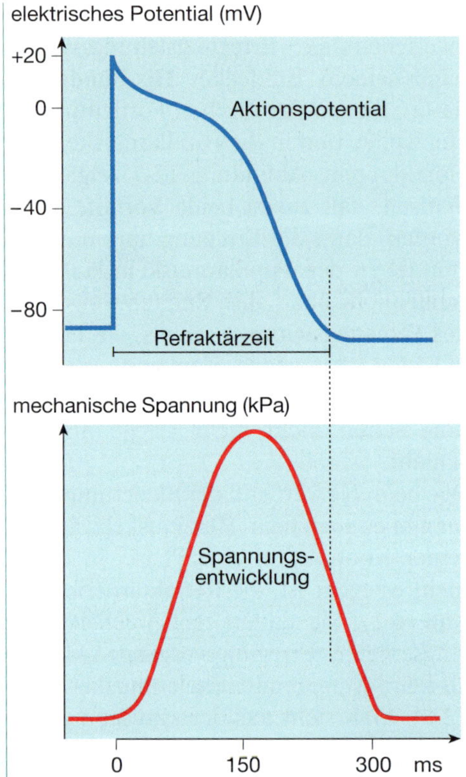

Abb. 12-8 Aktionspotential und Kontraktion

Zeitlicher Ablauf von Aktionspotential und Spannungsentwicklung einer Herzmuskelfaser (s. auch Abb. 6-2).

und der langen Refraktärperiode nicht möglich. Sie wäre auch nicht zweckmäßig, weil bei einer Dauerverkürzung der Herzmuskeln kein Blut mehr befördert werden könnte.

Kurzgefaßt

Das Hohlorgan **Herz** besteht aus spezialisierten Muskelfasern, die netzartig miteinander verknüpft sind. Die Kontraktion **(Systole)** des Herzmuskels dient der Fortbewegung des Blutes durch den Kreislauf. Der gerichtete Blutstrom wird durch Ventile **(Klappen)** im Herzen ermöglicht. Segelklappen zwischen den Vorhöfen und Kammern verhindern einen Rückstrom des Blutes bei Kammerkontraktion, Taschenklappen verhindern den Blutrückstrom aus den großen Arterien bei Erschlaffung **(Diastole)** der Kammern.
Das Herz hat sein eigenes **Erregungsleitungssystem.** Die Erregungen gehen von einem Schrittmacher, dem **Sinusknoten** aus, und breiten sich über die Vorhofmuskulatur zum **Atrioventrikularknoten** aus. Von dort werden Erregungen im zweischenkligen **His-Bündel** zur Herzspitze geleitet.

12.2.3 Elektrokardiogramm (EKG)

Das Elektrokardiogramm (EKG) zeichnet die elektrischen Veränderungen auf, die durch die Erregungsausbreitung, nicht durch die Kontraktion der Herzmuskeln selbst, entstehen. Der Verlauf ist allerdings etwa komplizierter als beim Nerven oder beim Skelettmuskel (s. Kap. 6.2) und unterscheidet sich wesentlich von den bisher gezeigten Potentialänderungen isolierter Herzmuskelfasern (s. Abb. 12-8). Entsprechend der oben beschriebenen örtlichen und zeitlichen Ausbreitung von elektrischen Strömen im Herzmuskel erfolgen im gesamten Körper Spannungsschwankungen, die man als Potentialdifferenz, z. B. zwischen Arm und Bein (Abb. 12-9), messen kann. Abbildung 12-10 zeigt ein typisches Bild der Spannungsschwankungen. Nach allgemeinen Vereinbarungen werden die elektrischen Spannungen so aufgezeichnet, daß der Erregungsausbreitung von den oberen Herzteilen (Herzbasis) in Richtung auf die Herzspitze positive Zeigerausschläge (nach oben) zugeordnet werden (Negativität der Herzbasis gegenüber der Herzspitze). Erregungsausbreitungen quer zur Ableitungsrichtung des EKG (Abb. 12-12) geben kein elektrisches

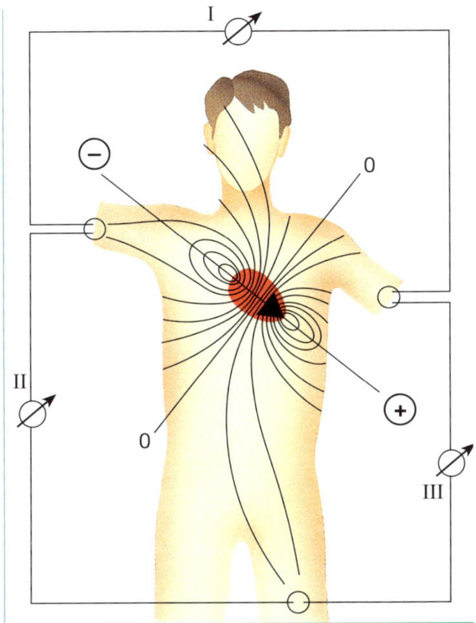

Abb. 12-9 Potentialfeld des Herzens

Linien gleicher, durch die Erregungsausbreitung verursachter Potentiale im Körper; die Grundlage für die Möglichkeit der Registrierung des EKG bei Ableitungen von den Gliedmaßen.

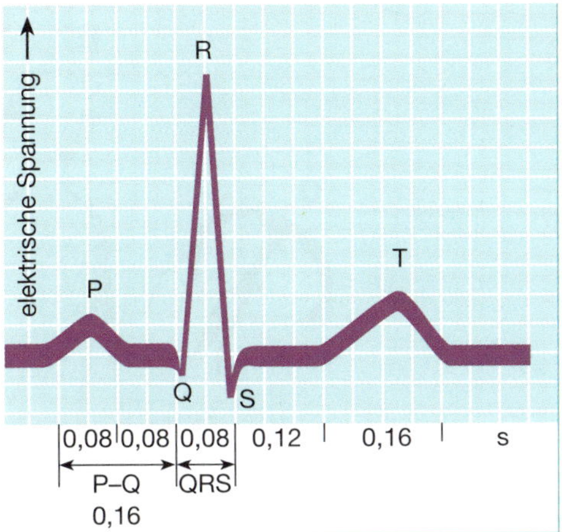

Abb. 12-10 Extremitäten-EKG

Elektrokardiogramm, vom rechten Arm und linken Bein abgeleitet.

Signal, weil das elektrische Potential an beiden Abnahmeelektroden gleich groß und dadurch die Potentialdifferenz (Spannung) gleich Null ist. Keine Abweichung von der Nullinie heißt also nicht in jedem Falle, daß keine Erregung vorhanden ist.

In Abbildung 12-11 sind die Richtungen der Erregungsausbreitung in den einzelnen Herzabschnitten, ausgehend vom Schrittmacher (Sinusknoten), aufgezeichnet. Man sieht, daß sich die Erregung in den Vorhöfen hauptsächlich herzspitzenwärts ausbreitet und dadurch eine Welle oder Zacke nach oben **(P-Zacke)** entsteht. Die vollständige Erregung der Vorhofmuskulatur spiegelt sich in einer Nullinie, der PQ-Strecke, wider. Nachdem die Erregung in den Kammern über das His-Bündel rasch zur Herzspitze gelangt ist, breitet sie sich kurz in den Papillarmuskeln basalwärts aus; es entsteht die **Q-Zacke** unterhalb der Nullinie. Die Erregung schreitet dann aber in der Kammermuskulatur wieder vorwiegend spitzenwärts fort, es entsteht die **R-Zacke,** oberhalb der Nullinie. Darauf ergreift die Erregung die Kammerwände und breitet sich hauptsächlich basalwärts und von innen nach außen aus, die **S-Zacke** entsteht unterhalb der Nulline. Während der vollständigen Erregung der Kammermuskulatur entsteht erneut eine Nullinie im EKG, die ST-Strecke. Erst der Erregungsrückgang in der Kammer von der Spitze aus in Richtung Basis gibt wieder ein Signal. Der Erregungsrückgang wird bei gleicher Richtung wie die Erregungsausbreitung umgekehrt registriert, also nach oben, es entsteht die **T-Welle.** Die Bedeutung der elektrischen Herzachse für die Form des EKG wird aus Abbildung 12-12 deutlich, in der die drei gebräuchlichsten Ableitungen nach *Einthoven* gezeigt sind. Man sieht, daß die R-Zacke am größten ist, wenn die Ableitung parallel zur elektrischen Herzachse vorgenommen wird (Ableitung II, re. Arm – li. Bein), und am kleinsten, wenn sie fast quer dazu abgenommen

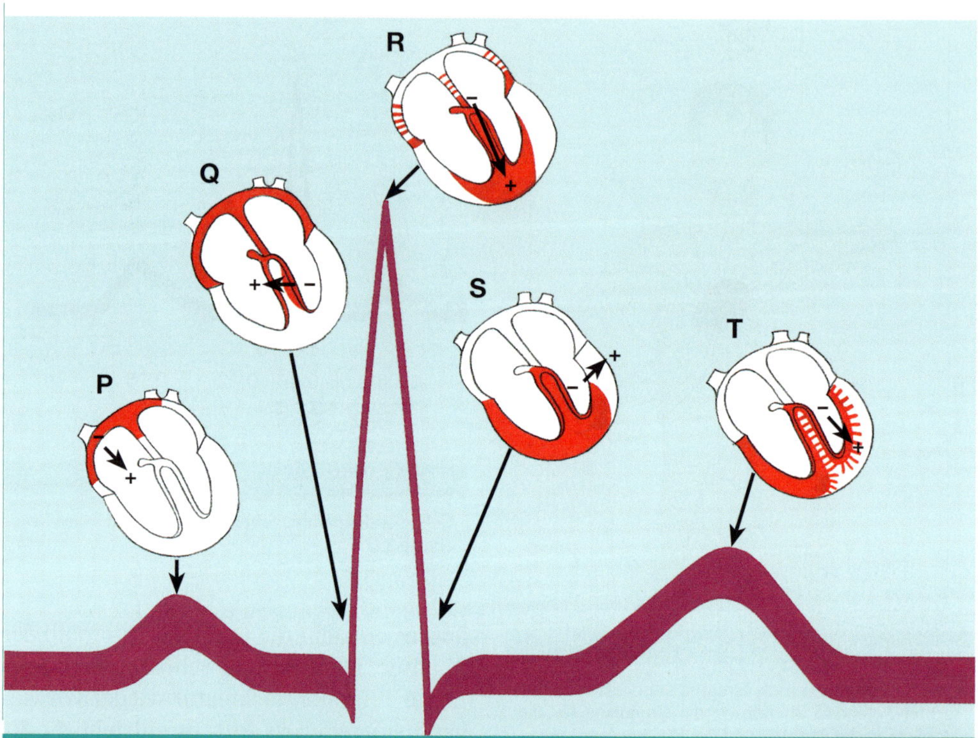

Abb. 12-11 Potentialdifferenzen im Herzen

Erregungsausbreitung und elektrische Erscheinungen am Herzen (schematisch).

wird (Ableitung III, li. Arm – li. Bein). Wenn das Herz steiler liegt als in der Skizze angedeutet (besonders bei großen, mageren Patienten, oder bei tiefer Ausatmung), vergrößert sich die R-Zacke in Ableitung III und wird in Ableitung I kleiner. Bei diesen Ableitungen nach *Einthoven* wird das EKG bipolar von jeweils **2 Gliedmaßen (Extremitäten)** gegeneinander abgenommen.

Zusätzlich werden häufig drei Ableitungen nach *Goldberger* registriert, und zwar **unipolar** jeweils von **einer Extremität.** Dabei werden die anderen beiden Extremitäten über Widerstände zu einer sogenannten indifferenten Elektrode zusammengeschaltet. Der Unterschied zur *Einthoven*schen Ableitung besteht darin, daß die Potentialänderungen (Abweichungen von der Nullinie des EKG) zwischen der Abnahmeelektrode und der Bezugselektrode durch das Zusammenschalten der beiden Extremitäten verstärkt (englisch = augmented) werden und im EKG deutlicher zu sehen sind. Die Bezeichnung ist dann beispielsweise aVF (augmented Voltage Fuß), was dann heißt, daß der rechte und der linke Arm zusammengeschaltet sind.

Diagnostisch wichtig sind ferner **Brustwandableitungen** (Abb. 12-13) von mindestens sechs verschiedenen Stellen der linken Brustwand in Herzhöhe (Ableitungsart nach *Wilson*). Dabei werden die Elektroden an den drei Extremitäten über elektrische Widerstände zusammengeschlossen und ergeben so eine Null-Elektrode. Das EKG wird dann gegen die jeweilige Stelle an der Brustwand abgeleitet,

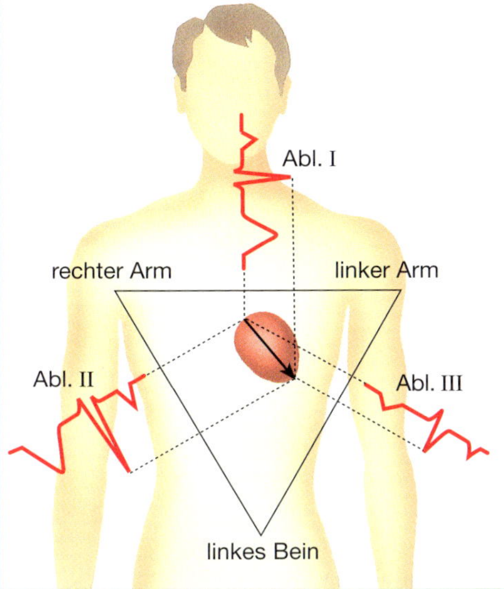

Abb. 12-12 EKG-Ableitungen

Ableitungen des Elektrokardiogramms nach *Einthoven,* Einfluß der elektrischen Herzachse (Pfeil) auf die Größe der R-Zacke.

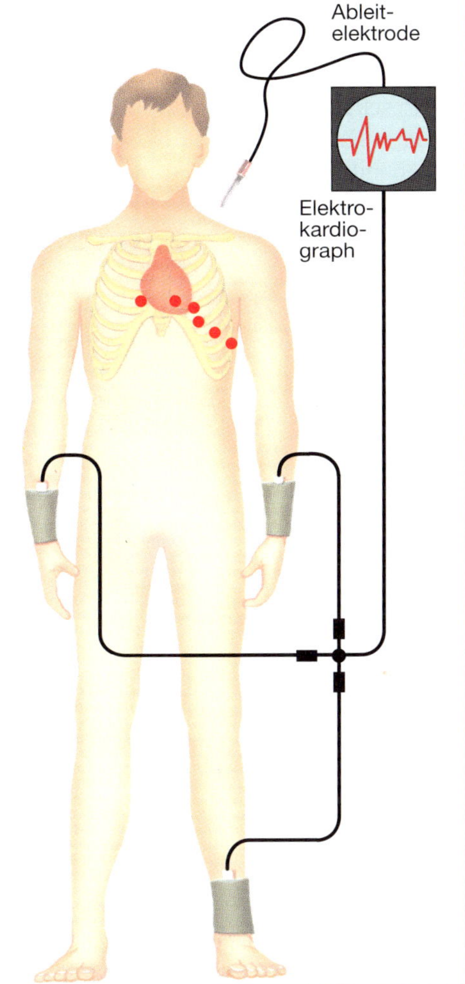

Abb. 12-13 Brustwandableitungen

Unipolar gegen indifferente Extremitätenelektroden, die zusammengeschaltet sind.

es ist also ebenfalls eine **unipolare Ableitung.**

Das EKG gibt vor allem Auskunft über:

- die **Herzfrequenz,** auch getrennt für Vorhöfe und Kammern, also auch über Frequenzstörungen (Rhythmusstörungen),
- die **Herzlage** (Normaltyp, Rechtstyp usw.),
- die **Erregungsbildung** und die **Erregungsleitung** (zeitliche und örtliche Abweichungen),
- die **Lokalisation** von **Herzinfarkten,** da es sich dabei um nicht mehr durchblutete Abschnitte im Herzmuskel handelt, in denen sich keine Erregung ausbreiten kann.

Path Zwei leicht erkennbare Rhythmusstörungen sieht man in Abbildung 12-14. a zeigt, daß zum Zeitpunkt, zu dem normalerweise die P-Zacke auftritt, eine R-Zacke erscheint, d.h., daß eine Kammererregung eintritt ohne Erregungsüberleitung von den Vorhöfen. Dies ist eine **ventrikuläre Extrasystole,** allein von der Kammer (ventrikulär) ausgelöst. Die nächste, normale Vorhoferregung erreicht die Kammer in ihrer refraktären, d.h. unerregbaren Phase (s. Kap. 6.1), so daß eine Pause (kompensatorische Pause) auftritt, bis die nächste normale Erregungsausbreitung stattfinden kann. In b ist das EKG bei einer völligen Blockierung der Erregungsüberleitung von den Vorhöfen auf die Kammern gezeigt. Die Vorhöfe (P) schlagen unabhängig von den Kammern nach dem vom Sinusknoten ausgehenden Rhythmus, die Kammern nach dem langsameren, vom Atrioventrikularknoten ausgehenden Rhythmus. Das Verhältnis der Schläge ist etwa 4:3, den Zustand nennt man **totalen Block** (der Überleitung).

Künstliche Schrittmacher werden vor allem zur Einstellung normaler Herzfrequenzen eingesetzt. Die Reizelektroden werden meist durch eine Schulter- oder Halsvene ins rechte Herz geführt. Die elektronische Reizapparatur wird im Bauchraum oder unter dem Brustmuskel fixiert. Durch Entwicklungen der Mikroelektronik gibt es heute die verschiedensten Schrittmacher, u.a. auch solche, die die Frequenzen unterschiedlichen Stoffwechselbedingungen anpassen (z.B. bei körperlicher Arbeit).

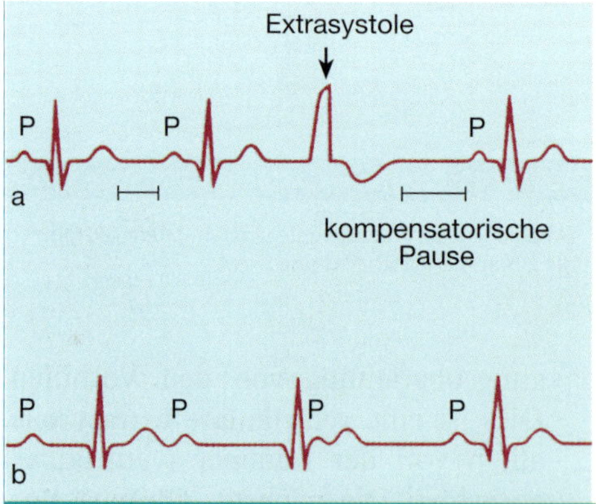

Abb. 12-14 Herzrhythmusstörungen

Das Elektrokardiogramm a zeigt eine ventrikuläre Extrasystole, der eine längere Pause (kompensatorische Pause) folgt, als sie normalerweise zwischen T- und P-Welle besteht. b zeigt das Elektrokardiogramm eines Patienten mit „totalem Block“, bei dem die Vorhöfe mit höherer Frequenz als die Kammern schlagen.

Kurzgefaßt

Das **Elektrokardiogramm** zeigt zuerst eine positive Welle (P), die Ausdruck der Vorhoferregung ist, dann folgt die negative Q-Zacke, vor allem infolge der Papillarmuskelerregung. Die R-Zacke drückt die spitzenwärts im Herzmuskel sich ausbreitende Erregung, die S-Zacke die Erregungsdurchdringung der Kammerwände und die T-Zacke den Erregungsrückgang in der Kammer aus. Bei Ruhe dauert das EKG ca. 0,4 s/Herzschlag. Die **bipolaren *Einthoven*-Registrierungen** leiten von den beiden Armen und dem linken Bein ab (I = RA-LA, II RA-LB, III LA-LB).
Unipolare Ableitungen nach ***Goldberger*** und Brustwandableitungen dienen als weitere diagnostische Mittel, z.B. bei Frequenzstörungen, Abweichungen der Erregungsausbreitung von der Norm und zur Lokalisation von Herzinfarkten.

12.3 Herz-Kreislauf-Mechanik

12.3.1 Herzaktionsphasen

Die Erregungsvorgänge führen zur Kontraktion der Herzmuskelzellen und dadurch zur Verkleinerung der Herzkammern. Im Zusammenspiel mit den Herzklappen (Ventilfunktion) entsteht ein gerichteter Blutstrom. Da Flüssigkeiten stets vom Ort höheren zum Ort niedrigeren Druckes fließen (Konvektion, s. Kap. 5.6), ist es wichtig, die Druckverläufe in den einzelnen Herzabschnitten zu kennen, um den Blutstrom während der einzelnen **Herzaktionsphasen** verstehen zu können. In Abbildung 12-15 sind mit dem EKG Druck- und Volumenveränderungen der beiden Vorhöfe und Kammern aufgezeichnet. Wenn die Muskulatur der Kammern erschlafft ist, sind sie erweitert **(Diastole)**.

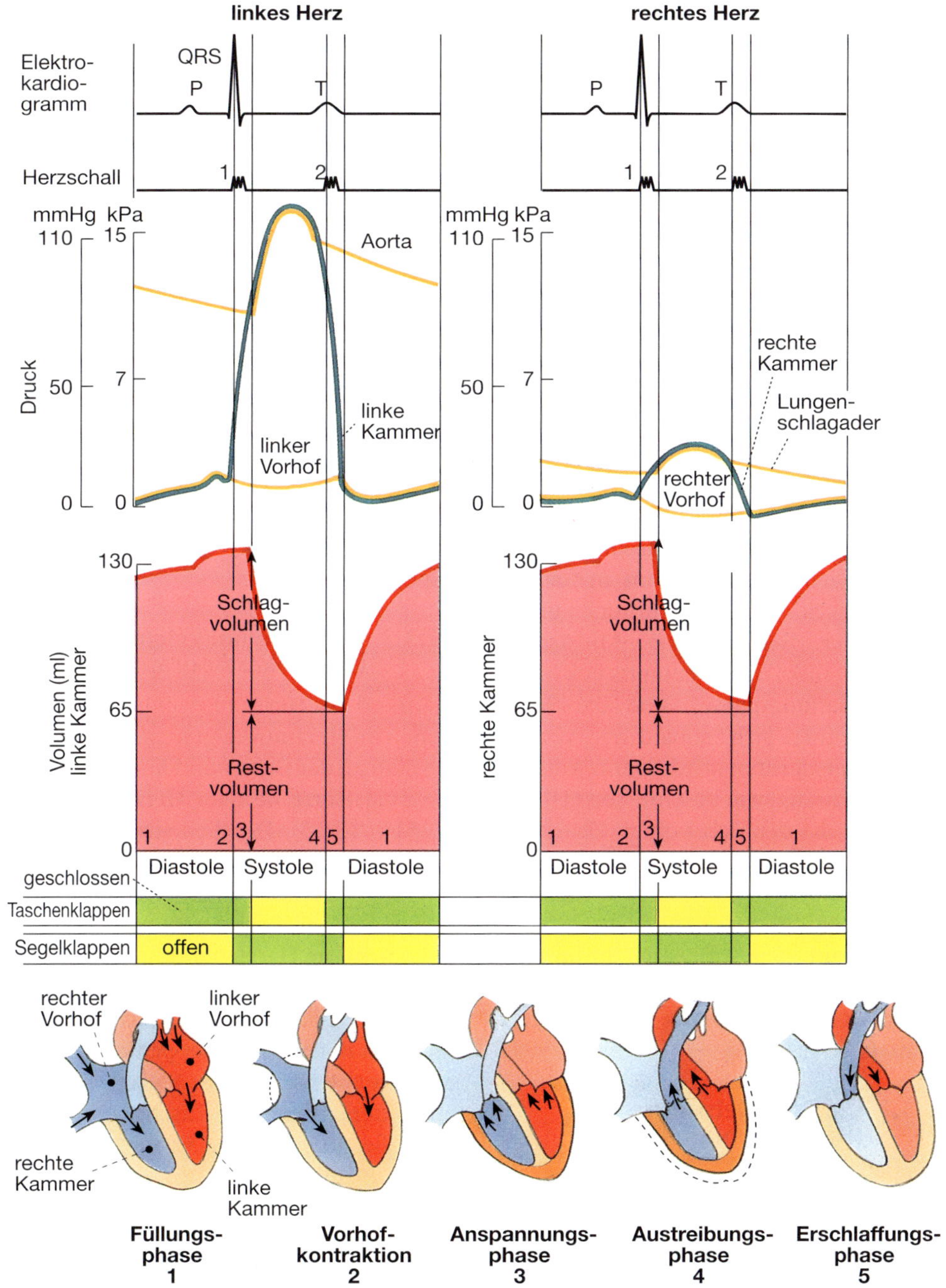

Abb. 12-15 Aktionsphasen des Herzens

Zeitgleiche (synchrone) Darstellung des Elektrokardiogramms, der Herzschallkurve, des Blutdrucks in den Herzkammern und Vorhöfen sowie in Aorta und Lungenschlagader, des Blutvolumens in den Herzkammern und der Zeitdauer der Herzklappenöffnung bzw. -schließung. Schematische Darstellung der einzelnen Tätigkeitsphasen des Herzens.

Die Kammern füllen sich mit Blut **(Füllungsphase)**, die Taschenklappen sind geschlossen (1 und 2). Um das Blut weiterzupumpen, muß nun der Druck in den Kammern ansteigen, die Kontraktion **(Systole)** wird eingeleitet. Zuerst steigt der Druck entsprechend der Erregungsausbreitung in den Kammern an **(Anspannungsphase)** (3). Wenn der Kammerdruck den Aortendruck übersteigt, öffnen sich die Taschenklappen (Beginn von 4), Blut wird in die Lungenarterie und die Aorta gepumpt **(Austreibungsphase).** In den Kammern vermindert sich das Blutvolumen; dieses Herzschlagvolumen, kurz **Schlagvolumen** genannt, beträgt 60–90 ml. Am Ende der Kontraktion sinkt der Kammerdruck ab, und die Taschenklappen schließen sich in dem Moment, in dem der Kammerdruck den Aortendruck unterschritten hat (Beginn von 5). Mit der Erschlaffung sinkt der Kammerdruck rasch ab **(Erschlaffungsphase)**, und die Segelklappen öffnen sich, sobald der Vorhofdruck unterschritten wird. Dann folgt erneut die Füllung, wie beschrieben (1).
Man sieht die deutlich höhere Druckentwicklung (d.h. Kraftaufwand) in der linken im Vergleich zur rechten Kammer. Dies ist erforderlich, weil der Aortendruck, entsprechend dem höheren Strömungswiderstand des großen Kreislaufs, erheblich höher ist als der Druck in der Lungenarterie (s.u.).

12.3.2 Die Pumpleistung (Herzzeitvolumen)

Bei jeder Kammerkontraktion pumpen rechte und linke Herzhälfte je 60–90 ml Blut in die Lungen- bzw. Körperschlagader. Den Körpergeweben werden also bei 70 Herzschlägen in der Minute z.B. 70 · 75 ml Blut, das sind 5,25 l, zugeführt **(Herzzeit- oder Herzminutenvolumen,** HZV). Bei körperlicher Ruhe wird demnach in einer Minute fast das ganze Blutvolumen einmal durch den Körper gepumpt. Bei schwerer körperlicher Arbeit oder sportlichen Leistungen kann der Untrainierte sein HZV bis auf das Vierfache, auf ca. 20 Liter pro Minute, steigern. Dies ist vor allem durch Erhöhen der Schlagfrequenz auf ca. 175 Schläge/min möglich, wie man am Puls nachprüfen kann. Da sich auch das Schlagvolumen von ca. 60 auf 90 ml steigern läßt, kann pro Minute das ganze Blutvolumen fast viermal durch das Blutgefäßsystem gepumpt werden, um den unter diesen Bedingungen erhöhten Sauerstoffbedarf zu decken. Hochleistungssportler können ihr HZV noch erheblich mehr steigern, und zwar durch ein größeres Schlagvolumen. Sie haben ein durch Training vergrößertes Herz, ein „Sportlerherz".

12.3.3 Herzschallaufzeichnung (Phonokardiographie)

Während der Herzaktion entstehen Vibrationen im Herzmuskelgewebe und im Blut, die man an der Brustwand hören kann und die man **Herztöne oder Herzschall** nennt (s. Abb. 12-15). Deutlich sind zwei Herztöne im Verlauf einer Herzaktion zu hören. Der **erste Herzton** entsteht bei der ruckartigen Anspannung der Kammermuskulatur, der **zweite Herzton** durch das Zuschlagen der Taschenklappen. Ein dritter und vierter Schall ist ohne technische Hilfsmittel kaum hörbar. Bei Klappenfehlern kann man an entsprechenden Stellen der Brust charakteristische Geräusche feststellen. Schnelle, ungeordnete (turbulente) Strömung entsteht an nach Entzündung narbig verengten Klappen (Stenosen) und durch Blutrückstrom bei nicht mehr vollständig schließenden Klappen (Insuffizienz). Der Arzt kann durch Abhören mit dem Hörrohr (Stethoskop) derartige Fehler feststellen. Mit Spezialmikrophonen, die über verschiedenen Stellen des Herzens angebracht werden, lassen sich normale und krankhafte Schallerscheinungen abhören. Ihre Aufzeichnung ergibt das **Phonokardiogramm.**

12.3.4 Regelung der Herzleistung

Die Anpassung des Herzzeitvolumens an wechselnde Bedingungen, vor allem des Stoffwechsels, geschieht im wesentlichen auf zwei Wegen:

- durch Veränderung des Schlagvolumens,
- durch Veränderung der Herzfrequenz.

Abbildung 12-16 zeigt, stark vereinfacht, die Zunahme der Blutfüllung im rechten Herzen, wenn ein erhöhter Füllungsdruck eingestellt wird (Höhe des Füllgefäßes). Das Druck-Volumen-Verhältnis ist jedoch nicht linear (direkt verhältnisgleich), denn im unteren Druckbereich füllt sich das Herz bei einer bestimmten Druckzunahme stärker als bei derselben Druckzunahme in höheren Druckbereichen. Dies beruht auf den elastischen Eigenschaften der Herzmuskulatur, dasselbe gilt auch für die Skelettmuskulatur (s. Kap. 7.2). Ihre Dehnbarkeit nimmt mit zunehmender Dehnung ab. Dieses Verhalten ist für die Herzfunktion wichtig. Bei geringem Fülldruck, wie er normalerweise auf der venösen Seite vorhanden ist, kann ausreichend Blut ins Herz fließen, bei mittlerem Füllungsdruck ist die Kontraktionskraft am größten, so daß in diesem Bereich das Herz am günstigsten arbeitet.

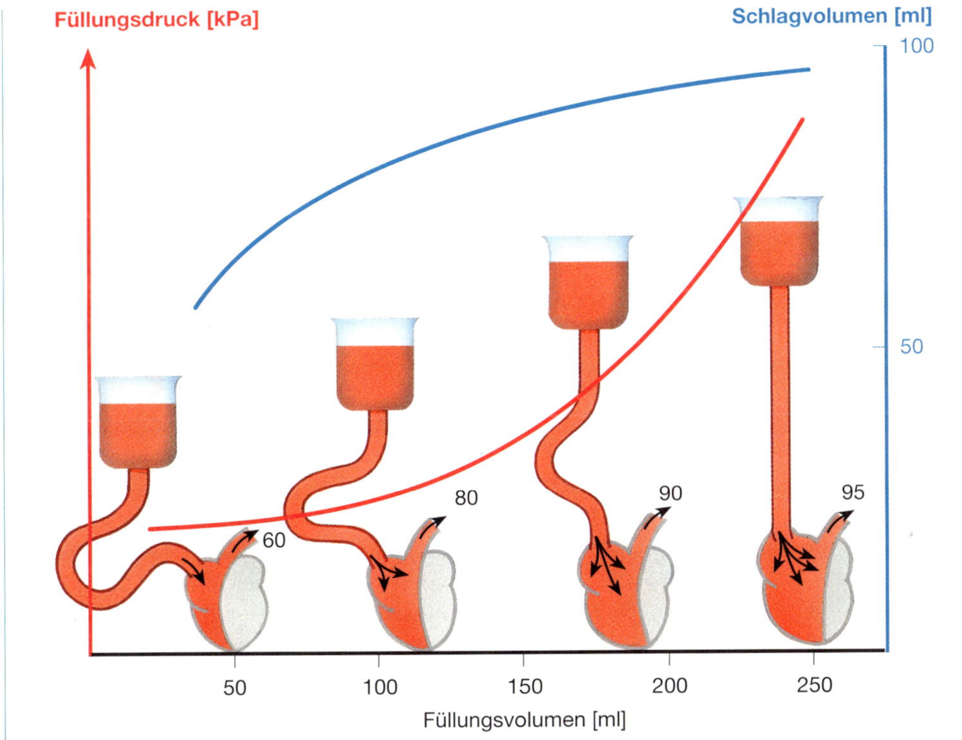

Abb. 12-16 Füllungsdruck und Schlagvolumen

Abhängigkeit der Herzschlagvolumengröße von der Größe des Füllungsdruckes. Grob vereinfacht gezeigt an der rechten Herzkammer.

Path Bei zu geringer oder zu starker Füllung wird das Schlagvolumen zu klein, weil sich die Muskelfasern nicht entsprechend verkürzen können. Eine zu starke Dehnung, „Herzerweiterung“, kann auftreten, wenn die Taschenklappen zur Körperschlagader verengt sind (Aortenklappenstenose).

Das gesunde Herz vergrößert sein Schlagvolumen, wenn der venöse Zufluß aus dem Körper vergrößert ist. Dies ist z. B. der Fall bei körperlicher Arbeit.
Das Herz schlägt auch bei völliger Abtrennung vom Nervensystem. Die Frequenz des Herzschlags wird jedoch entsprechend den Bedürfnissen des Körpers vom vegetativen Nervensystem eingestellt (Abb. 23-19). Dieses übt auf alle inneren Organe tätigkeitssteigernde oder hemmende Einflüsse aus. Sein sogenannter **sympathischer Anteil** steigert beim Herzen (Abb. 12-17) die Schlagfrequenz, die Erregungsausbreitungsgeschwindigkeit und die Kontraktionskraft. Das ist z. B. der Fall bei körperlicher Arbeit, bei starker Hitzebelastung, aber auch bei psychischer Erregung. Der Gegenspieler, der sogenannte **parasympathische Anteil,** bewirkt umgekehrt eine Verlangsamung der Schlagfrequenz und der Erregungsausbreitung. Dies erfolgt z. B. bei körperlicher Ruhe oder im Schlaf. Überwiegender Parasympathikuseinfluß wird **Vagotonus** genannt, weil die parasympathischen Nervenfasern im 10. Hirnnerv, dem Nervus vagus, verlaufen.

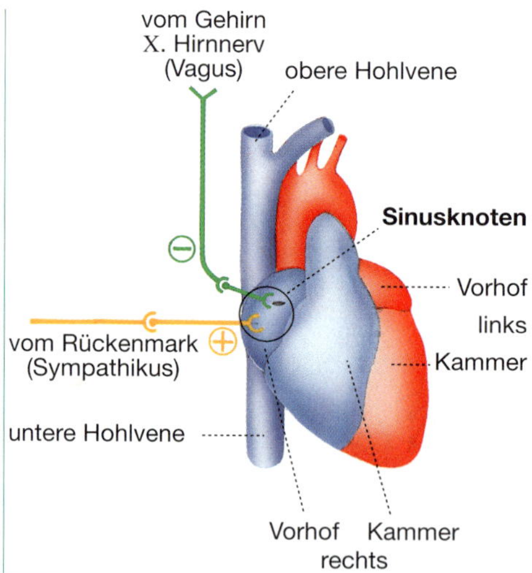

Abb. 12-17 Vegetative Beeinflussung

Beeinflussung der Herztätigkeit durch das autonome Nervensystem. Der Sympathikus fördert, der Parasympathikus (über den Vagusnerv) vermindert die Herztätigkeit.

Kurzgefaßt

Die **mechanischen Vorgänge** bei der Herztätigkeit sind folgende: Die Vorhofkontraktion füllt Blut in die erschlaffte Kammer **(Füllungszeit).** Mit Beginn der Kammerkontraktion steigt der Kammerinnendruck, die Segelklappen schließen sich und verhindern den Blutrückstrom in die Vorhöfe. Der Druck steigt in den Kammern **(Anspannungszeit),** bis er den Blutdruck in den großen Schlagadern übersteigt. Dann öffnen sich die Taschenklappen, und ca. 70 ml Blut, das **Schlagvolumen,** werden von jeder Kammer in die Schlagadern ausgetrieben **(Austreibungszeit),** der Kammerdruck sinkt unter den Schlagaderdruck, die Taschenklappen schließen sich und verhindern einen Blutrückstrom.
Durch die Herzaktion erzeugte Schwingungen führen zu diagnostisch verwertbaren Schallerscheinungen, dem **Phonokardiogramm.** Der 1. Herzton tritt bei Anspannung der Ventrikel, der 2. beim Schluß der Taschenklappen auf, Störungen der Klappenfunktion führen zu veränderten Schallerscheinungen.
Das **Herzzeitvolumen** wird durch Schlagvolumen und Herzfrequenz bestimmt, es beträgt beim Erwachsenen

in Ruhe 5–6 l/min und kann bis auf 20 l/min bei stärkster körperlicher Arbeit ansteigen.
Die **Regelung der Herzleistung** kann durch unterschiedliche Blutfüllung verändert werden, zunehmende Füllung steigert bis zu einem gewissen Grad die Größe des Schlagvolumens. Die Herzfrequenz und die Herzkraft werden erhöht vom sympathischen, erniedrigt vom parasympathischen Nervensystem.

12.4 Das Blutgefäßsystem

Das Blutkreislaufsystem dient der Versorgung und „Entsorgung" der Körperzellen. Zu diesem Zweck muß eine große Austauschfläche zwischen Blut und Geweben erreicht werden, d.h., die große Körperschlagader, die Aorta, und die Lungenschlagader müssen sich in feinste Haargefäße, die Kapillaren, aufzweigen. Hierfür sind zur Blutzufuhr Arterien und Arteriolen und für die Blutrückführung zum Herzen Venolen, Venen und die großen Hohlvenen erforderlich. Neben der großen Austauschfläche für den Stoff- und Gasaustausch ist es wichtig, daß das Blut genügend lange im Kapillargebiet verweilt, d.h. langsam genug fließt.

12.4.1 Strömungsgesetze

Um die Kreislaufverhältnisse zu verstehen, muß man einige einfache **Gesetzmäßigkeiten,** die die Strömung von Flüssigkeiten betreffen, kennen (Abb. 12-18).

- **Strömungsrichtung.** Flüssigkeiten strömen stets vom Ort höheren (P_1) zum Ort niederen Drucks (P_2) (P = pressure).
- Die **Durchflußmenge** (Q) ist direkt proportional der Druckdifferenz ($P_1 - P_2$ = ΔP; Δ = gr. D, Symbol für Differenz)

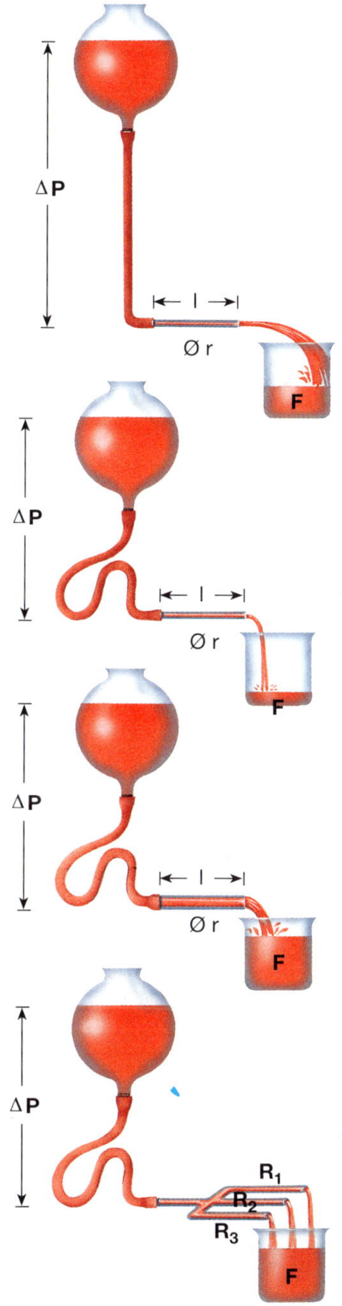

Abb. 12-18 Strömungsbestimmende Größen

Abhängigkeit des Stromvolumens von der Druckdifferenz ΔP und dem Strömungswiderstand R, der sich aus Länge (l) und Weite (r = Radius) der Rohre sowie der Anzahl parallelgeschalteter Rohre (Kapillaren) ergibt.

und umgekehrt proportional dem Widerstand R (R = resistance):

$$Q = \frac{\Delta P}{R}$$

- Der **Widerstand** R nimmt proportional der Länge (l) einer Röhre zu und mit der 4. Potenz des Radius r der Röhre ab:

$$R = k \frac{1}{r^4}$$

  k ist für ein bestimmtes System ein konstanter Wert, der auch die Viskosität (Zähigkeit) einer Flüssigkeit berücksichtigt.
- **Serienschaltung von Widerständen.** Der Gesamtwiderstand ist so groß wie die Summe der einzelnen, hintereinander geschalteten Widerstände:

$$R_{gesamt} = R_1 + R_2 + R_3$$

  Zahlenbeispiel: 10 + 10 + 10 = 30
- **Parallelschaltung von Widerständen.** Aus der Summe der Kehrwerte der Einzelwiderstände ergibt sich der Kehrwert des Gesamtwiderstandes.

$$\frac{1}{R_{gesamt}} = \frac{1}{R_1} + \frac{1}{R_2} + \frac{1}{R_3}$$

  Zahlenbeispiel:

$$\frac{1}{10} + \frac{1}{10} + \frac{1}{10} = \frac{3}{10} \text{ (Kehrwert)},$$

$$\text{also } R_{gesamt} = \frac{10}{3} = 3{,}3$$

- Die **Strömungsgeschwindigkeit** nimmt mit zunehmender Druckdifferenz ΔP und (bei vorgegebener Durchflußmenge) zunehmendem Widerstand R zu.

Die Strömungsgesetze sind auf den Kreislauf allerdings nicht uneingeschränkt anwendbar, da

- Blut keine sogenannte ideale, homogene Flüssigkeit, sondern durch den Anteil an geformten Bestandteilen, den Blutkörperchen, eine Suspension ist;
- unser Kreislaufsystem nicht aus starren, sondern dehnbaren Röhren besteht.

Die **Strömungsgeschwindigkeit** (Tab. 12-1) ist in der Aorta und in größeren Arterien hoch, in den Kapillaren niedrig (etwa $^1/_{1000}$ der Geschwindigkeit in der Aorta). Das Blut wird also mit hoher Geschwindigkeit an den Austauschort transportiert, fließt aber dort langsam genug für den Stoff- und Gaswechsel (Abb. 12-19).

12.4.2 Arterielles System

Im arteriellen System wird der Blutdruck allein durch die Herzkontraktion erzeugt. Er schwankt in der linken Kammer zwischen etwa 1 kPa (ca. 7 mmHg) diastolisch und 16 kPa (120 mmHg) systolisch (s. Abb. 12-19). In der rechten Kammer sind die Blutdruckschwankungen erheblich geringer, und der Druck ist absolut kleiner, weil der Widerstand im Lungenkreislauf kleiner ist.

In der Aorta und den nachgeschalteten großen Arterien schwankt der Blutdruck viel weniger als im Herzen, durchschnittlich von 16 kPa (120 mmHg) bis etwa 11 kPa (ca. 80 mmHg). Dies beruht auf der

Tab. 12-1 Pulswellen- und Blutstromgeschwindigkeit sowie Gesamtquerschnitt verschiedener Blutkreislaufabschnitte

Blutgefäß	Geschwindigkeit (m/s)		Gesamtquerschnitt (cm^2)
	Pulswellen-	Blutstrom-	
Aorta	5	0,2	5
große Arterien	10	0,1	20
kleine Arterien	15	0,02	400
Kapillaren	–	0,0002	4500

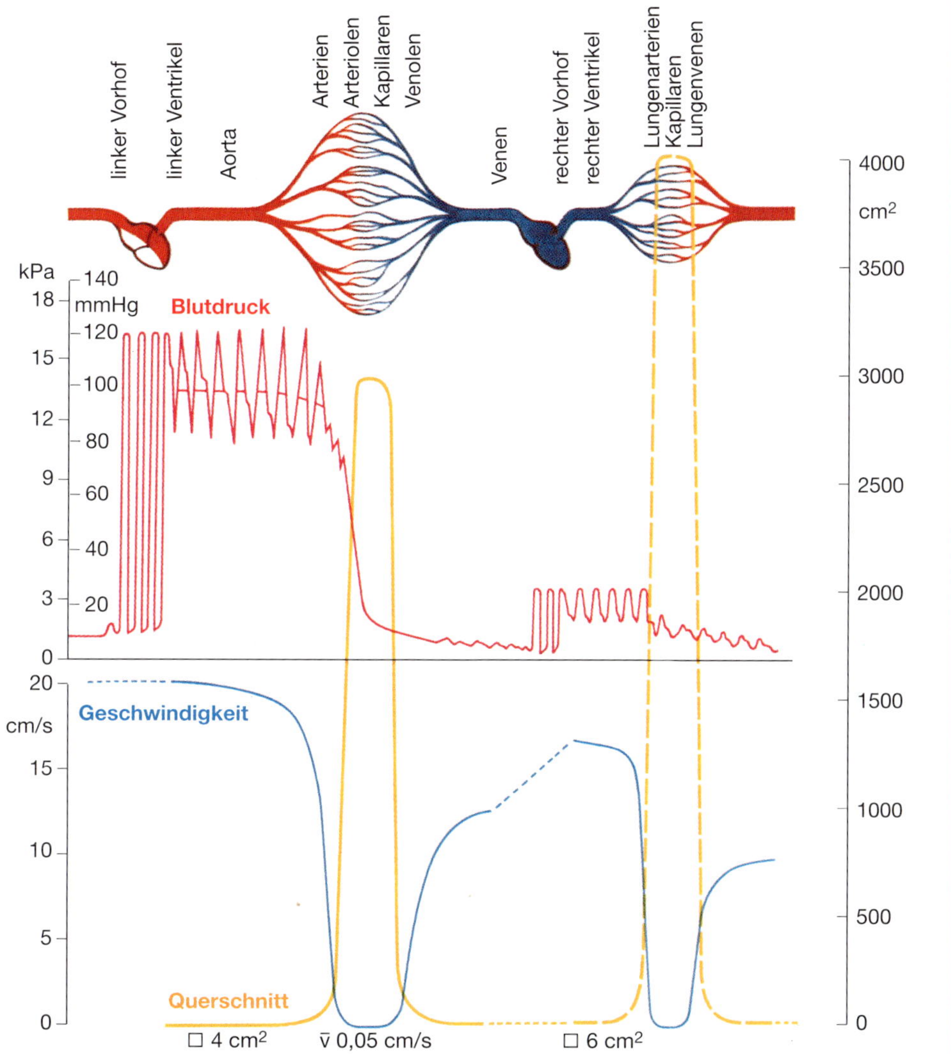

Abb. 12-19 Kreislaufgrößen in einzelnen Gefäßabschnitten

Verlauf von Blutdruck, Blutstromgeschwindigkeit und Gesamtgefäßquerschnitt in den einzelnen Abschnitten des Herzens und des Kreislaufes.

Dehnbarkeit der Aorta und der großen Arterien. Der Anfangsteil der Aorta wird so stark erweitert, daß er ungefähr die Hälfte des Blutvolumens, das eine Systole der linken Kammer auswirft, aufnimmt, während die andere Hälfte sich auf die übrigen Arterien verteilt (Abb. 12-20). Während sich das Herz erneut füllt, zieht sich die Aorta wieder zusammen und preßt dabei das gespeicherte Blut in den Kreislauf. Dadurch kommt es auch am Anfang der Diastole der Herzkammern zu einem relativ gleichmäßigen Blutfluß im Gefäßsystem, trotz eines kurzzeitigen, auch herzwärts gerichteten Blutstroms. Die Eigenschaft der Aorta, einen fortlaufenden Blutstrom zu erzeugen

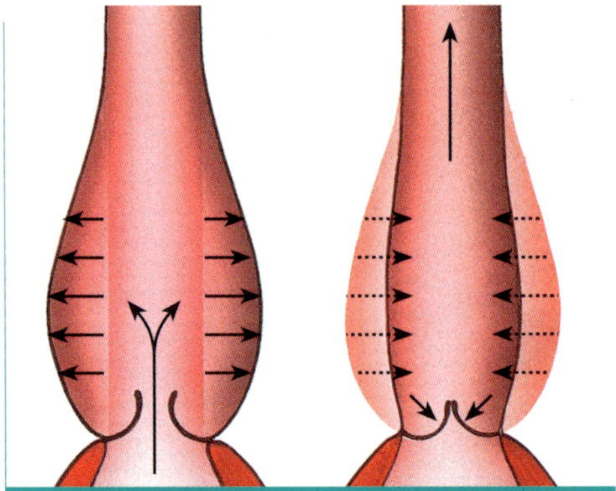

Abb. 12-20 Windkesselfunktion

Dehnbarkeit (Windkesselfunktion) des Anfangsteils der großen Körperschlagader (Aorta).

und Blutvolumen zu speichern, wird als **Windkesselfunktion** bezeichnet. Windkessel werden in der Technik eingesetzt, wenn durch Kolbenpumpen in starren Röhrensystemen ein fortlaufender Flüssigkeitsstrom erzeugt werden soll. So sind z. B. bei Spritzenwagen der Feuerwehr an den Pumpen mit Luft gefüllte Zylinder (Windkessel) oder an älteren Modellen Kupferkugeln angebracht, die dieselbe Funktion ausüben wie die Aorta. Trotz einzelner Pumpenstöße entsteht infolge der Komprimierbarkeit der Luft ein gleichmäßiger Wasserstrom im Schlauch.

Die starke Dehnbarkeit der großen Blutgefäße sorgt nicht nur für einen gleichmäßigen Blutfluß in den nachgeschalteten kleineren Blutgefäßen, sondern ermöglicht es, durch Speichern von Energie (und Blut!) während der Systole und Entspeicherung während der Diastole, Herzarbeit einzusparen. Im Fall eines starren Röhrensystems müßte das Blut mit jedem Herzschlag vom Stillstand aus neu beschleunigt werden (Beschleunigungsarbeit).

Das Herz erzeugt während der Systole eine **Druckwelle,** die sich über die Aorta in die Arterien ausbreitet und an der Arterie des Handgelenkes (A. radialis) oder der Leistenbeuge (A. femoralis) als **Puls** gefühlt werden kann. Man nennt dies die Pulswelle. Diese breitet sich jedoch viel rascher aus als Blut in den Gefäßen. Das ist beispielsweise auch der Fall, wenn man einen Stein ins Wasser wirft; es breitet sich schnell ein Wellenkreis aus, während die Wassermoleküle viel langsamer folgen. Die **Pulswellen-** und die **Blutstromgeschwindigkeiten** in verschiedenen Gefäßabschnitten sind in Tabelle 12-1 zusammengestellt. Man sieht, daß die Pulswellengeschwindigkeit größer wird, je enger das Gefäß ist, die Blutstromgeschwindigkeit aber abnimmt, weil der Gesamtquerschnitt der Gefäße zunimmt.

Die **Pulswellengeschwindigkeit** hängt vom Verhältnis der Wanddicke zum Durchmesser sowie der Dehnbarkeit eines Blutgefäßes ab.

Path Bei alten Menschen oder Patienten mit Blutgefäßerkrankungen sind die Gefäßwände versteift und durch Einlagerungen verdickt (Arteriosklerose), was zu einer Erhöhung der Pulswellengeschwindigkeit führt, deren Messung daher diagnostisch verwertet werden kann.

12.4.3 Kapillarfunktion

Die Kapillaren sind entsprechend ihrer Funktion in den einzelnen Organen anatomisch unterschiedlich gebaut:

- Kapillaren mit vollständiger Innenzellschicht (Endothel). Der Transport vom und ins Gewebe geschieht durch kleinste Poren. Dieser Typ liegt besonders in der Muskulatur, im Lungen- und im Bindegewebe vor.
- Kapillaren mit bis zu 0,1 μm großen „Fenstern" im Endothel. Sie kommen hauptsächlich in den Nierenkörperchen (sog. Malpighi-Körper) und im Darm vor.
- Kapillaren, deren Endothel größere Zwischenräume aufweist, sodaß sogar

Blutzellen hindurchtreten können. Man findet sie in den Lebersinusoiden, in der Milz und im Knochenmark.

- Kapillaren, deren Endothel besonders undurchlässig ist, findet man im Gehirn (s. Kap. 23.12).

Der **Stoff- und Gasaustausch** in den Kapillaren, der eigentliche Zweck des gesamten Kreislaufsystems, kann vor allem durch drei Prozesse ablaufen: Diffusion, Filtration und Pinozytose.

- **Diffusion** (s. Kap. 5.1). Dieser Prozeß spielt die wichtigste Rolle. Er kann im Kapillarbereich schnell ablaufen, da die Diffusionsstrecken kurz sind, im Mikrometerbereich, und die Austauschfläche, die Kapillaroberfläche, sehr groß ist. Sie beträgt im ganzen Körper etwa 300–600 m^2 (Fläche von 1–2 Tennisplätzen). Durch Diffusion kann pro Sekunde im Körper ca. 1 Liter Wasser ausgetauscht werden.
  Wasserlösliche Stoffe, z.B. NaCl, KCl, Glukose, diffundieren durch die Poren, größere Moleküle langsamer als kleine.
  Fettlösliche Stoffe, z.B. O_2, CO_2, N_2 oder Alkohol, diffundieren durch die gesamte Endotheloberfläche und können daher schnell in großen Mengen ausgetauscht werden.
- **Filtration** (s. Kap. 5.2). Dieser Prozeß spielt mengenmäßig eine viel geringere Rolle als die Diffusion. Er ist jedoch sehr wichtig für rasche Flüssigkeitsverschiebungen zwischen Blutplasma und Zwischenzellraum (Interstititum). Im arteriellen Abschnitt der Kapillaren wird Flüssigkeit filtriert, die aber im venösen Abschnitt zu ca. 90% wieder in die Gefäße zurückgeholt wird. Das geschieht wie folgt: Die Kapillaren sind für Eiweiße kaum durchlässig. Wenn der Blutdruck in den Kapillaren, der hydrostatische Druck P_{cap}, höher ist als der kolloidosmotische Druck p_{coll} der Plasmaeiweiße (s. Kap. 5.3), wird Flüssigkeit aus den Kapillaren filtriert. Die meisten Gewebe befinden sich aber in relativ festen Hüllen, z.B. Muskeln in Faszien, Leber oder Nieren in Kapseln, und üben ebenfalls eine Art hydrostatischen Druck P_{gew} und durch ihren Eiweißanteil in der Zwischengewebsflüssigkeit auch einen kolloidosmotischen Druck p_{gew} aus. **Der wirksame Filtrationsdruck** (P_{effekt}) ergibt sich also aus:

$$P_{effekt} = (P_{cap} - p_{coll}) - (P_{gew} - p_{gew}).$$

In Abbildung 12-21 sind Zahlenbeispiele dafür angegeben. Man sieht daraus, daß im arteriellen Anteil der Kapillare der wirksame Filtrationsdruck positiv ist, was zur Filtration führt. Im venösen Anteil ist er negativ, es kommt zur Reabsorption von Flüssigkeiten aus dem Gewebe ins Blutgefäß.
Alle Kapillaren des Körpers filtrieren innerhalb 24 Stunden ca. 20 Liter, reabsorieren aber in derselben Zeit nur ca. 18 Liter; die Differenz von 2 Litern wird über das Lymphsystem (s. Kap. 12.7) in das Venensystem zurückgeführt.
Alle Faktoren, die den mittleren wirksamen Filtrationsdruck erhöhen, führen zu einer verstärkten Abpressung von Flüssigkeit ins Gewebe.

Path Es kommt zu krankhaften Veränderungen, wenn der Lymphabfluß nicht entsprechend gesteigert werden kann; es entstehen **Ödeme.** Besonders häufig treten sie in Körperpartien unterhalb des Herzens, in den Beinen, auf. Beim Stehen kann das Gewicht der Blutsäule in den Venen so hoch sein, daß es durch die Drucksteigerung in den Kapillaren zu einem mangelhaften Rückstrom von Flüssigkeit aus dem Gewebe in das Blut kommt.

- **Pinozytose** (s. Kap. 5.5) spielt beim Stoffaustausch zwischen Kapillaren und Gewebe mengenmäßig die geringste Rolle. Große Moleküle, die nicht durch die Endothellücken austreten können, werden aktiv als Bläschen transportiert und wieder freigesetzt. Dieser Transport nimmt zum venösen Kapillarbereich hin zu, wie auch der Eiweißmolekültransport.

Kurzgefaßt

Das **Kreislaufsystem** transportiert Blut entsprechend den Gesetzmäßigkeiten der Strömungslehre. Das Blut strömt in Richtung des Druckgefälles. Die **Durchflußmenge** ist um so größer, je größer die **Druckdifferenz** und je kleiner der **Strömungswiderstand** (R) im Gefäßsystem ist. R ist umso größer, je länger und je enger die Gefäße sind. Durch Parallelschaltung vieler Kapillaren ist der Widerstand trotz des geringen Durchmessers niedriger als in den Arteriolen. Die **Strömungsgeschwindigkeit** ist in den Kapillaren am langsamsten.
Die hohe **Dehnbarkeit** der großen Schlagadern und Arterien ermöglicht einen Herzarbeit sparenden, gleichmäßigen Blutfluß im arteriellen Kreislauf **(Windkesselfunktion).**
Die **Pulswellengeschwindigkeit** ist größer als die Blutstromgeschwindigkeit; sie hängt vom Verhältnis der Wanddicke zum Durchmesser sowie der Dehnbarkeit der Blutgefäße ab.
Der **Stoffaustausch** zwischen Blut und Gewebe findet in den Kapillaren statt. **Diffusion** ist der wichtigste Vorgang für kleinere Moleküle (Gase, Salze, Glukose). Zusätzlich findet **Filtration** statt. Der **effektive Filtrationsdruck** wird vom Blutdruck, dem Gewebsdruck und den kolloidosmotischen Drücken in Blut und Gewebe beeinflußt. Pinozytose kann dem Transport großer Moleküle wie z. B. Eiweiß dienen.

12.4.4 Venöses System

Aus Abbildung 12-21 ist zu ersehen, daß der Blutdruck im venösen Teil der Kapillaren nur noch etwa 2 kPa beträgt (s. Abb. 12-19), für den Transport des Blutes sind also etwa 11 kPa zur Überwindung der Strömungswiderstände „verbraucht" worden. Wie kann das Blut nun wieder zum Herzen zurücktransportiert werden?
Beim **liegenden** Menschen herrscht in der unteren Hohlvene noch ein Blutdruck von 1–2 kPa. In dieser Körperposition reicht also eine sehr geringe Druckdifferenz zwischen Kapillarbereich und dem Herzen aus, um das venöse Blut zurückzutransportieren. Beim **aufrechtstehenden** Erwachsenen ist dagegen eine Druckdifferenz von etwa 12 kPa für den venösen Rücktransport aus den Füßen erforderlich, da das Gewicht einer 1,25 m hohen venösen Blutsäule auf den Fußgefäßen lastet (Abb. 12-22).
Vier Mechanismen tragen dazu bei, den venösen Rücktransport zu erleichtern:

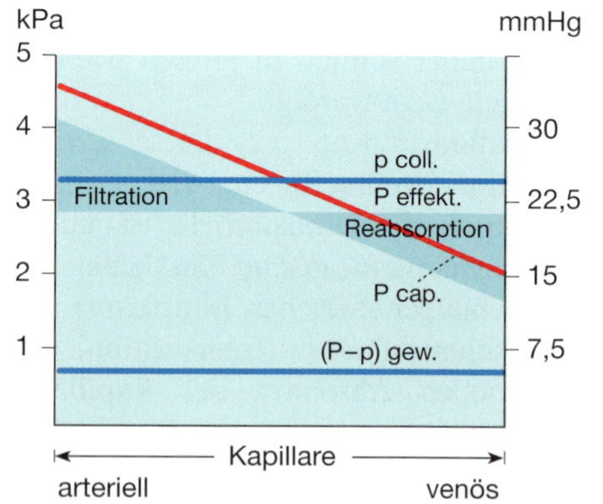

Abb. 12-21 Flüssigkeitsaustausch im Gewebe

Schematische Darstellung des Flüssigkeitsaustausches zwischen Kapillarblut und Gewebe. P_{cap} = Blutdruck in der Kapillare, p_{coll} = kolloidosmotischer Druck im Blut, P_{gew} = Druck im Gewebe, p_{gew} = kolloidosm. Druck im Gewebe. Im arteriellen Teil der Kapillare findet eine Filtration ins Gewebe, im venösen Teil Reabsorption statt.

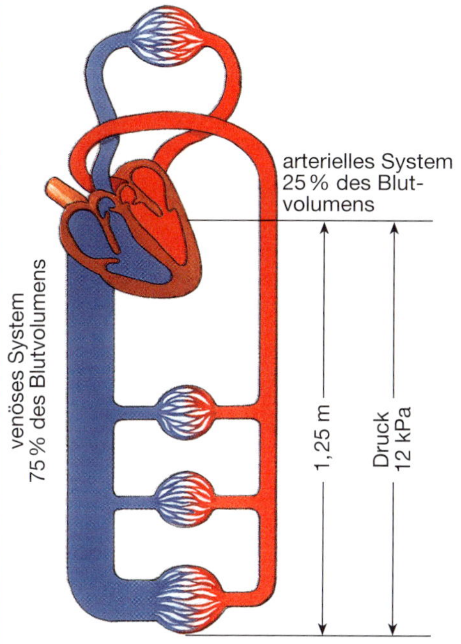

Abb. 12-22 Druckdifferenz

Druckdifferenz zwischen Herz- und Fußvenen sowie Anteile des Blutvolumens im arteriellen (25%) und venösen (75%) System. Das venöse System ist ca. 200mal dehnbarer als das arterielle System.

- Die meisten Venen, mit Ausnahme der großen Hohlvenen, enthalten **Venenklappen,** die den Taschenklappen des Herzens vergleichbar sind. Sie wirken wie Ventile, d.h. sie richten den Blutstrom in den Venen zum Herzen hin und verhindern den Rückstrom entsprechend der Schwerkraft (Abb. 12-23). Auf eine Venenklappe drückt nur eine Flüssigkeitssäule, die dem Abstand zur nächsten Venenklappe entspricht.
- **Muskelkontraktion** führt durch Ausdrücken dünnwandiger benachbarter Venen zusammen mit den als Ventile wirkenden Venenklappen zum Rücktransport des Blutes. Man spricht in diesem Zusammenhang von **Muskelpumpe.** Auch der **Arterienpuls** benachbarter Gefäße wirkt in dieser Weise (Abb. 12-24). Bei längerem, absolut ruhigem Stehen können starke Schmerzen in den Beinen auftreten, weil sich das Blut im Venengebiet staut. Bewegung (Muskelpumpe) oder Hochlagerung der Beine können dem abhelfen.
- Der **Unterdruck im Brustraum** (s. Kap. 13.3) fördert ebenfalls den venösen Rücktransport. Dies geschieht besonders beim Einatmen durch das Tieferrücken des Zwerchfelles. Bei verstärkter Atmung trägt die Bauchpresse dazu bei, daß größere Mengen an Blut zurückgeführt werden können.
- Die **Herzkammerkontraktion** (Systole) übt einen Sog auf die Vorhöfe aus, was besonders zur Füllung des rechten Vorhofs mit venösem Blut beiträgt (Tiefertreten der Ventilebene, s. Abb. 12-2).

Das **Blutfassungsvermögen (Kapazität) des venösen Kreislaufanteils** ist erheblich größer als das des arteriellen (s. Abb. 12-22). Grund dafür ist die große Dehnbarkeit der Venenwände. Das venöse System ist daher auch als **Blutspeicher** anzusehen. In den Organen, in denen größere Blutmengen gespeichert werden können, wie Eingeweide, Haut und Leber, sind es stets die Venen, die die Speicherkapazität ausmachen. Wie bereits erwähnt, beeinflußt die Körperlage ganz wesentlich den venösen Rücktransport des Blutes zum Herzen. In aufrechter Körperhaltung „belastet" die Blutsäule den venösen Rückstrom, „fördert" aber den arteriellen Blutdruck, da sie in die gleiche Richtung „drückt" und sich zu dem vom Herzen erzeugten Blutdruck addiert. Im Liegen wird der hydrostatische Druck der Blutsäulen fast wirkungslos, der Blutdruck beträgt dann in einer kleinen Fußarterie ca. 7 kPa und in einer kleinen

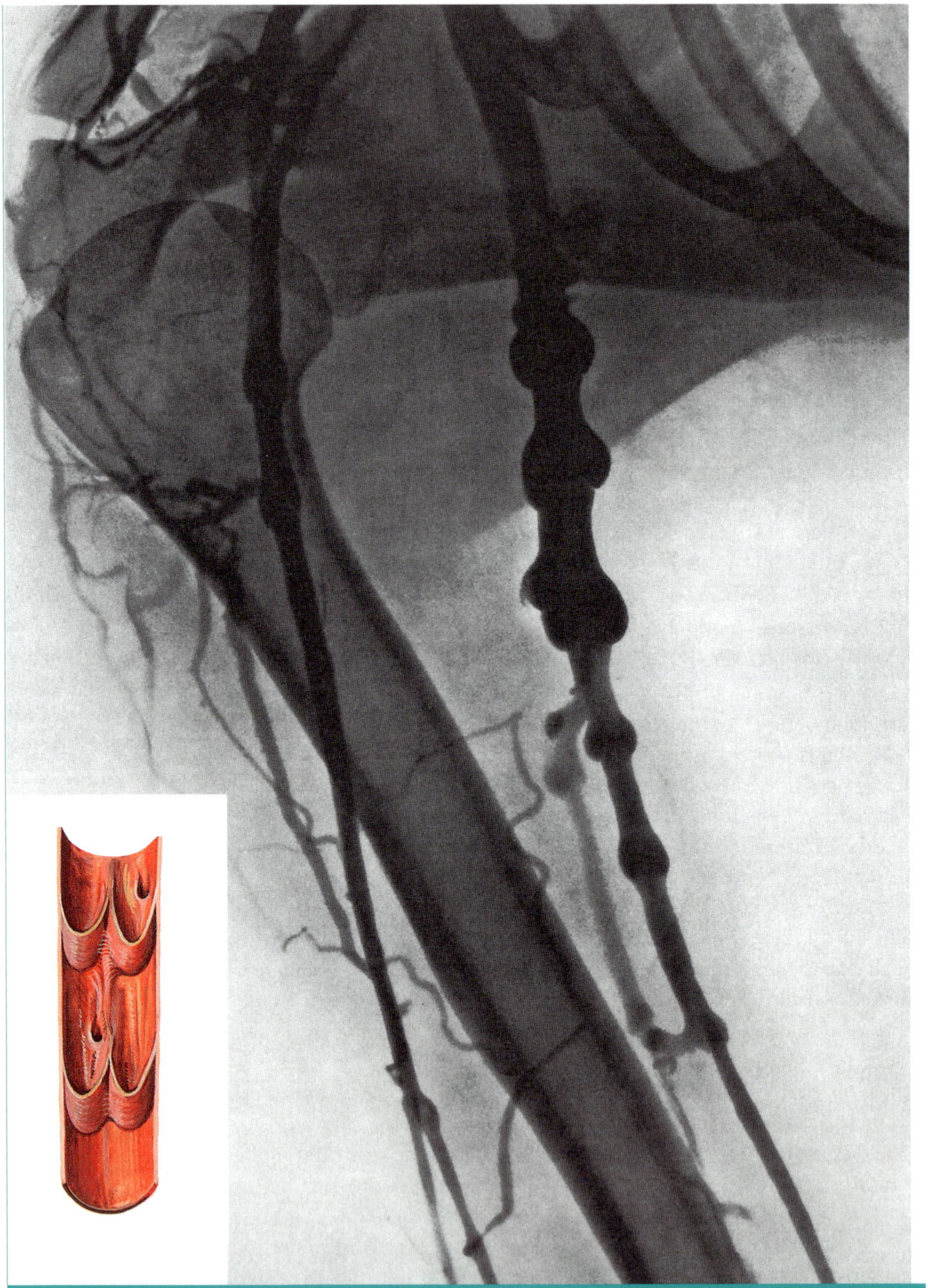

Abb. 12-23 Venenklappen

Die Röntgenaufnahme zeigt durch Kontrastmittel sichtbar gemachte Venen mit Klappen im Achsel-Schulter-Bereich, links unten eine Vene aufgeschnitten.

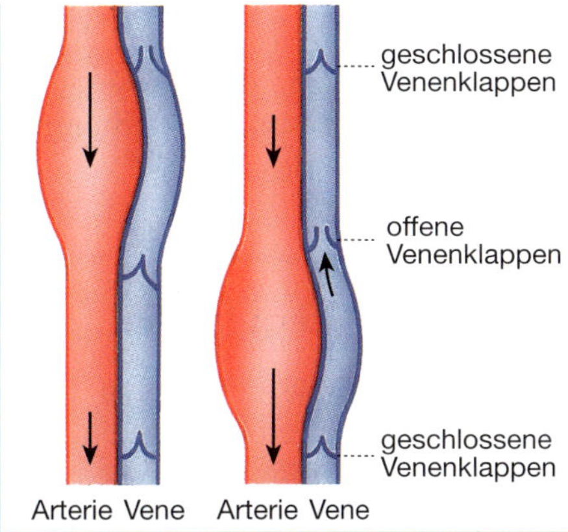

Abb. 12-24 Venöser Rücktransport durch Arterienpuls

Bluttransport in Venen mit Venenklappen durch benachbart liegende pulsierende Arterie.

Fußvene 2 kPa. Wenn man vom Liegen rasch aufsteht, wirkt sich der Druck der Blutsäule unterhalb des Herzens im venösen System besonders stark aus, und die Beinvenen speichern zusätzlich schlagartig mehr als 500 ml Blut.

Dieses Blutvolumen wird nicht schnell genug zum Herzen zurückgeführt, dadurch ist das Herzminutenvolumen (HZV) zu klein, um das arterielle System ausreichend zu versorgen. So kann es kurzfristig zu Mangeldurchblutung („Blutleere") des Gehirns kommen, es wird uns „schwarz vor den Augen". Beim Gesunden ist der venöse Rücktransport nach Sekunden wieder normalisiert, und das Gehirn wird ausreichend durchblutet.

Präv Einem Patienten, besonders wenn er lange bettlägerig war, darf man eine derartige **„orthostatische"** Belastung nicht zumuten. Man muß ihn langsam aufrichten, eine Zeitlang auf der Bettkante sitzen und dabei die Beine bewegen lassen (Muskelpumpe), ehe man ihn aufrecht stehen läßt. Wird ihm dennoch schwindlig, muß man ihn flach hinlegen und ihm die Beine hochhalten, damit das „versackte" Blut schneller zum Herzen und damit in den arteriellen Kreislauf gelangt.

Den **Einfluß der Körperlage** und des Druckes im Brustraum auf den venösen Rückfluß können wir durch einen einfachen Selbstversuch prüfen. Beim Hängenlassen des Armes wölben sich die Venen am Handrücken deutlich hervor. Heben wir den Arm langsam hoch, können wir beobachten, daß die Vorwölbungen verschwinden, sobald sich die Hand über der Herzhöhe befindet. Nun wiederholen wir den Versuch, atmen aber vor dem Heben der Hand maximal ein, halten die Luft an und pressen dabei, als wollten wir ausatmen (Drucksteigerung im Brustraum). Das Blut in den Handrückenvenen fließt dann nach dem Hochheben nicht ab, sondern erst, wenn wir ausatmen. Ein ähnlicher Preßdruckversuch (nach *Valsalva*) wird auch zu diagnostischen Zwecken angestellt.

Die Zufuhr von Blutersatzmitteln („Dauertropf") über eine Armvene erfordert sinngemäß eine ausreichende Druckdifferenz, d.h. das Vorratsgefäß muß genügend hoch über dem Herzen, ca. 1–1,5 m, aufgehängt werden (Abb. 12-25).

Path **Krankhafte Erweiterungen der Venen,** besonders der oberflächlichen im Beinbereich **(Krampfadern – Varizen),** entstehen durch einen verminderten venösen Rückfluß bei Venenwandschwächen und bewirken eine lokale Ernährungsstörung. Häufigste Ursache sind sitzende Lebensweise und Schwangerschaften mit Abklemmung der großen Bauchvenen. In Venen mit verminderter Blutstromgeschwindigkeit besteht die Neigung zur Bildung von Blutgerinnseln (Thrombose) und Entzündungen.

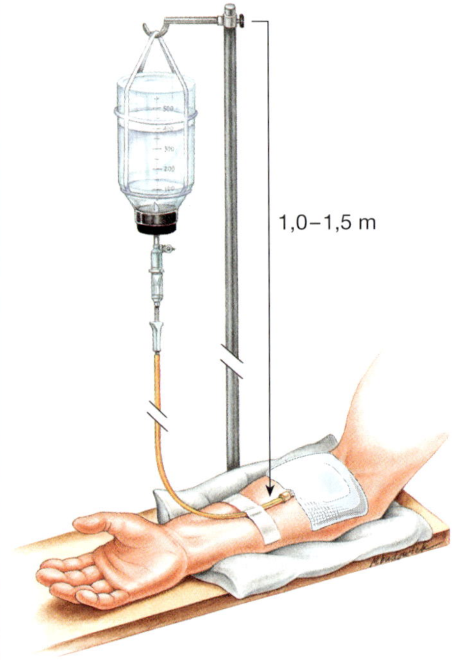

Abb. 12-25 Venöse Infusion

Dauertropfinfusion in eine Vene der Ellenbeuge. Das Infusionsgefäß muß genügend hoch über dem Herzen hängen.

Kurzgefaßt

Der **Rücktransport des Blutes** aus unterhalb des Herzens liegenden Venengebieten geschieht mit Hilfe der Venenklappen durch Muskelkontraktion, pulsierende Arterien, Unterdruck im Brustraum und die Kammersystolen mit Sogwirkung auf Vorhöfe und Venen. Das Venensystem enthält 75% des Blutvolumens **(Blutspeicher).** Rasches Aufrichten führt zu einer Verminderung des venösen Rückstroms zum Herzen. Dies kann eine Abnahme der Gehirndurchblutung zur Folge haben, die bis zur Ohnmacht führen kann **(orthostatischer Kollaps).** Langzeitige Stauungen im Venenbereich, z.B. infolge sitzender Lebensweise oder Schwangerschaften, können zu Venenerweiterungen (Varizen) mit der Gefahr der Entzündung und der Bildung von Blutgerinnseln führen.

12.5 Kreislaufregulation

Wenn alle Blutgefäße des ganzen Kreislaufsystems maximal eröffnet wären, würden etwa 20 Liter Blut erforderlich sein, um es zu füllen. Tatsächlich haben wir nur $^1/_3$ bis $^1/_4$ dieser Blutmenge zur Verfügung, d.h. das Herz muß nur 5 bis 6 Liter Blut in der Minute (Ruhebedingungen) pumpen. Diese Herzarbeit sparende geringe Blutmenge reicht im allgemeinen zur Versorgung unserer Körperorgane aus, weil ein kompliziertes Regulationssystem den einzelnen Organen nur diejenige Blutmenge zukommen läßt, die sie entsprechend ihrer Stoffwechselaktivität benötigen. Die Abbildung 12-26 zeigt die starke Zunahme der Durchblutung in der Skelett- und Herzmuskulatur sowie der Haut bei schwerer körperlicher Arbeit. Die Durchblutung von Gehirn und Nieren bleibt etwa gleich, die der Verdauungsorgane und anderer Organe mit niederem Stoffwechsel wird vermindert. Die Durchblutungszunahme wird erreicht durch eine Zunahme des **Herzzeitvolumens** (Frequenz- und Schlagvolumenzunahme) und eine Erweiterung der den Kapillaren vorgeschalteten **Arteriolen.**

In den Arteriolen besteht der größte Widerstand des Kreislaufsystems, weshalb dort auch der größte Blutdruckabfall (s. Abb. 12-19) auftritt. Das liegt daran, daß die Arteriolen fast schon so eng wie die Kapillaren sind, aber relativ länger als diese und von erheblich geringerer Anzahl sind. Der geringe Blutdruckabfall in den Kapillaren rührt daher, daß viele Kapillaren parallel geschaltet sind (s. Kap. 12.4.1).

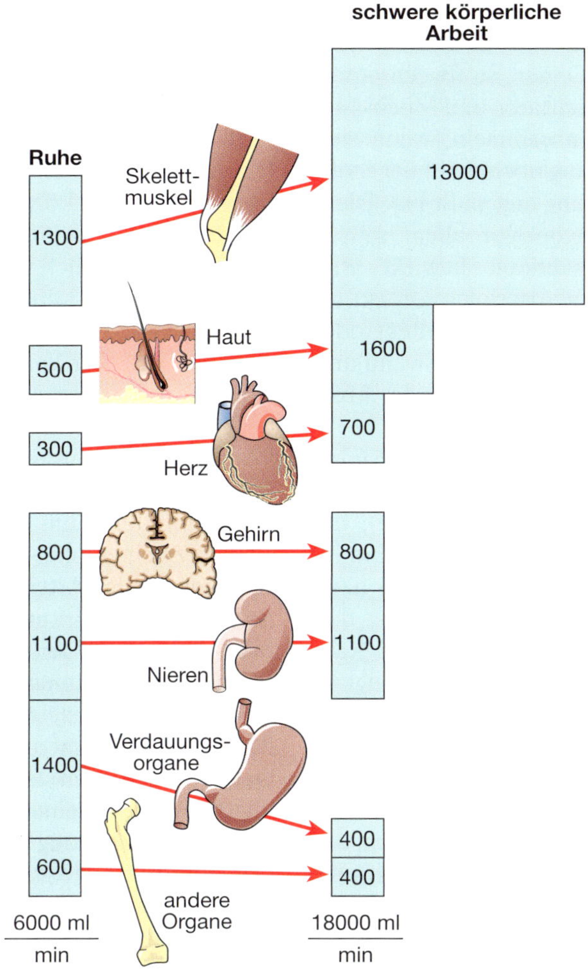

Abb. 12-26 Organdurchblutung in Ruhe und bei Arbeit

Durchblutungsgröße einzelner Organe bei körperlicher Ruhe und schwerster Arbeit.

Die Beeinflussung der Arteriolenweite kann durch lokale und zentrale (vom Zentralnervensystem ausgehende) Einflüsse geschehen. Man spricht deshalb von **lokaler** und **zentraler Kreislaufregulation.**

12.5.1 Die lokale Regulation

Man kennt zwei Mechanismen:

- Die sogenannte **Auto-(Selbst-)Regulation** der Organdurchblutung ermöglicht eine konstante Durchblutung eines Organs bei wechselnden Drücken (s. Kap. 15.2.1). Wenn der Druck ansteigt, ziehen sich die glatten Gefäßmuskelfasern zusammen und bewirken durch Verengung der Arteriolen eine Zunahme des Widerstandes. Läßt der Druck wieder nach, erschlaffen die Gefäßmuskelfasern. Dadurch wird eine gleichmäßige Durchblutung erreicht.

- Die **lokal-chemische Regulation** besteht darin, daß sich mit ansteigender Aktivität im Organ Stoffwechselprodukte wie Kohlensäure und Milchsäure sowie Wärme ansammeln, wenn sich die Durchblutung noch nicht der Stoffwechselsteigerung angepaßt hat. Diese Anreicherung von vor allem sauren Stoffwechselprodukten bewirkt eine Erweiterung der Arteriolen, ob auf lokalnervösem Wege (Axonreflex) oder durch Diffusion in die Gefäßwand und damit direkte Beeinflussung der Muskulatur, ist bisher nicht geklärt.
  Lokal-chemisch wirken auch **Kinine** (z.B. in Schweiß- und Speicheldrüsen und in der Bauchspeicheldrüse), die zur Gefäßerweiterung führen (Bradykinin). **Serotonin** ist ein Stoff, der nach Verletzungen von Arteriolen aus den Blutplättchen freigesetzt wird (s. Kap. 11.5) und zu einer Gefäßverengung und Blutstillung führt.

12.5.2 Die zentrale Regulation

Sie erfolgt durch das Kreislaufzentrum, das in der Nachbarschaft des Atemzentrums im verlängerten Rückenmark (Medulla oblongata, Formatio reticularis) liegt. Es besteht aus zwei funktionell verschiedenen Anteilen: einem gefäßverengenden **(vasokonstriktorischen)** und einem etwas kleineren gefäßerweiternden **(vasodilatatorischen) Anteil.** Neben den Gefäßen wird von hier aus auch das Herz (s. Kap. 12.3.4) beeinflußt. Die Zentren (Abb. 12-27) bekommen Informationen (Afferenzen) von höheren Gehirnzentren (Rinde und Hypothalamus), von Druckrezeptoren im Carotis-Sinus und Aortenbogen und den Chemorezeptoren aus den entsprechenden Glomera (s. Kap. 13.9, Abb. 13-28) und vom Atemzentrum. Gas- und Stoffzusammensetzung des Blutes und Erregungen von Schmerzrezeptoren haben ebenfalls Einfluß auf das Kreislaufzentrum. Die genannten Afferenzen haben unterschiedliche Wirkungen und dabei verschieden starke Einflüsse unter verschiedenen Bedingungen.

Die größten Veränderungen treten bei der Umstellung von körperlicher Ruhe auf **Arbeit** ein. Bei Beginn der Arbeit (und in geringem Maße auch schon vorher) steigt die Aktivität des sympathischen Nervensystems **(Sympathikotonus,** s. Kap. 23.9.1); es kommt zu einer Verengung der Arteriolen in fast allen Organen außer im Herzen und Gehirn. Durch Muskelkontraktionen im arbeitenden Muskel steigt die Konzentration von CO_2 und anderer saurer Stoffwechselprodukte um das 10- bis 15fache an, was zu einer lokal-chemisch bedingten Erweiterung der Arteriolen führt. Die gefäßverengende Wirkung des Sympathikotonus hat also keinen Einfluß auf den arbeitenden Skelettmuskel und das Herz. Der Venentonus steigt an, dadurch wird das Speichervolumen im venösen Kreislauf, besonders im Bereich des Verdauungstraktes, verkleinert. Es kommt zu einer **Blutverschiebung** in die Muskulatur. Der Blutdruck steigt systolisch an und bleibt diastolisch gleich oder sinkt sogar ab. Die Blutdruckamplitude vergrößert sich, das bedeutet, daß das Schlagvolumen des Herzens zunimmt. Zusammen mit einer erhöhten Herzfrequenz nimmt das **Herzminutenvolumen** um das 3- bis 4fache zu (15–20 l/min). Da im allgemeinen bei Arbeit höchstens ein Wirkungsgrad von 20% erreicht werden kann (s. Kap. 9.5.4), gehen 80% des Umsatzes in Wärme über, die durch die Haut abgegeben werden muß. Die **Hautdurchblutung** muß deshalb ansteigen. Druckrezeptoren, von ihrem Entdecker sinnvoll **Blutdruckzügler** genannt, wirken einer Blutdrucksteigerung entgegen. Bei Druckerhöhungen gehen von den Rezeptoren Nervenimpulse zum Kreislaufzentrum, der gefäßverengende

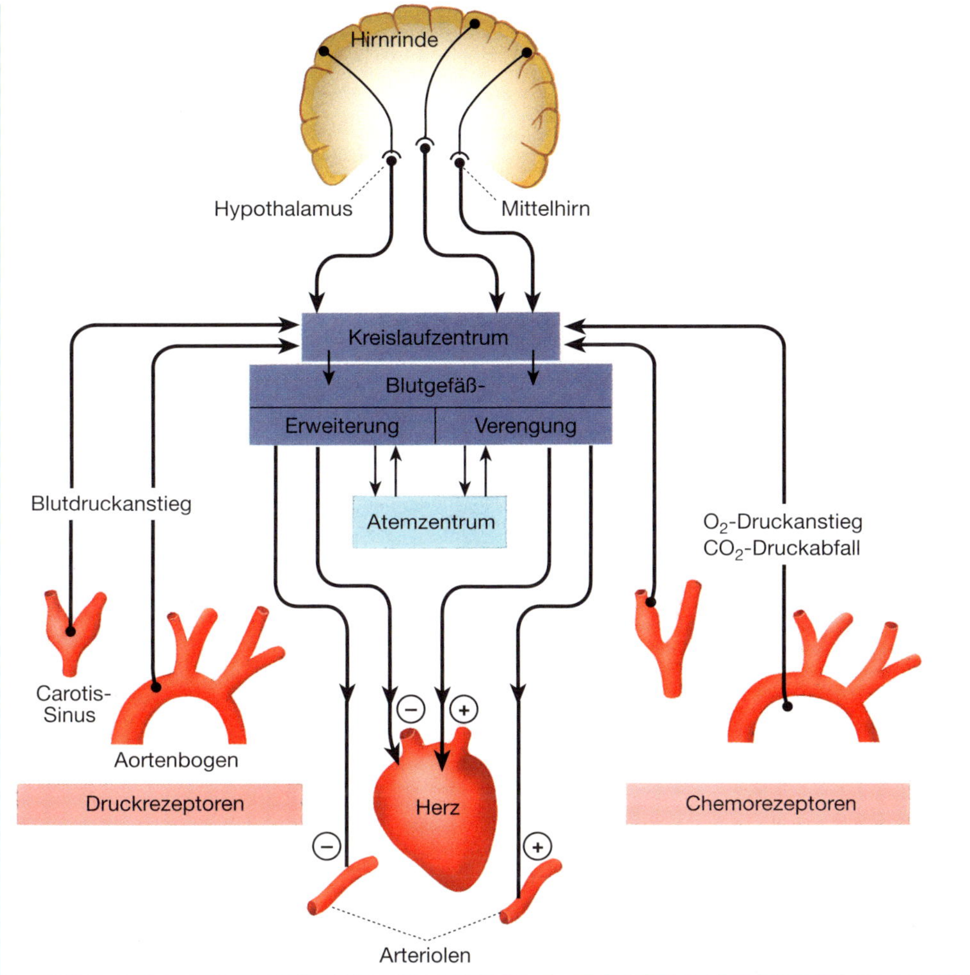

Abb. 12-27 Herz-Kreislauf-Regulation

Schematische Übersicht der Regelung der Herztätigkeit und der Organdurchblutung (Kreislaufregulation).

Einfluß des Sympathikotonus bewirkt eine vermehrte **Ausschüttung von Adrenalin,** einem Hormon des Nebennierenmarks (s. Kap. 25.9), das zwar zu 10–15% an der Gefäßverengung beteiligt ist, vor allem aber die Aufgabe hat, bei körperlicher Arbeit über die Blutbahn **Glykogen** und **freie Fettsäuren** für den erhöhten Stoffwechsel zur Verfügung zu stellen.

12.5.3 Das Renin-Angiotensin-System

Ein Absinken des Blutdrucks wird auch in der Niere registriert, die daraufhin ein spezielles Enzym freisetzt. Es wird nach seinem Herkunftsort **Renin** (lat. renes, Nieren) genannt. Es verwandelt eine unwirksame Vorstufe, **Angiotensinogen,** zu **Angiotensin I,** das enzymatisch durch ACE (**a**ngiotensin **c**onverting **e**nzyme) zu dem stark gefäßverengend und damit blutdrucksteigernd wirkenden **Angiotensin II** aktiviert wird.

Path Bei verschiedenen Nierenerkrankungen wird auf diesem Wege ein Bluthochdruck (Hypertonie) erzeugt (systolisch über 21 kPa, 160 mmHg). Man weiß nicht, weshalb die Druckrezeptoren diesen hohen Druck nicht „zügeln" können.

12.5.4 Einfluß der Blutgase

Der Einfluß der Blutgaszusammensetzung und des pH-Wertes wirkt

- **lokal:** In Organen mit hohem Stoffwechsel (s.o.) haben niedere O_2- und pH-Werte sowie hohe CO_2-Werte einen lokal-chemisch gefäßerweiternden Einfluß;
- **zentral:** Durch Meldungen der Chemorezeptoren in den Carotiden und im Aortenglomus über die Konzentration der Blutgase an das Kreislaufzentrum direkt oder über das Atemzentrum indirekt wird bei Arbeit der Blutdruck durch Gefäßverengung im ganzen Organismus gesteigert mit Ausnahme der Gebiete mit hohem Stoffwechsel (z.B. Herz und Skelettmuskulatur).

Im Gehirn selbst wirkt ein hoher CO_2-Druck im Blut ebenfalls gefäßerweiternd und daher durchblutungssteigernd. Ist der CO_2-Druck niedrig, sinkt die Durchblutung des Gehirns ab.

Path Diese Gefäßverengung im Gehirn ist der Grund für das „Schwarzwerden vor den Augen", z.B. beim Aufblasen einer Luftmatratze mit dem Mund. Durch die vertiefte Atmung (Hyperventilation s. Kap. 16.2) sinkt der CO_2-Druck im Blut ab und führt zur Gefäßverengung mit Mangeldurchblutung des Gehirns.

12.5.5 Kreislaufregulationsstörungen

Versagen der Kreislaufregulation tritt auf, wenn die Anforderungen zu groß werden. Das kann bei der orthostatischen Belastung (Kap. 12.4.4) der Fall sein, wenn die durch das autonome Nervensystem ausgelöste Gefäßverengung nicht ausreichend ist.

Path **Schock** nennt man einen Zustand, bei dem es zu einer mangelhaften Durchblutung lebenswichtiger Organe kommt, vor allem der Hirnrinde. Die Ursachen können verschieden sein. Bei Verletzungen mit großen Blutverlusten **(hämorrhagischer Schock)** reicht trotz starker Gefäßverengung die Blutmenge für die Versorgung bestimmter Organe nicht aus. Der Patient ist blaß, weil die Hautdurchblutung herabgesetzt ist. Schwerwiegender sind dabei die Mangeldurchblutung des Gehirns, Nieren- und Kreislaufversagen. Bluttransfusion oder Transfusion eines Blutersatzmittels und schnelle Blutstillung sind die wichtigsten Maßnahmen.

Path Ein **Hitzeschock** (Hitzekollaps) kann eintreten, wenn bei höherer Außentemperatur große körperliche Leistungen (Hochofenarbeiter, Sportler) erbracht werden müssen. Zu einer hohen Muskeldurchblutung kommt eine hohe Hautdurchblutung, die für die Wärmeabgabe erforderlich ist. Wenn die Regulation überfordert ist, sinkt die Gehirndurchblutung so weit ab, daß es zur Bewußtlosigkeit (Ohnmacht) kommt. Da dann die Arbeit eingestellt wird, sinkt die Muskeldurchblutung rasch ab. Da der Betroffene liegt, fließt sofort wieder Blut zum Gehirn, d.h. die Ohnmacht dauert meist nur wenige Sekunden. Der Patient soll keinesfalls aufgerichtet werden, er muß liegend und mit angehobenen Beinen aus der heißen Umgebung gebracht und mit naßkalten Tüchern abgerieben werden.

Präv Nach schwerer körperlicher Daueranstrengung darf nicht sofort reichlich gegessen werden. Auch vor schwerer Arbeit soll keine große Mahlzeit eingenommen werden; man muß den Blutverschiebungen zwischen Verdauungstrakt einerseits und Muskulatur und Hautregion andererseits genug Zeit lassen.

Kurzgefaßt

Lokale und zentrale Regulationssysteme ermöglichen die der augenblicklichen Stoffwechselgröße entsprechende Durchblutung der einzelnen Organe. Die **Arteriolenweite** wird lokal durch saure Stoffwechselprodukte und zentral vom **Kreislaufzentrum** über den Sympathikus geregelt. Dieser Mechanismus kann, zusammen mit einer entsprechenden Änderung des Herzzeitvolumens, die örtliche Durchblutung in weiten Grenzen (beim Muskel um das 10- bis 25fache) verändern. Die ausgleichende Durchblutungsherabsetzung anderer Organe geschieht durch zentrale Regulation (Arteriolenverengung). In Organen mit hohem Stoffwechsel überwiegt die lokal-chemische Regulation, die zur Arteriolenerweiterung führt.
Pressorezeptoren verhindern einen zu starken Blutdruckanstieg. Vorwiegend unter krankhaften Bedingungen steigert Angiotensin II, das indirekt durch Renin aktiviert wird, den Blutdruck. Versagen der Kreislaufregulation bedeutet, daß Organe (Gehirn, Niere) zu wenig durchblutet werden. Dies tritt z.B. auf nach Blutverlust, bei orthostatischer bzw. Hitzebelastung (Schock).

12.6 Untersuchungsmethoden

Perkussion, das Abklopfen der Herzgrenzen, und die **Auskultation,** das Abhören der Herztöne mit dem Stethoskop, gehören zu den Methoden, die man ohne kostspielige Apparate anwenden kann.
Elektrokardiographie (EKG) – Beschreibung siehe Kapitel 12.2.3 – und **Herzschallaufzeichnung** erfordern einen größeren apparativen Aufwand. Das EKG ist jedoch für die Diagnose so wichtig, daß selbst in der kleinsten Arztpraxis ein EKG-Gerät vorhanden sein sollte.
Die **Röntgenuntersuchung** gibt Auskunft über die Herzform und -lage sowie über krankhafte Erweiterungen und Verdickungen einzelner Herzabschnitte durch Herzklappenfehler und hohe Kreislaufwiderstände (Abb. 12-28).
Mit der **Röntgentomographie** gelingen diagnostisch gute Aufnahmen des Herzens und der großen Blutgefäße (Abb. 12-29).
Die **Ultraschalluntersuchung** (Sonographie, Echokardiographie) vermeidet

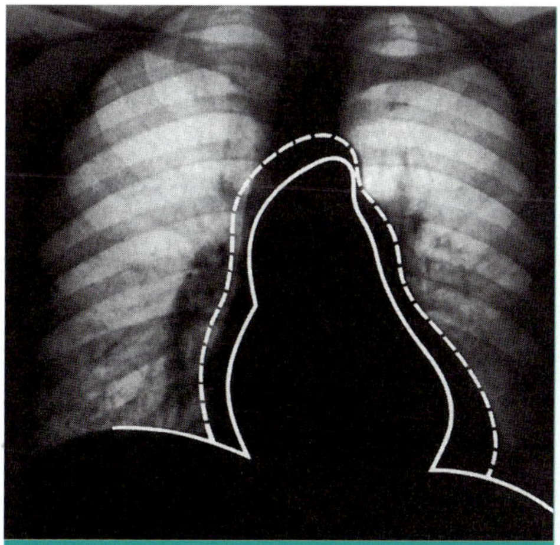

Abb. 12-28 Röntgenbild des Brustraums

Röntgenaufnahme eines Patienten mit einer Erweiterung des rechten Herzens infolge eines hohen Widerstandes durch Engstellung der Lungengefäße (chronisches Cor pulmonale).

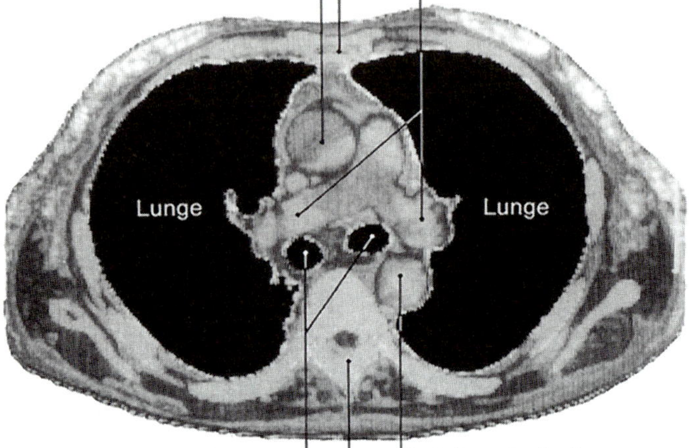

Abb. 12-29 Brustquerschnitt im Röntgen-CT

Röntgen-Computer-Tomogramm des Brustkorbes auf der Höhe des 4. Brustwirbels mit den großen Blutgefäßen in Herznähe. Die Lungen und Bronchien geben bei dieser Aufnahmetechnik keinen differenzierten Kontrast (Siemens-Archivbild).

Strahlungsbelastungen und kann häufig die Röntgenuntersuchung ersetzen. Die Klappenfunktion kann durch Anwendung des Dopplereffekts (s. Kap. 10.9) geprüft werden. Sonographisch kann die Blutströmung im Herzen, in den Herzkranzgefäßen und den großen Blutgefäßen gemessen werden, wobei die Schallwellen an den strömenden Blutzellen reflektiert werden.

Herzkatheter-Methode. Nach Einführen eines Katheters, einer dünnen Sonde, in eine oberflächliche Arm- oder Halsvene und mit dem Blutstrom in den rechten Vorhof, die rechte Herzkammer bis in die Lungenarterie (Abb. 12-30), kann man den Blutdruck in den einzelnen Herz- und Gefäßabschnitten genau messen. In das linke Herz und die Herzkranzgefäße wird ein Katheter „retrograd" von der Beinarterie aus vorgeschoben. Ein erhöhter Druck in der Pulmonalarterie würde z.B. auf eine Verengung (Stenose) an den Segelklappen des linken Herzens, eine Mitralstenose, hinweisen. Durch einen Herzkatheter lassen sich Blutproben entnehmen, die auf ihren Gasgehalt und pH-Wert untersucht werden. Am Röntgenschirm beobachtet man, wo sich der Katheter befindet. Man kann Kontrastmittel durch den Katheter injizieren und einzelne Herzabschnitte darstellen. Das **Herzzeitvolumen** läßt sich z.B. durch Indikatorverdünnungskurven bestimmen. Als Indikatorstoff nimmt man Farbstoffe, z.B. Cardiogreen. Ein einfaches Verfahren benutzt den Sauerstoff als Indikator. Man geht von dem Gedanken aus (Abb. 12-30), daß der von der Lunge aufgenommene Sauerstoff im Blut zum lin-

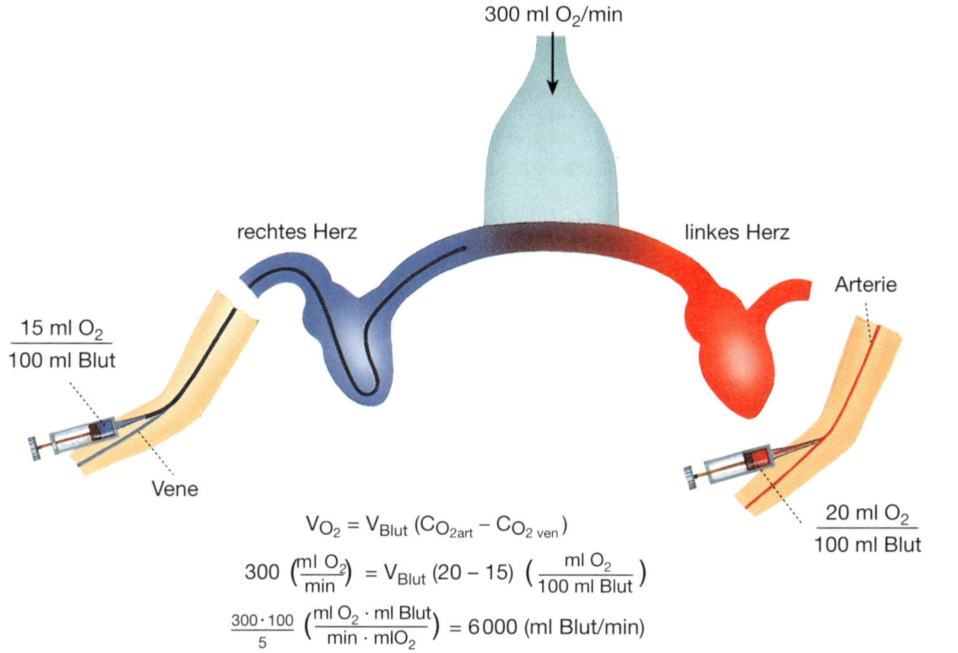

Abb. 12-30 Messung des Herzzeitvolumens

Herzkatheter in der Lungenschlagader (A. pulmonalis) und Prinzip der Lungendurchblutungsbestimmung durch Messung der Sauerstoffaufnahme und arteriovenösen Sauerstoffgehaltsdifferenz.

ken Herzen transportiert werden muß. Die Sauerstoffaufnahme muß demnach gleich dem Produkt der Blutmenge mal der pro Volumeneinheit aufgenommenen Sauerstoffmenge sein. Da das in die Lunge einfließende Blut auch Sauerstoff enthält, muß man die Konzentration im Lungenarterienblut (aus der Katheterblutprobe) und im Arterienblut bestimmen. Man mißt also die Lungendurchblutung und nicht das Herzzeitvolumen. Wenn keine größeren Kurzschlüsse (Shunts) vorhanden sind, sind Lungendurchblutung und Herzzeitvolumen praktisch gleich.

Die **Pulszählung** zur Bestimmung der Herzfrequenz ist die einfachste und am häufigsten angewandte Kreislaufprüfung. Der Untersucher fühlt den Puls mit den Kuppen des Zeige- und Mittelfingers an der Speichenschlagader. Die Frequenz beträgt bei Ruhe zwischen 60 und 80/min. Kleine **Unregelmäßigkeiten** wie die geringfügige Zunahme der Frequenz bei der Einatmung sind normal. Deutlichere Unregelmäßigkeiten findet man bei **Rhythmusstörungen** des Herzens (s. Abb. 12-14). Der Puls kann „hart“ oder „weich“ sein, d.h., er ist schwer oder leicht zu unterdrücken. Im ersten Fall deutet er auf einen erhöhten, im zweiten auf einen niederen systolischen Blutdruck hin. Schließlich kann der Puls „voll“ oder „schwach“ sein, d.h. die Blutdruckamplitude ist groß bzw. klein.

Der **Venenpuls,** meist an der äußeren Halsvene beobachtet, wird ohne technische Hilfsmittel nur bei krankhafter Steigerung (Herzeinflußstauung) sichtbar.

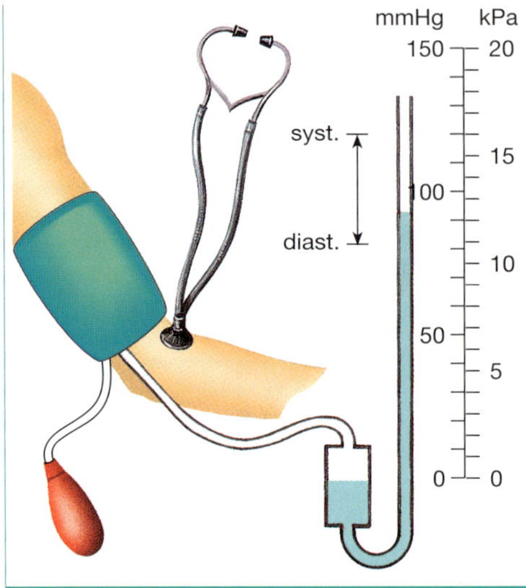

Abb. 12-31 Blutdruckmessung

(Unblutige) Blutdruckmessung mit Manschette und einem Quecksilbermanometer.

Die **Blutdruckmessung** (arterieller Blutdruck) erlaubt genauere Aufschlüsse über die Herz- und Kreislauffunktion als die Pulsmessung. Das Prinzip (Abb. 12-31) besteht darin, daß eine Manschette, die mit einem Gummiball aufgepumpt werden kann, eine Armarterie (A. brachialis) verschließt. Beim Ablassen der Luft sinkt der Manschettendruck, und es fließt kurzzeitig etwas Blut durch die Arterie, wenn der Manschettendruck etwas niederer als der systolische Druck ist. Die Blutströmung erzeugt ein Geräusch, das mit dem Stethoskop in der Ellenbeuge gehört werden kann. Abbildung 12-32 stellt schematisch den Zeitverlauf der Arterienöffnung während der Systole zusammen mit der Blutdruckkurve der A. brachialis dar. Nur solange das Blutgefäß offen ist, hört man ein Geräusch. Es entsteht dadurch, daß, solange die Manschette das Blutgefäß tei weise einengt, eine ungeordnete (turbulente) Strömung entsteht. Ist der Manschettendruck höher als der systolische Druck, hört man nichts, weil kein Blut durch das zusammengedrückte Blutgefäß treten kann. Ist der Manschettendruck niedriger als der diastolische Blutdruck, hört man nichts, weil die Blutströmung wieder geordnet (laminar) ist. Die Dauer des Geräusches wird von der Zeitdauer bestimmt, die der Manschettendruck niedriger als der Blutdruck ist, also ganz kurz, wenn der Manschettendruck nur wenig

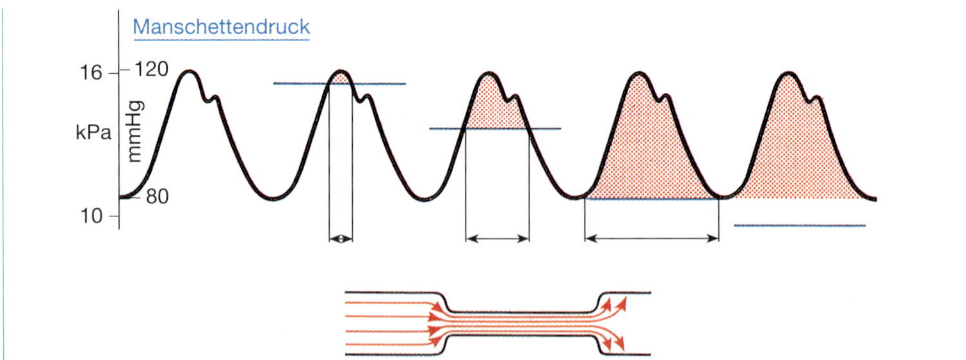

Abb. 12-32 Geräusche bei der Blutdruckmessung

Dauer der an der Ellenbeuge hörbaren Geräusche, die bei unterschiedlichem Manschettendruck durch turbulente (ungeordnete) Blutströmung entstehen (schematische Darstellung unten) und die Bestimmung des systolischen und diastolischen Blutdruckes erlauben.

unter dem systolischen Blutdruck liegt, und lang, wenn der Manschettendruck nur noch wenig über dem diastolischen Blutdruck liegt. Die Manschettenbreite soll etwa die Hälfte des Oberarmumfanges betragen, und die Stauung sollte nicht länger als 1 min dauern, da sonst Meßfehler entstehen.

Der **venöse Blutdruck** in der äußeren Halsvene kann grob geschätzt werden, wenn man beim liegenden Patienten den Kopf anhebt, bis die gedehnte, blutgefüllte Vene sich entleert, zusammenfällt (kollabiert). Der Höhenabstand zwischen rechtem Vorhof (Druck = Null) und der Vene gibt den Blutdruck in cm Wassersäule an (1 cm H_2O entspricht etwa 0,1 kPa).

Genauer kann man den Venendruck, der in den zentralen herznahen Venen herrscht, mit Hilfe eines zentralen Venenkatheters (ZVK) messen. Dieser wird mit einem mit physiologischer Kochsalzlösung gefüllten Meßschlauch verbunden. An einer Meßlatte ist der Druck ablesbar, er liegt bei etwa 1 kPa, wird aber üblicherweise in cm Wassersäule (8–12 cm H_2O) gemessen.

Die **Pulswellengeschwindigkeit** mißt man durch Aufzeichnung der Pulswelle mit empfindlichen Druckaufnehmern, z.B. an der Hals- und der Beinschlagader. Aus der Zeitdifferenz und dem Entfernungsunterschied der Ableitstellen vom Herzen ergibt sich die Geschwindigkeit. Normalwerte liegen bei jungen Menschen zwischen 6 und 10 m/s, bei alten Menschen sind sie erhöht.

Die Messung der **Durchblutung einzelner Organe** ist nur in Kliniken möglich. Häufig wird das oben geschilderte **Indikatorverdünnungsverfahren** angewendet, wobei u.a. Fremdgase, Röntgenkontraststoffe und radioaktiv markierte Stoffe, auch an Mikrosphären (10–20 μm ø) gebundene, kurzlebige Radionuklide verwendet werden. Die markierten Stoffe werden auch zur Messung lokaler Durchblutungsgrößen in der **Szintigraphie** verwendet.

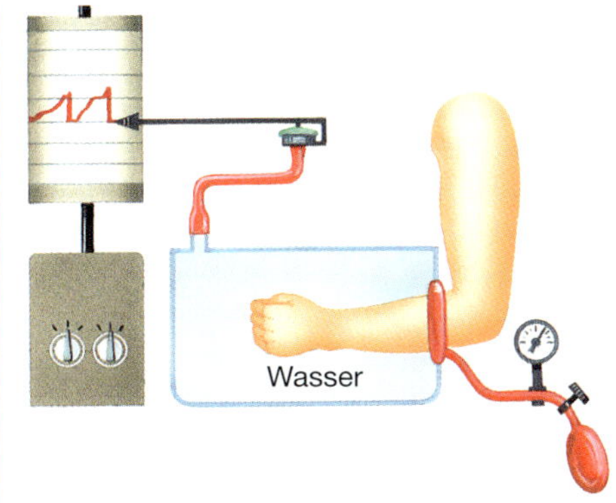

Abb. 12-33 Durchblutungsmessung am Arm

Durchblutungsmessung am Arm mit einem Verschlußplethysmographen. Erklärungen im Text.

Die Messung der Gliedmaßendurchblutung kann mit der **Plethysmographie** (gr. Zunahmeschreibung) erfolgen. Mit der Verschlußplethysmographie wird z.B. die Bein- und die Armdurchblutung gemessen. Bei kurzzeitigem Verschluß der blutabführenden Armvenen steigt das Armvolumen entsprechend der Menge des einströmenden arteriellen Blutes an (Abb. 12-33).

12.7 Das Lymphsystem

Die Lymphe ist Flüssigkeit aus dem Zwischenzellraum (s. Kap. 12.4.3). Sie sammelt sich in einem dem Blutkreislauf ähnlichen Gefäßsystem. Die wesentlichen Unterschiede sind: a) Das Lymphsystem ist zum Gewebe hin „offen", und b) die Lymphe wird passiv und ohne Pumpe (Herz), ähnlich dem venösen Blut, von den Geweben in den Brustraum befördert, wo die verhältnismäßig großen Lymphgefäße, Ductus thoracicus und rechter Ductus lymphaticus in das Venensystem münden. Die Lymphgefäße haben Klappen wie die Venen, und die Muskelpumpe ist ähnlich wie dort für den Transport der Flüssigkeit wichtig. In den Lymphbahnen sind **regionale Lymphknoten** eingeschaltet, die eine Filter- und Abwehrfunktion haben. Sie schwellen bei Entzündungen in ihrem Stromgebiet an, z. B. bei Entzündungen oder auch Geschwülsten an der Hand, die Knoten in der Achselhöhle. Die Lymphflüssigkeit ist eiweißärmer als das Blutplasma. Die Eiweißkonzentration ist in den einzelnen Lymphgefäßabschnitten verschieden, in den Gefäßen der Gliedmaßen beträgt sie 1 bis 2%, in denjenigen des Eingeweides 4%, und die Leberlymphe hat mit 6% die höchste Konzentration. Innerhalb 24 Stunden werden etwa 2 bis 4 Liter Lymphe produziert.

13 Atmung und Gasaustausch

Im Körper des Menschen kann die zur Aufrechterhaltung der Körpertemperatur und zur Leistung von Arbeit erforderliche Energie nur durch den Abbau der Nahrungsstoffe mit **Sauerstoff** gewonnen werden. Während wir Nahrungsstoffe, vor allem Fett, speichern können (s. Kap. 2.7.2), ist das für Sauerstoff nur in so geringem Maße möglich, daß schon nach etwa 2 bis 4 Minuten Atemstillstand ernste Störungen auftreten. Ohne Wasser können wir dagegen ohne bedrohliche Erscheinungen etwa einen Tag und ohne Nahrung mehrere Tage leben. Im Gegensatz zur Flüssigkeits- oder Nahrungsaufnahme muß deshalb fortwährend Sauerstoff aufgenommen werden. Dies geschieht bei der **Einatmung** durch Nase und Mund, den Rachen, die Luftröhre und ihre Verzweigungen, die Bronchien, in die Lungen. Das **Kohlendioxid** (CO_2), das beim Abbau der Nahrungsstoffe mit Sauerstoff entsteht, wird auf demselben Wege in umgekehrter Richtung durch die **Ausatmung** abgegeben. Die Abbildung 13-1 gibt eine Übersicht über den ganzen Atemtrakt. Wie im Darm, wo zur Aufnahme der energiereichen Moleküle ins Blut eine große Gewebefläche (besonders durch Faltungen im Dünndarm) vorhanden ist, muß für die O_2-Aufnahme ins Blut und die CO_2-Abgabe aus dem Blut in der Lunge eine große Austauschfläche vorhanden sein. Dieser entspricht die Oberfläche der Kapillaren in den **Lungenbläschen (Alveolen)** (Abb. 13-2).

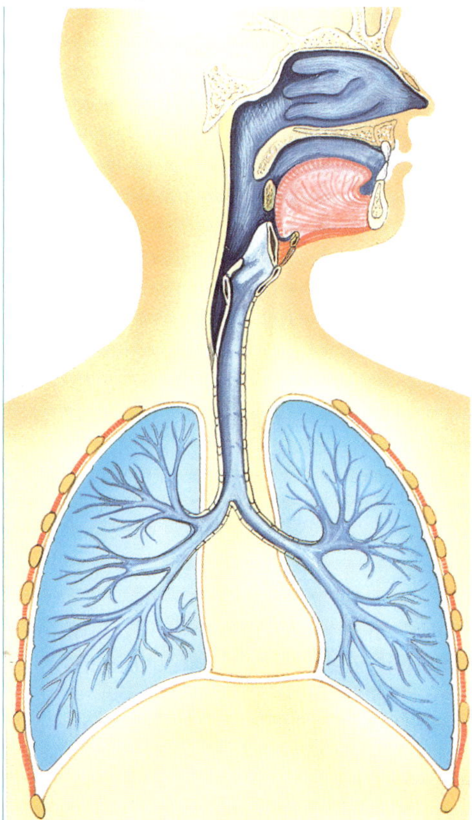

Abb. 13-1 Atmungssystem

Die Lunge mit den zuführenden Atemwegen (Nasenrachenraum, Kehlkopf, Luftröhre, Bronchialbaum, Lungen).

13.1 Diffusion

Die Kapillaroberfläche in den Alveolen eines erwachsenen Menschen beträgt etwa 70 m^2. Diese große Fläche ist nötig, um in einer genügend kurzen Zeit die erforderlichen Mengen von O_2 und CO_2 auszutauschen, weil der Austausch nur durch den

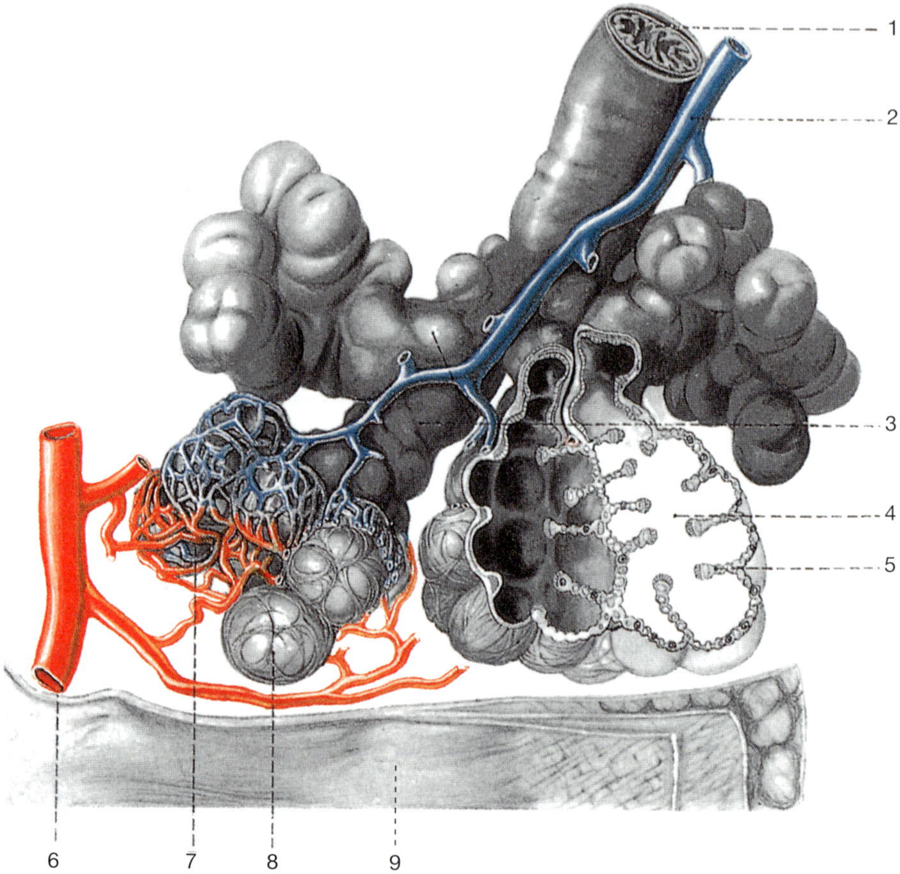

Abb. 13-2 Lungenbläschen

Lungenbläschen (Alveolen) mit kleinem Bronchus und der Aufteilung der Lungenarterie (mit venösem Blut!) in die Haargefäße (Kapillaren), die die Alveolen umspinnen. In Wirklichkeit ist praktisch die ganze Alveolaroberfläche mit Kapillaren bedeckt. 1= Bronchiole (knorpelfreier kleiner Bronchus), 2 = Ast der Lungenschlagader, 3 = Endbronchiole, 4 = Lungenbläschengang, 5 = Trennwand zwischen 2 Lungenbläschen, 6 = Ast der Lungenvene, 7 = Lungenkapillarnetz, 8 = elastischer Faserkorb des Lungenbläschens, 9 = Lungenfell mit elastischen Fasernetzen.

relativ langsamen Prozeß der Diffusion (s. Kap. 5.1) möglich ist. Für die diffundierte Menge sind außer dem Konzentrationsgefälle die Größe der Austauschfläche (F) und die Diffusionsstrecke, die Gewebsdicke (d), entscheidend. Für O_2 gilt dann entsprechend der Gleichung in Kapitel 5.1:

$$\frac{M_{O2}}{t} = K \frac{F}{d} (P_{O2gas} - P_{O2blut}),$$

wobei hier statt der O_2-Konzentrationsdifferenz die O_2-Partialdruckdifferenz (s. Kap. 3.6) und statt des Diffusionskoeffizienten die *Krogh*-Diffusionskonstante K eingesetzt werden muß. Wie man aus der Beziehung sieht, kann die diffundierende Menge O_2 vergrößert werden, wenn die Austauschfläche zu- und die Diffusionsstrecke abnimmt. Tatsächlich ist die Diffusionsstrecke für diese Gase in der Lunge außerordentlich klein (Abb. 13-3). Weni-

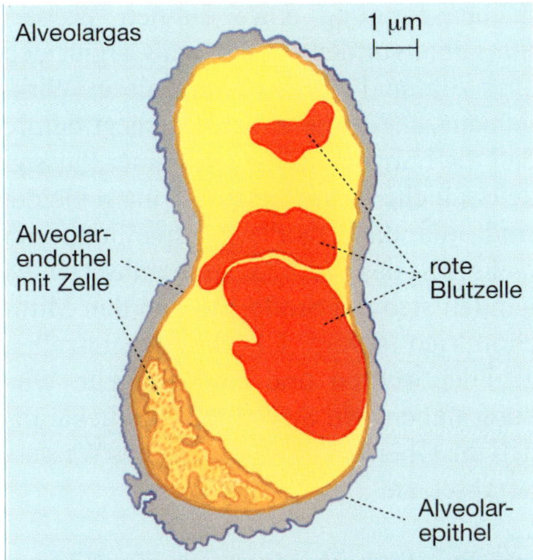

Abb. 13-3 Blut-Gas-Schranke

Kapillare der Lunge mit der nur etwa 1 µm dicken Blut-Gas-Schranke. Die Alveolarendothelzelle sondert das Surfactant ab.

ger als 1 µm trennt das Blut vom Gasraum der Alveolen. Die große, dünne Grenzfläche der Alveolen ist sehr verletzlich und muß deshalb geschützt im Körperinnern liegen. Der **Gaswechsel durch die Haut** macht weniger als 1% desjenigen der Lunge aus, weil für die nötige Hautfestigkeit ein viel dickeres Gewebe zwischen Hautkapillaren und Luft vorhanden ist, so daß praktisch kein Gaswechsel stattfinden kann. Außerdem beträgt die gesamte Hautoberfläche mit 1,5–2 m^2 nur ca. $^1/_{50}$ der Alveolenoberfläche.

13.2 Konvektion und Strömungswiderstand

Um einen wirkungsvollen Austausch von O_2 und CO_2 über die große, dünne Austauschfläche zu erreichen, muß der Erwachsene von der Einatmungsluft ca. 0,3–0,5 l pro Atemzug bis in die Alveolen „saugen"; dadurch entsteht ein **Gasfluß** (Konvektion) von Mund bzw. Nase zu den Alveolen. Die Luftmoleküle werden dadurch im Vergleich zur Diffusion mit großer Geschwindigkeit befördert.

Damit die Arbeit, die wir für die Einatmung aufbringen, möglichst klein gehalten wird, müssen zwei wichtige Voraussetzungen erfüllt werden:

- Die Strömungswiderstände für die Atemgase müssen möglichst klein sein.
- Die Entfaltung bzw. Erweiterung der Lungenbläschen während der Einatmung muß möglichst reibungsarm vor sich gehen.

Durch die Aufzweigungen der Atemwege in kleine und kleinste Bronchien, die schließlich nur noch einen Innendurchmesser von $^1/_{10}$ mm haben (wie eine feine Injektionsnadel), entsteht ein großer Strömungswiderstand im einzelnen Bronchus. Dieser Strömungswiderstand wird durch Parallelschaltung vieler Bronchien herabgesetzt (s. Kap. 12.4.1). Dennoch liegt der Hauptströmungswiderstand, der bei der Atmung überwunden werden muß, im Gebiet der zahlreichen, engen Bronchien. Bei schwerer Arbeit, wenn wir z.B. zehnmal mehr Luft atmen als bei Ruhe, wird die Mehrarbeit der Atemmuskeln hauptsächlich für die Überwindung der Strömungswiderstände gebraucht, die mit zunehmender Strömungsgeschwindigkeit ansteigen. Bei Arbeit werden daher unbewußt durch den Einfluß des Nervensystems (autonomes Nervensystem, s. Abb. 23-19) die engen Röhrchen durch Erschlaffung ihrer Muskelschicht weitergestellt und damit der Widerstand für die zu bewegenden Luftmengen herabgesetzt.

Path — Es gibt Krankheiten, bei denen sich die Muskulatur der kleinen Bronchien zusammenzieht **(Asthma)** und der Strömungswiderstand schon bei Ruhe so hoch ansteigt, daß die Patienten viel Kraft aufwenden müssen, um ausreichend zu atmen, sie leiden unter Atemnot.

Die Bläschen der Lunge haben eine Wandstärke von nur etwa 1 µm und stehen unter einer Zugkraft, wie sie z. B. auch bei einer Seifenblase vorhanden ist. Soll eine Seifenblase fliegen, muß sie beim Abblasen vom Rohr geschlossen sein, sonst „platzt" sie. Die Moleküle der Seifenschicht ziehen nach innen. Die Kraft, die sie ausüben, wird als **Oberflächenspannung** bezeichnet. Man kann die Kraft, die die Moleküle ausüben, messen (Abb. 13-4) und feststellen, daß die Kraft zum Zusammenfallen um so größer wird, je kleiner die Blase ist. Beim Einatmen muß auch gegen diese Kräfte Atemarbeit aufgewendet werden, denn die Lungenbläschen sollen dabei ja vergrößert werden. Nimmt man an, daß bei der Entfaltung der Lungenalveolen die Oberflächenspannung eines dünnen Wasserfilms überwunden werden muß, ergibt sich eine zehnmal höhere Kraft, als in Wirklichkeit aufzuwenden ist. Das liegt daran, daß die Lungenbläschen mit einer Flüssigkeitsschicht **(Surfactant)** ausgekleidet sind, die die Oberflächenspannung um mehr als das Zehnfache herabsetzt. Es handelt sich um Stoffe, die von den Mitochondrien (s. Kap. 1.1) der Alveolarzellen gebildet werden und eine ähnliche Wirkung haben wie Spülmittel, die bekanntlich die Oberflächenspannung des Wassers herabsetzen.

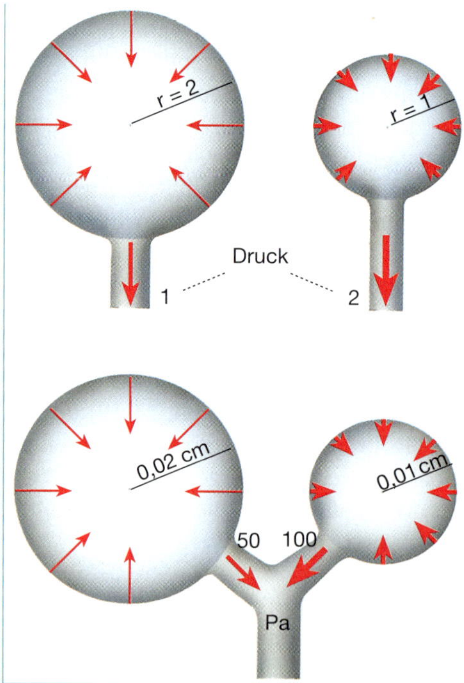

Abb. 13-4 Alveolarer Gasdruck

Blasen (z. B. Seifenblasen) unterschiedlicher Größe haben unterschiedliche Innendrücke. Der durch die Oberflächenspannung erzeugte Druck ist in der kleinen Blase (Alveole) größer.

Path Bei **Frühgeborenen** ist die Bildung dieses Stoffes oft unzureichend und die Kraft der Atemmuskulatur zu gering, um bei der Einatmung die erforderliche Anzahl an Lungenbläschen zu entfalten **(Atemnotsyndrom).** Hilfe kann dann nur die künstliche Beatmung bringen.

13.3 Atemmechanik

Der Gaswechsel wird durch eine Vergrößerung und Verkleinerung des Brustraumes erreicht. Bei der **Einatmung** ziehen sich das Zwerchfell und die äußeren Zwischenrippenmuskeln (Mm. intercostales ext.) zusammen. Dadurch wird das Lungengewebe gedehnt, die Lunge wird vom Zwerchfell bauchwärts gezogen und insgesamt der Lungeninnenraum erweitert (Abb. 13-5).

Die äußeren Zwischenrippenmuskeln erweiteren das Brustkorbskelett vor allem nach seitlich und nach vorn (Abb. 13-6) und vergrößern den Brustumfang. Im oberen Brustkorbanteil wird vor allem der Tiefendurchmesser, im unteren der seitliche Durchmesser vergrößert (s. Abb. 13-6).

Das **Brustfell (Pleura)** spielt bei den Atembewegungen eine wichtige Rolle. Es besteht aus zwei Blättern, der Pleura viscera-

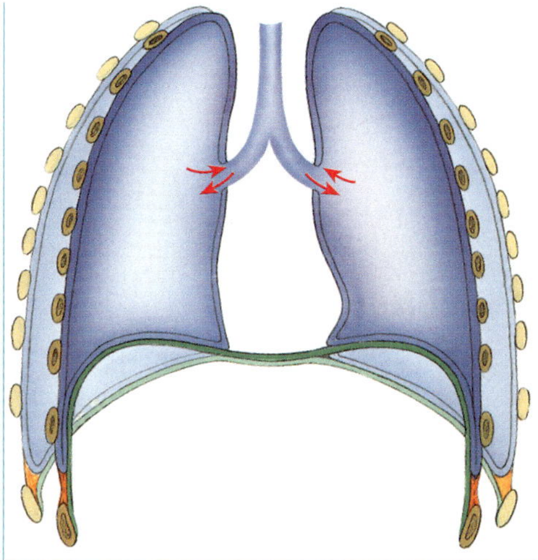

Abb. 13-5 Ein- und Ausatmung

Veränderung von Thorax und Zwerchfell bei Ein- bzw. Ausatmung.

lis, die der Lungenoberfläche anliegt, und der Pleura parietalis, die den Rippen anliegt **(Rippenfell).** Beide Blätter sind nur durch eine mikroskopisch dünne Flüssigkeitsschicht voneinander getrennt, so daß die Lunge den Brustkorbbewegungen folgen muß, sie sind aber gegeneinander verschiebbar. Beispiel: Zwei feuchte aufeinanderliegende Objektträger lassen sich nicht durch Auseinanderziehen, sondern nur durch Gegeneinanderschieben trennen.

Die **Ausatmung** ist bei Ruheatmung passiv, das Zwerchfell und die äußeren Zwischenrippenmuskeln erschlaffen. Der Lungeninnenraum verkleinert sich durch den elastischen Zug des Lungengewebes und des Brustkorbs sowie durch den Einfluß der Schwerkraft auf den Brustkorb. Bei Ruheatmung bewegt das Zwerchfell etwa $^{2}/_{3}$, die Zwischenrippenmuskeln $^{1}/_{3}$ des Luftvolumens.

Bei körperlicher Arbeit und bei krankhaften Behinderungen der Atmung, z. B. durch Verengung der Bronchien beim Asthma oder Einengung der Atemwege durch Geschwülste, werden **Hilfsatemmuskeln** eingesetzt. Das sind vor allem die beiden Kopfwender (Mm. sternocleidomastoidei), die beiden Treppenmuskeln (Mm. scaleni) und die kleinen Brustmuskeln (Mm. pectorales min.), die die Rippen und das Brustbein kopfwärts ziehen und damit den Brustkorb erweitern (Abb. 13-7E). Patienten mit Atembeschwerden stützen meist unwillkürlich die Arme auf, wodurch der Schultergürtel festgestellt wird, was die Wirkung der kleinen Brustmuskeln auf die Atmung verstärkt. Bei sehr starker Atmung, z. B. gegen Ende eines Langlaufs oder bei Patienten mit Atemnot, kann man das deutliche Hervortreten der beiden Kopfwender beobachten.

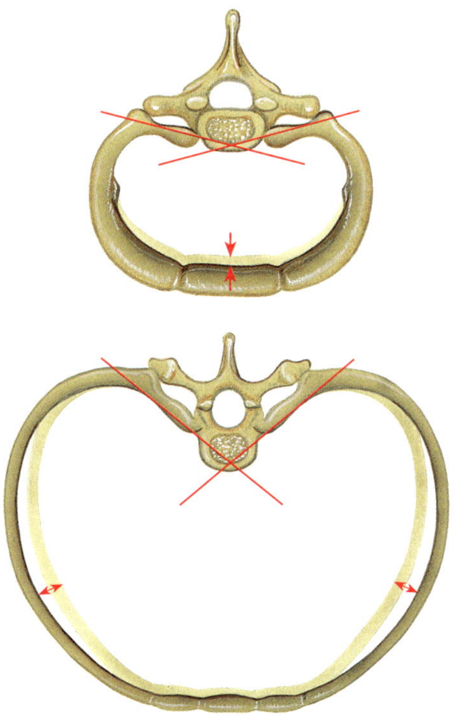

Abb. 13-6 Drehachsen der Rippen

Unterschiedliche Rotationsachsen des Rippenansatzes an der oberen (oben) bzw. unteren Brustwirbelsäule.

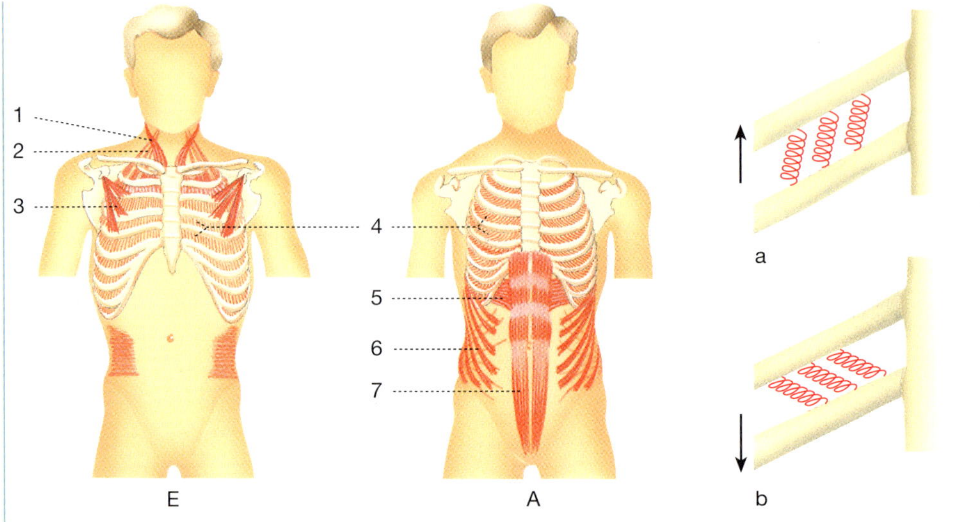

Abb. 13-7 Atemmuskeln

Hauptein- (E) und -ausatmungsmuskeln (A) mit Hilfsatemmuskeln. Rechts schematische Darstellung der Zwischenrippenmuskelwirkung bei Einatmung (a) und Ausatmung (b): 1 = Kopfwender, 2 = Treppenmuskel, 3 = kleiner Brustmuskel, 4 = Zwischenrippenmuskeln, 5 = querer Bauchmuskel, 6 = äußerer schräger Bauchmuskel, 7 = gerader Bauchmuskel.

Zur **verstärkten Atmung** (Abb. 13-7a) dienen die inneren Zwischenrippenmuskeln, die vorne am oberen Rippenrand nach hinten an den unteren Rand der nächsthöheren Rippe ziehen. Wirksamer sind jedoch alle Bauchmuskeln, die den Bauchraum verkleinern („Bauchpresse"), wobei die Eingeweide nach oben gedrückt werden, sowie alle Muskeln, die den Brustkorb nach unten ziehen. Die Kräfte bzw. Drücke, die bei der Atmung wirksam werden, sind meßbar. Bei bestimmten Atmungsstörungen treten Veränderungen auf. Da die Lunge der Innenseite des Brustkorbs, nur durch die beiden Pleurablätter („Brustfell") und eine dünne Flüssigkeitsschicht getrennt (s. Abb. 13-1), anliegt, muß sie den Bewegungen des Brustkorbs folgen. Der Zug von elastischen Fasern des Lungengewebes und die Alveolenspannung müssen zwischen den beiden Pleurablättern einen Unterdruck erzeugen, den man im Interpleuralraum tatsächlich messen kann, Interpleuraldruck (meist **Intrapleuraldruck;** Abb. 13-8) genannt. Bei starker Einatmung muß Kraft gegen den sich vergrößernden „Lungenzug" aufgewendet werden, der Unterdruck wird noch größer. In Abbildung 13-9 ist durch Pfeile angezeigt, daß nicht nur das Lungengewebe, sondern auch der Brustkorb mit knöchernen und muskulären Anteilen einen Zug ausübt, der am Ende einer normalen Ausatmung dem Lungenzug entgegengerichtet ist. Wie sich diese Züge und demnach die Drücke verändern (s. Abb. 13-9), ist durch Pfeile dargestellt (je länger, desto stärker der Zug). Wenn wir den Verlauf der Drücke und des Gasvolumenwechsels aufzeichnen, können wir die Arbeit berechnen, die zur Atmung nötig ist. Der intrapleurale Druck ist als Differenz zum atmosphärischen Druck in Abbildung 13-10 (unten), zusammen mit dem einbzw. ausgeatmeten Volumen (oben), für einen Atemzug bei ruhiger Atmung aufgezeichnet. Außerdem sieht man noch den Druckverlauf im Innern der Lunge **(intrapulmonaler Druck)** in der Mitte eingezeichnet. Man sieht deutlich, daß am Ende der Einatmung und Ausatmung der intrapulmonale Druck gleich dem Atmosphärendruck ist. Das heißt, daß zu diesen Zeitpunkten keine Luft in die Lunge ein- bzw. aus ihr ausströmt.

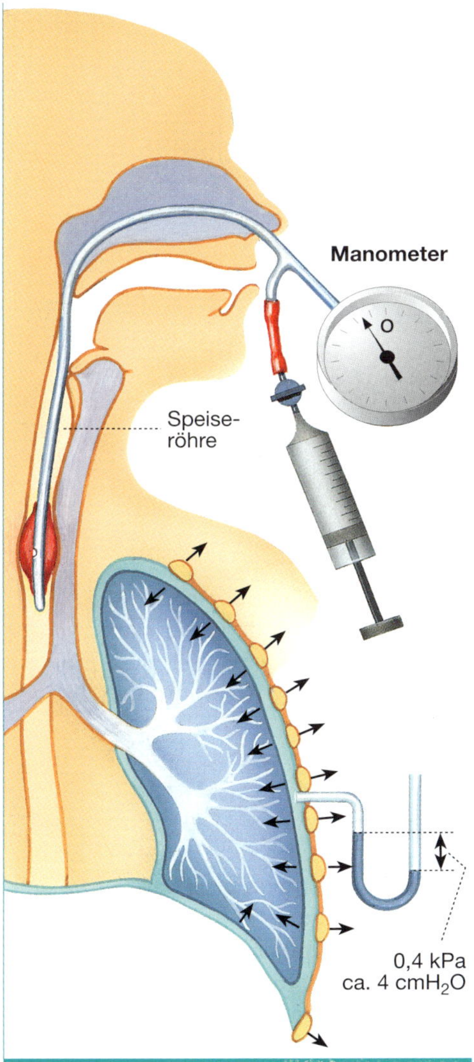

Abb. 13-8 Intrapleuraldruckmessung

Messung des intrapleuralen Druckes mit Speiseröhrenkatheter.

Zeichnet man die Änderung des intrapleuralen Druckes, den man über einen Ballonkatheteter in der Speiseröhre messen kann (s. Abb. 13-8), im Verlauf einer Einatmung zusammen mit dem eingeatmeten Volumen auf (Abb. 13-11), so erhält man die für die Einatmung aufgebrachte Arbeit. Das Produkt aus erzeugtem Druck (kPa) und dem dabei bewegten Volumen ergibt Arbeit, die in Abbildung 13-11 als Fläche dargestellt ist. Diese Arbeit wird vor allem gegen den Zug des Lungengewebes und, bei ruhiger Atmung, zum kleineren Teil gegen die Strömungswiderstände in den kleinen Bronchien aufgebracht. Je stärker die Atmung wird, desto größer werden beim Gesunden diese Strömungswiderstände. Dasselbe tritt bereits bei Patienten in Ruhe auf, wenn ihre Atemwege verengt sind, z. B. bei Lungenasthma (s. Kap. 13.2) oder bei Geschwülsten, die die Atemwege einengen. Wenn aber der Zug der Lunge, z. B. durch krankhafte Veränderungen, größer wird oder ein Mangel an Surfactant besteht, das normalerweise die Oberflächenspannung der Alveolen herabsetzt, muß ebenfalls mehr Druck für die Einatmung eines bestimmten Luftvolumens erzeugt werden. Bei erhöhten Strömungswiderständen bzw. bei größerem Lungenzug wird in jedem Fall die Arbeit größer.

Die genaue Untersuchung derartiger Störungen wird anhand von Lungenfunktionsprüfungen durchgeführt.

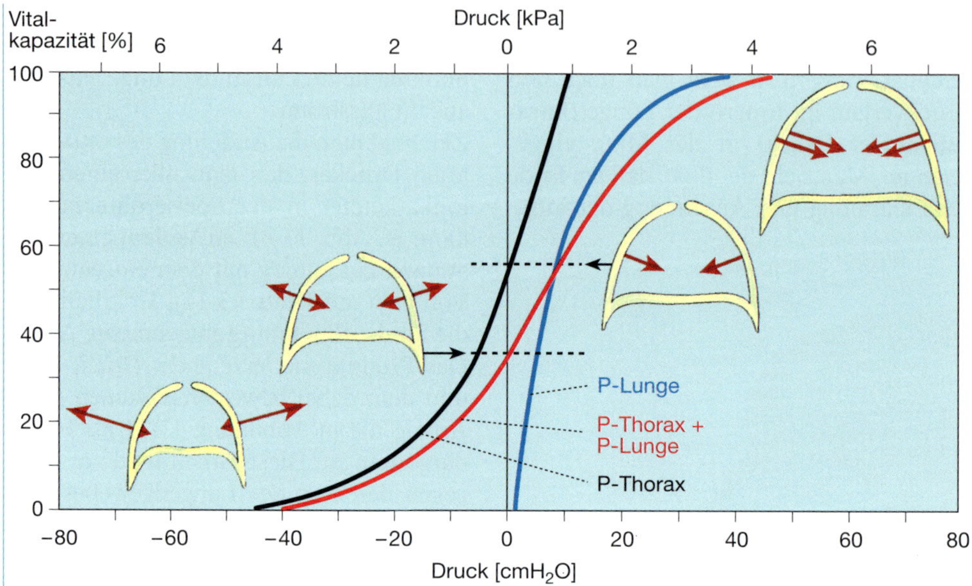

Abb. 13-9 Druck-Volumen-Beziehungen im Thorax

Schematische Darstellung der Kräfte und der dabei entwickelten Drücke bei verschiedenen Atemstellungen. Man erkennt, daß am Ende einer normalen Ausatmung der elastische Lungenzug dem nach außen ziehenden Thorax die Waage hält. Je größer die Inspiration, desto größer wird der Lungenzug, desto kleiner der Thoraxzug; mit zunehmender Ausatmung verhält es sich umgekehrt. Die Pfeile geben die Zugrichtung, ihre Länge die Zuggröße an. Die Kurven und Kräfte gelten für den Fall, daß die Atemmuskeln entspannt sind.

Kurzgefaßt

Die **Lungenkapillaren** schaffen mit einer Oberfläche von etwa 70 m² die Voraussetzung, um bei den bestehenden Partialdruckgefällen für O_2 ins Blut und für CO_2 in die Lunge einen ausreichenden Gaswechsel zu ermöglichen. Ein- und Ausatmungsvolumina werden durch **Konvektion** befördert. Die Konvektion wird durch Einatmungsmuskeln, besonders das Zwerchfell und die äußeren Zwischenrippenmuskeln, bei der Ausatmung vorwiegend passiv durch den elastischen Zug des Lungengewebes erreicht. Die der Einatmung entgegenwirkende **Oberflächenspannung** der Lungenbläschen wird durch eine diese Spannung herabsetzende Flüssigkeit **(Surfactant),** die die Bläschen auskleidet, stark vermindert. Bei starker oder durch krankhafte Prozesse behinderter Atmung werden **Atemhilfsmuskeln** mit herangezogen. Die bei der Atmung aufgewendete Arbeit kann durch Messung der Drücke und der bewegten Volumina bestimmt werden. Der **intrapleurale Druck** ist infolge des Zuges des elastischen Lungengewebes bei normaler Atmungsstellung etwa 0,6 kPa niedriger als der **intrapulmonale bzw. Atmosphärendruck.** Der interpleurale Unterdruck vergrößert sich bei Inspiration. Die Atemarbeit dient der Überwindung der elastischen Kräfte der Lunge und der Strömungswiderstände in den Atemwegen.

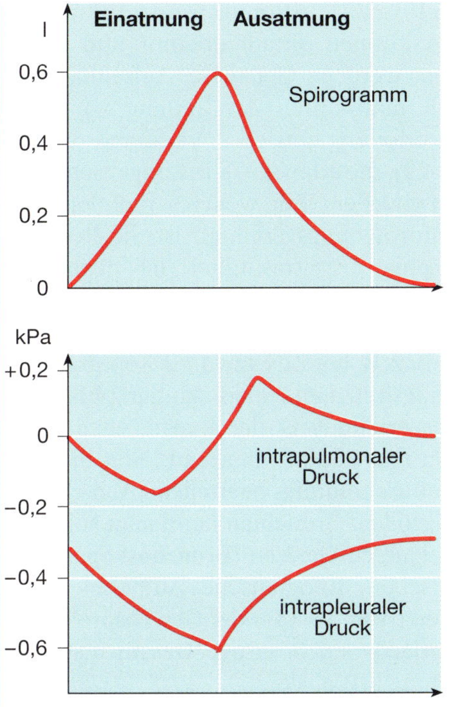

Abb. 13-10 Druckänderungen während der Atmung

Darstellung des intrapleuralen (unten) und intrapulmonalen (Mitte) Druckverlaufs während Ein- und Ausatmung (oben).

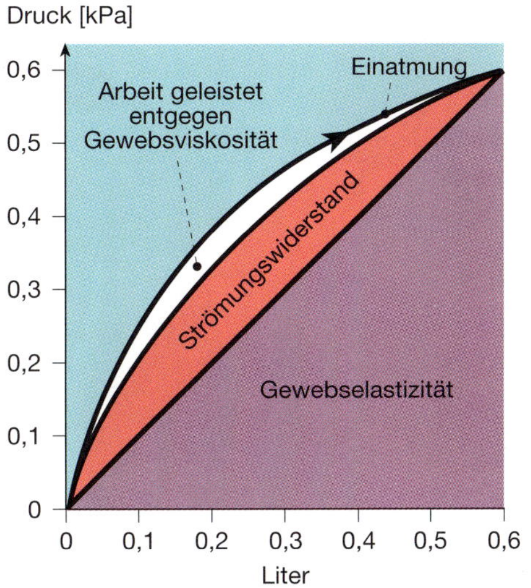

Abb. 13-11 Druck-Volumen-Kurve bei der Einatmung

Die farbigen Flächen bedeuten in der Darstellung Arbeit. Der größte Anteil wird gegen die elastischen Kräfte und die Oberflächenspannung der Lunge aufgebracht. Die Arbeit gegen Strömungswiderstände hängt von der Strömungsgeschwindigkeit ab. Die Gewebsviskosität spielt im allgemeinen eine kleine Rolle. Die Darstellung zeigt zur Verdeutlichung die Strömungswiderstände bei starker oder behinderter Atmung.

13.4 Allgemeine Untersuchungsmethoden

Schon mit einfachen Mitteln kann der Arzt wichtige Aufschlüsse über den Zustand der Atmungsorgane erhalten. Durch Beklopfen des Brustkorbs **(Perkussion)** kann er die Ausdehnung der Lunge im Brustraum erkennen (Abb. 13-12). Normalerweise rückt der hohlere Lungenschall bei der Einatmung beim jungen Gesunden 5 bis 10 cm tiefer.

Path Nach Brustfellentzündung (Pleuritis) kann es an bestimmten Stellen, häufig in der Nähe des Zwerchfells, zu Verwachsungen des inneren mit dem äußeren Brustfell (Pleura visceralis und parietalis) kommen, ihre Verschieblichkeit ist dann herabgesetzt.

Durch Abhören **(Auskultation)** lassen sich krankhafte Prozesse feststellen, weil die bei normaler Atmung durch die Luftströmung sowie das Öffnen und Schließen kleinster Bronchien entstehenden Geräusche durch Entzündungen und besonders bei Absonderung von Flüssigkeiten bzw. Schleim („Rasseln") charakteristisch verändert sind.

Die **Röntgenuntersuchung** erlaubt genauere Einblicke über die Art, den Ort und das

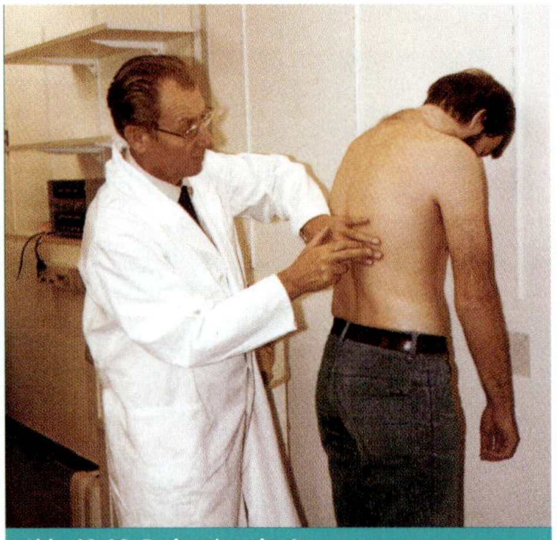

Abb. 13-12 Perkussion der Lunge

Der durch Abklopfen (Perkutieren) der Lunge entstehende Schall läßt die Lungengrenzen erkennen.

Ausmaß der Erkrankung. Die normale Übersichtsaufnahme stellt die Lunge in ihrer ganzen Tiefe (15–20 cm) dar (Abb. 13-13). Viele Störungen und Erkrankungen können darauf erkannt und lokalisiert werden. Genauere Aufschlüsse erhält man durch Anwendung von computertomographischen Verfahren (s. Abb. 12-29), die erlauben, alle Lungenschichten darzustellen. Ein weiteres radiologisches Untersuchungsverfahren ist die **Bronchographie** (Kontrastmittel im Bronchialbaum).

Mit radioaktiv markierten Stoffen **(Isotopen),** z. B. bei Zusatz von [133]Xenon zur Atmungsluft, kann man szintigraphisch die Gasverteilung in der Lunge, nach Injektion von Radioisotopen ins Blut die Lungendurchblutung beurteilen (Abb. 13-14). In größere Bronchien kann man sogar mit geeigneten Geräten **(Bronchoskopen)** hineinsehen, fotografische Aufnahmen machen (Abb. 13-15) oder Gewebsproben bei Verdacht auf bösartige Geschwülste entnehmen **(Biopsie).**

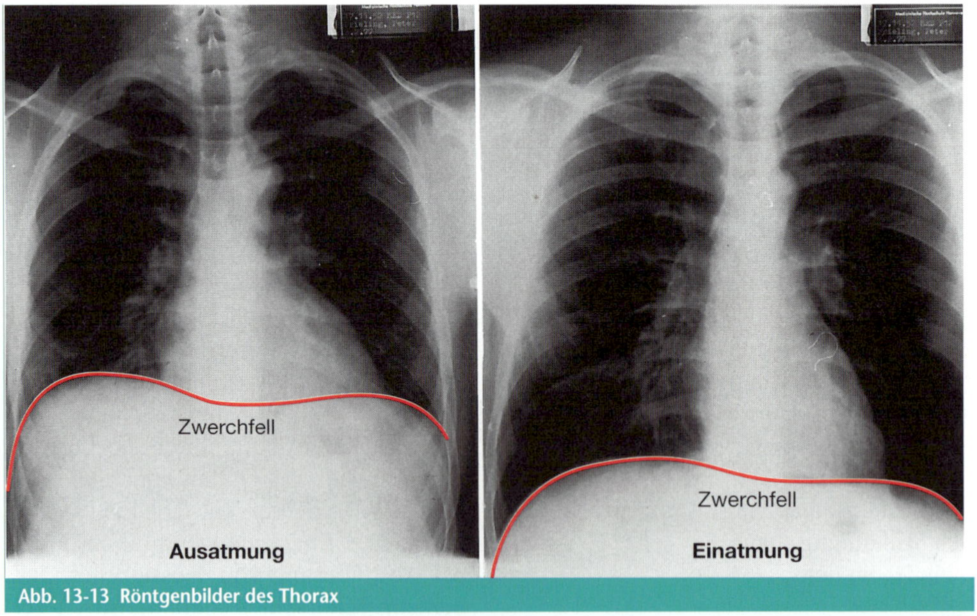

Abb. 13-13 Röntgenbilder des Thorax

Röntgendarstellung der Verschiebung der Lungen-Zwerchfell-Grenzen bei starker Ausatmung (links) und starker Einatmung (rechts). Beachte die Veränderungen der Herzform (rechts „tropfenförmig"), die sich auf das Elektrokardiogramm auswirkt (s. Kap. 12.2.3).

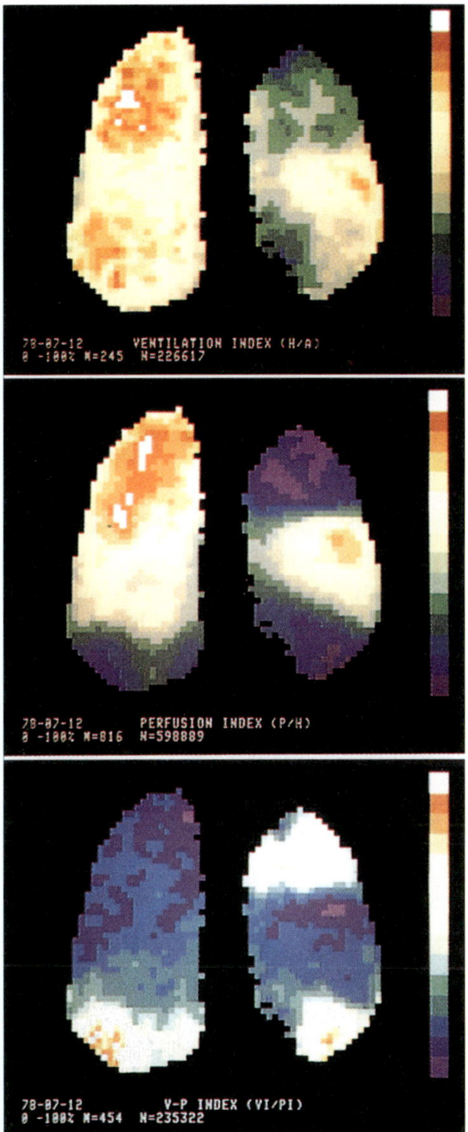

Abb. 13-14 Lungenszintigramme

Szintigramme der Lungenbelüftung (links), der Lungendurchblutung (rechts) und des Belüftungs-Durchblutungs-Verhältnisses (unten). Für die Belüftungsmessung wurde der Atemluft ein Xenon-Isotop zugesetzt. Die Belüftung ist links größer als rechts (je heller, desto stärker die Belüftung). Die Durchblutung wurde durch Injektion kleiner Kügelchen (10–20 μm), sog. Mikrosphären, die mit Technetium markiert waren, bestimmt. Das untere Viertel der linken und das obere und untere Drittel der rechten Lunge sind geringer durchblutet. Das Verhältnis Belüftung/Durchblutung ist daher links im unteren Viertel und rechts im oberen und unteren Drittel hoch.

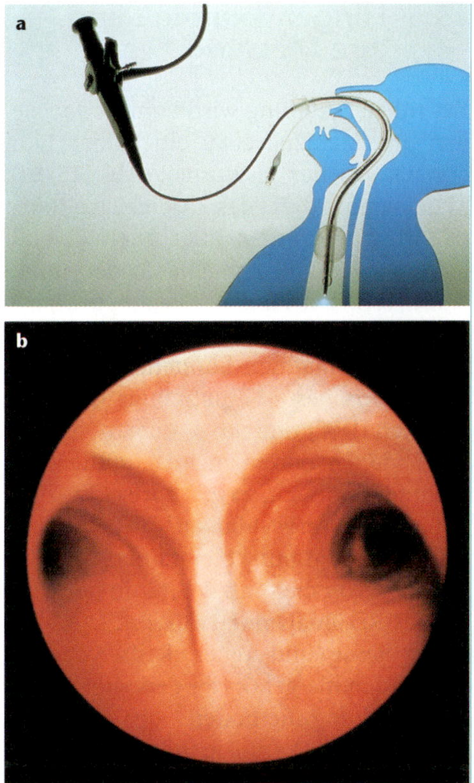

Abb. 13-15 Bronchoskopie

Bronchoskop (a) und bronchoskopische Aufnahme der Teilung der Luftröhre in die beiden Hauptbronchien (b).

Kurzgefaßt

Grobe Störungen der Lungenbeweglichkeit und der Lungenbelüftung können durch **Perkussion** und **Auskultation** festgestellt werden. Röntgen- und Isotopen-Untersuchungen erlauben genauere und vor allem örtliche Feststellungen von Störungen der Lungenfunktion. Die Bronchoskopie ermöglicht das Besichtigen der Atemwege bis in die Bronchien und das Entnehmen von Gewebsproben unter Sicht.

13.5 Lungenvolumina und ihre Messung

Bei ruhiger Atmung wird vom Erwachsenen pro Atemzug etwa ein halber Liter ein- bzw. wieder ausgeatmet (Abb. 13-16). Man nennt dies das **Atemzugvolumen** (AZV). Wir können aber auch bewußt größere Atemzüge machen oder unbewußt, z.B. bei Arbeit. Diejenige Menge Luft, die wir nach normaler Atmung noch zusätzlich einatmen können, nennt man **inspiratorisches** (Einatmungs-)**Reservevolumen** (IRV) und das Volumen, das wir am Ende der normalen Ausatmung noch ausatmen können, **exspiratorisches** (Ausatmungs-)**Reservevolumen** (ERV). Nach stärkster Ausatmung bleibt noch ein Restvolumen von mehr als 1 Liter in der Lunge, das **Residualvolumen** (s.u.). Die Messung dieser und einer Reihe anderer Atemvolumina gehört zu den wichtigsten Untersuchungsmcthoden der Lungenfunktion. Man kann sie mit einem **Spirometer** bestimmen (s. Abb. 13-16), einem Gerät, das meist aus zwei Zylindern besteht, die durch Wasser nach außen abgedichtet sind. Wenn damit zusätzlich der Sauerstoffverbrauch bestimmt werden soll, benutzt man zur chemischen Bindung von Kohlendioxid eine Substanz (meist Natronkalk), die sich im Spirometer oder einer Patrone im Atemschlauch befindet, der die Ausatmungsluft ins Spirometer zurückleitet. Die Atemzugvolumina und Reservevolumina kann man über einen Schreiber registrieren.

Lungenkapazitäten nennt man Volumina, die sich aus bestimmten Einzelvolumina zusammensetzen:

- Die **Vitalkapazität** (VK) ist dasjenige Volumen, das man nach stärkster Einatmung maximal ausatmen kann, es umfaßt also inspiratorisches Reservevolumen, Atemzugvolumen und exspiratorisches Reservevolumen. Die Vitalkapazität sagt etwas aus über die Ausdehnungsfähigkeit des Brustkorbs und der Lunge.

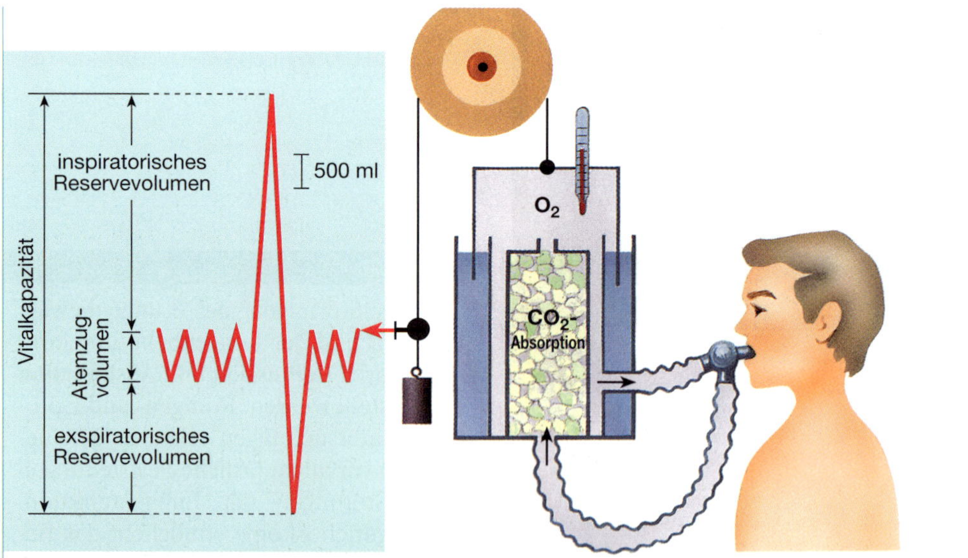

Abb. 13-16 Spirometrie

Patient an einem Spirometer mit den einzelnen Atemvolumina und der Vitalkapazität.

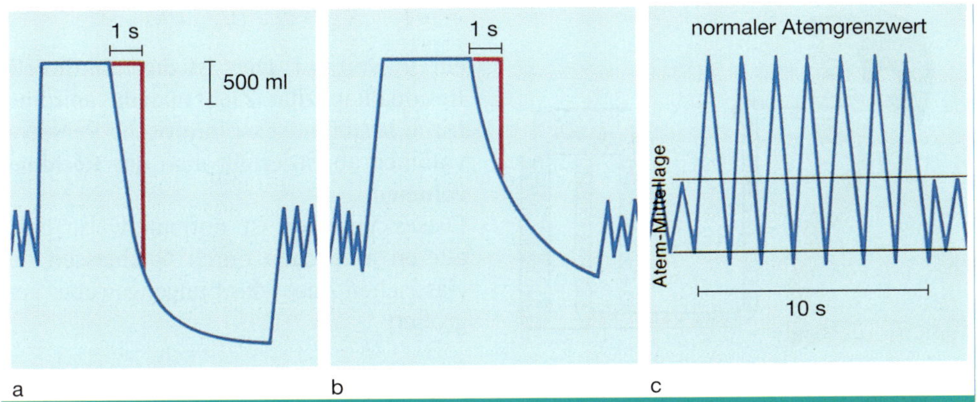

Abb. 13-17 Dynamische Atemvolumina

Einsekundenausatmungs-Kapazität (a normal und b krankhaft verkleinert) und maximale Atemkapazität (Atemgrenzwert).

- Die **funktionelle Residualkapazität** (FRK) umfaßt das exspiratorische Reservevolumen und das Volumen, das nach maximaler Ausatmung noch in der Lunge bleibt, das **Residualvolumen** (RV). Sie kann nicht direkt mit dem Spirometer bestimmt werden.

Diese Volumina nennt man **statische Volumina** bzw. **Kapazitäten,** sie sind nicht auf eine bestimmte Meßzeit bezogen. Im Gegensatz dazu sind die **dynamischen Volumina** bzw. **Kapazitäten** zeitbezogen:

- Das **Atemminutenvolumen** (AMV) ist das Volumen, das in einer Minute gewechselt wird (s. u.), ist also das Atemzugvolumen, multipliziert mit der Anzahl der Atemzüge in dieser Zeit (ca. 12 pro Minute).
- Die **Einsekundenausatmungs-Kapazität** (ESK), heute häufig als FEV_1 abgekürzt (**f**orced **e**xpiratory **v**olume), ist die Menge an Atemluft, die man nach stärkster Einatmung maximal innerhalb 1 Sekunde ausatmen kann (Abb. 13-17a, b). Sie wird meist in Beziehung zur Vitalkapazität gesetzt (relative ESK) und kann krankhafte Verengungen der Atemwege, d. h. eine Erhöhung des **Atemwegswiderstands (Resistance)** anzeigen.
- Die **maximale Atemkapazität** oder der **Atemgrenzwert** (Abb. 13-17c) wird bestimmt, indem man den Patienten etwa 10 s lang so stark und tief wie möglich und so schnell wie möglich atmen läßt. Der Wert wird dann auf 1 Minute umgerechnet angegeben.

Das **Residualvolumen** kann nicht mit dem Spirometer, sondern nur indirekt bestimmt werden. Die Kenntnis dieser Größe ist für die Diagnose von Lungenerkrankungen wichtig. Zur Messung des Residualvolumens kann das **Indikator-Verdünnungsverfahren** angewendet werden. Man verwendet als Indikator meist ein **Gemisch aus Luft und Helium.**

Ein Spirometer wird z. B. mit Luft gefüllt und 10% Helium dazugegeben. Man läßt den Patienten Außenluft oder Luft aus einem zweiten Spirometer atmen und schaltet am Ende einer normalen Ausatmung auf das „Heliumspirometer" um (Abb. 13-18). Nach 5 bis 10 Minuten hat sich das Helium auf Lungen- und Spirometervolumen gleichmäßig verteilt, die „Verdünnung" durch Zuschalten des Lun-

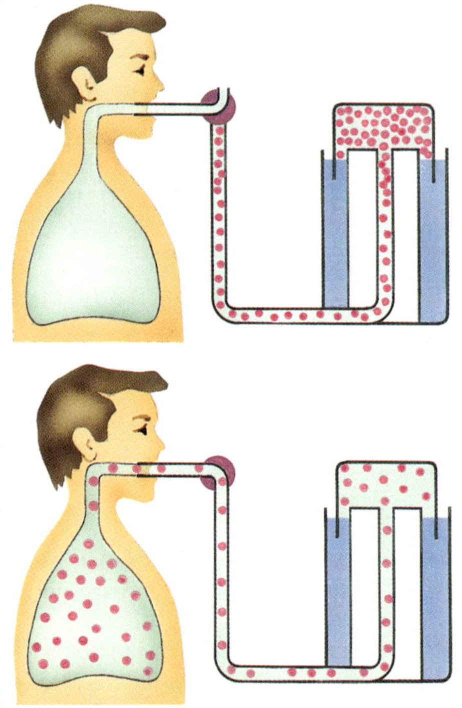

Abb. 13-18 Residualvolumenbestimmung

Schematische Darstellung der Residualvolumenbestimmung mit einem Testgas. Oben vor Mischung mit dem Lungenvolumen, unten nach erfolgter Mischung.

genvolumens ist eingetreten. Durch fortlaufende Registrierung der Heliumkonzentration erhält man eine Kurve, wie sie in Abbildung 13-19 gezeigt ist. Die Heliumkonzentration erreicht jedoch keinen konstanten Endwert, weil Helium ins Blut aufgenommen wird. Der Mischungsendwert kann aber durch Projektion auf die Ordinate (Konzentration) grafisch ermittelt werden. Die **funktionelle Residualkapazität** (FRK) läßt sich entsprechend der in Kapitel 11.12 angegebenen Gleichung errechnen. Bei einem Spirometervolumen (V_{spir}) von 2 Litern, einer Ausgangskonzentration von Helium von 10% (c_1) und einer Heliumkonzentration (c_2) von 4% ergibt sich aus

$$V_{spir} \cdot c_1 = (V_{spir} + V_L)\, c_2$$

ein V_L von 3 l. Dies ist die funktionelle Residualkapazität. Zieht man das spirometrisch bestimmte exspiratorische Rerservevolumen ab, so erhält man das **Residualvolumen.**

Dieses Volumen ist normalerweise beim älteren Menschen durch Nachlassen des elastischen Zuges des Lungengewebes vergrößert.

Path Eine Zunahme des Residualvolumens kann aber auch krankhaft in jedem Lebensalter auftreten, z. B. infolge **chronischer Bronchitis** (oft durch Rauchen verursacht) oder **Asthma bronchiale.**

Ganzkörper-Plethysmographen (Body-Plethysmographen) werden zur Bestimmung von Lungenvolumina und Atemwegswiderständen verwendet.

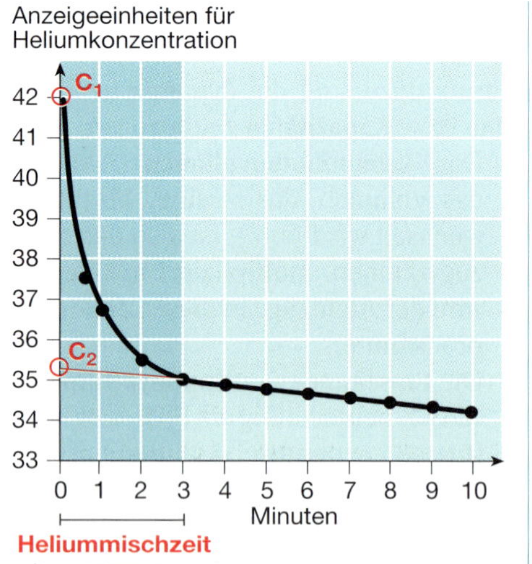

Abb. 13-19 Bestimmung der FRK mit Helium

Kurve des Konzentrationsabfalls von Helium durch die Mischung mit dem Lungenvolumen und Extrapolation auf die wahre Heliumkonzentration nach der Mischung.

Kurzgefaßt

Statische Lungenvolumina sind Atemzug-, inspiratorisches und exspiratorisches Reservevolumen. Sie können mit Spirometern bestimmt werden. Das nach starker Ausatmung noch in der Lunge befindliche Volumen (Residualvolumen) kann indirekt mit der Indikatorverdünnungsmethode bestimmt werden. **Statische Kapazitäten** sind die Vitalkapazität (insp. Reservevolumen + Atemzugvolumen + exsp. Reservevolumen) und die funktionelle Residualkapazität (exsp. Reservevolumen + Residualvolumen).

Das Atemminutenvolumen ist ein **dynamisches Volumen. Dynamische Kapazitäten** sind die Einsekundenausatmungs-Kapazität und die maximale Atemkapazität (Atemgrenzwert).

Der **Atemwegswiderstand** (Resistance) wird mit dem Bodyplethysmographen bestimmt.

13.6 Belüftung (Ventilation) der Lunge

13.6.1 Totraum und Alveolarraum

Nur die Luft, die bei der Einatmung bis zu den Lungenbläschen gelangt, dient dem Gaswechsel, d.h. der O_2-Aufnahme ins Blut und der CO_2-Abgabe. Ein Teil des Atemvolumens bewegt sich nur in den zuführenden Atemwegen, vom Mund bzw. von der Nase über die großen bis zu den kleinen Bronchien. Dieser Atemweg, in dem kein wesentlicher Gasaustausch stattfindet, wird **Totraum** genannt, obwohl er, wie wir später sehen werden, einige wichtige Funktionen erfüllt. Er faßt beim gesunden jungen Erwachsenen 150–200 ml Luft. Er muß vom **Atemzugvolumen** abgezogen werden, wenn man die **alveolare Ventilation** berechnen will. Beispiel: Bei einem Atemzugvolumen von 500 ml bleiben 500–150 = 350 ml für die **Belüftung der Alveolen,** also den eigentlichen Gasaustausch, übrig.

Im allgemeinen wird die Ventilation in Litern pro Minute angegeben, man spricht vom **Atemminutenvolumen.** Es ergibt sich aus Atemzugvolumen mal Atemfrequenz, z.B. 0,5 l · 12 Atemzüge/min = 6 l/min. Im Atemminutenvolumen ist also sowohl das Totraumminutenvolumen als auch das alveolare Minutenvolumen enthalten. Beispiel: Bei 0,15 l Totraum und 0,35 l alveolarem Volumen sowie 12 Atemzügen/min ergeben sich

$$(0{,}15 \cdot 12) + (0{,}35 \cdot 12) = 6 \text{ l/min}$$

für das Atemminutenvolumen.

Wie wichtig die Kenntnis dieses Sachverhaltes ist, erkennt man, wenn man einen Patienten hat, der flach und schnell atmet. Mißt man mit einem Spirometer sein Atemminutenvolumen, erhält man z.B. einen normalen Wert von 6 l/min. Wenn aber seine Atemfrequenz 30 l/min beträgt (Abb. 13-20), benötigt der Patient allein für die **Belüftung seines Totraums** 0,15 · 30 = 4,5 l/min, und für seine **alveolare Ventilation** würden nur noch 1,5 l/min anstatt

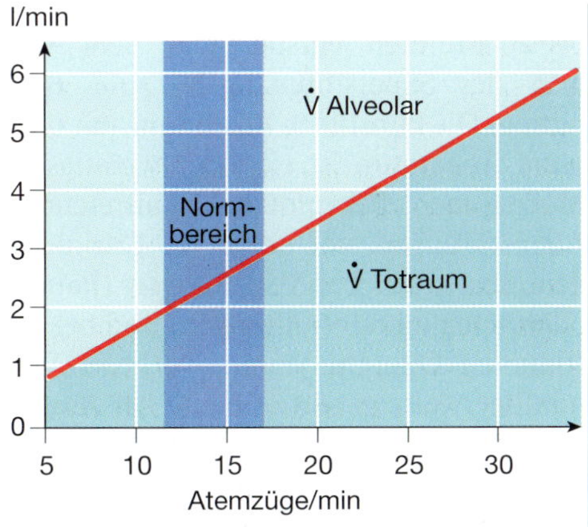

Abb. 13-20 Alveolar- und Totraumventilation

Alveolare und Totraumventilation (V̇) in Abhängigkeit von der Anzahl der Atemzüge bei einem konstanten Atemminutenvolumen von 6 l/min.

4,2 beim Gesunden übrigbleiben. Bei 40 Atemzügen/min würde theoretisch kein Gasaustausch mehr stattfinden.

Präv Eine **tiefe, langsame Atmung** ist deshalb immer einer flachen, schnellen Atmung vorzuziehen, und Patienten mit Brust- und Bauchschmerzen, z. B. nach operativen Eingriffen, sind anzuhalten, nicht flach zu atmen, um einer Infektion der Atemwege vorzubeugen.

Der **Totraum** ist nur im Hinblick auf den Gasaustausch „tot", er ist jedoch wichtig für die **Reinigung, Erwärmung** und **Wasserdampfsättigung** der Einatmungsluft und damit unentbehrlich. Das wird ersichtlich bei der künstlichen Beatmung über eine Luftröhrenkanüle (Trachealkanüle), wobei unbedingt die Beatmungsluft zuvor gereinigt, angefeuchtet und erwärmt werden muß.

13.6.2 Künstliche Beatmung

Eine Unterbrechung der Sauerstoffzufuhr führt in wenigen Minuten zum Tode, eine zu geringe Sauerstoffzufuhr kann innerhalb weniger Minuten zu schweren Schäden, vor allem des Gehirns, und nach 10 bis 20 Minuten, entsprechend dem Ausmaß des Sauerstoffmangels, zum Tode führen. Die künstliche Beatmung, mit oder ohne Apparatur, ist eine der wichtigsten Maßnahmen bei plötzlich auftretenden Atemstörungen, vor allem bei Ertrinkenden, aber auch bei Vergiftungen (Rauch- oder Schlafmittelvergiftungen) und bei bestimmten Operationen in Narkose. Vernünftigerweise gehört es heute zur Ausbildung von Sanitätern, Bademeistern, Feuerwehrleuten und Polizisten, aber auch von Kraftfahrern und Wassersportlern, bestimmte Techniken der künstlichen Beatmung zu erlernen. In Krankenhäusern, Rettungs- und Notarztwagen sind Apparate zur künstlichen Beatmung vorhanden.

Bei jeder künstlichen Beatmung ist entscheidend, daß eine ausreichende Belüftung der Lungenbläschen erreicht wird, damit genügend Sauerstoff ins Blut und genügend CO_2 aus dem Blut kommt. Das heißt also, daß die **alveolare Ventilation** (s. Kap. 13.6) bei einem Erwachsenen ca. 4 l/min betragen soll, wie wir bei der Besprechung des Einflusses von Totraum und Atemfrequenz gesehen haben. Die Atemfrequenz darf bei einem bestimmten Atemminutenvolumen nicht zu groß sein, weil dann die alveolare Ventilation zu klein werden kann. Deshalb wird für eine künstliche Beatmung eine Frequenz von 12–15 pro Minute empfohlen, keinesfalls darüber.

Künstliche Beatmung ohne technische Hilfsmittel

Die sogenannte Atemspende, die **Mund-zu-Nase-Beatmung,** ist die wirksamste Methode zur Beatmung ohne Hilfsmittel. Es ist wichtig, den Kopf des zu Beatmenden stark nach hinten geneigt zu halten und den Unterkieferwinkel nach vorne zu drücken, weil sonst der Zungengrund den Rachen verschließen und eine ausreichende Beatmung verhindern kann (Abb. 13-21). **Mund-zu-Mund-Beatmung** muß dann angewendet werden, wenn der Nasenraum nicht frei

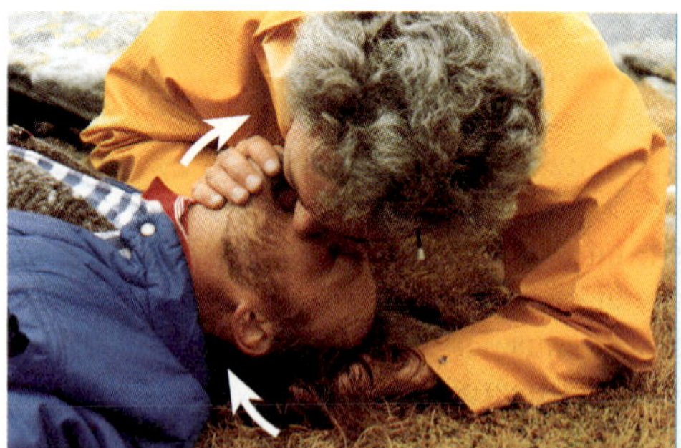

Abb. 13-21 Mund-zu-Nase-Beatmung

Bei der Mund-zu-Nase-Beatmung ist zu beachten, daß der Kopf zur Vermeidung des Zungenrückfalls zurückgebeugt und der Unterkieferwinkel nach vorne gedrückt wird.

ist. Bei dieser Technik besteht die Schwierigkeit, einen dichten Verschluß zwischen dem Mund des Beatmers und demjenigen des Verunglückten herzustellen.

Path Bei schweren Gesichtsverletzungen im Nasen-Mund-Bereich kann man nur das Verfahren anwenden, bei dem der Brustkorb ca. 15mal/min zusammengedrückt wird, dazwischen erweitert sich der Brustkorb aufgrund seiner Elastizität von selbst (s. Kap. 13.3). Man muß allerdings auch darauf achten, daß kein zu starker Druck auf den Brustkorb ausgeübt wird, weil dadurch leicht Rippenbrüche entstehen können. Ein gleichzeitiges Heben und Senken der Arme des Verunglückten unterstützt die Beatmung. Diese Methode ist weniger wirksam als die Atemspende und für den Helfer weitaus anstrengender.

Künstliche Beatmung mit technischen Mitteln

Die Atemspende kann durch ein Atemrohr, mit kleiner Maske zum dichten Abschluß und evtl. mit Ventilen versehen, gegeben werden. **Beatmungsgeräte** in Rettungs- und Notarztwagen arbeiten mit dem Druck eines Gasdruckzylinders (95% O_2 und 5% CO_2). Der Patient bekommt eine Maske über Mund und Nase gestülpt, und der Druck des Zylinders erweitert den Brustkorb. Die meisten der Geräte sind „druckgesteuert", d.h., ein Ventil schließt sich, wenn der Beatmungsdruck einen bestimmten Wert erreicht hat, der Beatmete atmet dann über ein Ventil an der Maske passiv aus. In Kliniken stehen für die Langzeitbeatmung von Atemgelähmten (spinale Kinderlähmung, Schlafmittelvergiftung, Ausfall des Atemzentrums aus anderen Gründen) Beatmungsgeräte zur Verfügung, bei denen Atemtiefe und Frequenz einstellbar bzw. entsprechend den Bedürfnissen des Patienten regelbar sind. Die Regelung erfolgt meist durch den alveolaren CO_2-Druck, der ein gutes Zeichen für das Ausmaß der Ventilation ist. Im allgemeinen wird man die Apparatur so einstellen, daß dieser CO_2-Druck etwa 5,3 kPa (40 mmHg) beträgt.
Wenn die Atemstörung mit einem Herz-Kreislauf-Versagen einhergeht, ist eine **Herzmassage** zusammen mit der Atemspende erforderlich. Dazu wird das untere Drittel des Brustbeins ca. 60mal pro min ca. 5 cm tief kurz eingedrückt und wieder losgelassen; bei der **Ein**helfer-Methode ist eine Frequenz von 80–100/min erforderlich.

Kurzgefaßt

Die Belüftung, **Ventilation,** der Lunge dient dem Gasaustausch in den Alveolen. Nur etwa 2/3 des normalen Atemzugvolumens gelangen in die Alveolen, 1/3 bleibt im für die Anfeuchtung, Erwärmung und Reinigung der Atemluft wichtigen Totraum. Das Atemminutenvolumen setzt sich daher aus **alveolarer** und **Totraumventilation** zusammen. Tiefe Atemzüge vergrößern die alveolare, flache die Totraumventilation.
Künstliche Ventilation ist bei vielen Atemstörungen erforderlich. Mund-zu-Nase-Beatmung bei geeigneter Kopfstellung ist am erfolgreichsten und für den Atemspender am wenigsten anstrengend. Bei Gesichtsverletzungen wird der Brustkorb bei Bauchlage des Verunglückten 12- bis 15mal/min zusammengedrückt. Beatmung mit Geräten erfolgt meist mit dem Druck des Gasdruckzylinders, der 95% O_2 und 5% CO_2 enthält. In Kliniken wird auf Intensivstationen über eine Trachealkanüle oder einen Beatmungstubus mit automatisch regulierenden (meist dient der alveoläre CO_2-Druck von 5,3 kPa als Regelgröße) Geräten beatmet.

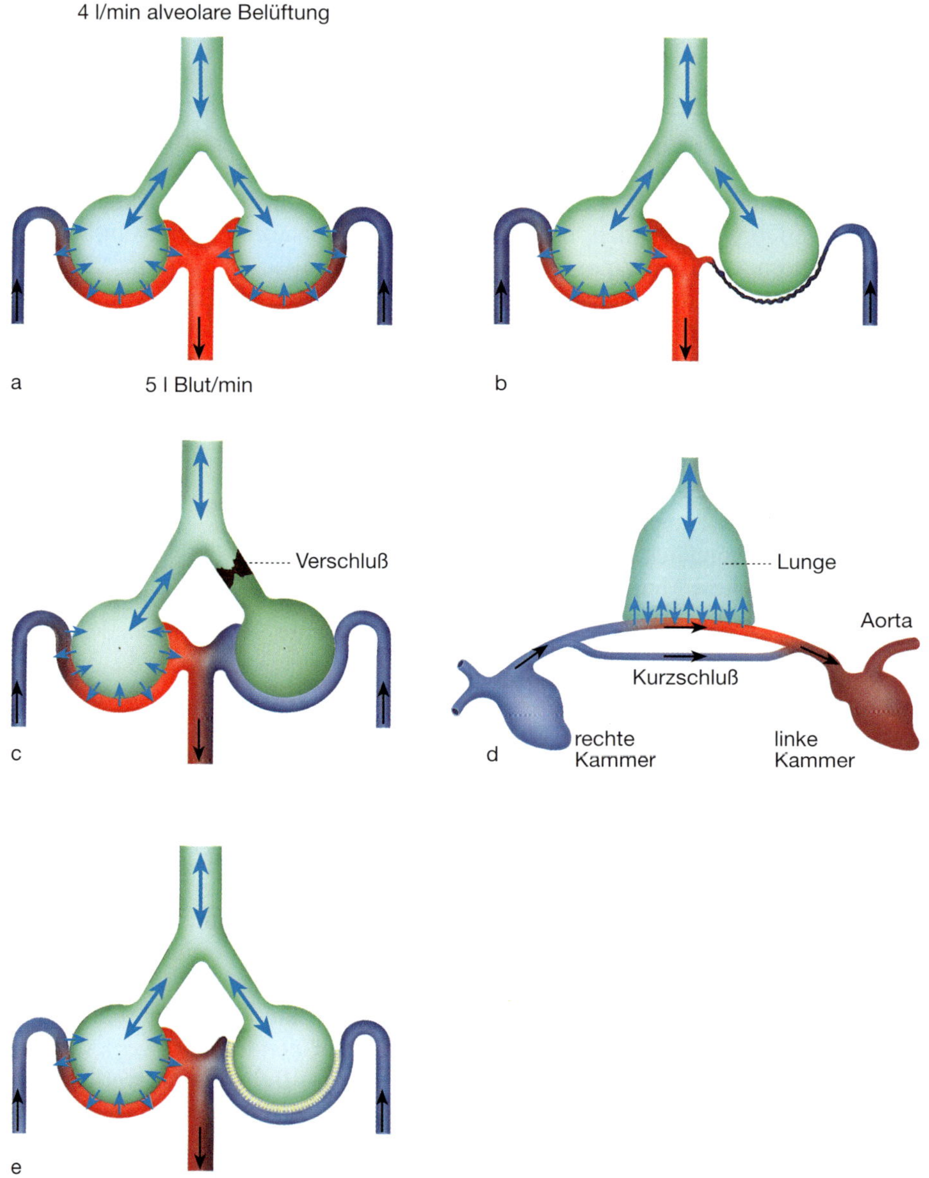

Abb. 13-22a–e Störungen des Belüftungs-Durchblutungs-Verhältnisses

a Schematische Darstellung von Belüftung und Durchblutung an zwei Alveolen mit Normalwerten für die gesamte Lunge (oben links).
b Schematische Darstellung einer vergrößerten Totraumventilation infolge Mangeldurchblutung eines Lungenabschnittes (oben rechts).
c Schematische Darstellung einer durch nicht belüftete Lungenabschnitte entstehenden Kurzschlußdurchblutung (links).
d Schematische Darstellung eines Rechts-links-Kurzschlusses (Shunt). Ca. 30% des Blutes fließen nicht durch den Lungenkreislauf und können weder O_2 aufnehmen noch CO_2 abgeben. Das arterielle Blut enthält deshalb weniger O_2 und mehr CO_2 als normal.
e Schematische Darstellung einer Diffusionsstörung durch Vergrößerung der Diffusionsstrecke zwischen Alveolarraum und Lungenkapillarblut (kapillarer Block).

13.7 Belüftungs-Durchblutungs-Verhältnis

Die Trennung von Totraum und Alveolarraum haben wir bisher nach anatomischen Gesichtspunkten vorgenommen. In Wirklichkeit sind jedoch nicht alle Lungenbläschen gleich stark belüftet und gleich stark durchblutet. Im Mittel ist das Belüftungs-Durchblutungs-Verhältnis etwa 0,8, d.h. 4 l/min alveolare Ventilation zu 5 l/min Lungendurchblutung (Abb. 13-22a).

Path Bei einer Reihe von Lungenerkrankungen kann dieses Verhältnis gestört sein, man spricht von **Verteilungsstörungen.** Hierbei kann es vorkommen, daß ein Teil der Lungenbläschen nicht mehr durchblutet, aber noch belüftet wird. Das bedeutet, daß es sich funktionell um Totraum handelt, denn ohne Durchblutung kann dort kein Gasaustausch stattfinden (Abb. 13-22b). Ein solcher Zustand liegt z.B. bei Überblähung der Lunge, dem **Lungenemphysem,** vor.
Umgekehrt können durch teilweise Verlegung der Atemwege Lungenbläschen nicht belüftet werden, die aber durchblutet sind (Abb. 13-22c), das Blut kann deshalb dort weder CO_2 abgeben noch Sauerstoff aufnehmen. Solche Lungenteile wirken ähnlich wie ein **Kurzschluß** (Shunt) zwischen rechtem und linkem Herzen, bei dem venöses Blut ins arterielle System gelangt (Abb. 13-22d). Solche Verhältnisse findet man z.B. bei einer Entzündung der Bronchen, einer **Bronchitis.** Bei Mißbildungen des Herzens, aber auch der großen Gefäße, können sogenannte **„Rechts-links-Shunts“** bestehen. Sie müssen bei entsprechender Größe, d.h., wenn zuviel Blut kurzgeschlossen wird und damit nicht am Gasaustausch teilnimmt, möglichst früh nach der Geburt operativ beseitigt werden. Säuglinge mit derartigen Störungen sehen blau aus und werden deshalb auch „blue babies“ genannt. Das Aussehen rührt daher, daß das Blut, aus der Lunge kommend, mit zuviel Kurzschlußblut vermischt, ins arterielle System des Kreislaufs kommt; die Haut erscheint dann dunkelrot bis blau. Normalerweise ist das Blut in den Haargefäßen der Haut, und besonders gut sichtbar in den Schleimhäuten und Lippen, hellrot.

Ein **Kurzschlußblut-Anteil** von 2% ist jedoch physiologisch.

13.8 Diffusionsstörungen

Path Krankhafte Veränderungen der Alveolarblutgefäße, die auf eine Verdickung hinauslaufen, vergrößern den Diffusionsweg (d in der Gleichung, s. Kap. 13.1) zwischen Blut- und Gasraum in den Alveolen. Das Blut bzw. der rote Blutfarbstoff in den roten Blutkörperchen kann beim Durchfließen der Bläschen nicht genügend mit Sauerstoff beladen werden, es ist sauerstoffärmer als normal. Man nennt dies **Diffusionsstörung** oder einen alveolarkapillären Block (Abb. 13-23).
Bei allen drei genannten Störungen (Verteilungsstörung, Rechts-links-Shunt und Diffusionsstörung) ist jedesmal der Sauerstoffgehalt des arteriellen Blutes erniedrigt, aber aus unterschiedlichen Ursachen. Bei der Behandlung sind deshalb auch unterschiedliche Maßnahmen erforderlich. Sauerstoffgabe kann bei Shunts keinen großen Erfolg haben, weil das durch die Lunge fließende Blut ja gut mit Sauerstoff beladen wird. Bei Verteilungs- und Diffusionsstörungen dagegen kann Sauerstoffbeatmung für eine gewisse Zeit Besserung, d.h. bessere Arterialisierung (Sauerstoffbeladung) bringen.

Kurzgefaßt

Das normale **Belüftungs-Durchblutungs-Verhältnis** in der Lunge ist 0,8 (4 l/min alveoläre Ventilation zu 5 l/min Lungendurchblutung). Änderungen dieses Verhältnisses nennt man **Verteilungsstörung;** wenn einzelne Lungenbläschen belüftet, aber nicht durchblutet sind, vergrößert das den Totraum. Sind einzelne Lungenbläschen nicht belüftet, aber durchblutet, so wirkt sich das wie ein **Kurzschluß** (Shunt) von der venösen (rechten) zur arteriellen (linken) Seite aus: Rechts-links-Shunt. Dieser tritt auch bei Lungengesunden, vor allem bei Mißbildungen des Herz-Kreislauf-Systems, die nach der Geburt bestehen können, auf. Verdickungen von Membranen in den Lungenalveolen behindern den O_2-Übertritt ins Blut, der Diffusionsweg ist zu groß: **Diffusionsstörungen.** Bei allen Störungen ist die Beladung des arteriellen Blutes mit Sauerstoff vermindert. Beatmung mit Sauerstoff verspricht nur bei Verteilungs- bzw. Diffusionsstörungen Besserung.

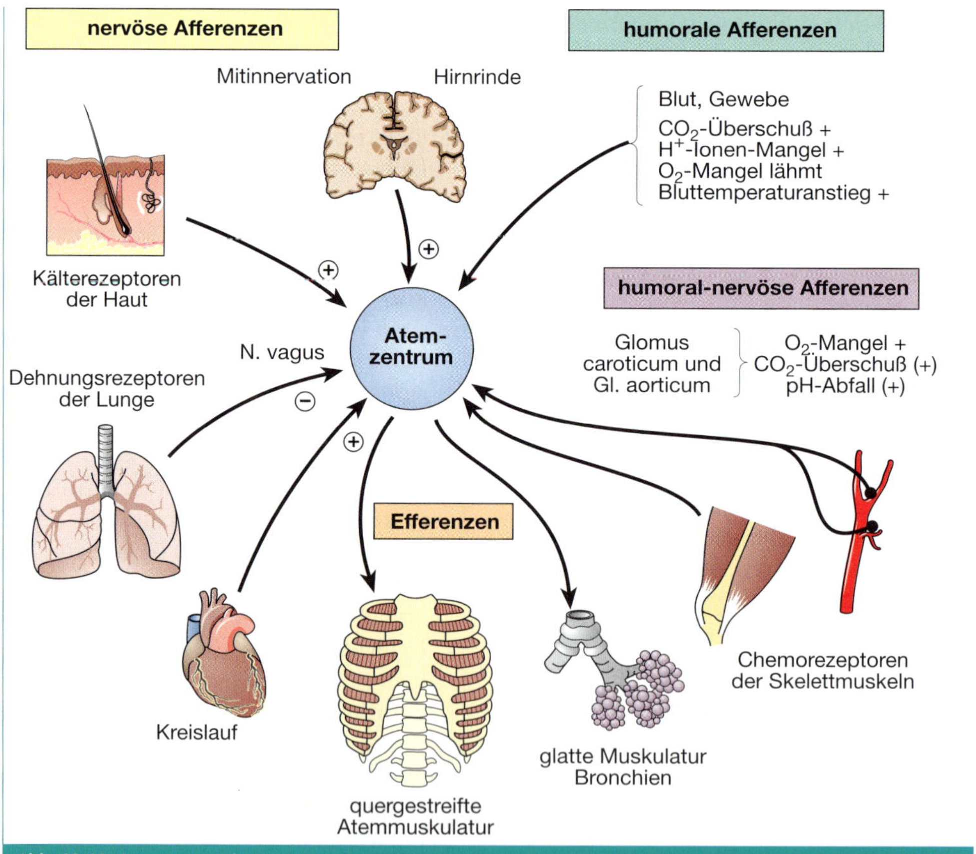

Abb. 13-23 Atmungsregulation

Übersicht über die dem Atemzentrum zufließenden Erregungen (Afferenzen) und die auslaufenden Erregungen (Efferenzen) zur Atemmuskulatur und glatten Muskulatur, die der Verstellung der Atemwegsweite dient. + = atemsteigernd, – = atemvermindernd.

13.9 Regulation der Atmung

Die Atemmuskulatur wird über Nerven aus dem Rückenmark erregt. Die Zellkörper dieser Nervenzellen liegen im verlängerten Rückenmark. Die Anhäufung von Nervenzellen in diesem Bereich bezeichnet man als **Atemzentrum.** Von dort aus gehen rhythmische Erregungen vorwiegend auf die Einatmungsmuskeln, bei verstärkter Atmung aber auch auf die Ausatmungsmuskeln. Änderungen von Einatmungstiefe und Atemfrequenz werden durch unterschiedlich starke bzw. unterschiedlich häufige Erregungen im Atemzentrum ausgelöst.
Alle Befehle für die Atemmuskeln und die glatten Muskeln der Atemwege (Abb. 13-24) kommen vom Atemzentrum, das wahrscheinlich einen eigenen **Grundrhythmus** der Erregungsbildung hat, ähnlich dem Herzen. Vielerlei Meldungen über Nerven und den Blutweg beeinflussen jedoch diesen Grundrhythmus, denn sonst wäre es z.B. nicht möglich, daß wir bei schwerer körperlicher Arbeit bzw. großen sportlichen Leistungen das 10- bis 20fache Atemminutenvolumen aufbringen.
Die Beeinflussung des Atemzentrums durch **Dehnungsrezeptoren** aus der Lunge über den Vagusnerven ist am längsten bekannt und wird nach den Entdeckern **Hering-Breuer-Reflex** genannt. Eine zunehmende Dehnung der Lunge bewirkt eine Hemmung der Einatmung. Vermutlich gehen von Chemorezeptoren der Muskulatur Erregungen zur Steigerung der Atmung aus; sie registrieren O_2-, CO_2- und pH-Blutwerte im Muskel. Dies wäre sinnvoll, weil die Muskelarbeit die größten Anforderungen an die Atmung stellt und von den Muskeln her am ehesten gemeldet werden kann, welches Ausmaß der Atmung erforderlich ist.
Ein weiterer wichtiger Einfluß geht vom Gehirn aus. Wir können die Atmung willkürlich beeinflussen, d.h. Atemtiefe und Atemfrequenz bewußt verändern, ein Einfluß, der uns beim Herzen nicht möglich ist. Außer dieser willkürlichen Atmungsbeeinflussung, die von der Hirnrinde ausgeht, erfolgt eine unwillkürliche bei körperlicher Arbeit. Erregungen, die vom Großhirn ausgehen, um die Muskeln bei Arbeit zu erregen, laufen nämlich über Nerven, die nahe am Atemzentrum vorbeiführen. Dabei innervieren sie Zellen des Atemzentrums mit, ein Vorgang, der daher als **Mitinnervation** bezeichnet wird.
Die **Beeinflussung der Atmung durch die Atemgase** CO_2 und O_2 selbst ist lange bekannt. Der größte Atemreiz entsteht durch eine Anreicherung von CO_2 wie sie auftritt, wenn wir „die Luft anhalten". Umgekehrt können wir nach schneller, willkürlicher Atmung (Hyperventilation) leicht die Atmung für etwa 1 Minute anhalten. Das machen viele Schwimmer vor dem Tauchen,

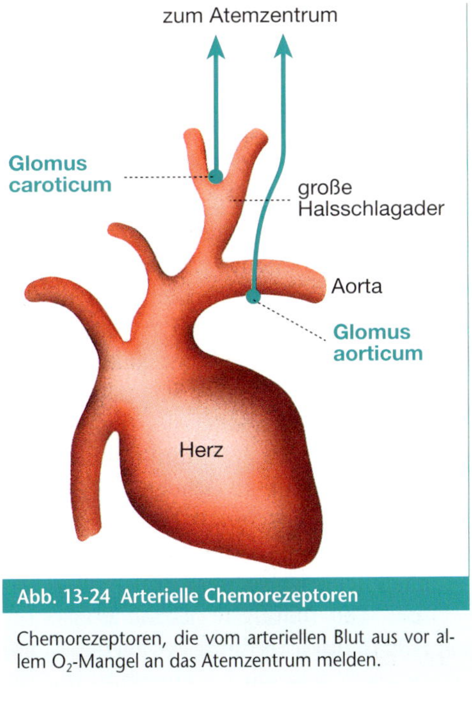

Abb. 13-24 Arterielle Chemorezeptoren

Chemorezeptoren, die vom arteriellen Blut aus vor allem O_2-Mangel an das Atemzentrum melden.

sie geben dabei möglichst viel Kohlendioxid ab, um den Atemreiz während des Tauchens zu verringern. Nicht der Sauerstoffmangel, sondern das sich durch den Stoffwechsel ansammelnde Kohlendioxid ist es, das den Taucher zwingt, aufzutauchen bzw. wieder zu atmen. Man weiß, daß CO_2 über das Blut auf das Atemzentrum selbst wirkt, genauer gesagt sind es die H^+-Ionen, die bei der CO_2-Bildung entstehen (s. Kap. 11.7.2).

Sauerstoffmangel wirkt von einem bestimmten Ausmaß an ebenfalls atemsteigernd. Diese Atemsteigerung erfolgt über Nerven stark durchbluteter **Chemorezeptoren,** die sich in der Gabelung der großen Halsschlagadern und im Aortenbogen befinden (Abb. 13-24). Wenn der Sauerstoffpartialdruck des Blutes absinkt, werden die genannten Rezeptoren erregt, und auf dem Nervenwege gelangen atemsteigernde Impulse zum Atemzentrum. Bei Aufstieg in größere Höhen (3000 m und mehr) beobachten wir deshalb eine Atemsteigerung.

Path Patienten mit chronischen Ventilationsstörungen, z.B. Lungenblähung (Emphysem), Erkrankungen des Brustkorbs oder des Lungengewebes, regulieren ihre Atmung nicht mehr über CO_2 bzw. H^+-Ionen, sondern über den beschriebenen Sauerstoffmangelantrieb. Wenn man solchen Patienten bei Atemnot Sauerstoff zu atmen gibt, kann man sie in Lebensgefahr bringen, weil dann ihr einziger Atemantrieb, der O_2-Mangel, wegfällt und die Atmung noch mehr eingeschränkt wird. Hier muß man mit künstlicher Beatmung, am besten maschinell, helfen.

Störungen der Atmungsregulation sind glücklicherweise verhältnismäßig selten. Die häufigste Ursache ist die **Schlafmittelvergiftung,** wobei das Atemzentrum gelähmt ist. Hier hilft nur die künstliche Beatmung. Seltene Ursachen sind **Gefäßerkrankungen, Embolien** (Verstopfung der Blutgefäße) oder **Geschwülste** im Bereich des Atemzentrums, die es teilweise oder ganz funktionsunfähig machen.

Trotz Einsatz elektronischer Überwachungsgeräte werden Pflegepersonal und Arzt bei der **Beobachtung einer abnormalen Atmung** ihre Schlüsse ziehen und gegebenenfalls Maßnahmen treffen. Vor allem sind 4 krankhafte Atemtypen zu unterscheiden (Abb. 13-25):

- Die **Kurzatmigkeit,** eine **flache, frequente Atmung,** die zuviel Totraumventilation und zuwenig alveoläre Ventilation (Hypoventilation) erzeugt. Der Patient hat den Eindruck, mehr atmen zu müssen, als er kann. Man nennt das **Dyspnoe.**
- Der ***Cheyne-Stokes*-Atemtyp,** der bei Aufenthalt in größeren Höhen sowie im Schlaf auch beim Gesunden auftritt und beim Kranken mit Nierenversagen (Urämie), bei Gehirnverletzungen sowie bei Herzversagen (Herz-

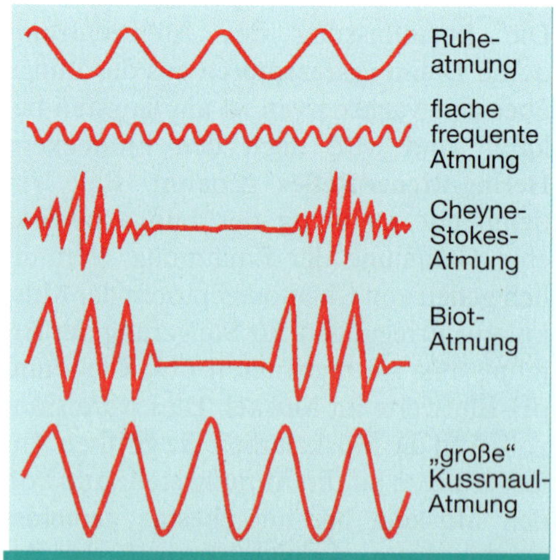

Abb. 13-25 Atemrhythmen

Krankhafte Veränderungen der Atmung im Vergleich zur normalen Atmung.

insuffizienz) beobachtet werden kann. Als Ursachen kommen in Frage a) Veränderung der Empfindlichkeit des Atemzentrums gegenüber CO_2 oder b) Kreislaufstörungen zwischen Lunge und Gehirn. Dieser Typ der Atmung ist unverkennbar, mit flachen Atemzügen beginnend, die zunehmend tiefer werden und dann wieder abflachen bis zu einer vollständigen Atempause **(Apnoe).**

- Die ***Biot*-Atmung** wird durch Schädigung des Atemzentrums verursacht und zeigt meist 3–6 tiefe Atemzüge mit nachfolgender Atempause.
- Die **große *Kussmaul*-Atmung** tritt vor allem bei Übersäuerung des Blutes, z. B. bei schwerer Zuckerkrankheit, auf.

Kurzgefaßt

Die **Belüftung der Lunge** wird je nach den Stoffwechselbedürfnissen durch das **Atemzentrum** im verlängerten Rückenmark reguliert. Das Zentrum bekommt Meldungen von **Dehnungsrezeptoren** der Lunge und der Muskulatur, von **Chemorezeptoren,** die am Aortenbogen und der Halsschlagader liegen, und vielleicht von solchen in den Skelettmuskeln. Sie sprechen auf Sauerstoffmangel, CO_2- und H^+-Ionen-Überschuß an. Das Atemzentrum selbst reagiert auf CO_2- bzw. H^+-Ionen-Konzentrationsanstieg. Kältereize auf die Haut und die Bluttemperatur wirken ebenfalls auf die Atmung.
Störungen treten vor allem durch Vergiftungen mit Schlafmitteln oder Gasen auf. Gefäßerkrankungen, Embolien und Geschwülste sind seltenere Ursachen. Eine maschinelle Beatmung ist die beste Behandlung. **Krankhafte Atemtypen** sind flache, frequente Atmung, Cheyne-Stokes-, Biot- und große Kussmaul-Atmung.

13.10 Rauchen und Luftschadstoffe

13.10.1 Rauchen

Seit mehr als 20 Jahren ist eindeutig nachgewiesen, daß Zigarettenrauchen, besonders mit Lungenzügen, gesundheitsschädlich ist und die Lebenserwartung eines 25jährigen, der seit 10 Jahren raucht, statistisch um fast 10 Jahre (von 74 auf 65 Jahre) verkürzt (Abb. 13-26). Drei Stoffe sind als schädlich nachgewiesen: Erstens **Teerprodukte,** die Entzündungen der Bronchien (Bronchitis) und auch Krebs erzeugen, zweitens **Nicotin,** das über das sympathische Nervensystem (s. Kap. 23.9.1) blutgefäßverengend wirkt, was zu Mangelversorgung, besonders der Gliedmaßen und des Herzens, führen kann. Schon lange

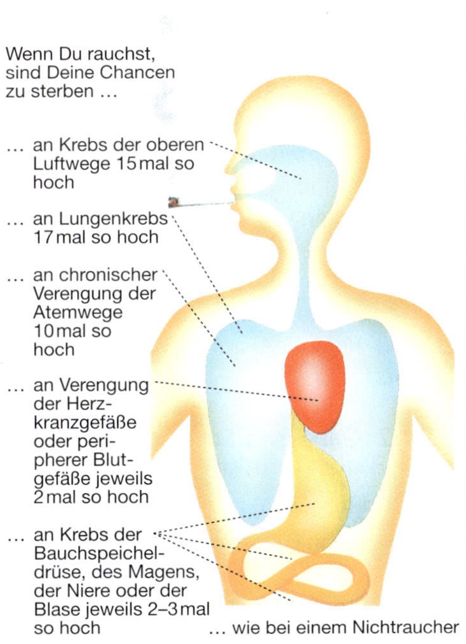

Abb. 13-26 Risiken des Rauchens

Zunahme der Wahrscheinlichkeit von Erkrankungen durch Zigarettenrauchen.

spricht man in der Medizin vom „Raucherbein“, wenn solche Mangelerscheinungen in den unteren Extremitäten auftreten. Drittens ist das **Kohlenmonoxid** zu nennen, das bei der unvollständigen Verbrennung entsteht. Es hat eine 210mal größere Affinität zum roten Blutfarbstoff als O_2 (s. Kap. 11.7.1), so daß bei Rauchern, die mehr als 20 Zigaretten pro Tag rauchen, der rote Blutfarbstoff zu mehr als 10% für den Sauerstofftransport ausfallen kann. Es ist eindeutig nachgewiesen, daß Neugeborene von rauchenden Müttern ein im Mittel niedrigeres Geburtsgewicht haben als diejenigen nichtrauchender Mütter. Der mangelhafte O_2-Transport im Blut und eine Minderdurchblutung der Plazenta infolge Nicotin sind mögliche Ursachen.

Die **Sterblichkeit** ist bei Zigarettenrauchern deutlich gegenüber Nichtrauchern erhöht (Abb. 13-26). Sie ist um so höher, je mehr man raucht, je tiefer man inhaliert und je länger man schon raucht.

Rauchen von **Filterzigaretten** führt bei „richtigen“, sprich süchtigen, Rauchern zu erhöhtem Zigarettenkonsum, so daß keine Risikoabnahme feststellbar ist.

„Passivrauchen“ ist epidemiologischen Untersuchungen zufolge gesundheitsschädlich. Besonders beeinträchtigt werden Neugeborene und Säuglinge, Allergiker und Personen mit Atemwegserkrankungen.

13.10.2 Gase und Schwebeteilchen der Atemluft

CO_2 = Kohlendioxid ist von 0,03 auf 0,04% angestiegen. Dies beruht auf der gesteigerten Nutzung fossiler Brennstoffe (Öl, Kohle, Braunkohle). Ein schädigender Einfluß auf die Atmung ist nicht nachweisbar, jedoch ein solcher auf das Klima.

O_2 = Sauerstoff: Der O_2-Partialdruck (s. Kap. 3.5) nimmt mit zunehmender Höhe ab. Aufenthalt in Höhen ab 4000 m über dem Meeresspiegel führt zur **Höhenkrankheit** (s. Kap. 11.7.1). Andererseits ist ein zu hoher O_2-Partialdruck (ab ca. 40 kPa) schädlich. Therapeutisch dürfen Sauerstoffkonzentrationen über 50% in der Atemluft nicht länger als 12 Stunden in Folge angewandt werden. Reizung der Schleimhäute und Schmerzen hinter dem Brustbein wären u.a. die Folgen.

O_3 = Ozon in der Atemluft in Konzentrationen über 0,1 cm^3/m^3, entsprechend 200 $\mu g/m^3$ Atemluft, bewirkt Schleimhautreizung, Kopfschmerz und Übelkeit. Es sollte dann auf Leistungs- bzw. Ausdauersport verzichtet werden. **Grenzwerte** von Luftschadstoffen werden in $\mu g/m^3$ angegeben. Für Ozon liegt dieser Wert bei 180 $\mu g/m^3$. Werte über 100 $\mu g/m^3$ kommen selten vor.

N_2 = Stickstoff: Seine Konzentration in der Atemluft liegt bei 78% und ist unschädlich. Freisetzung von Stickstoffbläschen in der Blutbahn und Embolierisiko sind die Gefahren bei zu schnellem Auftauchen im Tauchsport.

CO = Kohlenmonoxid ist normalerweise in der Atemluft nicht vorhanden. Es entsteht bei ungenügender Verbrennung, z.B. in Verbrennungsmotoren, Kohleöfen, auch beim Rauchen (s. Kap. 13.10.1) und blockiert den roten Blutfarbstoff (s. Kap. 11.7).

FCKW = Fluor-Chlor-Kohlenwasserstoffe, vorkommend u.a. im Treibgas und als Kühlmittel, schädigen zwar den Menschen nicht direkt, sondern zerstören die Ozonschicht, die sich in ca. 40 km Höhe befindet, besonders über der Antarktis und Arktis. Diese schützt das Pflanzen- und Tierreich der Erde und damit auch den Menschen vor den schädigenden Ultraviolett-(UV-)Strahlen der Sonne. Grenzwert für FCKW sind 10000 $\mu g/m^3$. Werte über 500 $\mu g/m^3$ sind selten.

SO_2 = Schwefeldioxid und **NO_x = Stickoxide,** die neben CO_2 und CO durch Verbrennungsmotoren (Autoabgase) in die Atemluft kommen, wirken in höheren Konzentrationen und über längere Zeitdauer schädigend. In Staus, an vielbenutzten Ampelkreuzungen, in Tiefgaragen und in Tunnels steigt ihre Konzentration an. Sie bewirken Übelkeit, Benommenheit und Hustenreiz.
In Autos soll die Lüftung, ggf. der Motor abgestellt werden. In längeren Tunnels wird die abgasreiche Luft in Abständen abgesaugt. Grenzwert sind 100 $\mu g/m^3$. Werte über 40 $\mu g/m^3$ in der Atemluft sind selten.

Schädigung durch Schwebeteilchen in der Atemluft

Pollen von blühenden Bäumen, z.B. Birken, Erlen sowie Gräsern, Getreide, Nesseln und vielen Blumen, führen bei einem bestimmten Personenkreis über den Atemtrakt zu allergischen Erkrankungen (s. Kap. 11.10.4).
Erreger in Tröpfchen, beim Husten oder Niesen abgegeben, gelangen über die Atemluft in den Organismus **(Tröpfcheninfektion).**

Präv > Das Tragen von Atemschutz ist angebracht, besonders in der Säuglings- und Krankenpflege. Auch beim Besuch von Veranstaltungen, in Büros und Schulen könnte ein Atemschutz die Ausbreitung z.B. von Grippeviren eindämmen. Dies ist in östlichen Ländern (Japan) eine Selbstverständlichkeit.

Staub- und Silikosepartikel, z.B. in Bergwerken, führen zur **Staublunge** bzw. zur **Silikose** mit hohem Karzinomrisiko. Dort sollen Schutzmasken getragen werden. Diese Vorsichtsmaßnahme wird aber oft nicht eingehalten, weil die Masken einen hohen Atemwiderstand bieten. Auch kann es durch die große Hitze unter Tage zum Hitzestau kommen.

Asbestteilchen bestimmter Größe und Konzentration in der Atemluft erzeugen die **Asbestose** mit Karzinomrisiko.

Kurzgefaßt

Zigarettenrauchen, abhängig von Menge und zeitlicher Dauer, schädigt durch drei Stoffe: Teerprodukte, Nicotin und Kohlenmonoxid. Risiken sind: Atemwegserkrankungen, Bronchial- und Lungenkrebs, Gefäßerkrankungen an Herz und Gliedmaßen (Raucherbeine). Die **Lebenserwartung** ist verkürzt. **Passivrauchen** ist schädlich, besonders für Neugeborene, Säuglinge, Allergiker und Personen mit Atemwegserkrankungen.
Lebensnotwendige Gase sind O_2 und CO_2, Partialdruckanstieg oder -abnahme beeinträchtigt den Gasaustausch. Gefahr für die Atemwege, abhängig von Konzentration und auch Teilchengröße, besteht durch: Schwefeldioxid, Stickoxide, Ozon, Silikone, Asbest und Erreger in Tröpfchen. FCKW zerstört die Ozonschicht in ca. 40 km Höhe.

14 Wärmehaushalt

Der Mensch gehört, wie alle Säugetiere und Vögel, zur Gruppe der Warmblüter. Seine Körpertemperatur liegt mit ca. 37 °Celsius normalerweise wesentlich höher als die seiner Umgebung, an die er daher ständig Wärme abgibt. Diese Wärmemenge muß ersetzt, d.h. im Körper durch chemische und physikalische Tätigkeit der Gewebe, vor allem der Muskulatur und der Leber, neu gebildet werden. Da sich sowohl die Umgebungstemperatur als auch die im Körper erzeugte Wärmemenge, beispielsweise bei Muskelarbeit, ändern kann, sind Regulationssysteme nötig, die ein Gleichgewicht von Wärmeabgabe und -produktion aufrechterhalten. Tiere wie Fische, Frösche, Eidechsen, Salamander usw., früher als Kaltblüter, heute korrekter als Wechselwarme bezeichnet, haben eine ihrer Umgebungstemperatur entsprechende Körpertemperatur. Im Gegensatz zum Warmblüter, der auch bei kalter Witterung tätig sein kann, verlieren wechselwarme Tiere mit sinkender Außentemperatur ihre Aktivität. Bei schwerer körperlicher Arbeit wird gegenüber Ruhe etwa zehnmal mehr Wärme gebildet. Dies würde bei einem 70 kg schweren Menschen in 30 Minuten die Körpertemperatur um ca. 3 °C erhöhen, also auf einen pathologischen Wert von 40 °C ansteigen lassen, wenn nicht die Wärmeabgabe gesteigert werden könnte. Andererseits würde bei demselben Menschen ein Bad in 20 °C „warmem" Wasser in kurzer Zeit zur Unterkühlung führen, wenn nicht die Hautdurchblutung gedrosselt und der Stoffwechsel zur erhöhten Wärmeproduktion angeregt würde. Die Wärmeleitfähigkeit von Wasser ist etwa 20mal größer als die der Luft.

Die Regulation dieser Vorgänge führt zur Konstanz der Körpertemperatur von 37 °C ± 1 °C. Sie geschieht durch das Wärmeregulationszentrum, das im Gehirn, im Hypothalamus (s. Kap. 23.9.2), liegt.

14.1 Die Körpertemperatur

Die Temperatur ist nicht im ganzen Körper gleich. Die mit dem Fieberthermometer im

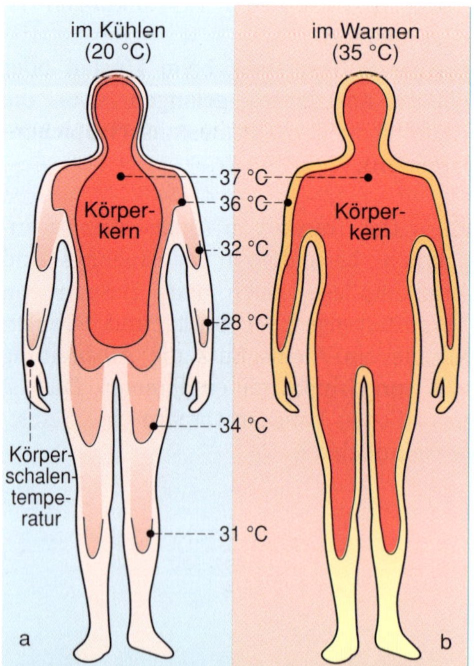

Abb. 14-1 Temperaturfeld des Körpers

Körperkern- und -schalentemperatur a) bei niedriger, b) bei hoher Außentemperatur.

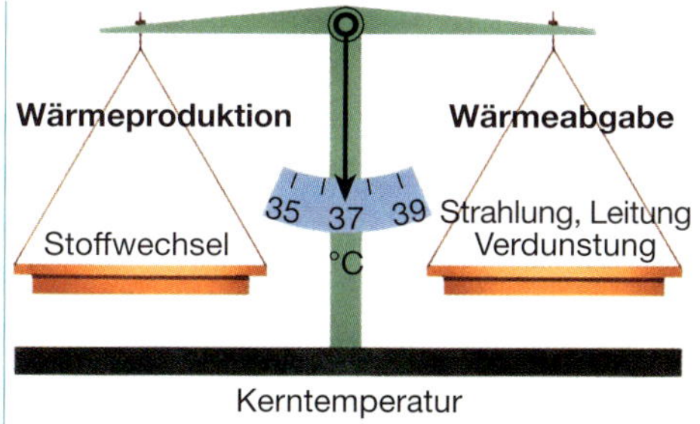

Abb. 14-2 Wärmebilanz

Zur Konstanthaltung der Körpertemperatur erforderliches Gleichgewicht zwischen Wärmeproduktion und Wärmeabgabe.

Enddarm (Rektum) gemessene Rektaltemperatur wird auch als **Kerntemperatur** bezeichnet, weil sie nur im „Inneren" des Körpers (einschließlich des Gehirns) besteht. Der äußere Teil, eine Art „Schale", hat im allgemeinen eine niedrigere, auch stärker schwankende Temperatur als der Körperkern. Die Hauttemperatur der Hände kann beispielsweise bis auf 25 °C absinken, die der Unterschenkel auf 30 °C (Abb. 14-1a). Bei hohen Außentemperaturen oder starker Wärmeproduktion, z. B. bei schwerer Arbeit, wird der Unterschied zwischen Schalen- und Kerntemperatur geringer, d.h. der „Kern" wird vergrößert (Abb. 14-1b) und dadurch der Schalenanteil kleiner.

Zusammenfassend kann man sagen, daß die Temperatur des Körperkerns konstant (homoiotherm), die der Körperschale wechselwarm (poikilotherm) ist.

14.2 Regulation des Wärmehaushalts

Um die Kerntemperatur konstant zu halten, müssen Wärmeproduktion und Wärmeabgabe (Abb. 14-2) im Gleichgewicht sein. Um dieses Gleichgewicht unter verschiedenen Belastungen des Wärmehaushaltes, wie hohe oder niedere Außentemperatur oder starke Wärmeproduktion bei körperlicher Arbeit, ausgeglichen zu halten, werden dem **Wärmeregulationszentrum** Meldungen aus der Körperschale und dem Kern über die jeweilige Temperatur übermittelt. Abbildung 14-3 zeigt schematisch, daß das Zentrum prinzipiell von zwei verschiedenen „Fühlern" unterrichtet wird:

- von den Wärme- und Kälterezeptoren der Haut, auf nervösem Wege;

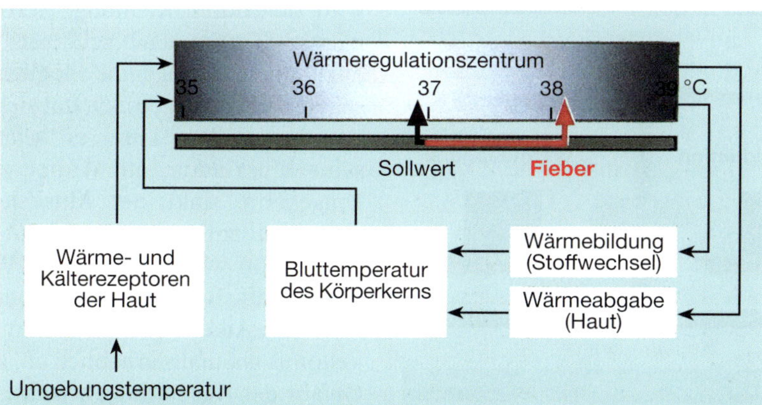

Abb. 14-3 Wärme-Regelkreis

Regelkreis der Wärmeregulation mit der Sollwertverstellung durch Fieber.

- von der Bluttemperatur im Kern, d.h. dem Blut, welches das Zentrum selbst durchströmt.

Entsprechend den Meldungen über Temperaturanstieg wird die Wärmeabgabe in der Haut über das Kreislaufzentrum durch Blutgefäßerweiterung und durch Schwitzen gesteigert. Umgekehrt wird bei Absinken der Hauttemperatur oder Bluttemperatur die Wärmeabgabe durch Gefäßverengung gesenkt und die Wärmebildung durch Stoffwechselsteigerung, vor allem in der Skelettmuskulatur, erhöht. Wichtig ist, daß bei unterschiedlich großer Wärmeproduktion die Wärmeabgabe so reguliert wird, daß die Kerntemperatur konstant bleibt. Ist aber die Wärmeabgabe erhöht oder vermindert, muß die Wärmeproduktion ebenfalls erhöht oder vermindert werden, um die Körperkerntemperatur konstant zu halten. Abbildung 14-4 zeigt zwei Fälle unterschiedlichen Wärmeumsatzes. Die Kerntemperatur ist in beiden Fällen dieselbe, aber im unten gezeigten ist die Wärmeproduktion und folglich auch die Wärmeabgabe doppelt so hoch wie im oberen Fall.

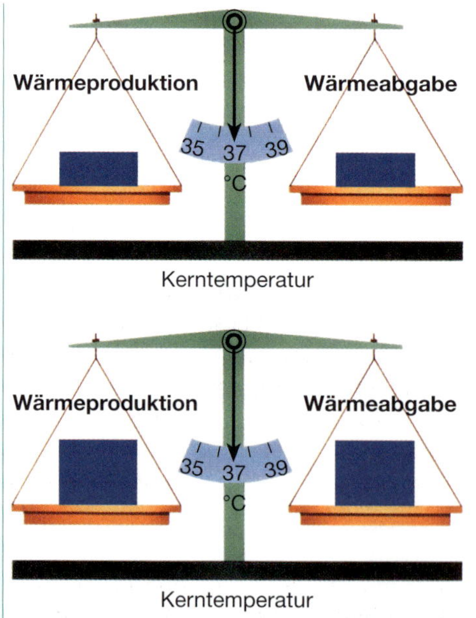

Abb. 14-4 Wärmegleichgewicht

Das Wärmeregulationssystem macht es möglich, daß bei veränderter Wärmeproduktion oder Wärmeabgabe die Kerntemperatur konstant gehalten werden kann.

14.2.1 Die Wärmeproduktion

Den größten Anteil an der Wärmeproduktion haben **Muskulatur** und **Leber.** Sie sind durch ihre Masse die größten Organe des Körpers. Wärme entsteht durch die bei der Muskelkontraktion und in der Leber ablaufenden chemischen Umsetzungen. Um bei Kälte die Wärmebildung anzuregen, wird reflektorisch der **Muskeltonus** (Grundspannung) erhöht, man wird „steif" vor Kälte und bekommt als erstes eine „Gänsehaut". Sie entsteht, weil durch feinste Muskeln die Haare aufgerichtet werden (s. Kap. 21.1). Dies ist beim Menschen eine relativ sinnlose Maßnahme, weil er ja kein schützendes Haarkleid mehr besitzt. Bei Tieren entsteht durch das gesträubte Fell oder Gefieder eine Wärmeschutzschicht. Durch Kältezittern und „Zähneklappern" wird ebenfalls die Wärmebildung erhöht. Zusammen mit dem Ansteigen des Muskeltonus sind das sehr starke Weckreize. Der wache Mensch wird sich durch Kleidung, Heizung, wärmende Decken usw. schützen; wenn er dazu keine genügende Möglichkeit hat, schlägt er mit den Armen um sich, stampft mit den Füßen, kurz, er betätigt aktiv seine Muskulatur, um Wärme zu bilden. Umgekehrt sinkt der Muskeltonus bei hoher Außentemperatur, d.h. die Wärmeproduktion wird herabgesetzt. Wir fühlen uns schlaff. In **Narkose,** auch nach übermäßigem Alkoholgenuß, nimmt der Muskeltonus ebenfalls erheblich ab, so daß die Gefahr der Auskühlung besteht. Nach der **Nahrungsaufnahme** nimmt durch Stoffwechselsteigerung die Wärmeproduktion zu.

14.2.2 Die Wärmeabgabe

Wärme wird vorwiegend durch die Haut abgegeben. Das Verhältnis **Oberfläche** zu Volumen ist um so größer, je kleiner das Körpergewicht ist. Ein Säugling z.B. hat im Vergleich zu seiner Körpermasse eine große Hautoberfläche, über die Wärme abgegeben wird.

Präv Säuglinge kühlen daher schneller aus als Erwachsene bei derselben Außentemperatur und müssen besonders geschützt werden. Bei Frühgeborenen muß aus demselben Grund Wärme zugeführt werden (s. Kap. 27.3). Kleine Kinder kühlen im Freibad besonders schnell ab. Man kann oft beobachten, wie sie nach dem Bad zusammengekauert dasitzen. Unbewußt „verkleinern" sie dadurch ihre wärmeabgebende Hautoberfläche.

Frauen kühlen weniger schnell aus als Männer. Ihr Unterhautfettgewebe ist besser ausgebildet und gleichmäßiger über die ganze Oberfläche verteilt.
Wärmeabgabe geschieht vor allem durch **Strahlung** (Abb. 14-5). Bei Körperruhe und „behaglicher" Umgebungstemperatur, um 20 °C, werden auf diese Weise etwa $^2/_3$ der Körperwärme abgegeben. Der Vorgang der Strahlung braucht keine Materie zur Übermittlung. Die Sonnenenergie gelangt durch Strahlung auf unseren Planeten. Ein Beispiel für die Aufnahme von Strahlungswärme ist das Sonnenbad bei Lufttemperaturen unter dem Gefrierpunkt oder durch einen Infrarotstrahler im „eiskalten" Badezimmer. In Wettervorhersagen wird häufig der Einfluß von Klimafaktoren wie Wind, Luftfeuchtigkeit und Sonneneinstrahlung berücksichtigt und als die sogenannte **gefühlte Temperatur** ausgedrückt, die sich erheblich von der gemessenen Lufttemperatur unterscheiden kann.

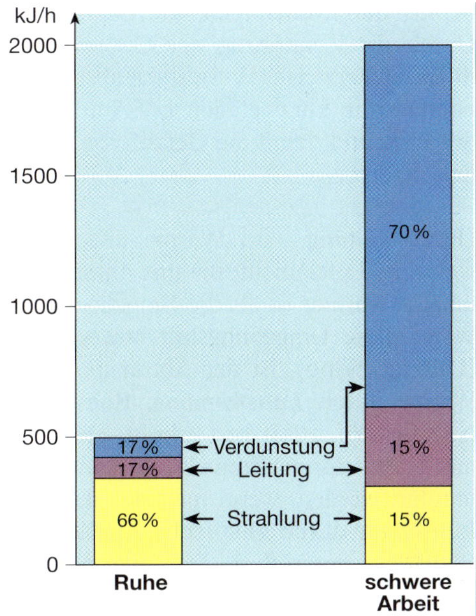

Abb. 14-5 Wärmeabgabemechanismen

Prozentuale und absolute Anteile der drei Prozesse der Wärmeabgabe (Strahlung, Leitung, Verdunstung) bei Ruhe und schwerer Arbeit.

Path Beim Sonnenbaden werden häufig Schäden durch zu lange Wirkung der Ultraviolettstrahlung (s. Kap. 18) verursacht. Es kommt zu Sonnenbränden, die meist Verbrennungen 1. Grades (Rötung) sind. Bei Blasenbildung handelt es sich um Verbrennungen 2. Grades. Seit es Mode ist, „gesund" braun zu sein, treten in zunehmender Zahl Hautkrebserkrankungen auf. Auch in den Solarien schädigen sich viele Besucher, weil sie die Vorschriften nicht beachten und meist absichtlich überdosieren.

Präv Um die Haut vor Strahlenschäden (Sonnenbrand, Hautkrebs) zu schützen, sollte bei Sonnenbädern folgendes beachtet werden: eine dem Hauttyp entsprechende Dauer des Sonnenbads, Verwendung von Sonnenschutzmitteln und

Schutz durch entsprechende Bekleidung. Durch die Zerstörung der Ozonschicht, die normalerweise UV-Strahlen absorbiert, nehmen die kurzwelligen UV-Anteile auf der Erde und damit die Gefahr von Strahlenschäden zu.

Durch **Leitung** wird Wärme abgegeben, wenn die Luftschicht, die uns unmittelbar umgibt, wärmer ist als die Umgebungsluft. Wenn diese Umgebungsluft bewegt wird (Luftzug, Wind), ist der Abtransport von Wärme durch **Luftströmung, Konvektion** (s. Kap. 5.6), zusätzlich erhöht. Die Wärmeabgabe durch Konvektion kann vermindert werden, wenn man die stehende Luftschicht durch entsprechende Kleidung (Pullover) vergrößert. Der Wärmetransport ist letzten Endes immer abhängig von der **Temperaturdifferenz** zwischen Hautoberfläche und umgebender Materie. Ist die umgebende Materie Wasser, wird im Vergleich zu Luft von gleicher Temperatur viel mehr Wärme abgegeben, da die Wärmeleitfähigkeit von Wasser gegenüber Luft ca. 20mal größer ist.

Path Von einer **Unterkühlung** oder **Hypothermie** spricht man, wenn die Körperkerntemperatur unter 35 °C fällt. Es kommt dabei zu erschwerter Muskeltätigkeit bis hin zur Muskelstarre, bleierner Müdigkeit bis hin zur Bewußtlosigkeit.
Bei Kerntemperaturen zwischen 26 und 28 °C tritt der Tod durch Herzversagen ein.

Wenn kein Temperaturgefälle zwischen Hautoberfläche und umgebender Luft oder z. B. den Wänden eines Wohnraumes besteht, kann weder durch Strahlung noch durch Leitung Wärme abgegeben werden. Dies ist dann nur noch durch den Vorgang der **Verdunstung** möglich. Durch Schwitzen mit Verdunstung von Schweiß auf der Haut wird dem Körper Wärme entzogen. Die Wärmeabgabe auf dem Wege der Verdunstung ist besonders wirkungsvoll. Durch Verdunsten von 1 Liter Schweiß werden dem Körper etwa 2400 kJ (rund 570 kcal) entzogen. Die Schweißabsonderung kann bei schwerer Arbeit und hoher Umgebungstemperatur auf 1,5 Liter pro Stunde ansteigen. Je nach Schwere der geleisteten Arbeit steigt die Wärmeproduktion an und kann bis zum 20fachen der Ruheproduktion betragen. Da die Wärmeabgabe durch Strahlung, Leitung und Konvektion begrenzt ist, steigt die Schweißproduktion an (s. Abb. 14-5). Sie erleichtert die Wärmeabgabe allerdings nur, wenn der Schweiß verdampfen kann, d. h. wenn die Umgebungsluft wohl warm, aber trocken ist. Wenn die Luftfeuchtigkeit hoch ist, kann weniger Schweiß verdunsten. Voraussetzung für eine wärmeentziehende Verdunstung von Schweiß ist also ein Gefälle des **Dampfdrucks** auf der Haut zum Dampfdruck der Umgebungsluft. In einem Raum, in dem eine Temperatur von mehr als 38 °C und volle Wasserdampfsättigung herrscht (z. B. feuchte Sauna), verdunstet kein Schweiß, und es kommt zum Wärmestau. Dann steigt die Körperkerntemperatur um 1–2 °C. Da beim Saunaaufenthalt auch die Hautgefäße stark durchblutet sind, ist die Kreislaufbelastung hoch. Zusammen mit dem Hitzestau kann diese Belastung nur vom Gesunden eine gewisse Zeit ertragen werden.
Wärme wird nicht nur durch Verdunsten von Schweiß abgegeben, sondern auch durch Wasserdampfabgabe in der Ausatmungsluft. Dies ist deutlich sichtbar bei kalter Luft. Außerdem verdunstet auch, wenn man nicht schwitzt, ständig Wasser auf der Haut. Es gelangt nicht über die Schweißdrüsen, sondern durch Diffusion auf die Hautoberfläche. Man nennt dies auch **Perspiratio insensibilis,** das heißt

„unmerkliche Verdunstung“. Durch diesen Vorgang sowie durch die Ausatmungsluft verliert man täglich etwa 850 ml Wasser und gibt damit ca. 2000 kJ in Form von Wärme ab.

Path Bei hoher Außentemperatur mit hoher Luftfeuchtigkeit und Muskelarbeit besteht die Möglichkeit, daß nicht genügend Wärme abgegeben werden kann. Es entsteht ein **Hitze-** oder **Wärmestau,** der zum **Hitzschlag** führen kann, bei dem das Wärmeregulationszentrum überhitzt wird und die Wärmeregelung ausfällt. Hier ist eine Einlieferung in die Klinik unbedingt erforderlich.
Vermehrte Hautdurchblutung zur Steigerung der Wärmeabgabe und erhöhte Durchblutung des arbeitenden Muskels führen zur Mangeldurchblutung des Gehirns, es tritt Bewußtlosigkeit ein: **Wärmekollaps** (s. Kap. 12.5.5). Der Betroffene muß sofort in den Schatten gebracht werden (Beine höher als der Kopf!). Beengende Kleidung ist zu lockern bzw. zu entfernen, der Körper mit kühlenden, feuchten Tüchern großflächig zu bedecken. Beim **Sonnenstich** handelt es sich dagegen nicht um eine Überbeanspruchung des Wärmehaushalts, sondern um eine übermäßige lokale Sonneneinstrahlung auf Kopf und Nacken. Die Hirnhäute sind dabei stark durchblutet, im Gehirn besteht Blutfülle, die zu dumpfem Kopfschmerz, Übelkeit, Schwindel und Brechreiz, in schwereren Fällen bis zum Kreislaufkollaps führen kann.

14.2.3 Rhythmische Temperaturschwankungen

Wir haben einen mit der Tag- und Nachtzeit (Ortszeit) schwankenden „inneren“ Rhythmus, dem auch der Stoffwechsel und die Temperatur unterliegen. Gegen 5 bis 6 Uhr morgens erreicht die Temperatur den niedrigsten Wert, gegen 18 Uhr abends den höchsten (Abb. 14-6).
Eine weitere periodische Temperaturschwankung kann man während des Menstruationszyklus der Frau beobachten (s. Kap. 25.15). Nach der Menstruation sinkt die Rektaltemperatur langam ab, erreicht beim Eisprung den niedrigsten Stand und steigt dann innerhalb ca. 2 Tagen um etwa 0,5°C an (s. Abb. 26-9). Wenn das Ei befruchtet wird, bleibt die Temperatur während der Schwangerschaft auf diesem höheren Niveau bestehen.

14.3 Akklimatisation

Anpassung, Akklimatisation an warmes Klima geschieht zwar durch Steigerung der Schweißabsonderung, die aber nicht in Schweißausbrüchen, sondern gleichmäßig vor sich geht. Man hat deshalb den Eindruck, weniger zu schwitzen. Im Laufe der Anpassung wird außerdem der Salzgehalt des Schweißes von normalerweise 0,2–0,3 auf etwa 0,03% herabgesetzt.
Akklimatisation an Kälte ist weniger gut möglich. Schützen kann man sich nur durch entsprechend warme Kleidung. An Kälte angepaßte Völkerrassen wie Eskimos haben einen gedrungenen Körperbau

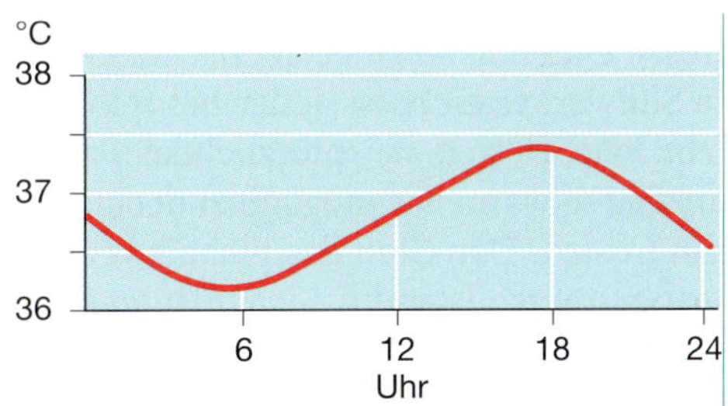

Abb. 14-6 Tagesverlauf der Kerntemperatur

Durchschnittlicher Verlauf der Körperkern-(Rektal-)Temperatur im Laufe des Tages. Das Temperatur-Minimum tritt in den frühen Morgenstunden auf, das Maximum am Nachmittag.

(Verkleinerung des Verhältnisses von Hautoberfläche zum „Körpervolumen“ und einem höheren Grundumsatz (s. Kap. 9.5.3).
Für beide Anpassungsarten, an Hitze und Kälte, gilt, daß nach längerer Zeit eine Gewöhnung eintritt, ein zentralnervöser Vorgang, durch den die Kälte- oder Wärmeempfindung herabgesetzt wird.

14.4 Fieber

Fieber ist ein bekanntes **Begleitsymptom** von Infektionskrankheiten oder von lokalen Entzündungsprozessen. Krankheitserreger geben im Körper fiebererzeugende Stoffe (exogene Pyrogene) ab, die zur Freisetzung körpereigener, endogener Pyrogene führen. Diese Pyrogene verstellen den Sollwert im Wärmeregulationszentrum auf ein höheres Niveau (s. Abb. 14-3), etwa vergleichbar mit dem Höherstellen eines Heizungsthermostaten. Danach wird die Heizung sofort anspringen und so lange in Gang bleiben, bis die neu eingestellte Temperatur erreicht ist. Beim **Fieberanstieg** ist das ähnlich, das Regulationszentrum arbeitet dann so, als ob die Umgebungstemperatur zu niedrig wäre: Die Wärmeabgabe wird durch Verengung der Hautgefäße gedrosselt (blasse Haut), die Wärmeproduktion wird gesteigert durch Muskelzittern (Kältezittern, Zähneklappern, Schüttelfrost). Dies hält so lange an, bis der erhöhte Sollwert erreicht ist. Jeder hat selbst erlebt, wie er sich bei plötzlichem Fieberanstieg so warm wie möglich zudeckt, weil ihn fröstelt. Den Sinn des Fiebers versteht man nur unvollständig. Sicher ist, daß vermehrt Leukozyten gebildet und freigesetzt werden und versuchen, die Erreger unschädlich zu machen. Fieber sollte deshalb nicht in jedem Fall sofort durch Medikamente unterdrückt werden. Anhaltendes Fieber um 41°C muß behandelt werden, da man mit Gehirnschädigung rechnen muß. Fiebersenkende Mittel nennt man Antipyretika, dazu gehört beispielsweise Acetylsalicylsäure (ASS). Sie wirkt über die Hemmung der Prostaglandinproduktion (s. Kap. 25.11.2). Temperaturen um 43°C sind tödlich. Der **Fieberabfall** beginnt damit, daß der Sollwert wieder auf ein normales Niveau eingestellt wird, sei es medikamentös oder durch Abklingen der Infektion. Die überschüssige Wärme muß abgegeben werden, die Hautdurchblutung steigt daher an, es kann sogar zu Schweißausbrüchen kommen. Die Muskulatur wird schlaff als Zeichen, daß der Stoffwechsel erniedrigt wird.

14.5 Temperaturmessung

Beim Patienten soll im allgemeinen die Kerntemperatur bestimmt werden. Versuche mit Herzkathetern und Magensonden haben ergeben, daß ein mindestens 5 cm in den Enddarm eingeführtes Thermometer eine Temperatur von nur etwa 0,1 °C weniger anzeigt, als sie in den inneren Organen herrscht. Temperaturmessungen unter der Zunge oder unter dem Arm (axillar) sind unzuverlässiger (mangelnder Mundschluß, besonders bei Schnupfen, falsche Lage in der Achselhöhle).

14.6 Wärme- und Kälteanwendungen

Die Anwendung von Wärme zu Heilzwecken ist seit Jahrtausenden bekannt. Solange man die Menschheitsgeschichte zurückverfolgen kann, werden Thermalbäder aus heißem Quellwasser zur Linderung vieler Beschwerden benutzt. Auch heute noch spielt die Wärmeanwendung in der Medizin eine wichtige Rolle. Für viele Erkrankungen des Bewegungsapparates (Muskeln, Bänder, Gelenke) werden **warme Bäder** erfolgreich verordnet. Eine der heilenden Wirkungen besteht darin, daß in warmem Wasser von ca. 30 °C die Wärmeabgabe des Körpers verringert und dadurch die Wärmeproduktion gesenkt wird. Der Muskeltonus sinkt ab, und Verspannungen, die oft Ursachen starker Schmerzen sind, werden gelöst. Im Wasser wird durch Auftrieb das Körpergewicht herabgesetzt (um das Gewicht der Wassermenge, die der Körper verdrängt). Der Ruhetonus der Muskulatur (s. Kap. 23.2) ist dadurch vermindert. Die **Bewegungstherapie unter Wasser** und die **Unterwassermassage** nutzt beide Effekte, den Auftrieb und die Wärme. Die Wassertemperatur soll zwischen 30 und 35 °C liegen. Vollbäder, deren Temperatur bei oder über der Körperkerntemperatur liegt, sollen zeitlich begrenzt sein, da der Körper ja nur über die Oberfläche des Kopfes Wärme abgeben und es leicht zu einem **Hitze**- oder **Wärmestau** (s. o.) kommen kann.

Bei **lokaler Wärmeanwendung** (Wärmflaschen, Heizkissen, Fangopackungen u.ä.) wird die Verknüpfung von Wärmerezeptoren der Haut über das Rückenmark mit Nervenfasern, die zur glatten Muskulatur der Blutgefäße Erregungen aussenden, genutzt (s. Abb. 23-8). Dadurch kann die Durchblutung bestimmter Organe gesteigert werden. Badet man z.B. den linken Arm in Wasser von 45 °C, erreicht man eine Erweiterung und bessere Durchblutung der Herzkranzgefäße. Über die Zuordnung bestimmter Hautgebiete zu bestimmten inneren Organen siehe Kapitel 23.4.

Kälte-(Kryo-)Therapie wird meist in Form von Eispackungen, Kaltluft oder N_2-Gas angewandt und bewirkt eine Herabsetzung der Hautdurchblutung und vor allem Schmerzverminderung. Da aber der Organismus auf längere Kälteeinwirkung auch mit Gefäßerweiterung und dadurch Durchblutungssteigerung der Haut reagiert (reaktive Hyperämie), kann auch dadurch eine Schmerzlinderung und Lösen von Muskelverspannungen erreicht werden. Bewegungstherapie bei Kälteanwendung muß jedoch behutsam durchgeführt werden.

Induzierte Hypothermie bedeutet künstliche Senkung der Körpertemperatur. Durch Beobachtungen an winterschlafenden Säugetieren, die durch Erniedrigung der Körpertemperatur ihren Stoffwechsel herabsetzen, um den Winter ökonomischer zu überstehen, kam man auf die Idee, dies auch beim Menschen bei chirurgischen Eingriffen anzuwenden. Durch Blut- und Hautkühlung hat man die Körpertemperatur beim Menschen bis auf 28 °C gesenkt, um den Stoffwechsel und damit den O_2-Bedarf zu senken. Der Kreislauf kann ohne Schaden für das Gehirn länger unterbrochen werden (Herzoperationen). Da auch der Blutdruck absinkt, kann der Blutverlust niedrig gehalten werden.

Kurzgefaßt

Wärmebildung und **Wärmeabgabe** müssen bei wechselnden Bedingungen einander die Waage halten, damit die Körperkerntemperatur konstant bleiben kann. Man unterscheidet **Kern-** und **Schalentemperatur.** Wärme- und Kälterezeptoren der Haut melden Veränderungen der Umgebungstemperatur an das **Wärmeregulationszentrum** im Zwischenhirn, das auch durch die Bluttemperatur direkt beeinflußt wird. Erhöhung der Außentemperatur oder der **Wärmebildung** infolge von Muskelarbeit veranlassen das Zentrum zur Steigerung der Hautdurchblutung und evtl. zu Schweißabsonderung. Bei niedriger Außentemperatur steigt die Wärmebildung durch Muskeltonussteigerung bis zu Kältezittern und aktiver Muskelbewegung, gleichzeitig wird die Hautdurchblutung gesenkt. Wärme kann nur durch Stoffwechselvorgänge gebildet

14 Wärmehaushalt

Kurzgefaßt

werden. **Wärmeabgabe** kann durch Strahlung (bei Ruhe ca. 70%), Leitung und Verdunstung erfolgen. Durch Wasserdampfabgabe bei der Ausatmung und durch die Haut werden etwa 20% der Wärme bei Ruhe abgegeben.

Tagesrhythmische **Temperaturschwankungen** ergeben um 5 Uhr früh den niedrigsten, abends um 18 Uhr den höchsten Wert. Der normale Mittelwert ist 36,8 ± 0,5 °C. Bei schwerer körperlicher Arbeit kann er um bis zu 2 °C steigen. Die Kerntemperatur bei der Frau erreicht nach dem Eisprung ihren höchsten Mittelwert.

Akklimatisation an heißes Klima geschieht durch Steigerung einer gleichmäßigen Schweißabgabe. Der Schweiß verringert seine Salzkonzentration von ca. 0,3 bis auf 0,03%.

Fieber ist das Ergebnis einer Sollwertverstellung des Wärmeregulationszentrums, die z. B. durch Krankheitserreger ausgelöst werden kann. Die Kerntemperatur sollte im Enddarm (rektal) gemessen werden. Bei Messungen unter der Zunge oder in der Achselhöhle ist mit Fehlern zu rechnen.

Wärmetherapie wird in Form von Bädern und lokaler Wärmeanwendung betrieben. **Kältetherapie** dient in erster Linie der Schmerzverringerung.

Künstliche Temperatursenkung (induzierte Hypothermie) bis 28 °C wird teilweise bei Herzoperationen angewendet.

15 Wasser-Salz-Haushalt und Nierenfunktion

Alle Lebewesen entstanden im Meerwasser, erst pflanzliche, später tierische, meist zu Anfang als Einzeller, Formen, die heute noch vorkommen, z.B. Amöben. Bei ihnen spielt sich der gesamte Stoffwechsel über die sie umhüllende Zellmembran ab, wechselseitig von einem Flüssigkeitsmilieu zum anderen. So wird Sauerstoff durch Diffusion (s. Kap. E1 u. Kap. 5) ins Zellinnere aufgenommen und Kohlendioxid in umgekehrter Richtung abgegeben. Nahrung in Form kleinster Partikel wird ins Zellinnere geschleust, nicht nutzbare Bestandteile, Exkremente, in die umgebende Flüssigkeit entlassen.

Voraussetzung für den Stoffaustausch dieser Einzeller, ob sie im Meer-, Brack- oder Süßwasser leben, ist ein annähernd gleicher osmotischer Druck der Zell- und Umgebungsflüssigkeit. Wäre der osmotische Druck im Zellinnern höher als außen, würde Wasser in die Zelle einströmen, sie anschwellen lassen und schießlich zum Platzen bringen (s. Hämolyse, s. Kap. 11.3). Ein im Vergleich zum Zellwasser höherer osmotischer Druck ließe die Zelle durch Wasserentzug schrumpfen.

Um den Stoffwechsel bei vielzelligen Lebewesen zu bewältigen, mußten fein verzweigte Organsysteme entwickelt werden, wie das Herz-Kreislauf-System, der Atem- und Verdauungstrakt. Trotz der Entwicklung kompliziertester Lebewesen, die zudem, wie die meisten Säugetiere, nicht mehr im Wasser leben, haben ihre kleinsten Bausteine, die Körperzellen, viele Merkmale der Einzeller beibehalten. Erstens sind sie von Flüssigkeit umgeben, der **interstitiellen Flüssigkeit,** im Falle der Blutkörperchenzelle von **Plasmaflüssigkeit.** Sie enthalten zweitens selbst Wasser, die **intrazelluläre Flüssigkeit,** und sind drittens gezwungen, bezüglich des osmotischen Druckes ein Gleichgewicht mit der Umgebungsflüssigkeit aufrechtzuerhalten (Abb. 15-1).

15.1 Flüssigkeitsräume und -umsatz

Der Körper eines jungen Mannes enhält ca. 60% Flüssigkeit, der einer jungen Frau ca. 55% und der eines Säuglings ca. 75%. Abbildung 15-2 zeigt die Verhältnisse der einzelnen Flüssigkeitsräume. Die interstitielle und die Plasmaflüssigkeit werden zusammen als **extrazelluläre Flüssigkeit** bezeichnet. Außerdem gibt es noch die 150–200 ml Gehirnrückenmarksflüssigkeit, Liquor cerebrospinalis (s. Kap. 23.13), das **transzelluläre Wasser.**

Die Ausgewogenheit der Flüssigkeitsmengen wird vor allem durch Flüssigkeitsaufnahme und -abgabe erreicht (Abb. 15-3). Aufnahme größerer Mengen vergrößert vorwiegend den extrazellulären Flüssigkeitsraum, in dem dann der osmotische Druck absinkt. Ein großer Flüssigkeitsverlust (z.B. durch Schwitzen bei köperlicher Arbeit und hoher Außentemperatur) vermindert den extrazellulären Flüssigkeitsraum und läßt den osmotischen Druck ansteigen. Er steigt auch nach Aufnahme stark salzhaltiger Speisen. Trotz dieser Belastungen des Salzwasserhaushalts werden

15 Wasser-Salz-Haushalt und Nierenfunktion

15.1 Flüssigkeitsräume und -umsatz

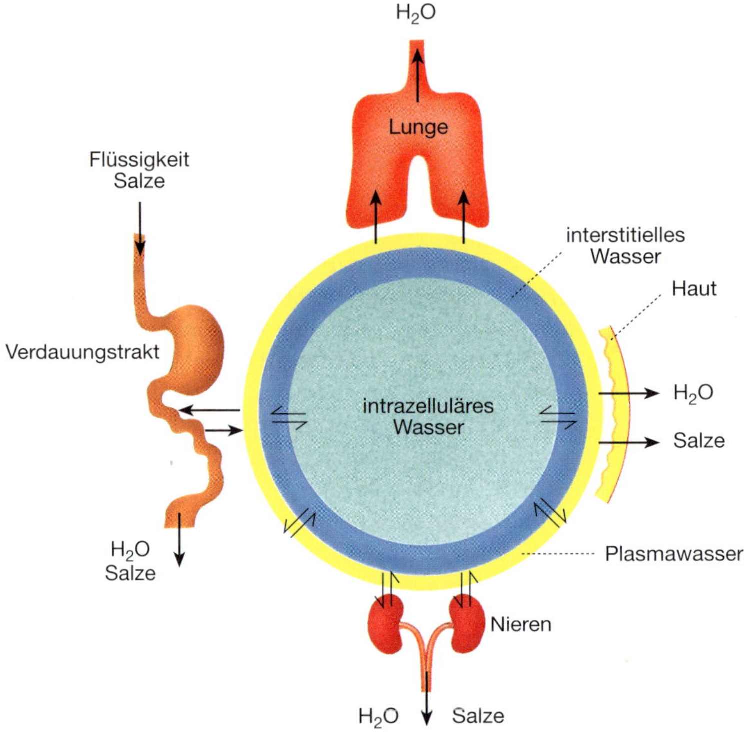

Abb. 15-1 Flüssigkeitsverteilung

Die Flüssigkeitsräume des Körpers enthalten Wasser, in dem Salze und Eiweiße gelöst sind. Dargestellt sind ferner die Organe, über die ein Flüssigkeitsaustausch mit der Umwelt stattfindet.

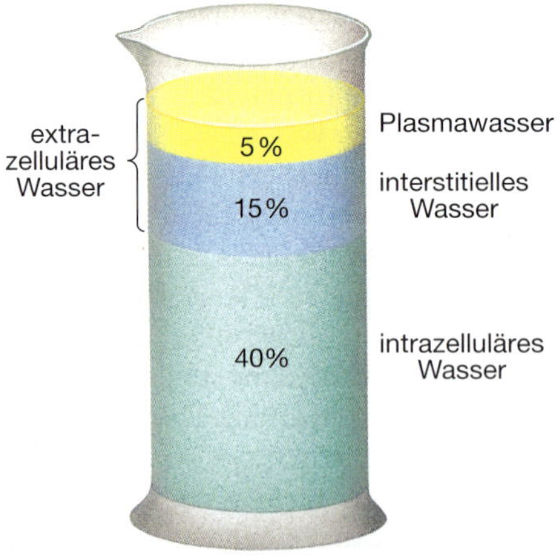

Abb. 15-2 Flüssigkeitsräume

Verteilung der Körperflüssigkeit auf die verschiedenen Flüssigkeitsräume beim Erwachsenen.

Flüssigkeitsvolumina und osmotischer Druck beim Gesunden in engen Grenzen konstant gehalten. Akuter Flüssigkeitsmangel und erhöhter osmotischer Druck lösen **Durst** aus, dem durch Flüssigkeitszufuhr nachgegeben wird, die **Niere** scheidet weniger Wasser aus. Im umgekehrten Falle, bei Flüssigkeitsüberschuß, werden vermehrt Wasser und Salz im Urin ausgeschieden.

Der **Flüssigkeitsumsatz** beträgt bei einem Erwachsenen von ca. 70 kg Körpergewicht etwa 2,5 l pro Tag. Abbildung 15-3 zeigt die einzelnen „Zufuhr"- und „Abgabe"-Mengen der Flüssigkeitsbilanz. Diese muß ausgeglichen sein. Auf der Zufuhrseite muß, neben der Flüssigkeit in Getränken und Nahrung, das **Oxidationswasser** (s. Kap.

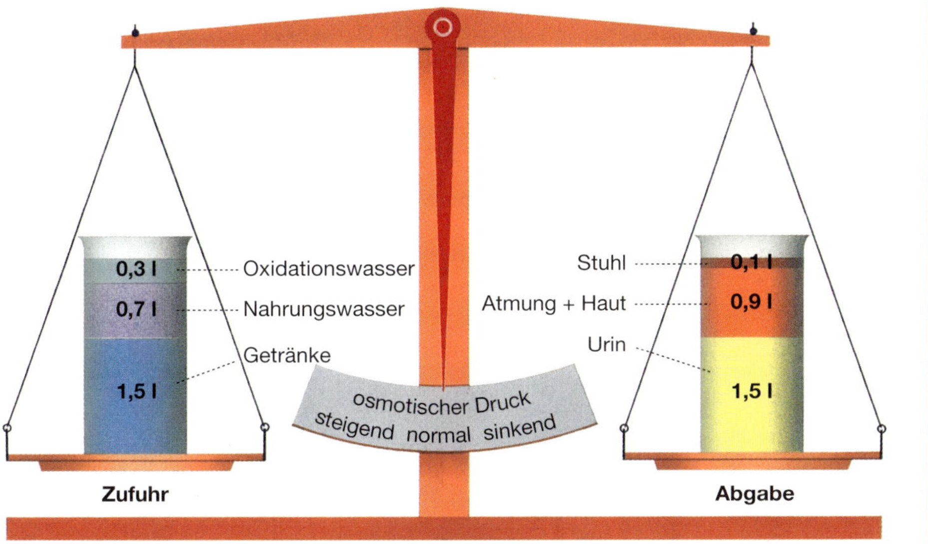

Abb. 15-3 Flüssigkeitsbilanz

Gleichgewicht zwischen Flüssigkeitszufuhr und -abgabe, zur Konstanthaltung des Flüssigkeitsvolumens und des osmotischen Drucks.

E.1) beachtet werden, auf der Abgabeseite spielt neben der Urinausscheidung die Wasserabgabe durch Lunge und Haut (Perspiratio insensibilis, s. Kap. 14.2.2) eine Rolle.

15.2 Die Niere

Die Niere ist das wichtigste Ausscheidungsorgan für Flüssigkeit, Salze und Abbauprodukte des Eiweißstoffwechsels. Außerdem werden viele Fremdstoffe bzw. ihre Abbauprodukte ausgeschieden. Durch die Lunge und über die Hautoberfläche wird Wasser abgegeben, beim Schwitzen über die Schweißdrüsen Wasser und Salze, vor allem NaCl. Die Flüssigkeits- und Elektrolytabgabe im Kot ist normalerweise gering. Die Aufgaben der Niere sind demnach folgende:

- Aufrechterhaltung der Konzentration von Elektrolyten (Isoionie),
  Aufrechterhaltung des Wassergehalts,
  Aufrechterhaltung des osmotischen Drucks (Isotonie).
- Ausscheidung von Stoffwechselprodukten,
  Ausscheidung von Fremdstoffen und ihren Stoffwechselprodukten.
- Endokrine Funktionen
  Beteiligung an der Kreislaufregulation (Renin-Angiotensin-Mechanismus, s. Kap. 12.5.2),
  Regulation der Blutbildung durch den Erythropoietin-Mechanismus (s. Kap. 11.3),
  Beteiligung an der Calcium-Regulation über das Vitamin-D-Hormon (s. Kap. 25.6.2).

Der anatomische Bau der Niere macht ihre Funktion verständlich. Abbildung 15-4 zeigt eine Funktionseinheit der Niere, das **Nephron.** In der menschlichen Niere sind 1 bis 1½ Millionen solcher Einheiten vorhanden. Das zuführende arterielle Blutgefäß teilt sich in ein Kapillarknäuel, **Glome-**

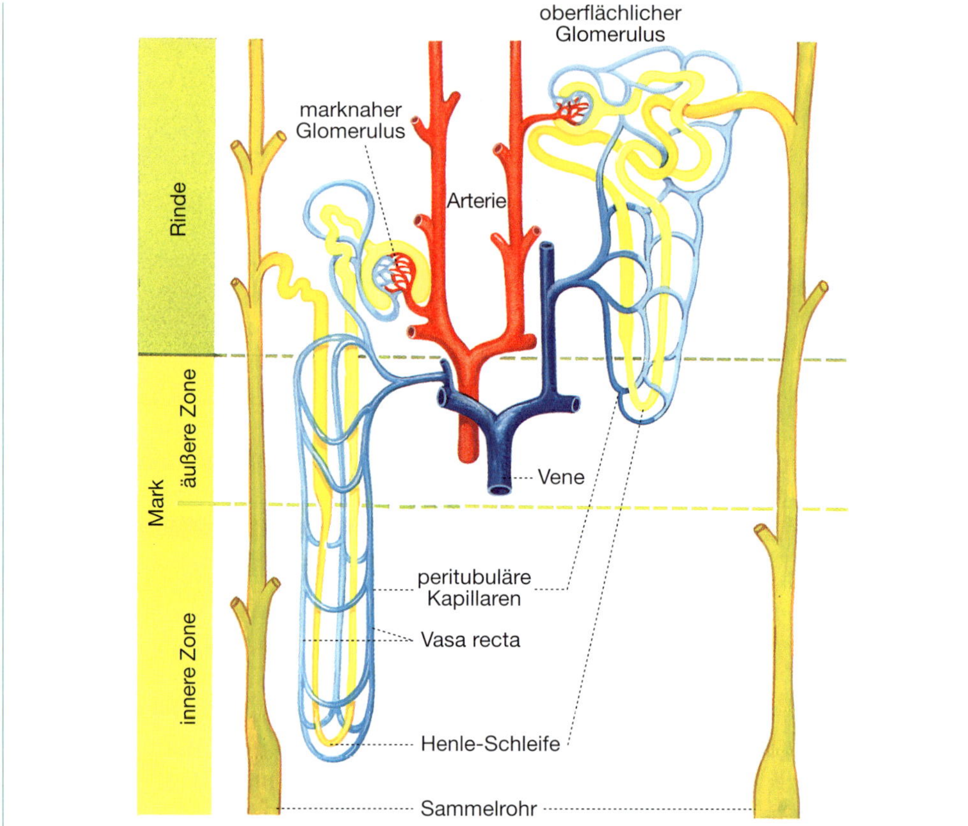

Abb. 15-4 Aufbau des Nephrons

Halbschematische Darstellung von Funktionseinheiten der Niere (Nephron) mit Blutgefäßversorgung. Die Markzone müßte in bezug zur Rindenzone 20mal größer (nach unten) gezeichnet werden. Erst durch die große Länge der Tubuli und die entsprechende Blutgefäßversorgung werden die großen Austauschleistungen in diesem Abschnitt möglich (s. Text).

rulum, auf und ist von einer Kapsel, der **Bowmanschen Kapsel,** umschlossen. Diese Kapsel bildet den Anfang des harnableitenden Systems. Damit aus dem Plasma der Kapillaren Flüssigkeit in die Kapsel gepreßt werden kann, muß ein Druckgefälle bestehen. Man spricht vom **effektiven Filtrationsdruck** (s. Kap. 12.4.3). Er ergibt sich, wenn man vom Blutdruck in den Kapillaren den kolloidosmotischen Druck des Plasmas und den hydrostatischen Druck der Kapsel abzieht. Der effektive Filtrationsdruck beträgt ca. 2 kPa (15 mmHg). Die durch diese Druckdifferenz abgefilterte Flüssigkeit nennt man **Primärharn** oder glomeruläres Filtrat, es handelt sich um eine eiweißfreie Flüssigkeit. Pro Minute werden beim Mann ca. 120 ml Primärharn gebildet, bei der Frau etwa 10% weniger. In 1 Stunde wird das gesamte Blut (Plasma) etwa dreimal der Nierenkontrolle, also einer Klärung (engl. **clearance**), unterzogen (Abb. 15-5).

Da täglich 170 Liter Primärharn gebildet und davon nur etwa 1,5 Liter Harn ausgeschieden werden, müssen etwa 99% des Primärharns wieder in die Blutbahn zurückgewonnen, absorbiert, werden. Dies

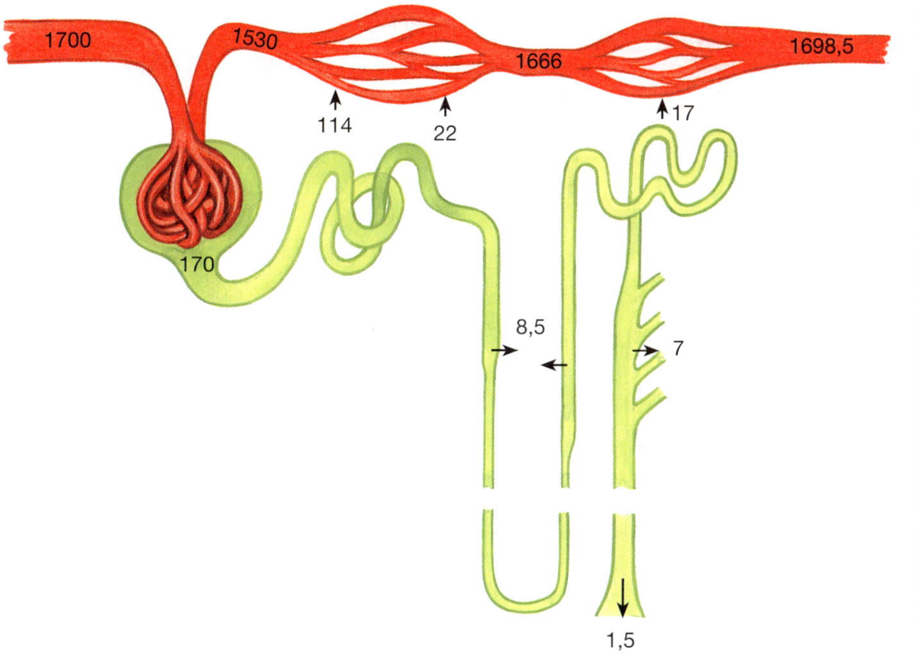

Abb. 15-5 Flüssigkeitsfiltration und -absorption

Schematische Darstellung der Durchblutung, der Primärharnbildung in der Niere mit der pro Tag etwa in die *Bowman*-Kapsel filtrierten Flüssigkeitsmenge und den in den einzelnen Nephronabschnitten absorbierten Mengen. Alle Angaben in Litern/24 Stunden, beim gesunden Erwachsenen.

geschieht in dem Röhrensystem der Tubuli und Henle-Schleifen. Der größte Teil des Filtrats wird passiv durch das kolloidosmotische Druckgefälle zum Blut der den Tubulus umgebenden Blutgefäße absorbiert, wie in anderen Kapillargebieten (s. Kap. 12.4.3). Einige Stoffe werden, ähnlich wie Drüsensekrete, aktiv in die Tubulusflüssigkeit **sezerniert,** andere **filtriert und sezerniert.** Wir haben also drei Prozesse der Harnbildung in der Niere (Abb. 15-6):

- **Filtration:** Alle Moleküle bis zu einer Molekularmasse um 60 000 Da können filtriert werden.
- **Absorption:** Absorbiert werden vor allem Wasser, Elektrolyte, Glukose und Harnstoff.
- **Sekretion:** Sie spielt beim Menschen, abgesehen von Kreatinin und Kalium, mengenmäßig keine große Rolle.

15.2.1 Die glomeruläre Filtration

Die **Filtratmenge** wird im wesentlichen vom effektiven Filtrationsdruck (s. o.) bestimmt. Demnach wäre eine direkte Abhängigkeit zwischen der Höhe des Blutdrucks und der Filtratmenge zu erwarten. Dies trifft jedoch nicht zu, sondern die Filtratmenge ist in diesem Bereich des arteriellen Blutdrucks von 12 kPa (90 mmHg) bis 25 kPa (190 mmHg) fast konstant (Abb. 15-7). Das bedeutet, daß trotz großer Blutdruckschwankungen die wichtige Funktion der Primärharnbildung unberührt bleibt. Der Mechanismus wird **Autoregula-**

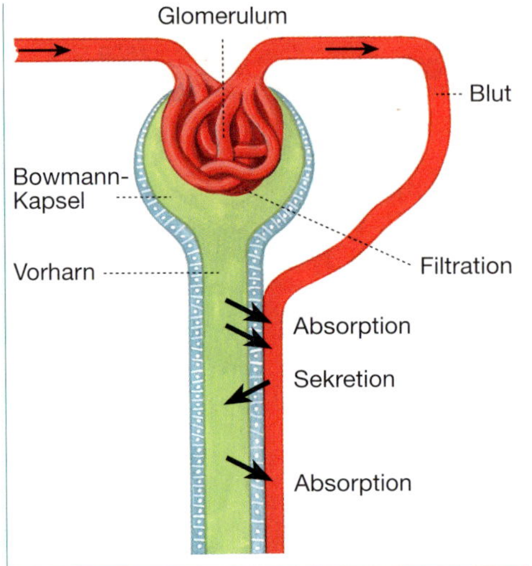

Abb. 15-6 Transportprozesse in der Niere

Schematische Darstellung der drei in der Niere auftretenden Prozesse: Filtration, Absorption und Sekretion.

tion genannt (s. Kap. 12.5.1) und durch Verengung des zum Glomerulum führenden Gefäßes (Vas afferens) bei Drucksteigerung ermöglicht. Die **Filtratzusammensetzung** hängt von der Durchlässigkeit der Glomerulumkapillaren und der Bowman-Kapsel für Moleküle ab. Wenn man sich die Membranen als Siebe vorstellt, müßten die Poren einen Durchmesser von etwa 10 nm haben. Moleküle, die kleiner sind, müssen im Plasma und im Filtrat die gleiche Konzentration haben. Ist ihre Konzentration im Filtrat niedriger, müssen sie Schwierigkeiten beim Durchtritt haben. Tabelle 15-1 zeigt, daß bis zu einer Molekularmasse von 5500 Da keine Übertrittsbehinderung vorliegt, daß aber auch noch für Moleküle mit einer Molekularmasse von 64500 Da, wie z.B. Hämoglobin, ein Durchtritt möglich ist, ja sogar noch in ganz geringem Maße für Serumalbumin (1%), 69000 Da, mit Abmessungen von ca. 15 · 3,6 nm.
Neben der Porenweite spielt allerdings deren und der Teilchen elektrische Ladung (s. Kap. 6) eine gewisse Rolle.

15.2.2 Die tubuläre Absorption

Die Absorption findet in dem langen Röhrensystem, den Tubuli, statt, das aus einem ersten und zweiten gewundenen Teil und einem dazwischengeschalteten, schleifenartigen Anteil (*Henle*-Schleife) besteht (s. Abb. 15-5). Die Absorptionsleistung der einzelnen Zellabschnitte ist unterschiedlich, worauf der einzelne Zellbau hinweist. Während das Epithel in den Henle-Schleifen niedrig und mitochondrienarm ist, findet man in den gewundenen Abschnitten ein hohes Epithel mit zahlreichen Mitochondrien, was für eine hohe Stoffwechselleistung spricht. Dies konnte durch Mikropunktion und Entnahme kleinster Flüssigkeitsmengen,

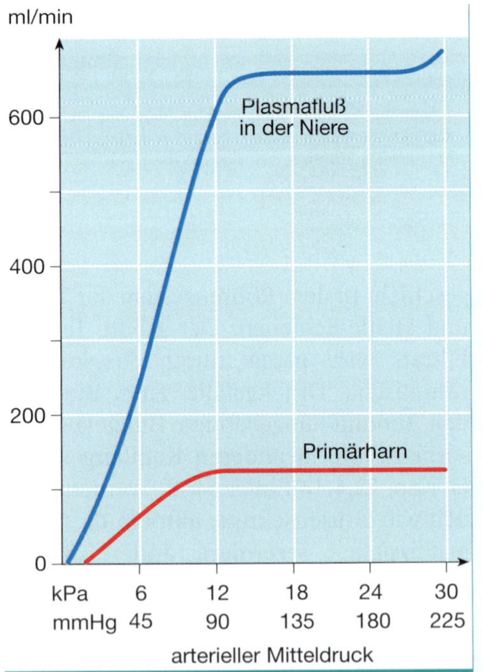

Abb. 15-7 Autoregulation der Niere

Abhängigkeit von Plasmafluß und Vorharn-(Primärharn-)Bildung vom arteriellen Mitteldruck beim Menschen. Man sieht, daß über einen weiten Bereich der Blutdruckhöhe Plasmafluß und Primärharnbildung vom Blutdruck unabhängig sind.

Tab. 15-1 Beziehungen zwischen Molekularmasse und Filtrierbarkeit verschiedener Stoffe

Stoff	Molekularmasse (Da)	Filtrierbarkeit Konzentration Filtrat/Plasma
Wasser	18	1,00
Harnstoff	60	1,00
Glukose	180	1,00
Inulin	5500	0,98
Hämoglobin	64500	0,03
Serumalbumin	69000	0,01

die analysiert wurden, bestätigt werden. Abbildung 15-8 zeigt die Abschnitte, in denen die wichtigsten Elektrolyte sowie Glukose, Harnstoff und Wasser absorbiert werden. Die beiden gewundenen Tubulusabschnitte sind eng von einem Kapillarnetz umsponnen (in Abb. 15-4 halbschematisch dargestellt), über welches die absorbierten Substanzen und Wasser wieder in die Blutbahn gelangen. Die Zahlen in Abbildung 15-5 sollen zeigen, wie aus der Tagesmenge von 170 Liter **Primärharn** allmählich in den einzelnen Nephronabschnitten Flüssigkeit absorbiert wird, bis schließlich die Tagesmenge an abgegebenem **Harn** von 1,5 Liter übrigbleibt. Gleichzeitig sieht man, daß von der Gesamtblutmenge, die täglich

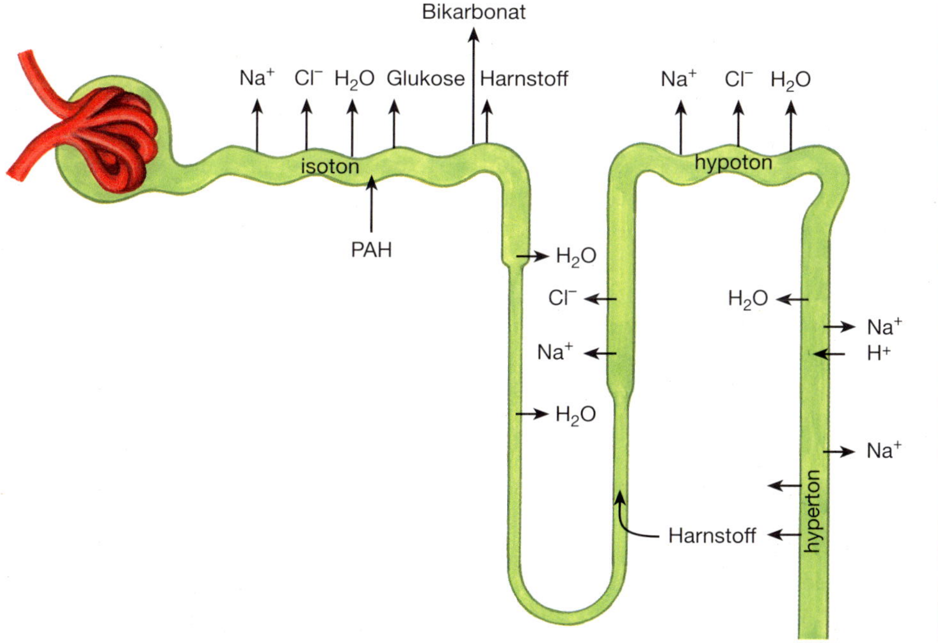

Abb. 15-8 Absorption im Tubulussystem

Hauptorte der Absorption und Sekretion wichtiger Substanzen im Verlauf des Nephrons. PAH = Paraaminohippursäure, die zur Bestimmung der Nierendurchblutung verwendet wird (s. Kap. 15.4). Die *Henle*-Schleife und das Sammelrohr sind verkürzt dargestellt.

durch die Niere fließt und „geklärt“ wird, 1700 Liter, nach Passieren der Niere 1698,5 Liter wieder in die Blutbahn abfließen.
Man unterscheidet zwei Arten der Absorption, die passive und die aktive. Die **passive Absorption** trifft vor allem für Wasser zu. Aus den Glomerulumgefäßen werden 20% des Plasmawassers als Primärharn abgepreßt. Das aus dem Glomerulum abfließende Blut hat danach eine höhere Eiweißkonzentration, d.h. einen höheren kolloidosmotischen Druck (s. Kap. 5.3). Durch dessen Sogwirkung gelangt ein Teil des Filtrats aus dem ersten gewundenen Tubulus zurück in die Blutgefäße, die den Tubulus umspinnen. **Aktive Absorption** (aktiver Transport) von Natrium-, Kalium- und Chlorid-Ionen besteht vorwiegend im zweiten gewundenen Tubulusteil. Da die Ionen nur in gelöster Form transportiert werden können, werden nochmals beachtliche Wassermengen absorbiert. Die **Henle-Schleife** besteht aus einem absteigenden Teil, in dem die Flüssigkeit in Richtung auf das Nierenbecken fließt, und einem parallel dazu verlaufenden, aufsteigenden Ast, in dem die Flüssigkeit entgegengesetzt, zum zweiten gewundenen Teil geführt wird. Aus dem **aufsteigenden Schleifenabschnitt** wird NaCl aktiv, d.h. energieverbrauchend, ins interstitielle Gewebe abgegeben. Da dieser Schleifenabschnitt dickwandig und daher für Wasser kaum durchlässig ist, wird der sich darin befindliche Urin zunehmend salzarmer, **hypoton** (s. Kap. 5.3). Infolge der hohen Salzkonzentration im interstitiellen Gewebe wird dem **absteigenden Schleifenabschnitt** Wasser entzogen, sein Inhalt wird dadurch salzreicher, **hyperton.** Von Blutgefäßen, den **Vasa recta,** die parallel zu den Schleifen verlaufen, werden dem interstitiellen Gewebe Teile des Wassers, der Salze und des Harnstoffs entzogen und in den Blutkreislauf zurückgeleitet. Es handelt sich um ein **Gegenstrom-Austauschprinzip,** in unserem Falle um einen **Gegenstromverstärker,** da es sich nicht nur um einen Austausch von Stoffen durch Gegenstrom, sondern um eine Anreicherung, Verstärkung, handelt. Dieses Prinzip ist in der Biologie vielfach verwirklicht, z.B. Wärmeaustausch im Gegenstrom oder, wie in der Plazenta (Mutterkuchen), zum Sauerstoffaustausch.

15.2.3 Hormonelle Regulation der Wasser-Rückgewinnung

Das **antidiuretische Hormon,** kurz ADH, das oberhalb der Hirnanhangsdrüse (s. Kap. 25.2.1) gebildet und in ihrem Hinterlappen gespeichert wird, übt seine Wirkungen im zweiten (distalen) Tubulusanteil und im anschließenden Sammelrohr aus, indem es das Epithel für Wasser durchlässiger macht. Die Tubulusflüssigkeit ist in diesen Abschnitten **hypoton,** so daß dann vermehrt Wasser in die Blutbahn zurückgewonnen wird. Das Hormon wird vermehrt ausgeschüttet, wenn der osmotische Druck im Blut über die Norm ansteigt, die Ausschüttung wird vermindert, wenn der osmotische Druck im Blut unter den normalen Wert abfällt.

Path Nach längerem Schwitzen und wenn man keine Gelegenheit zum Trinken hat, wird die Urinmenge kleiner und der Urin dunkler, konzentrierter. Bei Geschwülsten in der Hypophysengegend kann diese Regulation versagen, die Betroffenen scheiden bis zu 25 Liter Urin am Tage aus, sie leiden unter starkem Durst und müssen deshalb täglich auch mindestens 25 l Flüssigkeit aufnehmen. Diese Krankheit nennt man **Diabetes insipidus;** sie ist oftmals das erste Anzeichen eines krankhaften Prozesses sim Gebiet des Hypophysenhinterlappens.

15.2.4 Hormonelle Regulation der Na^+-Rückgewinnung

Aldosteron, ein Hormon, das in der Nebennierenrinde gebildet wird, bewirkt nach Ausschüttung in die Blutbahn eine erhöhte Natriumrückgewinnung und vermehrte Kalium- sowie H^+-Ionen-Abgabe in der Niere. Es wird vermehrt ausgeschüttet, wenn Kochsalzmangel oder eine mangelhafte Nierendurchblutung auftritt. Dabei bewirkt das im Renin-Angiotensin-System gebildete Angiotensin II (s. Kap. 12.5.3) die Erhöhung der Aldosteronausschüttung.

Path Bei Erkrankungen der Nebennierenrinde, z.B. bei der ***Addison*schen Krankheit,** werden zuviel Kochsalz und Wasser ausgeschieden (Lösungswasser für NaCl), das Blut wird eingedickt und seine Menge vermindert. Dies kann zum Kreislaufversagen führen. Physiologische Gaben von Aldosteron können dies verhindern, es fördert durch die Natriumabsorption die passive Wasserabsorption aus den Tubuli.

Andererseits wirkt das **atriale natriuretische Peptid** (ANP) gegenläufig zum Angiotensin II (s. Kap. 12.5.3) und Aldosteron (s. o.), d.h. es steigert die Natriumausscheidung. Es wird bei Vorhofdehnung im Herzen vermehrt gebildet und dient so der Blutvolumen-Normalisierung.

15.2.5 Glukose-Rückgewinnung

Glukose wird im Glomerulum filtriert; sie ist ein kleines Molekül mit einer Molekularmasse von 180 Da; der Durchmesser des Moleküls liegt bei 0,36 nm. Ohne Rückresorption würde dem Körper ein für den Stoffwechsel, vor allem im Gehirn und in der Muskulatur, wichtiger Nährstoff verlorengehen. Die Rückgewinnung von Glukose ist abhängig von ihrer Konzentration im Blutplasma. Bei normaler Konzentration um 1,8 g/l Plasma wird die gesamte filtrierte Glukose aktiv reabsorbiert. Nach zu großer Zuckeraufnahme in der Nahrung oder bei Insulinmangel, bei dem zu wenig Glukose in die Körperzellen, vor allem Herz- und Skelettmuskelzellen, aufgenommen werden kann, wird Zucker im Urin ausgeschieden. Abbildung 15-9 zeigt deutlich, daß ab 2 g Glukose/l Plasma der aktive Transport nur noch wenig erhöht werden kann, das tubuläre **Transportmaximum** (Tm) von 0,37 g/min ist bei etwa 3,75 g/l Plasma erreicht, und Glukose erscheint im Urin, was man **Glukosurie** nennt.

Path Dies ist ein Hauptsymptom der Zuckerkrankheit (Diabetes mellitus). Da Zucker nur in gelöster Form ausgeschieden werden kann, werden gleichzeitig beträchtliche Mengen an Lösungswasser ausgeschieden. Der Flüssigkeitsverlust führt zu Durst. Großer Durst ist daher oft ein erstes Zeichen des Diabetes mellitus.

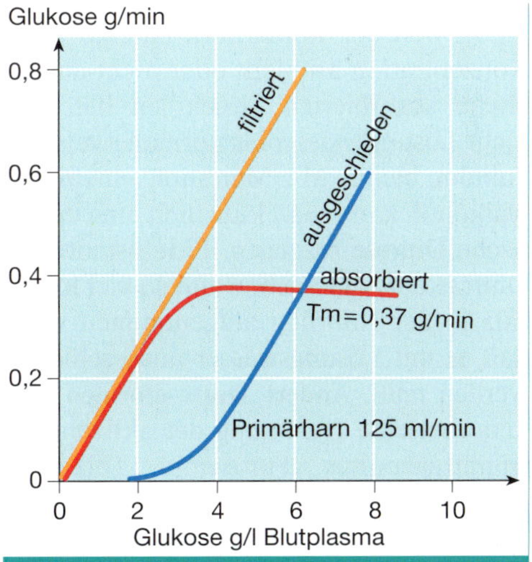

Abb. 15-9 Glukoseabsorption

Absorptionsleistung der Niere für Glukose. Bei Anstieg der Glukosekonzentration im Blutplasma steigt die Absorption bis zu einem Maximum (Transportmaximum = Tm) von etwa 0,37 g/min an, bei höheren Konzentrationen kommt es zur Glukoseausscheidung im Harn (Glukosurie).

15.2.6 Diureseformen

Diurese (Harnflut) kann auf verschiedene Weise zustande kommen. Sie ist aus ärztlichen Gründen oft erwünscht, etwa bei Ödemen infolge Kreislaufschwäche (s. Kap. 12.4.3), und wird deshalb mit entsprechenden Mitteln (Diuretika) herbeigeführt.

Wasserdiurese entsteht nach erhöhter Wasserzufuhr. Wenn man etwa 1,5 Liter Wasser oder ungesüßten Fruchttee trinkt, erhöht sich der Harnfluß schon etwa nach 15 Minuten und ist nach 45 Minuten maximal. Diese Zeit wird benötigt, um die zugeführte Flüssigkeit aus dem Darmtrakt aufzunehmen und die Sekretion des antidiuretischen Hormons zu hemmen. Die Diuresewirkung von Alkohol erfolgt ebenfalls über eine ADH-Hemmung.

Osmotische Diurese: Während bei der Wasserdiurese die Wasserabsorption im zweiten, distalen Tubulusanteil vermindert ist, ist bei der osmotischen Diurese die Wasserabsorption aus dem ersten, proximalen Tubulusanteil vermindert (s. Abb. 15-8), weil der Primärharn eine so hohe Konzentration an nicht oder nicht ausreichend absorbierten Molekülen hat, daß mehr Lösungswasser als normalerweise im Tubulus bleibt. Mit Mannitol, einem Polyalkohol, kann man künstlich eine osmotische Diurese erzeugen. Eine osmotische Diurese entsteht auch, wenn so viel Kochsalz in der Nahrung aufgenommen wird, daß es mit Lösungswasser ausgeschieden werden muß. **Andere Diureseformen** wirken über eine Hemmung des aktiven Natriumtransportes (Furosemid, Thiazide), Coffein und Theophillin sollen über eine Steigerung der Nierenmarkdurchblutung eine vermehrte Urinausscheidung bewirken.

15.2.7 Durst

Wenn zuviel Flüssigkeit aufgenommen wird, reagiert die Niere mit erhöhter Ausscheidung. Trinken wir zuwenig oder essen zu salzig, bekommen wir Durst. Das Durstgefühl kennt jeder; wie es zustande kommt, weiß man jedoch nicht. Bei Säugetieren kennt man ein „Durstzentrum" im Zwischenhirn, das bei elektrischer Reizung zum sofortigen Trinken anregt. Interessanterweise liegt dieses Zentrum nahe der Stelle, an der das antidiuretische Hormon gebildet wird. Es gibt Hinweise dafür, daß das Durstgefühl mit steigendem osmotischen Druck im Blut zunimmt, wobei auch die ADH-Bildung ansteigt, und daß beides von denselben Rezeptoren ausgelöst wird. Zum anderen führt eine Verminderung des Blutvolumens zu Durst. Das Durstgefühl wird dabei durch das im Renin-Angiotensin-System gebildete Angiotensin II ausgelöst.

Präv Der Erwachsene soll täglich mindestens 1,5 l Flüssigkeit zu sich nehmen. Bei alten Menschen läßt das Durstgefühl oft nach, sie müssen zum Trinken aufgefordert werden.

15.3 Harnausscheidung

Der Harn gelangt aus den Sammelrohren in das **Nierenbecken,** von dort aus in den **Harnleiter** und in die **Harnblase.** In der Wand der Harnleiter befinden sich, ähnlich wie in den Wänden entlang des Verdauungskanals, drei Muskelschichten, eine äußere und innere Längs- und dazwischen eine Ringmuskelschicht. Der Harn wird durch eine Kontraktionswelle, der eine Erschlaffungswelle vorangeht, in die Harnblase befördert. Solche Wellen laufen 1- bis 5mal pro Minute über den Harnleiter in Blasenrichtung.

Path An drei Engstellen können sich **Nierensteine** festsetzen, die krankhafterweise im Nierenbecken gebildet werden: am Nierenbeckenausgang, der

Kreuzungsstelle mit den großen Blutgefäßen des Beckens und am Eintritt des Harnleiters in die Blase, der schräg erfolgt. Die Beförderung der Nierensteine durch die Harnleiterperistaltik, die oben beschriebenen wellenartige Muskelkontraktionen, ist sehr schmerzhaft, vor allem beim Passieren dieser Engstellen.

Durch die Abknickung der Harnleiter am Eingang zur Blase kann kein Harn zurückfließen; es ist daher kein besonderer Schließmuskel erforderlich. Während jeder Erschlaffungswelle des Harnleiters wird eine Portion Harn in die Blase abgegeben. Wenn sich die Blasenmuskulatur zusammenzieht, was besonders bei der Harnentleerung der Fall ist, sind die Einmündungsstellen der Harnleiter fest verschlossen. Wenn die Blase des Erwachsenen mit 300 bis 400 ml Urin gefüllt ist, tritt starker Harndrang auf. Dehnungsrezeptoren erregen über ein Reflexzentrum im unteren Rückenmark (Sakralmark) die Blasenwandmuskulatur (s. Kap. 23.9.2). Sie zieht sich zusammen, die Blase wird kleiner und ihr Inhalt in die Harnröhre zur Entleerung nach außen gedrückt. Durch Willkürinnervation des Schließmuskels der Harnröhre kann das spontane Harnlassen verhindert werden, wenn dazu keine Gelegenheit besteht. Bereits das Kleinkind kann lernen, den Schließmuskel willkürlich zu beeinflussen. Bei einem Querschnittsgelähmten kommt es bei einem Füllungsgrad von 300 bis 400 ml Urin zu einer spontanen Blasenentleerung.

15.4 Untersuchungsmethoden

Im Urin sind normalerweise über 300 verschiedene Substanzen enthalten, deren Bestimmung für bestimmte Diagnosen wichtig sein kann. Die Methoden sind in labortechnischen Fachbüchern beschrieben. Substanzen, die interessieren, sind u.a. Eiweiß, Zucker, Blutzellen, Harnstoffe, Elektrolyte wie K^+, Na^+, Ca^{++}, Cl^-, Phosphat oder Keime.

PAH-Clearance zur Bestimmung der Nierendurchblutung

Man benötigt eine Testsubstanz, die in der Niere filtriert und zusätzlich sezerniert, aber nicht absorbiert wird. Auch darf sie nicht in die Blutkörperchen eindringen. Diese Voraussetzungen erfüllt die Paraaminohippursäure (PAH). Eine bestimmte Menge wird intravenös injiziert, die im Harn ausgeschiedene PAH-Menge muß der Menge entsprechen, die durch die Blutgefäße der Niere geströmt ist. Da die Mengen durch das Produkt von Volumen und Konzentration (PAH) ausgedrückt werden können, gilt:

$$\frac{\text{Plasmavolumen} \cdot c_{\text{Plasma}}}{\text{Zeit}} = \frac{\text{Harnvolumen} \cdot c_{\text{Harn}}}{\text{Zeit}}$$

Der Harn wird mit einem Blasenkatheter aufgefangen. Aus dem Harnvolumen pro Zeit und den PAH-Konzentrationen kann man den Plasmafluß durch die Niere ausrechnen. Setzt man den Hämatokritwert ein (s. Kap. 11.2), erhält man die Nierendurchblutung pro Zeit. Sie beträgt ca. 1100 ml/min.

Inulin-Clearance zur Bestimmung der **glomerulären Filtrationsrate** (GFR):
Inulin ist ein Fruktosepolymer und wird in der Niere nur filtriert, weder sezerniert noch absorbiert. Die Inulinkonzentration ist also im Filtrat dieselbe wie im Plasma. Inulin wird intravenös dauerinfundiert. Man sammelt Harn in einer bestimmten Zeit sowie eine Plasmaprobe und mißt die jeweilige Inulinkonzentration. Die glomeruläre Filtrationsrate kann nach folgender Formel berechnet werden:

$$\frac{\text{Filtratvolumen} \cdot c_{\text{Plasma}}}{\text{Zeit}} = \frac{\text{Harnvolumen} \cdot c_{\text{Harn}}}{\text{Zeit}}$$

Die GFR beträgt ca. 125 ml/min. Statt Inulin wird häufig zur GFR-Bestimmung auch das körpereigene **Kreatinin** verwendet.

Konzentrierungsversuch

Der Patient bekommt abends nur Trockenkost, am anderen Morgen werden stündlich Urinproben abgenommen und deren Dichte bestimmt; ein Höchstwert von 1028 g/l wird beim Gesunden erreicht.

Zystoskopie

Ein Zystoskop kann man ins Blaseninnere einführen und durch eine entsprechende Beleuchtungseinrichtung die Blaseninnenwand betrachten und fotografieren.

Röntgendarstellung des Nierenbeckens und der ableitenden Harnwege ist nach intravenöser Injektion von Kontrastmitteln möglich.

Seitengetrennte Untersuchungen der einzelnen Niere sind durch Einführen von Kathetern in die jeweiligen Harnleiter möglich.

Ultraschall-Methoden werden in der Nieren- und Blasendiagnostik ebenfalls eingesetzt.

Nierenbiopsie

Mit entsprechenden Punktionsnadeln lassen sich Proben von Nierengewebe entnehmen und danach histologisch untersuchen.

15.5 Künstliche Niere, Hämodialyse

Bei einigen Nierenerkrankungen ist die Ausscheidung von harnpflichtigen Substanzen mangelhaft. Eine sogenannte künstliche Niere kann helfen. Sie besteht aus Kunststoffmembranen, die auf einer Seite mit einer „Waschlösung“ mit Plasmazusammensetzung (ohne Eiweiße) und auf der anderen Seite mit dem Blut des Patienten, z.B. aus einer Armarterie, durchströmt wird. Das But wird in eine Vene des Patienten zurückgeleitet. Die harnpflichtigen Substanzen diffundieren entsprechend ihrem Konzentrationsgefälle durch die dünne Membran in die Waschlösung (Abb. 15-10). Je nach dem Ausmaß der Nierenerkrankung muß der Patient (z.B.

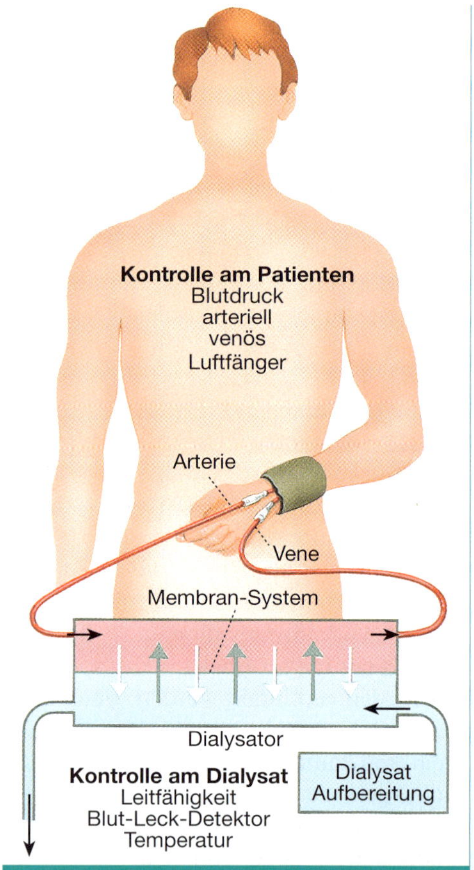

Abb. 15-10 Künstliche Niere

Hämodialyse (Blutwäsche), schematisch. Vereinfachend ist nur *eine* Membran gezeichnet, in Wirklichkeit sind es viele Membran-Blut-Schichten, um eine ausreichend große Austauschfläche zwischen Blut und Dialyseflüssigkeit zu schaffen. Sicherheitskontrollen müssen beim Patienten und beim Dialysat vorgenommen werden. Das Blut darf z.B. bis zur Rückführung nicht zu stark abkühlen. Keinesfalls dürfen Luftblasen in den Blutkreislauf gelangen (Gefahr der Luftembolie). Der arterielle und venöse Blutdruck müssen kontrolliert werden.

täglich 3 Stunden) oder fortlaufend (z. B. wöchentlich 3mal 6 Stunden) an die künstliche Niere angeschlossen werden. Durch zunehmende Erfahrungen bei Nierenverpflanzung (Transplantation) kann heute den meisten Patienten durch eine derartige Operation geholfen werden. Die Abwehrfunktion des Körpers gegen fremdes Gewebe (s. Kap. 11.10.2) muß bei dem Organempfänger lebenslang herabgesetzt werden.

Kurzgefaßt

Wasser und **Salzgehalt** der Körperflüssigkeiten müssen trotz Änderung von Aufnahme und Abgabe in engen Grenzen gehalten werden. Die **Niere** ist wesentlich daran beteiligt. Sie dient der Konstanthaltung des Wassergehaltes, der Elektrolytkonzentration (Isoionie) und des osmotischen Drucks (Isotonie) der Körperflüssigkeiten. Die **Regulation** erfolgt über Osmorezeptoren. Bei erhöhtem osmotischem Druck wird **antidiuretisches Hormon** (ADH) abgegeben, das im Hypothalamus gebildet und im Hypophysenhinterlappen gespeichert wird. Es bewirkt im 2. gewundenen Tubulusteil und in den Sammelrohren der Niere eine gesteigerte Wasserrückgewinnung.

Aldosteron, ein Nebennierenrindenhormon, wird bei Natriummangel und verminderter Nierendurchblutung vermehrt abgegeben. Es steigert die Natrium- und damit passiv die Wasserrückgewinnung aus den Tubuli. Es fördert die K^+- und H^+-Ausscheidung in die Tubuli.

Täglich werden ca. 170 l **Primärharn** aus den Glomeruli filtriert, 99% davon aus den Tubuli zurückgewonnen. Bei einem arteriellen Blutdruck zwischen 12 und 25 kPa ist die Filtratmenge konstant. Neben der durch die kolloidosmotische Druckdifferenz verursachten Absorption werden Elektrolyte auch aktiv, gefördert durch ein Gegenstromsystem, absorbiert. Glukose wird normalerweise vollständig zurückgewonnen. **Sekretion** spielt in der menschlichen Niere eine geringe Rolle, sezerniert werden neben K^+ z. B. Röntgenkontrastmittel und PAH (Paraaminohippursäure). Bei Bestimmung der Primärharnmenge mit Inulin oder Kreatinin **(Clearance)** und der Nierendurchblutung mit PAH wird das Indikatorverdünnungsverfahren genutzt. Der Harnfluß **(Diurese)** wird gesteigert durch erhöhte Flüssigkeitszufuhr, durch Stoffe, die aus dem Tubulus nicht resorbiert werden können (osmotische Diurese), und Medikamente, die die Natriumabsorption hemmen (Diuretika).

Der **Harn** gelangt durch Kontraktionswellen der Harnleiter in die Harnblase, die sich reflektorisch bei einer Füllung von ca. 300 bis 400 ml entleert, wenn dies nicht willkürlich durch den äußeren Schließmuskel verhindert wird. Die tägliche Harnmenge beträgt ca. 1,5 l.

Wenn bei Nierenversagen die Ausscheidungsfunktion nicht mehr ausreicht, muß **Hämodialyse** eingesetzt bzw. müssen fremde Nieren eingepflanzt werden.

16 Säuren-Basen-Haushalt

Beim Stoffwechsel entstehen vor allem saure Produkte, die beseitigt werden müssen, weil ein Gleichgewicht von Säuren und Basen eine wichtige Bedingung für den Ablauf vieler chemischer, vor allem enzymatischer Reaktionen ist.

16.1 Die Pufferung

Die Pufferung anfallender Säuren im Körper geschieht (s. Kap. 3) durch

- chemische Puffer des Blutes,
- biologisch durch mehr oder weniger Abatmen von Kohlendioxid in der **Lunge** oder mehr oder weniger H^+- bzw. HCO_3^--Ionenabgabe der **Niere.**

Pufferung im Blut

Infolge des großen CO_2-Abgabevermögens der Lunge wird der **Kohlensäure-Bikarbonatpuffer** zum wichtigsten Puffer des Blutes. Das im Gewebsstoffwechsel gebildete Kohlendioxid verbindet sich z.T. mit dem Gewebswasser zu Kohlensäure, die wiederum teilweise in Wasserstoff- und Bikarbonat-Ionen dissoziiert. In der Lunge wird Kohlendioxid abgegeben, so daß sich umgekehrt aus Wasserstoff- und Bikarbonat-Ionen mehr Kohlensäure bildet, die ihrerseits wieder in Kohlendioxid und Wasser zerfällt. Die Reaktionsgleichung lautet:

$$CO_2 + H_2O \rightleftharpoons H_2CO_3 \rightleftharpoons H^+ + HCO_3^-$$

Das Verhältnis von dissoziierter zu undissoziierter Kohlensäure (s. Kap. 3.3) wird von der Gleichgewichtskonstanten

$$K = \frac{[H^+][HCO_3^-]}{[H_2CO_3]} \qquad (1)$$

bestimmt. Wie man sieht, kann man mit dieser Gleichung, wenn man K kennt, den Zusammenhang zwischen Kohlensäure-, Bikarbonat- und Wasserstoff-Ionenkonzentration ermitteln. Demnach ist $[H^+]$ bzw. mit der Definition von pH (s. Kap. 3.2), die entsprechend auch auf die Konstante K angewendet wird,

$$pH = pK + \log \frac{[HCO_3^-]}{[H_2CO_3]} \qquad (2)$$

Für H_2CO_3 setzt man aus meßtechnischen Gründen meist den CO_2-Partialdruck (P_{CO_2}) mit der Löslichkeit für dieses Gas im Blut ($P\alpha$) ein (s. Kap. 3.6). Da H_2CO_3 wenig dissoziiert und im Blut mehr als 99% des HCO_3^- aus den Alkalibikarbonaten (Na- und K-HCO_3) stammen, wird eine weitere Konstante eingeführt, die mit K vereinigt wird; K wird, um das kenntlich zu machen, K' genannt. Damit lautet die Gleichung:

$$pH = pK' + \log \frac{[HCO_3^-]}{\alpha \cdot P_{CO_2}}$$

Da drei veränderliche Größen in der Gleichung sind, genügt es, zwei von ihnen zu bestimmen; die dritte kann man dann berechnen. Da die pH-Messung mit Elektroden einfach ist, wird dieser Wert routinemäßig gemessen, man mißt dann außerdem dem CO_2-Partialdruck oder die Bikarbonatkonzentration. Damit kann man ausreichende Informationen über den Säure-Basen-Haushalt, z.B. des Blutes, bekommen und bei Abweichungen gegebenenfalls eine entsprechende Therapie einleiten.

16.2 Störungen des Gleichgewichts

Störungen des Gleichgewichts treten bei Störungen des Stoffwechsels (metabolisch), bei Störungen der Atmung (respiratorisch) oder bei Störungen der Nierenfunktion (renal) auf. Die Störungen werden deshalb in **respiratorische** und **nichtrespiratorische** und danach, ob das Gleichgewicht ins Saure **(Azidose)** oder ins Alkalische **(Alkalose)** verschoben ist, eingeteilt.

Path Bei einer Behinderung der Atmung, (Hypoventilation), z.B. durch Verengung der Atemwege bei Bronchitis oder Asthma, kann nicht genügend CO_2 abgegeben werden, man spricht dann von einer **respiratorischen Azidose.**
Umgekehrt wird bei zu starker Atmung (Hyperventilation, s. Kap. 13.9), z.B. bei Höhenaufenthalt, zuviel CO_2 abgeatmet, es entsteht eine **respiratorische Alkalose.**

Die Niere kann bei der ersten Form einer Störung durch Mehrausscheidung, bei der zweiten durch Verminderung der Ausscheidung von H^+-Ionen bis zu einem gewissen Grade die H^+-Ionenkonzentration des Blutes normalisieren.

Path Bei nichtrespiratorischen Störungen, z.B. der Zuckerkrankheit (Diabetes), entstehen infolge einer Stoffwechselstörung zuviel Säuren; es liegt dann eine **metabolische Azidose** vor. In diesem Falle können Lunge und Niere ausgleichend wirken, indem durch Hyperventilation mehr CO_2 abgeatmet und im Harn mehr H^+-Ionen ausgeschieden werden.
Eine **Alkalose** kann z.B. durch langanhaltendes Erbrechen entstehen, wenn mit dem Magensaft zuviel H^+-Ionen verlorengehen, dies nennt man **nichtrespiratorische Alkalose,** oft fälschlicherweise als metabolische Alkalose bezeichnet. Durch Verminderung der CO_2-Abgabe in der Lunge (Hypoventilation) und der H^+-Ionenausscheidung der Niere wird der Alkalose entgegengewirkt.
Oft sind die nichtrespiratorischen Störungen beim Patienten so groß, daß die Atem- und die Nierenfunktion überfordert sind. Dann müssen die entsprechenden Pufferlösungen (sauer oder alkalisch) therapeutisch in die Blutbahn gegeben werden.

Außer den genannten Größen pH und CO_2-Druck wird in der Klinik zur Beurteilung des Säure-Basen-Haushalts der **Standardbikarbonatwert** herangezogen. Es ist die Bikarbonatmenge, die man bei voller O_2-Sättigung des Hb, 5,3 kPa (40 Torr) CO_2-Druck und 37 °C im Blut findet. Der Wert im Plasma beträgt beim Erwachsenen etwa 25 mmol/l. Statt der Standardbikarbonatkonzentration wird auch der **Basenüberschuß BE** (base excess) zur Beurteilung einer Störung herangezogen. Er gibt an, um wieviel mmol/l die gesamte im Blut befindliche Pufferkonzentration von ihrem Normalwert abweicht. Ist der BE negativ, handelt es sich um ein Basendefizit.

16.3 Untersuchungsmethoden

Die Untersuchung des Säure-Basen-Haushalts bei Patienten gehört zu den Routinemethoden des klinischen Laboratoriums. In einer unter Luftabschluß abgenommenen arteriellen **Blutprobe** wird der **pH-Wert** mit einer Glaselektrode gemessen. Zur Ermittlung von CO_2-Druck, Standardbikarbonat- und BE-Wert dienen unterschiedliche Verfahren. Man arbeitet dazu mit Nomogrammen bzw. computerisierten Verfahren. Beim *Astrup*-Verfahren wird ein Teil der Blutprobe mit zwei verschiedenen CO_2-Drücken aus Gasdruckzylindern ins Gleichgewicht gebracht. Man mißt deren pH-Werte und kann mit den bekannten **CO_2-Drücken** in einem Nomogramm nach *Siggaard-Andersen* (Abb. 16-1) mit den beiden Wertepaaren eine Gerade konstruieren. Man muß dann von dem verbleibenden Teil der Blutprobe nur noch den aktuellen pH-Wert messen und kann aus dem Diagramm deren Standardbikabonatkonzentration und deren Basenüberschuß ablesen.

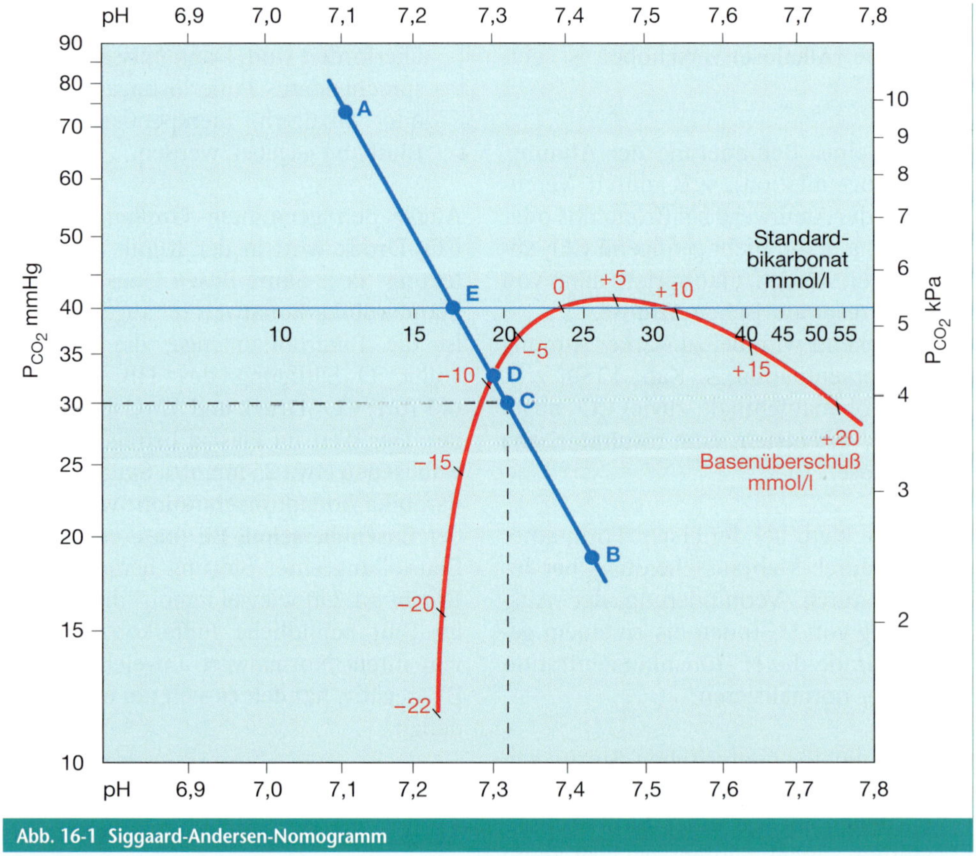

Abb. 16-1 Siggaard-Andersen-Nomogramm

Das Nomogramm ermöglicht die Bestimmung von Standardbikarbonat und Basenüberschuß. A und B sind die Punkte, die man aus den pH- und P_{CO_2}-Werten der beiden Blutproben erhält, die mit verschiedenen CO_2-Drucken ins Gleichgewicht gebracht wurden und die durch eine Gerade verbunden werden. C ist die arterielle Blutprobe, deren pH-Wert (hier 7,33) gemessen wurde. Den zugehörigen CO_2-Druck kann man auf der Ordinate ablesen (hier 30 mmHg). D gibt den Basenüberschuß an (hier −9 mmol/l, also ein Basendefizit). E gibt die Standardbikarbonatkonzentration an (hier 17,5 mmol/l). Es handelt sich um eine primär nichtrespiratorische Azidose (zu erkennen am sauren pH-Wert und einem negativen BE), die sekundär teilweise, d.h. unvollständig, respiratorisch kompensiert wurde (zu erkennen am erniedrigten CO_2-Druck).

Kurzgefaßt

Die beim Stoffwechsel entstehenden **Säuren** werden vom Blut gepuffert und durch die Lunge bzw. durch die Niere abgegeben. Der wichtigste **Puffer** des Blutes ist der Kohlensäure-Bikarbonat-Puffer, weil CO_2 gasförmig in der Lunge abgegeben werden kann. Störungen des Stoffwechsels, der Atmung, der Niere, aber auch starkes Erbrechen führen zu gefährlichen Verschiebungen des Säure-Basen-Gleichgewichts. Zu starke Säuerung, **Azidose,** oder Alkalisierung, **Alkalose,** beansprucht die Blutpuffer, Lunge und Niere, um den **pH-Wert** des arteriellen Blutes möglichst bei 7,4 zu halten. Respiratorische Alkalosen bzw. Azidosen können durch eine nichtrespiratorische Azidose bzw. Alkalose ausgeglichen werden. Umgekehrt können nichtrespiratorische Störungen durch gegenläufige respiratorische Reaktionen (Hypoventilation bei Alkalosen und Hyperventilation bei Azidosen) in ihrem Einfluß auf den pH-Wert vermindert werden. Der **Standardbikarbonat-** und der **Basenüberschuß** (BE)-Wert sind ein Maß für die Änderung der Bikarbonat- bzw. der Gesamtpufferkonzentration des Blutes. Verminderungen (negativer Basenüberschuß) können u.U. durch Infusion von alkalischen Pufferlösungen behandelt werden. Eine Beurteilung des Säure-Basen-Gleichgewichts ist nur bei Kenntnis des pH-Werts, des CO_2-Drucks und der Bikarbonatkonzentration bzw. des BE möglich.

III

Verarbeitung von Umwelteinflüssen

17 Allgemeine Sinnesphysiologie

18 Lichtsinn

19 Gehörsinn und Sprechen

20 Geschmacks- und Geruchssinn

21 Haut-, Schmerz- und Lagesinne

22 Gleichgewichtssinn

17 Allgemeine Sinnesphysiologie

Der Mensch kann seine Umwelt nur durch **Sinnesorgane** (Auge, Ohr, Geschmacksknospen, Riechzellen oder einfacher gebaute Rezeptoren) wahrnehmen. Sie sind die „Antennen", die physikalische und chemische Reize der unbelebten und belebten Natur aufnehmen.

Die **Empfindungen,** die wahrgenommen werden können, werden ganz allgemein mit dem Begriff **sensorisch** bezeichnet. Dieser Begriff wird leider nicht einheitlich benutzt. Er wird häufig noch differenziert in sensible und sensorische Empfindungen (s.u.). Weiterhin hat es sich in der klinischen Neurologie zur Beschreibung von Sensibilitätsbefunden eingebürgert, die Rezeptoren in Extero- und Enterorezeptoren und letztere in Proprio- und Viszerorezeptoren zu unterteilen. Danach unterscheidet man:

- **Oberflächensensibilität (Exterozeptoren):** Schmerz, Temperatur (kalt/warm), Berührung, leichter Druck.
- **Tiefensensibilität (Propriozeptoren):** Gelenk- und Muskellagesinn, Vibrationsempfindung, Druck und sogenannter tiefer Schmerz.
- **Eingeweidesensibilität (Viszerozeptoren):** Druck- und Schmerzrezeptoren vermitteln Eingeweideempfindungen.

Als **sensorische** Empfindungen werden dann bezeichnet: Sehen, Hören, Riechen und Schmecken.

Man hat das Auge mit einem Fotoapparat, das Ohr mit einem Mikrofon verglichen. Das stimmt insofern, als elektromagnetische Wellen bestimmter Länge, die wir Licht nennen, sowohl im Auge als auch im Film eines Fotoapparates Umsetzungen hervorrufen und daß Druckwellen sowohl im Ohr als auch in einem Mikrofon Schwingungen erzeugen. Solche Reize erregen zwar unsere Sinnesorgane, führen aber noch zu keiner **Wahrnehmung** oder **Sinnesempfindung.** Dazu sind komplizierte Leistungen verschiedener Gehirnteile nötig, denen über Nerven verschlüsselte (codierte) Mitteilungen zugehen und die dort verarbeitet werden, um schließlich zur Wahrnehmung der Umwelt zu führen. Ein Beispiel hierfür ist die Erkennung eines Gegenstandes durch Ermittlung von Form, Temperatur und Festigkeit mit den Hautsinnen.

17.1 Allgemeine Gesetzmäßigkeiten

Gesetzmäßigkeiten, die für alle Sinnesorgane gelten, betreffen die **Reizart,** die **Reizstärke,** den **Ortsbezug eines Reizes.**

- **Die Reizart:** Jedes Sinnesorgan spricht über seine Rezeptoren besonders gut an, auf den **spezifischen,** den **adäquaten Reiz.** Beim Auge sind es elektromagnetische Wellen, beim Geschmackssinn chemische Qualitäten usw. Mit anderen, nicht adäquaten Reizen können die Rezeptoren auch gereizt werden, aber es ist sehr viel mehr Energie erforderlich, um eine Empfindung auszulösen. Auch ein Schlag auf das Auge erzeugt einen optischen Eindruck, „Sternchen sehen". Es entsteht die dem Sinnesorgan entsprechende Wahrnehmung.

- **Die Reizsstärke:** Im täglichen Leben sind wir beständig unterschiedlich starken Reizen ausgesetzt. Ein Sinnesorgan muß die unterschiedlichen Reizstärken registrieren und dem Gehirn eine entsprechende Meldung zugehen lassen. Wenn man einen Druckrezeptor in der Hand einmal mit schwachem und einmal mit stärkerem Druck (z. B. durch ein Gewicht von 2 bzw. 10 mg) reizt (Abb. 17-1), erzeugt der Rezeptor in dem Nerven, der die Erregung weiterleitet, beim stärkeren Reiz eine größere Anzahl von Aktionspotentialen (s. Kap. 6.2) als beim schwachen. Die Impulszahl steigt z. B. von 20 auf 50/s an.
Nicht jeder einzelne Sinnesrezeptor der Haut beispielsweise hat für seine Meldung an das Zentralnervensystem eine Einzelnervenfaser zur Verfügung, sondern teilt sie mit mehreren Rezeptoren. Alle Rezeptoren und der zugehörige Nerv werden als **sensorische Einheit** bezeichnet. Eine derartige sensorische Einheit, wie sie es etwa für Druck-, Temperatur- und Schmerzrezeptoren in der Haut gibt, ist in Abbildung 17-2 dargestellt.
Bei den meisten Reizen, die unsere Sinnesorgane normalerweise treffen, werden mehrere sensorische Einheiten erregt. Bei dem in Abbildung 17-3 dargestellten vereinfachten Fall wird die mittlere sensorische Einheit mit größerer Reizstärke erregt als die beiden benachbarten Einheiten. In der mittleren Einheit ist daher die Impulsfrequenz höher. An den Umschaltstellen (Synapsen) auf die nächste Nervenbahn zum Gehirn breiten sich die Impulse entsprechend der Zunahme der Synapsen

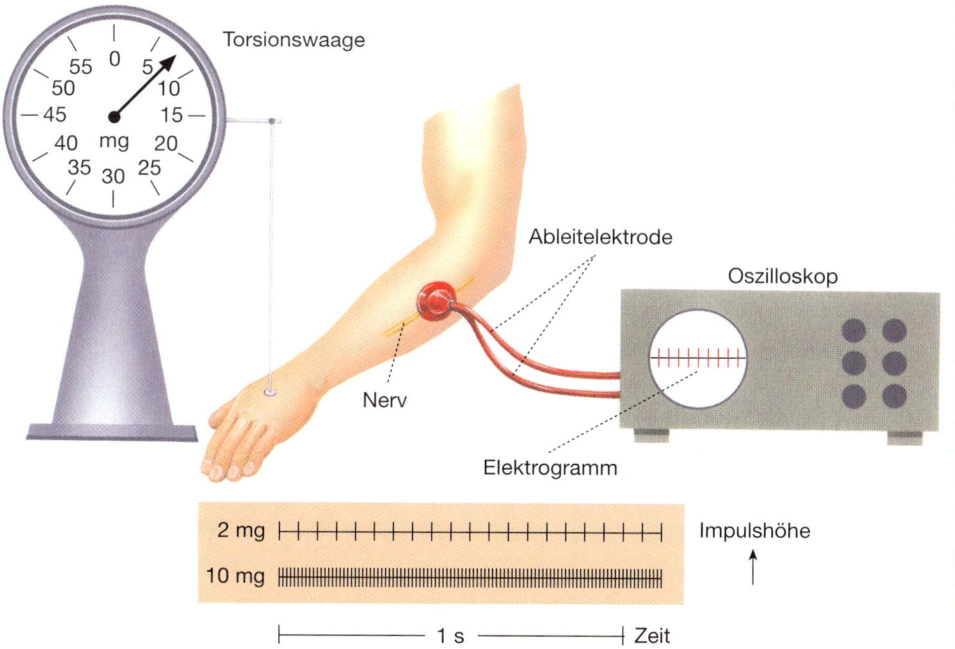

Abb. 17-1 Reizung eines Druckrezeptors

Erregung eines Druckrezeptors der Haut und Aktionspotentialfrequenz bei verschieden starken Reizen.

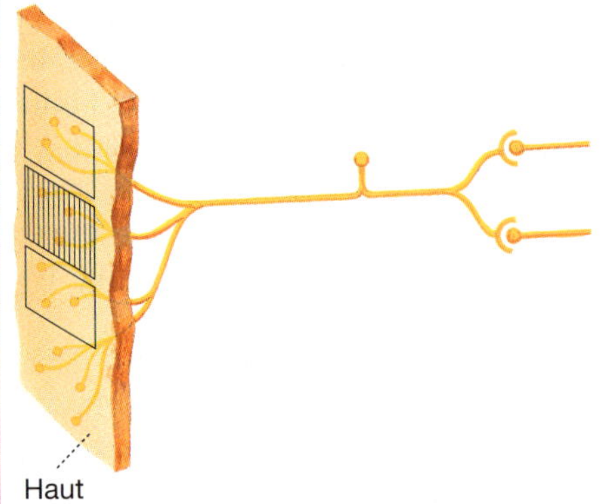

Abb. 17-2 Sensorisches Feld der Haut

Rezeptoren von 3 Hautfeldern bilden eine sensorische Einheit.

nach allen Seiten aus. Hemmungslose Ausbreitung hätte letzten Endes eine Erregung des gesamten Gehirns zur Folge. Man hat jedoch festgestellt, daß zwischen den einzelnen Schaltstellen Hemmungen zustandc kommen, die man als **laterale Hemmung** bezeichnet hat, weil sie sich besonders auf die Impulsfrequenz der seitlich (lateral) verlaufenden Erregungen auswirkt. Das führt dazu, daß das erregte Gebiet eingegrenzt bleibt und zentralnervös lokalisiert werden kann, dadurch entsteht auch eine **Kontrastwirkung.**

- **Der Ortsbezug eines Reizes** ist besonders für die Hautsinne (Druck, Temperatur, Schmerz) wichtig. Wenn uns ein Insekt in den Rücken sticht, können wir den Stich sofort lokalisieren. Die Rezeptoren übermitteln uns nicht nur Reizart und Reizstärke, sondern auch den Reizort. Dadurch können Schädigungen vermieden oder vermindert werden. Wenn wir versehentlich einen heißen Gegenstand berühren oder in eine Glasscherbe treten, ziehen wir die Hand bzw. den Fuß sofort zurück. Dies geschieht zunächst ohne Beteiligung des Gehirns allein über eine entsprechende Verschaltung im Rückenmark reflektorisch, also über einen **Reflex** (s. Kap. 23.3). Danach kommt der Vorgang aber ins Bewußtsein, die Hirnrinde wird beteiligt, man meidet bewußt den heißen Gegenstand oder entfernt die Glasscherbe, versorgt die Wunde, zieht die Schuhe an usw.

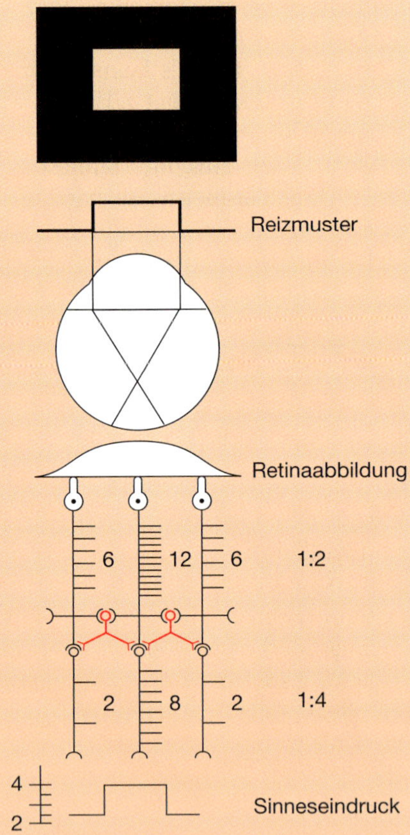

Abb. 17-3 Kontrastentstehung im Auge

Ein scharf begrenztes weißes Rechteck verursacht durch den mangelhaften optischen Apparat des Auges ein unscharfes Bild auf der Netzhaut und damit auch die Erregung von benachbarten (lateralen) Rezeptoren. Durch ihre Hemmung bei der Erregungsfortleitung in nachfolgenden Synapsen entsteht im Gehirn ein „scharf" begrenzter Eindruck.

Die **Genauigkeit des Ortsbezugs** ist nicht auf der gesamten Körperoberfläche gleich. Sie hängt davon ab, wie viele Rezeptoren zu einer sensorischen Einheit gehören und wie dicht die Rezeptoren beieinanderliegen. Sie ist an den Fingerspitzen viel höher als auf dem Rücken, an der Zungenspitze ist sie besonders groß. Ein Maß für die Genauigkeit des Ortsbezuges erhält man, wenn man den Abstand zwischen zwei Reizpunkten bestimmt, die noch getrennt wahrgenommen werden können (z.B. mit einem stumpfen Zirkel). An der Fingerkuppe beträgt dieser Abstand etwa 1–2 mm, auf dem Rücken 15–20 mm. Daß wir kein objektives, sondern nur ein subjektives Raumempfinden haben, wird deutlich etwa beim Betasten einer Zahnlücke mit der Zunge und mit dem Finger. Mit der Zunge erscheint sie uns viel größer.

17.2 Adaptation

Der Mensch kann über seine Sinnesorgane pro Sekunde tausend Millionen (10^9) Informationen aufnehmen, die aber im Gehirn nicht alle verarbeitet, sondern vorher „gefiltert" werden. Schon auf der Ebene der Sinnesorgane gibt es einen wichtigen Vorgang, der eine Reizüberflutung einschränkt. Es ist die Eigenschaft der meisten Rezeptoren, gleichbleibend starke Reize nicht mehr zu registrieren. Man kann das sehr einfach bei einem Druckrezeptor nachweisen. Wenn wir die Nadel der in Abbildung 17-1 gezeigten Anordnung aufsetzen, erhalten wir eine bestimmte, im Elektrogramm registrierte Impulsfrequenz. Beobachten wir jedoch den Vorgang über längere Zeit, so sehen wir, daß die Impulsfrequenz abnimmt. Der Rezeptor meldet zunächst eine geringere Reizstärke und geht schließlich auf eine Ruhefrequenz über, wie sie von den meisten Rezeptoren auch ohne Reiz gesendet wird (Abb. 17-4). Wir werden also das Aufsetzen der Nadel spüren, sie aber nach kurzer Zeit nicht mehr wahrnehmen. Man nennt das **Anpassung der Rezeptoren** oder **Adaptation.** Beim Wegnehmen der Nadel werden wieder häufiger Impulse gesendet, was erneut eine Empfindung hervorruft. Wir registrieren also jeweils die **Änderung.** Dieser wichtige Vorgang der Adaptation spart Gehirnleistungen ein, wobei jedoch die Sicherheit des Organismus nicht gefährdet ist, weil jede Änderung wahrgenommen wird.

Viele Beispiele des täglichen Lebens sind uns in dieser Hinsicht bekannt. Wir spüren den Druck unserer Kleider nicht, wenn wir uns nicht in ihnen bewegen, oder den Druck eines Fingerringes, wenn wir ihn nicht anfassen oder betrachten. Brillenträger vergewissern sich manchmal durch Anfassen des Gestells, ob sie die Brille aufhaben, oder suchen die Brille, obwohl sie sie auf der Nase haben.

Alle Rezeptoren der Sinnesorgane zeigen Adaptation, **außer dem Schmerzsinn.** Das ist sinnvoll, weil Schmerz auch immer eine Schädigung signalisiert, die möglichst schnell aufgehoben werden muß. Würde der Schmerzsinn auch Adaptation zeigen, ginge man z. B. nicht rechtzeitig zum Arzt.

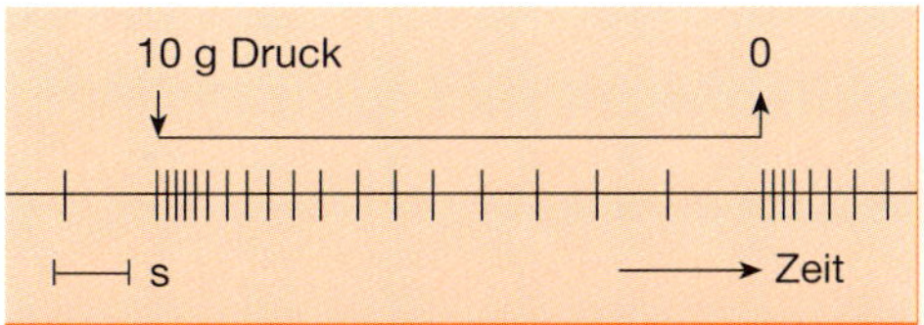

Abb. 17-4 Adaptation eines Druckrezeptors

Nur bei Druckänderung tritt eine genügend hohe Impulsfrequenz auf, um eine Empfindung auszulösen.

Kurzgefaßt

Umwelteinflüsse (physikalische und chemische Reize) können nur durch die **Rezeptoren der Sinnesorgane** aufgenommen werden, über das Rückenmark zu **Reflexen** führen und nur durch Zentren in der Hirnrinde **Empfindungen** auslösen. Die **Reizart** ist für jedes Sinnesorgan spezifisch, adäquat (z.B. Schallwellen für das Hörorgan). Das Ohr kann nur akustische, das Auge nur optische Eindrücke vermitteln. Die **Reizstärkeinformation** wird durch unterschiedliche Impulsfrequenz der sensorischen Nerven den Zentren übermittelt. Hemmungen am Rande eines gereizten Feldes sorgen für Erregungsbegrenzung und Kontrastbildung. **Sensorische Einheiten** können unterschiedlich viele Rezeptoren pro sensorischem Nerv haben. Je mehr Rezeptoren pro Fläche (z.B. Druckrezeptoren der Haut oder Sinnesrezeptoren in der Netzhaut) und je weniger pro Nervenfaser vorhanden sind, desto genauer ist die Lokalisierbarkeit eines Reizes (Ortsbezug). Alle Rezeptoren, außer den Schmerzrezeptoren, passen sich an bestimmte Reizgrößen dadurch an, daß sie bei gleichbleibender Reizstärke mit der Zeit abnehmende Erregungen weiterleiten, sie reagieren nur stark auf Reizstärkeänderungen **(Adaptation).**

18 Lichtsinn

Das **Auge** besteht aus einem **optischen System,** das elektromagnetische Wellen bricht, und der **Netzhaut,** auf der die gebrochenen Strahlen ein Bild der Umwelt erzeugen. Nur ein kleiner Wellenbereich der elektromagnetischen Strahlung (von 400 bis 800 nm) wird von der Netzhaut verarbeitet (Abb. 18-1). Die Verarbeitung im **Sehzentrum des Gehirns** führt zur Empfindung: Der sichtbare Wellenbereich ist nicht bei allen Tieren gleich. Bienen können z.B. im ultravioletten Bereich bis 350 nm noch sehen, andererseits können sie einen bestimmten Rotbereich nicht wahrnehmen.

18.1 Das optische System

Das optische System des Auges (Abb. 18-2) hat Ähnlichkeit mit einer Kamera. Es besitzt eine Blende (Regenbogenhaut – **Pupille**), eine **Linse** und eine Schicht, in der bei Lichteinfall chemische Umsetzungen ablaufen, die **Netzhaut.** Der Augapfel besteht aus einer äußeren Schicht, der weichen **Lederhaut,** die am vorderen Augapfel in die durchsichtige **Hornhaut** (Cornea) übergeht. Auf die Lederhaut im hinteren Augenteil folgt nach innen die blutgefäßreiche **Aderhaut** (Choroidea), darauf die Netzhaut (Retina) mit den Sinnesrezeptoren und schließlich eine von den Sinneszellen ableitende Nervenfaserschicht. Diese Nerven laufen an der **Sehnervpapille** zusammen und bilden den **Sehnerv.** Im vorderen Augenteil entsteht durch die Linse eine Kammer, die durch die Regenbogenhaut in eine **vordere und eine hintere Augenkammer** geteilt wird. Zwischen Linse und Sehnervschicht befindet sich der **Glaskörper,** ein gelartiger Körper, der zur Formerhaltung des Auges beiträgt. Die

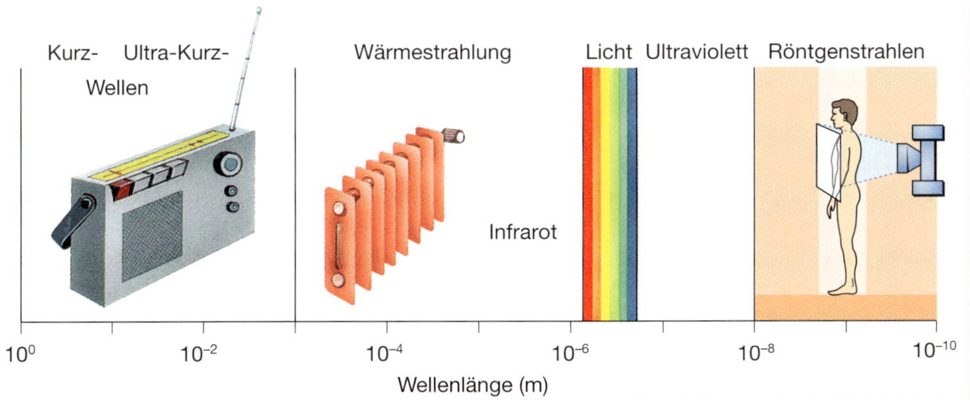

Abb. 18-1 Elektromagnetische Wellen

Bereich der elektromagnetischen Wellen mit dem Spektrum des sichtbaren Lichtes von 400 bis 800 nm Wellenlänge.

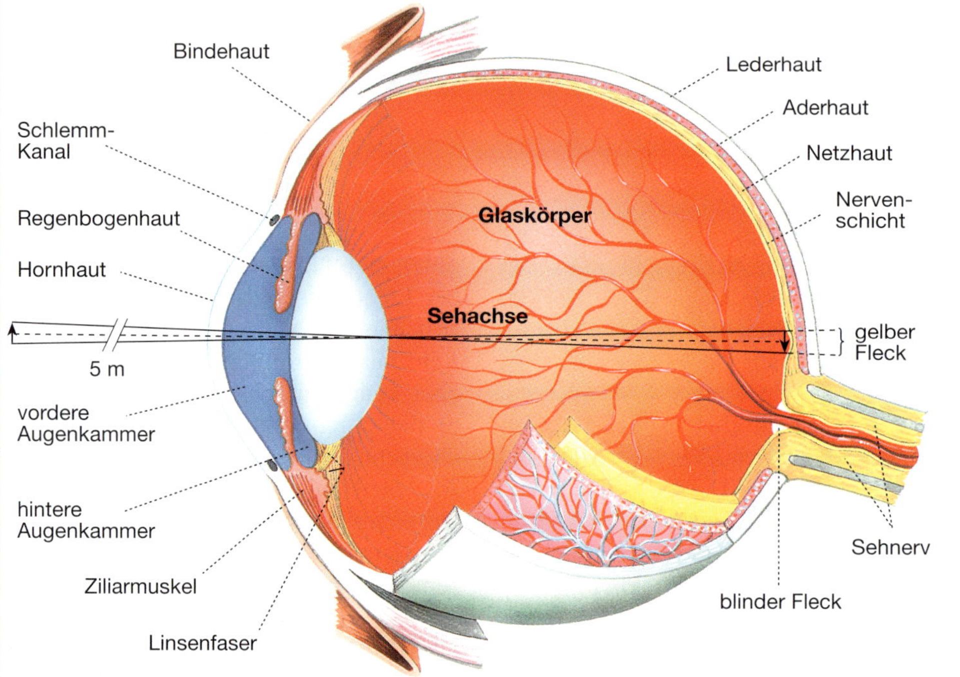

Abb. 18-2 Aufbau des Auges

Ein Schnitt durch das menschliche Auge zeigt die einzelnen Strukturen und den Einfall des Lichtes eines fixierten Gegenstands (Pfeil) entlang der Sehachse.

Linse wird durch **Fasern** gehalten, die an einem Ringmuskel befestigt sind. Wenn sich die Muskeln zusammenziehen, wird der Ring enger und der Zug auf die Fasern geringer. Die Linse ist ein elastischer Körper und verändert sich in Richtung einer Kugelform, wenn der Faserzug geringer wird. Dies ist der Fall, wenn wir einen nahen Gegenstand ansehen (in ca. 10 bis 50 cm Entfernung) und scharf sehen wollen (**Akkommodation,** s. Abb. 18-4).

Die **Regenbogenhaut,** die „Blende" des Auges, regelt den Lichteinfall ins Auge. Eine Ringmuskelschicht dient der Verengung, eine strahlenförmig angeordnete Muskelschicht erweitert die „Lochblende". Es handelt sich um glatte Muskeln, die vom **autonomen Nervensystem** (s. Kap. 23.9) innerviert werden. Der Parasympathikus innerviert die Ringmuskulatur und verengt daher die Pupille, die Erweiterung geschieht durch Sympathikusinnervation. Stoffe, die die Wirkung der beiden Nervensysteme hervorrufen (Mimetika) bzw. aufheben (Lytika), werden als Augentropfen therapeutisch angewandt. So verengt **Pilocarpin** die Pupille, weil es parasympathische Wirkung hat. **Atropin,** das die Parasympathikuswirkung **hemmt** (wie z.B. beim Speichelfluß), erweitert die Pupille. Die Tollkirsche enthält Atropin; eine Vergiftung damit führt neben anderen Erscheinungen zu stark erweiterten Pupillen. Die Pflanze erhielt ihren lateinischen Namen Belladonna, d.h. schöne Frau, weil früher aus den Blättern hergestellte Extrakte benutzt wurden, um die Pupillen zu erweitern und die Augen dadurch schöner erscheinen zu lassen. **Adrenalin** bzw. **Noradrenalin,** der Wirkstoff des Sympathikus, erweitert die Pupillen. Erschrecken führt z.B. zu starker Aktivität des Sympathikus und erzeugt daher „schreckgeweitete" Pupillen.

Das **Kammerwasser** wird von Blutkapillaren im Bereich des Winkels der hinteren Kammer zwischen Regenbogenhaut und Muskeln abgegeben. Es fließt durch einen Kanal, den **Schlemm-Kanal,** der sich in der vorderen Augenkammer befindet, in die Augenvenen ab. Das Gleichgewicht zwischen Bildung und Abfluß von Kammerwasser gewährleistet einen weitgehend gleichbleibenden Augeninnendruck (15–20 mmHg bzw. 2–2,7 kPa). Dies ist für die optische Funktion unbedingt nötig.

Path Ein zu geringer Druck kann zur Netzhautablösung, ein zu hoher Druck zur Zerstörung der Sehzellen der Netzhaut (grüner Star, **Glaukom**) führen. Ohne Therapie können beide Veränderungen des Drucks zur Erblindung führen. Glaukompatienten erhalten Pilocarpin in Form von Augentropfen, das durch die Pupillenverengung den Abfluß des Kammerwassers erleichtert und damit den Augeninnendruck senkt. Falls dies auf die Dauer nicht möglich ist, kann eine operative Anlegung eines Abflusses an der Hornhaut-Lederhaut-Grenze nötig werden.

Grauer Star, **Katarakt,** ist die etwa nach dem 60. Lebensjahr auftretende, zunehmende Linsentrübung. Die Linse kann operativ entfernt („Star-Stechen") und durch eine Kunststofflinse ersetzt werden. Die fehlende Akkommodation wird durch eine Brille mit Nah- und Fernteil ersetzt.

18.2 Bilderzeugung auf der Netzhaut

Lichtstrahlen, die ins Auge gelangen, werden wegen der unterschiedlichen Beschaffenheit der einzelnen Augenteile mehrfach abgelenkt bzw. gebrochen. Erstmals geschieht das am Übergang von der Luft in die Hornhaut (der am stärksten zur Gesamtbrechung beiträgt), dann beim Übergang von der Hornhaut ins Kammerwasser, vom Kammerwasser in die Linse und an der Grenze der hinteren Linsenfläche zum Glaskörper. Diese komplizierten Verhältnisse kann man schematisch vereinfachen und stellt sie in einem sogenannten **reduzierten Auge** dar (Abb. 18-3). Man erhält einen Knotenpunkt (K) und einen Brennpunkt (F); durch den dazugehörigen Strahlengang entsteht ein umgekehrtes, verkleinertes Bild eines Gegenstandes auf

Abb. 18-3 „Reduziertes Auge"

Die wichtigsten optischen Daten des Auges mit Vereinfachungen.

der Netzhaut. Daß wir das Bild „aufrecht" sehen, ist ein Beweis für die zentrale Verarbeitung der äußeren Sinneseindrücke und für einen Lernvorgang in frühester Jugend. Man hat Versuchspersonen mit Brillen versehen, die das Netzhautbild wieder umdrehen. Zuerst steht die Welt für die Versuchsperson „auf dem Kopf", aber nach wenigen Tagen hat sie sich daran „gewöhnt" und sieht die Umwelt wieder in der richtigen Position.

Anpassung, Akkommodation des Auges

Um Gegenstände in unterschiedlichen Abständen vom Auge gleich scharf zu sehen, wird, wie beim Fotoapparat, die Linse benutzt. Allerdings wird beim Fotoapparat der Abstand der Linse zum Film verändert, während im Auge der Menschen und anderen Säugetiere die Brechkraft der Linse verändert wird. Durch die beschriebene Kontraktion der Ringmuskulatur verstärkt sich die Krümmung der Linsenvorderfläche und damit die Brechkraft (Abb. 18-4). Dadurch können Gegenstände, die bis zu 10 cm ans Auge herangeführt werden, scharf gesehen oder ein entsprechend kleines Schriftbild noch gelesen werden.

Beim **Nahsehen** kommt es außer zur Linsenverdickung gleichzeitig zu zwei weiteren, wichtigen Vorgängen: erstens **Verengung der Pupillen** und zweitens Fixieren des Gegenstands. Die Augen machen eine **Konvergenzbewegung,** wie z. B. beim Versuch, die Nasenspitze zu fixieren. Dies wird durch eine sinnreiche Verschaltung von Netzhautinformation und Augenmuskelkernen im Gehirn ermöglicht.
Die Pupillenverengung tritt bei Lichteinfall infolge der zentralen Verschaltung auch an einem abgedeckten Auge auf, wenn man das andere, z. B. mit einer Taschenlampe, beleuchtet. Der Arzt kann auf diese Weise prüfen, ob das Zentralnervensystem in diesem speziellen Bereich funktioniert.

18.3 Fehlsichtigkeiten

18.3.1 Altersfehlsichtigkeit

Das Nahsehen hängt von der Akkommodationsfähigkeit der Linse ab. Da ihre Elastizität mit zunehmendem Alter abnimmt, nimmt auch die Nahsehleistung ab. Kinder können Gegenstände scharf sehen bis zu einem minimalen Abstand von 7 cm, 20jährige bis zu 10 cm, 40jährige bis zu 16 cm und 60jährige nur noch bis zu ca.

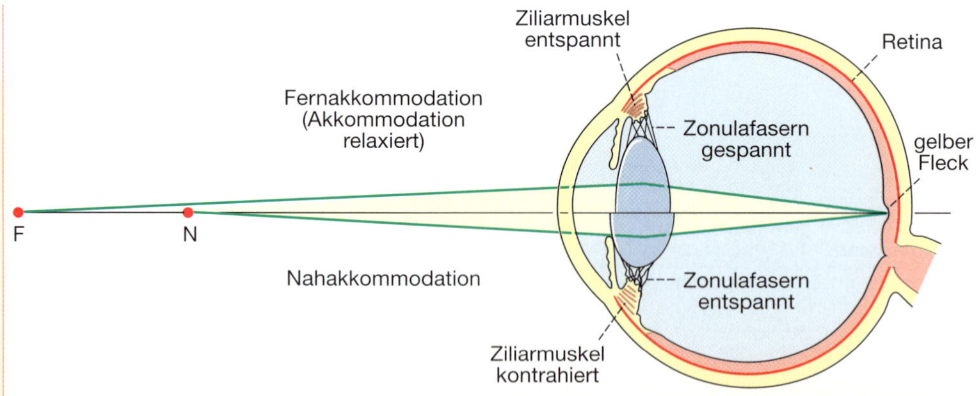

Abb. 18-4 Strahlengang bei Akkommodation

Bei der Nahakkommodation ist die Linse stärker gekrümmt, die Brechkraft dadurch erhöht.

60 cm. Dann spricht man von **Alterssichtigkeit.** Ältere Leute brauchen deshalb zum Lesen eine Brille, die die fehlende Brechkraft ihrer Linse aufbringt.
Zum Verständnis der Meßgrößen muß man die Größe der **Brechkraft** einführen, die in **Dioptrien (dpt)** angegeben wird. Sie ist festgelegt als der **Kehrwert der Brennweite einer Linse,** wobei die Brennweite in Metern angegeben wird. Eine Linse, die parallel einfallende Strahlen in 50 cm Entfernung vereinigt (Brennglas), hat eine Brennweite von 50 cm = 0,5 m und daher eine Brechkraft von 1/0,5 = 2 dpt. Ein **Alterssichtiger,** dessen Linse nur noch eine Akkommodationsfähigkeit von 2 dpt hat, muß ohne Brille seine Zeitung in mindestens 50 cm Entfernung halten, um die Schrift scharf zu sehen. Bekommt er eine Brille mit einer Sammellinse von 3 dpt, hat er zusammen 5 dpt und kann dann in 20 cm Entfernung noch scharf sehen (Abb. 18-5).

18.3.2 Weit- und Kurzsichtigkeit

Weit- und Kurzsichtigkeit sind durch einen zu kurzen bzw. zu langen Augapfel bedingt. Der optische Apparat ist sonst völlig normal, auch die Brechkraftänderung (Akkommodationsfähigkeit) der Linse. Wie Abbildung 18-6 zeigt, wird im zu kurzen Auge keine scharfe Abbildung erreicht, weil bei normaler Brechkraft der Linse das Bild erst hinter der Netzhaut scharf abgebildet wird. Für den **Weitsichtigen** ist es erst möglich, durch eine Brille mit Sammellinse (+ dpt) scharf zu sehen. Der Weitsichtige benötigt die Sammellinse zusätzlich zu seiner normalen Linse, weil seine optische Achse zu kurz ist. Es handelt sich hier um eine andere Art von Weitsichtigkeit im Vergleich zur Alterssichtigkeit, bei der die Brechkraft der Linse allmählich nachläßt. Es ist wichtig, dies zu verstehen und auseinanderzuhalten. Beim jungen Weitsichtigen besteht die Möglichkeit, durch verstärkte Akkommodation (s. o.) die fehlende Brechkraft aufzubringen. Er akkommodiert schon beim Sehen in die Ferne, um ein scharfes Bild zu bekommen. Dies macht er unbewußt, deshalb wird beim weitsichtigen Kind der Fehler oft zu spät festgestellt. Ständiges Akkommodieren ist auf die Dauer ziemlich anstrengend, oft ist bei Weitsichtigen Kopfschmerz das einzige, allerdings vieldeutige Symptom. Schwierig ist es daher auch, weitsichtige Kinder zum Tragen einer Brille zu bewegen. Sie haben sich so ans Akkommodieren gewöhnt, daß sie zunächst mit der Brille schlechter sehen.

Präv Es bedarf elterlicher Fürsorge, damit die Brille einige Wochen getragen wird und

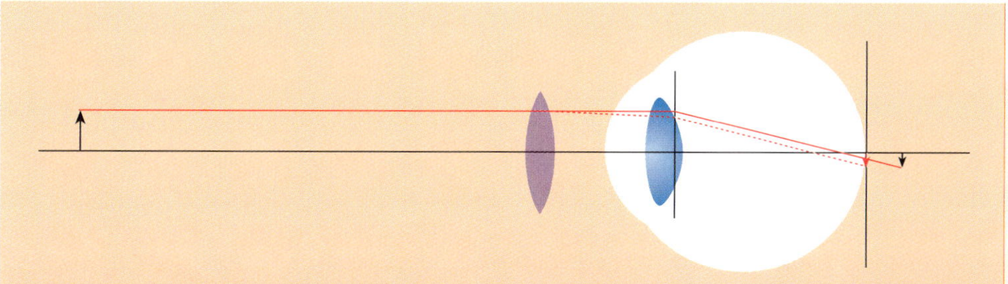

Abb. 18-5 Korrektur der Alterssichtigkeit

Korrektur der Alterssichtigkeit durch eine Sammellinse, so daß z. B. mit zusätzlich +3 dpt und einer verbliebenen Akkommodationsbreite von +2 dpt der Nahpunkt (+ 5 dpt) bei 20 cm liegt.

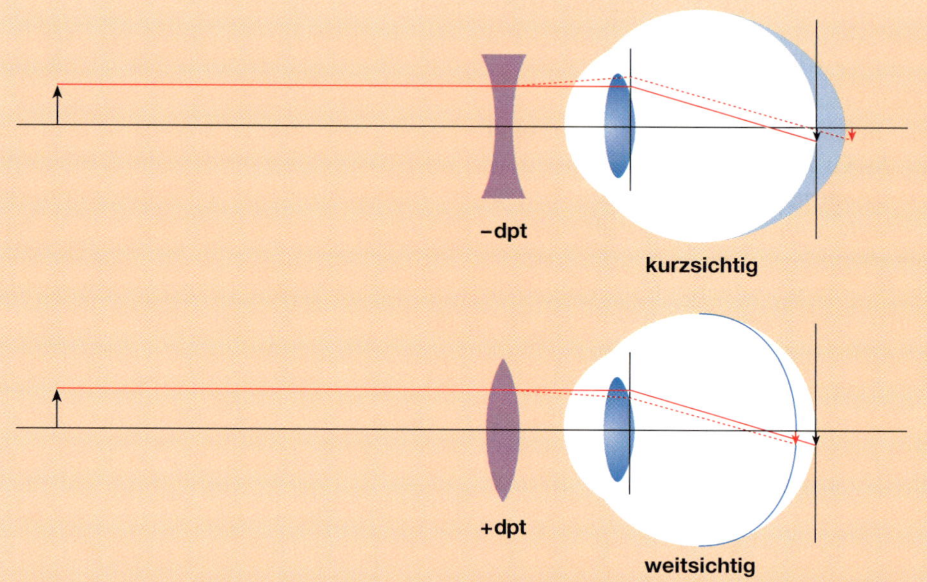

Abb. 18-6 Korrektur von Kurz- bzw. Weitsichtigkeit

Die Kurzsichtigkeit (zu langer Augapfel) wird durch das Vorschalten einer Zerstreuungslinse (–dpt), die Weitsichtigkeit (zu kurzer Augapfel) durch das Vorschalten einer Sammellinse (+dpt) korrigiert.

das Kind die unbewußte, schädigende Akkommodation aufgibt.

Die **Kurzsichtigkeit** infolge zu langer optischer Achse wird meist im frühen Schulalter entdeckt und nimmt häufig während des starken körperlichen Wachstums in der Pubertät zu. Beim Kurzsichtigen (s. Abb. 18-6) entsteht beim Sehen in die Ferne das Bild vor der Netzhaut; er sieht unscharf. Dagegen können Gegenstände oder Schrift ganz nahe am Auge noch scharf gesehen werden, wo sie beim Normalsichtigen gleichen Alters unscharf sind. Die Vorschaltung einer Zerstreuungslinse (–dpt) korrigiert die Unschärfe bei Fernakkommodation.
Im Alter nimmt auch beim Kurzsichtigen das Nahsehvermögen ab, er benötigt deshalb einen (unteren) Nahteil in seiner Brille zum Lesen wie jeder Alterssichtige, aber ihm genügt eine geringere Dioptrienzahl. Für die Ferne braucht er immer noch die Korrektur (oberer Linsenteil) seiner Kurzsichtigkeit. Der Weitsichtige braucht im Alter eine Brille mit stärkeren Sammellinsen im Leseteil, der Kurzsichtige weniger starke Zerstreuungslinsen. Bei Brillen mit geteilten Gläsern bringt man den Nahteil unten an (Abb. 18-7). Es gibt auch Bril-

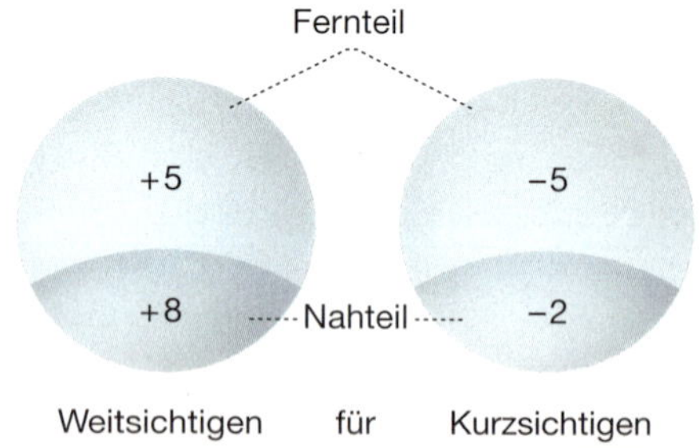

Abb. 18-7 Brillengläser

Fern- und Nahteil für alte Weitsichtige bzw. Kurzsichtige.

len mit drei verschiedenen Brechungsstärken und Brillen mit sich fortlaufend von oben nach unten ändernden Brechungsstärken (Gleitfokusgläser).
Kontaktlinsen anstelle einer Brille sind für Kurz- und Weitsichtige möglich.

Kurzgefaßt

Das **Auge** besteht aus einem **optischen System,** das elektromagnetische Wellen bricht, und der **Netzhaut,** die zusammen mit dem Zentralnervensystem die Wellen im Bereich von 400–800 nm zur Licht- und Farbempfindung verarbeitet. Der Lichteinfall kann durch die **Pupille** verändert werden. Die Innervation der glatten Muskeln der Pupille geschieht durch das parasympathische (Verengung) und sympathische (Erweiterung) Nervensystem. Das **Kammerwasser** wird in die hintere Kammer sezerniert und läuft durch die vordere Kammer und den Schlemm-Kanal in das Venensystem ab. Der Augendruck soll 2,7 kPa nicht überschreiten. Auf der **Netzhaut** entsteht ein umgekehrtes Bild der Umwelt, das uns aber durch zentrale Verarbeitung aufrecht erscheint. Die **Brechkraft** des Auges wird in Dioptrien gemessen. Sie wird als Kehrwert der Brennweite (in Metern gemessen) angegeben. Beim **Nahsehen (Akkommodation)** nimmt die Brechkraft durch verstärkte Krümmung der Linsenvorderfläche zu. Beim 20jährigen beträgt die Zunahme etwa 10 dpt, beim 60jährigen nur noch um 1 bis 2 dpt; er ist **alterssichtig.** Die Korrektur erfordert Sammellinsen (Lesebrille). Sammellinsen sind auch bei zu kurzem Augapfel **(Weitsichtigkeit)** erforderlich. Bei zu langem Augapfel besteht **Kurzsichtigkeit,** deren Korrektur Zerstreuungslinsen erfordert.

18.4 Sehleistungen von Netzhaut und Gehirn

18.4.1 Sehschärfe

Die **Sehschärfe** ist nicht an allen Stellen der Netzhaut gleich groß, da ihr Aufbau an einzelnen Stellen unterschiedlich ist. Die Sehachse ist in Abbildung 18-2 so eingezeichnet, daß sie die Netzhaut an der Stelle des schärfsten Sehens, dem gelben Fleck, trifft. Dort findet man Sinnesrezeptoren, die man **Zapfen** nennt, im Gegensatz zu schmaleren Rezeptoren, den **Stäbchen,** deren Konzentration in der Umgebung des gelben Flecks am höchsten ist. Fast jeder Zapfenrezeptor hat einen eigenen ableitenden Nerven (Abb. 18-8). Dies ist die Ursache dafür, daß wir an dieser Stelle des gelben Flecks am schärfsten sehen. Die Sehschärfe nimmt mit zunehmendem Abstand davon ab (Abb. 18-9), obwohl uns das selten bewußt wird, weil man

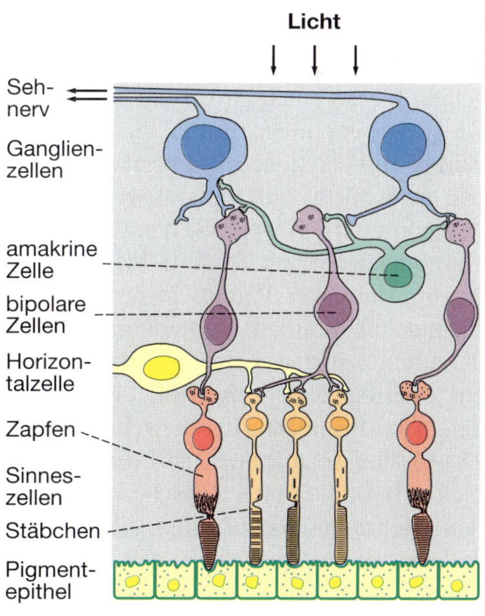

Abb. 18-8 Aufbau der Netzhaut

Die Abbildung zeigt die Verschaltung von Sinnes- und Nervenzellen.

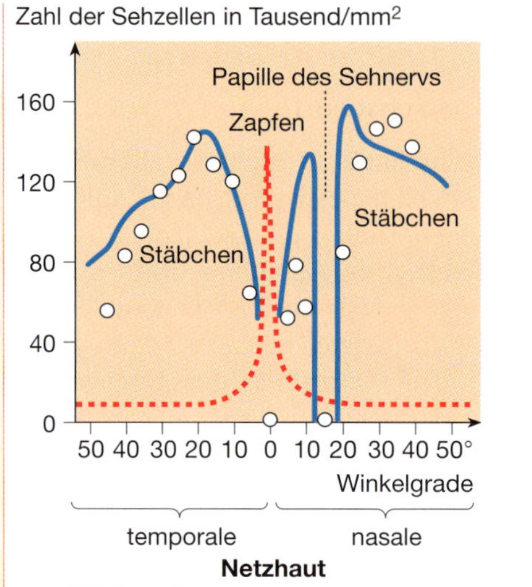

Abb. 18-9 Netzhaut

Stäbchen- und Zapfenverteilung. Ausgezogene Linien: Stäbchen. Gestrichelte Linie: Zapfen. Kreise: relative Sehpurpurkonzentration.

seine Blickrichtung durch entsprechende Augen- und Kopfbewegungen so einstellt, daß das Bild der Umwelt im Bereich des gelben Flecks entsteht. Unsere Sehschärfe wird also vor allem durch die Zahl der Zapfen pro Flächeneinheit bestimmt (etwa wie die Schärfe einer fotografischen Abbildung durch die Korngröße des Films). Der Durchmesser eines Zapfens beträgt etwa 2 µm. Um zwei Punkte getrennt wahrnehmen zu können, müssen mindestens 2 Zapfen erregt werden, zwischen denen ein unerregter liegt (s. Abb. 18-8). Die Tafeln zur Ermittlung der Sehschärfe (Abb. 18-10) sind so angelegt, daß die Balkendicken bzw. die freien Zwischenräume bei den Buchstaben bzw. Zahlen, die der Normalsichtige im Abstand von z. B. 5 m lesen können muß, auf dem Netzhautbild eine Größe von etwa 4 µm haben (Abb. 18-11). Da sich die Bildgröße B zur Gegenstandsgröße G (1,3 mm Balkendicke) wie die Bildweite b (17 mm) zur Gegenstandsweite g (5 m = 5000 mm) verhält, läßt sich die Bildgröße (B) einfach berechnen:

$$\frac{B}{G} = \frac{b}{g};\ B = \frac{b \cdot G}{g} = \frac{17 \cdot 1{,}3}{5000}\ \text{mm}$$

$$B = 4{,}4\ \mu\text{m}$$

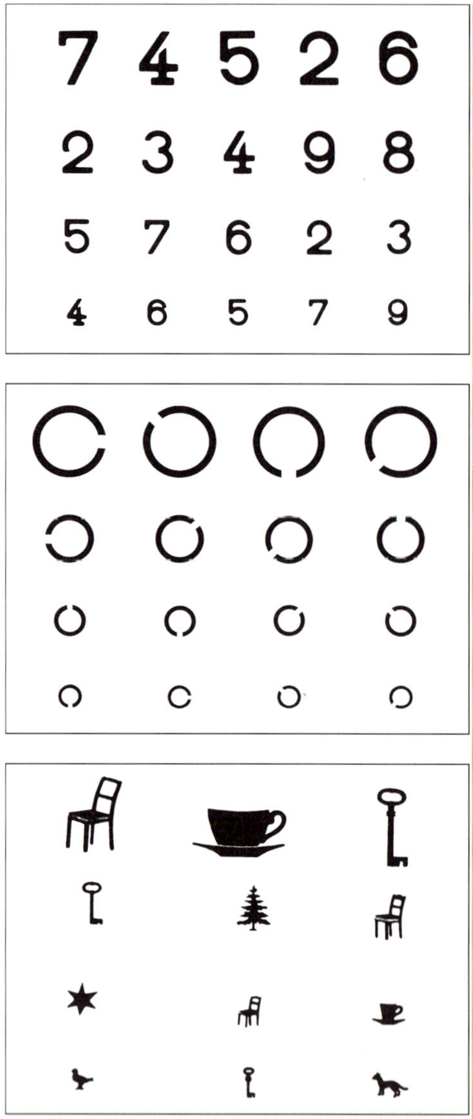

Abb. 18-10 Sehprobentafeln

Zeichen auf Sehprobentafeln (verkleinert). Die Zeichen der jeweils untersten Reihe einer Sehtafel soll der Normalsichtige aus ca. 5 m Entfernung erkennen.

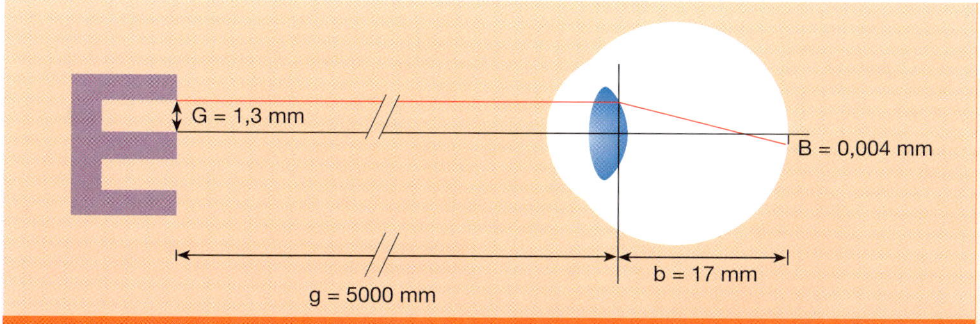

Abb. 18-11 Prinzip der Sehschärfenbestimmung

Die Bildgröße (B) verhält sich zur Gegenstandsgröße (G) wie die Bildweite (b) zur Gegenstandsweite (g). Die Sehprobentafeln sind so angelegt, daß sie aus der angegebenen Entfernung auf der Netzhaut eine Bildgröße von ca. 4 μm ergeben.

Außerhalb der Stelle des schärfsten Sehens werden folgende optische Eindrücke wahrgenommen: Helligkeit, Formen und Bewegungen. Da mehrere Stäbchen zusammen an eine zum Gehirn leitende Nervenfaser angeschlossen sind, kann im Stäbchenbereich zwar nicht so scharf gesehen werden, aber die Lichtempfindlichkeit ist dort größer (s. Abb. 18-9). Durch Netzhautzellen, die die Rezeptorzellen bzw. die zum Gehirn führenden Nervenzellen (Ganglienzellen) miteinander verbinden (Horizontalzellen und amakrine Zellen, s. Abb. 18.8), erfolgt eine Umschaltung zwischen größerer Sehschärfe (am Tage) und größerer Lichtempfindlichkeit (bei Dunkelheit).

18.4.2 Gesichtsfeld

Die Funktion der Netzhaut außerhalb der Stelle des schärfsten Sehens prüft man mit einem **Perimeter,** das eine gleichmäßig ausgeleuchtete Halbkugel darstellt (Abb. 18-12), auf die Lichtscheibchen unterschiedlicher Größe und Leuchtdichte projiziert werden. Die Innenfläche des Perimeters ist, ähnlich wie die Erdoberfläche, in ein Gradnetz eingeteilt. Man bittet den Patienten, den Mittelpunkt der Halbkugel, eine kleine rötliche Marke, zu fixieren, und fährt von außen Lichtmarken ein, und zwar weiße, blaue, rote und grüne. Man erhält dann die in Abbildung 18-13 gezeigten **Gesichtsfelder** oder Abweichungen davon, wenn das Gesichtsfeld krankhafterweise eingeschränkt ist.

Path Gesichtsfeldausfälle, **Skotome,** sind gefährliche Anzeichen für eine Schädigung der Netzhaut oder des Sehsystems im Gehirn. Sie können durch zu hohen Druck im Auge (Glaukom, s. Kap. 18.1), durch Netzhautablösung

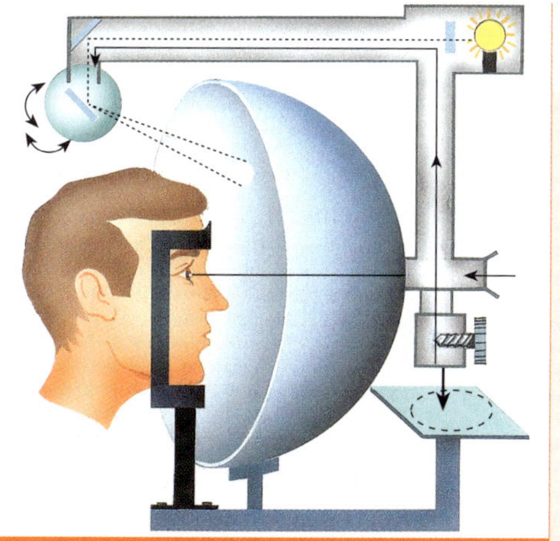

Abb. 18-12 Perimetrie

Das Perimeter dient der Gesichtsfeldbestimmung.

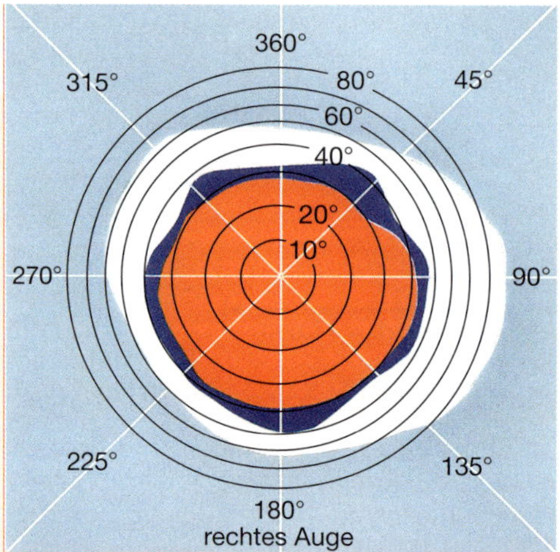

Abb. 18-13 Gesichtsfeld

Gesichtsfeld des rechten Auges für Weiß und verschiedene Farben.

Abb. 18-14 Vorlage zum Nachweis des blinden Flecks

Man fixiert das Kreuz aus etwa 30 cm Entfernung mit dem rechten Auge, durch Veränderung des Abstandes der Vorlage vom Auge erreicht man das Verschwinden der Scheibe rechts, da sich ihr Bild auf dem blinden Fleck abbildet.

oder durch Geschwülste im Gehirn, besonders im Bereich der Hirnanhangsdrüse (Hypophyse), entstehen, wenn sie den Sehnerv durch Druck schädigen.

Wo der Sehnerv das Auge verläßt, hat man keine Sehempfindung, man ist dort blind. Der **blinde Fleck** ist bei der Gesichtsfeldbestimmung nachweisbar, aber auch ohne Perimeter festzustellen. Man fixiert mit dem rechten Auge, bei geschlossenem linken Auge, das Kreuz in Abbildung 18-14 und stellt fest, daß bei einem bestimmten Abstand die Scheibe verschwindet. Den Bereich, den man mit fixiertem Kopf durch Augenbewegungen sehen kann, nennt man **Blickfeld.**

18.4.3 Farbensehen

Das **Farbensehen** ist auf die Stelle des schärfsten Sehens beschränkt, d.h. daß nur die Zapfen Farbeindrücke vermitteln können. Deshalb ist das Gesichtsfeld für Farben kleiner als das gesamte Gesichtsfeld (s. Abb. 18-13). Für das Farbensehen sind drei verschiedene Zapfenarten verantwortlich. Es gibt Rot-, Grün- und Blau-Rezeptoren. Sie werden erregt und Farbstoffe in ihnen chemisch verändert, wenn elektromagnetische Wellen entsprechender Länge, die wir als Farben empfinden, auf die Rezeptoren treffen.

Die Kombination der Erregungen der drei Farbrezeptortypen bestimmt, welche Farbe im Gehirn wahrgenommen wird. Daß durch geeignete Kombinationen alle uns bekannten Farbeindrücke ausgelöst werden können, beweist das Bild des Farbfernsehgerätes, welches durch Mischung aus einem Rot-, einem Grün- und einem Blaubild erzeugt wird.

Wenn wir für einige Sekunden eine weiße Leuchtschrift betrachten, die dann ausgeschaltet wird, sehen wir die Schrift anschließend schwarz auf hellem Grund, ein **„negatives“ Nachbild.** Nach roter Schrift hat man grüne, nach blauer gelbe Nachbilder, genannt **farbige Nachbilder.** Die Entstehung von farbigen oder negativen Nachbildern beruht darauf, daß die farbigen oder hellen Stellen eines Bildes die entsprechenden Rezeptoren der Netzhaut stark erregen und deren Empfindlichkeit dabei abnimmt (Adaptation). Bietet man nach dem Betrachten des Bildes eine weiße Fläche an, reagieren die zuvor nicht erregten Rezeptoren eine Zeitlang empfindlicher als die zuvor erregten und erzeugen so das Nachbild in der Gegenfarbe.

Path **Störungen des Farbensehens** findet man bei etwa 10% der Bevölkerung, davon entfallen fast 90% auf Männer. Die Störung wird über das X-Chromosom, wie die Bluterkrankheit (s. Kap. 4.8.5), geschlechtsgebunden vererbt. Totale **Farbenblindheit** ist sehr selten (0,01% der Bevölkerung). **Farbenschwäche** betrifft entweder das Rot-Grün- oder das Blau-Gelb-System. Die Farbenprüftafeln (Abb. 18-15a und b) oder Farbmischgeräte (*Nagel*-Anomaloskop) decken solche Störungen auf. Ein „Rotschwacher" (Protanomaler) mischt zur Herstellung von Gelb (aus Grün und Rot) mehr Rot als der Normalsichtige, ein „Grünschwacher" (Deuteranomaler) mehr Grün hinzu. Bei beiden ist das Rot-Grün-System gestört.

Für Zug- und Schiffsführer sowie Piloten ist die Prüfung der Farbtüchtigkeit wichtig. Autofahrer können eine Rot-Grün-Schwäche haben, ohne gefährdet zu sein, weil die Verkehrsampeln eine einheitliche Farbanordnung haben.

18.4.4 Dunkeladaptation

Dämmerungssehen wird durch die hohe Empfindlichkeit der Stäbchen (bzw. die Zusammenschaltung vieler Stäbchen zu einer sensorischen Einheit; s. Kap. 17.1) ermöglicht. Auf Kosten der Sehschärfe gewinnen wir an Lichtempfindlichkeit, die außerhalb der Stelle des schärfsten Sehens am stärksten ist (s. Kap. 18.4.2). Bei der Anpassung an Dunkelheit oder Dämmerung, Dunkeladaptation, wird ein rötlicher Farbstoff in den Stäbchen vermehrt aufgebaut, der Licht besser absorbiert als seine Abbauprodukte, die gelb bzw. weiß sind. Er wird **Rhodopsin**, Sehpurpur, genannt und besteht aus einem Eiweißanteil, dem Opsin und Vitamin A. Bei starker Belichtung bzw. Blendung zerfällt Rhodopsin schnell in seine Bestandteile, gebleichte Sehfarbstoffe. Nach Abdunklung dauert es ca. 30 Minuten, bis 90% des Rhodopsins wieder aufgebaut und die maximale Lichtempfindlichkeit wieder erreicht ist (Abb. 18-16). Die Gefahr der Blendung beim

Abb. 18-15a und b Farbsehprüftafeln

a) Die Zeichen 2L können auch Farbenblinde lesen. b) Bei der nebenstehenden Tafel liest der Farbtüchtige 3, der Rot-Grün-Schwache 8.

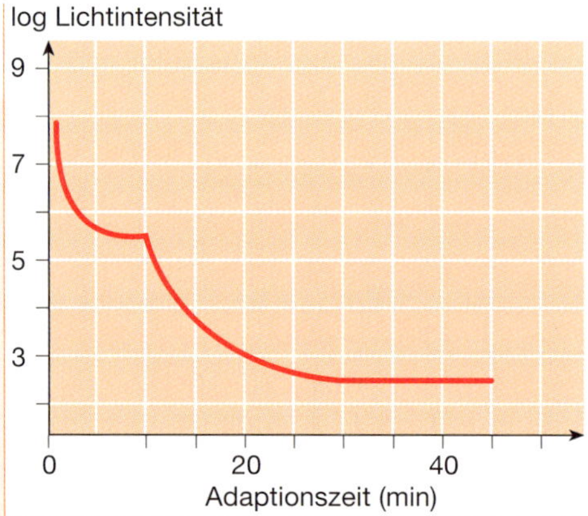

Abb. 18-16 Dunkelanpassung des Auges

Dunkeladaptationskurve: Die Zunahme der Lichtempfindlichkeit wird anfangs, außer durch die Pupillenerweiterung, vorwiegend durch Adaptation der Zapfen und nach dem Knick der Kurve durch Adaptation der Stäbchen ermöglicht.

Autofahren besteht also darin, daß Rhodopsin in Bruchteilen von Sekunden zerfällt und 30 Minuten und mehr vergehen, bis es wieder vollständig aufgebaut ist.

Die **Verschmelzung** einzelner optischer Eindrücke zu einem kontinuierlichen Eindruck (z.B. bei einer Filmvorführung) beruht u.a. auf der Trägheit chemischer Reaktionen, die bei Zapfen und Stäbchen unterschiedlich schnell verlaufen. Wenn wir nicht dunkeladaptiert sind, flimmert ein Film, der 24 Bilder pro Sekunde zeigt. Erst bei ca. 50 Bildern in der Sekunde würde das Bild nicht mehr flimmern. Nach Dunkelanpassung (Kino) ist die **Flimmerverschmelzungsfrequenz** relativ niedrig (ca. 20/s).

18.4.5 Räumliches Sehen

Daß wir mit zwei Augen keine zwei Bilder der Umwelt sehen, liegt an der zentralen Verschaltung **korrespondierender** (einander entsprechender) **Netzhautstellen,** so daß wir nur einen Eindruck haben. Durch das außerordentlich feine Zusammenspiel der Augenbewegungen werden Doppelbilder vermieden. Das **räumliche Sehen** wird dadurch möglich, daß Lichtstrahlen von einem fixierten Gegenstand auf korrespondierende Netzhautstellen fallen, die Lichtstrahlen aber, die von vor und hinter diesem Gegenstand liegenden Strukturen kommen, auf nichtkorrespondierende Netzhautstellen geworfen werden. Das Gehirn ermittelt daraus den räumlichen Eindruck. Kleine Gegenstände in größerer Entfernung können nicht mehr räumlich wahrgenommen werden. Dies gelingt jedoch mit einem Scherenfernrohr, das nicht nur die Gegenstände, sondern auch den Augenabstand vergrößert.

Der räumliche Eindruck, der durch die perspektivische Verkleinerung oder teilweise Verdeckung weiter entfernt liegender Gegenstände zustande kommt, beruht allein auf Erfahrung und kann, z.B. auf Bildern, vorgetäuscht werden. Diese Phänomene ermöglichen es, auch bei einäugigem Sehen einen räumlichen Eindruck zu haben.

Beim **Schielen** entstehen Doppelbilder, wenn die beiden Netzhautbilder zu stark voneinander abweichen. Die Doppelbilder werden zwar auf die Dauer im Sehzentrum unterdrückt und aufgehoben, die Ursache des Schielens muß jedoch entsprechend behandelt werden, da sonst das wahre räumliche Sehvermögen verlorengeht.

Präv Augenmuskelverkürzungen oder Lähmungen sollen frühzeitig durch Operation reguliert werden. Bei Muskelschwächen helfen „Schielbrillen“, mit denen man eine erwünschte Blickrichtung erzwingt und die Augenmuskeln trainiert werden.

18.4.6 Die zentrale Sehbahn

Die bewußte Sehempfindung wird nicht durch das Auge, sondern durch Zentren in der Hirnrinde (Sehzentren) und deren Aktivierung über andere Zentren ermöglicht.

Abbildung 18-17 zeigt den Verlauf der Nervenfasern von je einer Netzhauthälfte im **Sehnerv,** die **Sehnervenkreuzung** sowie die teils gekreuzt, teils ungekreuzt weiterführenden Fasern im **Sehtrakt,** von dem Fasern zu der Kernregion der Augenmuskeln und der Pupillenmuskulatur abzweigen. Die erste Schaltstelle hinter der Netzhaut liegt im seitlichen Kniehöcker, von wo die Erregungen zum **ersten Sehzentrum** auf der Innenseite der beiden Gehirnhälften weiterlaufen. Von dort gehen Bahnen zum **zweiten Sehzentrum** und zu einem **dritten Sehzentrum,** in dem die optischen Erinnerungen gespeichert sind. Erst wenn die Erregungen, die in der Netzhaut ausgelöst wurden, über Nervenerregungen verschlüsselt im 2. und 3. Sehzentrum ankommen und diese aktiviert, „wach", sind, kann eine optische Empfindung bewußt werden.

Path Krankhafte Unterbrechungen im Sehtrakt zentralwärts vom Abgang zu den Augenmuskelkernen lassen die Augenbewegungen und die Pupillarreaktion ungestört, aber der Betroffene ist blind. Wenn nur das 3. Sehzentrum ausgefallen ist, spricht man von **Seelenblindheit** (optische Agnosie), d.h. daß das Gesehene nicht erkannt werden kann. Ist das 2. Zentrum ausgefallen, spricht man von **Rindenblindheit.**

18.5 Untersuchungsmethoden

Die **Bestimmung der Sehschärfe** geschieht mit Sehtafeln, auf denen Buchstaben, offene Ringe oder Bilder (für Kinder) unterschiedlicher Größe zu sehen sind. Das Prinzip dieser Untersuchung ist bereits erläutert (s. Kap. 18.4.1). Praktisch wird sie so durchgeführt, daß der Patient stets im gleichen Abstand von der Sehtafel sitzt, z.B.

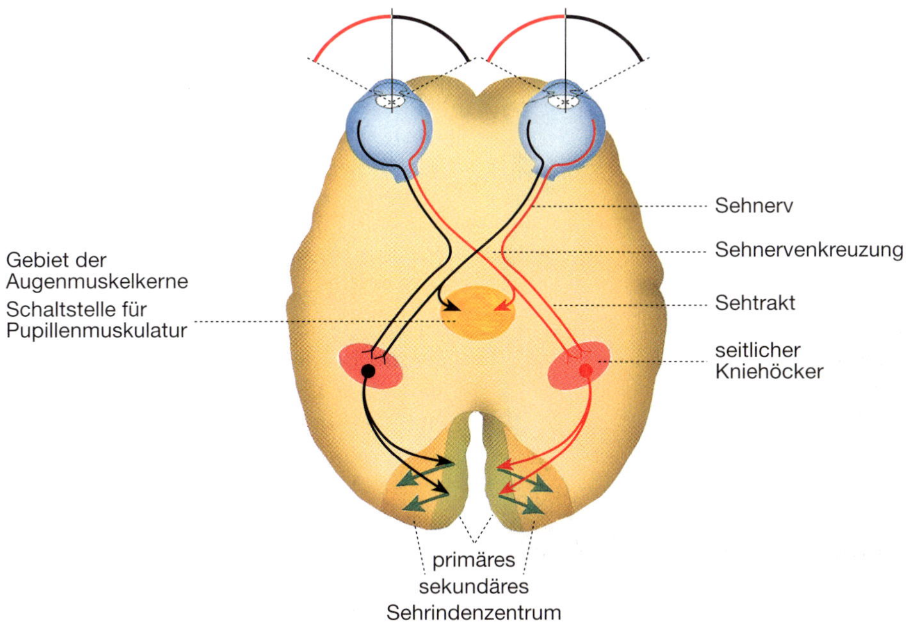

Abb. 18-17 Sehbahn

Sehbahn mit Sehzentren im Hinterhauptslappen der Hirnrinde.

5 m entfernt. Ein Normalsichtiger sieht eine Buchstabenreihe scharf, die mit der Zahl 5 gekennzeichnet ist, sein **Visus** ist 5/5. Die Reihe mit den nächstgrößeren Buchstaben trägt die Nummer 4, falls der Patient erst diese Reihe deutlich lesen kann, ist sein Visus 4/5 des Normalsichtigen. Mit zunehmender Buchstabengröße erniedrigt sich die Numerierung. Wurde ein Visus von 2/5 bestimmt, heißt das, daß der Patient dieselbe Buchstabenreihe, die der Normalsichtige aus 5 m scharf sieht, erst aus einer Entfernung von 2 m deutlich erkennen kann.

Die Betrachtung des Augenhintergrundes geschieht mit einem Augenspiegel, mit dem man Lichtstrahlen durch die Pupille zum Augenhintergrund lenken kann. Durch ein Loch im Zentrum des Augenspiegels kann der Arzt den Hintergrund sehen und beurteilen. Beim Gesunden sieht man das in Abbildung 18-18 gezeigte Bild. Blutgefäßveränderungen, Blutungen, Netzhautveränderungen usw. kann man so erkennen.

Die Messung des Augendrucks kann mit einem Gerät erfolgen, bei dem ein Stab die anästhesierte Hornhaut um einen bestimmten Betrag eindrückt. Die Eindellung ist um so kleiner, je höher der Augendruck ist. Er sollte nicht höher als 3 kPa (22 mmHg) sein (s. Kap. 18.1). Ein modernes Meßgerät ist das Applanometer, mit dem der Druck gemessen wird, der zur Abflachung einer kleinen Hornhautfläche führt.

Farbtüchtigkeit wird anhand farbiger Sehtafeln geprüft (s. Abb. 18-15a und b).

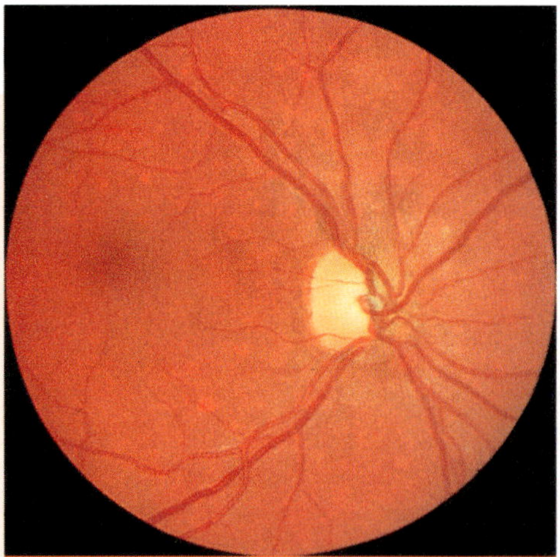

Abb. 18-18 Augenhintergrund des rechten Auges

Man sieht die Durchtrittsstelle des Sehnerven („blinder Fleck"), an der auch die größeren Blutgefäße aus- und eintreten. Links ist der gelbe Fleck, die Stelle des schärfsten Sehens, zu erkennen.

Kurzgefaßt

Die **Sehschärfe** wird mit Zeichen auf Sehtafeln, die aus einem bestimmten Abstand gelesen werden müssen, ermittelt. Die Stelle des schärfsten Sehens, der **gelbe Fleck,** enthält fast nur Zapfen, die außer Helligkeit auch Farbempfindlichkeit vermitteln. Außerhalb des gelben Flecks überwiegen die Stäbchen, von denen viele auf eine Nervenfaser des Sehnervs zusammengeschaltet sind und die deshalb lichtempfindlicher sind als Zapfen. Vollständige **Dunkeladaptation** dauert ca. 30 min, dabei wird der Sehpurpur aufgebaut, der bei Helladaptation zu Sehweiß gebleicht wird.

Das **Gesichtsfeld** wird mit dem Perimeter bestimmt, es ist für Farben kleiner als für Weiß. Der **blinde Fleck** ist die Stelle, an der die Nervenfasern von allen Netzhautrezeptoren zusammenlaufen und als Sehnerv das Auge verlassen.

Räumliches Sehen wird dadurch möglich, daß Lichtstrahlen von fixierten Punkten auf einander entsprechende (korrespondierende) Netzhautstellen beider Augen fallen. Die **Sehempfindung** und das Erkennen von Gesehenem wird erst durch die Verarbeitung in mehreren **Rindenzentren** im Hinterhauptslappen des Gehirns möglich. Ausfälle nennt man Rinden- bzw. Seelenblindheit.

19 Gehörsinn und Sprechen

Das menschliche Hörorgan besteht aus dem **äußeren Ohr,** dem **Mittelohr** und dem **Innenohr.** Die Ohrmuscheln spielen beim Menschen funktionell keine so große Rolle wie bei vielen Tieren, die sie aufrichten und bewegen können, um Geräusche aufzufangen. Der äußere Gehörgang führt zum Trommelfell, dahinter befindet sich das Mittelohr, das hauptsächlich eine Verstärkerfunktion ausübt. Im Innenohr ist ein schneckenartiges Organ, das auf einer gewundenen Membran unterschiedlicher Breite Rezeptoren trägt. Bei Erregung gelangen Impulse über Nerven zum Gehirn und lösen dort eine Gehörempfindung aus. **Schallwellen** sind Längsschwingungen von Molekülen, d.h. regelmäßig oder unregelmäßig auftretende Verdichtungen und Verdünnungen. Sie breiten sich in Gasen (Luft), aber auch in Flüssigkeiten (Wasser) und in elastischen Festkörpern (z.B. Membranen) aus. Die Schwingungen der Luft bewegen das Trommelfell, das wiederum die Schwingungen an das Mittel- und Innenohr weiterleitet. Wenn der Abstand zwischen verdichteten und verdünnten Zonen (Wellenlänge) regelmäßig ist, entstehen **Töne** aus reinen Sinusschwingungen (Abb. 19-1), die aber im täglichen Leben kaum vorkommen. Beim Spielen einer Geige z.B. entstehen gleichzeitig Obertöne, **Klänge,** daneben noch unregelmäßige Schallwellen durch Streichen der Saiten mit dem Bogen, **Geräusche.**

19.1 Der Hörbereich

Die Länge der Wellen bzw. ihre Anzahl pro Zeit **(Frequenz)** ist entscheidend für die Tonempfindung. Es gilt das physikalische Gesetz: Frequenz · Wellenlänge = Schallgeschwindigkeit. Kurze Wellen, d.h. hohe

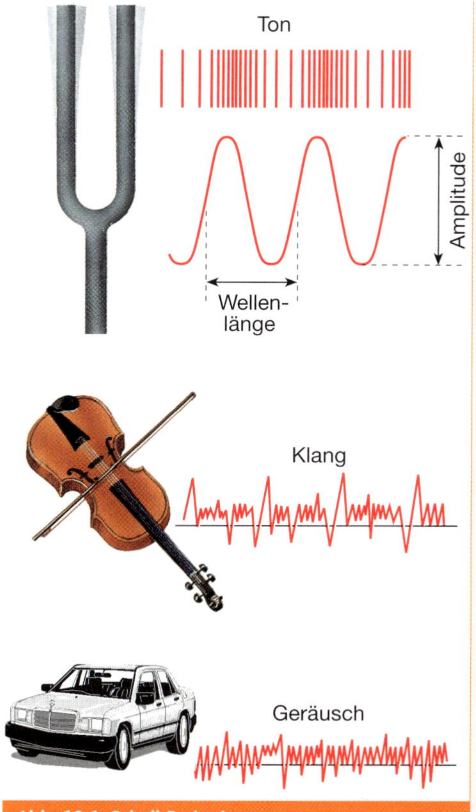

Abb. 19-1 Schall-Ereignisse

Töne sind Schallschwingungen, die nur eine Frequenz enthalten, Klänge enthalten zusätzlich Obertöne (ganzzahlige Vielfache des Grundtons). Geräusche sind ein unkoordiniertes Gemisch beliebiger Frequenzen.

Frequenzen, empfinden wir als hohe Töne, lange Wellen, d. h. niedere Frequenzen, als tiefe Töne. Nicht alle Schwingungs- bzw. Schallfrequenzen können vom menschlichen Hörorgan wahrgenommen werden. Abbildung 19-2 zeigt den Hörbereich eines jungen Erwachsenen. Man sieht, daß unterhalb von 16 und oberhalb von 16000 Schwingungen pro Sekunde (Hertz = Hz) keine Schallempfindung auftritt. Die außerhalb dieses Bereiches liegenden Frequenzen werden als Infra- bzw. Ultraschallbereich bezeichnet. Abbildung 19-2 zeigt Kurven gleicher **Lautstärke,** die in **Phon** angegeben ist. Dies ist eine subjektiv ermittelte Einheit, die man wählen mußte, weil die physikalische Größe des **Schalldruckes** (linke Ordinate) bei unterschiedlichen Frequenzen unterschiedlich starke Schalleindrücke – Lautstärken – empfinden läßt. Man sieht, daß zwischen Frequenzen von 2000 bis 5000 Hz unser Gehörsinn am empfindlichsten ist und daß der Schalldruck unerhalb und oberhalb dieser Frequenzen erheblich verstärkt werden muß, damit wir eine ähnlich starke Schallempfindung haben. Beim Übergang von 1000 auf 20 Hz muß z. B. der Schalldruck um das 1000fache verstärkt werden (s. Ordinate), damit diese tiefe Frequenz gleich laut empfunden wird. Der eingezeichnete **Sprachbereich** reicht von etwa 200 bis 5000 Hz. Der Ton a[1], der Kammerton, nach dem die Musikinstrumente gestimmt werden, hat eine Frequenz von 440 Hz, der Ton c[1] von 264 Hz und c[3] von 1056 Hz. Dies ist ein Ton, den kein Mann und nur wenige Sopranistinnen singen

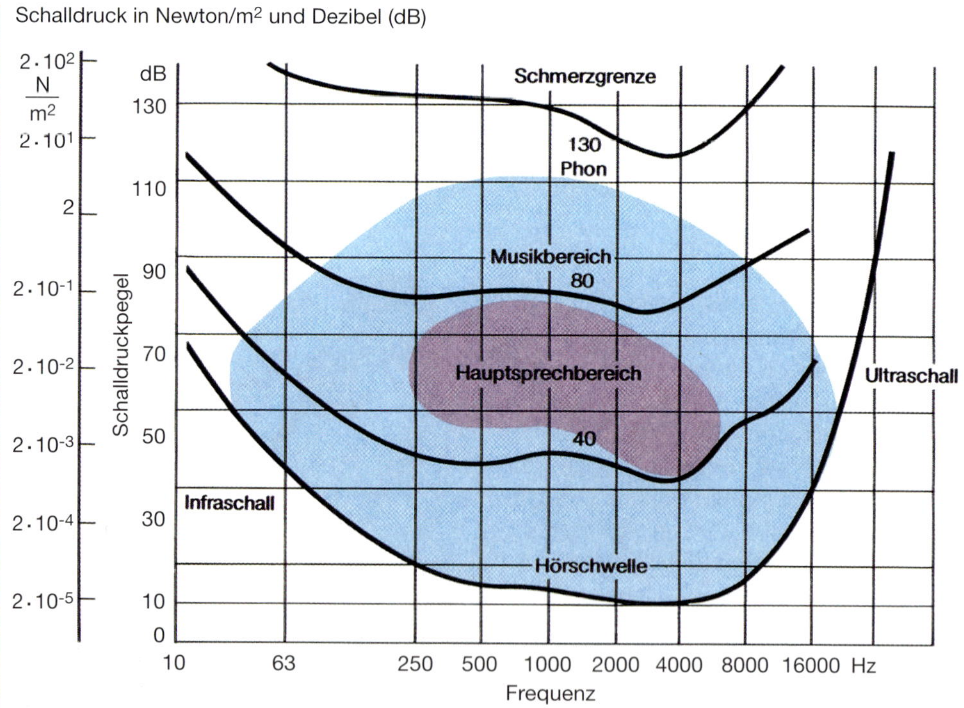

Abb. 19-2 Hörfeld mit Hauptsprach- und Musikbereich

Abszisse: Schwingungsfrequenz, Ordinate: Schalldruck in Pascal (Pa=N/m²) und Dezibel (dB). Kurven gleicher Lautstärke in Phon sind eingezeichnet.

können. Daß der Sprachbereich zu noch viel höheren Frequenzen reicht, beruht auf den vielen Zischlauten, also Geräuschen, die beim Sprechen entstehen. Tiere haben andere Hörbereiche als Menschen; Hunde können z.B. bis zu 50000 Hz hören. Man nutzt dies bei der Herstellung von „Hundepfeifen" aus, mit denen mehr als 20000 Hz erzeugt werden können, die vom menschlichen Ohr nicht mehr wahrgenommen werden und daher nicht stören.

19.2 Schalleitung und Mittelohr

Die Schalleitung geschieht bei Schwingungen bis etwa 2000 Hz im wesentlichen durch den äußeren Gehörgang (Abb. 19-3) über das **Mittelohr** auf eine Flüssigkeitssäule (Perilymphe) im **Innenohr.** Das Trommelfell sowie die **Gehörknöchelchen** im Mittelohr übertragen die Schwingungen der Luft und verstärken sie, einmal durch Hebeluntersetzung um das ca. 1,3fache, ferner durch den Größenunterschied zwischen der Fläche des Trommelfells und der Fläche des ovalen Fensters (55 : 3,6 mm^2). Zusammen wird eine Verstärkung um das etwa 20fache erreicht (Abb. 19-4). Der Steigbügelmuskel und der Trommelfellspannmuskel können durch Kontraktion die Schwingungen dämpfen und dadurch gegen zu hohe Schallstärken einen gewissen Schutz gewähren. Es handelt sich um quergestreifte Muskeln, die dem Willen nicht unterliegen. Zusammen mit den Augenmuskeln besitzen sie die höchste Anzahl an Muskelspindeln (s. Kapitel 23) pro Gramm Muskelgewebe, die man bisher gefunden hat.
Frequenzen über 2000 Hz werden auch durch Schwingungen der Schädelknochen auf das Innenohr übertragen.

19.3 Das Innenohr

Die **Sinnesrezeptoren** im Innenohr (Abb. 19-5 und Abb. 19-6) sind auf einer schneckenartig gewundenen Leiste am Boden eines Kanals angeordnet. Dieser Kanal ist gegen den oberen, vom ovalen Fenster herkommenden Kanal (s. Abb. 19-4) durch eine dünne Membran, nach unten gegen den vom runden Fenster herkommenden

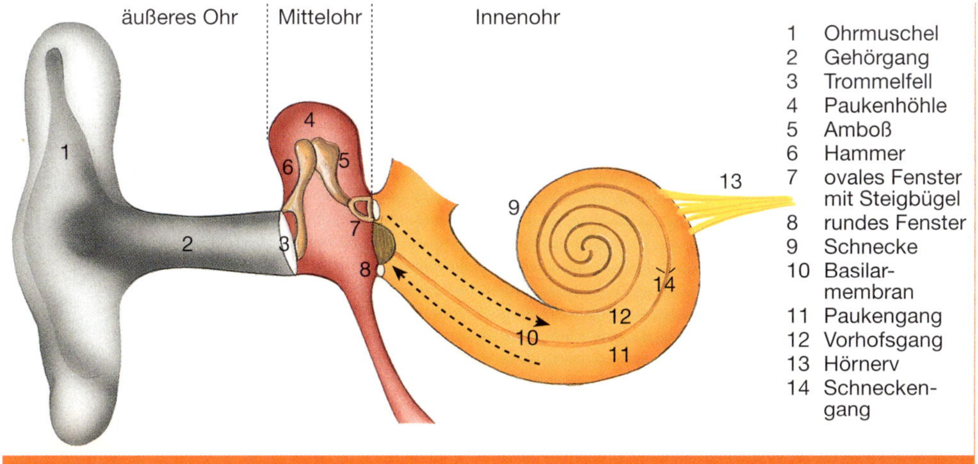

Abb. 19-3 Aufbau des Hörorgans

Schematischer Schnitt durch die schalleitenden und schallumwandelnden Strukturen des Hörorgans.

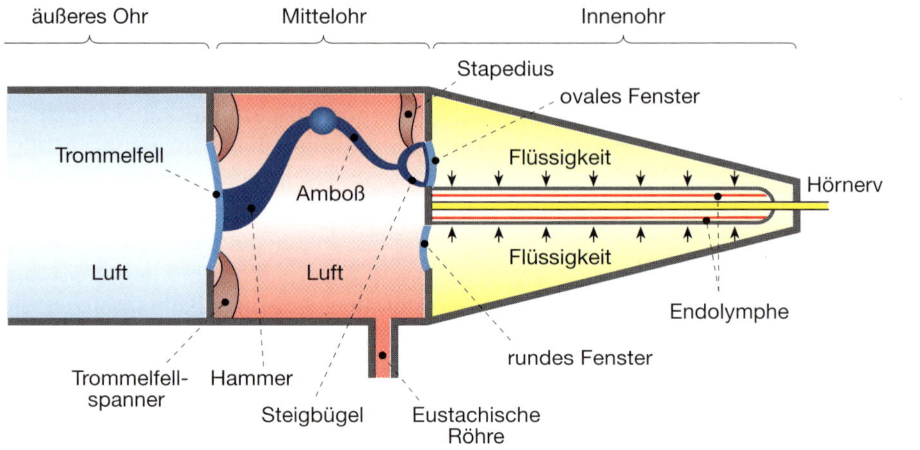

Abb. 19-4 Schallübertragungssystem

Schematische Darstellung des Schallübertragungssystems im Ohr.

Kanal durch eine stärkere Membran abgetrennt. Alle drei Kanäle sind mit Flüssigkeit (Lymphe) gefüllt. Schallwellen, die den Steigbügel in Bewegung versetzen, bringen die Flüssigkeit in den benachbarten Kanälen nacheinander in Schwingung. Die Druckwelle läuft im oberen Kanal bis zur Schneckenspitze und in der unteren Flüssigkeit zum runden Fenstesr, das sich entsprechend aus- und einbuchtet. Die Drücke übertragen sich natürlich auch auf den zwischen beiden Kanälen sich befindenden **Endolymphschlauch,** wodurch die auf den Fortsätzen der Sinnesorgane liegende Tektorialmembran bewegt wird (s. Abb. 19-6) und die Rezeptoren erregt.

Die Frage, wie es zur **Tonhöhenempfindung** kommt, wird durch die Wanderwellentheorie erklärt. Steigbügelschwingungen führen zu einer Druckwellenausbreitung im Innenohr, die abhängig von der Frequenz an jeweils einer bestimmten Stel-

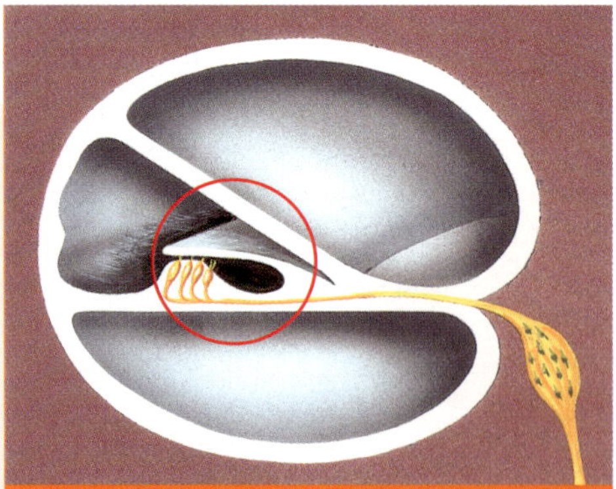

Abb. 19-5 Querschnitt durch das Innenohr

Die drei flüssigkeitsgefüllten Räume des Innenohrs. Der mittlere Kanal enthält die Sinneszellen.

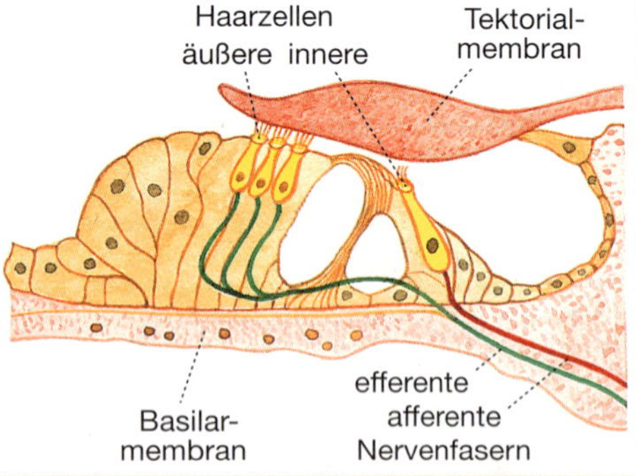

Abb. 19-6 Hörsinneszellen

Die äußeren Haarzellen verstärken lokal die Schallwellen, die inneren Haarzellen dienen der Umwandlung von Schallwellen in Nervenimpulse.

le der Schnecke ein Schwingungsmaximium erzeugt. Das ist durch die Schneckenform und die spitzenwärts abnehmende Steifheit der die Kanäle trennenden Membranen bedingt. Hohe Frequenzen (Klänge) haben ihr Schwingungsmaximum nahe dem Steigbügel und niedere nahe der Schneckenspitze. Das jeweilige Schwingungsmaximum wird durch eine motorische Aktivität der äußeren Haarzellen (s. Abb. 19-5b) noch erheblich verstärkt. Die inneren Haarzellen werden dabei an dieser Stelle erregt und setzen die Schallschwingung in Aktionspotentiale um, die über die Hörnervenfasern zum Gehirn geleitet werden.

19.4 Richtungshören und zentrale Hörbahn

Wir besitzen die Fähigkeit, eine Schallquelle mit erstaunlicher Genauigkeit zu orten. Dieses **Richtungshören** beruht auf einer zentralnervösen Verarbeitung außerordentlicher kleiner Zeit- und Schalldruckdifferenzen (Abb. 19-7). Ist man sich über den Ort einer Schallquelle nicht sicher, dann dreht man unwillkürlich den Kopf so, daß das eine Ohr zur Schallquelle hin, das andere von ihr wegweist. Dadurch wird die Zeit- und Schalldruckdifferenz zwischen beiden Ohren so groß wie möglich. Im Versuch kann man die Orientierungsfähigkeit gut messen. Man hat einen Schlauch, dessen beide Enden man wie beim Stethoskop in beide Ohren steckt und hinter der Versuchsperson auf einen Tisch legt. Klopft man um nur 1 cm rechts von der Mitte, hat die Versuchsperson bereits den Eindruck, daß der Schall von rechts hinten kommt. Bei einer Schlauchlänge von 2 m und der Schallausbreitungsgeschwindigkeit von 300 m/s legt der Schall zum rechten Ohr 1 cm weniger, zum linken Ohr 1 cm mehr zurück. Dies ergibt eine Streckendifferenz von 2 cm, wozu der

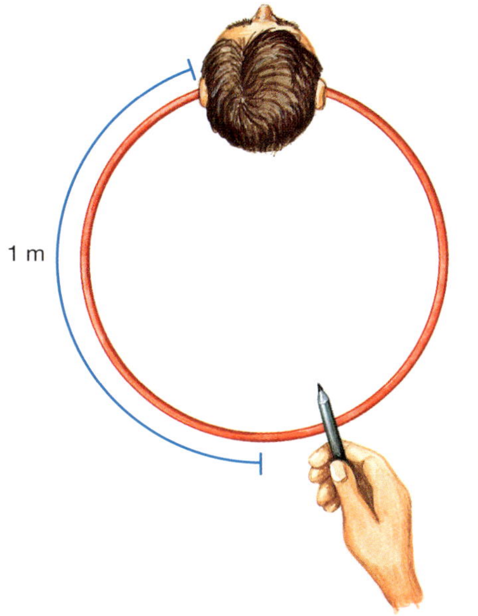

Abb. 19-7 Test des Richtungshörens

Beide Ohren werden durch einen Schlauch verbunden. Es wird ermittelt, wie weit von seiner Mitte entfernt man auf den Schlauch klopfen muß, um eine seitliche Abweichung der Schallquelle erkennen zu können.

Schall nur 60 μs braucht. Diese geringe Zeitdifferenz zwischen Erregung des rechten und linken Ohrs kann also noch wahrgenommen werden. Dies ermöglicht, die Ortsveränderung einer Schallquelle bis herab zu 5° zu erfassen.
Die **zentrale Verarbeitung** der akustischen Sinnesreize erfolgt ähnlich wie bei den optischen Reizen über verschiedene Schaltstationen (Ganglien). Die **Rindenzentren** liegen vor allem im Schläfenlappen des Großhirns (Feld 42; s. Abb. 23-9).

19.5 Hörstörungen

Im Alter nimmt die Fähigkeit, hohe Frequenzen zu hören, ab. Die Ursache ist eine Abnahme der Elastizität des Innenohrs und des Übertragungssystems im Mittelohr.

Hörstörungen können in jedem Alter am schalleitenden Apparat oder am Innenohr auftreten. Schädigungen durch zu hohe **Schallintensität** bei Arbeitenden in lärmerzeugenden Betrieben sind lange bekannt.

Präv Ein **Ohrschutz** mit Schallschutzschalen hilft im allgemeinen. Im Bereich der schallempfindlichsten Frequenzen zwischen 2000 und 5000 Hz (s. Abb. 19-2) liegt der schädigende Lärmpegel bei 90 dB und mehr (Industrie, Diskotheken, Autoradio usw.) und ist nach mehrstündigen Belastungen besonders gefährlich. Ein Hörverlust ist schon ab 20 dB im Audiogramm sichtbar. Die Ursachen sollten beseitigt bzw. Schallschutz benutzt werden.

Path Der **Hörsturz** ist eine plötzlich auftretende Innenohrschwerhörigkeit, die meist durch Durchblutungsstörungen (Gefäßspasmen, Mikroembolie) verursacht ist. Er kann mit ständigen Ohrgeräuschen **(Tinnitus),** wie Pfeifen, Zischen oder Rauschen verbunden sein, deren Ursache nicht vollständig geklärt ist.

19.6 Stimme und Sprechen

Die Stimme und Sprache sind beim Menschen zu höchster Vollkommenheit entwickelt. Dazu sind hohe Leistungen des Zentralnervensystems erforderlich (s. Kap. 23.5). Der Mund-Nasen-Rachen-Raum, der Kehlkopf und der Atemapparat müssen zur Stimmbildung, Resonanzerzeugung, Modulation der Stimme oder Sprache verändert und genau aufeinander abgestimmt werden.

Die auffällige Veränderung der Stimmlage beim Mann während der Pubertät wird durch die Vergrößerung des Kehlkopfes verursacht („Adamsapfel"). Die Stimmbänder werden dadurch länger, und die Sprechlage wird um etwa eine Oktave tiefer als diejenige der Frau.

Die **Stimme** entsteht dadurch, daß der Luftstrom aus der Lunge die Stimmbänder in Schwingungen versetzt. Diese Schwingungen modulieren den Luftstrom, der im Nasen-, Rachen- und Mundraum bei bestimmten Frequenzen entsprechende Resonanz erzeugt. Die **Sprache** bedarf des Mund-Rachen-Raumes mit Zunge und Lippen sowie des Kehlkopfes mit den Stimmbändern. Stimmloses Sprechen nennt man flüstern. **Klänge** können ohne den Sprechapparat erzeugt werden.

Path **Sprachstörungen** treten auf, wenn die Innervation der Mund-Rachen-Muskulatur beeinträchtigt ist oder bei Erkrankungen des motorischen Sprachzentrums (s. Abb. 23-9). **Störungen der Stimmbildung** sind vorwiegend bedingt durch krankhafte Veränderungen am Kehlkopf, besonders der Stimmbänder. Hohe Belastungen, wie sie bei Sängern vorkommen, können zu sogenannten Sängerknötchen an den Stimmbändern führen.

19.7 Untersuchungsmethoden

Mit einer Stimmgabel lassen sich **Schallleitungsstörungen** (Mittelohr) und **Schallempfindungsstörungen** (Innenohr) unterscheiden, nachdem man festgestellt hat, welches Ohr schwerhörig ist. Man setzt die angeschlagene Stimmgabel mit dem Griffknopf auf die Kopfmitte und befragt den Patienten, auf welcher Seite er besser „höre", d.h. ob er den Klang rechts oder links ortet. Bei einem Innenohrschaden wird der Klang am gesunden Ohr stärker empfunden. Bei einer Schalleitungsstörung (z.B. Mittelohrentzündung) ist die Beweglichkeit der Gehörknöchelchen vermindert, so daß die Druckwellen aus der Luft abgeschwächt zum Innenohr gelangen. Dabei ist die Knochenleitung zum Innenohr des kranken Ohres verstärkt, da im gesunden Mittelohr mehr Schall über die Gehörknöchelchen nach außen abfließt und verlorengeht. Der Patient hat deshalb auf der erkrankten Seite eine stärkere Schallempfindung. Dieser Versuch wird nach seinem Beschreiber ***Weber*-Versuch** genannt.

Beim ***Rinne*-Versuch** wird die Luftleitung mit der Knochenleitung verglichen. Eine Stimmgabel (meistens 256 Hz) wird angeschlagen und der Griffknopf auf den Warzenfortsatz hinter dem Ohr gesetzt. Man wartet so lange, bis der Patient keine Klangempfindung mehr hat, und hält dann die Gabel vor das Ohr. Gesunde und Patienten mit Innenohrschwerhörigkeit hören den Klang wieder, ein Mittelohrgestörter nicht (*Rinne* negativ).

Die Ausmessung des Hörfeldes nennt man **Audiometrie.** Im Prinzip erhält man dabei die unterste der in Abbildung 19-2 dargestellten Kurven. Über Kopfhörer wird festgestellt, bei welcher Frequenz ein Hörverlust besteht, d.h., ein größerer Schalldruck als beim Gesunden erforderlich ist, um eine Klangempfindung zu erzeugen. Es wird eine sogenannte Hörverlust-Dezibel-Skala verwendet, deren Nullinie der Hörschwellenkurve der Abbildung 19-2 entspricht. Der Hörverlust wird dann in dB angegeben.

Kurzgefaßt

Mechanische Schwingungen, vor allem der Luft, werden vom **Trommelfell** des Ohres über die **Gehörknöchelchen** auf das **ovale Fenster** übertragen. Die Schwingungen pflanzen sich in der **Lymphflüssigkeit** des Innenohres fort und erregen dort **Rezeptoren** durch mechanische Schwingungen. Die Erregungen der Rezeptoren werden vom Hörnerven zum **Hörzentrum** in der Hirnrinde übermittelt. **Töne** sind reine Sinusschwingungen, **Klänge** solche mit Obertönen, **Geräusche** werden durch unregelmäßige Schallwellen verursacht. Die **Lautstärkeempfindung** wird in Phon angegeben und ist vom Schalldruck und der Frequenz abhängig. Der **Hörbereich** reicht beim jungen Menschen von ca. 16–16000 Hz, der **Sprachbereich** liegt zwischen 200 und 5000 Hz. **Richtungshören** ist eine zentralnervöse Leistung der Zeitdifferenzwahrnehmung. **Stimme** und **Sprache** werden durch koordinierte Innervation von Mund-, Kehlkopf- und Atemmuskulatur erreicht.

20 Geschmacks- und Geruchssinn

Geschmacks- und Geruchssinn stehen besonders im Dienste der Nahrungsaufnahme und der Verdauung.

20.1 Geschmackssinn

Die Verteilung der **Geschmacksrezeptoren** auf der Zunge ist schon besprochen worden (s. Kap. 10.1.2). Die Rezeptoren in den Papillen auf der Zungenoberfläche (Abb. 20-1) leiten Erregungen zu den Speicheldrüsenkernen im Gehirn und den Regulationszentren des Verdauungstraktes. Schmecken können wir nur Stoffe, die vorher in Lösung gehen und dann die Papillen umspülen. Dadurch werden die Geschmacksknospen bzw. deren Nervenendigungen erregt. Über den eigentlichen Auslösemechanismus, der zu den Empfindungen salzig, sauer, bitter und süß führt, weiß man wenig. Alle Säuren (H^+-Ionen) lösen die Empfindung sauer aus, aber nicht alle Elektrolyte (Salze) die Empfindung salzig. Auch zwischen chemischer Struktur und Empfindung von süß bzw. bitter gibt es keinen einheitlichen Zusammenhang, die räumliche Anordnung bestimmter Molekülgruppen scheint dafür jedoch von Bedeutung zu sein. Der Geschmackssinn hat ursprünglich eine besondere Bedeutung bei der Prüfung von Nahrung zum Schutz vor giftigen und ungenießbaren Pflanzen, die meist sehr bitter schmecken.

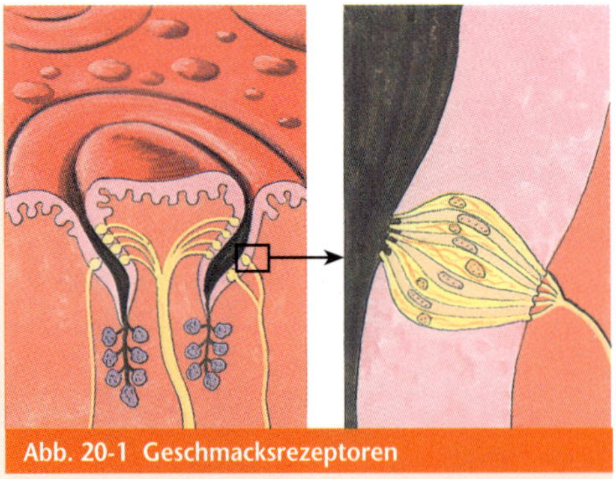

Abb. 20-1 Geschmacksrezeptoren

Pilzförmige Geschmackspapille (links) der Zunge sowie Geschmacksknospe (rechts).

20.2 Geruchssinn

Der Geruchssinn kann im Vergleich zum Geschmackssinn außerordentlich viel mehr Empfindungen wahrnehmen und differenzieren. Ein ca. 200–500 mm^2 großes Schleimhautstück im oberen Nasenraum (Abb. 20-2) enthält die Sinnesrezeptoren. Ihre Nervenendigungen stehen mit dem Schleim in Berührung, der laufend von den Schleimdrüsen erneuert wird. Als einzige Zellen des Nervensystems erneuern sich die Riechzellen ca. alle 2 Monate. Alle Geruchsstoffe müssen sich im Schleim lösen, um die Rezeptoren zu erregen. Über den Auslösemechanismus weiß man noch wenig, die molekulare Struktur der Duftmoleküle ist aber entscheidend für deren Bindung an die Rezeptoren, die dadurch erregt werden.

Man weiß aber aus Erfahrung, daß die vermeintliche große Vielfalt unserer „Geschmacksempfindung“ vorwiegend durch die Leistungsfähigkeit des Geruchssinns zustande kommt. Wenn man den Geruchssinn ausschaltet, etwa durch Zuklemmen

der Nasenöffnungen, „schmecken" zerkleinerte Kartoffeln, Äpfel und Zwiebel gleich, d.h. fast nach nichts, erst der Geruchssinn macht sie unterscheidbar. Auch der Tastsinn bzw. die Druckrezeptoren im Munde tragen dazu bei, daß eine Speise „schmeckt", denn auch die Form und Verformbarkeit der Nahrungsmittel spielen eine große Rolle, man denke nur an die zahlreichen, unterschiedlich geformten Teigwaren.
Der Luftstrom bei der Atmung ist im oberen Abschnitt des Nasenraumes, wo die Geruchszellen liegen, verhältnismäßig klein. Bei schwachen Geruchsreizen müssen wir daher „schnuppern" oder „schnüffeln", d.h. die Luft im Nasenraum hin- und herbewegen, um dadurch eine Konzentrationsanreicherung im Schleim über den Sinneszellen zu erreichen. Bei einigen Säugetieren, z.B. Hunden, ist der Geruchssinn außerordentlich viel leistungsfähiger als beim Menschen. Sie können als Spürhunde eingesetzt werden. Biologisch dient dieser feine Geruchssinn dem Schutz vor Gegnern (Witterung) und der Nahrungssuche. Wie bei allen Sinnesorganen gilt auch für Geschmacks- und Geruchssinn, daß die Sinnesempfindung erst im Gehirn durch zentrale Verarbeitung entstehen kann. Reflektorisch kann von den Geruchsrezeptoren wie von den Geschmacksrezeptoren die Abgabe von **Speichel** und **Magensaft** ausgelöst werden.

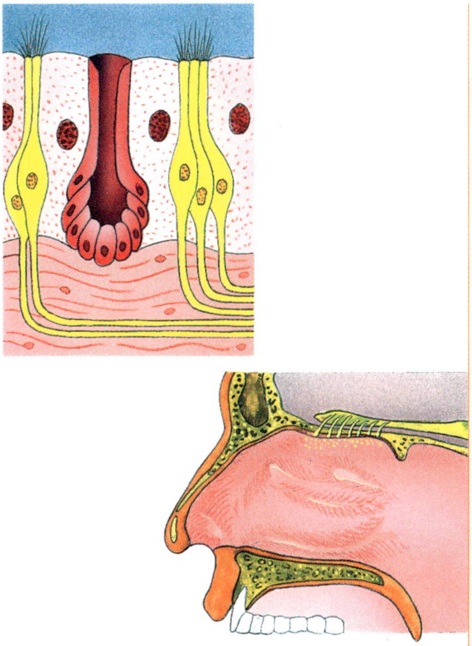

Abb. 20-2 Geruchsrezeptoren

Geruchsrezeptoren mit Zilien, die im Schleim stecken, dazwischen Schleimdrüse (oben) und Geruchsfeld in der Nasenschleimhaut (unten).

20.3 Untersuchungsmethoden

Zur Untersuchung des Geschmackssinns tupft man Lösungen, die süß (Zuckerlösung), salzig (Kochsalzlösung), sauer (Zitronensäure) oder bitter (Chininlösung) schmecken, auf die vorderen und hinteren Abschnitte jeder Zungenhälfte. Die Zunge muß dazu herausgestreckt bleiben, damit die Proben nicht mit Rezeptoren des Rachens oder der anderen Zungenhälfte in Berührung kommen. Störungen des Geschmacks können durch Schädigungen von peripheren Hirnnerven oder des zentralen Nervensystems bedingt sein.
Der Geruchssinn wird getestet, indem man Fläschchen mit aromatischen Geruchsstoffen (z.B. Kaffee, Zimt, Anis, Seife) dicht unter ein Nasenloch hält. Die jeweils andere Nasenöffnung wird leicht zugedrückt. Störungen können durch Schädigungen im Nasenraum oder im Zentralnervensystem hervorgerufen werden.

20 Geschmacks- und Geruchssinn

Kurzgefaßt

Kurzgefaßt

Der **Geschmackssinn** vermittelt die Empfindungen **süß, sauer, salzig und bitter,** wenn von Rezeptoren der Zungenhaut an verschiedenen Stellen durch verschiedene Geschmacksstoffe ausgelöste **Erregungen** zum Gehirn geleitet werden. Reflektorisch kann Speichel- und Magensaftsekretion ausgelöst werden.

Der **Geruchssinn** wird von Rezeptoren im Nasenraum durch eine Vielzahl von Stoffen ausgelöst und im Geruchszentrum im Gehirn zur Wahrnehmung gebracht. Die Grundstoffe müssen sich im Nasenschleim lösen. Die Vielfalt des **„Schmeckens“** entsteht erst durch den Geruchssinn. Von den Geruchsrezeptoren werden ebenfalls reflektorisch Speichel- und Magensaftsekretion ausgelöst.

21 Haut-, Schmerz- und Lagesinne

Die Hautsinne (Druck- und Berührungs-, Temperatur- und Schmerzsinn) sind von größter Bedeutung für das Überleben eines Organismus, weshalb der oft für sie gebrauchte Begriff der „niederen Sinne" irreführend ist. Ihre Rezeptorsysteme sind relativ einfach. Sie sind über die ganze Oberfläche des Organismus (der Haut) verteilt, wenn auch in unterschiedlicher Dichte. Schmerzempfindungen werden auch im Körperinneren ausgelöst. Die Stellung der Gelenke und der Spannungszustand der Muskeln vermitteln Informationen über die Körperlage.

Abbildung 21-1 zeigt eine schematische Darstellung der Rezeptoren, die man in der Haut findet.

21.1 Druck- und Berührungssinn

Der Druck- und Berührungssinn gibt uns Informationen über die Beschaffenheit von Gegenständen, z. B. Größe, Form und Gewicht, auch ob ihre Oberfläche weich, hart, rauh, glatt, naß oder trocken ist. Die Reize, die zu diesen Empfindungen führen, werden u.a. von *Merkel*-Tastzellen sowie Lamellenkörperchen (*Meißner*- und *Vater-Pacini*-Rezeptoren) aufgenommen (Abb. 21-2). Sie sind besonders dicht an den Fingerspitzen, im Gesicht im Bereich des Mundes und an der Zunge angeordnet und ermöglichen dadurch nicht nur fein abgestufte Druck-, Berührungs- und Vibrationsempfindungen, sondern auch entsprechende Feinheiten des Bewegungsablaufes. An den Fingerbeeren sind die Rezeptoren etwa 100mal dichter angeordnet als in der Handfläche, in der Rückenhaut sind noch weniger vorhanden.

Haare befinden sich teils innerhalb (Haarwurzeln und Bälge), teils außerhalb der Hautoberfläche und wirken daher wie Hebelarme, die die Tastempfindungen verstärken. Besonders gut ausgebildet sind Tasthaare an Schnauzen von Tieren, die nachts jagen, z. B. bei Katzen.

Die Erregung der Rezeptoren wird durch eine Verformung der Haut (Zug oder Druck auf den Rezeptor) ausgelöst. Über die hohe Adaptationsfähigkeit der Hautsinne wurde einleitend berichtet (s. Kap. 17.2).

Daß uns viele Rezeptorerregungen bewußt werden, zu Empfindungen führen, ist erst in zweiter Linie wichtig. Viele Reaktionen auf Reizung der Druckrezeptoren geschehen unbewußt (Reflexe) und können, aber müssen nicht bewußt werden, z. B. Lageänderungen bei langem Sitzen oder Stehen, Umdrehen im Schlaf. Die reflektorischen Reaktionen (s. Kap. 23.3) sind biologisch wichtiger als die bewußten. Das gilt vor allem in bezug auf den Temperatur- und Schmerzsinn.

21.2 Temperatursinn

Der Temperatursinn, die **Wärme-** und **Kälteempfindung,** wird durch zwei verschiedene Rezeptoren vermittelt. Die Wärmerezeptoren liegen tiefer, die Kälterezeptoren oberflächlicher in der Haut. Mit heiz- und kühlbaren Elementen (Peltier-Elementen) kann man in der Haut Wärme-

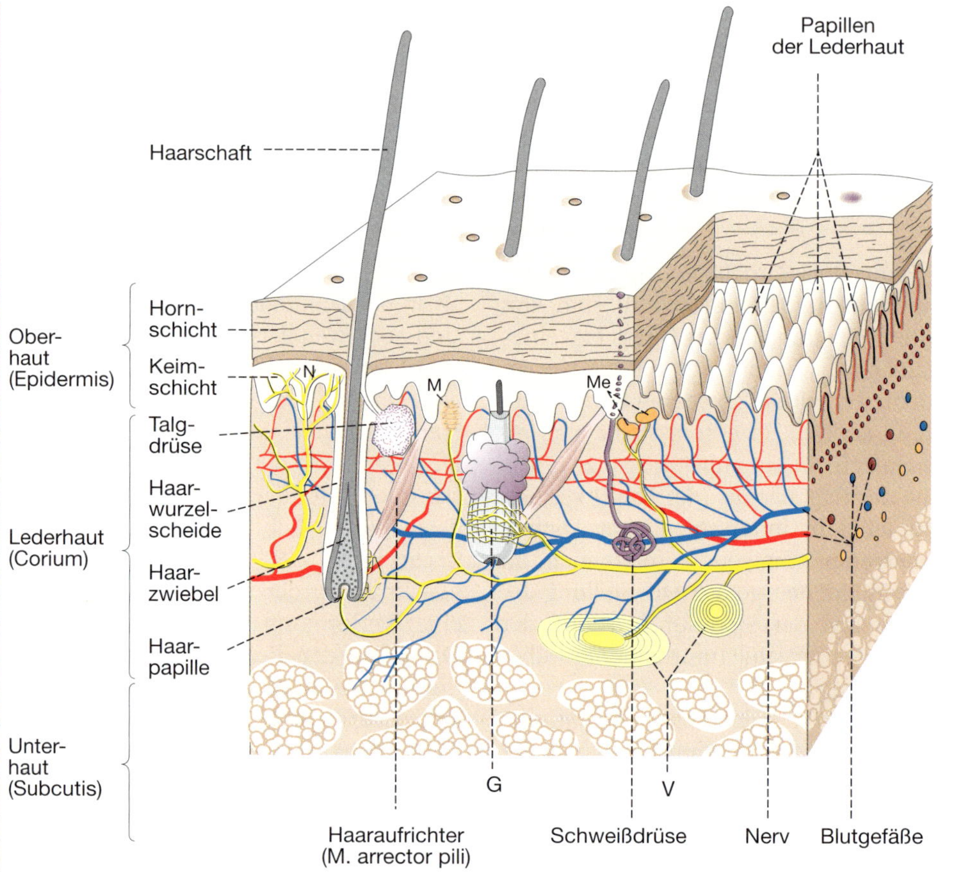

Abb. 21-1 Hautrezeptoren

M = Meißner-Tastkörperchen
Me = Merkel-Zellen
N = freie Nervenendigungen
G = manschettenartiges Nervengeflecht um Haarwurzel
V = *Vater-Pacini*-Körperchen

und Kältepunkte auffinden. Ihre Verteilung ist auf der Hautoberfläche unterschiedlich. In der Handfläche kommt ein Wärmepunkt auf fünf Kältepunkte, im Gesicht liegen die Wärmepunkte so dicht, daß man praktisch überall Wärmeempfindung auslösen kann. Die Temperaturempfindung ist abhängig von der **Temperaturänderung** und der **Reizfläche.** Die **Adaptationsfähigkeit** der Temperaturrezeptoren ist, verglichen mit dem Drucksinn, weniger ausgeprägt. Man hat stundenlang „kalte Füße", das heißt, daß, solange der Reiz anhält, auch Erregungen ablaufen. Dies ist biologisch wichtig, weil ohne reflektorische und bewußte Reaktionen auf Kälte- und Wärmereize Schädigungen auftreten würden. Eine absolute Temperaturempfindung ist nicht möglich, wie der in Abbildung 21-3 dargestellte Drei-Schalen-Versuch eindeutig zeigt. Halten wir die rechte Hand für einige Minuten in Eiswasser, die linke in eine Schale, die Wasser von 40° C enthält, und anschließend beide Hände gleichzeitig in Wasser von 20° C, so haben wir in der rechten Hand eine Wär-

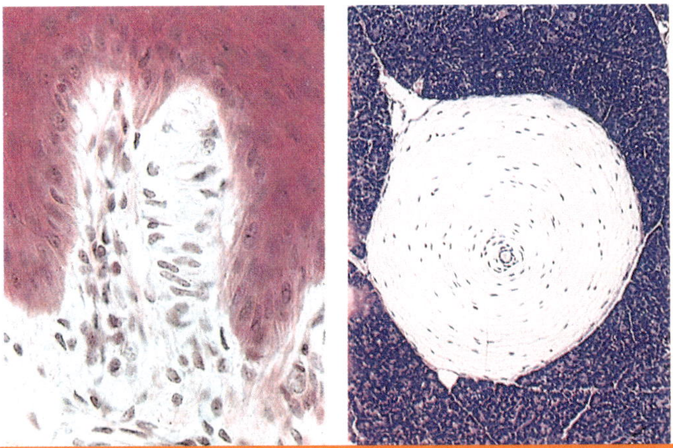

Abb. 21-2 Tastrezeptoren

Vater-Pacini- (re.) und *Meißner*-Tastkörperchen (li.) in stärkerer Vergrößerung.

me-, in der linken eine Kälteempfindung. Dies beweist, daß nur die Änderung der Temperatur empfunden werden kann.

21.3 Schmerzsinn

Der Schmerzsinn (s.a. „Fluchtreflex" in Kapitel 23) ist der wichtigste Sinn (Alarmsignal) für die Lebenserhaltung. Er dient weniger der „Erkennung" der Umwelt als der Abwehr und Vermeidung von Schädigungen.
Als **Schmerzrezeptoren** kennt man bisher nur freie Nervenendigungen, also erheblich „einfachere" Rezeptoren als bei anderen Sinnen. Vielleicht ist dies auch der Grund, weshalb der Schmerzsinn kaum adaptationsfähig ist, denn dies ist, wie bereits erwähnt, ein komplizierter Vorgang.
Abbildung 21-4 zeigt an der Beugeseite des Unterarms die Dichte von Schmerzrezeptoren, die mit einem feinen Stachel eines Kaktus lokalisiert wurden.
Man unterscheidet **Oberflächen-, Tiefen-** und **Eingeweideschmerz.** Der Oberflächenschmerz wird als hell, scharf und schnell beschrieben. Er wird in den relativ rasch leitenden III-Fasern der Nerven (s. Tab. 6-1) übermittelt und ist gut lokalisierbar. Der Tiefen- und der Eingeweideschmerz ist ein dumpfer Schmerz. Er wird langsamer übermittelt (IV-Fasern der Nerven) und ist schlechter lokalisierbar. Oft treten Eingeweideschmerzen rhythmisch auf, begleitet von Schweißausbrüchen, Übelkeit und verändertem Blutdruck, also Zeichen einer Mitreaktion des vegetativen Nervensystems.
Über **Schmerzstoffe** chemischer Natur ist bisher wenig bekannt. Man weiß, daß bestimmte körpereigene Stoffe (Histamin, Bradykinin, Prostaglandin, H^+- und K^+-Io-

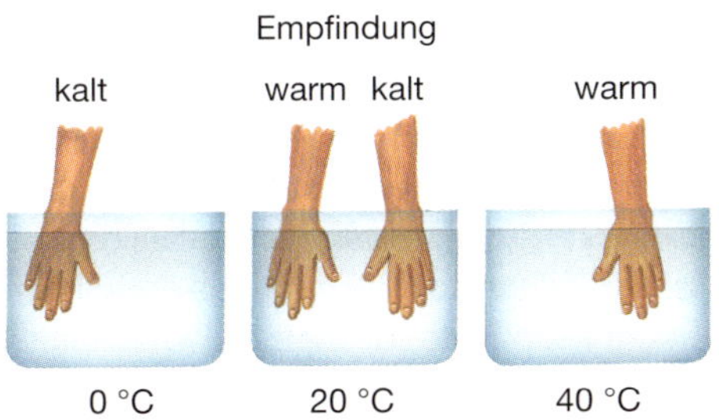

Abb. 21-3 Relative Temperaturempfindung

Drei-Schalen-Versuch zum Nachweis der relativen Temperaturempfindung (Erklärung im Text).

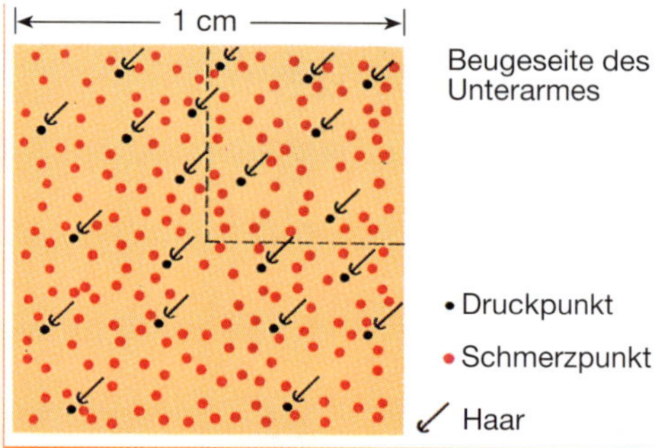

Abb. 21-4 Druck- und Schmerzpunkte

Hautfeld an der Beugeseite des Unterarmes mit Druck- und Schmerzpunkten.

nen), die beispielsweise bei Entzündungen und Zellzerstörung in Wunden freigesetzt werden, Jucken und Schmerzempfindungen auslösen können.

Der **Mangel an Adaptation des Schmerzsinnes** ist eine wichtige Voraussetzung für den Lebenserhalt. Die Erfahrung lehrt zwar, daß man sich an Schmerzen „gewöhnen" kann, z.B. durch Ablenkung wie Lesen, Fernsehen, Berufsarbeit usw., das ist jedoch nur zeitlich begrenzt möglich. Zahnschmerzen z.B. können nachts fast „unerträglich" werden, denn dann ist die Ablenkung gering; morgens ist es dann „wieder besser", das bewirkt aber meist nur die verstärkte Ablenkung.

21.4 Lagesinn

In den **Gelenken** gibt es Rezeptoren, die zusammen mit den Hautrezeptoren und speziellen Dehnungsrezeptoren im **Muskel,** den Muskelspindeln (s. Kap. 23.3.1) Informationen über die Lage, z.B. des Armes, zu den motorischen Zentren des Gehirns liefern. Nur so ist es möglich, daß wir auch ohne Sichtkontrolle gezielte Bewegungen mit unseren Gliedmaßen ausführen können. Die Lagerezeptoren des Halses spielen für das Gleichgewicht eine Rolle.

21.5 Untersuchungsmethoden

Die mechanischen Hautsinne werden durch leichte Berührung und einem Wattetupfer (Berührungssinn), der Unterscheidung von spitz und stumpf durch Aufsetzen der Spitze oder des Kopfes einer Nadel (Drucksinn) sowie das Aufsetzen einer Stimmgabel auf markante Knochenpunkte (Vibrationssinn) überprüft. Die Temperaturempfindung testet man mit Reagenzgläsern, die mit kaltem oder warmem Wasser gefüllt sind. Die Schmerzempfindung wird durch Kneifen in einer Hautfalte oder vorsichtige Stiche mit einer Kanüle untersucht. Ausfälle der Hautsinne geben Hinweise auf Schädigungen des peripheren oder der zentralen Nervensystems.

Kurzgefaßt

Die **Hautrezeptoren** vermitteln Druck-, Vibrations-, Berührungs-, Temperatur- und Schmerzempfindungen. Die Dichte der Rezeptoren und wie viele davon zu einer sensorischen Einheit gehören, bestimmen die **Lokalisierbarkeit** (Ortswert) von Reizen. Außer dem Schmerzsinn zeigen alle Rezeptoren **Adaptation.** Die **Temperaturrezeptoren** adaptieren weniger als die **Druckrezeptoren.** Beide können, wie die meisten Rezeptoren, nur Reizstärkenänderungen vermitteln. **Schmerzrezeptoren** gibt es auch in den Eingeweiden. Der Eingeweideschmerz ist schlechter lokalisierbar als der Oberflächenschmerz. Rezeptoren in Gelenken und Skelettmuskeln dienen dem **Muskellage-** und **Bewegungssinn.**

22 Gleichgewichtssinn

Außer den fünf Sinnen (Licht-, Gehör-, Geschmacks-, Geruchs- und Hautsinne), von denen man sagt, man solle sie „beisammen haben“, gibt es eine ganze Reihe weiterer Sinnesorgane, die uns weniger ins Bewußtsein treten als die fünf klassischen Sinne, die im Prinzip aber genauso arbeiten. Dazu gehören der Gleichgewichtssinn, der Muskellagesinn (s. Kap. 21) und eine Reihe anderer Rezeptorschaltungen wie z. B. die Chemorezeptoren bei der Atmung und die Druckrezeptoren in der Hals- und Körperschlagader.

Der Gleichgewichtssinn gibt Informationen über die **Körperlage** im Raum und ist damit Teil des Regelkreises, der das Gleichgewicht des Körpers einstellt. Hält man einen einige Wochen alten Säugling in unterschiedlichen Körperstellungen (Abb. 22-1), kann man beobachten, daß der Kopf möglichst so eingestellt wird, daß die Augenachse parallel zum Horizont verläuft. Dies geschieht auch bei geschlossenen Augen, so daß der Vorgang nicht über das optische System erfolgen kann.

22.1 Das Gleichgewichtsorgan

22.1.1 Registrierung von Linearbeschleunigungen

Tatsächlich haben wir nahe dem Hörorgan Sinnesrezeptoren, die die Körperlage regi-

Abb. 22-1 Einstellung der Augenachse

Die Einstellung der Augenachse auf den Horizont erfolgt durch entsprechende Kopfstellung, die durch Rezeptoren im statischen Organ (Utriculus und Sacculus) ausgelöst wird.

strieren können (Abb. 22-2). Sie befinden sich in Säckchen **(Sacculus)** und kleinen Schläuchen **(Utriculus).** Bei aufrechter Körperhaltung bzw. Körperlage bewirken kalkhaltige Körnchen (Statolithen) durch die auf sie wirkende Erdbeschleunigung (Schwerkraft) eine Abscherung und Erregung der Sinneszellen (Abb. 22-3). Bei anderer Körperlage wird die Abscherung verändert, dadurch werden andere Informationen in die motorischen Zentren gegeben. In eindrucksvollen Versuchen mit Krebsen kann man den Mechanismus nachweisen. Wenn diese Tiere im Laufe ihres Wachstums ihre Schale wechseln, verlieren sie auch die „Steinchen" in ihrem Gleichgewichtsorgan; diese werden durch neue ersetzt. Hält man die Tiere zur Zeit ihres Schalenwechsels in einem Aquarium, in dem sich statt Sand nur Eisenfeilspäne befinden, werden diese ersatzweise eingebracht. Danach kann man durch Anziehen der eingebauten Eisenspäne mit einem Magneten nach oben für den Krebs den Sinneseindruck „unten" erzeugen; das Tier dreht sich dann auf den Rücken.

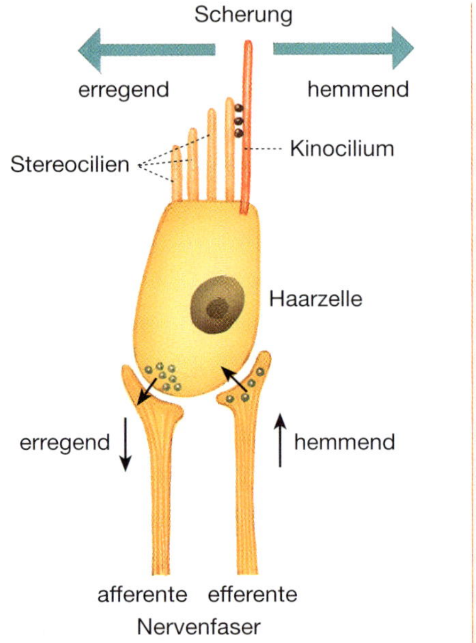

Abb. 22-3 Erregung eines Sinnesrezeptors

Schematische Darstellung einer Sinneszelle (Haarzelle) im Utriculus. Die Stereocilien, die auch im Innenohr vorkommen, vermitteln den räumlichen Lageeindruck des Körpers in Ruhe. Bei Abbiegung der Stereocilien in Richtung auf das Kinocilium wird die Entladungsrate in den afferenten Nervenfasern erhöht, bei Ablenkung vom Kinocilium weg wird sie erniedrigt.

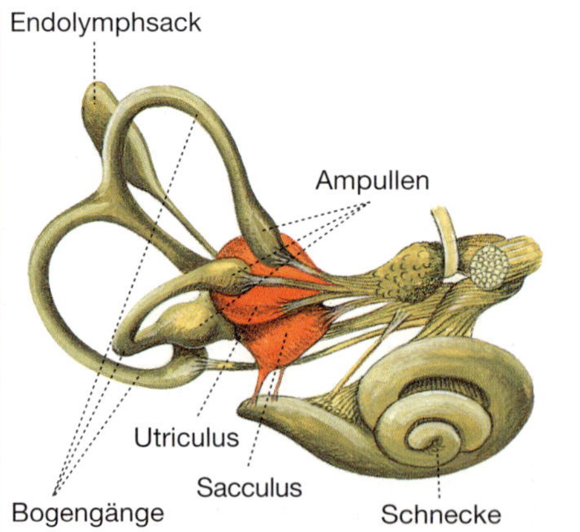

Abb. 22-2 Gleichgewichtsorgan

Gleichgewichtsorgan mit Bogengängen, Utriculus und Sacculus, unten Hörschnecke.

Das Organ registriert auch **lineare** (gerade) **Beschleunigungen,** wie man bei Benutzen rasch anfahrender oder rasch bremsender Aufzüge feststellen kann. Bei einem abwärtsfahrenden Fahrstuhl, der schnell bremst, geht man leicht in die Knie. Fährt er dann rasch weiter, werden die Beine unwillkürlich gestreckt. Diese Korrekturbewegungen, durch Sinneszellen ausgelöst, erfolgen reflektorisch. Auch die Muskelgrundinnervation (Tonus) wird von den Lagerezeptoren beeinflußt.

22.1.2 Registrierung von Drehbeschleunigungen

Dicht neben den Rezeptoren für lineare Beschleunigung liegen in den **Bogengängen** Rezeptoren, die auf **Drehung,** d.h.

Winkelbeschleunigung, ansprechen. In den 3 Raumebenen befindet sich je ein Bogengang, der mit Flüssigkeit (Endolymphe) gefüllt ist und eine Erweiterung (Ampulle) hat, in der sich die Sinneszellen befinden (Abb. 22-4). Bei Beginn der Drehung des Kopfes werden die Sinneszellen durch die Trägheit der Endolymphe entgegen der Drehrichtung abgeschert und dadurch erregt (Abb. 22-5). Die Information geht von den Sinneszellen zu den motorischen Kernen der Augenmuskeln und der Halsmuskeln und beeinflußt schließlich die gesamte Körpermotorik. Die Augenbewegungen bei oder nach Drehung lassen sich bei einer Versuchsperson, die in einem gut befestigten Drehstuhl sitzt, leicht beobachten. Dreht man die Versuchsperson im Uhrzeigersinn (nach rechts), kommt es zu unwillkürlichen Augenbewegungen entgegen der Drehrichtung. Die Augen fixieren die sich scheinbar drehende Umgebung, sie informieren uns über die Beziehung der Körperstellung zur Umgebung. Zwischen den langsamen Augenbewegungen erfolgen rasche Rückstellungen der Augen in Drehrichtung, von denen die Versuchsperson keinen Sinneseindruck hat, weil sie so rasch sind.

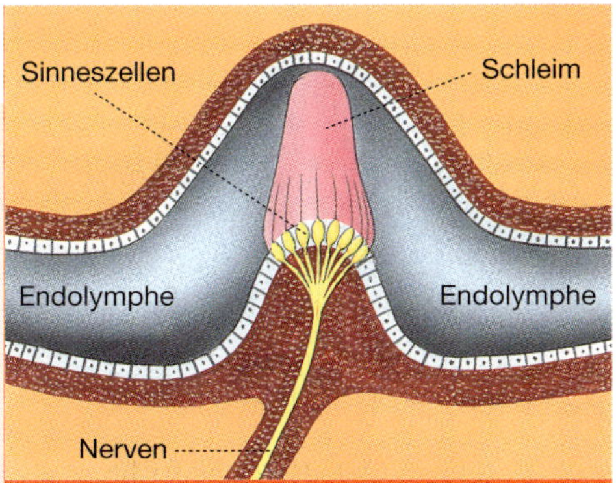

Abb. 22-4 Bogengangsrezeptor

Sinneszellen in den Ampullen der Bogengänge, die über die Trägheit der Endolymphe durch Winkelbeschleunigung erregt werden.

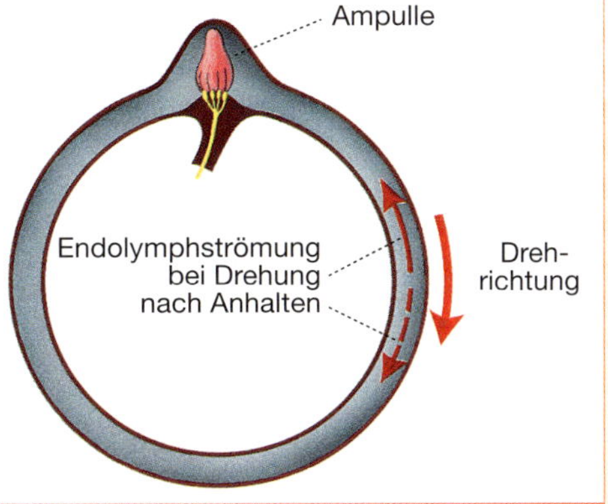

Abb. 22-5 Bogengang

Einfluß der Drehrichtung auf die Sinneszellen in den Ampullen.

22.2 Nystagmus

Die bei Drehung auftretenden rhythmischen Augenbewegungen nennt man Nystagmus (Abb. 22-6), in unserem Fall **Rechtsnystagmus,** benannt nach der schnellen Augenbewegung. Drehen wir eine Versuchsperson ca. 30 s rechts herum und halten die Drehung plötzlich an, so beobachten wir einen **Linksnystagmus.** Die langsamen Augenbewegungen gehen nach rechts, die raschen Rückstellungsbewegungen nach links, weil nach dem plötzlichen Anhalten die Endolymphe infolge ihrer Trägheit in die ursprüngliche Drehrichtung weiterströmt. Von den Bogengangsrezeptoren aus wird also die Orientierung im Raum bei Winkelbeschleunigung ermöglicht. Der Teil des Innenohres, in dem die Rezeptoren liegen, wird Labyrinth genannt und die Augenbewegungen entsprechend **labyrinthärer Nystagmus.**

Ähnliche Augenbewegungen entstehen, wenn ein Eisenbahnzug an uns vorbeifährt oder wenn wir selbst in einem fahrenden Zug sitzen und z. B. „vorbeifliegende" Telegrafenmasten beobachten. Die Augen

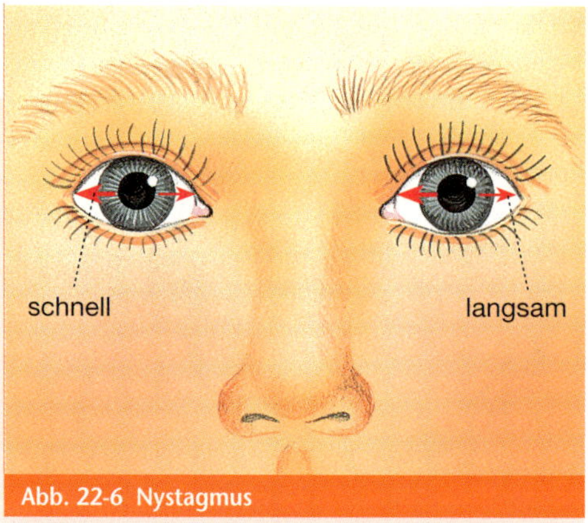

Abb. 22-6 Nystagmus

Augenbewegungen (Nystagmus) beim Drehversuch des Patienten um seine senkrechte Achse im Uhrzeigersinn, d.h. nach rechts.

zeigen eine langsame Bewegung, das „Hängenbleiben" am bewegten Objekt, in dessen reeller oder scheinbarer (wenn wir uns selbst bewegen) Bewegungsrichtung. Dieser sogenannte **Eisenbahnnystagmus** wird nicht im Labyrinth, sondern rein optisch ausgelöst und heißt daher **optokinetischer Nystagmus.**

Drehbewegungen auf einem Drehstuhl eignen sich zwar für Funktionsprüfungen des Gleichgewichtssinnes, doch im täglichen Leben wird dieser meist in anderer Weise beansprucht. Wenn wir z.B. ausgleiten oder einen Stoß bekommen, verlieren wir das Gleichgewicht; der Körper wird kurzzeitig in eine rasche Drehbewegung versetzt. Zuerst wird die Augenachse, wie bereits geschildert, horizontal zur Umwelt eingestellt, das Auge gibt die „richtige" Information, damit Gliedmaßen und Rumpf wieder in die Normallage gebracht werden. Ist ein Sturz nicht zu vermeiden, werden reflektorische Streck- und Beugebewegungen ausgeführt, um Körperschäden zu vermeiden oder möglichst klein zu halten. Dies erfordert eine Reihe komplizierter Reflexabläufe.

22.3 Gleichgewichtsstörungen

Path

Wenn das Gleichgewichtsorgan durch unregelmäßige Beschleunigung, wie Schlingern, Rollen, Änderung der Geschwindigkeit usw., gereizt wird, kann man „seekrank" werden, was durch eine Miterregung des autonomen Nervensystems mit Übelkeit, Erbrechen, Blutdruckabfall und Schweißausbrüchen einhergehen kann. Diese Erkrankungen, die bei Reisen mit dem Auto, der Bahn, im Flugzeug und besonders mit Schiffen auftreten und nach dem Ende der Reise sofort verschwinden, nennt man **Kinetosen.** Sie sind willensmäßig nicht zu beeinflussen, bestimmte Medikamente können die Symptome mildern, wenn sie rechtzeitig vor Reiseantritt eingenommen werden.

Bei **Weltraumfahrern** ist neben der ausreichenden Sauerstoffversorgung die **Schwerelosigkeit** das wichtigste medizinische Problem. Da der größte Teil des Muskeltonus vom Gleichgewichtsorgan aus gesteuert wird, vermindert Schwerelosigkeit den Muskeltonus so stark, daß es ohne tägliches Muskeltraining zum **Muskelschwund** (Atrophie) kommt.

Andere Ursachen für Gleichgewichtsstörungen sind u.a. Durchblutungsstörungen oder Schwellungen im Gleichgewichtsorgan sowie Ausfälle im Zentralnervensystem (Tumoren, Schlaganfall, Alkohol).

22.4 Untersuchungsmethoden

Zur Untersuchung der **Labyrinthfunktion** prüft man das Verhalten des Nystagmus. Er wird, wie oben beschrieben, nach Anhalten einer Drehung (postrotatorischer Nystagmus) kontrolliert. Der Patient trägt

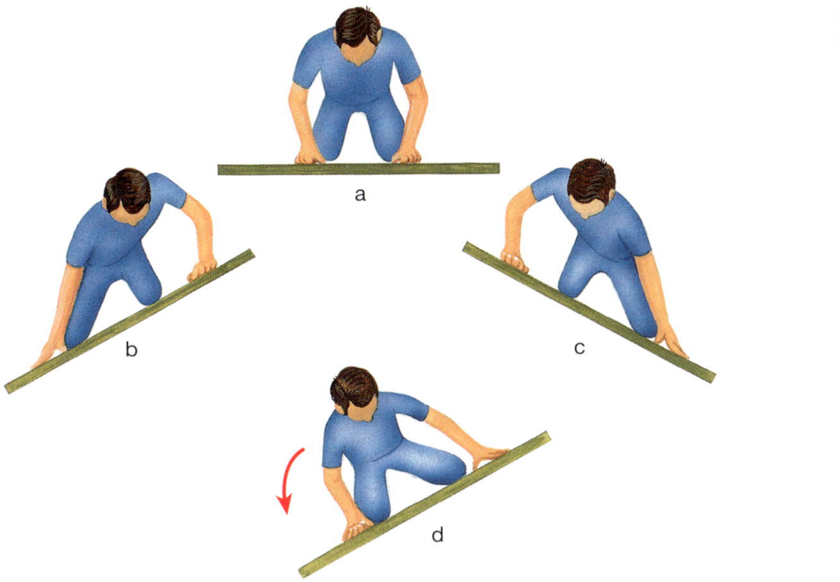

Abb. 22-7 Kippversuch

Beuger- bzw. Streckerinnervation infolge Kippung zur rechten Seite (b) führt zur Streckung der rechten und Beugung der linken Gliedmaßen, Kippung nach links führt zur umgekehrten Reaktion (c). Unten (d) ist ein Labyrinthgestörter gezeigt.

dabei eine Brille mit starken Sammellinsen, die ihn so kurzsichtig machen, daß er die Umgebung nicht optisch fixieren kann. Zusätzlich werden die Augen durch die Brille (*Frenzel*-Brille) beleuchtet, so daß der Arzt den Nystagmus gut beobachten kann.

Eine getrennte Untersuchung jedes einzelnen Labyrinths ist durch Spülen des äußeren Gehörgangs mit kaltem oder warmem Wasser möglich, wodurch ein sogenannter **kalorischer Nystagmus** erzeugt wird. Dabei ist der horizontale Bogengang der Temperaturänderung zuerst ausgesetzt. Erwärmung der Endolymphe, die dann in Richtung der Sinneszellen strömt, führt beim Gesunden zu einem Nystagmus mit der schnellen Komponente zur gespülten Seite hin. Verwendet man zum Spülen kaltes Wasser, entsteht ein Nystagmus in die andere Richtung. Bei Labyrinthschäden läßt sich kein Nystagmus auslösen.

Reflexbewegungen, die direkt vom Gleichgewichtssinn ausgelöst werden, kann man mit dem Kippversuch prüfen. Die Versuchsperson kniet, auf die Hände gestützt, in einer Art Vierfüßlerstellung auf einer kippbaren Platte (Abb. 22-7a). Wird diese plötzlich nach rechts gekippt (b), erfolgt eine Streckung des rechten Armes und des rechten Beines und eine Beugung des linken Armes und Beines. Bei plötzlichem Kippen nach links (c) reagiert die Versuchsperson umgekehrt; beide Male kann dadurch ein Abrutschen von der Platte vermieden werden. Diese Reaktionen werden vom Gleichgewichtsorgan gesteuert. Ein Patient mit Labyrinthstörungen (d), der nicht entsprechend reagieren kann, würde bei schnellem Kippen abrutschen.

22 Gleichgewichtssinn

Kurzgefaßt

Kurzgefaßt

Die **Stellung des Körpers im Raum** und die Stellung der Glieder zueinander im Sinne einer entsprechenden Körperhaltung wird von **Rezeptoren des Gleichgewichtsorgans** im Innenohr ausgelöst. Die Rezeptoren von Utriculus und Sacculus veranlassen außer einer Grundinnervation der Muskulatur (Muskeltonus) Korrekturbewegungen bei Linearbeschleunigung (bei Anfahren eines Aufzuges nach oben Beugung, nach unten Streckung der Gliedmaßen). Über die Halsmuskulatur wird die Kopfstellung möglichst so verändert, daß die Augenachse in der Horizontalen liegt. In den **Ampullen** der 3 **Bogengänge** lösen Winkelbeschleunigungen Korrekturbewegungen der Augen **(Nystagmus)** sowie Hals- und Gliedmaßenmuskulatur aus. Eine rasche Drehung des Körpers um seine senkrechte Achse nach links führt zur Streckung der rechten und Beugung der linken Gliedmaßen. Korrekturbewegungen der Augen infolge wirklicher oder scheinbarer Bewegung der Umwelt werden **optokinetischer,** solche infolge Winkelbeschleunigung **labyrinthärer Nystagmus** genannt.

Kinetosen (See-, Luft-, Fahrkrankheit) werden durch Reizung des Gleichgewichtsorgans mit bestimmter Stärke und Frequenz verursacht. Die Erregungen strahlen ins autonome Nervensystem aus und führen zu Übelkeit, Blutdruckabfall und Schweißausbruch. **Schwerelosigkeit** im Weltraum erfordert aktives Muskeltraining, um dem Muskelschwund, der durch mangelnde Innervation aus dem Gleichgewichtsorgan herrührt, entgegenzuwirken.

IV

Koordinierende Systeme

23 Das Nervensystem

24 Das Verhalten

25 Das hormonelle System

23 Das Nervensystem

Ein vielzelliger Organismus mit vielfältiger Aufgabenverteilung auf einzelne Organe, die sinnvoll zusammenarbeiten müssen, bedarf einer übergeordneten Befehlszentrale. Diese Zentrale muß Informationen von den einzelnen Organen und der Umwelt erhalten, um die einzelnen Reaktionen bzw. Funktionen zweckmäßig regeln und den jeweiligen Bedürfnissen anpassen zu können. Der Pupillarreflex (s. Kap. 18.2) ist ein einfaches Beispiel einer solchen Regelung: **Rezeptoren** (Sinneszellen der Netzhaut) werden durch einen **Reiz** (Licht) erregt und eine entsprechende Information über **Nerven** zu einem **Reflexzentrum** geleitet. Das regt dann, wieder auf nervösem Weg, die glatten **Muskelfasern** zum Zusammenziehen an, wodurch die Pupillen verengt werden. Auf ähnliche Weise wird eine große Zahl von Körperfunktionen geregelt, wobei die Rezeptoren nicht unbedingt durch Umweltreize erregt werden müssen, sondern auch durch Veränderung im Körper selbst gereizt werden können. Ein Beispiel dafür sind die Chemorezeptoren nahe der Halsschlagader, die durch chemische Veränderungen im Blut erregt werden und die Atmungsmuskulatur über das Atemzentrum beeinflussen (s. Kap. 13.9).

Da im Prinzip zwischen Rezeptoren und Zentrum sowie zwischen Zentrum und Ausführungsorganen (quergestreifter oder glatter Muskulatur) stets zu- und ableitende Nerven eingeschaltet sind, spricht man zusammenfassend von **nervösen Koordinationssystemen**, weil sie Körperfunktionen regeln und aufeinander abstimmen, koordinieren. Ihre Regelzentren befinden sich im **Rückenmark** und im **Gehirn**, dem **Zentralnervensystem**.

Regelung und Koordination von Körperfunktionen kann aber auch durch **Botenstoffe**, die die Organe auf dem Blutweg erreichen, erfolgen. Weil dabei die Meldungen auf dem Blutwege übermittelt werden (über Flüssigkeit, Saft = gr. humor), nennt man diese Art der Regelung und Koordination humorale Koordination (s. Kap. 25).

Es muß betont werden, daß beide Koordinationssysteme, das nervöse und das humorale, nicht streng getrennt werden können, sondern in vielen Fällen zusammenwirken Eine Hormonausschüttung kann zum Beispiel auch über einen Reiz von Nervenzellen erfolgen.

23.1 Aufbau des Nervensystems

Entsprechend seiner Anordnung wird das Nervensystem in das Zentralnervensystem (ZNS) und die peripheren Nerven (s. Kap. 6) unterteilt. Das **Zentralnervensystem** besteht aus **Großhirn, Kleinhirn** und **Rückenmark**. Es koordiniert und verarbeitet die vom peripheren Nervensystem kommenden Reize. Die **peripheren Nerven** verbinden das **Zentralnervensystem** mit den **Rezeptoren** oder den **Erfolgsorganen** (z.B. Muskeln, Drüsen). In bezug auf seine Funktion unterscheidet man das somatische und das autonome oder vegetative Nervensystem. Das **somatische Nervensystem** besteht aus allen Neuronen (s. Kap. 6), die vom ZNS Erregungen zu den quergestreiften Muskeln und von den Sinnesrezeptoren Erregungen zum ZNS leiten. Die inneren Organe, Herz, Blutgefäße, das Verdauungssystem, die gesamte glatte Muskulatur und alle Drüsenzellen werden von Neuronen innerviert, die einer Beeinflussung durch den Willen nicht unterworfen sind. Man nennt deshalb diesen Teil des Nervensystems **autonomes**, wegen seiner Versorgung der inneren Organe auch **vegetatives Nervensystem**.

Zum Nervensystem gehören neben den Teilen des ZNS auch die „peripheren Leitungen", die Nerven (s. Kap. 6). Dies sind im Kopfbereich die 12 Paar **Hirnnerven** (Kiemenbogennerven) und im übrigen Körper die 31 Paar **Rückenmarksnerven** (Spinalnerven). Im autonomen System findet man dagegen den einzelnen Nerven nur als Ausnahme. Hier handelt es sich in der Hauptsache um periphere Nervengeflechte.

Der Qualität nach unterscheidet man im somatischen Nervensystem **motorische** (efferente) und **sensible** (afferente) Nervenfasern. Dem entsprechen im autonomen Nervensystem die **viszeromotorischen** (efferenten) und **viszerosensiblen** (afferenten) Nervenfasern. Efferente (wegführende) Nerven leiten Erregungen vom Zentrum zur Peripherie, afferente (heranführende) Nerven leiten Erregungen von der Peripherie zum Zentrum.

23.2 Regulation und Koordination der Körpermotorik

Einen großen Anteil am nervösen Koordinationssystem nimmt die Regulation und Abstimmung der Körpermotorik in Anspruch. Gehirn und Rückenmark enthalten Schaltzentren in sogenannten Kernen und Leitungsbahnen zur Beeinflussung der Skelettmuskulatur. Auch die Erregungen der meisten Rezeptoren aus der Peripherie werden über das Rückenmark zum Gehirn geleitet.

Unsere Muskulatur ist auch bei Ruhe nicht ganz erschlafft, sondern es laufen immer einige Kontraktionswellen über die Muskeln ab. Man nennt das den **Ruhetonus**, also die Ruhespannung der Muskulatur. Sie wird durch Einflüsse vom Großhirn, vom Kleinhirn, vom Stammhirn, vom Rückenmark und von den Muskeln selbst aus geregelt. Der Tonus kann sich durch Muskeldehnungen oder unter Einfluß des Gehirns, z.B. bei Erschrecken oder „gespannter" Aufmerksamkeit, vergrößern. Bei Erwärmung der Haut nimmt der Muskeltonus ab, bei Abkühlung zu.

Zuerst sollen die Reaktionen und Koordinationen der Motorik, die sich auf der Rückenmarksebene abspielen, besprochen werden, anschließend ihre Beeinflussung durch „höhere" Zentren, im Gehirn und Kleinhirn.

23.3 Reflexe der Skelettmuskulatur

Auf der Rückenmarksebene laufen vor allem die Reflexe der Skelettmuskulatur ab. Ein Muskelreflex ist eine auf einen bestimmten Reiz erfolgende Kontraktion oder Erschlaffung eines ganz bestimmten Muskels oder einer Muskelgruppe. Die Reize können von verschiedenen Sinnesorganen (Rezeptoren) ausgehen. Für eine wichtige Gruppe von Reflexen liegen die Rezeptoren im selben Muskel, der auch die Kontraktion oder Erschlaffung ausführt, also im „eigenen" Muskel; diese Reflexe nennt man deshalb **Eigenreflexe**.

23.3.1 Eigenreflexe

Am bekanntesten und auch für diagnostische Zwecke wichtig ist der **Patellarsehnenreflex** (Kniesehnenreflex). Der Arzt dehnt dabei durch einen Schlag auf die Sehne (Abb. 23-1) unterhalb der Knie-

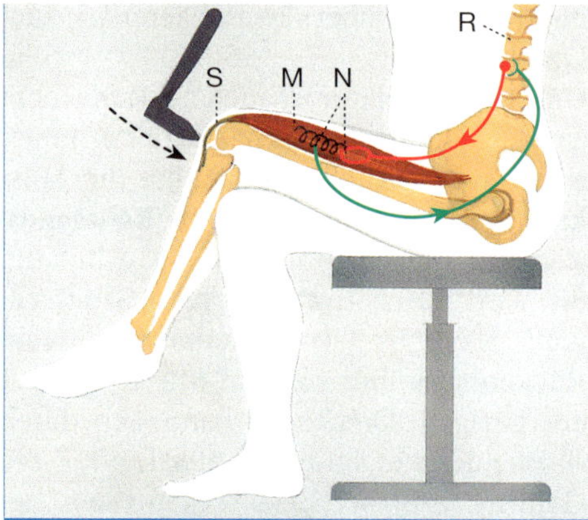

Abb. 23-1 Kniesehnenreflex

Der Reflexhammer trifft die Kniesehne (S) und dehnt dadurch die Muskelspindel (M), deren Nerv (N) die Information über die Dehnung ans Rückenmark (R) meldet. Der motorische Nerv (N) erregt dann die Muskulatur, es kommt zur Verkürzung, der Unterschenkel schlägt aus.

scheibe den Oberschenkelmuskel (M. quadriceps femoris) und reizt dadurch die Rezeptoren. Diese sind in einer Spindel angeordnet und durch ihre spiralige Form besonders für Dehnungsreize empfindlich (s. auch Abb. 23-4). Die Erregung wird über rasch leitende Nervenfasern (Aα-Fasern, Tab. 6-1) durch die hintere Wurzel **(afferentes Neuron)** ins Rückenmark geleitet und dort über eine **Synapse** (Kontaktstelle, s. Abb. 6-7) auf ein zweites Neuron umgeschaltet, das Erregungen vom Zentrum weg über die vordere Wurzel **(efferentes Neuron)** zum Muskel leitet. Die Eigenreflexe werden auch **monosynaptische Reflexe** genannt, weil nur **eine** Synapse beteiligt ist. Die Abbildung 23-2 zeigt den sogenannten **Reflexbogen** in schematischer Darstellung. Die Abbildung 23-3 erläutert genauer den Ablauf des Kniesehnenreflexes. Daraus wird auch die Bezeichnung Reflexbogen klar. Beim Reflex wird nicht nur der **Unterschenkelstrecker** verkürzt, sondern es werden gleichzeitig die **Beugermuskeln gehemmt**, d.h., sie erschlaffen. Diese Schaltung ist sinnvoll, weil so die Streckung erleichtert wird. Man nennt das Gegenmuskel- oder **antagonistische Hemmung**. Die Zuckung des Muskels ist eine **Einzelzuckung**, d.h. kurz ablaufend, wie man bei der Reflexauslösung leicht sehen kann (s. Abb. 7-4).

Die Eigenreflexe sind meist Streckreflexe und werden vom Arzt dazu benutzt, die Funktion des Rückenmarks zu prüfen. Wenn der Kniesehnenreflex noch nachweisbar ist, der Achillessehnenreflex aber nicht mehr ausgelöst werden kann, muß eine Rückenmarksstörung unterhalb des Segments für den Kniesehnenreflex liegen, d.h. also unter dem Rückenmarkssegment L4 (s. Abb. 23-7).

Bei der Prüfung von Reflexen löst der Arzt verhältnismäßig unphysiologische Erscheinungen aus, denn es wäre wenig sinnvoll, wenn der Unterschenkel beim Anstoßen der Kniesehne, z.B. an eine Barriere, ausschlagen würde. Das Reflexsystem ist vielmehr dazu da, die **Muskellänge** den

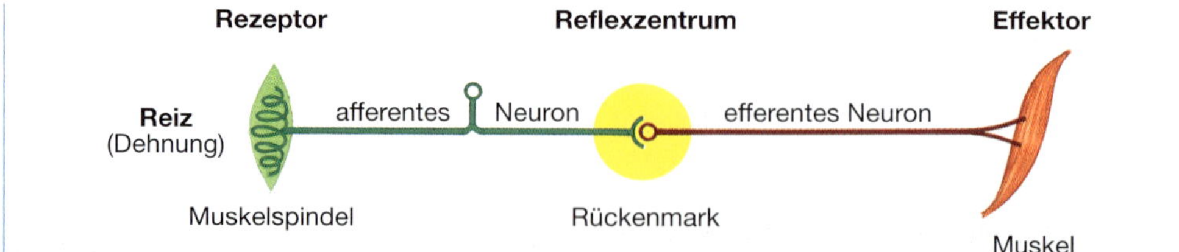

Abb. 23-2 Eigenreflexbogen

Rezeptor und Effektor des Eigenreflexbogens und die sie verbindenden Nervenzellen.

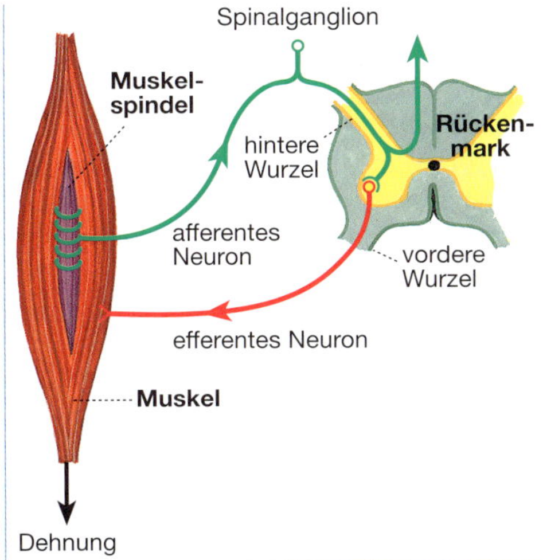

Abb. 23-3 Muskelspindelreflexbogen

Der Reflex von der Muskelspindel über das Rückenmark zu den Muskelfasern.

Halte- und Bewegungsvorgängen anzupassen. Die rasche Dehnung bei der Reflexauslösung führt zu einer Verkürzung, die der Dehnung entgegenwirkt. Federndes Hüpfen auf den Zehenspitzen wäre ohne dieses System nicht möglich. Seine Bedeutung wird wesentlich erhöht durch Einflüsse von höheren motorischen Zentren, die auf Muskeln in der Muskelspindel wirken. Nach der Nervenart, die sie versorgen, werden sie **A**γ-Muskelfasern genannt (s. Tab. 6-1), im Gegensatz zu den die Skelettmuskulatur versorgenden schneller leitenden Aα-Fasern (Abb. 23-4). Die Funktion ist wie folgt: Von höheren Zentren der Hirnrinde bis zu motorischen Zentren im verlängerten Rückenmark werden Erregungen vor allem auf die Aγ-Zellen im Vorderhorn des Rückenmarks geleitet. Die Erregungen führen je nach Stärke zu einer Kontraktion der beiden Muskeln in der Muskelspindel. Dadurch wird der Muskeldehnungsrezeptor gedehnt und, wie beim Reflex beschrieben, werden dann vom Rezeptor aus die Aα-Neurone erregt, und die Muskelspannung steigt. Da der Erregungsausstrom vom Gehirn nicht schlagartig ist, sondern gleichmäßig erfolgt, haben wir je nach Stärke eine stärkere oder schwächere **Dauerspannung** (**Tonus**) des Skelettmuskels. Einen großen Erregungsausstrom vom Gehirn haben wir bei starker Aufmerksamkeit, Angst oder körperlicher Tätigkeit, einen geringen, wenn wir „entspannt" sind oder schlafen bzw. gar narkotisiert sind. Der Sinn des Systems ist, eine bestimmte Leistungsbereitschaft zu erzeugen, je höher der Aγ-Tonus ist, um so stärker ist die Reaktion des Skelettmuskels auf eine Dehnung. Noch wichtiger ist der Aγ-Tonus für die Ausführung von Willkürbewegungen (s. Kap. 23.5.1), die ebenfalls vom Gehirn veranlaßt werden. Das heißt also, die **Feineinstellung** des Muskeltonus geschieht über die Aγ-Nerven und Muskelspindeln als ausführendes System.

23.3.2 Fremdreflexe

Rezeptoren außerhalb der Muskulatur, in sogenannten muskelfremden Organen, besonders der Haut und dem Gleichge-

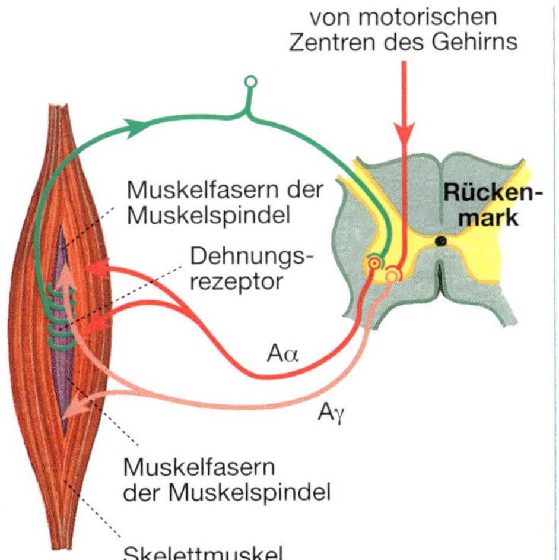

23-4 Innervation der Muskelspindel

Die Innervation der Muskeln in den Spindeln geht über Aγ-Nervenfasern vom Rückenmark (Vorderhorn) aus.

wichtsorgan, spielen ebenfalls eine wichtige Rolle bei der Regelung der Motorik. Wird z. B. ein Hautrezeptor gereizt und die Muskulatur reagiert, ist dies ein **Fremdreflex**. Abbildung 23.5 zeigt eine ähnliche Anordnung wie für den Eigenreflex (s. Abb. 23-2) mit dem Unterschied, daß 1. die Erregung von einem Hautrezeptor ausgeht und Druck, Temperatur oder Schmerz die reizauslösenden Ursachen sind, 2. daß im Rückenmark nicht nur eine Umschaltung (Synapse) vom afferenten zum efferenten Neuron erfolgt, sondern daß Zwischenneurone (in der Abbildung vereinfacht nur eines pro Efferenz) eingeschaltet, d.h. mehrere Synapsen vorhanden sind, deshalb auch **polysynaptischer Reflex** genannt, und 3. daß die Effektoren viele Muskeln sein können, die je nach Reizstärke die Reflexbewegung veranlassen.

Wir haben bei den einzelnen Organfunktionen schon viele Fremd- oder polysynaptische Reflexe kennengelernt, wie z. B. den Nies- und Schluckreflex. Ein typisches Beispiel eines Fremdreflexes der Skelettmuskulatur ist der sogenannte **Fluchtreflex**, den wir erleben, wenn wir etwa am Strand in eine Glasscherbe treten. Wir ziehen „unwillkürlich", d.h. reflektorisch, beim Schmerz das betroffene Bein an, „fliehen" also vor der Schädigung. Ganz anders als beim Eigenreflex sind dabei viele Muskeln betroffen und besonders die Beuger. Man nennt das **Ausbreitung** (Divergenz) der Erregung. Außerdem handelt es sich nicht um Einzelzuckungen, sondern, wie bei allen Fremdreflexen, um länger dauernde Verkürzungen, **tetaniforme Kontraktionen** (s. Kap. 7.1).

Ein weiterer wichtiger Unterschied zu den Eigenreflexen ist, daß beim Fremdreflex der Reflexerfolg sich nicht nur einseitig äußert, sondern daß auch auf der anderen Körperseite Kontraktionen und Erschlaffung, allerdings mit umgekehrten Vorzeichen (**reziproke Innervation**), auftreten. Bei Auslösung des Fluchtreflexes an der rechten Fußsohle werden rechts die Beuger kontrahiert und die Strecker gehemmt, links, wenn auch schwächer, die Strecker kontrahiert und die Beuger gehemmt. Dies ist eine sinnvolle Ergänzung, denn dadurch kann sich das „gereizte" Bein dem schädigenden Einfluß besser entziehen. Man nennt das den **gekreuzten Streckreflex**.

Die **Reflexzeit**, die Zeit von der Setzung des Reizes (z. B. Auftreffen des Reflexham-

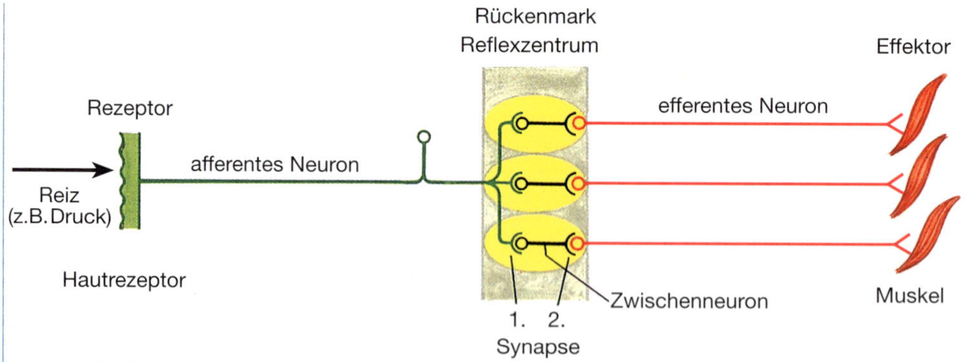

Abb. 23-5 Fremdreflexbogen

Der Fremdreflexbogen mit Ausbreitung auf mehrere Muskelgruppen und mehrere Synapsen im Rückenmarkszentrum. Die Vermittlung auf mehrere Rückenmarksebenen geschieht durch Neuriten der Strangzellen.

Tab. 23-1 Unterschiede des Verhaltens von Eigen- und Fremdreflexen

	Eigenreflexe	Fremdreflexe
Synapsen	eine (mono)	viele (poly)
Zuckungsart	Einzelzuckung	tetaniform
Antagonistische Hemmung	einseitig	doppelseitig
Ausbreitung (Divergenz)	nein	ja
Reflexzeit	konstant für jeden Reflex (10–40 ms)	veränderlich (50 ms bis 2 s)

mers) bis zum Kontraktionsbeginn des Muskels, ist bei Eigenreflexen konstant, weil die Erregung nur eine Synapse überschreiten muß. Sie hängt aber natürlich von der Länge der Nervenleitungsbahnen ab und ist deshalb beim Kniesehnenreflex kürzer (15 ms) als beim Achillessehnenreflex (30 ms). Bei den Fremdreflexen ist die Reflexzeit, auch wenn die Länge der Leitungsbahn gleich groß ist wie bei einem bestimmten Eigenreflex, immer länger, weil im Reflexzentrum viele Synapsen überschritten werden müssen. 50 ms ist die Mindestzeit für den **Bauchhautreflex**, der **Pupillenreflex** auf Lichteinfall benötigt ca. 300 ms. Bei schwächeren Reizen oder Hemmungen verlängert sich die Reflexzeit beim Fremdreflex, es treten Aufsummierungen in den vielen Synapsen des Zentrums auf, die längere Zeit benötigen.
In Tabellen 23-1 und 23-2 sind einige wichtige Eigenschaften, in denen sich die

Tab. 23-2 Wichtige Reflexe

Bezeichnung	Auslöseart	Reflexbewegung	Beteiligte Rückenmarkssegmente (C = Hals-, Th = Brust-, L = Lenden-, S = Sakralmark)
Eigen-(monosynaptische)Reflexe			
Bizepsreflex	Schlag auf Bizepssehne bei gebeugtem Ellenbogen	Beugung des Ellenbogens	C5–C6
Trizepsreflex	Schlag auf Trizepssehne bei gebeugtem Ellenbogen	Streckung des Ellenbogens	C5–C6
Quadriceps-femoris-Reflex (Patellar-[Knie-] sehnenreflex)	Schlag auf Sehne unterhalb der Kniescheibe bei schwach angebeugtem Knie	Streckung des Knies	L3–L4
Triceps-surae-Reflex (Achilles-sehnenreflex)	Schlag auf Achillessehne bei gebeugtem Knie; Fuß rechtwinklig zum Unterschenkel	Streckung des Fußes	S1–S2
Fremd-(polysynaptische)Reflexe			
Bauchhaut-(Bauchdecken-)Reflex	Bestreichen der Bauchhaut von den Seiten zur Mitte	Bauchhaut und Nabel werden zur gereizten Seite hin verzogen	Th6–Th12
Kremaster-Reflex	Bestreichen der Haut an oberer Innenseite des Oberschenkels	Hochsteigen des gleichseitigen Hodens	L1–L2
Babinski-Zeichen	Bestreichen des seitlichen Fußrandes oder der seitlichen Fußsohle	Normal bei Erwachsenen: Zehenbeugung. Krankhaft: Großzehenstreckung nach oben und Spreizung der 4 Zehen	Krankhafte Reaktion (Babinski positiv) weist auf Pyramidenbahnschädigung hin

beiden Reflexarten unterscheiden, zusammengestellt.
Außer auf Skelettmuskeln wirken Fremdreflexe auch auf glatte Muskeln, besonders des Verdauungssystems, der Blutgefäße, der Drüsen und auf die Harn- und Gallenblase. Sie wurden bei der Besprechung der einzelnen Organe schon behandelt. Diese nicht willkürlich betätigbare Muskulatur wird vom sogenannten **autonomen Nervensystem** reguliert und im Zusammenhang unten (s. Kap. 23.9) besprochen.

Kurzgefaßt

Das **somatische Nervensystem** besteht aus zentralen Anteilen (Gehirn und Rückenmark) und peripheren Anteilen (Nerven). Es dient der **Aufnahme von Reizen** aus der Umwelt und dem Körper durch Rezeptoren, der **Weiterleitung** der Erregungen und der **Verarbeitung** im Zentralnervensystem. Reaktionen darauf sind meist Bewegungsabläufe der Skelettmuskulatur, im einfachsten Fall Reflexe. **Eigenreflexe** gehen von Rezeptoren in den Muskelspindeln aus. Bei Dehnung lösen sie Einzelzuckungen aus. Sie haben nur eine Synapse; die Reflexzeit ist kurz und konstant (Kniesehnenreflex ca. 15 ms) sowie von der Reizstärke unabhängig. Höhere Zentren beeinflussen über **A**γ-Neurone im Vorderhorn des Rückenmarks die Spannung der Muskelfasern in den Spindeln und damit die Reflexstärke. **Fremdreflexe** gehen von allen Rezpetoren – außer den Spindelrezeptoren – aus und umfassen neben der Skelettmuskulatur (vor allem Beuger) auch die glatte Muskulatur und die Drüsen (vegetative Reflexe). Die Zuckungen der Skelettmuskeln sind tetaniform. Fremdreflexe haben mehrere Synapsen; die Reflexzeit ist länger als bei den meisten Eigenreflexen und von der Reizstärke abhängig. Fremdreflexe der Skelettmuskulatur verursachen auf der Gegenseite eine umgekehrte Reaktion (reziproke Innervation); z.B. führt ein am rechten Bein ausgelöster Beugereflex zu einer Streckung des linken Beines.

23.4 Das Rückenmark

Das Rückenmark enthält neben den besprochenen Reflexzentren die **Leitungsbahnen** für die Motorik vom Gehirn zu der Muskulatur, **absteigende Bahnen** genannt, und diejenigen von den Rezeptoren zum Gehirn, **aufsteigende Bahnen** genannt. Die meisten Bahnen kreuzen in ihrem Verlauf vom oder zum Gehirn von einer Seite auf die andere. Die zu den motorischen Zellen im Rückenmark absteigenden Pyramidenbahnen kreuzen zum großen Teil schon im oberen Halsmark, der Pyramide. Die aufsteigenden Bahnen für Schmerz und Temperatur kreuzen nach dem Eintritt über die Hinterwurzel ins Rückenmark. Die Bahnen der Muskel- und Druckrezeptoren kreuzen nur teilweise.

Path Bei **Verletzungen des Rückenmarkes**, die eine halbe Seite zerstören, kommt es zu Ausfällen der Motorik und Empfindung, die man dissoziierte Empfindungslähmung oder nach ihrem ersten Beschreiber *Brown-Séquard*sche Halbseitenlähmung nennt. Dabei ist die Motorik auf der verletzten Seite (Abb. 23-6) fast vollständig ausgefallen, hingegen Schmerz- und Temperaturempfindung auf der anderen (unverletzten) Seite. Auf beiden Seiten ist die Berührungs- und Muskellagempfindung abgeschwächt.

Die **segmentale Anordnung** der Rückenmarksnerven ist für Diagnose und Thera-

Abb. 23-6 Halbseiten- oder dissoziierte Empfindungslähmung

Gezeigt sind motorische, Schmerz-Temperatur- u. Druck-Muskel-Lagesinn-Ausfälle.

pie wichtig. Sie ist entwicklungsgeschichtlich bedingt und beruht auf der embryonalen Teilstückgliederung (Metamerie) des Organismus. Ein Metamer besteht aus einem Muskel- und Hautsegment sowie einem Segment des Achsenskelettes mit dem dazugehörigen Nerven und den Gefäßen. Es gilt nun folgende Gesetzmäßigkeit: Gleichgültig welche Muskeln oder Hautpartien bzw. Skelettanteile aus den jeweiligen Segmenten entstehen und gleichgültig wohin diese sich später regional verlagern, ihren zugehören Nerven nehmen sie mit und behalten ihn zeitlebens. Anders formuliert: Die segmentale Innervation umfaßt das gesamte Einzugsgebiet eines Spinalnervens.

Das ursprüngliche Hautsegment nennt man **Dermaton** (Einflußgebiet der sensiblen Nervenfasern in der Haut). Das ursprüngliche Muskelsegment heißt **Myotom** (Einflußgebiet der motorischen Nervenfasern innerhalb der Skelettmuskulatur). **Sklerotom** wird das Skelettsegment genannt, **Enterotom** der Eingeweideteil. Hautgebiete, in die Eingeweideschmerzen projiziert werden, nennt man ***Head*sche Zonen**.

Über die Ausbreitung der segmentalen Nerven in der Haut geben klinisch-funktionelle Befunde Auskunft. Danach überlappen sich benachbarte Segmente. An dieser Überlappung nehmen aber nur die Nervenfasern teil, die der Temperatur- und Tastempfindung dienen, nicht jedoch die Schmerzfasern (s. Kap. 21). Diese sind ebenso wie die *Head*schen Zonen auf ein Segment beschränkt.

Der segmentale Aufbau der Spinalnerven des Rückenmarks führt zu einer engen Verknüpfung vor allem zwischen Haut- und Eingeweideschmerz.

Path Entzündungen oder Versorgungsstörungen innerer Organe (Blinddarm, Gallenblase, Herz) führen zu Empfindlichkeit und Schmerz, dem sogenannten **übertragenen Schmerz**, der der Diagnose innerer Erkrankungen dienen kann.

Die Abbildung 23-7 zeigt die Einteilung der entsprechenden Hautsegmente. Schmerzen vom Herzen werden in den linken Arm, von der Gallenblase in die rechte Schulter übertragen. Streicht ein Arzt über diese Hautgebiete mit einer Nadel, so gibt der Patient eine stärkere Emp-

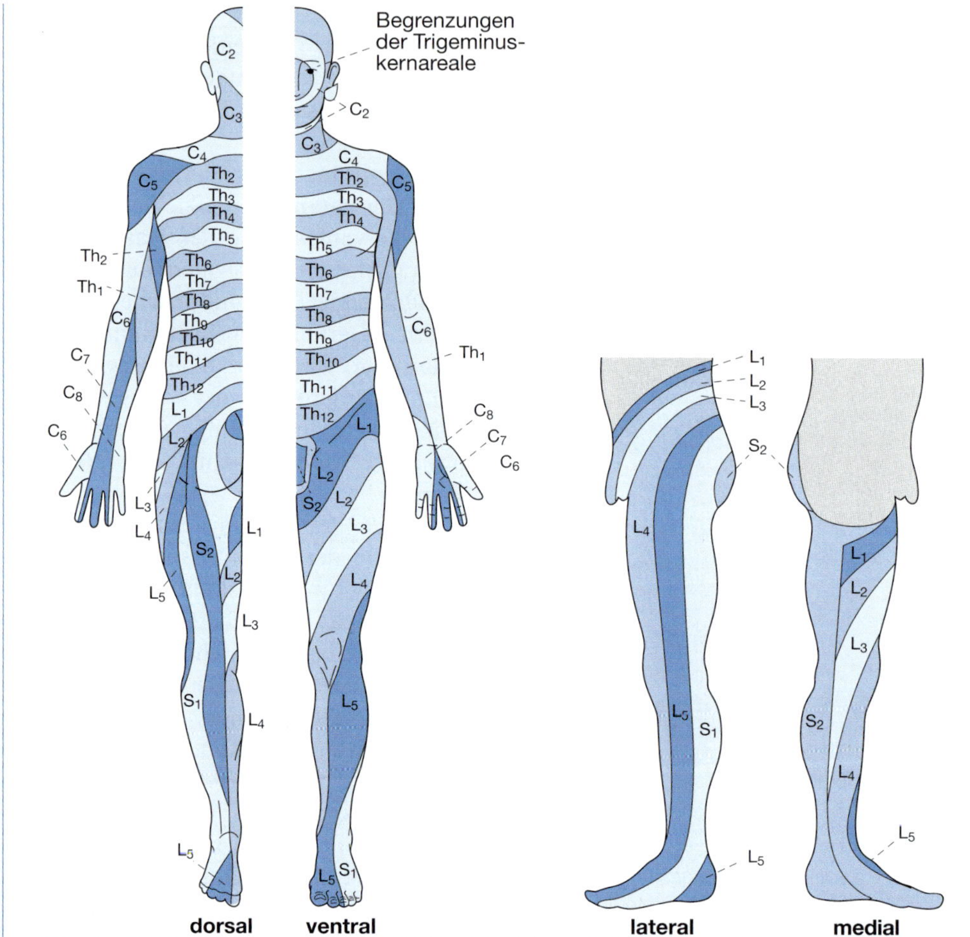

Abb. 23-7 Dermatome

Die von den einzelnen Rückenmarkswurzeln innervierten Hautbezirke.

findung an als in nicht beeinflußten Gebieten. Der anatomische Hintergrund ist in der Verknüpfung der beiden Schmerzbahnen (Abb. 23-8) zu sehen. Auf dieser Verknüpfung beruht auch die Wirkung einer Wärmflasche, die, auf dem richtigen Hautgebiet aufgelegt, die Hautrezeptoren reizt. Diese erregen dann im Rückenmark Fasern, die zu den Eingeweideblutgefäßen führen, und steigern damit dort die Durchblutung, was auf Entzündungen hemmend wirken kann.

Kurzgefaßt

Das **Rückenmark** enthält **aufsteigende** und **absteigende Nervenbahnen.** Ausgehend von den Sinnesrezeptoren treten Nervenstränge durch die hinteren Wurzeln ein, erreichen das Reflexzentrum des Rückenmarks und werden zum Gehirn geleitet. Absteigende Bahnen, von Zentren des Gehirns ausgehend, gelangen nach Umschaltung auf motorische Zellen im Vorderhorn über die vorderen

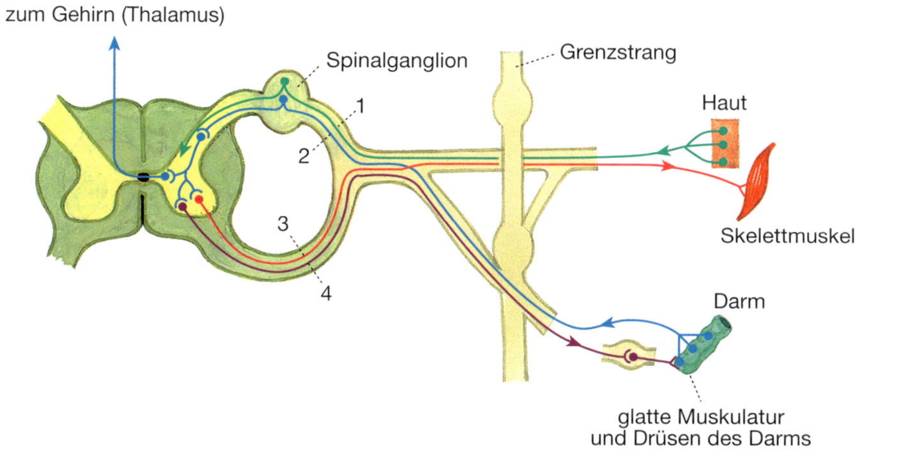

Abb. 23-8 Segmentale Verknüpfung von Haut- und Eingeweidenerven

1 = afferente Fasern von Hautrezeptoren. 2 = afferente Fasern von Eingeweiderezeptoren (Schmerz-Druck), beide Afferenzen können die Skelett- bzw. Eingeweidemuskulatur sowie Drüsen erregen. 3 = Efferenzen zur Skelettmuskulatur. 4 = Efferenzen zur glatten Muskulatur von Darm und Drüsen.

Wurzeln zur Skelett- bzw. glatten Muskulatur. Die absteigenden Bahnen kreuzen in der Pyramide. Die Bahnen für Temperatur- und Schmerzempfindung kreuzen nach Eintritt ins Rückenmark. Dies führt nach Verletzungen des Rückenmarks zu charakteristischen Ausfällen (z. B. Halbseitenlähmung). Diagnostisch und therapeutisch wichtig ist die **segmentale Anordnung der Rükkenmarksnerven**. Verknüpfungen der Schmerzbahnen ergeben Hinweise auf ein bestimmtes erkranktes Organ, wenn gleichzeitig in bestimmten Hautgebieten **(*Head*sche Zonen)** Schmerzempfindungen auftreten.

23.5 Höhere motorische Zentren

23.5.1 Pyramidales und extrapyramidales System

Schon im vorhergehenden Kapitel wurden die Einflüsse höherer Zentren auf die Körpermotorik über das Aγ-System (s. Kap. 23.3.1) besprochen. Für das Verständnis der Koordinationsmechanismen von Zentren oberhalb des Rückenmarks aus muß man sich zuerst klarmachen, was man unter Körpermotorik versteht.

Es handelt sich ganz allgemein um Kontraktion bzw. Erschlaffung von quergestreiften Skelttmuskeln, die zu **Bewegungen** von Gliedmaßen, Rumpf und Kopf führen. Von diesen Bewegungen können wir zwei Arten unterscheiden: 1. solche, die wir **willkürlich** ausführen, z. B., daß wir den Fuß anheben, um uns die Schnürsenkel zu knüpfen, und 2. solche, die mehr **unwillkürlich** ablaufen, d. h. diejenigen Muskelkontraktionen, die z. B. beim Fußanheben dafür sorgen, daß wir das Gleichgewicht nicht verlieren, das Mitbewegen der Arme beim Gehen und ein großer Teil der Muskelbewegungen beim Gehen selbst. Der Befehl, den Fuß zu heben, geht von einem Zentrum der Großhirnrinde aus, dem **motorischen Rindenfeld** der vorderen Zentralwindung (Abb. 23-9). Die Erregung wird in der **Pyramidenbahn**

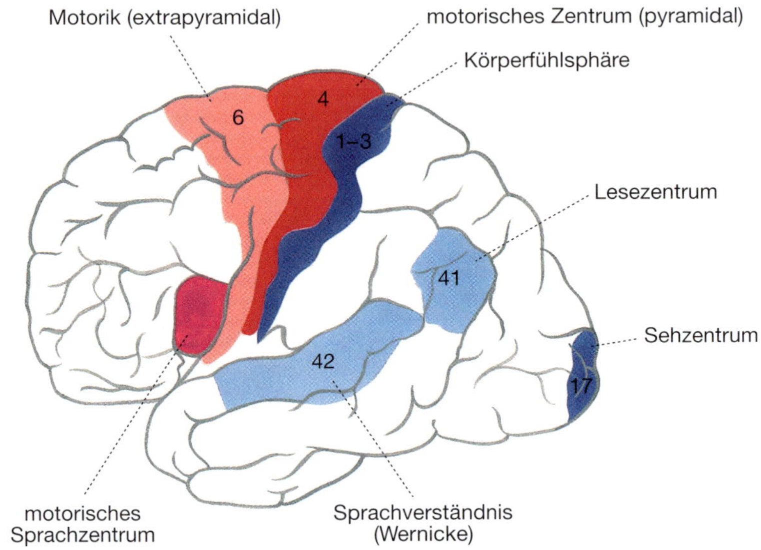

Abb. 23-9 Hirnrindenfelder

Motorische (rot) und sensorische (blau) Hinrindenfelder mit einigen besonderen Zentren. Jedem Feld (Area) wird nach einer internationalen Vereinbarung eine Zahl zugeordnet, z. B. Area 17 = Sehzentrum.

(Abb. 23-10) bei Kreuzung auf die andere Körperseite ohne Umschaltung von den Rindenzellen bis zu dem entsprechenden Abschnitt des Rückenmarks zu den motorischen Aα-Zellen (s. Abb. 23-4) geleitet. Nur über diesen Weg können wir eigentlich Willkürbewegungen machen und Bewegungen, die nicht angeboren sind, erlernen. Dazu sind aber noch andere höhere Zentren außer dem motorischen Rindenfeld nötig. Wenn wir z. B. schreiben lernen, müssen wir das Schriftbild mit den Augen erfassen, optisch verarbeiten und den Ratschlägen des Lehrers, wie wir Hand und Finger führen sollen (akustische Verarbeitung), folgen. Das erfordert höchste, von keinem Tier erreichbare Leistungen des Gehirns. Ein wichtiger weiterer Punkt beim **Erlernen von Bewegungsabläufen** ist, daß wir mit der Pyramidenbahn selbst nichts lernen, sondern daß nur der Ablauf über sie zum Lernen der Bewegungen führt. Dazu sind noch andere, entwicklungsgeschichtlich ältere Schaltsysteme und Bahnen erforderlich, die man zusammengefaßt **extrapyramidalmotorisches System** nennt. Das Beispiel des Schreibenlernens kann hier fortgeführt werden. Wir erinnern uns, mit welchen Schwierigkeiten wir das Schreiben begonnen haben. Das „Gekrakel" ist praktisch eine Leistung der Pyramidenbahn, aber durch Erregungsausstrom in verschiedene Kernsysteme des Stammhirns **(Stammganglien)**, der Brücke, des verlängerten Markes und des Kleinhirns, haben die dort liegenden Zentren (Kerngebiete) ebenfalls Informationen bekommen und sie weiterverarbeitet. Wenn wir schließlich elegant und glatt schreiben können, bedarf es deutlich weniger Impulse über die Pyramidenbahn. Was dann so elegant aussieht, ist vor allem die Leistung des extrapyramidalmotorischen Systems. Es handelt sich dabei um einen sehr aufwendigen Prozeß der Informationsweitergabe und -rückgabe. Vor allem in den

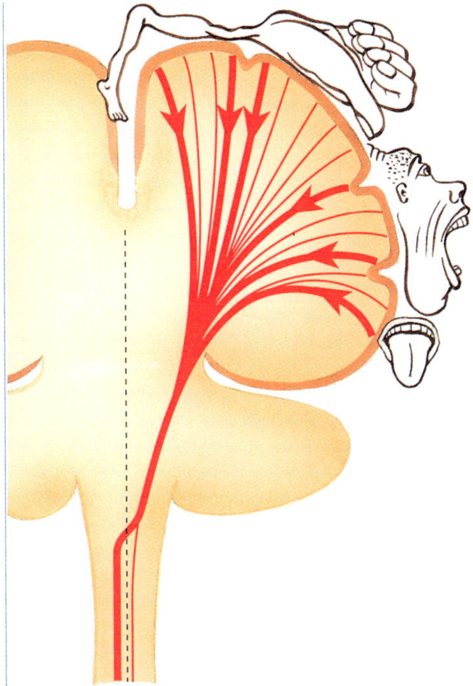

Abb. 23-10 Motorisches Rindenzentrum mit Pyramidenbahn

Die Größenverhältnisse der dargestellten Körperabschnitte repräsentieren die Größenverhältnisse der ihnen zugeordneten Rindenfelder.

Stammganglien und im Kleinhirn werden tiefer liegende Kerne beeinflußt. Von den Muskelspindeln und von Gelenkrezeptoren gehen dauernd wieder Informationen über die Stammganglien zum Gehirn zurück, und es kommt beim Lernen zu einer dauernden, modulierenden Kontrolle, bis der Bewegungsablauf „glatt" ist. Andere Beispiele sind komplizierte sportliche Übungen oder z.B. das Spielen eines Instrumentes. Die Pyramidenbahn ist dann bei gelerntem Ablauf nur noch sozusagen als „Anlasser" der Motorik zu verstehen. Es wird der Grundimpuls gegeben, aber der eigentliche Ablauf wird dann fast nur vom extrapyramidalmotorischen System auf das Endsystem, das Aγ- und Aα-Motoneuron im Rückenmark übertragen (Abb. 23-11).

23.5.2 Das Kleinhirn

Das Kleinhirn hat für den Bewegungsablauf besonders wichtige Aufgaben der **Feinabstimmung und Koordination**. Es ist eine parallel liegende Hauptschaltstelle, die Informationen aus der Muskulatur und von der Hirnrinde erhält (Abb. 23-12). Von jedem Befehl der Rinde an die Muskulatur, der Efferenz, geht eine **Efferenzkopie** ins Kleinhirn, die dann mit den Rückmeldungen **(Reafferenzen)** „verglichen" wird. Nötigenfalls werden Korrekturen über das Kerngebiet des Thalamus zur Rinde bzw. über die extrapyramidalen Kerne zur Muskulatur geschickt. Dieser Prozeß kann in Bruchteilen von Sekunden ablaufen und so durch häufiges Wiederholen

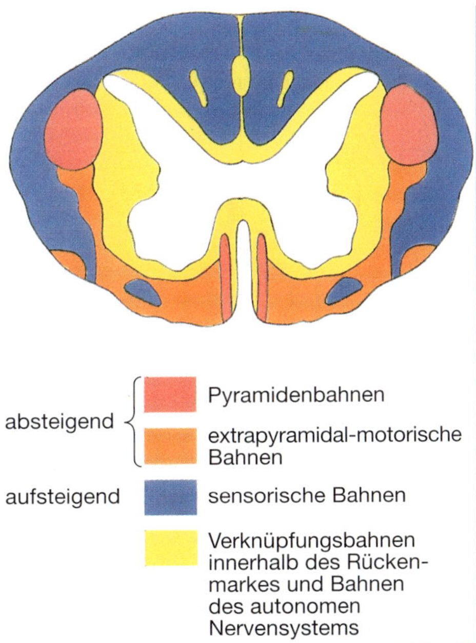

Abb. 23-11 Rückenmarksquerschnitt

Die aufsteigenden und absteigenden Bahnen sowie Verknüpfungsbahnen innerhalb des Rückenmarks.

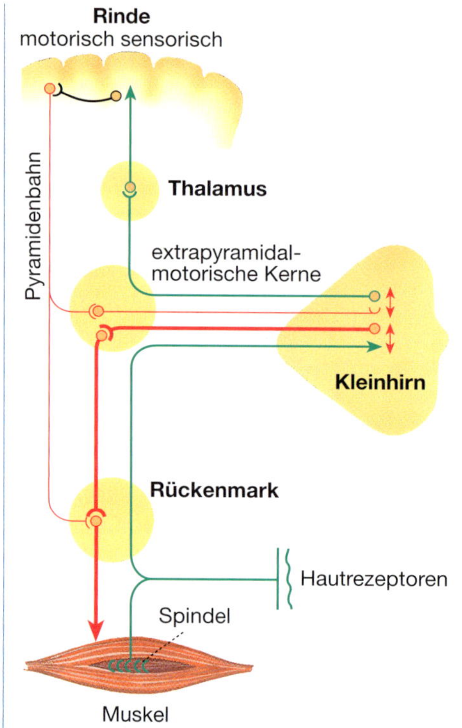

Abb. 23-12 Kleinhirnfunktionen

Bedeutung des Kleinhirns für die Feinabstimmung der Muskeltätigkeit. Die Efferenzkopie aus der Rinde wird mit Meldungen aus den Muskelspindeln und von Hautrezeptoren verglichen und die Motorik evtl. korrigiert.

die genau gewollte und geübte Bewegung erzielen.

Besonders durch diese Abgleichungen sind rasch aufeinander folgende Bewegungen **(Diadochokinese)** möglich, bei Kleinhirnstörungen fällt oft zuerst ein Versagen dieser Leistung auf. Der Arzt bittet den Patienten, seine Hand rasch im Handgelenk bei feststehenden Unterarmen hin- und herzubewegen, wenn er das nicht flüssig kann, spricht man von einer **Dys- oder Adiadochokinese**, also der Unfähigkeit, die rasch aufeinander folgenden Bewegungen durchzuführen. Einen wichtigen Anteil hat das Kleinhirn auch an der Aufrechterhaltung des **Muskeltonus** und des **Körpergleichgewichts**. Viele Bahnen vom Gleichgewichtsorgan im Innenohr (s. Kap. 22.1) zum Kleinhirn sind die anatomische Voraussetzung für diese Kleinhirnleistung. Störungen der Motorik zur Erhaltung des Gleichgewichts sind ein diagnostisches Mittel, um Kleinhirnerkrankungen festzustellen.

23.5.3 Störungen des Bewegungssystems

Es ist wichtig, zu verstehen, daß beim ganzen extrapyramidalen System nicht nur Kontraktions-, sondern auch Hemmungsbefehle zu den Muskeln gehen. Nur durch die feine und vielfältige **Bahnung und Hemmung** in allen Kernsystemen aufgrund gegenseitiger Beeinflussung und Meldungen aus den Muskeln und Gelenken ist der Bewegungsreichtum des Menschen möglich. In Abbildung 23-13 ist das vereinfacht dargestellt.

Path **Störungen** in diesem System führen zu auffälligen Erscheinungen und lehren auch die normale Funktion verstehen. So ist die Muskelspannungserhöhung (Rigor) mit gleichzeitiger Bewegungsarmut (Hypokinese) und Zitterbewegungen (Ruhetremor) ein Ausdruck des gestörten Abgleichs in den Stammganglien. Es handelt sich um die sog. ***Parkinson*sche Erkrankung**, nach ihrem Beschreiber benannt. Man hat gefunden, daß der Überträgerstoff **Dopamin** (s. Kap. 25.9) in den Stammganglien bei der Krankheit vermindert ist und Gaben dieses Stoffes die Krankheitserscheinungen mildern können. Die Symptome treten in mäßigerer Form normalerweise auch im Alter auf (Starre der Gesichtsmuskulatur, Zittern).

Mit einem einfachen Versuch können wir auch an uns selbst das System und seine Funktion verstehen, wenn wir nämlich dieses System überfordern. Ballen wir nämlich so stark wie möglich unsere Hände zur Faust, d.h., geben wir maximale Kontraktionsimpulse auf die Muskulatur, so können wir auch beim jungen Menschen feststellen, daß der Arm zu zittern anfängt; d.h., bei so starker Innervation kann das System nicht genügend abgleichen. Überschießende Bahnung wird von überschießender Hemmung gefolgt.

23.5.4 Sekundäre motorische Rindenzentren

Außer der vorderen motorischen Zentralwindung gibt es Rindenzentren, die zusammenfassende Bewegungsabläufe anordnen, die dann von den Zellen der Zentralwindung weiter zur Ausführung über das Pyramiden- und vor allem Extrapyramidalsystem gelangen. Diese **sekundären motorischen Rindenzentren** oder motorischen Assoziationszentren liegen z.B. vor der vorderen motorischen Zentralwindung (s. Abb. 23-9), wo die Leistungen komplizierter Handlungen wie Ergreifen, Drehen, Bewegen von Gegenständen verankert sind. Auch dies hat man erst durch Störungen, besonders nach Verletzungen, verstehen gelernt.

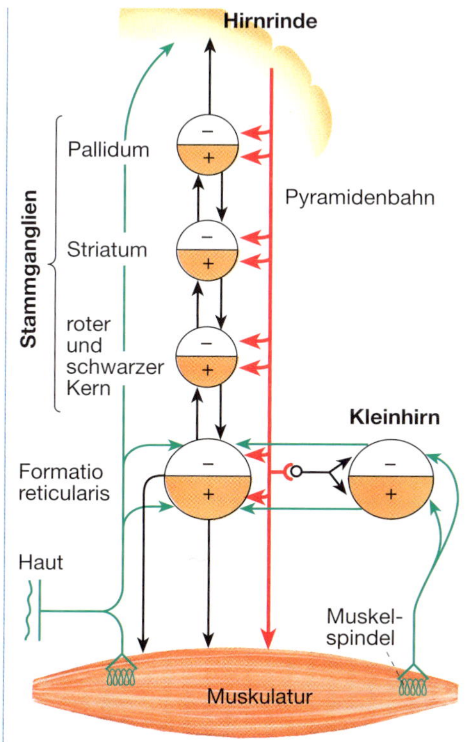

Abb. 23-13 Gesamtmotorisches System

Pyramidenbahn, Stammganglien, Formatio reticularis und Kleinhirn mit den Einflüssen auf die Skelettmuskulatur. +: bahnende Wirkung, –: hemmende Wirkung.

Path Bei Patienten, bei denen diese Rindenfelder ausfielen, konnten die einzelnen Muskeln noch bewegt und einfache Bewegungen wie Strecken und Beugen der Gliedmaßen noch ausgeführt werden, aber kompliziertere Handlungen nicht mehr. Man spricht von einer **Apraxie**.

Für so komplizierte Abläufe, wie sie das Sprechen erfordert, gibt es ebenfalls ein sekundäres Zentrum, das ***Broca*-Sprachzentrum**.

Path Bei seinem Ausfall spricht man von einer **motorischen Aphasie**, wobei die Muskelinnervation der Sprachmuskeln völlig intakt ist, die Patienten können kauen, schlucken und pfeifen, aber die motorischen Innervationsentwürfe für das Sprechen fehlen.

Kurzgefaßt

Höhere Zentren der **Hirnrinde**, das **Stammhirn** (Stammganglien) und das **Kleinhirn**, spielen bei komplizierteren Bewegungsabläufen eine wichtige Rolle. Von **motorischen Zentren** der vorderen Zentralwindung werden über die **Pyramidenbahnen** Willkürbewegungen ausgelöst, die nach Erlernen (des

Schreibens z.B.) vom **extrapyramidal-motorischen System** gesteuert und moduliert werden. Das **Kleinhirn** ist ein wichtiges Korrekturorgan, das Efferenzkopien mit Reafferenzen aus der Muskulatur vergleicht. Bei den Bewegungsabläufen und Tonusveränderungen zur Erhaltung des Körpergleichgewichts spielt das Kleinhirn ebenfalls eine wichtige Rolle. **Störungen in den Stammganglien** führen z.B. zu muskulärem Hypertonus und übertriebenen Bewegungen. **Störungen im Kleinhirn** können sich u.a. in Gleichgewichtsstörungen, Unfähigkeit zu raschen Bewegungen (Adiadochokinese) und Muskeltonusveränderungen äußern. Bei Ausfall höherer motorischer Rindenzentren zeigen sich die Symptome der **Apraxie** und bei Ausfall des motorischen Sprachzentrums eine motorische **Aphasie**.

23.6 Empfindungsverarbeitung im sensorischen System

Mit der Besprechung der Reflexe haben wir die **auf Rückenmarksebene** ablaufenden Verknüpfungen von Sinnesorganen, besonders Muskel- oder Dehnungsrezeptoren (Eigenreflexe) und der Hautsinne (Fremdreflexe, Beugereflexe), behandelt. Es wurde aber auch darauf hingewiesen, daß die Meldungen nicht nur in die entsprechenden Rückenmarksabschnitte gelangen, sondern auch „höher" geleitet werden (s. Abb. 23-13), zum Kleinhirn und über den großen, sensible Meldungen umschaltenden **Thalamuskern** zur Hirnrinde. Ganz ähnlich wie bei den motorischen Rindenzentren gibt es auch für die Sinnesorgane eine Rindenvertretung entsprechend den Körperregionen in der hinteren Zentralwindung, die man das Feld der **Körperfühlsphäre** oder das **primäre sensorische Rindenzentrum** nennt. Ähnlich wie bei der Motorik sind die einzelnen Körperteile entsprechend ihrer Bedeutung für die Empfindung vertreten (Abb. 23-14). Besondere Sinnesleistungen haben, wie diejenigen von Ohr und Auge, ihre Zentren in anderen Rindenfeldern (s. Abb. 23-9); ihnen sind übergeordnet **sekundäre sensorische Zentren**, wie z.B. das Zentrum für das **Sprachverständnis** (***Wernicke*-Zentrum**). Das optische Rindenzentrum befindet sich im Hinterhauptslappen auf der Innenseite und das optische Erinnerungszentrum gegenüber auf der Außenseite (s. Abb. 18-17). Erst im optischen Erinnerungszentrum werden von uns gesehene Gegenstände optisch entschlüsselt. Wir „erkennen" sie, d.h. jedoch nur, daß wir wahrnehmen, daß es sich um etwas Bekanntes handelt, das wir schon gesehen haben. Mehr kann aber nicht geleistet werden. Erst in höheren, also „dritten" Zentren wird dann verarbeitet, was wir sehen, so daß wir den Namen und den Zweck des „Gegenstandes" verstehen.

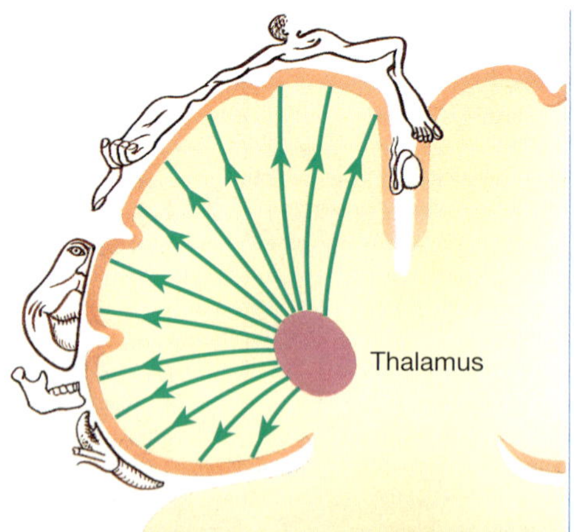

Abb. 23-14 Sensorisches Rindenzentrum

Rindenzentrum der Körperfühlsphäre mit symbolischer Repräsentation der einzelnen Körperabschnitte (unten links: Schlund und Mundhöhle).

Path **Ausfälle**, z. B. des Sprachverständniszentrums von *Wernicke,* führen dazu, daß der Patient zwar akustische Eindrücke hat, daß er aber nicht versteht, was gesprochen wird. Man nennt das **sensorische Aphasie**. Beim Sehen führt der Ausfall des „dritten" Sehzentrums dazu, daß der Patient nicht weiß, was er sieht **(Seelenblindheit,** optische Agnosie). Wenn er den Gegenstand, den er nicht optisch erfassen kann, anfassen darf und er bekannt ist, kann er sofort sagen, um was es sich handelt. Umgekehrt, wenn die Verarbeitung des Tastsinnes in der Rinde gestört ist **(Stereoagnosie),** kann der Patient ohne das Auge den Gegenstand nicht benennen.

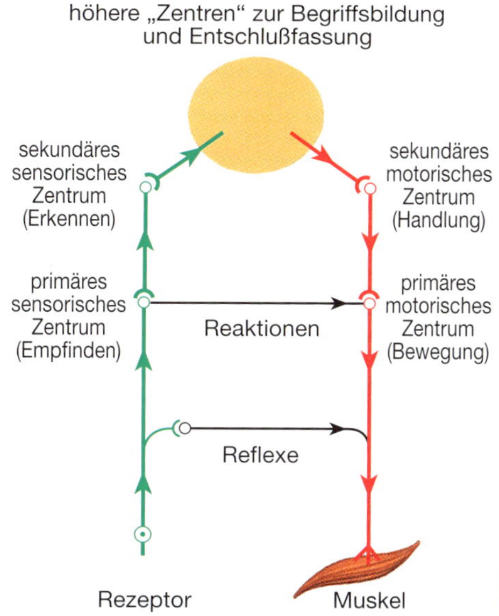

Abb. 23-15 Leistungsstufen des Zentralnervensystems

Hierarchie der Leistungen des Zentralnervensystems: Reflexe, Reaktionen, Erkennen und bewußtes Handeln.

23.7 Schlaf-Wach-Rhythmus

Die schematische Abbildung 23-15 soll einen groben Überblick über die Leistungsstufen des sensomotorischen Gesamtsystems geben. Man erkennt die Möglichkeiten und Grenzen der einzelnen Zentren und die Tatsache, daß für die bewußte Verarbeitung eines Sinneseindruckes mit eventuellen „freien" Handlungen ein großer, hierarchisch abgestufter Apparat benötigt wird. Ganz im Gegensatz dazu laufen die Reflexe über vergleichsweise einfache Strukturen und Funktionen ab.

Vom „Zentrum" der **Begriffsbildung**, des **Bewußtwerdens**, der **Entschlußfassung** für eine Handlung kann man nicht mehr sprechen, weil man in der Gehirnrinde keinen einzelnen Ort für diese hohen Leistungen ausmachen kann. Es muß sich um ein vielfältiges Zusammenwirken verschiedenster Rindenteile handeln. Man weiß, daß selbst durch die Aktivierung der sekundären sensorischen Zentren, die wir kennengelernt haben, noch kein Bewußtwerden von Sinneseindrücken verbunden ist, wenn nicht vom verlängerten Rückenmark (Medulla oblongata) aus, einem Gebiet mit netzförmiger Struktur **(Formatio reticularis),** Impulse zur Rinde gesandt werden. Man spricht von einem Weckzentrum oder Schlaf-wach-Zentrum bzw., nach dem Ort bezeichnet, von einem **retikulären Aktivierungssystem** (Abb. 23-16). Das Zentrum erzeugt also erst durch seine Aktivität das, was wir **Bewußtseinshelligkeit** nennen. Das Beispiel einer Anzeigetafel, auf der auch im Dunkeln Ziffern und Buchstaben angezeigt und ausgewechselt werden, die aber erst durch den „Scheinwerfer" des Weckzentrums sichtbar (bewußt) werden, erläutert den Vorgang für das optische System. In der Formatio reticularis treten viele Nervenbahnen über Zwischenneurone miteinander in Verbindung, nämlich fast alle von den Druck-, Temperatur-, Schmerz- und Muskelspindelrezeptoren aufsteigend, und fast alle motorischen, von der Rinde, den Stammganglien und dem

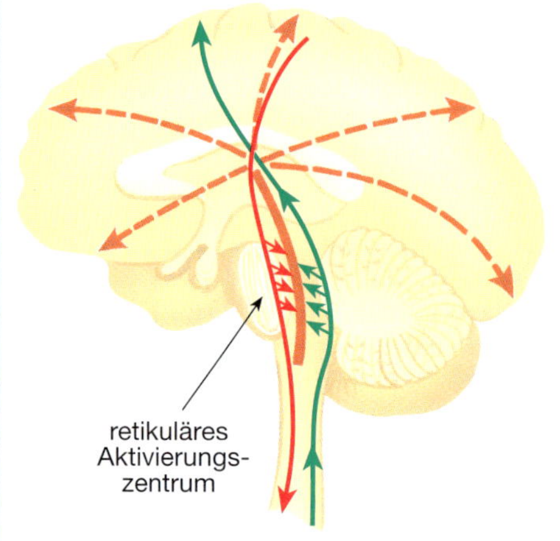

Abb. 23-16 Retikuläres Aktivierungszentrum

Steuerung der Bewußtseinshelligkeit durch das retikuläre Aktivierungszentrum (Schlaf-Wach-Zentrum). Grün: sensorisch, rosa: motorische Bahn.

Kleinhirn absteigend. So ist es zu verstehen, daß die Sinnesreize auf das „Weckzentrum" wirken können, wenn die Reize stark genug sind. Kältereize sind starke Weckreize. Vor allem Muskel- und Sehnen-Dehnungsrezeptoren aktivieren das Zentrum, und vielleicht bewirkt Morgengymnastik die Wachheit über das retikuläre Aktivierungssystem.

Außerdem kann das retikuläre Aktivierungssystem die Bewußtseinshelligkeit für die Wahrnehmung von bestimmten Reizen verringern, besonders wenn sie für den Organismus „unwichtig" sind. Fast jeder hat erlebt, wie lästige Geräusche in einer neuen Umgebung, z.B. das laute Ticken einer Uhr, nach Stunden oder Tagen nicht mehr gehört werden. Dieser **Gewöhnung** (Habituation) genannte Prozeß darf nicht mit dem der Adaptation verwechselt werden, der eine Leistung der Rezeptoren ist. Gemeinsam gilt aber für beide Prozesse, daß sie einer Überflutung von bewußt zu verarbeitenden Sinnesreizen entgegenwirken.

Wenn keine oder zu wenig Impulse vom Zentrum ausgehen, schlafen wir, obwohl Meldungen von Rezeptoren bis in die sekundären Rindenzentren gelangen, wie man durch Ableitung von Hirnströmen (Elektroenzephalographie, EEG; s. Abb. 23-18) nachweisen kann.

Im **Schlaf** ist das Bewußtsein, je nach Schlaftiefe, eingeschränkt bis ausgeschaltet. Durch den überwiegend parasympathischen Einfluß des autonomen Nervensystems werden Organtätigkeiten gedämpft, d.h. die Atmung wird langsamer, dabei tiefer, die Herzfrequenz ist herabgesetzt. Der Muskeltonus, auch derjenige der Blutgefäße sinkt ab und dadurch der Blutdruck. Die Drüsentätigkeit ist vermindert, mit Ausnahme der Schweißsekretion. Alles zusammen trägt zur **Erholung** des Organismus bei.

Der **Schlaf-Wach-Rhythmus** wird normalerweise durch die Umwelteinflüsse der Tag-Nacht-Folge bestimmt, mit einer Periodendauer von 24 Stunden. Nach einem Langstreckenflug mit zeitlich verschobener Tag-Nacht-Folge ist der Schlaf-Wach-Rhythmus gestört, und es dauert meist Tage, bis er sich den neuen Umweltbedingungen angepaßt hat. Schaltet man künstlich alle Umwelteinflüsse aus, wie Geräusche, Licht oder Temperaturunterschiede, stellt sich eine Schlaf-Wach-Rhythmusperiode von 25 Stunden ein (zirkadiane Periodik), eine Art „innere Uhr".

Die **Schlaftiefe** kann unterschiedlich sein, man unterscheidet, mit zunehmender Tiefe, Stadium 1 bis 4 (Abb. 23-17). Ein junger Erwachsener fällt meist schnell, innerhalb einer Stunde, in den Tiefschlaf, Stadium 4. Stadium 4 tritt in der 2. Nachthälfte nicht mehr auf. Schlafende Kinder verbringen längere Zeit in Stadium 3 und 4, verglichen mit Erwachsenen oder gar älteren Leuten, die einen flacheren Schlaf in Stadium 1 und 2 aufweisen.

Anhand von Elektroenzephalogrammen konnte festgestellt werden, daß der Schlaf in Phasen, meist 4–5, verläuft. Beim jun-

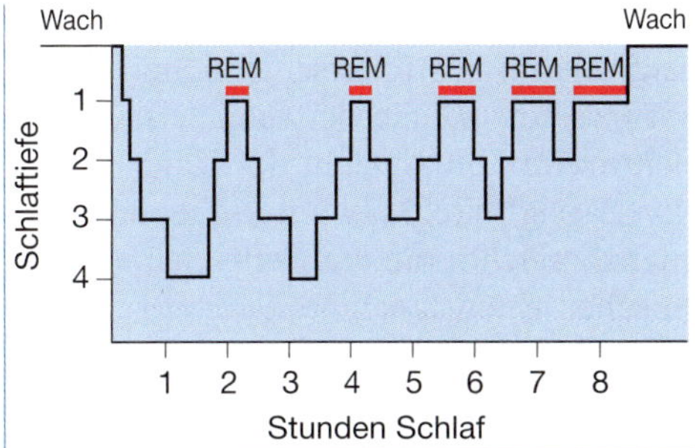

Abb. 23-17 Schlafrhythmus beim jungen Erwachsenen

Nach dem Einschlafen sind Phasen tiefen Schlafes (Stadium 4) zu beobachten, vor dem Erwachen nehmen die Phasen an Schlaftiefe ab. Die roten Balken bezeichnen die REM-Phasen.

gen Erwachsenen ergeben sich 4 Phasen flachen Schlafes, begleitet von raschen, ruckartigen Augenbewegungen (engl. **ra**pid **e**ye **m**ovements), **REM-Schlaf** genannt. Dem entsprechen 4–5 Phasen tieferen Schlafes ohne Augenbewegungen, **Non-REM-Schlaf**. Abbildung 23-17 zeigt den Schlaftiefenverlauf bei einem jungen Erwachsenen mit den gegen Morgen länger werdenden REM-Phasen. Bei älteren Menschen, die häufiger an Schlafstörungen leiden, findet man oft nur Stadium 3 und kurze REM-Phasen, gleichzeitig aber vermehrt Phasen flachen Schlafes mit Wachzuständen. Den REM-Schlaf erkennt man im EEG am Auftreten von Beta-(β-)Wellen, den Non-REM-Schlaf an dem von Delta-(δ-) und Theta-(ϑ-)Wellen.

Kurzgefaßt

Die **Erregungen** von Sinnesrezeptoren werden über aufsteigende Nervenbahnen (afferente B.) dem **Thalamuskern** im Gehirn übermittelt, dort umgeschaltet und in die Hirnrinde zu den **primären sensorischen Zentren** geleitet. Eine den einzelnen Körperteilen entsprechende Repräsentation für Druck-, Temperatur-, Schmerz- und Muskellagesinn (Körpergefühlssphäre) befindet sich im Thalamus und im primären Rindenzentrum. **Sekundäre sensorische Zentren** gibt es z. B. für das Sprachverständnis und für optische Eindrücke. Ausfälle der Zentren führen zu sensorischer Aphasie (kein Sprachverständnis), Seelenblindheit oder Stereoagnosie. Nicht genauer lokalisierbare Rindenareale, die den Rindenzentren übergeordnet sind, sorgen für das **Bewußtwerden** von Sinnesreizen, bei ausreichender Anzahl von Impulsen aus dem **retikulären Aktivierungssystem**. Bei Gewöhnung (Habituation) wird das Bewußtwerden „unwichtiger“ Sinnesreize unterdrückt.
Im **Schlaf** ist das Bewußtsein eingeschränkt bis ausgeschaltet. Schlaftiefe (Stadium 1–4) kann aus dem EEG ersehen werden. Ferner wird der Schlaf in REM- und Non-REM-Phasen eingeteilt.

23.8 Die elektrische Aktivität des Hirns (Elektroenzephalogramm)

Bei der Vielzahl von Nervenzellen in der Hirnrinde treten unter wechselnder Aktivität elektrische Erscheinungen auf. Da die Spannungen aber viel kleiner sind als beim Herzmuskel, waren sie erst mit der Entwicklung der elektrischen Verstärkertechnik in den 20er Jahren entdeckt worden. Die Spannungen, die man auf dem Schädel ableiten kann, sind erheblich kleiner (ca. 10–100 μV) als diejenigen des Elektrokardiogramms, die man von der Körperoberfläche ableiten kann (1–5 mV). Bei etwa 1 Mill. Nervenzellen, von denen die Elektroden auf der Kopfhaut ableiten, kann man keine einzelnen Zellpotentiale registrieren. Nur wenn Erregungen gleichzeitig (synchron) von vielen hunderttausend Neuronen in ihrer Aktivität zu- und abnehmen, kann das zu einer meßbaren Potentialänderung auf der Kopfhaut führen. Man nimmt an, daß die besonders ausgeprägten Dendritennetze (s. Abb. 6-3) der Rinde unter dem Einfluß des Thalamus solche Synchronisationen zeigen und den Hauptanteil am Enzephalogramm (EEG) ausmachen.

In der Abbildung 23-18 sind charakteristische Potenitalschwankungen, wie sie vom Hinterhaupt gegen eine unerregte Stelle (Ohrläppchen) beim entspannten Gesunden abgeleitet werden können, dargestellt (8–12 Schwankungen/s [Hertz, Hz]). Nach Öffnen der Augen verändern sich die Schwankungen, was die Potentialgröße und Frequenz anlangt. Die Frequenz wird höher (13–20 Hz), die Spannung kleiner. Diese Aktivitätsänderung findet sich bei jeglicher Art von Sinnesreizung (optisch, akustisch, sensorisch usw.).

Die elektrischen Erscheinungen werden nach der auftretenden Frequenz der Schwankungen eingeteilt, weil die Potentialgröße infolge unterschiedlicher Ableitwiderstände (Dicke der Schädelknochen, elektrische Leitfähigkeit der Haut) zu unzuverlässig wäre. Man unterscheidet 4 Frequenzbereiche, die man mit kleinen griechischen Buchstaben bezeichnet:

30–13 Hz	β	wach, geistig aktiv, bei Sinnesreizen, Traum
12– 8 Hz	α	im Wachzustand inaktiv
7– 4 Hz	ϑ	beim Einschlafen
3– 0,5 Hz	δ	im tiefen Schlaf

ϑ- und δ-Wellen treten beim Säugling auch im Wachzustand auf.

Die Diagnostik benutzt viele Ableitelektroden, wobei nicht nur gegen unerregte Teile (Ohrläppchen), d.h. **unipolar**, sondern auch gegen andere erregte Teile **(bipolar)** abgeleitet wird. Die wichtigste Möglichkeit des EEG ist die Erkennung und Ortung von **Krampfherden** im Gehirn. Dazu wer-

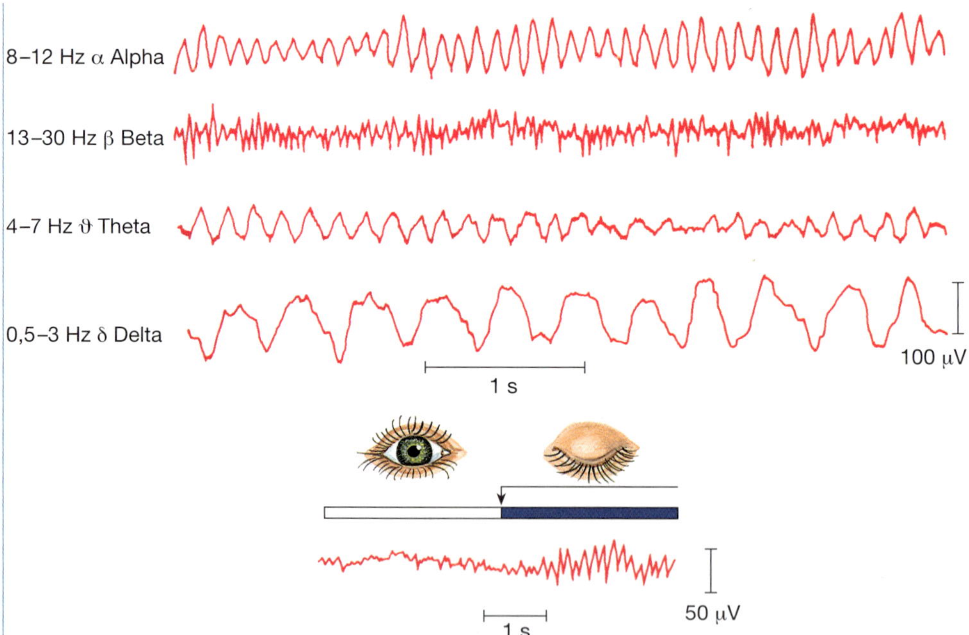

Abb. 23-18 EEG-Formen

Elektroenzephalogramm mit den charakteristischen vier Wellenarten und dem Einfluß des Augenschlusses bei Hinterhauptsableitung.

den routinemäßig bis zu 10 verschiedene bipolare bzw. unipolare Ableitungen vorgenommen. Es gehört viel Erfahrung dazu, diese Vielfalt von Registrierungen zu deuten. Aber selbst bei falsch positiven bzw. falsch negativen Befunden muß man in Betracht ziehen, daß dieses Verfahren für den Patienten keinerlei Risiko bedeutet. Bei anderen Methoden, wie Gabe von Kontrastmitteln in die Blutgefäße zur Röntgendarstellung der Gehirngefäße, muß man eine ungleich größere Belastung des Patienten in Kauf nehmen. Über geistige Leistungen sagt das EEG nichts aus; es gibt keinen nennenswerten Unterschied zwischen Registrierungen bei einem Nobelpreisträger und einem Meerschweinchen. Wenn keine elektrische Aktivität mehr im EEG meßbar ist, wird dies als Nachweis des Hirntodes angesehen.

Kurzgefaßt

Die von der Kopfhaut durch das **Elektroenzephalogramm** (EEG) abgeleiteten elektrischen **Potentialschwankungen** werden nach ihrer Frequenz eingeteilt. Am häufigsten treten beim Erwachsenen im Wachzustand Frequenzen zwischen 8 und 30 Hz (α- und β-Wellen) auf. In entspanntem Wachzustand, bei geschlossenen Augen, leitet man am Hinterkopf Frequenzen von 8 bis 12 Hz (α-Wellen) ab. Im Schlaf registriert man Frequenzen zwischen 0,5 und 7 Hz (δ- und ϑ-Wellen)). Diese langsamen Potentialschwankungen sind beim Säugling auch im wachen Zustand normal. Der klinische Wert des Elektroenzephalogramms beruht auf der Möglichkeit, Hirnstörungen (z.B. Geschwülste) zu lokalisieren, Anfallskranke richtig mit Medikamenten einzustellen und zu überwachen sowie zur Feststellung des Hirntods.

23.9 Das autonome (vegetative) Nervensystem

Dieser Teil des Nervensystems besteht aus **Zentren** in Gehirn und Rückenmark und **peripheren Nervenfasern**, die zu inneren Organen gehen. Es unterliegt nicht dem Willen, ist also unabhängig, autonom, von willentlicher Beeinflussung.

23.9.1 Das periphere autonome Nervensystem

Der anatomische Aufbau des autonomen Nervensystems zeigt (Abb. 23-19), daß die Nervenfasern (Neuriten) von den Nervenzellen im Gehirn und Rückenmark, anders als die motorischen Fasern zur Skelettmuskulatur, vor dem Effektororgan umgeschaltet werden. Das heißt, daß wir **2 Neurone** haben und das 2. Neuron immer außerhalb des Gehirns bzw. Rückenmarks beginnt. Die Umschaltstellen sind Nervenstrukturen, die **Ganglien**. Die Fasern von den Zentren zu den Ganglien nennt man **prä-**, von den Ganglien zu den Organen **postganglionäre Fasern**.

Das System läßt sich anatomisch und funktionell in zwei verschiedene Einheiten unterteilen: 1. das aus dem Gehirn und dem Kreuzbeinabschnitt des Rückenmarks entspringende **parasympathische System**, dessen Ganglien in oder bei den Organen liegen, die es beeinflußt, und 2. das **sympathische System**, das im Brust- und Lendenbereich des Rückenmarks entspringt. Im Gegensatz zum parasympathischen System liegen die Ganglien nahe beim Rückenmark, für viele Fasern im **Grenzstrang**. Drei größere Ganglien liegen etwas entfernter, im Bauchraum, wo mit Umschaltung auf das zweite Neuron die postganglionären Fasern beginnen.

Fast alle inneren Organe werden von beiden Systemen beeinflußt, und zwar gegensinnig. Beim Herzen z.B. erhöht das sympathische System die Schlagfrequenz, das

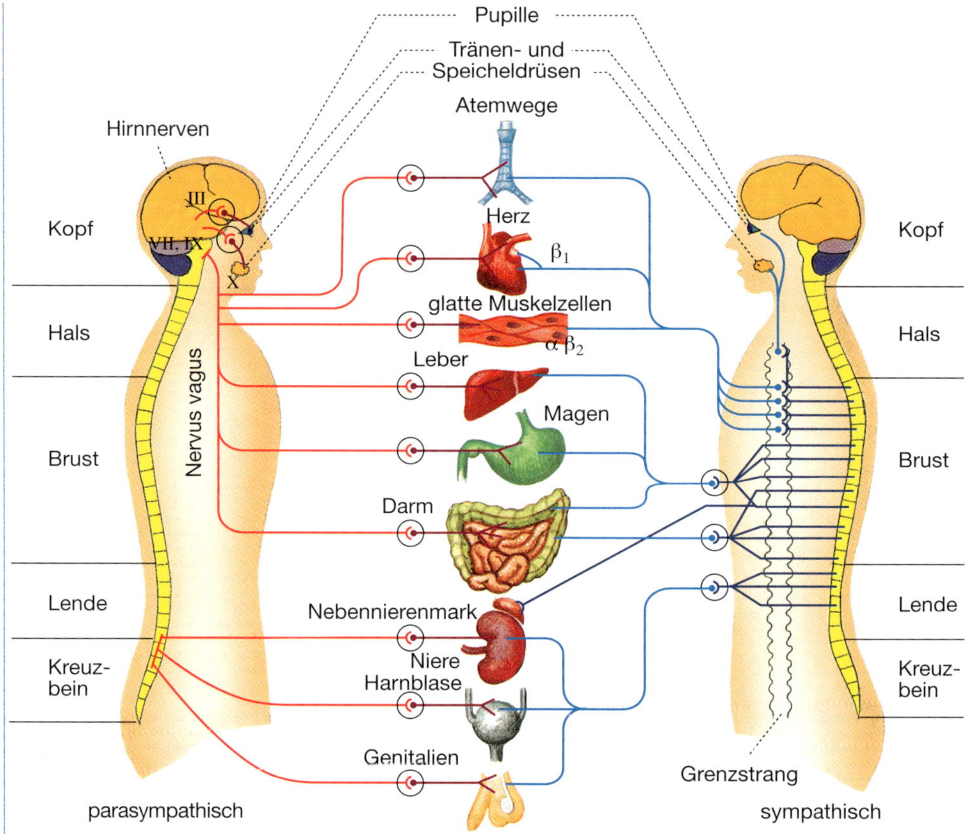

Abb. 23-19 Übersicht über das autonome (vegetative) Nervensystem

An den Enden (efferent) dunkelrot gezeichneter Fasern wird Acetylcholin, an den blau gezeichneter Fasern Noradrenalin als Überträgerstoff freigesetzt. Die Schweißdrüsen und glatten Muskelfasern werden auch von anderen als hier (vereinfacht) gezeichneten Rückenmarksabschnitten versorgt.

parasympathische vermindert sie. Eine grobe Faustregel sagt: Oberhalb des Zwerchfells steigert das sympathische System und hemmt das parasympathische, unterhalb des Zwerchfells ist es umgekehrt (Abb. 23-20). Bei schwerer körperlicher Arbeit z.B. überwiegt der **Sympathikotonus** (s. Kap. 12.5.2), die Pupillen sind weit, die Herzfrequenz ist gesteigert, die Atemwege sind weitgestellt, das Verdauungssystem ist gehemmt. Am Ende des ersten Neurons (präganglionär) wird bei beiden autonomen Systemen **Acetylcholin** als **Überträgerstoff** abgegeben (Abb. 23-21). Am Ende des zweiten Neurons unterscheiden sich die Systeme jedoch. Beim parasympathischen wird ebenfalls Acetylcholin, beim sympathischen aber vorwiegend **Noradrenalin** abgegeben. Ein Spezialfall, entwicklungsgeschichtlich bedingt, ist das **Nebennierenmark**, das nur eine präganglionäre Faser hat und bei dem die postganglionäre Faser durch den Botenstoff Adrenalin ersetzt wird. Das Nebennierenmark gehört also zum humoralen Koordinationssystem (s. Kap. 25.9). Adrenalin ist ein dem Noradrenalin ähnliches Hormon. Da es ins Blut abgegeben wird, erreicht es

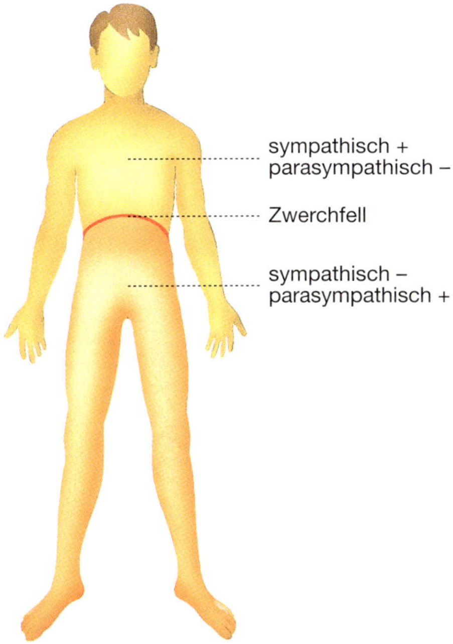

Abb. 23-20 Wirkungen des autonomen Nervensystems

Darstellung der Wirkung des sympathischen und parasympathischen Nervensystems auf die Organe einzelner Körperabschnitte.

alle Organe. Unter normalen Bedingungen hat Adrenalin vor allem Wirkung auf die Freisetzung von Glukose in Leber und Muskeln (Glykogenolyse). Die blutgefäßverengende Wirkung durch Adrenalin spielt kaum eine Rolle; sie wird vor allem durch die Freisetzung von Noradrenalin an den postganglionären Fasern des Sympathikus erreicht. Dieser Mechanismus wirkt schneller und kann auf bestimmte Gefäßgebiete beschränkt werden. Da beide Systeme erregen und hemmen können, wirken auch die Überträgerstoffe je nach Organ erregend oder hemmend. Acetylcholin hemmt die Herzfrequenz und erregt die Darmmuskulatur. Adrenalin steigert die Herzfrequenz und hemmt die Darmmuskulatur.

Für die Medizin hat die Gabe von Überträgerstoffen bzw. deren Wirkung verstärkenden Stoffen Bedeutung, da man den Einfluß des autonomen Nervensystems imitieren („mimen“) kann (Abb. 23-22). Man nennt die Stoffe deshalb **Sympathomimetika** (Ephedrin, Isoproterenol) bzw. **Parasympathomimetika**, wie z.B. Prostigmin. Das Acetylcholin wird nach seiner Freisetzung von einer Cholinesterase zu einem unwirksamen Stoff gespalten; das ist wichtig, weil sonst eine uferlose Wirkung, vor allem auch an der Skelettmuskulatur, auftreten würde. Ist jedoch die parasympathische Innervation zu schwach, wie z.B. nach Bauchoperationen beim Darm, dann kann man durch Hemmung der Esterase die Acetylcholinwirkung steigern. **Prostigmin** ist ein solcher Cholinesterasehemmer, den man nach Bauchoperationen gibt, um die Darmtätigkeit wieder in Gang zu setzen. Stoffe, die die Wirkung der Überträgersubstanzen hemmen, d.h. auf-„lösen“, nennt man **Lytika**. **Atropin** ist ein Parasympatholytikum, weil es die Wirkung des Acetylcholins auf das Erfolgsorgan blockiert. Es hemmt also z.B. die Darmtätigkeit, die Abgabe von Speichel und Schweiß, da die Speichel- und Schweißdrüsen durch Acetylcholin zur Tätigkeit angeregt weden. Die Innervation der Speichel- und Schweißdrüsen zeigt eine Besonderheit, indem sie zum sympathischen Nervensystem gehören, jedoch Acetylcholin als postganglionären Überträgerstoff benutzen.

23.9.2 Das zentrale autonome Nervensystem

Die Verknüpfung von sensorischem und autonomem Nervensystem im Rückenmark wurde bereits beschrieben (s. Kap. 23.4). Der Pupillarreflex des Auges ist ein Reflex, der effektorisch über autonome Nerven läuft und glatte Muskeln der Pupille kontrahiert. Außerdem gibt es eine Reihe von autonomen Reflexzentren im Rückenmark,

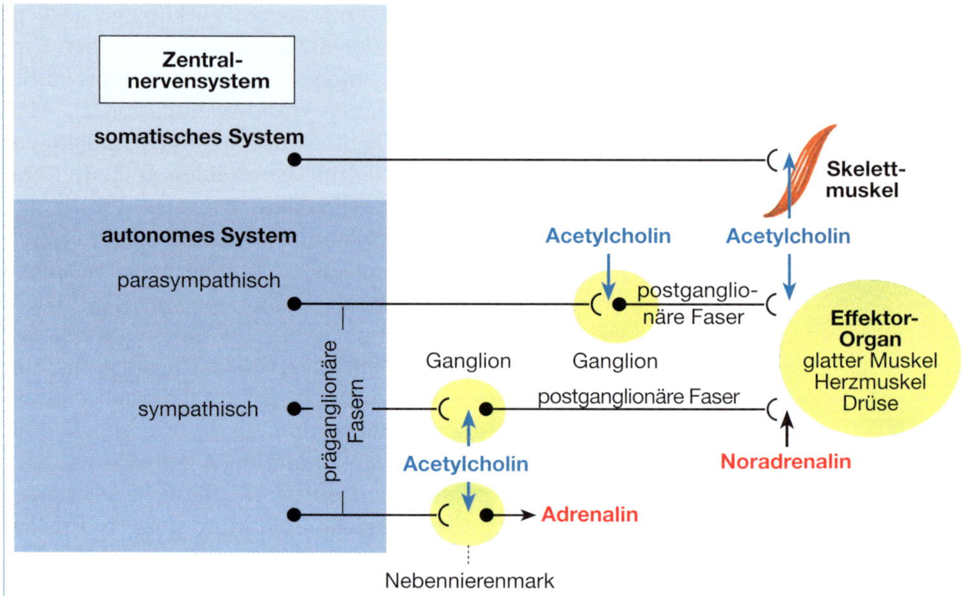

Abb. 23-21 Überträgerstoffe im Nervensystem

Überträgerstoffe (Transmitter) des somatischen und autonomen Nervensystems mit Bildungs- bzw. Wirkungsorten. Pharmakologisch kann man am glatten Muskel unterschiedliche Wirkung der Überträgerstoffe feststellen, man spricht von α- und β_2-Rezeptoren (β_1-Rezeptoren sind im Herzmuskel). Hemmende Wirkung auf β-Rezeptoren kann man durch bestimmte Medikamente (β-Rezeptoren-Blocker) erreichen.

die die Harnblase, die Geschlechtsorgane und den Enddarm betreffen.
Am Beispiel des **Blasenentleerungsreflexes** soll die Doppelinnervation durch das autonome Nervensystem gezeigt werden (Abb. 23-23). Das parasympathische Nervensystem dient der Blasenentleerung dadurch, daß Dehnungsrezeptoren in der Blasenwand von einer bestimmten Wandspannung ab zu einer Kontraktion der glatten Muskulatur der Blasenwand mit gleichzeitiger Erschlaffung des glatten inneren Schließmuskels führen. Das sympathische System tritt nur bei schwerer körperlicher Arbeit und Streßsituation in Kraft und hemmt die Entleerung dadurch, daß es die Blasenmuskulaturkontraktion hemmt und die Schließmuskelkontraktion fördert. Die Bahn für den willkürlichen Verschluß der Blase durch Kontraktion des äußeren Schließmuskels ist eingezeichnet.

Path Patienten, bei denen das parasympathische Zentrum im Kreuzbeinmark zerstört ist, haben chronische Blasenentleerungsstörungen und müssen wegen der Infektionsgefahr besonders aufmerksam gepflegt werden.

Im **Gehirn** sind ähnlich wie für das sensomotorische System auch **autonome Koordinationszentren**. Sie liegen vor allem in einem Gebiet unter dem großen sensiblen Schaltganglion (Thalamus), dem **Hypothalamus** (Abb. 23-24) im Zwischenhirn. Von dort werden koordinierte Aktionen der Organsysteme, also ganze Funktionskomplexe, ausgelöst. So hat man durch Ausschaltversuche und durch Reizung mit feinen eingestochenen Elektroden Gebiete gefunden, von denen aus offensichtlich der Wärmehaushalt beeinflußt wird. Die Regulation des **Salz-Wasser-Haushalts** erfolgt

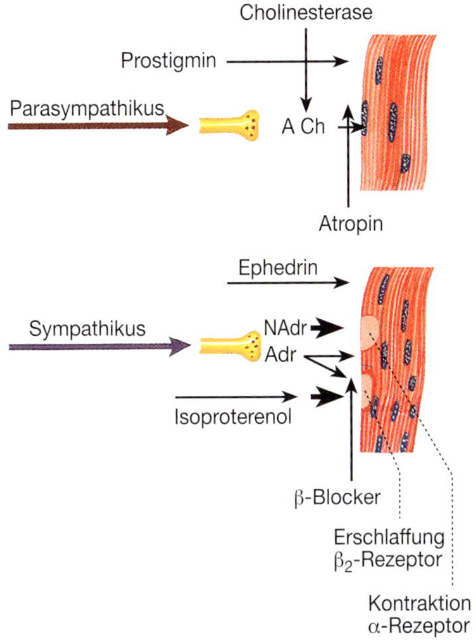

Abb. 23-22 Erregung und Hemmung

Pharmakologie des peripheren autonomen Nervensystems. ACh = Acetylcholin, NAdr = Noradrenalin. Die Abbildung gibt einige Beispiele für Förderung (durch Prostigmin, Ephedrin und Isoproterenol) und für Hemmung (durch Cholinesterase und Atropin) parasympathischer und sympathischer Nervenendigungen.

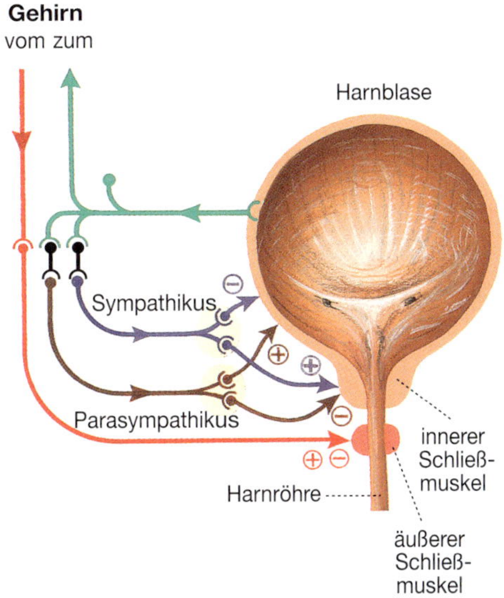

Abb. 23-23 Regelung der Blasenentleerung

Sensorische Meldungen gelangen zu höheren Zentren, teilweise bis zur Hirnrinde. Sympathische und parasympathische Nerven beeinflussen die Blase und deren Schließmuskeln.

ebenfalls vom Hypothalamus aus über das antidiuretische Hormon und die Hirnanhangsdrüse (Hypophyse; s. Kap. 25). Im Tierversuch hat man nach Zerstörung durch einen Nadelstich in einem bestimmten Gebiet ein Zentrum für den **Kohlenhydratstoffwechsel** gefunden. Es kam dabei zu starkem Blutzuckeranstieg, deshalb sprach man vom „Zuckerstich". Aus manchen Gebieten können sinnvoll zusammenwirkende Reaktionen ausgelöst werden, wie z. B. Atem- und Blutdrucksteigerung, Herzfrequenzsteigerung, Pupillenerweiterung, Blutzuckersteigerung und Muskeltonuserhöhung, also eine Koordination von Abläufen, wie sie bei körperlichen Leistungen erforderlich sind und die vor allem durch ein Übergewicht des sympathischen Anteils des autonomen Nervensystems herbeigeführt werden. Gegenteilige, von anderen Orten im Hypothalamus ausgelöste Reaktionen ähneln denen bei Verdauungsvorgängen und werden hauptsächlich vom parasympathischen System übermittelt.

23.10 Das limbische System

Wie schon beim Rückenmark gezeigt, ist das autonome Nervensystem nicht völlig unabhängig, autonom, vom übrigen Nervensystem, und je „höher" wir im Gehirn gehen, desto enger werden die Verknüpfungen mit dem somatischen System. Dadurch wird eine sinnvolle Koordination aller Körperleistungen erst möglich. Im Hypothalamus haben die autonomen Koordinationszentren enge Verbindung mit vielen afferenten Bahnen von den Rezeptoren der Peripherie und mit den efferenten, vor allem extrapyramidal-motorischen

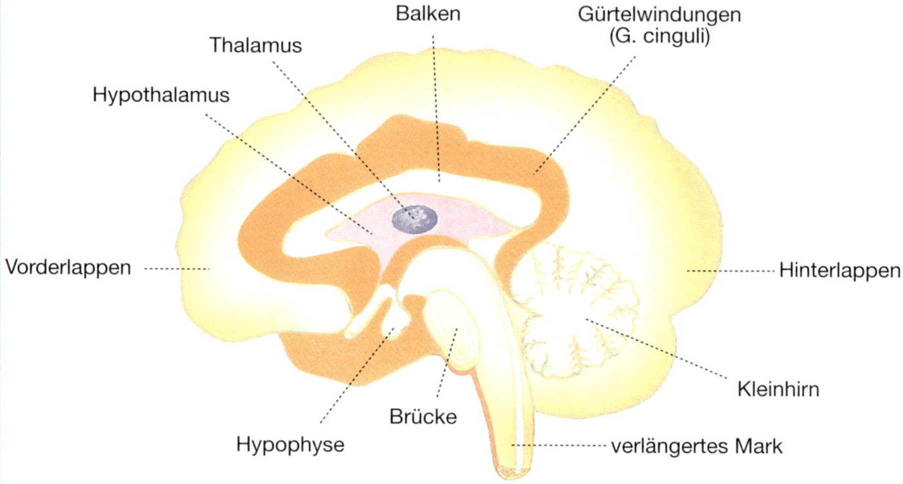

Abb. 23-24 Hypothalamus und limbisches System

Lage des Hypothalamus, des Koordinationszentrums des autonomen Nervensystems, und des limbischen Systems, des Hauptverschaltungssystems von Empfindungen, Motorik, autonomen Reaktionen und Stimmungen, im Gehirn.

Bahnen. Darüber hinaus bestehen Verbindungen mit Hirnrindengebieten, die man früher zum Riechhirn rechnete und die auf der Innenseite der beiden Gehirnhälften liegen (s. Abb. 23-24). Von dort lassen sich bei elektrischer Reizung ebenfalls komplexe autonome Reaktionen auslösen. Man hat diese Abschnitte als Rindenanteile des autonomen Nervensystems zu verstehen. Das ganze System der **Verknüpfung von somatischem und autonomem System** nennt man limbisches System.

Bei der experimentellen Auslösung von Reaktionen des autonomen Systems aus dem Hypothalamus hat man gesehen, daß bei Versuchstieren auch Verhaltensformen, wie sie bei Angst und Aggression vorkommen, auftreten, d.h., daß in diesen Regionen auch **Affekte** „gemacht" werden und die Auslösung von ganzen Verhaltensabläufen (die bei höheren Tieren im Schläfenlappen kodiert sind) möglich wird. So kommt man zu dem Schluß, daß das limbische System als ein Hauptverschaltungssystem für Empfindungen, Motorik, autonome Reaktionen der Organe und Stimmungen ist. Beim schlechtgelaunten Magenkranken könnte hier der Ort der Entstehung des Mißmutes auf Grund gestörter autonomer Funktionen im Magen sein, oder der Mißmut wird dort auf das autonome Nervensystem geschaltet und „schlägt auf den Magen".

23.11 Untersuchungsmethoden

Die meisten apparativen Untersuchungsmethoden sind so speziell, daß sie vor allem neurologischen und psychiatrischen Abteilungen vorbehalten sind. Elektroenzephalographie (EEG), Elektromyographie (EMG), Computertomographie (CT), Magnetresonanz-Tomographie (MRT), Ultraschalluntersuchungen, Kontrastmitteldarstellung der Hirngefäße (Angiographie) können zur Erkennung von Erkrankungen des zentralen und peripheren Nervensystems (Blutungen, Tumoren, Verletzungen) beitragen.

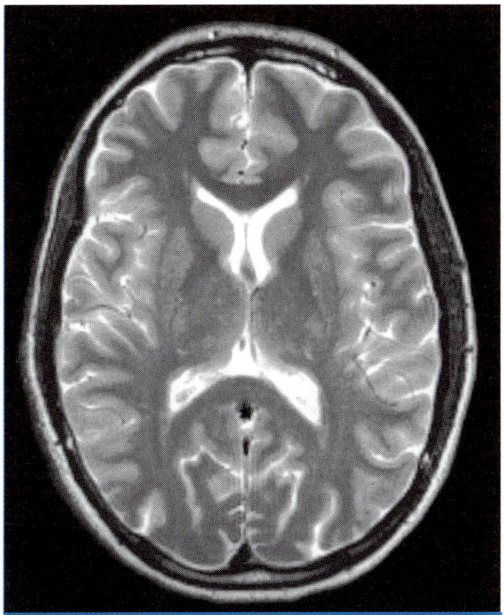

Abb. 23-25 MRT des Schädels

Die Magnetresonanz-Tomographie liefert Bilder mit einem Auflösungsvermögen, das bisher bei keinem anderen bildgebenden Verfahren zu erreichen war. Bei dieser Aufnahme handelt es sich um einen Horizontalschnitt in Höhe der Stammganglien.

Die **Magnetresonanz-Tomographie** (nach engl. **m**agnetic **r**esonance **t**omography) ist ein weitverbreitetes Verfahren und wird schon in vielen Spezialkliniken zur Diagnose von Erkrankungen vor allem des Zentralnervensystems angewendet. Das Prinzip des Verfahrens beruht darauf, daß die Kerne der einzelnen Wasserstoffatome (s. Kap. 2.3) des Körperwassers, die sich regellos drehen (engl. to spin), sich durch kurzzeitiges Anlegen eines starken Magnetfeldes in diesem ausrichten und nach dem Abschalten des Feldes wieder regellos weiter„trudeln". Zwischen der Ausrichtung und deren Aufhebung geben die Wasserstoffatome schwache Radiosignale ab (resonance), die man registrieren kann. Die Methode differenziert zwischen Geweben mit unterschiedlichem Wassergehalt (z.B. weißer und grauer Substanz). Kranke Gewebe, z.B. Tumoren, erzeugen andere Signale als gesunde. So können Diagnosen gestellt werden, ohne den Patienten mit Röntgen- oder radioaktiven Strahlen zu belasten (s. Abb. 23-25).

Einfache Verfahren zur Funktionsprüfung des Nervensystems gehören andererseits zu jeder ärztlichen Routineuntersuchung. Es sind dies vor allem: Prüfung der Druckschmerzhaftigkeit an den 3 Austrittspunkten des **V. Hirnnerven** (Trigeminus), Prüfung der speziellen Sinnesorgane **(Auge, Gehör, Gleichgewicht),** der wichtigsten **Fremdreflexe** (Pupillenreflex, Schluckreflex, Bauchhautreflex) und **Eigenreflexe** (Bizepssehnen-, Kniesehnen-, Achillessehnenreflex), Prüfung der Hautsinne (Berührung, Schmerz), Prüfung der **Motorik** (Gang, Stand, Körperkraft).

Kurzgefaßt

Das **autonome (vegetative) Nervensystem** besteht aus einem **parasympathischen Anteil**, der im Gehirn und in Kreuzbeinabschnitten des Rückenmarks entspringt, und dessen periphere Umschaltstellen (Ganglien) von prä- zu postganglionären Fasern in der Nähe des innervierten Organs liegen. Der **sympathische Anteil** des Systems entspringt im Brust-Lenden-Bereich des Rückenmarks; die Ganglien liegen meist im Grenzstrang. Fast alle inneren Organe werden von beiden Systemen versorgt und gegensinnig beeinflußt. Beispiel: Der Sympathikus steigert, der Parasympathikus senkt die Herzfrequenz. Überträgerstoffe in den Ganglien sind **Acetylcholin**, am Ende der postganglionären Fasern des Parasympathikus ebenfalls Acetylcholin und beim Sympathikus **Noradrenalin**. Medikamente, die die Wirkung des Sympathikus bzw. Parasympathikus nachahmen, heißen **Mimetika**, z.B. Ephedrin für Sympathikuswirkung, Prostigmin besitzt Parasympathikuswirkung. Medikamente, die die Wirkung der Systeme aufheben, werden **Lytika** genannt, z.B. Atropin, das die Parasympathikuswirkung hemmt. **Autonome (vegetative) Zentren** gibt es im Gehirn (Pupillarreflex) und im Rückenmark (Blasen-, Darmentleerung, Erektion). Im **Hypothalamus** liegen autonome Koordinationszentren, die z.B. den Kohlenhydratstoffwechsel und den Wasser- und Wärmehaushalt regulieren. Im **limbischen System** werden autonome und somatische Funktionen sowie Verhaltensweisen und Affekte verknüpft.

23.12 Gehirndurchblutung und Blut-Hirn-Schranke

Die **Blutzufuhr** zum Gehirn erfolgt über die beiden inneren Halsschlagadern und die beiden Wirbelschlagadern, der **Abfluß** des venösen Blutes aus den tiefen Venen über die Blutleiter der harten Hirnhaut, die sich vorwiegend in die beidseitigen inneren Halsvenen entleeren.
Die Hirnrinde (graue Substanz) ist gegenüber der weißen Substanz etwa sechsmal stärker durchblutet, der gleiche Faktor gilt für den Sauerstoffverbrauch. Insgesamt benötigt das Gehirn etwa 50 ml O_2/min. Pro Minute fließen ca. 55 ml Blut durch 100 g Gehirnsubstanz.
Die Kapillaren des Gehirns und Rückenmarks verhalten sich in bezug auf ihre **Durchlässigkeit** anders als die anderen Körperregionen. Injiziert man einen sauren Farbstoff (z.B. Trypanblau) in die Blutbahn, färben sich alle Gewebe an außer denen des Gehirns und Rückenmarks. Die Kapillaren dieser Gewebe besitzen ein besonders dickes Grundhäutchen (Basalmembran), und ihre Außenseite ist dicht mit Endfüßchen der Ausläufer von Gliazellen (Astrozyten), den Stützzellen des Nervengewebes, besetzt (Abb. 23-26). Dadurch besteht ein eingeschränkter Stoffaustausch zwischen Blutbahn und Nervengewebe. Großmolekulare Stoffe (z.B. Eiweiße) können die Blut-Hirn-Schranke nicht oder nur ganz langsam überwinden, fettlösliche wesentlich schneller. Glukose und Sauerstoff diffundieren leicht in die Nervengewebe, Kohlensäure ebensoleicht daraus in die Blutbahn zurück.
Die Blut-Hirn-Schranke, die sich erst im Laufe des ersten Lebensjahres entwickelt, hat wahrscheinlich den Sinn, das Milieu der sehr empfindlichen Nervenzellen konstant (z.B. gegenüber pH-Änderungen) zu halten.
Klinisch wichtig ist, daß bestimmte Medikamente, u.a. die Antibiotika Penicillin und Tetracyclin, die Blut-Hirn-Schranke nicht, andere, z.B. das Antibiotikum Erythromycin, schnell überwinden können.
Interessanterweise besteht in fünf kleinen Gehirnarealen keine Blut-Hirn-Schranke. An einigen dieser Stellen befinden sich Chemo- bzw. Osmorezeptoren. In einem Gebiet, das im vorderen Teil des Hypothalamus liegt, der mit der Hypophyse engen Kontakt hat (s. Kap. 25), werden vermutlich Veränderungen der Plasmazusammensetzung registriert und reguliert. Bekannt ist, daß sich in bestimmten Hypothalamuskernen hormonproduzierende Nervenzellen befinden.

23.13 Der Liquor cerebrospinalis

Die Gehirn-Rückenmarks-Flüssigkeit, kurz Liquor genannt, beträgt 100–150 ml, füllt die vier Hirnkammern (Ventrikel) aus und umspült Gehirn und Rückenmark vollständig. Der Liquor wird vorwiegend im Adergeflecht (Plexus choroideus) der

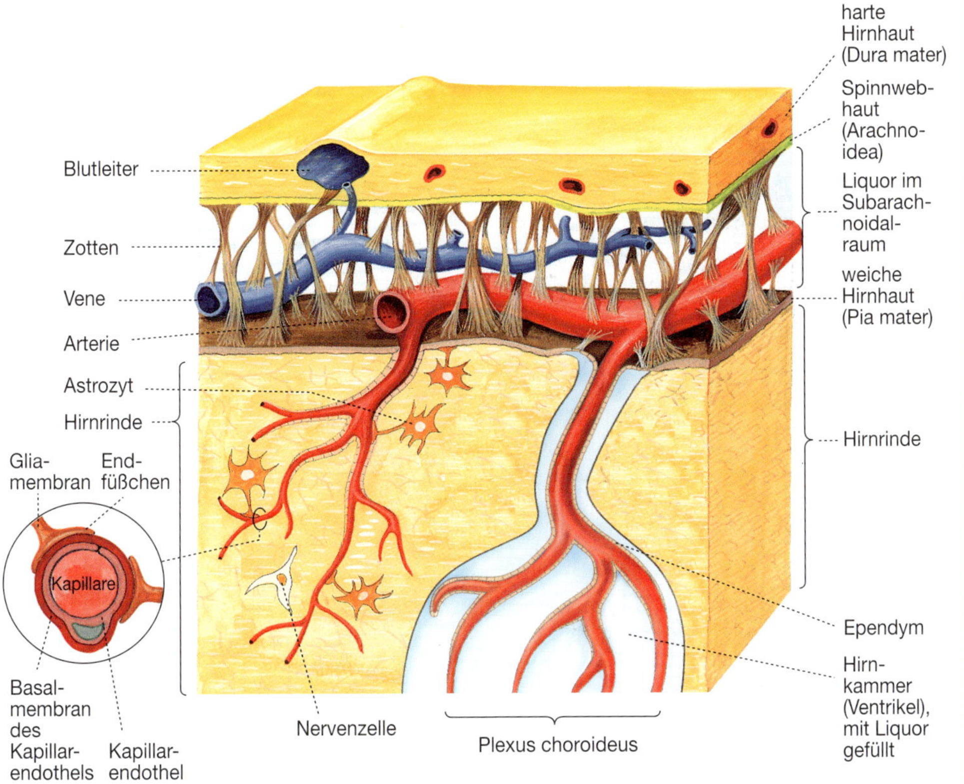

Abb. 23-26 Hirnhäute

Schematischer Schnitt durch die Hirnhäute, die Hirnrinde sowie eine Hirnkammer. Die Hirn-Rückenmarks-Flüssigkeit wird im Plexus choroideus der Hirnkammern gebildet, gelangt durch eine Öffnung in den Raum unter der Spinnwebhaut, die von Zotten durchzogen ist, und umspült Gehirn und Rückenmark. Sie wird über die Zotten in die Blutleiter und weiter in das venöse Gefäßsystem abgeführt. Links unten ist eine Kapillare (stark vergrößert) dargestellt.

Hirnkammern gebildet und gelangt durch 3 Öffnungen der 4. Hirnkammer in den Raum unter der Spinnwebhaut, den Subarachnoidalraum (s. Abb. 23-26). Durch die Zotten der Spinnwebhaut wird der Liquor resorbiert und gelangt über das Venensystem in den Blutkreislauf.

Path Wenn der Kreislauf des Liquors gestört ist, sei es durch übermäßige Produktion oder Abflußbehinderung, entsteht ein „Wasserkopf“, Hydrocephalus. Ist die Rückresorption gestört, kommt es zu Liquoransammlung im ganzen Subarachnoidalraum, einem Hydrocephalus externus. Wenn die Öffnungen der 4. Hirnkammer verschlossen sind, sammelt sich der Liquor in allen Hirnkammern an, Hydrocephalus internus.

Die Kapillaren, die unmittelbar mit den Liquorräumen in Verbindung sind, besitzen ebenfalls die beschriebenen dicken Grundhäutchen, man spricht von **Blut-Liquor-Schranke.** Der Liquor ist daher im Vergleich zum Plasma fast farblos, dünnflüssig, weil nahezu eiweiß- und fettfrei.

Funktion des Liquor cerebrospinalis

Zusammen mit den Schädelknochen und den Hirnhäuten schützt der Liquor das Gehirn, das an Zotten, Nerven und vielen dünnen Fasern der Spinnwebhaut elastisch aufgehängt ist. Da das Gehirn allseitig von Liquor umflossen ist, vermindert sich sein Gewicht von ca. 1400 g durch Auftrieb auf ca. 50 g, es ist nahezu schwerelos.

Liquoruntersuchungen

Durch Lumbalpunktion (Einstichstellen zwischen 3. und 4. oder 4. und 5. Lendenwirbel) läßt sich der Liquordruck messen, der bei bestimmten Erkrankungen erhöht ist (Normalwerte beim Kind: 5–10 cm Wassersäule, beim Erwachsenen: 7 bis 20 cmH_2O). Meist werden 10 ml Liquor entnommen für die Bestimmung des spezifischen Gewichts, der Eiweiß-, Fett- und Elektrolytwerte und der Zellzahl, der Leukozyten und deren Differenzierung. Normalerweise enthält der Liquor 5 Leukozyten/µl.

Kurzgefaßt

Die **Durchblutung des Gehirns** beträgt ca. 55 ml/min je 100 g Gehirnsubstanz, der O_2-Verbrauch ca. 50 ml/min insgesamt.
Die **Blut-Hirn-Schranke**, schützt durch die relative Undurchlässigkeit der Kapillaren die Nervenzellen gegen Milieuveränderungen.
Der **Liquor cerebrospinalis**, 100 bis 150 ml, schützt das Gehirn gegen mechanische Schädigungen und trägt durch den Auftrieb zu seiner „Schwerelosigkeit" bei.

24 Das Verhalten

Man kann bei den Leistungen des zentralen Nervensystems vererbte von erlernten unterscheiden. Vererbte sind **Reflexe** und die sogenannten **angeborenen Verhaltensweisen**. Alles, was das einzelne Lebewesen, das Tier oder der Mensch, im Laufe des Lebens erlernt, ist davon abzutrennen. Der Mensch ist das lernfähigste aller Tiere. Voraussetzung ist die hochentwickelte Hirnrinde, die keinen Vergleich im Tierreich hat und die die motorischen Fähigkeiten zur Schrift und Sprache, die optische des Lesens, die akustische des Sprachverständnisses ermöglicht hat.

Als Abschluß der Besprechung der nervösen Koordinationssysteme sollen hier einige einfache Grundzüge erörtert werden, die zum Verständnis dieser Leistungen des Zentralnervensystems beitragen.

In der Tabelle 24-1 ist eine grobe Einteilung getroffen, wobei einfachere Leistungen unten und „höhere" Leistungen oben stehen. Schon auf der Ebene der Reflexe gibt es eine Lernleistung, nämlich die „bedingten" Reflexe, die wir zum Beispiel beim Verdauungstrakt kennengelernt haben. Die Abgabe von Speichel und Magensaft beim Erklingen eines Gongs oder eines Sirenentons, der eine Pause ankündigt, ist ein erlernter Fremdreflex, wie eine genauere Bezeichnung für einen bedingten Reflex lauten könnte.

Die Abbildung 24-1 zeigt schematisch, wie ein bedingter Magensaftreflex „erlernt" wird, wenn immer gleichzeitig mit Nahrungsgabe ein Klingelzeichen gegeben wird. Es müssen Neuronenverbindungen in den Reflexzentren, die normalerweise nicht benutzt werden, „gebahnt", d.h. erlernt, werden. Wie letzten Endes der Lernvorgang vor sich geht, ist noch wenig bekannt. Wahrscheinlich werden im Bereich der Synapsen unter dem Einfluß des Erregungsvorganges bei häufiger Wiederholung Veränderungen von Eiweißmolekülen erzeugt, die einen gerichteten Erregungsablauf über bestimmte Neuronenverbände begünstigen und so die Verknüpfung eines „bedingten" afferenten Neurons mit dem efferenten Neuron des Reflexes herstellen. Auf der Grundlage dieser Verschaltung kann man verstehen, daß es im Bereich der Eigenreflexe mit nur einer Synapse keine Lernvorgänge geben kann, d.h., daß bedingte Reflexe immer Fremdreflexe sein müssen.

Tab. 24-1 Vererbtes und erlerntes Verhalten

Vererbt	Erlernt
	– „höhere" Lernleistungen (Lesen, Schreiben, Musizieren) – erlerntes Verhalten (Reaktionen)
– angeborene Verhaltensweisen	– Prägung
– Fremdreflexe – Eigenreflexe	– „bedingte" Reflexe

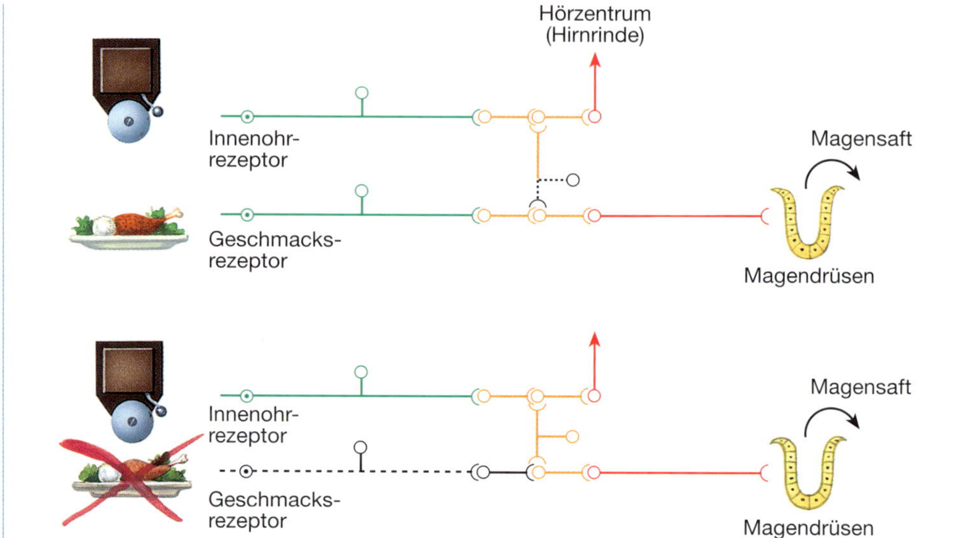

Abb. 24-1 Bedingter (erlernter) Reflex

Schematische Darstellung der Anlegung eines bedingten (erlernten) Reflexes. Es entsteht eine „Bahnung" zwischen der zentralen Verschaltung der Hörbahn und Bahnen von den Geschmacks- oder Geruchsrezeptoren. Magensaftabgabe erfolgt dann auf das Klingelzeichen allein.

24.1 Angeborene Verhaltensweisen

Vererbte oder „angeborene" Verhaltensweisen können teilweise so aussehen wie Reflexe, die meisten sind aber erheblich komplizierter, wie z.B. der Nestbau der Vögel, Wabenbau der Bienen. Beim Menschen spielen sie nur noch eine untergeordnete Rolle. Mit Zunahme der Lernfähigkeit im Verlauf der Menschheitsentwicklung wurden sie weniger wichtig. Der grundlegende Unterschied zu den Reflexen ist, daß diese Verhalten zur Auslösung nicht nur einen „Reiz" erfordern, wie es beim Reflex der Fall ist, sondern auch noch einer im Gehirn vorhandenen Voraussetzung, die man „Gestimmtheit" genannt hat, bedarf, um die angeborenen Verhaltensweisen auszulösen (Abb. 24-2). Eine einfache angeborene Verhaltensweise, die auch beim Menschen noch erhalten ist, ist die Hinwendung des Säuglings zur Mutterbrust. Berührt die Brustwarze eine Wange des Säuglings („Schlüsselreiz"), so wendet er den Kopf hin und her. Wenn er Hunger hat („Gestimmtheit": Hunger), wendet er den Kopf so lange, bis er die Brustwarze im Mund hat. Der Unterschied zum Reflex besteht darin, daß die Gestimmtheit Hunger vorhanden sein muß. Ohne Hunger wird der Kopf nicht oder nicht so zielsicher zur Brustwarze gedreht, obwohl der Schlüsselreiz (Berührung der Wange) vorhanden ist. Im Bereich der **Brutpflege** gibt es ein bekanntes Verhalten, das durch optische Schlüsselreize, das sogenannte **Kindchenschema** (Abb. 24-3), ausgelöst wird. Die runde Kopfform, besonders wenn sie, verglichen mit uns, klein ist, regt uns zu Streichelbewegungen an, wir wollen das Kind oder junge Tier in den Arm nehmen. Die Filmbranche hat sich, ohne die wissenschaftlichen Hintergründe zu erkennen, diese Tatsache zunutze gemacht. Die guten Charaktere erfüllen das Kindchenschema, die bösen haben lange Köpfe mit fliehender Stirn. Schlangen und

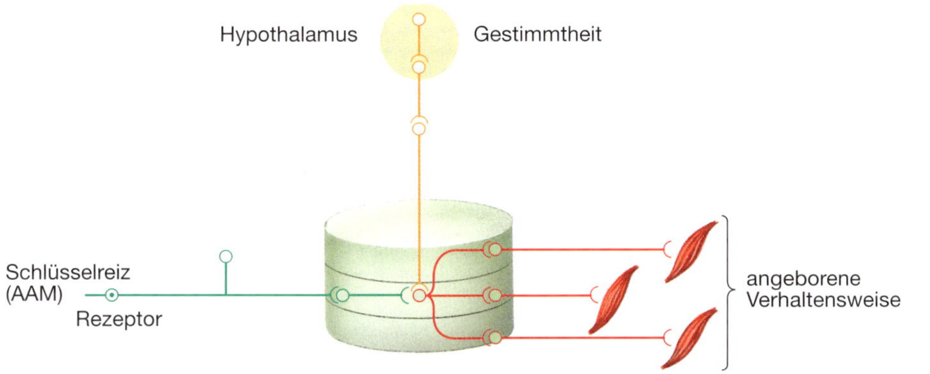

Abb. 24-2 Angeborener Auslösemechanismus

Auslösung angeborener Verhaltensweisen durch Schlüsselreiz (angeborener Auslösemechanismus = AAM) und Gestimmtheit.

Krokodile können nur schwerlich als „lieb" bezeichnet werden und werden bei uns keine Umarmungstendenz auslösen.
Auch bei angeborenen Verhaltensweisen gibt es Lernvorgänge, die individuell ver-

Abb. 24-3 „Kindchenschema" nach *K. Lorenz*

Die linke Reihe löst beim Menschen Brutpflegeverhalten (Streicheln) und entsprechende Empfindungen aus, nicht die erwachsenen Formen derselben Arten (rechts).

schieden sind, man nennt sie **Prägung**. Ein Beispiel ist von *Konrad Lorenz* beschrieben worden: Ein eben geschlüpftes Gänschen („Martina") lief zufällig auf ihn zu, anstatt auf seine Mutter. Als er weglief, folgte es ihm, und er nahm es eine gewisse Zeit zu sich. Danach war es unmöglich, das Gänschen wieder bei seiner Mutter unterzubringen. Das Gänschen war auf den Menschen „geprägt" worden; d.h., daß der Schlüsselreiz für das Folgeverhalten des jungen Tieres relativ „weit" (unspezifisch) ist. Der „Reiz" stellt wahrscheinlich nur etwas Großes, das einen Schatten wirft, dar. Normalerweise ist ja die richtige Mutter in der Nähe, und die Prägung kann erfolgen. Aber das Beispiel zeigt, daß dann etwas „gelernt" wird, in diesem Fall ein falsches Mutterbild. Ob Prägungen beim Menschen noch eine Rolle spielen, ist unklar.

24.2 Erlernte Verhaltensweisen

Erlerntes Verhalten, oft **erlernte Reaktionen** genannt, sind Handlungsabläufe, die wir unbewußt oder bewußt erlernt haben, wie z.B. das Drücken einer Türklinke, Schlüsselumdrehen, Radfahren, Schalten eines Autos. Die Lernart kann verschieden sein:

24 Das Verhalten

- **Ohne notwendige Einschaltung des Bewußtseins:** Versuchs- und Irrtumslernen, Belohnungs- und Bestrafungslernen. Das erste spielt besonders im Säuglings- und Kindesalter eine große Rolle. Viele Dinge sollen Kleinstkinder nicht öffnen und bekommen sie schließlich doch auf, durch „Probieren". Aber auch im Erwachsenenalter spielt diese Art des Lernens noch eine Rolle. Das Erlernen des Einlegens des Rückwärtsgangs an einem neuen oder fremden Auto geschieht meist zu einem Teil durch „Probieren". Belohnungs- und Bestrafungslernen wird meist in Tierexperimenten (Futter als Belohnung, schwache elektrische Schläge als Bestrafung) und bei Tierdressur angewendet.
- **Mit Bewußtseinseinschaltung** werden viele Handlungsabläufe des täglichen Lebens erlernt, z. B. die Benutzung von Geräten im weitesten Sinne (z. B. Automaten, Computer usw.), aber auch sportliche Übungen. Der Übergang zu den in Tabelle 24-1 aufgeführten „höheren" Lernleistungen ist fließend. Allen bewußt gelernten Reaktionen ist gemeinsam, daß sie, nachdem sie erlernt sind, ohne nennenswerte Bewußtseinsbildung ablaufen können und damit unsere Aufmerksamkeit für andere Vorgänge freilassen. Beispiele sind, daß wir bis zu einem gewissen Grad schreiben, lesen und musizieren können und dabei an etwas anderes denken. Eine weitere wichtige Leistung ist aber auch, daß bei Fehlhandlungen das Bewußtsein korrigierend eingreifen kann. Ein Beispiel mangelhafter Kontrolle ist, wenn bei Datumsangaben Anfang Januar noch die alte Jahreszahl benutzt wird. Noch höhere zentrale Leistungen, wie Fassen von Entschlüssen, sogenannte „freie" Entscheidungen und ethisches Verhalten, sind im Gehirn kaum mehr lokalisierbar, und ihre Erforschung ist bisher ein Feld der Psychologie. Allerdings weiß man durch Verletzungen und Operationen, daß die höchsten Leistungen die Mitwirkung von Stirnhirnstrukturen (Frontalhirn) erfordern. Bei Verletzung oder Zerstörung treten häufig Persönlichkeitsveränderungen (Antriebsarmut, Reizbarkeit, mangelnde soziale Anpassungsfähigkeit) auf.

Kurzgefaßt

Man unterscheidet **vererbtes** und **erlerntes Verhalten**. Eigen- und Fremdreflexe sowie die angeborenen Verhaltensweisen sind vererbtes Verhalten. Bei bedingten Reflexen wird eine angeborene, nicht mit dem Reflex verknüpfte Afferenz gebahnt und mit der vererbten Efferenz gekoppelt. Bedingte Reflexe werden erlernt und auch wieder verlernt. **Angeborene Verhaltensweisen** spielen beim Menschen nur noch eine geringe Rolle, bei Tieren betreffen sie z. B. den Nestbau und andere Verhalten der Brutpflege. Der Unterschied zu den Reflexen besteht darin, daß außer dem Reiz (Schlüsselreiz, Auslösemuster) eine **Gestimmtheit** vorhanden sein muß, um die Verhaltensweise auszulösen. Prägung ist ein Lernvorgang bei angeborenen Verhaltensweisen, z. B. Prägung auf die Mutter. **Erlernte Verhaltensweisen** (erlernte Reaktionen) sind meist motorische Abläufe, die man sich unbewußt durch Versuchs- und Irrtums- oder Belohnungs-Bestrafungs-Lernen aneignet. Beispiele bewußt erlernter Verhaltensweisen sind Schreiben, Musikinstrumentenspiel, sportliche Übungen. **Höhere Lern- und Verhaltensleistungen**, wie das Fassen von Entschlüssen, sogenannte „freie" Entscheidungen, sowie soziales Verhalten scheinen vor allem Leistungen von Strukturen im Frontalhirn zu sein.

25 Das hormonelle System

Neben dem Nervensystem ist das hormonelle System, das auch **endokrines System** genannt wird, wichtig für das geordnete Zusammenspiel unserer Körperfunktionen (Abb. 25-1). Das endokrine System benutzt zur Erfüllung seiner vielfältigen Aufgaben **Hormone, Botenstoffe,** die von Drüsen **inkretorisch** vorwiegend in die Blutbahn abgegeben werden. Hormone müssen von Drüsenprodukten, **Sekreten,** unterschieden werden, die **exkretorisch** nach außen durch einen Ausführungsgang abgegeben werden. Als „außen" gilt, wie schon mehrfach dargestellt, z. B. auch der Verdauungstrakt. Manche Drüsen haben eine inkretorische und eine exkretorische Funktion, wie z. B. die Bauchspeicheldrüse, die inkretorisch Insulin und Glukagon, exkretorisch Sekrete zur Verdauung von Eiweiß, Fett und Kohlenhydraten abgibt.

Die **Hirnanhangdrüse** (Hypophyse) wurde lange Zeit als einziges Regulationszentrum für das hormonelle System angesehen. 1930 wurde ein Kapillarnetz beschrieben, das den Hypothalamus mit der Hypophyse verknüpft, später stellte man fest, daß in den Kapillaren Hormone zum Vorderlappen der Hypophyse transportiert werden, sowie Hormone entlang von Nervenbahnen in den Hinterlappen der Hypophyse wandern. Diese Verbindungen beweisen, daß auch die Hypophyse einer übergeordneten Steuerung durch den **Hypothalamus** unterliegt. Sie sind wichtig, weil der Hypothalamus nicht nur Anschluß zum Thalamus, der mit der Hirnrinde verschaltet ist, hat, sondern auch mit dem **limbischen System** und der **Formatio reticularis.** Der Hypothalamus ist also eine Schaltzentrale sowohl für das humorale als auch für das nervöse Koordinationssystem. Das bedeutet, daß von dort aus Anweisungen an das autonome Nervensystem sowie auf humoralem Wege an inkretorische Drüsen erteilt werden können.

Ihrer Funktionsweise nach unterscheidet man ganz allgemein:

- **Hypophyseotrope Hormone: Releasinghormone** (release, engl. = freisetzen): Diese fördern die Freisetzung von Hypophysenhormonen, **Inhibitinghormone** (inhibit, engl. = hemmen) hemmen sie.
- **Glandotrope Hormone:** Sie wirken auf untergeordnete Drüsen ein.
- **Glanduläre Hormone** sind Botenstoffe, die auf Rezeptor- oder Target-Zellen (s. u.) einwirken, nachdem sie auf dem Blutweg dorthin gelangt sind.
- **Gewebshormone** werden meist in unmittelbarer Nähe ihres Wirkungsorts gebildet, brauchen also nicht auf humoralem Wege befördert zu werden.

25.1 Wirkungsmechanismen von Hormonen

Die Wirkungsmechanismen der Hormone sind unterschiedlich und u. a. von ihrem molekularen Aufbau abhängig.

Chemisch sind Hormone unterschiedlich aufgebaut, es handelt sich teils um einfache Eiweißmoleküle, teils um komplizierte Polypeptide **(Peptidhormone)** oder um Verbindungen, die sich vom Cholesterin ableiten lassen und die die Gruppe der **Steroidhormone** darstellen. Andere Hor-

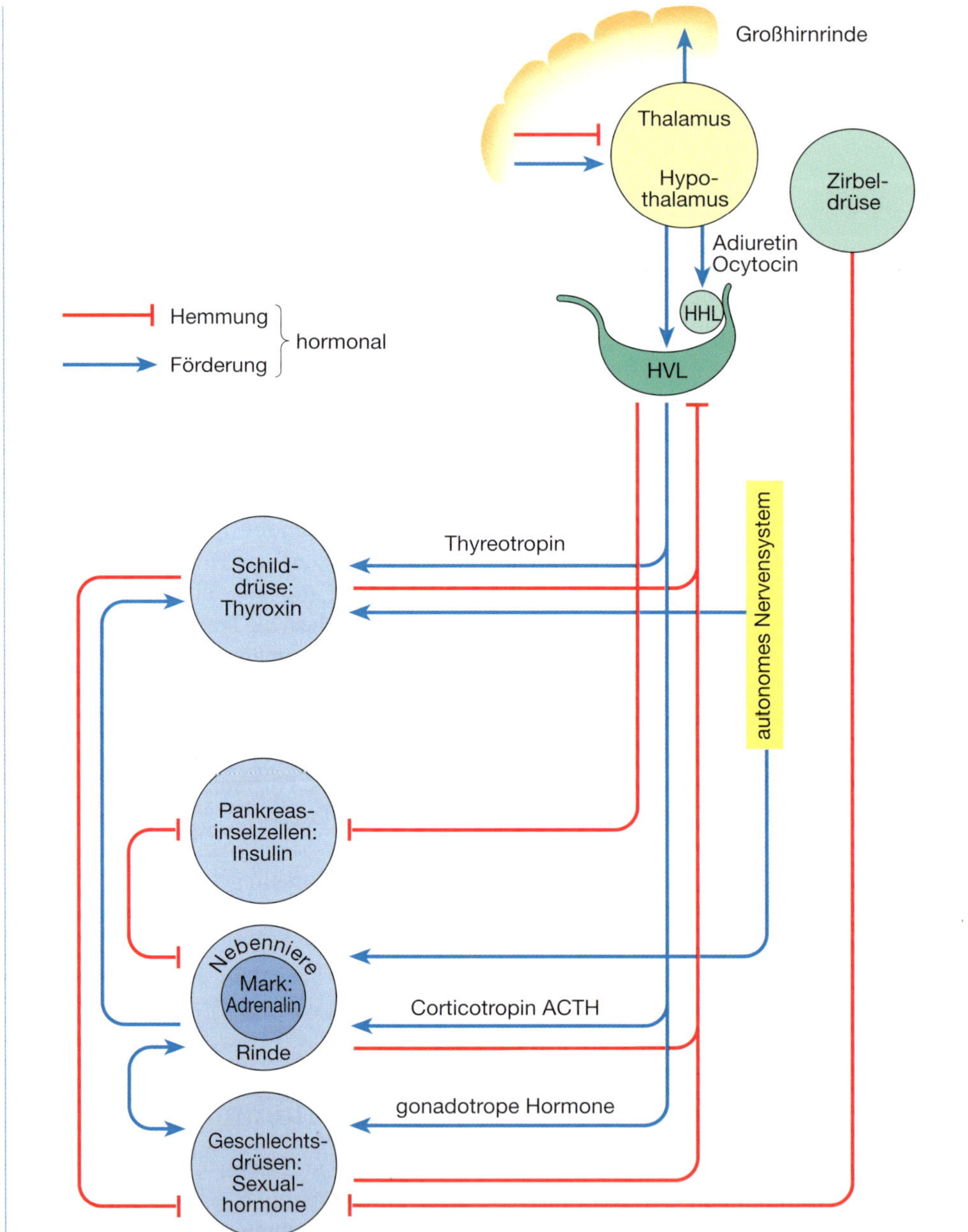

Abb. 25-1 Hormonelles System

Übersicht über die hormonalen Regulationen. HHL bzw. HVL = Hypophysenhinter- bzw. -vorderlappen.

mone sind Abkömmlinge der Aminosäure **Tyrosin** (Katecholamine, Schilddrüsenhormone). Auf die chemische Struktur wird im Zusammenhang mit den einzelnen Hormonen kurz hingewiesen.

Hormone üben an ganz bestimmten, als

Target-Zellen (target, engl. = Ziel) bezeichneten Körperzellen ihre Wirkung aus, z.B. das in der Hypophyse gebildete Prolactin an denjenigen der Brustdrüse, anderen Zellen fehlt der entsprechende **Rezeptor,** der in der Zellmembran lokalisiert ist. Der Begriff des Rezeptors stammt aus der Sinnesphysiologie. Bestimmte Sinnesrezeptoren reagieren nur auf spezifische Reize. Dasselbe gilt für Hormonrezeptoren, die nur durch bestimmte Hormone erregt werden. Da viele Körperzellen auf mehrere Hormone ansprechen, müssen sie auch mehrere unterschiedliche Rezeptoren besitzen, die in der Membran, dem Zytoplasma oder dem Kern lokalisiert sind. Dies ist von Bedeutung für den Mechanismus Regulation – Gegenregulation, der von unterschiedlichen Hormonen ausgelöst wird.

Peptidhormone und Katecholamine wirken nicht direkt durch Bindung an ihren Rezeptor, sondern durch diese Bindung wird in der Zelle eine Substanz freigesetzt, die als **zweiter Botenstoff** (engl. **second messenger**) bezeichnet wird. Einer dieser sekundären Botenstoffe ist das **zyklische Adenosin-Mono-Phosphat,** kurz **cAMP.** Das cAMP kann unterschiedliche Reaktionen in der Zelle beeinflussen, z.B. die Synthese von Enzymen über die Gen-Aktivierung. Das zyklische Guanosin-Mono-Phosphat, cGMP, wirkt ähnlich wie cAMP. Grundsätzlich gilt jedoch, daß unter physiologischen Bedingungen kein Hormon in der Zelle völlig neue Reaktionen auslösen kann, das heißt, daß biochemische Mechanismen in der Zelle durch Hormone nur mit einem Anstieg oder Abfall der Geschwindigkeit einer festgelegten Reaktion antworten.

25.2 Hormone des Hypothalamus

Im Hypothalamus befinden sich zwei wichtige Kerne, der **Nucleus supraopticus** und der **Nucleus paraventricularis,** Ansammlungen von Nervenzellen, die in der Lage sind, Hormone zu bilden. Die neurosekretorische Fähigkeit der Kerne und die Wanderung von hormonhaltigen Körnchen entlang von Nervenbahnen (Axonen) über den Hypophysenstiel zum Hinterlappen der Hypophyse wurden 1949 und wenige Jahre später die beiden Hormone Adiuretin oder **antidiuretisches Hormon** (ADH) und **Ocytocin** entdeckt. Ihre chemische Struktur ist aufgeklärt. Es handelt sich bei beiden um Octapeptide, das sind Eiweiße, die aus acht Aminosäuren bestehen.

In Abbildung 25-2 ist die Nervenverbindung zwischen den Kernen des Hypothalamus und dem Hinterlappen der Hypophyse, **HHL,** schematisch dargestellt. Es ist ferner der Anteil des Hypophysenvorderlappens, **HVL,** in den die ebenfalls im Hypothalamus gebildeten **Releasinghormone** (RH) und **Inhibitinghormone** (IH) abgegeben werden, zu sehen.

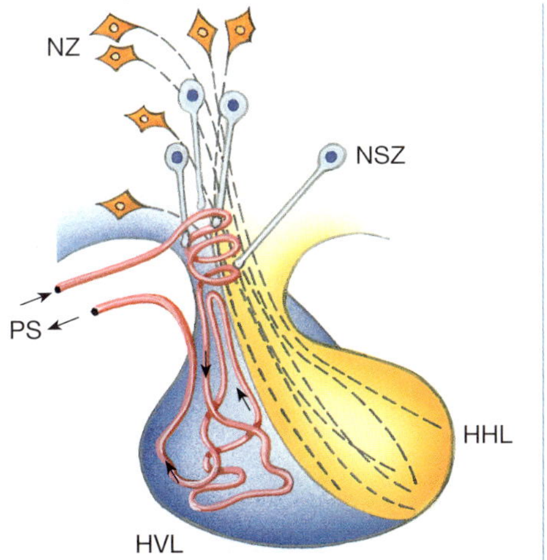

Abb. 25-2 Hypophyse

Schematische Darstellung der Hypophyse und ihrer hormontransportierenden kapillären und neuralen Verbindungen zur Hypothalamusregion, HVL = Hypophysenvorderlappen, HHL = Hypophysenhinterlappen, NZ = Nervenzelle, NSZ = neurosekretorische Zelle, PS = Pfortadersystem.

25.2.1 Adiuretin, antidiuretisches Hormon (ADH)

Dieses in den Hypothalamuskernen gebildete Hormon wird, gebunden an ein Trägereiweiß, im Hypophysenhinterlappen gespeichert. Sein **Zielorgan** ist die Niere, und zwar der zweite gewundene Teil des Tubulus und die Sammelrohre (s. Abb. 15-8). ADH wirkt dem Wasserverlust der Niere, der **Diurese,** entgegen, indem es die **Rückresorption** von Wasser in den Kreislauf fördert. Das Adiuretin ist dafür verantwortlich, daß 10–20% des Wassers des Primärharns, das sind 17–35 Liter täglich, zurückgewonnen werden.
Auf **Zellebene** aktiviert ADH über den ersten Rezeptor in der Zellmembran das Adenylatcyclase-System. Über den zweiten Botenstoff, cAMP, wird durch Erhöhung der Membrandurchlässigkeit der Wassereinstrom in die Zelle gefördert.

Path **ADH-Mangel** bewirkt eine verstärkte Urinausscheidung. Es führt zum **häufigen Wasserlassen** (Polyurie) und als Folge davon zu übermäßigem Durst und **Trinken großer Flüssigkeitsmengen** (Polydipsie). Das Krankheitsbild wird als **Diabetes insipidus** bezeichnet und kann vielerlei Ursachen haben, z.B. Entzündungen, Tumoren, Arterienverkalkung im Bereich des Hypothalamus und der Hypophyse. Es gibt auch erbliche Formen von ADH-Mangel.
ADH-Überschuß kann entstehen, wenn Drüsenwucherungen das Hormon produzieren. Als Folge ist das Blutvolumen stark vermehrt, die Osmolarität und besonders die Natriumkonzentration im Blut vermindert.

25.2.2 Ocytocin

Dieses Hypothalamushormon ist chemisch dem ADH sehr ähnlich. Es wirkt auf den weiblichen Organismus durch Anregungen

- der Kontraktion der Gebärmuttermuskulatur (aber nicht während der Schwangerschaft);
- der Kontraktion der myoepithelialen Zellen an der milchproduzierenden Brustdrüse. Das Hormon beeinflußt nicht die Milchproduktion, sondern erleichtert das Abfließen der Milch in die Ausführungsgänge.

Die Ocytocinproduktion und -ausschüttung wird durch weibliche Sexualhormone stark beeinflußt, die besonders während der Schwangerschaft **hemmend** wirken. Erst unter der Geburt spricht die Gebärmutter und nach der Geburt die Brustdrüse auf das Hormon an.
Störungen durch Ocytocinmangel bzw. -überschuß sind nicht bekannt.

25.2.3 Releasing- und Inhibitinghormone

Hypothalamushormone, die den Hypophysenvorderlappen (HVL) beeinflussen, sind:

- **Releasinghormone** (Freisetzungshormone, RH) und
- **Inhibitinghormone** (Hemmungshormone, IH).

Sie werden im Zusammenhang mit den Hormonen des Hypophysenvorderlappens besprochen.

25.3 Die Hypophyse

Die beiden Anteile der Hypophyse, der Vorderlappen (HVL oder **Adenohypophyse**) und der Hinterlappen (HHL oder **Neurohypophyse**), haben entwicklungsgeschichtlich eine unterschiedliche Herkunft. Die Neurohypophyse entwickelte sich aus einer Faltung von Nervengewebe des Zwischenhirns, die Adenohypophyse aus einer epithelialen Ausstülpung der Rachenwand. Über den **Trichter-** und den **Mittellappen,** beide zur Adenohypophyse gehörig, wurde eine enge Verbindung zur Neurohypophyse hergestellt.

25.3.1 Die Neurohypophyse

Hier werden die beiden Hormone des HHL, **Adiuretin** und **Ocytocin,** die im Hypothalamus gebildet wurden, gespeichert und auf bestimmte Reize hin freigesetzt.

25.3.2 Die Hormone der Adenohypophyse

Hier werden folgende glandotropen Hormone gebildet, welche die angeführten Drüsen beeinflussen:

1. Das adrenokortikotrope Hormon **ACTH** beeinflußt die **Nebennierenrinde.**
2. Das thyreotrope Hormon **(TSH)** beeinflußt die **Schilddrüse.**
3. Das follikelstimulierende Hormon **FSH** beeinflußt die **Eierstöcke und Hoden.**
4. Das luteinisierende Hormon **LH** beeinflußt die **Eierstöcke und Hoden.**
5. Das laktotrope Hormon **LTH** beeinflußt die **Milchdrüsen.**

Oft wird noch das die interstitiellen Zellen des Hodens beeinflussende Hormon ICSH genannt, das aber mit LH identisch ist. Die chemische Struktur dieser Hormone, ihr Freisetzungs- und Wirkungsmechanismus werden im Zusammenhang mit den Drüsen besprochen, die sie beeinflussen.
Folgende Hormone der Adenohypophyse haben keine spezielle Drüse als Zielorgan:

6. Das somatotrope Hormon, Wachstumshormon **STH.**
7. Das melanozytenstimulierende Hormon **MSH.**

Das Wachstumshormon STH übt als wachstumsförderndes Hormon seinen Einfluß auf den **Kohlenhydrat-, Fett- und Eiweißstoffwechsel** sowie auf den **Salz-Wasser-Haushalt** aus.
Chemisch ist STH ein Eiweiß, das aus 191 Aminosäuren zusammengesetzt ist, die an zwei Stellen eine Schwefelwasserstoffbrücke besitzen.
Im Hypothalamus wurde für STH ein Freisetzungs- und ein Hemmhormon gefunden: STH-RH und STH-IH.
Reize für die Freisetzung von STH bzw. STH-RH sind:

- niedriger Blutzuckerspiegel,
- niedriger Lipid(Fett)-Gehalt im Plasma,
- erhöhter Östrogenspiegel bei der Frau,
- erhöhter Glukokortikoidspiegel (Nebennierenrindenhormon).

Die **Wirkungsweise** des Hormons läßt sich am besten veranschaulichen, wenn man die Folgen von STH-Überschuß und STH-Mangel aufzählt.

Path **Hypophysärer Riesenwuchs** entsteht bei Überproduktion des Hormons, etwa bei drüsigen Wucherungen (Adenomen). Befindet sich dann der Organismus noch in der Wachstumsphase, d.h., die **Epiphysenfugen,** die Übergangszonen zwischen Knorpel und Knochen, sind noch offen, so beobachtet man ein verstärktes Wachstum der Knochen sowohl der Länge als auch der Dicke nach. Das Muskel- und Fettgewebe wächst entsprechend; auch die Eingeweide sind vergrößert. Es handelt sich um ein proportioniertes Wachstum.
Akromegalie heißt das Krankheitsbild, wenn STH-Überschuß im Erwachsenenalter auftritt. Ein verstärktes Wachstum beobachtet man dann an den Akren, den Körperspitzen. Davon betroffen sind die Nase, das Kinn, Hände und Füße (Abb. 25-3) sowie die Eingeweide.
Hypophysärer Zwergwuchs ist die Folge von STH-Mangel während der Wachstumsphase. Durch Behandlung mit Wachstumshormon, das gentechnisch hergestellt wird, können gute Erfolge erzielt werden.

Das **melanozytenstimulierende Hormon MSH** wird im Mittellappen der Hypophyse

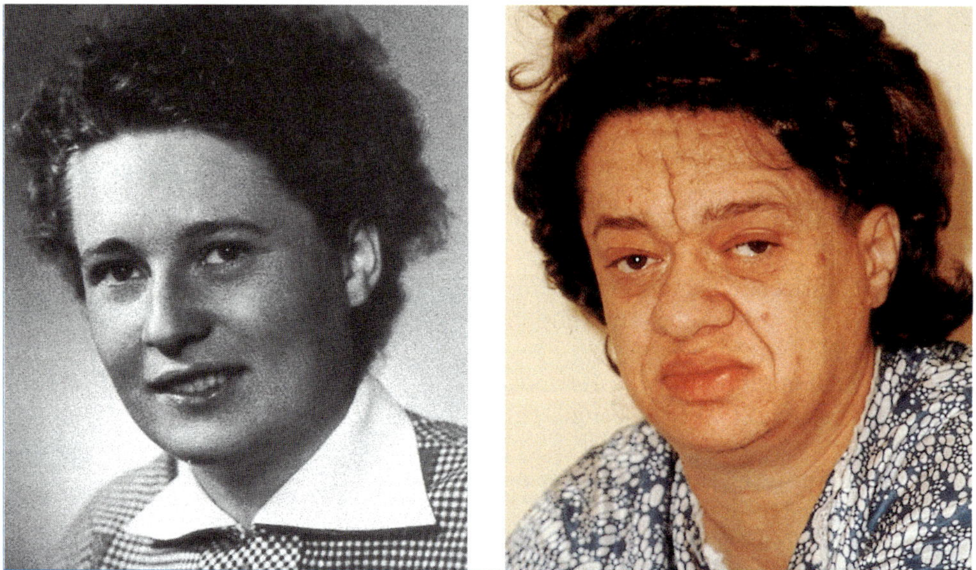

Abb. 25-3 Akromegalie

Veränderung des Gesichts durch krankhafte Produktion von Wachstumshormon im Erwachsenenalter.

gebildet, der im Gegensatz zu Amphibien beim Menschen nur noch rudimentär (verkümmert) vorkommt. Melanozyten sind Zellen, die Pigmentkörnchen enthalten und in tieferen Schichten der Oberhaut (Epidermis) liegen.
Bei Amphibien, z. B. Fröschen, liegen normalerweise alle Farbkörnchen dicht um den Zellkern, dann erscheint die Haut hell. Nach MSH-Ausschüttung verteilen sich die Pigmentkörnchen gleichmäßig in der Zelle, die Haut erscheint dunkler.
Es ist unklar, welche Bedeutung das Hormon beim Menschen hat. Man hat festgestellt, daß bei Bestrahlung mit ultraviolettem Licht vermehrt MSH gebildet und ausgeschüttet wird, worauf die Pigmentkörnchen die Melanozyten verlassen und in oberflächlichere Schichten der Epidermis eindringen, evtl. als Schutz gegen zu starke Strahlung. Die MSH-Ausschüttung wird durch die Hypothalamushormone **MSH-RH** und **MSH-IH** (s. Abb. 25-2) reguliert.

25.4 Hormon der Zirbeldrüse

In der Zirbeldrüse (Corpus pineale), die im Zwischenhirn liegt, wird aus Serotonin **Melatonin** gebildet.
Bei Amphibien und Fischen **hemmt** das Hormon die Ausbreitung der um den Zellkern gelagerten Farbkörnchen (Chromatophoren) in den Melanozyten der Haut, die heller erscheint, als wenn die Farbkörnchen gleichmäßig in der ganzen Zelle verteilt sind. Melatonin wirkt umgekehrt wie das MSH des Hypophysenmittellappens. Bei Säugetieren ließ sich feststellen, daß Melatonin die Entwicklung und Funktion der Geschlechtsdrüsen (Gonaden) unterdrückt und die Anpassung an die Jahreszeiten (z. B. Winterfell) bewirkt. Die Produktion von Melatonin ist abhängig von der Dauer der Lichteinwirkung; es muß demnach eine (vermutlich neurohumorale) Verbindung zwischen der Netzhaut der Augen und der Zirbeldrüse bestehen. Sicher ist:

Dunkelheit regt die Melatoninherstellung an → Unterdrückung der Geschlechtsdrüsentätigkeit.
Helligkeit hemmt die Melatoninherstellung → Steigerung der Geschlechtsdrüsentätigkeit.
Das hat bei den betroffenen Säugetieren zur Folge, daß im Winter, wenn die Tage kurz sind und das Futter knapp ist, die zur Fortpflanzung nötige Energie eingespart wird.
Für den Menschen konnte man feststellen, daß bei Tumoren der Zirbeldrüse die Gonadenfunktion vermindert, nach Zerstörung der Drüse gesteigert ist.

Kurzgefaßt

Die humorale Koordination von Körperfunktionen erfolgt durch **Hormone.** Man unterscheidet auf die Hypophyse wirkende **hypophyseotrope Hormone,** auf die endokrinen Drüsen wirkende **glandotrope Hormone** und auf Zielzellen wirkende **glanduläre Hormone** sowie **Gewebshormone.** Hormone können in den Zellen bzw. deren Membranen chemische Umsetzungen beschleunigen oder verlangsamen, aber keine völlig neuen hervorrufen. Chemisch sind Hormone Eiweißmoleküle, Tyrosinabkömmlinge oder Cholesterinabkömmlinge (Steroide). Im **Hypothalamus** werden die **Releasinghormone,** die die Freisetzung der HVL-Hormone regeln, gebildet sowie **ADH** (Niere) und **Ocytocin** (glatte Muskulatur), die im **Hypophysenhinterlappen** (HHL) gespeichert werden. Im **Hypophysenvorderlappen** (HVL) werden folgende glandotropen Hormone gebildet: **ACTH** (Nebennierenrinde), **TSH** (Schilddrüse), **FSH** und **LH** (Eierstöcke bzw. Zwischenzellen der Hoden) und LTH (Milchdrüsen). STH und MSH (aus dem Mittellappen) beeinflussen keine speziellen Drüsen. Das erstere regt den ganzen Stoffwechsel an, das letztere die Melanozyten der Oberhaut. Im Wachstumsalter führt **STH-Mangel** zu Zwergwuchs, **STH-Überschuß** zu Riesenwuchs bzw. im Erwachsenenalter zu Akromegalie. **Melatonin,** das Hormon der **Zirbeldrüse,** wird bei Dunkelheit vermehrt freigesetzt und hemmt die Geschlechtsdrüsentätigkeit.

25.5 Hormone der Schilddrüse

Die Schilddrüse liegt dem Schildknorpel des Kehlkopfes auf. Sie bildet drei Hormone: das **Trijodthyronin** (T_3), das **Thyroxin** (T_4) und das **Thyreocalcitonin.** Letzteres soll im Zusammenhang mit dem Hormon der Nebenschilddrüse besprochen werden.

25.5.1 Bildung und Freisetzung

Das Trijodthyronin-Molekül ist an drei Stellen mit Jod besetzt (T_3), das Thyroxin an vier Stellen (T_4). Die Hormone gehören zur Gruppe der Tyrosinabkömmlinge. Die Schilddrüse setzt etwa 90–95% T_4 und nur eine geringe Menge T_3 frei. Davon befinden sich etwa 80% in der Blutbahn und in der Leber. Gebildet werden die Hormone in der Drüse durch Anlagerung von Jod an die zuerst synthetisierten und mit einem Kohlenhydratanteil versehenen Aminosäuren. Die „Jodierung" erfolgt stufenweise und stets am Rest der Aminosäure Tyrosin. Die vorletzte Stufe ist T_3 und die Endstufe T_4. Zur Speicherung der Hormone im Kolloid der Drüse sind die Hormone an Globuline gebunden, **Thyreoglobuline.** Das Jod wird von der Drüse aus dem zirkulierenden Blut abgefangen und konzentriert.

Präv Da Jod teilweise, nach Abbau der Hormone, durch den Darm, vor allem aber durch die Niere ausgeschieden wird, müssen stets ausreichende Mengen an Jod mit der Nahrung zugeführt werden. Nahrung, die aus dem Meer stammt, z. B. Fisch und Meersalz, enthält genügend Jod.

Früher waren in meerfernen Gegenden mit jodarmem Wasser, z. B. in Gebirgstälern, Jodmangelkröpfe sehr verbreitet. Diese Kröpfe entstehen durch vermehrte Ausschüttung des Hypophysenvorderlappenhormons TSH bei erniedrigtem T_4-Spiegel im Organismus. Nachdem man den Zusammenhang zwischen Kropfentstehung und Jodmangel erkannt hatte, wurden in jodarmen Gegenden in den Schulen jodhaltige Tabletten verteilt. Heute gibt es im Handel Kochsalz, das mit Jod angereichert ist.

Die Ausschüttung von Schilddrüsenhormon in die Blutbahn wird angeregt, wenn der Thyroxinspiegel im Blutplasma unter die Norm abgesunken ist. Dies wird im Gehirn im Hypothalamus registriert und daraufhin das Hormon **TRH** (**T**hyreotropin **R**eleasing **H**ormon) an den Drüsenanteil der Hypophyse abgegeben, der durch Ausschüttung von TSH (**T**hyreoidea **s**timulierendes **H**ormon) die Schilddrüse zur Freisetzung ihrer Hormone stimuliert. Vom im Kolloid gespeicherten Thyreoglobulin wird in der Schilddrüsenzelle der Eiweißanteil durch Lysosomenenzyme (s. Abb. 1-1) abgespalten. Die nun aktiven Hormone T_4 und T_3 werden in der Blutbahn, an Plasmaeiweiße gebunden, transportiert.

Die **Ausscheidung** der Hormone erfolgt nach Abbau (Inaktivierung) in der Leber, teils durch den Darmtrakt, jedoch vorwiegend durch die Niere mit dem Urin.

25.5.2 Physiologische Wirkung

Beim Gesunden dienen die Schilddrüsenhormone der Aufrechterhaltung einer ausgeglichenen Energiebilanz des Organismus. Sie ermöglichen, daß der Stoffwechsel dem jeweiligen Bedarf angepaßt wird. Im Kindesalter regen die Hormone die Tätigkeit der Körperzellen aller Organe an; sie fördern in diesem Lebensabschnitt das Wachstum. Im Erwachsenenalter haben sie auf die Gewebe des Gehirns, der Hoden und der Milz keinen Einfluß, in allen anderen Geweben steigern sie den Stoffwechsel. Die biochemische Wirkung der Schilddrüsenhormone in der einzelnen Körperzelle ist nicht völlig geklärt. Wichtig ist, daß die Schilddrüsenhormone auf die Tätigkeit anderer endokriner Drüsen einwirken. So fördern sie beispielsweise die Abgabe von Wachstumshormon **STH** durch die Hypophyse, greifen in den Glukosestoffwechsel über Steigerung der **Insulin**freisetzung aus der Bauchspeicheldrüse ein und regen die Tätigkeit der Nebenniere, besonders die der Nebennierenrinde, an. Eine Wechselwirkung mit den Sexualhormonen ist ebenfalls bekannt.

25.5.3 Schilddrüsenfunktionsstörungen

Die Wirkungsweise der Hormone läßt sich am besten erkennen an Patienten, die an einer Über- oder Unterfunktion der Schilddrüse leiden. Die Symptome sind in Tabelle 25-1 zusammengestellt.

Path Wenn die **Überfunktion der Schilddrüse (Hyperthyreose)** ein bestimmtes Ausmaß erreicht, spricht man von ***Basedow*scher Krankheit** oder **Thyreotoxikose.** Die betroffenen Patienten haben oft auffallend hervorstehende, glänzende Augäpfel (Exophthalmus), eine im ganzen vergrößerte Schilddrüse, Muskelzittern, erhöhten Blutdruck und anfallsweise starkes Herzklopfen. Die Kranken sind geistig sehr lebhaft bis unruhig, reizbar und vertragen Wärme schlecht. Sie neigen zu Durchfällen, es-

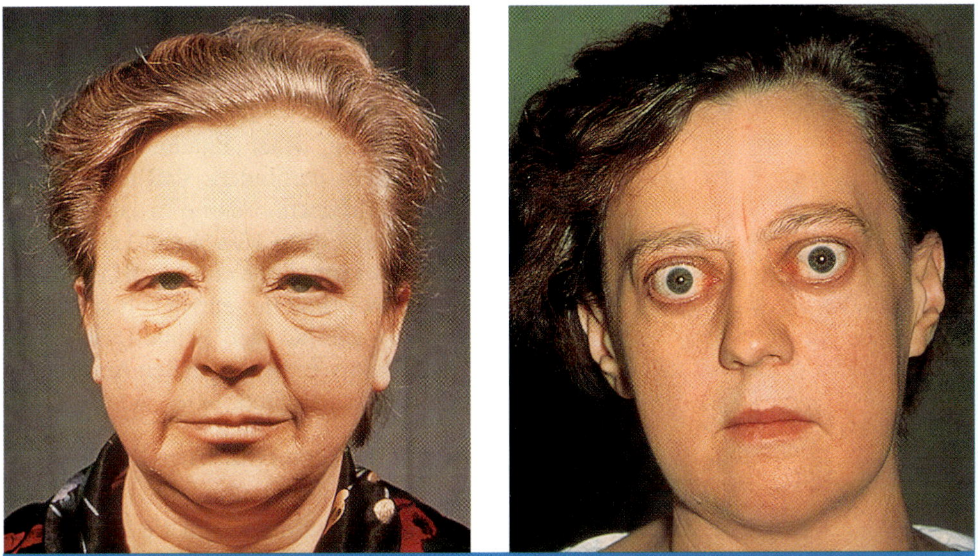

Abb. 25-4 Funktionsstörungen der Schilddrüse

a) Hypothyreose. b) Hyperthyreose.

sen viel und nehmen dabei an Gewicht ab, ihre Energiebilanz ist negativ, der Grundumsatz gesteigert (Abb. 25-4). Ursache für die hervorstehenden Augen (Exophthalmus) ist wahrscheinlich eine Reaktion der Augenmuskeln mit Autoantikörpern, die im Rahmen einer Autoimmunreaktion gegen TSH-Rezeptoren gebildet werden. Das Symptom ist nicht bei allen Fällen von Hyperthyreose vorhanden, wenn es aber besteht, ist es auch durch Behandlung der Überfunktion nicht zu beseitigen. Die **Behandlung** besteht in teilweiser operativer Drüsenentfernung oder teilweiser Inaktivierung durch radioaktives Jod (^{131}J).

Bei der **Schilddrüsenunterfunktion (Hypothyreose)** vor der Geburt (angeboren oder infolge Jodmangels) wird das Kind schwachsinnig **(Kretin)** geboren, es ist abnormal klein, geistig zurückgeblieben und besitzt eine lange, aus dem Mund ragende Zunge. Wenn dann nicht sofort eine geeignete Therapie betrieben wird, bleiben Dauerschäden zurück. Bei Schilddrüsenunterfunktion im Kindesalter ist ebenfalls das körperliche und geistige Wachstum verzögert (Abb. 25-5). Hypothyreoti-

Tab. 25-1 Die wichtigsten Symptome bei einer Schilddrüsenüber- bzw. -unterfunktion im Erwachsenenalter.

Schilddrüsenüberfunktion	Schilddrüsenunterfunktion
Grundumsatz erhöht	Grundumsatz erniedrigt
geistig und körperlich lebhaft	geistig und körperlich träge
unruhig	schläfrig
häufiges Schwitzen	Frösteln
Haut feucht, warm, gerötet	Haut trocken, kalt, blaß
hervortretende Augäpfel	Myxödem (teigige Haut)
Blutdruck erhöht	Blutdruck erniedrigt
starkes Herzklopfen, teils anfallsweise	schwacher Puls
Appetit erhöht	Appetit erniedrigt
Durchfälle	Verstopfung
Gewichtsabnahme	Gewichtszunahme

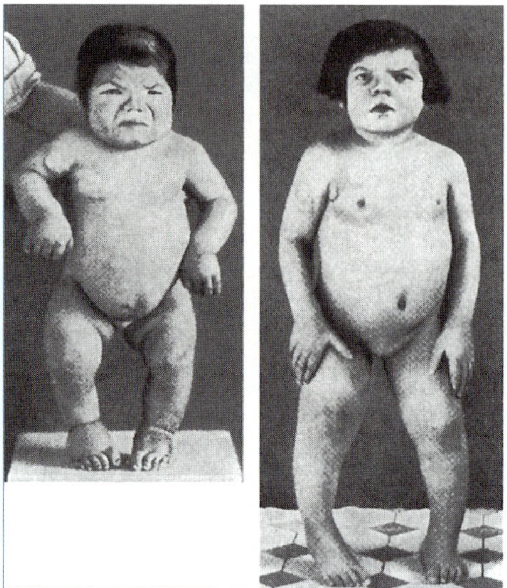

Abb. 25-5 Hypothyreose im Kindesalter

Schwere Schilddrüsenunterfunktion bei einem 17jährigen Mädchen und Zustand nach 13monatiger Behandlung mit Schilddrüsenhormonen.

sche Kinder und Erwachsene machen einen schläfrigen Eindruck, ihre Haut ist trocken und fühlt sich kalt an (Myxödem), sie sind besonders kälteempfindlich, die Schilddrüse ist zum Kropf vergrößert. Der Blutdruck ist niedrig, die Patienten sind appetitlos, leiden an Verstopfung und nehmen an Gewicht zu, der Grundumsatz ist erniedrigt. Die **Behandlung** erfolgt mit jodhaltigen Präparaten.

Außer den beschriebenen Schilddrüsenfunktionsstörungen gibt es gut- und bösartige Geschwülste der Drüse, Störungen bei der Hormonproduktion und Entzündungen der Schilddrüse. Ein Kropf (Struma) kann entstehen, wenn gegen das Globulin des Thyreoglobulins, der Speicherform von T_3 und T_4, oder gegen andere Eiweiße in der Schilddrüse **Antikörper** gebildet werden. Es ist ein Vorgang, bei dem der Organismus ein von ihm selbst produziertes Eiweiß nicht als solches erkennt, sondern als **Antigen** auffaßt. Es findet eine Antigen-Antikörper-Reaktion (s. Kap. 11.10.4) in der Drüse statt, die, neben Entzündungserscheinungen, verhindert, daß ausreichend Schilddrüsenhormone in den Kreislauf gelangen. Ein Kropf, nach dem Entdecker der Krankheit Hashimoto-Struma genannt, entwickelt sich, ähnlich wie bei der Schilddrüsenunterfunktion. Er gehört zu den Autoaggressionskrankheiten.

25.5.4 Untersuchungsmethoden

Wichtige Hinweise auf Funktionsstörungen der Schilddrüse ergibt die Betrachtung **(Inspektion)** des Patienten, besonders von Augen, Hals und Haut, ferner die Blutdruckmessung, Abhören der Herztöne sowie die Bestimmung des Grundumsatzes.

Eine sehr genaue Bestimmung der Hormonkonzentration im Plasma erlauben **radioimmunologische Methoden,** die hier nicht näher beschrieben werden können.

Die **Szintigraphie** erlaubt, die Jodaufnahme und den Einbau in die Schilddrüsenhormone zu verfolgen. Zur Diagnostik wird sowohl radioaktiv markiertes Technetium (^{99m}Tc) als auch Jod (^{123}J) verabreicht und nach einiger Zeit die Verteilung bzw. der Verbleib der markierten Teilchen szintigraphisch festgestellt.

Durch Messung der TSH-Konzentration nach einer intravenösen Injektion von TRH kann man nachprüfen, ob eine normale Reaktion der Hypophyse vorliegt bzw. eine Hyperthyreose besteht.

Kurzgefaßt

Schilddrüsenhormone sind: **Trijodthyronin** (T_3) und **Thyroxin** (T_4), die an Eiweiß gebunden als **Thyreoglobuline** gespeichert werden sowie **Thyreocalcitonin** (s. u.). T_3 und T_4 sorgen für eine aus-

geglichene Energiebilanz des Körpers. Zu 90–95% wird T_4 nach folgendem Schema freigesetzt: Sinken der Konzentration im Blut führt zur TRH-Ausschüttung im Hypothalamus, es erfolgt TSH-Ausschüttung des HVL, danach T_4-Ausschüttung durch die Schilddrüse. Jod wird nach Hormoninaktivierung in der Leber aus dem zirkulierenden Plasma in der Schilddrüse aufgefangen, konzentriert und wieder eingebaut. Jodverluste durch Darm und Niere müssen über jodhaltige Nahrung (jodiertes Kochsalz) ersetzt werden. Jodmangel führt zur **Schilddrüsenunterfunktion** (Hypothyreose, Myxödem). Vor der Geburt: geistige und körperliche Unterentwicklung (Kretinismus), im Kindesalter: Entwicklungsstörungen, geistig und körperlich. Unterfunktion kann durch Jodgaben behandelt werden, Überfunktion durch Entfernen von Schilddrüsengewebe, teils operativ oder durch Strahlenschädigung mit radioaktivem Jod (^{131}J).
Zeichen der **Überfunktion** (Hyperthyreose, *Basedow*sche Krankheit, Thyreotoxikose) der Schilddrüse sind vor allem Schilddrüsenvergrößerung, hervorstehende, glänzende Augen und Muskelzittern, hoher Blutdruck und Anfälle von starkem Herzklopfen.

25.6 Regelung des Calciumstoffwechsels

25.6.1 Calcitonin und Parathormon

Beide Hormone greifen regelnd in den Calciumstoffwechsel und indirekt in den Phosphatstoffwechsel ein, da Calcium im Knochen teils als **Calciumphosphat,** größtenteils aber in Form von phosphathaltigen **Hydroxylapatitkristallen** vorliegt. Beim Calciuman- oder -abbau wird Phosphat gebunden oder freigesetzt.
Das Hormon **Thyreocalcitonin,** meist abgekürzt als **Calcitonin** (CT) bezeichnet, wird in den außerhalb der Schilddrüsenfollikel liegenden C-Zellen gebildet. Der Name deutet bereits darauf hin, daß das Hormon in den Calciumhaushalt eingreift. Es kann als Gegenspieler des in den Nebenschilddrüsen (Parathyreoideae) hergestellten **Parathormons** (PTH) betrachtet werden.
Chemisch ist Calcitonin ein Polypeptid aus 32 Aminosäuren (Molekularmasse 3700 Da).
Ausschüttung und Hemmung werden durch den Calciumspiegel im Blutserum geregelt: Ansteigen der Werte über die Norm führt zur Ausschüttung von Thyreocalcitonin, hemmend wirkt das Absinken unter die Norm, was gleichzeitig ein Reiz für die Ausschüttung von Parathormon ist.
Die Normalwerte für Calcium und Phosphat im Serum werden in sehr engen Grenzen konstant gehalten:
Normalwerte für Calcium: 2,3–2,8 mmol/l (90–105 mg/l),
Normalwerte für Phosphat: 0,3–0,8 mmol/l (30–70 mg/l).
Das Parathormon wird in den linsengroßen Nebenschilddrüsen, auch Epithelkörperchen genannt, gebildet, von denen der Mensch meist 4 besitzt; sie liegen an der Rückseite der Schilddrüse (Abb. 25-6).
Chemisch ist Parathormon ein Polypeptid aus 84 Aminosäuren (Molekularmasse 9500 Da).
Ausschüttung und Hemmung werden durch den Serumcalciumspiegel reguliert: Ein Absinken unter die Norm regt die Ausschüttung von Parathormon an, das Ansteigen hemmt die Freisetzung.
Calcium ist wichtig für den **Aufbau und Umbau des Knochengerüsts.** Das Skelett eines Erwachsenen enthält, je nach Körpergröße, zwischen 700 und 1000 g Calcium.

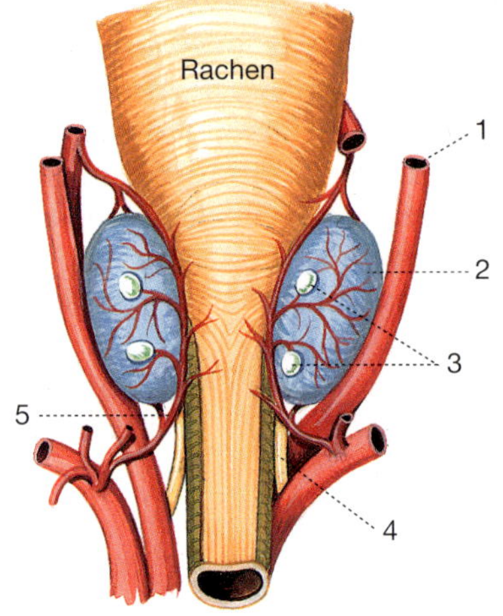

Abb. 25-6 Schilddrüse und Nebenschilddrüsen, von hinten gesehen

1 = gemeinsame Halsschlagader, 2 = Schilddrüse, 3 = rechte Nebenschilddrüsen, 4 = rückläufiger Kehlkopfnerv, 5 = untere Schilddrüsenschlagader.

Wichtig ist es ferner, für die Tätigkeit von **Herz- und Skelettmuskel** und für eine Reihe anderer Funktionen im Körper, wie z.B. die normale Erregbarkeit peripherer Nerven und die **Blutgerinnung** (s. Kap. 11.9).

25.6.2 D_3-Hormon

Die Unterschiede zwischen Vitamin D, Vitamin-D_2- und -D_3-Hormon sind folgende:

Vitamin D (Cholecalciferol) wird mit der Nahrung aufgenommen; es ist z.B. in Fisch- und Säugetierleber, im tierischen Fett (Speck, Butter) und in der Milch enthalten. Es wird auch vom Körper selbst – über Cholesterin und Einwirkung des ultravioletten Strahlenanteils des Lichtes in der Haut – hergestellt.

Vitamin D_2 ist das pflanzliche, mit UV-Licht bestrahlte Ergosterin (Ergocalciferol).

D_3-Hormon entsteht unter dem Einfluß von Parathormon in der Niere aus Cholecalciferol (Vitamin D). Auf dem Blutweg wird es an die Orte seiner Wirkung transportiert: zum **Knochensystem,** wo es den Einbau von Calcium und Phosphat in die Knochengrundsubstanz fördert, zum **Dünndarm,** wo die Calcium- und Phosphataufnahme erleichtert wird, und zur **Niere.** Dort bewirkt das Hormon eine gesteigerte Rückgewinnung von Calcium aus den Harnkanälchen.

25.6.3 Wirkung der Hormone und Störungen des Calciumstoffwechsels

Knochengewebe wird durch abbauende Zellen, **Osteoklasten,** und durch aufbauende Zellen, **Osteoblasten,** ständig umgebaut, um das Skelett den im Laufe des Lebens wechselnden Funktionen anzupassen. Die Zahl der Osteoklasten und Osteoblasten und ihre Tätigkeit werden hormonell durch Calcitonin, Parathormon und D_3-Hormon geregelt.

Für den Calciumstoffwechsel ist
- der Dünndarm das Aufnahmeorgan,
- das Knochensystem das Speicherorgan,
- die Niere das Ausscheidungsorgan.

In Abbildung 25-7 ist die Wirkung der Hormone, die den Calciumstoffwechsel beeinflussen, schematisch dargestellt. Ziel der Hormonwirkung ist, den Serumcalciumspiegel auf dem Normalwert zu halten. Daraus ergibt sich:

Calcitonin senkt den Serumcalciumspiegel durch
- Calciumanbau im Knochensystem,
- Steigerung der Calciumausscheidung in der Niere.

Krankheiten durch Thyreocalcitonin-Mangel und -Überschuß sind bisher nicht bekannt.

Parathormon erhöht den Serumcalciumspiegel durch
- Calciumfreisetzung aus dem Knochensystem,
- Steigerung der Calciumaufnahme im Dünndarm,
- Hemmung der Calciumausscheidung in der Niere.

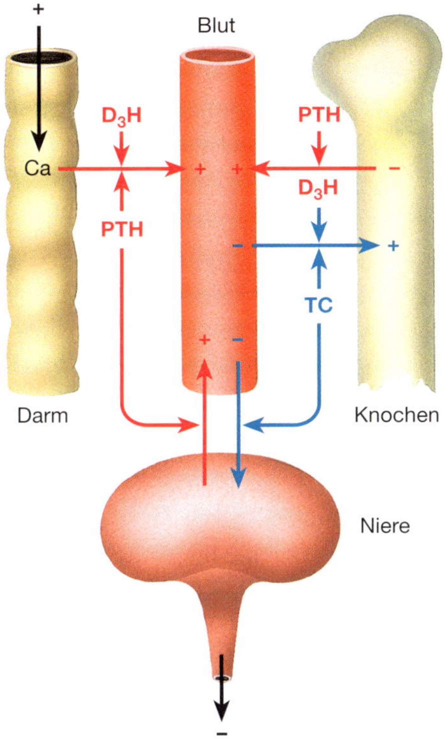

Abb. 25-7 Hormonelle Regelung des Calciumstoffwechsels

+ = Aufnahme, – = Abgabe von Calcium. D_3H = D_3-Hormon, PTH = Parathormon, TC = Thyreocalcitonin.

Path **Parathormon-Mangel** führt zum Absinken des Calciumspiegels im Blut (Hypocalcämie). Calciummangel steigert die neuromuskuläre Erregbarkeit, es kommt zur **Tetanie** (Krampfneigung), u.a. erkennbar am *Trousseau*-Zeichen, der sogenannten Geburtshelferstellung der Hand (Abb. 25-8). Unbehandelt kann die Tetanie durch Herzflimmern mit Versagen der Herzfunktion zum Tode führen. Durch Parathormon- und Vitamin-D-Gaben läßt sich der Calciumspiegel normalisieren, selbst wenn keine Nebenschilddrüsen vorhanden sind. Sie wurden früher in Unkenntnis ihrer Bedeutung bei Kropfoperationen oft mit entfernt.

Parathormon-Überschuß (Hyperparathyreoidismus) führt zum Calciumanstieg und Phosphatabfall im Serum. Zeichen dafür sind u.a. Knochenerweichung und Entstehen von calciumhaltigen Nierensteinen. Die Krankheit entsteht durch Überfunktion der Nebenschilddrüsen oder hormonproduzierende Geschwülste.

D_3-Hormon erhöht den Serumcalciumspiegel – **trotz** Förderung von Calciumanbau im Knochensystem – durch

- Steigerung der Calciumaufnahme im Dünndarm und
- Steigerung der Calciumrückgewinnung in der Niere.

Analog hierzu wird der Phosphatspiegel des Blutes reguliert.

Path **Überdosierung von Vitamin D** führt zur Vermehrung von knochenabbauenden Zellen, Osteoklasten, und dadurch u.a. zur Knochenzerstörung (Osteoporose) und zu Nierensteinen.
Unterdosierung von Vitamin D führt zur Knochenerweichung **(Rachitis),** da das Calcium aus der Blutbahn nicht oder in nicht ausreichender Menge in die amorphe Knochengrundsubstanz eingebaut werden kann. Rachitis ist

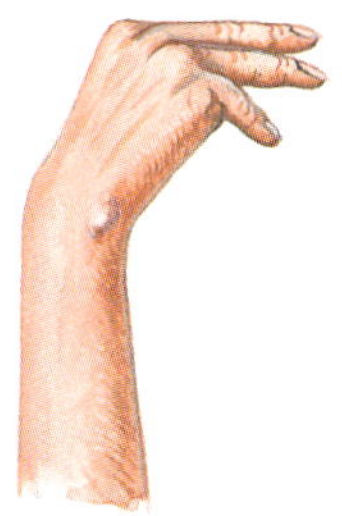

Abb. 25-8 Geburtshelferstellung der Hand

Durch Parathormon-Mangel erzeugter Calciummangel führt zu einer Krampfneigung von Skelettmuskeln, die sich u.a. durch eine charakteristische Hand- und Fingerstellung zeigt.

eine Vitamin-D-Mangel-Erkrankung des frühen Säuglingsalters. Betroffen sind meist überernährte Flaschenkinder, Kinder, die in lichtarmen Wohnungen aufwachsen, außerdem Früh- und Mehrlingsgeburten.

Präv Zur **Rachitisprophylaxe** wird heute im Säuglingsalter Vitamin D verabreicht.

25.7 Hormon des Thymus (Bries)

Die Frage, ob die Thymusdrüse (lymphatisches Gewebe) ein innersekretorisches Organ ist, ist bis heute nicht sicher geklärt. Es ist ein Organ, das sich mit Eintritt der Pubertät zurückbildet. In Zusammenhang mit dieser Drüse wird der sogenannte Thymustod (bei Narkosen), die frühzeitige bzw. rechtzeitige Geschlechtsreife und die Produktion von **Thymosin** diskutiert. Im Thymus werden Lymphozyten zu T-Lymphozyten „spezialisiert", die bei der zellulären Abwehrreaktion (s. Abb. 11-19a) eine Rolle spielen.

Kurzgefaßt

Thyreocalcitonin wird in der Schilddrüse, **Parathormon** in den Nebenschilddrüsen (Epithelkörperchen) und **D_3-Hormon** als Steroid in der Leber aus einer durch UV-Bestrahlung in der Haut erzeugten Vorstufe gebildet. Alle drei Hormone regulieren den **Calciumstoffwechsel,** an dem hauptsächlich drei Organe beteiligt sind: das Knochensystem (Ca-Einbau), der Dünndarm (Ca-Aufnahme) und die Niere (Ca-Ausscheidung). Calcium spielt eine Rolle beim Knochenan- und -umbau, bei der Herz- und Muskeltätigkeit und vielen Zellfunktionen.
Die **Thymusdrüse** bewirkt Lymphozytenumwandlung zu T-Lymphozyten.

25.8 Hormone der Nebennierenrinde

Die Nebennieren sind paarig angelegt und bestehen aus einem **Rindenanteil,** der entwicklungsgeschichtlich aus dem mittleren, und einem **Markanteil,** der aus dem äußeren Keimblatt stammt.
Die **Nebennierenrinde** (NNR) besteht aus drei Gewebsschichten, die drei bestimmte Arten von Hormonen bilden:

- Die äußere oder **Knäuelschicht** (lat. Zona glomerulosa) bildet die **Mineralocorticoide,** die in den Mineralstoffwechsel eingreifen und von denen **Aldosteron** das wichtigste ist.
- Die mittlere oder **Bündelschicht** (lat. Zona fasciculata) bildet die **Glucocorticoide,** die hauptsächlich in den Glukose(Zucker)stoffwechsel eingreifen. Es sind **Cortison** und **Corticosteron.**
- Die innerste oder **Netzschicht** (lat. Zona reticulosa) bildet **Androgene.** Eines der Zwischenprodukte ist **Testosteron,** ein männliches Sexualhormon, das normalerweise in den Hoden gebildet wird.

Chemisch gehören die Nebennierenrindenhormone zu den **Steroidhormonen;** es handelt sich um Ringkohlenwasserstoffe mit 21 C-Atomen, die über die Synthese von Cholesterin gebildet werden. Aufgrund ihrer Fettlöslichkeit können sie ins Zellinnere eindringen und über verschiedene biochemische Vorgänge in die Biosynthese von Eiweißen eingreifen.
Die Regulation der Hormonfreisetzung erfolgt über das **A**dreno**c**ortico**t**rope **H**ormon **ACTH,** das in der Adenohypophyse unter dem Einfluß des Corticotropin-Releasinghormons **CRH** des Hypothalamus gebildet wird.

25.8.1 Aldosteron

Aldosteron und einige sehr ähnlich gebaute Mineralokortikoide, zusammengefaßt MCS genannt, regulieren Aufnahme, Verteilung in den Körpersäften und die Ausscheidung von **Kalium** und **Natrium.** Da die Ausscheidung in der Niere geschieht, ist sie das Hauptzielorgan der MCS. Gefördert wird die Natriumrückgewinnung und die Kaliumausscheidung im Bereich des zweiten gewundenen Tubulusteiles (s. Abb. 15-4). Die Ausschüttung von Aldosteron wird hauptsächlich durch Angiotensin II stimuliert, welches im Renin-Angiotensin-System (s. Kap. 12.5.3) gebildet wird.

Path **Aldosteronismus** heißt ein Krankheitsbild, bei dem Aldosteron im Überschuß gebildet wird. Dieses *Conn*-Syndrom, nach dem Entdecker benannt, besteht vor allem in: erhöhtem Blutdruck, EKG-Veränderungen, Natriumvermehrung und Kaliumverminderung im Plasma, Muskelschwäche, häufigem Wasserlassen, Durstgefühl und Eiweißausscheidung im Urin.

25.8.2 Glukokortikoide

Cortisol und Corticosteron beeinflussen vor allem den Zuckerhaushalt des Körpers, sie bewirken:

- eine **Erhöhung des Blutzuckerspiegels.** Sie sind daher Gegenspieler des Insulins (s.u.), das blutzuckersenkend wirkt; man nennt sie daher auch Insulin-Antagonisten. Der Blutzuckergehalt steigt infolge von verstärktem Glykogenabbau und verminderter Glukoseaufnahme in die Körperzellen. In der Leber wird
- die **Neubildung von Zucker** angeregt, die **Glukoneogenese.** Als Bausteine werden dafür Aminosäuren auf dem Blutweg angeliefert, die aus dem
- **Abbau von Eiweißen** aus Körper- bzw. Muskelzellen stammen. Dabei fällt vermehrt Stickstoff in Form von NH_3 an, der im Plasma als Harnstoff transportiert wird.
- **Entzündungshemmung** ist eine weitere Funktion der Hormone. Sie hemmen die **Leukozytenwanderung und Phagozytosefähigkeit** (s. Kap. 11.4) und
- **Unterdrückung der Schwellung** an Entzündungsherden. Aus diesen Gründen werden Glukokortikoide bei hartnäckigen entzündlichen Prozessen therapeutisch eingesetzt. Eine Langzeittherapie ist jedoch problematisch, weil es als Nebenwirkung zu einem „Steroiddiabetes“ durch übermäßige Erhöhung des Blutzuckerspiegels kommen kann.
- **Lymphozyten** in den lymphatischen Organen **werden zerstört.** Bei höheren Gaben von Glukokortikoiden kommt es zur Verkleinerung von Lymphknoten, Thymus und Milz. Da Lymphozyten eine wichtige Rolle bei der Erkennung von Antigenen (s. Kap. 11.10.2) spielen, ist auch
- die **Infektabwehr und Immunreaktion** gestört. Die Unterdrückung der Immunreaktion durch Glukokortikoide wird therapeutisch genutzt, um der Abstoßung von Transplantaten, Fremdorganen, entgegenzuwirken. Man muß dann aber die Patienten vor Infektionen schützen, da ihre Abwehrfähigkeit unzureichend ist.
- **Alle Blutkörperchen nehmen zahlenmäßig zu,** mit Ausnahme der Lymphozyten und der eosinophilen Leukozyten, deren Zahl absinkt.
- **Gerinnungsfaktoren** werden vermehrt ins Plasma abgegeben.

Path **Bei Unterfunktion der NNR** (*Addison*sche Krankheit) sind sowohl die Glukokortikoide als auch die Mineralokortikoide vermindert, was eine verstärkte ACTH- und MSH-Sekretion durch die Adenohypophyse verursacht. Ein auffallendes Symptom dieser Erkrankung ist die Dunkelfärbung der

Haut, neben Gewichtsverlust, niedrigem Blutdruck, Kreislaufschwäche, Appetitlosigkeit und Durchfällen.
Bei krankhafter Überfunktion der NNR (*Cushing*sche Krankheit) ist neben vielen Symptomen das auffälligste das **Vollmondgesicht,** Fettsucht bei gleichzeitigem Muskelschwund, erhöhtem Blutdruck, Anfälligkeit gegen Infektionen und schlechter Wundheilung (Abb. 25-10).

Abbildung 25-9 zeigt die hormonelle Regulation des Blutzuckerspiegels.

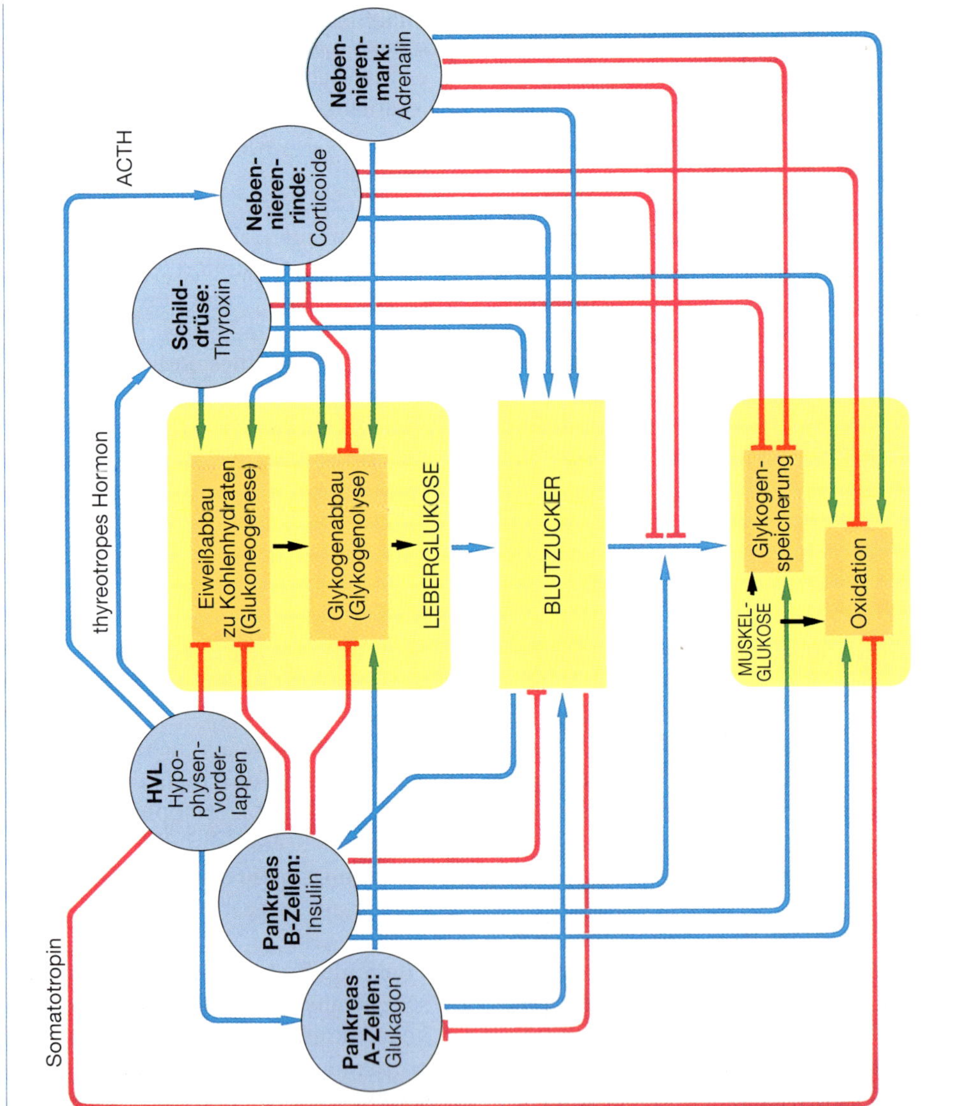

Abb. 25-9 Hormonelle Regulation des Blutzuckerspiegels

Blaue Linien mit Pfeilen: Anregung bzw. Steigerung. Rote Linien mit Balken: Hemmung bzw. Senkung.

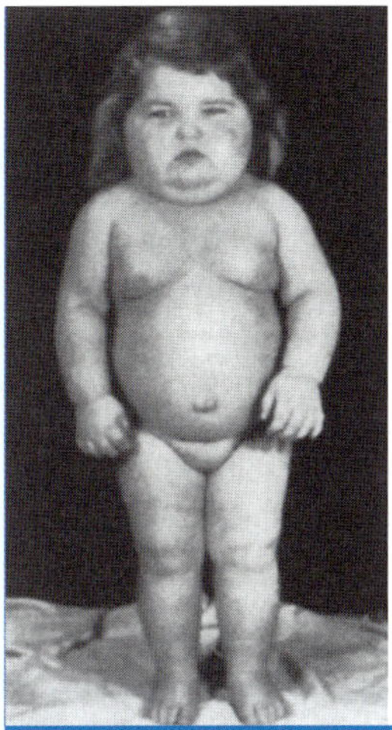

Abb. 25-10 Morbus Cushing im frühen Kindesalter

Wachstumsstörung, Vollmondgesicht, Fettsucht des Körperstamms.

25.8.3 Nebennierenandrogene

Über die Wirkung der **Nebennierenandrogene** ist noch wenig bekannt. Zusammenwirkend mit dem Wachstumshormon STH (s. Kap. 25.3.2) fördern sie den Anbau von Eiweiß während des Wachstumsalters. Diesen anabolen (gr.), d.h. aufbauenden (im Gegensatz zum katabolen, abbauenden) Effekt auf den Stoffwechsel (Metabolismus) kann man therapeutisch nutzen, wenn eine Zunahme des Körpergewichts erwünscht ist.
Die dabei verwendeten, synthetisch hergestellten Hormone, **Anabolika,** werden auch häufig an Hochleistungssportler und -sportlerinnen verabreicht, um ihre Muskelmasse zu vermehren. Die vermännlichende Wirkung ist nicht vollständig zu unterdrücken. Abbauprodukte der Anabolika sind im Urin nachweisbar (erhöhte Ausscheidung sogenannter 17-Ketosteroide). Bei Überfunktion der Nebenniere, d.h. Testosteronüberschuß, stellt man bei Frauen eine **Vermännlichung** fest; es kommt zur Ausbildung sekundärer männlicher Geschlechtsmerkmale, z.B. tiefer Stimme, Bartwuchs, Klitorisvergrößerung.

Kurzgefaßt

Die **Nebennierenrinde** (NNR) bildet in der äußeren Knäuelschicht **Mineralokortikoide,** vor allem Aldosteron, das die Kaliumausscheidung und die Natriumrückgewinnung in der Niere fördert. In der mittleren Bündelschicht werden **Glukokortikoide** gebildet, vor allem Cortisol und Corticosteron, die den Blutzuckerspiegel erhöhen durch Glykogenabbau in der Leber und durch Neubildung von Zucker (Glukoneogenese) aus Aminosäuren; sie wirken entzündungshemmend und unterdrücken Infektabwehr sowie Immunreaktionen. In der inneren Netzschicht werden **Androgene** gebildet; ihre Überproduktion (Nebennierengeschwülste) führt bei Frauen zur Vermännlichung. Unterfunktion der NNR führt zur *Addison*schen Krankheit, Überfunktion zur *Cushing*schen Krankheit.
Absinken der NNR-Hormone im Blut führt zu **ACTH**-Ausschüttung aus dem HVL, angeregt durch das Corticotropin-Releasinghormon **CRH.**

25.9 Hormone des Nebennierenmarks

Adrenalin und Noradrenalin sind die beiden Hormone des Nebennierenmarks, auch **„Katecholamine"** genannt. Sie sind Tyrosinabkömmlinge. Der Markanteil der Nebenniere, der sich, wie das Nervensystem, aus dem äußeren Keimblatt entwickelt, hat große Ähnlichkeit mit einem Ganglion des sympathischen Nervensystems. Die Hormone werden in den chromaffinen Zellen (lassen sich mit

Chromsäure braun anfärben) gebildet und in den Zellen in Körnchenform gespeichert. Im Ruhezustand enthalten die Nebennieren beim Menschen 75–80% Adrenalin und nur 25–25% Noradrenalin in ihren Körnchen gespeichert.

Katecholamine werden auch in den sympathischen Ganglien des Nervensystems von chromaffinen Zellen gebildet und in Körnchenform, besonders an den Nervenendigungen, gespeichert (s. Kap. 23.9.1). Diese Körnchen enthalten jedoch zu ca. 85% Noradrenalin und nur ca. 15% Adrenalin. Im sympathischen Nervensystem dient vorwiegend Noradrenalin als Überträgerstoff. In den Stammganglien des Zentralnervensystems findet man zu ca. 80% Dopamin und nur ca. 20% Noradrenalin als Überträgerstoffe.

Chemisch sind sich Noradrenalin und Adrenalin sehr ähnlich (Abb. 25-11). Durch eine N-Methyltransferase wird Noradrenalin zu Adrenalin methyliert (CH_3 an Stickstoff gebunden).

Abbau und Ausscheidung: In der Leber und Niere werden Adrenalin und Noradrenalin abgebaut und erscheinen als Vanillinmandelsäure (VMS) im Urin, Spuren davon (im Mikrogrammbereich) auch unabgebaut. Zur **Ausschüttung** von Adrenalin und Noradrenalin aus dem Nebennierenmark kommt es bei Erregung des sympathischen Nervensystems über Fasern des Eingeweidenervs (N. splanchnicus).

Physiologische Wirkungen der Hormone betreffen praktisch den ganzen Organismus. Die Wirkungen an einzelnen Organ-

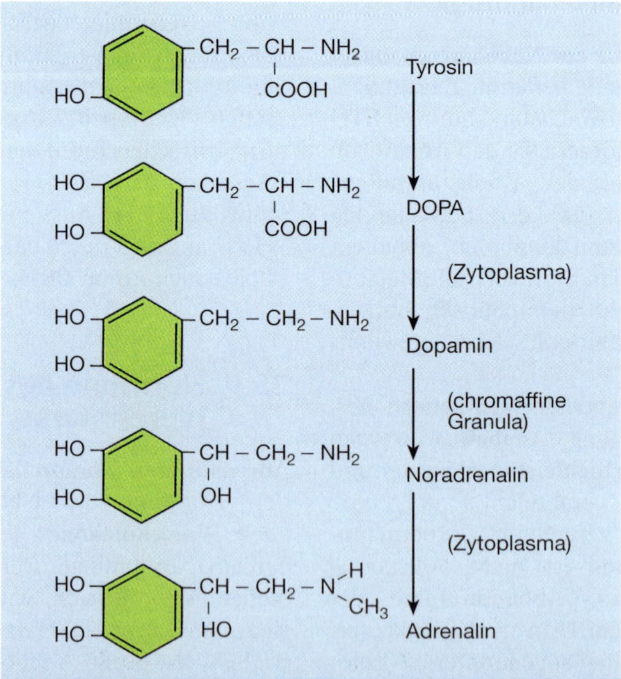

Abb. 25-11 Tyrosinabkömmlinge

Synthese der Hormone Adrenalin und Noradrenalin und des Neurotransmitters Dopamin aus der Aminosäure Tyrosin.

systemen kann man sich am besten klarmachen bei der Vorstellung, daß ein Mensch plötzlich in höchste Gefahr gerät und über eine Adrenalin- bzw. Noradrenalinausschüttung seine Organe an diese Notfallsituation anpassen muß. Die **Noradrenalinwirkung** ist bei Besprechung des autonomen Nervensystems, an dessen sympathischen Nervenendigungen es vor allem freigesetzt wird und wirkt (s. Kap. 23.9.1), dargestellt. Die **Adrenalinwirkungen** dienen vor allem der Energiebereitstellung:

- **Fettsäuren** werden aus den Fettdepots (Lipolyse),
- **Glukose** aus den Glykogendepots der Leber (Glykogenolyse) freigesetzt.
- Die **Blutgerinnung** wird aktiviert.

Durch Lipolyse und Glykogenolyse werden Brennstoffe zur Energiegewinnung bereitgestellt. Dies geschieht über die Aktivierung des „zweiten Botenstoffs" cAMP (s. Kap. 25.1).

Path Krankheiten durch **Überfunktion des Nebennierenmarks** entstehen, wenn die chromaffinen Zellen geschwulstartig wachsen und Hormone produzieren. Die dann entstehenden **Phäochromozytome** sind meist gutartig. Durch die gesteigerte Katecholaminausschüttung kommt es jedoch zum **Bluthochdruck,** der entweder dauernd besteht oder anfallsweise stark (bis zu 40 kPa bzw. 300 mmHg) ansteigt. Derartige **Blutdruckkrisen** sind begleitet von Erregungszuständen, Kopfschmerzen, Schweißausbrüchen und Hautblässe. Die starke Hormonproduktion hat eine erhöhte Ausscheidungsrate von Abbauprodukten, Vanillinmandelsäure, im Urin zur Folge, deren Nachweis zur Diagnose des Phäochromozytoms herangezogen wird.

Krankheiten durch Unterfunktion des Nebennierenmarks sind nicht bekannt.

Kurzgefaßt

Adrenalin (75–80%) und **Noradrenalin** (20–25%) sind die Hormone des **Nebennierenmarks,** die auch in Ganglien des sympathischen Nervensystems gebildet und gespeichert werden. Sie zählen zu den **Überträgerstoffen** des Nervensystems. **Wirkung:** Energiebereitstellung durch Glykogenolyse und Lipolyse. **Überfunktion** (Phäochromozytom): Bluthochdruck (krisenartig), Erregungszustände, Hautblässe und Schweißausbrüche.

25.10 Hormone der Bauchspeicheldrüse

Sie werden in den ***Langerhans*schen** Inseln gebildet. Man unterscheidet A- und B-Zellen, die unterschiedliche Hormone bilden:

A-Zellen das **Glukagon,**

B-Zellen das **Insulin,** das bekannteste unter diesen Hormonen, bei dessen Mangel die **Zuckerkrankheit (Diabetes mellitus)** entsteht, und

D-Zellen, das **Somatostatin,** das die Glukagonausschüttung hemmt.

25.10.1 Insulin

Chemisch besteht das Insulinmolekül (Molekularmasse ca. 6000 Da) aus zwei Peptidketten, A und B, die an zwei Stellen über zwei Schwefelatome verbunden sind. In den Drüsenzellen wird zuerst eine Vorstufe, **Pro-Insulin,** gebildet, das außer der A- und B-Peptidkette noch eine C-Kette besitzt. Es wird innerhalb der Drüsenzelle in Körnchenform gespeichert; die C-Kette muß jedoch vor der Freisetzung in die Blutbahn enzymatisch abgespalten werden. Ein kleiner Anteil Pro-Insulin ist auch im Blut vorhanden, vermutlich aber in dieser Form biologisch inaktiv. Die Insulinkonzentration im Blut beträgt zwischen 5000 und 15 000 IE/l Plasma (IE = Internationale Einheiten).

Freisetzungsreiz für Insulin ist der **Anstieg der Glukosekonzentration im Blut.** Die Glukosekonzentration beträgt beim Gesunden 4 bis 5 mmol/l Blut (0,8 bis 1 g/l). Abbildung 25-12 zeigt, daß die Insulinfreisetzung mit steigender Glukosekonzentration (mg/100 ml) zunimmt. Der steilste Anstieg liegt im Bereich zwischen 3 und 8 mmol/l (50 bis 150 mg/100 ml), in dem er beim Gesunden (zwischen Hunger und nach Sättigung) schwankt. Bei hohen Konzentrationen, etwa ab 15 mmol/l (300 mg/100 ml), nimmt die Insulinabgabe weniger stark zu.

Anstieg der Eiweißkonzentration im Blut (z. B. nach einer reichlichen Fleischmahlzeit) führt ebenfalls zu vermehrter Insulinfreisetzung. Besonders wirksam sind die Aminosäuren Arginin, Lysin und Leucin. In gleicher Weise wirken **Fettsäuren** und **Ketonkörper** (s. Kap. 4.6.2), wenn sie in höheren Konzentrationen im Blut auftreten.

Glukagon, Wachstumshormon sowie **Schilddrüsen- und Nebennierenrindenhormone** fördern ebenfalls die Insulinsekretion. Auch eine Reihe von **Arzneimitteln** wirkt anregend oder hemmend auf die Tätigkeit der B-Zellen der *Langerhans*schen Inseln.

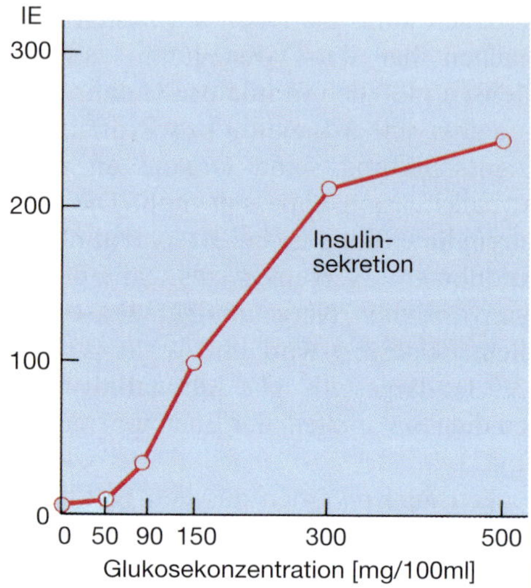

Abb. 25-12 Insulin und Blutglukose

Verhältnis zwischen Insulinsekretion und Glukosekonzentration, IE = Internationale Einheiten.

Physiologische Wirkung

Wir haben erwähnt, daß der Anstieg von Zucker, Eiweißbausteinen und Fettsäuren im Blut **Reize** für die Insulinfreisetzung sind. Dementsprechend wirkt Insulin:

- **blutzuckersenkend,** indem es den Eintritt von Glukose in die Körperzellen, vor allem des Muskelgewebes, erleichtert und beschleunigt. In den Leberzellen wird unter der Hormoneinwirkung vorwiegend die Speicherform von Zucker, **Glykogen,** aufgebaut. Wenn mit der Nahrung keine Glukose aufgenommen wird, kann die Leber diese Zuckerspeicher abbauen; den Vorgang nennt man **Glykogenolyse.** Ein kleinerer Teil des von den Leberzellen aufgenommenen Zuckers wird abgebaut, glykolysiert (s. Kap. 4.6.1) und dient der Energiegewinnung für die vielfältigen Stoffwechselleistungen des Lebergewebes.
- Im **Muskelgewebe** wirkt Insulin ähnlich wie in der Leber, nur daß hier die Energiegewinnung durch **Glykolyse** im Vordergrund steht und ein geringerer Teil des Zuckers zur Speicherung als Glykogen aufgebaut wird.
- **Senkung des Aminosäurenspiegels im Blut.** Die Eiweißbausteine werden in die Zelle transportiert und die Eiweißsynthese angeregt.
  Der **Aminosäuretransport** in die Zelle ist aktiv, d.h., er verbraucht Energie und kann entgegen einem Konzentrationsgefälle erfolgen. Im Gegensatz dazu ist der **Zuckertransport** passiv. Er ist vom Konzentrationsgefälle zwischen Blut und Zelle abhängig und verbraucht keine Energie.

- Insulin fördert den Aufbau der Fettspeicher, die **Lipogenese.** Fettsäuren werden aus dem Blut in die Fettzellen transportiert und dort zu Triglyceriden aufgebaut. Voraussetzung ist, daß, ebenfalls unter Insulineinwirkung, genügend Glukose in die Fettzellen befördert wird.
- **Insulin hemmt die Lipolyse,** den Abbau der Fettspeicher. Wenn Insulinmangel besteht, steigt durch Lipolyse der Anteil an Fettsäuren und Ketonkörpern im Blut an, was zur Ansäuerung des Blutes (Azidose; s. Kap. 16.2) führt. Die metabolische Azidose, Zeichen der Stoffwechselstörung, ist ein wichtiges Symptom der Zuckerkrankheit (s. u.).

Path **Bei Unterfunktion der B-Zellen** der *Langerhans*schen Inseln ist in erster Linie der Blutzuckergehalt erhöht. Wenn die Zuckerschwelle der Niere überschritten ist, wird Zucker im Urin ausgeschieden. Da Zucker nur gelöst ausgeschieden werden kann, ist die tägliche Urinmenge erheblich vermehrt. Die drei wichtigsten Zeichen der Zuckerkrankheit sind erhöhter Blutzuckergehalt **(Hyperglykämie),** Zuckerausscheidung im Urin **(Glykosurie),** häufiges Wasserlassen **(Polyurie). Durst** als Folge der Polyurie ist meist das erste Zeichen, das der Zuckerkranke dem Arzt angibt.

Eine vollständige Beschreibung der Zuckerkrankheit würde hier zu weit führen. Fast alle Symptome dieser Stoffwechselkrankheit (Tabelle 25-2) lassen sich aus den physiologischen Wirkungen des Insulins ableiten.

Path Nicht vollständig geklärt ist, wie es zu den Gefäßschäden mit Verkalkungsneigung (Sklerose), besonders der Herzkranzgefäße, der Gehirn- und Nierenarterien, und zur Schädigung der Netzhaut am Auge kommt.

Völlige Mangelfunktion der insulinherstellenden Zellen macht sich in frühester Kindheit bemerkbar. Diese Patienten hatten vor der Entdeckung des Insulins durch *Banting* und *Best* (1921) und seiner Einführung in die Behandlung (um 1922) keine Überlebenschancen. Auch heute noch muß ihr Stoffwechsel ständig ärztlich überwacht werden. Sie werden auf eine bestimmte Diät in **Broteinheiten** (BE) und eine bestimmte Insulinmenge in Internationalen Einheiten (IE) „eingestellt". Die Einstellung muß zum Beispiel körperlichem Wachstum, Berufsanforderungen usw. entsprechend verändert werden. Jede Nachlässigkeit von seiten des Patienten, z. B. übermäßiges Essen oder Verzögerung der Insulininjektion, kann ihn in Lebensgefahr bringen. Insulin kann heute gentechnisch hergestellt werden (s. Kap. 4.8.4). Man verwendet auch noch hochgereinigte Insulinpräparate aus Bauchspeicheldrüsen von Rindern und Schweinen.
Diabetiker, bei denen die Krankheit erst im mittleren Lebensalter auftritt, besitzen B-Zellen, die aber Insulin nur in unzureichenden Mengen bilden. Auch bei sogenannten Altersdiabetikern wird infolge nachlassender Funktion zuwenig Insulin ausgeschüttet. Beide Formen lassen sich durch Diät,

Tab. 25-2 Früh- und Spätzeichen bei der Zuckerkrankheit.

Frühzeichen	Spätzeichen
Durst	Durchblutungsstörungen
Polyurie	Netzhautschäden
Juckreiz	Nierenschäden
Gewichtsabnahme	Koronarsklerose
Leistungsabfall	Herzinfarkt
Sehstörungen	Zerebralsklerose
Infektionsgefahr	Nervenschäden
schlechte Wundheilung	Muskel-(Waden-)Krämpfe

oft auch mit Gewichtsherabsetzung, und oral zuführbaren Mitteln (Sulfonylharnstoffen) behandeln.
Nach Einführung der Sulfonamidtherapie (bei bakteriellen Infekten) beobachtete man, daß es bei bestimmten Patienten während dieser Behandlung zu einer **Hypoglykämie** kam, d.h., daß der Blutzuckerspiegel unter Normalwerte absank. Man fand, daß gewisse Sulfonylharnstoffe die Insulinproduktion und -ausschüttung anregen. Diese Erkenntnis führte zur Entwicklung antidiabetischer Arzneimittel, die durch den Verdauungstrakt aufgenommen werden können. Insulinpräparate werden subkutan (notfalls i.v.) gespritzt, weil sie, über den Mund (oral) aufgenommen, verdaut und dadurch unwirksam würden. Sulfonylharnstoffe (z.B. Tolbutamid) sind nur bei Zuckerkranken wirksam, deren B-Zellen zwar Insulin produzieren können, jedoch in nicht ausreichenden Mengen, z.B. bei Altersdiabetes. Diabetiker, die von Jugend an zuckerkrank sind, besitzen keine funktionstüchtigen B-Zellen; die Behandlung mit oralen antidiabetischen Mitteln ist bei ihnen nutzlos.
Überfunktion der B-Zellen kommt bei übermäßiger Nahrungsaufnahme mit nachfolgender Fettsucht vor. Außerdem gibt es insulinproduzierende Tumoren, Insulinome genannt. Beide Störungen lassen sich mit **Diazoxid** behandeln. Diazoxid ist ein Arzneimittel, das einmal die Insulinfreisetzung direkt an den B-Zellen **hemmt,** zum anderen die Freisetzung von **Adrenalin** aus dem Nebennierenmark **anregt,** das ebenfalls eine **Hemmwirkung** auf die Insulinsekretion ausübt.

Untersuchungsmethoden

Moderne Methoden zur Bestimmung der Insulinkonzentration sind **radioimmunologische Methoden,** die mit Hilfe von Insulin-Antikörpern durchgeführt werden, und **Radio-Rezeptormethoden,** bei denen man Zellmembranen als Insulinrezeptoren benutzt.
Bestimmung des Zuckergehaltes in Urin und Blut (Nüchternwerte) ergeben wichtige Hinweise auf die Funktion der B-Zellen. Durch Schnelltest (Urin) mit imprägnierten Teststreifen können Diabetesverdächtige erfaßt werden. Die Bestimmung von glykosiliertem Hämoglobin (**HbA_{1c},** entstanden aus der chemischen Reaktion von Hämoglobin und Glukose) erlaubt es, die mittlere Blutglukosekonzentration der letzten zwei Monate abzuschätzen.
Beim **Glukosetoleranztest** wird dem Patienten eine bestimmte Glukosemenge intravenös gegeben, worauf die Blutzuckerkonzentration ansteigt. Man mißt, nach welcher Zeit sie wieder auf Normalwerte absinkt. Beim Zuckerkranken ist sie nach drei Stunden noch pathologisch hoch (Abb. 25-13). Nach einer dreitägigen Diät

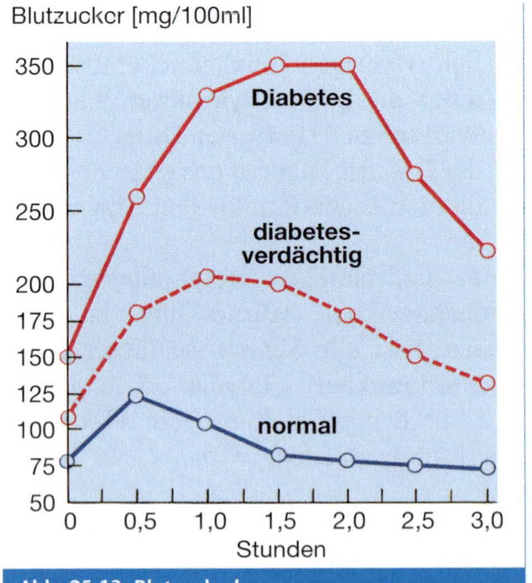

Abb. 25-13 Blutzuckerkurven

Verlauf der Blutzuckerkonzentration nach einer Glukose-Infusion bei normalem und krankhaft erniedrigtem Insulinspiegel (Glukosetoleranztest).

mit nur 300 g Kohlenhydraten pro Tag, bekommt der Patient einen Trunk mit hohem Zuckergehalt (1,75 g pro kg Körpergewicht). Danach wird die Blutzuckerkonzentration in zeitlichen Abständen kontrolliert. Die Kurven zeigen einen typischen Verlauf beim Diabetiker, bei einem Patienten mit Diabetesverdacht und beim Normalen.

25.10.2 Glukagon

Glukagon wurde früher als unerwünschte Verunreinigung von Insulinpräparaten angesehen. Es wird in den A-Zellen der *Langerhans*schen Inseln gebildet und vorwiegend in der Leber abgebaut.
Reize für die Freisetzung sind:

- niedriger Blutzuckerspiegel (Hypoglykämie), z.B. beim Fasten,
- Anstieg von Aminosäuren im Blut,
- Mangel an freien Fettsäuren im Blut,
- Streßsituationen.

Chemisch besteht Glukagon aus einer linearen Kette von 29 Aminosäuren (Molekularmasse ca. 3500 Da).

Physiologische Wirkung

Glukagon regt den Abbau von Glykogen in der Leber an, die **Glykogenolyse.** Dies geschieht über die Aktivierung eines zweiten Botenstoffes, des cAMP (s. Kap. 25.2). Aus den Speichern wird Glukose frei und in die Blutbahn abgegeben.
Bei **Fasten,** mangelnder Glukosezufuhr, regt Glukagon die Neubildung von Zucker **(Glukoneogenese)** aus Aminosäuren an. Diese Glukagonwirkung, zusammen mit dem anregenden Effekt auf die Lipolyse, dient der Bereitstellung von Brennstoff bei unzureichender Zufuhr (Fasten).
Störungen durch **Über- oder Unterfunktion der A-Zellen** sind nicht bekannt.

Untersuchungsmethoden

Bei biologischen Tests wird die **blutzuckererhöhende Wirkung** von Glukagon gemessen, zumeist bei Katzen. Ferner kann man den fettlösenden **(lipolytischen) Effekt** an isoliertem Fettgewebe prüfen sowie **radioimmunologische Methoden** einsetzen.

Kurzgefaßt

In der **Bauchspeicheldrüse** findet man **Glukagon** in den A-, **Insulin** in den B- und **Somatostatin** in den D-Zellen der Langerhansschen Inseln. Reize für die **Insulinfreisetzung** sind: Anstieg der Zucker-, Aminosäure- und Fettsäurekonzentration im Blut. Insulin senkt die Konzentration dieser Stoffe durch Erleichterung ihres Eintritts in Körperzellen. **Insulinmangel,** Zuckerkrankheit (Diabetes mellitus), erkennt man an folgenden Zeichen: erhöhter Blutzuckergehalt, Zuckerausscheidung im Urin, häufiges Wasserlassen, Azidose, Durst, Juckreiz.
Therapie: Einstellung der Diät nach Broteinheiten (BE), subkutane Insulingaben. Bei nur teilweise gestörter Insulinproduktion der B-Zellen können oral verabreichbare Sulfonylharnstoffe gegeben werden. **Glukagon** ist ein Gegenspieler, Antagonist, des Insulins. Es erhöht den Blutzuckerspiegel durch Anregung des Glykogenabbaus in der Leber, wirkt fettfreisetzend und eiweißabbauend.

25.11 Gewebshormone

Es handelt sich um Stoffe, die zwar in die Blutbahn abgegeben, jedoch nicht von einer speziellen Drüse gebildet werden.

25.11.1 Gewebshormone des Magen-Darm-Trakts

Hierzu gehören:

- Gastrin
- Sekretin
- Pankreozymin-Cholezystokinin

Gastrin wird in der Schleimhaut des Magens, kleinere Mengen werden auch in der Bauchspeicheldrüse gebildet (Molekularmasse um 2000 Da). Über den Blutweg regt es die Bildung von Verdauungssäften des Magens und der Bauchspeicheldrüse sowie die Magenmotorik an.

Sekretin, ein Eiweißkörper mit einer Molekularmasse um 3000 Da, wird in der Schleimhaut des Zwölffingerdarms gebildet. Es hemmt die Magensaftsekretion und fördert die Freisetzung von Verdauungssäften der Bauchspeicheldrüse und ihren Bikarbonatgehalt. Sekretin läßt sich auch im Pankreas selbst nachweisen.

Pankreozymin und Cholezystokinin, früher als zwei verschiedene Hormone angesehen, sind chemisch identische Moleküle (Molekularmasse um 4000 Da). Sie werden in der Dünndarmschleimhaut gebildet und steigern die Enzymproduktion der Bauchspeicheldrüse, kommen aber in kleinen Mengen auch in der Drüse selbst vor. An der Gallenblase kontrahieren sie die glatten Muskelfasern.

Die drei obengenannten Hormone **regen die Freisetzung von Insulin** an und **hemmen diejenige von Glukagon,** zum Teil vermutlich auch direkt, da sie in kleinen Mengen in der Drüse selbst gebildet werden.

25.11.2 Prostaglandine

Diese Gewebshormone wurden zuerst in der menschlichen Samenflüssigkeit entdeckt. Sie werden nicht, wie ursprünglich angenommen, in der Prostata, wonach sie benannt sind, sondern in den Samenblasen und anderen Körperorganen gebildet.

Chemisch sind Prostaglandine Fettsäuren mit einem 5-C-Ring (Cyclopentan) und 15 weiteren C-Atomen. Abbildung 25-14 zeigt die chemische Formel von Prostaglandin A_1 (PGA_1). Je nach Anlagerung von OH- oder anderen Gruppen an bestimmte C-Atome wirken sie unterschiedlich und

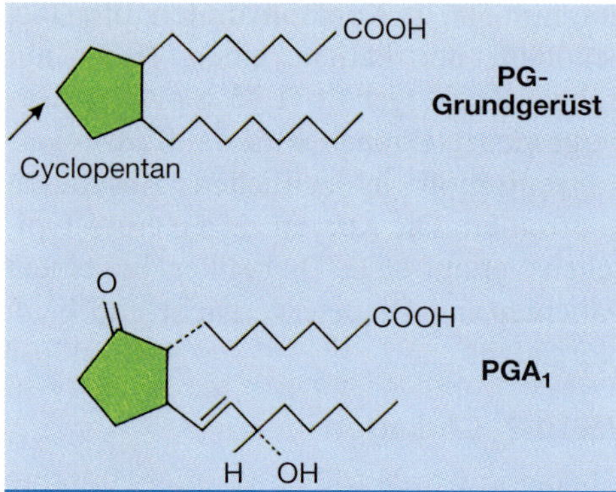

Abb. 25-14 Prostaglandine

Grundgerüst der Prostaglandine und eines der daraus entstehenden Gewebshormone, das Prostaglandin A_1 (PGA_1).

werden in Prostaglandin A, E oder F (PGA, PGE, PGF) eingeteilt.

Bildung und Abbau: Prostaglandine können wahrscheinlich in fast allen Körperorganen gebildet und abgebaut werden. Speicherung konnte man nicht beobachten und nimmt daher an, daß sie **nach Bedarf** synthetisiert werden. PGF und PGE üben ihre Wirkung am Ort ihrer Bildung aus, wo sie auch inaktiviert werden. PGA findet man in höheren Konzentrationen in der Blutbahn, woraus man ableiten kann, daß sie mehr eine Allgemeinwirkung ausüben, z. B. auf Blutzellen, Gefäßdurchlässigkeit, Gefäßtonus und die Blutgerinnung. Tabelle 25-3 zeigt verschiedene Effekte, die für Prostaglandine typisch sind. In der Niere gebildete Prostaglandine beeinflussen vermutlich die Nierendurchblutung, den Blutdruck und den Stoffaustausch (Natrium, Wasser usw.) im Nierengewebe.

Prostaglandine (PGF) können zur Einleitung von Frühgeburten und Geburten gegeben werden, da sie an der schwangeren Gebärmutter zur Kontraktion der Muskulatur führen.

Die in der Samenflüssigkeit enthaltenen Prostaglandine (PGE) lassen die Gebär-

Tab. 25-3 Einige Prostaglandine und ihre Wirkung

PGA	PGF	PGE
Erschlaffung der Gefäßmuskulatur	Kontraktion der Gefäßmuskulatur	Fördert Ausschüttung von: ACTH, STH, TSH, LH, Glukokortikoiden, Schilddrüsenhormonen, Insulin, Progesteron
Blutdrucksenkung	Blutdrucksteigerung	
Hemmung der Magensaftsekretion	Kontraktion der Bronchialmuskulatur (Verengung)	Erschlaffung der Bronchialmuskulatur (Erweiterung)
Kontraktion der Darmmuskulatur	Kontraktion der schwangeren Gebärmutter	Drucksteigerung im Auge
Kontraktion der schwangeren Gebärmutter	Steigerung der Blutplättchenverklebung	Erschlaffung der nichtschwangeren Gebärmutter
Steigerung der Blutplättchenverklebung	Förderung der Erregungsübertragung an sympathischen Nervenendigungen	Hemmung der Blutplättchenverklebung
Steigerung der Natriumausscheidung der Niere		Hemmung der Erregungsübertragung an sympathischen Nervenendigungen

muttermuskulatur erschlaffen und erleichtern dadurch den Samenzellen das Durchwandern des Gebärmutterhalses.
Wie bestimmte Krankheitsbilder durch **Über- und Unterfunktion** der Prostaglandinsynthese beeinflußt werden, ist nicht geklärt. Bekannt ist, daß fiebersenkende und schmerzstillende Arzneimittel die Synthese von Prostaglandinen hemmen. Man kann daraus schließen, daß sie direkt oder über andere Hormone Entzündungsprozesse fördern.
Thromboxane sind PG-ähnliche Substanzen aus Thrombozyten, die deren Verklebung fördern und bei der Blutstillung für eine Gefäßverengung sorgen (s. Kap. 11.8). Die Gabe von Acetylsalicylsäure hemmt die Thromboxan-A_2-Synthese und wirkt somit der Gefahr einer Blutgerinnselbildung bei Herz- und Hirninfarktgefährdeten entgegen.

25.11.3 Erythropoietin

Das Hormon wird vor allem in der Niere gebildet.
Chemisch ist Erythropoietin ein Glykoproteid (Molekularmasse ca. 46 000 Da).
Der Wirkmechanismus ist noch nicht völlig geklärt, doch weiß man, daß die Bildung des Hormons zunimmt, wenn der venöse Sauerstoffdruck absinkt, z. B. bei Anämien.
Wirkung: Erythropoietin steigert im roten Knochenmark die Bildung von roten Blutkörperchen und die Hämoglobinsynthese. Entsprechend der Erythrozytenvermehrung findet man im Blut auch vermehrt Retikulozyten (s. Abb. 11-3), die Vorstufe der ausgereiften roten Blutkörperchen.

Path **Überproduktion des Hormons** stellt man bei bestimmten Nierengeschwülsten fest, den **Hypernephromen.** Dann werden zuviel rote Blutkörperchen gebildet (Polyzythämie, Polyglobulie); der Hämatokritwert steigt entsprechend an. Das Blut wird dickflüssiger, für Herz und Kreislauf eine starke Belastung.

25.12 Überträgerstoffe des Nervensystems

Dopamin, Noradrenalin und **Adrenalin** sind Überträgerstoffe des **sympathischen Nervensystems, Acetylcholin** ist der Überträgerstoff des **parasympathischen Nervensystems.**

Serotonin wird in vielen Geweben aus der Aminosäure Tryptophan gebildet. Besonders hohe Konzentrationen davon findet man im Hypothalamusbereich des Gehirns, in den Blutplättchen (Thrombozyten) und in den Gewebsmastzellen. Serotonin wirkt gefäßkontrahierend und dadurch blutstillend, besonders bei Blutungen aus kleinen Gefäßen.

Bradykinin und ähnliche Substanzen können überall im Körper, unter Einfluß eines weiteren Gewebshormons, des **Kallikreins** (durch enzymatische Abspaltung aus Globulinen), freigesetzt werden. Sie haben eine gefäßerweiternde (vasodilatatorische) Wirkung, spielen daher bei der örtlichen Blutdruckregulation und bei der Wärmeregulation (Wärmeabgabe) eine Rolle. Außerdem erhöhen sie die Durchlässigkeit der Gefäßwände, erleichtern den Durchtritt von weißen Blutkörperchen und Flüssigkeit (Ödembildung).

Histamin wird bei Gewebsverletzungen freigesetzt. Es befindet sich konzentriert, neben Heparin, in den Körnchen der basophilen Granulozyten und spielt bei der allergischen Reaktion (Rötung der Haut, Jucken und Nesselsucht) eine Rolle.

Kurzgefaßt

Gastrin, Bildungsort Magenschleimhaut, steigert die Magensaftbildung und die Verdauungsenzymherstellung in der Bauchspeicheldrüse. **Sekretin,** Bildungsort Zwölffingerdarm, hemmt die Magensaft- und fördert die Verdauungsenzym- und Bikarbonatbildung in der Bauchspeicheldrüse. **Cholezystokinin,** Bildungsort Dünndarm, steigert die Verdauungssaftbildung in der Bauchspeicheldrüse, kontrahiert die Gallenblase. Alle drei obengenannten Hormone regen die Insulinproduktion und -freisetzung an und hemmen diejenige von Glukagon.

Prostaglandine können in fast allen Körperorganen gebildet und inaktiviert werden. Ihre unterschiedliche Wirkungsweise ist aus Tabelle 25-3 ersichtlich.

Erythropoietin, aus der Niere freigesetzt, steigert die Bildung von Erythrozyten im roten Knochenmark.

Überträgerstoffe des autonomen Nervensystems sind **Dopamin, Noradrenalin, Adrenalin** (sympathisches NS) und **Acetylcholin** (parasympathisches NS).

Serotonin entsteht aus der Aminosäure Tryptophan, wirkt gefäßzusammenziehend und blutstillend an kleineren Gefäßen.

Bradykinin wirkt erschlaffend auf Blutgefäße und erhöht, wie **Histamin,** ihre Wanddurchlässigkeit.

25.13 Sexualhormone des Mannes

Das wirksamste männliche Sexualhormon ist **Testosteron,** das in den **Hoden** (Testes) gebildet wird. Die hormonbildenden Zellen liegen zwischen den Samenkanälchen und heißen nach ihrem Entdecker ***Leydigsche* Zwischenzellen.**

Die **Freisetzung** von Testosteron wird vom Hypothalamus über das Hormon **GnRH** (Gonadotropin-Releasinghormon; s. Kap. 25.2) gesteuert, das auf die Bildung von FSH und LH (auch ICSH = **I**nterstitial **C**ell-**S**timulating **H**ormone) durch die Adenohypophyse wirkt (Abb. 25-15).

FSH fördert direkt die Samenbildung in den Samenkanälchen der Hoden.

LH regt die interstitiellen *Leydig*schen Zellen zur Bildung von Testosteron an, das die Samenreifung fördert.

Chemisch ist Testosteron ein Steroid mit 19 C-Atomen (C_{19}-Steroid). Die Strukturformel ist aus Abbildung 2-9 zu ersehen, zusammen mit den Formeln für Östrogen

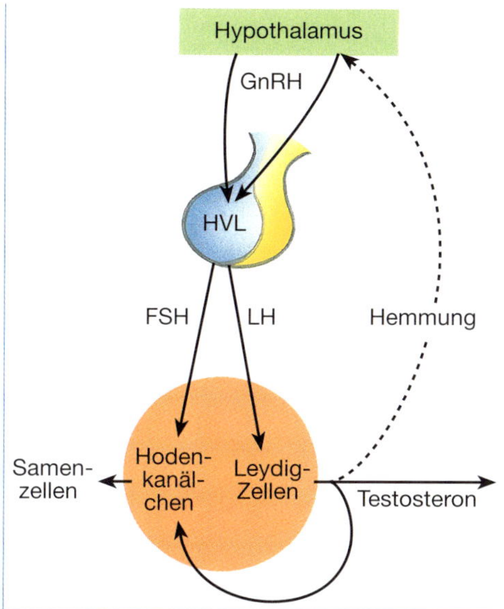

Abb. 25-15 Regelung der Hodenfunktion

Regelung der Tätigkeit der männlichen Geschlechtsdrüsen durch Hormone des Hypothalamus, der Hypophyse und des Hodens.

und Progesteron, einem Gestagen. Sie haben in ihrem Aufbau große Ähnlichkeit, sind aber in ihren Wirkungen sehr unterschiedlich. Testosteron wird im Blut, an ein Trägereiweiß gebunden, transportiert, ist aber in dieser Form nicht aktiv.

Die **Ausscheidung** des Hormons erfolgt nach Inaktivierung durch die Leber in der Niere, teils auch in der Gallenflüssigkeit.

Testosteron entfaltet erstmals seine **Wirkung** im frühen Embryonalalter, bei der **Geschlechtsdifferenzierung.** Obwohl nach der Vereinigung von Ei- und Samenzelle das Geschlecht des neuen Lebewesens bereits feststeht, ist es bis etwa zur 7. Lebenswoche sexuell noch nicht differenziert, d.h., männliche und weibliche Anlagen sind beide vorhanden. Dann werden zum ersten Mal männliche Hormone, vor allem Testosteron, wirksam, wie man durch Tierversuche feststellen konnte. Etwas vereinfacht dargestellt, **unterdrücken** Androgene (männliche Geschlechtshormone) aus den embyronalen Hoden die Weiterentwicklung des Embryos zu einem weiblichen Wesen und **fördern** die Entwicklung von männlichen Geschlechtsmerkmalen.

In diesem Stadium der Entwicklung kann es zur abnormen Geschlechtsdifferenzierung kommen, z. B. wenn die Hormonproduktion im embryonalen Hoden gestört ist. Es entstehen männliche Pseudohermaphroditen (Scheinzwitter) mit Hoden und weiblichen Genitalorganen.

Geschlechtsreifung: Die nächste aktive Produktionsphase von Sexualhormonen, in diesem Falle von **Testosteron,** setzt kurz vor der Pubertät ein, etwa um das 13. Lebensjahr. In diesem Lebensabschnitt hat Testosteron folgende wichtige Funktionen:

- Bei der **Samenbildung (Spermiogenese):** In den sich zur gleichen Zeit vergrößernden Hoden werden in den Samenkanälchen unter Testosteron- und FSH-Einfluß aus den unreifen Vorstufen der Samenzellen, den **Spermatogonien,** reife **Spermien,** Samenzellen, gebildet. Durch Wachstum und Teilung entstehen **Spermatozyten.** Bei der Umwandlung vom primären zum sekundären Spermatozyten wird bei der Zellteilung der Satz von 46 Chromosomen halbiert: **Reduktionsteilung** oder **Meiose.** Im Verlauf der Reifung der weiblichen Eizelle wird ebenfalls der Chromosomensatz halbiert, so daß erst nach der Verschmelzung von Ei- und Samenzelle wieder ein kompletter Chromosomensatz entsteht (s. Abb. 4-10).
- Neben einem **Wachstumsschub,** der den ganzen Organismus betrifft, wachsen Hoden und Penis. Durch das Wachstum des Kehlkopfes werden die Stimmbänder verlängert, und die Stimme wird tiefer, männlich (Stimmbruch).
- Die **Scham-, Achsel- und Bartbehaarung** setzt ein.

Path **Unterfunktion** der männlichen Sexualdrüsen (durch Hypophysengeschwülste) **vor der Pubertät** führt zu unproportioniertem Riesenwuchs. Die sekundären Geschlechtsmerkmale bleiben in ihrer Entwicklung zurück, z. B. der Bartwuchs; die Stimme bleibt auffallend hoch.

Unterfunktion nach der Pubertät hat eine Rückbildung der *Leydig*schen Zwischenzellen, Störung der Samenbildung und Unfruchtbarkeit zur Folge, Symptome, die durch Hormontherapie günstig zu beeinflussen sind.

25.14 Sexualhormone der Frau

Die geschlechtsspezifischen Hormone der Frau sind vielfältiger als die des Mannes. Sie müssen nicht nur die Entwicklung der sekundären Geschlechtsmerkmale und der Eireifung steuern, sondern auch den Menstruationszyklus, die Schwangerschaft, den Geburtsvorgang und die Stillperiode.

Für die nichtschwangere Frau sind **Östrogene** und **Gestagene** (z. B. Progesteron) die beiden wichtigsten Hormone, die in wechselnden Konzentrationen in den **Eierstöcken (Ovarien)** gebildet werden.

Freisetzung und Hemmung wird vom Hypothalamus über Gonadotropin-Releasinghormon gesteuert, das in der Adenohypophyse die Produktion von **FSH** (**Fo**llikel-**s**timulierendem **H**ormon) und **LH** (**L**uteotropem **H**ormon) überwacht. Unter dem Einfluß von FSH steigt die Konzentration von im Eierstock gebildetem Östrogen an. Eine niedrige Östrogenkonzentration wirkt hemmend auf die GnRH-Freisetzung des Hypothalamus. Wenn die Östrogenkonzentration einen bestimmten Schwellenwert übersteigt, kommt es aber durch eine positive Rückkopplung zum

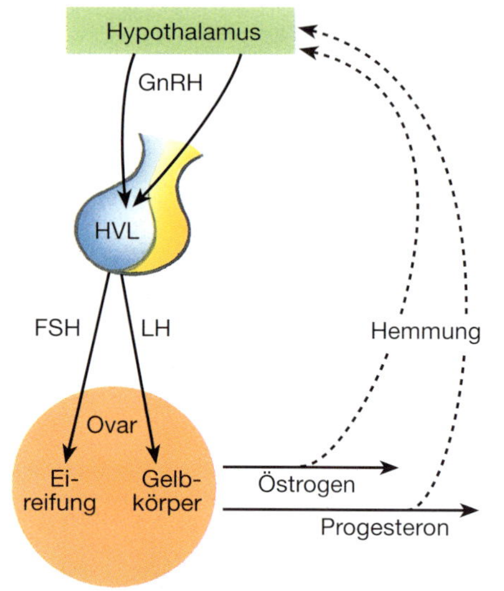

Abb. 25-16 Regelung der Eierstockfunktion

Regelung der Tätigkeit der weiblichen Geschlechtsdrüsen durch Hormone des Hypothalamus, der Hypophyse und des Eierstocks.

Hypothalamus zu einem sprunghaften Anstieg der GnRH- und damit LH- und FSH-Konzentration (Abb. 25-16). LH bewirkt dann den Eisprung. Das danach im Eierstock vermehrt gebildete Progesteron wirkt negativ rückkoppelnd auf den Hypothalamus, so daß die LH- und FSH-Ausschüttung wieder auf einen basalen Wert zurückgeht. Dieser Rückkopplungsmechanismus bewirkt, daß Östrogen und Progesteron wechselseitig in ihren Konzentrationen zu- und abnehmen. Er ist eine wichtige Voraussetzung für den Ablauf des Menstruationszyklus.

Chemisch sind Östrogene und Gestagene (z. B. Progesteron) einander nahe verwandt, wie aus Abbildung 2-9 zu ersehen ist. Östrogen ist ein C_{18}-, Progesteron ein C_{21}-Steroid. Beide werden über die Synthese von Cholesterin gebildet und in der Blutbahn, an ein Trägereiweiß gebunden, transportiert.

Wirkungen der Östrogene und Gestagene

Im Gegensatz zu Testosteron spielen die weiblichen Sexualhormone bei der **Geschlechtsdifferenzierung** im frühen Embryonalalter keine Rolle.
Die **Geschlechtsreifung** ist jedoch hormonabhängig. Im Alter von 7–8 Jahren vergrößern sich die Eierstöcke, und die Produktion von Östrogenen setzt ein. Zuerst beginnt das Wachstum der Brüste, dann setzt die Schambehaarung ein und im Alter von etwa 13 Jahren die **erste Regelblutung (Menarche).** Regelblutungen treten normalerweise alle 28 Tage ± 3 Tage ein, sie sind aber unmittelbar nach der Menarche noch unregelmäßig, die Zyklen **anovulatorisch,** d.h., es wird kein reifes Ei (lat. ovum) gebildet, und die Gestagenproduktion, die der Vorbereitung einer Schwangerschaft dienen soll, ist unzureichend.
In beiden **Eierstöcken (Ovarien)** sind bei der Geburt etwa 1 Million Vorstufen von Eiern (Oozyten) angelegt, von denen im Alter von ca. 6 Jahren pro Eierstock noch um 200 000 vorhanden sind. Davon reifen während des fortpflanzungsfähigen Alters der Frau etwa 400 zu Eizellen. Die Oozyten sind von einer kernreichen Follikelzellschicht, einem Hüllgewebe (Theca folliculi) und einer Faserschicht umgeben. Die ganze Eianlage wird als ***Graaf*scher Follikel** bezeichnet. Das follikelstimulierende Hormon **FSH** der Hypophyse regt das Wachstum eines Follikels (selten von zwei oder mehreren gleichzeitig) an. Voraussetzung ist, daß das Ei in dem betroffenen Follikel seine endgültige Größe erreicht und die erste Reifeteilung (mitotisch) stattgefunden hat. Die zweite Reifeteilung oder Reduktionsteilung (meiotisch), bei der der **Chromosomensatz** halbiert wird, beginnt erst beim Eisprung. Die Eizelle schwimmt bis dahin in der Follikelflüssigkeit, die ständig zunimmt, bis der Follikel platzt und das Ei herausgeschwemmt wird. Kurz vor dem Eisprung kann der Follikel die Größe von 15–20 mm erreichen. Bei hohen Gonadotropinkonzentrationen (FSH und LH) können auch zwei oder mehrere Follikelsprünge gleichzeitig stattfinden, was zu Zwillings- bzw. Mehrlingsgeburten führen kann. Gonadotropine werden therapeutisch, z.B. bei Unfruchtbarkeit, gegeben, wodurch oft mehrere Follikel gleichzeitig zum Wachstum angeregt werden.
Nach dem Eisprung entsteht im Follikel ein Blutgerinnsel, das resorbiert wird und die eingerissenen Stelle verschließt; der Follikel nimmt dann eine gelbliche Farbe an. Von da an spricht man vom **Gelbkörper (Corpus luteum).** Die Follikel- und Thekazellen bilden nun vorwiegend **Gestagene** (Progesteron), angeregt durch das luteinisierende Hormon **LH** der Hypophyse. Gestagene dienen der Vorbereitung einer zu erwartenden Schwangerschaft. **Progesteron** wird in Form des Abbauproduktes **Pregnandiol** im Urin Schwangerer ausgeschieden.

25.15 Der Menstruationszyklus

Der Sexualzyklus der Frau weist einen Rhythmus von durchschnittlich 28 ± 3 Tagen auf. Interessant ist, daß Tiere andere sexuelle Rhythmen haben, z.B. Maus und Ratte 4–6 Tage, Meerschweinchen 14 Tage, Schweine 21 Tage, Hunde haben nur 2 Zyklen pro Jahr, Fledermäuse und Murmeltiere nur einen jährlich. Bei Tieren spricht man von Östruszyklen.
Der Menstruationszyklus (Abb. 25-17) wird entsprechend den **Veränderungen der Gebärmutterschleimhaut** in 2 Hauptphasen eingeteilt:
1. die Proliferationsphase,
2. die Sekretionsphase.

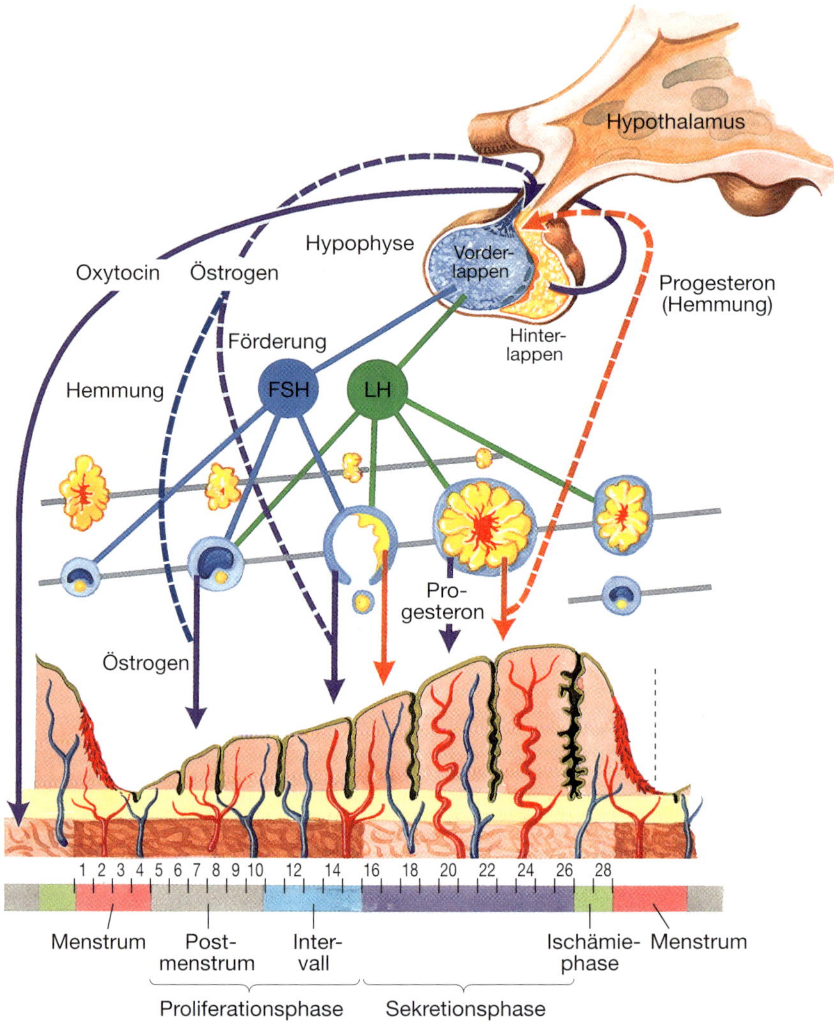

Abb. 25-17 Menstruationszyklus

Abfolge der Bildung und Wirkung der weiblichen Geschlechtshormone während des durchschnittlich 28 Tage dauernden Menstruationszyklus.

Außerdem kann man noch 2 weitere Phasen unterscheiden:

3. Phase der Mangeldurchblutung (ischämische Phase),
4. Phase der Funktionalisabstoßung (Menstrum).

Während die **Muskelschicht** und die **Basalschicht der Schleimhaut** der **Gebärmutter (Uterus)** den ganzen Zyklus hindurch unverändert bleiben, wächst (proliferiert) die **Funktionalisschicht** der Schleimhaut; sie nimmt an Dicke zu, wobei die bis dahin gewundenen Schleimdrüsen in die Länge gezogen werden. Während dieser Phase reift das Ei im Follikel des Eierstocks heran und wird gegen die Mitte des Zyklus ausgestoßen (Eisprung, Ovulation). Das Ei wird von den **Fransen (Fimbrien)** der Eileiter aufgefangen und durch den Eileiter in die Gebärmutterhöhle transportiert, was etwa 3–4 Tage dauert. Dann setzt die **Sekretionsphase** ein, die Drüsen der Funktionalisschicht sezernieren Schleim und Glykogen. Wenn keine Eibefruchtung und Einnistung erfolgt ist, schrumpft die Funktionalisschicht, die spiralig gewundenen Blutgefäße degenerieren und lassen Blut austreten. Dieses sammelt sich unter der Funktionalis an, die sich in Fetzen ablöst und mit Blut vermischt abgestoßen wird. Die **Regelblutung** dauert 4 bis 5 Tage, der Blutverlust beträgt zwischen 20 und 60 ml. Es ist sinnvoll, daß das Menstruationsblut flüssig bleibt; man hat festgestellt, daß die Konzentration gerinnungsfördernder Faktoren, besonders die des Fibrinogens (s. Kap. 11.9.1), im Menstrualblut niedrig ist. Ferner ist die Urokinasekonzentration (s. Kap. 11.9.2) im Gebärmutterhals relativ hoch, wodurch die Fibrinolyse aktiviert werden kann.

Abbildung 25-17 zeigt schematisch die Schleimhautveränderungen in der Gebärmutter, die Eireifung im Follikel, den Eisprung und den Gelbkörperauf- und -abbau. Hypophyse und Hypothalamus sind eingezeichnet, die Hormone, ihre Zielorgane und ihr zeitliches Eingreifen.

In Abbildung 25-18 sieht man den An- und Abstieg der Hormonspiegel während des Zyklus sowie den Verlauf der Körperkerntemperatur. Die **Proliferationsphase** ist durch einen steilen Östrogenanstieg, die **Sekretionsphase** durch einen steilen Progesteronanstieg gekennzeichnet. Am Ende des Zyklus fallen Östrogen und Progesteron stark ab, wodurch Hypothalamus und Hypophyse veranlaßt werden, den nächsten Zyklus hormonell vorzubereiten. Die Hormone, die den Menstruationszyklus steuern, üben ihren Einfluß fast auf alle Körperorgane aus.

Die weibliche **Brust (Mamma)** vergrößert sich im Laufe der Proliferationsphase durch Wachstum des Bindegewebes, in der Sekretionsphase wird auch das Drüsengewebe aktiviert; es bilden sich kleine Drüsengänge, die sich erweitern und mit Sekret füllen. Das Volumen nimmt weiter zu und fällt nach der Menstruation wieder ab.

Die **Körperkerntemperatur,** morgens rektal gemessen („Basaltemperatur"), steigt etwa 2 Tage nach dem Eisprung um ca. 0,5 °C an, bleibt während der ganzen Sekretionsphase hoch und fällt beim Eintreten der Menstruation wieder ab. Temperaturmessungen geben wichtige Hinweise auf die Tätigkeit der Eierstöcke.

Der **Blutdruck** steigt bis kurz vor der Menstruation fortlaufend an (bis um 3 kPa bzw. 20 mmHg) und sinkt dann wieder auf die Norm.

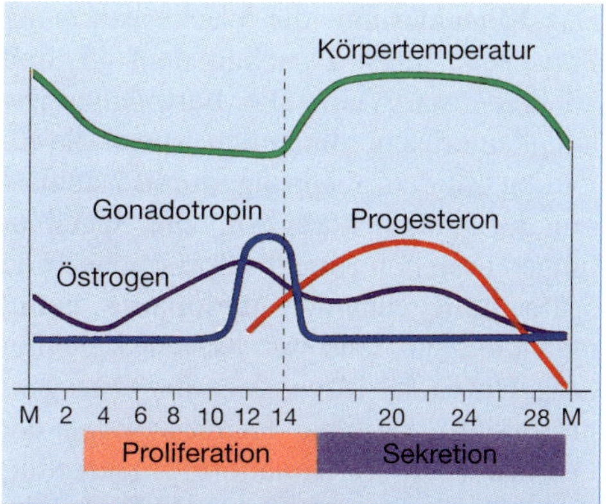

Abb. 25-18 Hormonausschüttung

Verhältnis der Östrogen-, Gonadotropin- und Progesteron-Ausschüttung sowie Temperaturkurve im Verlauf des Zyklus (M = Menstruation).

Path Psychische Veränderungen sind besonders auffallend. Kurz vor der Menstruation sinkt die Stimmung ohne äußere Anlässe bei den meisten Frauen stark ab, und die geistige und körperliche Aktivität läßt nach. In manchen Fällen kann es zu schweren Depressionen kommen (Prämenstruelles Syndrom, PMS).

Das **Klimakterium**, die Wechseljahre der Frau, setzt meist zwischen dem 45. und 50. Lebensjahr ein. Die Fortpflanzungsfähigkeit erlischt allmählich, zuerst die Eireifung mit dem Eisprung, durch Nachlassen der Eierstocktätigkeit. Die Regelblutungen bestehen zunächst fort und werden später unregelmäßig. **Menopause** nennt man die Zeit nach der letzten Regelblutung. Durch das Nachlassen der Östrogenproduktion wird die Hemmwirkung der Östrogene auf die Gonadotropinausschüttung schwächer, vor allem der FSH-Spiegel steigt dann an. Klimakterische Beschwerden äußern sich in Hitzewallungen, Schweißausbrüchen, Herzklopfen, Atembeschwerden und Durchblutungsstörungen. Auch psychische Beschwerden sind häufig, wie Angst, Verstimmung und Reizbarkeit. In schwereren Fällen kann eine Östrogentherapie helfen.

Die äußeren und in höherem Alter auch die inneren Genitalorgane bilden sich ebenfalls zurück.

Kurzgefaßt

Östrogene und **Progesterone** (Gestagene) werden in den Eierstöcken unter Einfluß des Hypothalamushormons GnRH und der Hypophysenvorderlappenhormone FSH und LH gebildet. Wirkung: kein Einfluß auf die Geschlechtsdifferenzierung, erst auf die Geschlechtsreifung um die Pubertätszeit. Wachstum der Gebärmutter und Eierstöcke sowie Ausbildung der sekundären Geschlechtsmerkmale. Sie steuern den **Sexualzyklus**, erstmalig **(Menarche)** mit 12–13 Jahren auftretend, Dauer 28 ± 3 Tage. Die Schleimhaut der Gebärmutter durchläuft eine **Proliferationsphase** (Aufbau), während ein Ei im Follikel eines Eierstocks reift. Eisprung und Wanderung durch den Eileiter in die Gebärmutter, wo die **Sekretionsphase** eingesetzt hat. Bei Nichtbefruchtung werden die Schleimhaut und das Ei abgestoßen, die 4–5 Tage dauernde Regelblutung setzt ein. Die Proliferationsphase wird vorwiegend durch Östrogen gesteuert, die Sekretionsphase durch Progesteron. Die **Körpertemperatur** steigt ca. 2 Tage nach dem Eisprung um 0,5 °C an, sinkt bei Nichtbefruchtung am Zyklusende wieder ab.

Das **Klimakterium** (Wechseljahre) setzt zwischen dem 45. und 50. Lebensjahr ein. Die **Menopause** ist die Zeit nach der letzten Regelblutung im Leben der Frau.

V Fortpflanzung

26 Sexueller Reaktionszyklus, Empfängnis, Schwangerschaft und Geburt

27 Das Neugeborene

26 Sexueller Reaktionszyklus, Empfängnis, Schwangerschaft und Geburt

26.1 Sexueller Reaktionszyklus

Sexualität umfaßt alles, was körperlich und psychisch mit dem menschlichen Liebes- und Geschlechtsleben zusammenhängt. Das Sexualverhalten ist über die reine Fortpflanzungsfunktion hinaus eine besonders intensive Form zwischenmenschlicher Kommunikation sowie eine Quelle von Lust und Entspannung. Der Sexualtrieb findet seine Befriedigung durch Masturbation (Selbstbefriedigung) sowie eine Vielzahl von Formen zwischenmenschlicher Sexualkontakte. Der sexuelle Reaktionszyklus kann in vier typische Phasen eingeteilt werden, die **Erregungsphase**, die **Plateauphase**, die **Orgasmusphase** und die **Rückbildungsphase**. Die Phasen sind bei Mann und Frau gleich, sie unterscheiden sich bei den beiden Geschlechtern aber in ihrer Auswirkung. Dauer und Stärke der Phasen sind, insbesondere bei den Frauen, individuell sehr unterschiedlich.

Beim Mann wird die sexuelle Erregung vor allem durch die Berührung seiner Genitalien sowie verschiedener Hautbezirke, der erogenen Zonen, ausgelöst. Sinneseindrücke und psychische Faktoren können dabei verstärkend, aber auch hemmend wirken. Durch die Stimulation werden über parasympathische Nervenfasern des Kreuzbeinmarks (s. Kap. 23.9.1) reflektorisch Arteriolen des Penis erweitert, wodurch es zu einer starken Zunahme des Blutvolumens in den Schwellkörpern kommt. Gleichzeitig wird der venöse Abstrom gedrosselt, so daß der Penis größer und steifer wird und sich aufrichtet **(Erektion)**. Er verlängert sich dabei von 6 bis 10 cm, die im schlaffen Zustand vorliegen, auf im allgemeinen 14 bis 18 cm. Durch Zunahme mechanischer Stimulation insbesondere der Rezeptoren der Eichel (Glans penis), wie sie z. B. durch die rhythmischen Bewegungen beim Geschlechtsverkehr erfolgt, steigert sich die Erregung bis zur Plateauphase, und es werden zusätzlich sympathische Nervenfasern des Lenden- und Brustmarks (s. Kap. 23.9.1) erregt. Dadurch kommt es zur Kontraktion der glatten Muskulatur von Nebenhoden, Samenleiter, Prostata und Samenblase. Spermien und Drüsensekrete gelangen dabei in die hintere Harnröhre **(Emission).** Die hierdurch hervorgerufene Dehnung der Harnröhre löst reflektorisch 3 bis 10 rhythmische Kontraktionen der Beckenbodenmuskulatur aus, wodurch die Samenflüssigkeit aus der Harnröhre herausgeschleudert wird **(Ejakulation).** Dieser Vorgang ist von starker psychisch-sexueller Erregung begleitet und kennzeichnet die Orgasmusphase. Es treten dabei vegetative Reaktionen wie Steigerung von Blutdruck, Herz- und Atemfrequenz und Zunahme des Muskeltonus und der Schweißsekretion auf. Die Pupillen weiten sich, und es kann zu einer verstärkten Hautrötung (sexflush) kommen. In der anschließenden Rückbildungsphase gehen alle Erregungsreaktionen schnell zurück, und der Penis erschlafft. Es folgt eine kurze Zeit, in der keine neue Erregung möglich ist, die Refraktärphase.

Bei der Frau führt die Berührung der Genitalien, der Brüste und anderer erogener

Zonen zu sexueller Erregung. Psychische Faktoren und Sinneseindrücke können sie fördern oder auch hemmen. In der Erregungsphase kommt es über parasympathische Fasern reflektorisch durch vermehrte Blutfüllung zur Schwellung von Klitoris und Schwellkörpern des Scheidenvorhofs. Die kleinen Schamlippen nehmen das Zwei- bis Dreifache im Durchmesser zu. Von der Scheidenwand und den Drüsen des Scheidenvorhofs wird ein schleimiges Sekret gebildet, wodurch die Vagina angefeuchtet wird, was das Eindringen eines erigierten Penis erleichtert. Die Brustwarzen stellen sich auf. Die Gebärmutter richtet sich auf und vergrößert sich um bis zu 50%. Die Erregung nimmt bei anhaltender Stimulation bis zur Plateauphase zu, die Klitoris wird an den Rand der Schambeinfuge gezogen, das äußere Drittel der Vagina bildet durch eine lokale Blutstauung die sogenannte **orgastische Manschette** aus, der tiefergelegene Teil der Scheide verlängert und erweitert sich dagegen, wodurch ein Raum zur Aufnahme des Samens entsteht. In der Orgasmusphase erfolgen unter intensiver sexueller Empfindung und Einengung der übrigen Sinneswahrnehmungen Kontraktionen der orgastischen Manschette; Beckenbodenmuskulatur und Uterus ziehen sich rhythmisch zusammen. Der Gebärmuttermund öffnet sich. Die vegetativen Begleitsymptome (Anstieg des Blutdrucks usw.) sind ähnlich wie beim Mann. In der Rückbildungsphase bleibt der Gebärmuttermund noch ca. 30 min erweitert, wodurch das Aufsteigen von Spermien begünstigt wird. Sexuelle Erregung und Orgasmus der Frau sind allerdings keine Voraussetzung für eine Empfängnis (Konzeption). Im Gegensatz zum Mann tritt bei der Frau nach der Rückbildungsphase gewöhnlich keine Zeit herabgesetzter Erregbarkeit (Refraktärphase) auf.

26.2 Die Empfängnis

Für die Empfängnis (lat. conceptio) müssen bestimmte Voraussetzungen bei der Frau und beim Mann erfüllt sein. **Schwangerschaft** und **Geburt** sind komplizierte Vorgänge, die der weibliche Organismus allein leistet.

Für den Mann ist die Potenz ein wichtiger Faktor. Im landläufigen Sinne versteht man darunter die Fähigkeit, den Penis zur Erektion und zum Einführen in die Scheide (Vagina) zu bringen. Der Mediziner spricht in diesem Falle von Potentia coeundi und unterscheidet diese noch von der Potentia generandi. Darunter versteht man die Fähigkeit, a) **gesunde, ausgereifte Samenzellen in ausreichender Zahl** zu bilden und b) diese mit der **geeigneten Menge und Zusammensetzung** von Sekreten zu versehen.

Das Ejakulat, Spermien mit Sekret, **Sperma** genannt, beträgt durchschnittlich 3,5–4,5 ml. 1 ml Spermaflüssigkeit enthält etwa 80–100 Millionen Samenzellen. Der Anteil an Samenzellen im Ejakulat nimmt mit zunehmendem Alter ab. Wenn weniger als 10 Millionen/ml enthalten sind, kann dies als Ursache für eine Unfruchtbarkeit gelten. Von gleicher Bedeutung wie die Menge der Spermien ist ihre Funktionstüchtigkeit. Nach der Spermiogenese in den Hodenkanälchen fehlt den Zellen noch die Eigenbeweglichkeit. Diese wichtige Fähigkeit erwerben sie erst nach Verlassen der Nebenhoden, in denen sie auch gespeichert werden. Es reifen dort die **Kopfkappe** (Akrosom; Abb. 26-1), die um den Achsenfaden spiralig aufgewickelten **Mitochondrien** und die **Plasmahülle**. Diese Bestandteile der Samenzelle liefern die nötige Energie für den Stoffwechsel und die Fortbewegung. In den Nebenhoden erhalten sie die dafür erforderlichen Enzyme.

Für die Produktion der **Samenflüssigkeit** sind die folgenden Drüsen verantwortlich:

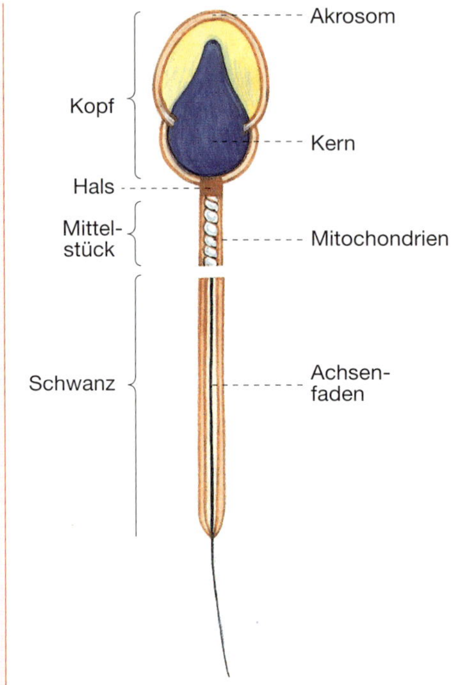

Abb. 26-1 Samenzelle

Schematische Darstellung einer menschlichen Samenzelle. Der Kern enthält die Erbinformation, der Schwanz dient zur Fortbewegung.

die Vorsteherdrüse (Prostata), die Samenblasen und die *Cowper*schen Drüsen. Wichtige Bestandteile der Sekrete sind, neben Wasser, Prostaglandinen, Zitronensäure und Fibrinolysin, **energiespendende Nährstoffe:** Fructose, Eiweiße, Fett (Phospholipide) sowie **Phosphat-** und **Bikarbonatpuffer,** die die Spermien im sauren Milieu der Scheide, gegen das sie sehr empfindlich sind, vor dem Zugrundegehen schützen. Die Tätigkeit der Drüsenzellen in Prostata, Hoden und Nebenhoden ist abhängig von einer ausreichenden Produktion von androgenen Hormonen (s. Kap. 25.13).

Die Frau muß zur Zeit der Samenaufnahme ein reifes Ei zur Befruchtung bereitstellen. Voraussetzung dafür ist die volle Funktion der **Eierstöcke**, der **Eileiter** (Durchgängigkeit) und der **Gebärmutter**. Eine Empfängnis kurz nach der Menarche ist unwahrscheinlich, da der Zyklus ohne Eireifung, d.h. noch anovulatorisch verläuft; dasselbe gilt auch für die Zeit der Wechseljahre, vor der Menopause. Da ein Ei nach dem Follikelsprung unbefruchtet nur 12 bis 24 Stunden überlebt, ist der Zeitpunkt für eine Befruchtung kurz vor und um den Eisprung am günstigsten. Wie man aus Abbildung 25-17 ersehen kann, findet die Ovulation 14 Tage vor der nächsten Regel statt, auch wenn der Zyklus im Einzelfall kürzer als 4 Wochen dauert.

26.3 Die Befruchtung

Nachdem die Spermien in die Vagina gelangt sind, müssen sie als erstes eine Sperre im Gebärmutterhals (Cervix uteri) überwinden, den **Schleimpfropf**, der das Innere der Gebärmutter vor dem Eindringen von Keimen schützt. Der zähe Schleimpfropf ist um den Ovulationstermin kurzfristig aufgelockert, so daß ihn dann die Spermien, etwa mit einer Geschwindigkeit von 3 mm/min, durchwandern können, indem sie sich mit Hilfe ihres Schwanzes geißelartig fortbewegen. Während die Spermien im sauren Milieu in der Scheide schnell zugrunde gehen, können sie im Gebärmutterhals mehrere Tage überleben. Sie wandern durch die Gebärmutterhöhle in die Eileiter, wo sie im erweiterten Teil, der Ampulle, sozusagen das Ei (Abb. 26-2) erwarten. Inzwischen ist durch Eileitersekrete das Ei von seiner Hülle, der Glashaut (Zona pellucida), befreit. Nur **einer** Samenzelle gelingt es, in die Eizelle einzudringen. Vorher löst sich die Kopfkappe auf und entläßt eiweiß- und schleimspaltende Enzyme, die den Weg ins Zellinnere freimachen. Der Fortbewegungsapparat wird zurückgelassen, und die beiden Ker-

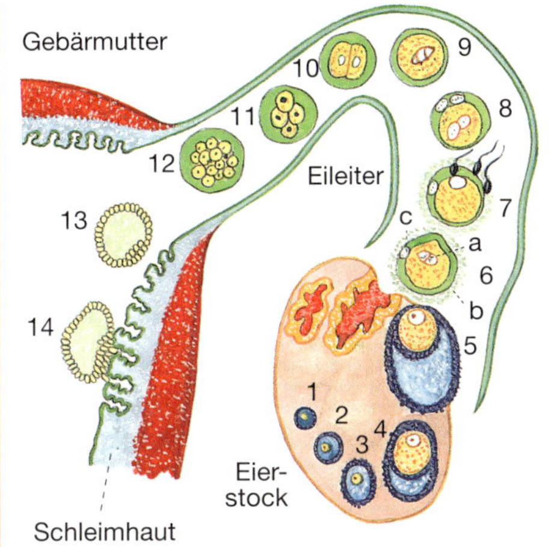

Abb. 26-2 Weg der Eizelle

Der Weg der Eizelle vom Eierstock zum Eileiter, die Befruchtung, Zellteilung und Einnistung in die Gebärmutterschleimhaut. 1–4 Eientwicklung im Eierstock, 5 *Graaf*scher Follikel vor dem Eisprung, 6 Eizelle kurz nach dem Eisprung, a Reduktionsteilung (meiotisch), b Glashaut (Zona pellucida), c Polkörperchen, 7 Eindringen der männlichen Samenzelle, 8 Vereinigung des weiblichen und männlichen Vorkerns, 9 erste mitotische Teilung, 10–12 Zwei-, Vierzell- und Morulastadium, 13 Blastozyste, 14 beginnende Einnistung in die Gebärmutterschleimhaut.

ne vereinigen sich zu einem einzigen Kern mit nun wieder normalem Satz von 46 Chromosomen. Noch während der Wanderung der befruchteten Eizelle durch den Eileiter in Richtung Gebärmutter setzt eine lebhafte Zellteilung ein; kurz vor dem Verlassen des Eileiters ist das Morulastadium (lat. morula = Maulbeere) erreicht.

26.4 Die Einnistung (Nidation)

Nachdem die Morula weitere Entwicklungsstadien durchgemacht hat, nistet sich der Keimling (**Embryo**) in der Gebärmutter ein, wobei die oberen Schleimhautschichten durch Enzyme abgebaut werden. Die Schleimhaut der schwangeren Gebärmutter wird nun **Dezidua** genannt.

Aufgrund der großen Erfahrung, die Tierärzte vor allem beim Rind mit der **künstlichen Befruchtung** gewonnen haben, ist es seit einigen Jahren auch möglich, Eizellen des Menschen außerhalb des mütterlichen Körpers mit männlichen Samenzellen im Reagenzglas zu befruchten. Bei Frauen, bei denen zwar die Eibildung in den Eierstöcken normal, aber der Eitransport durch die Eileiter gestört ist (z. B. durch Eileiterverklebung oder zur Sterilisation unterbundene Eileiter), kann durch operative Eröffnung des Bauchraumes (Laparotomie) ein reifes Ei entnommen und im Reagenzglas durch männlichen Samen befruchtet werden. In einer Nährlösung läßt sich das befruchtete Ei bis zum vielzelligen Morulastadium (Maulbeerstadium) in 2 bis 3 Tagen entwickeln. Danach wird es in den mütterlichen Uterus überführt **(Embryotransfer).** Follikelsprung (s. Kap. 25.14) und zyklischer Zustand der Uterusschleimhaut müssen durch Hormongaben zeitlich abgestimmt werden. Das Schlagwort „Retortenbaby" ist irreführend, allenfalls kann man von einer „Retortenmorula" sprechen. Bei Frauen, deren Uterus pathologisch verändert ist oder operativ entfernt werden mußte, gibt es die Möglichkeit, die Eizelle nach Laparotomie und Befruchtung im Reagenzglas in den Uterus einer gesunden Frau („Leihmutter") zu übertragen.

Die Konservierung von Samenzellen, wie sie in der Tierzucht geübt wird (Samenbank), ist auch beim Menschen möglich.

Ethische und rechtliche Fragen, die diese medizinischen Verfahren betreffen, werden öffentlich diskutiert, vor allem ihre Risiken und ihr möglicher Mißbrauch.

26.5 Die Plazenta (Mutterkuchen)

Alle Baustoffe und Sauerstoff, die das Wachstum des Embryos und Fetus erfordert, müssen von der Mutter geliefert werden. Die beiden Entwicklungsstadien sind anatomisch genau definiert. Während der **Embryonalzeit** bilden sich die Anlagen aller Organe aus, der **Embryo** ist am Ende der Embryonalzeit 5 bis 6 cm lang und ca. 11 Wochen alt. Von da ab findet nur noch eine weitere Differenzierung aller Organe statt, man spricht jetzt vom **Fetus** (ab 3. Monat). Auch im medizinischen Sprachgebrauch wird der klaren Definition nicht immer Rechnung getragen.

Während der ersten Teilungsphasen des befruchteten Eies kann die Ernährung noch durch Diffusion aus der Gebärmutterschleimhaut erfolgen. Drei Wochen nach der Befruchtung ist der Embryo 2 mm lang, eine Herzanlage hat sich gebildet, die schon vor der 4. Woche zu schlagen beginnt und damit den Transport von Stoffen durch Konvektion fördert (s. Kap. 5.6). Zu diesem Zeitpunkt bilden sich Zotten, die zuvor um den ganzen Embryo herum bestanden haben (Abb. 26-3), besonders stark an der ursprünglichen Anhaftungsstelle des Eies in der Uterusschleimhaut aus, während sie sich gegen das Uterusinnere hin zurückbilden. Die Zotten wachsen in die Uterusschleimhaut hinein; das mütterliche Gewebe wird so weit aufgelöst, daß schließlich ab dem 3. Monat die Zotten mit ihren Kapillaren ins mütterliche Blut eintauchen.

Path **Mißbildungen**, die nicht erblich bedingt sind (s. Kap. 4.8.5), entstehen durch mangelhafte Sauerstoffversorgung oder andere schädigende Einflüsse (z. B. Röntgenstrahlen, Medikamente, Alkohol, evtl. auch andere Drogen und Nikotin), vor allem im ersten Drittel der Schwangerschaft (Tab. 26-1). Gehirn- und Herzfehlentwicklungen können bereits in der 2. und 3. Schwangerschaftswoche auftreten. An den Lippen (Lippenspalte, „Hasenscharte") können in der 5., am Gaumen (Gaumenspalte, „Wolfsrachen") in der 10.–12. Woche Fehlentwicklungen auftreten.

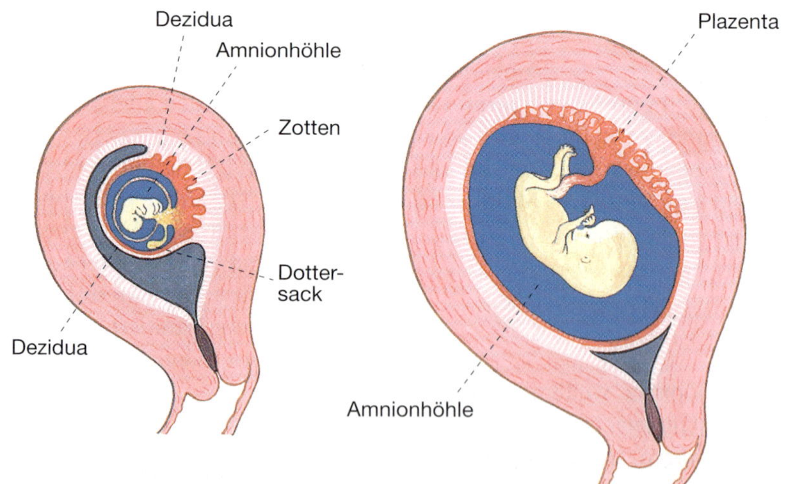

Abb. 26-3 Plazentaentwicklungsstadien

Links: Ende des 2. Monats, rechts: Ende des 4. Monats.

Tab. 26-1 Zeiträume, in denen bevorzugt Mißbildungen bei der Entwicklung von Organen entstehen

	Wochen nach der Eibefruchtung												
	1	2	3	4	5	6	7	8	9	10	11	12	13
1. Gehirn		▬	▬	▬	▬	▬	▬	▬	▬	▬	▬		
2. Herz			▬	▬	▬	▬	▬						
3. Gliedmaßen				▬	▬	▬	▬	▬					
4. Lippen					▬	▬							
5. Gaumen										▬	▬	▬	

26.5.1 Plazentarer Gasaustausch

Die Kapillaren der Zotten bilden in der reifen **Plazenta** eine **Austauschfläche** von etwa 7 m^2. Das Herz des Feten pumpt durch die **Nabelschnurarterien** fetales Blut in die Zotten der Plazenta, wo der Stoff- und Gasaustausch mit dem mütterlichen Blut stattfinden; durch die Nabelschnurvene läuft das Blut zurück zum Feten. Die Plazenta ist nicht nur die „Lunge" des Feten, sondern auch sein „Darm" zur Aufnahme von Nahrungsstoffen. Außerdem werden in der Plazenta wichtige Hormone zum Erhalt der Schwangerschaft gebildet (s. Kap. 26.7). Abbildung 26-4 zeigt schematisch eine Zotteneinheit **(Kotyledo),** die wie ein vielblättriger Baum in das mütterliche Blut eintaucht. Den Blättern entsprechen die Zotten mit den Kapillaren. Der Raum zwischen den Zotten ist nur ca. 10 µm weit und mit dem Blut der Mutter gefüllt. Dieser enge Abstand ist nötig, um kleine Diffusionsstrecken zu haben. Das mütterliche Blut schießt fontänenartig aus den Spiralarterien der Uterusmuskulatur mit einem Druck von ca. 10 kPa (75 mmHg) in Richtung Chorionplatte und fließt dann zur Basalplatte der Uterusschleimhaut in deren Venen wieder ab. Während des Kontaktes des mütterlichen Blutes mit den Zotten werden Nahrungsstoffe und Sauerstoff in die Zottenkapillaren und damit ins fetale Blut aufgenommen. Umgekehrt werden Abbauprodukte und CO_2 ins mütterliche Blut abgegeben. Gas und Elektrolyte werden durch Diffusion ausgetauscht, kompliziertere Moleküle vorwiegend durch aktive Transportprozesse.

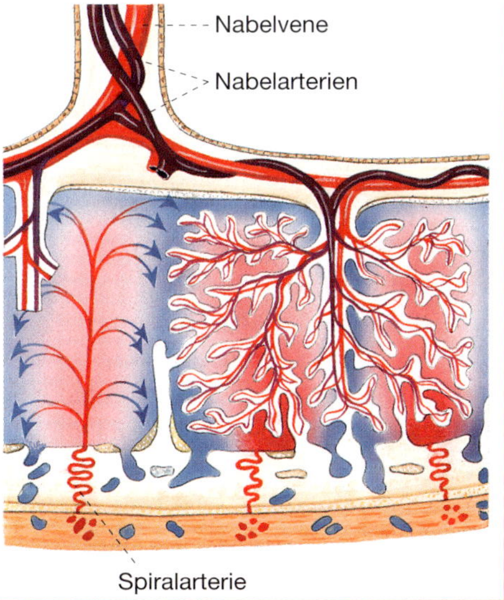

Abb. 26-4 Schematische Darstellung einer Zotteneinheit (Kotyledo) der reifen Plazenta

Erklärung im Text.

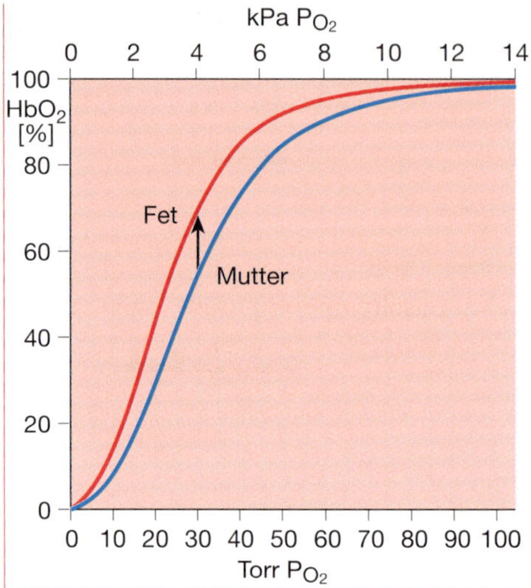

Abb. 26-5 Sauerstoffbindungskurven

Bei gleichem Sauerstoffpartialdruck (P_{O_2}) kann das Blut des Feten stärker mit Sauerstoff gesättigt werden als das mütterliche Blut, wodurch in der Plazenta der Sauerstofftransport von der Mutter zum Kind begünstigt wird.

Für den Sauerstoffaustausch ist es günstig, daß das während der Fetalzeit gebildete Hämoglobin (HbF) eine höhere Sauerstoffaffinität als das mütterliche hat, d. h., den Sauerstoff stärker bindet. Die mütterlichen Erythrozyten enthalten Erwachsenenhämoglobin (adultes Hb, HbA), dessen O_2-Affinität durch das 2,3-Diphosphoglyzerat erniedrigt ist (Abb. 26-5).
Während der letzten Wochen vor der Geburt ist das in der Plazenta arterialisierte Blut der Nabelschnurvene nur zu etwa 60% mit Sauerstoff gesättigt und hat einen O_2-Druck von etwa 4 kPa (45–53 mm Hg). Im Hinblick auf den niederen O_2-Druck ähnelt die Situation derjenigen des Menschen in großen Höhen (ca. 7000 m). Ein Unterschied besteht jedoch hinsichtlich des pH-Wertes und CO_2-Druckes, denn bei Höhenaufenthalt besteht ein erhöhter pH-Wert und erniedrigter CO_2-Druck, ähnlich wie bei Hyperventilation.

Kurzgefaßt

Der **sexuelle Reaktionszyklus** kann in vier Phasen eingeteilt werden **(Erregungs-, Plateau-, Orgasmus- und Rückbildungsphase).** Beim Mann erfolgen Erektion, Emission und Ejakulation, bei der Frau die Ausbildung der orgastischen Manschette und Kontraktionen von Beckenboden und Uterus.
Voraussetzung für die **Befruchtung** ist, daß der Mann eine ausreichende Menge funktionstüchtigen **Samens** in die Scheide der Frau entleeren kann. Die Samenfäden gelangen durch Geißelbewegung durch die Gebärmutter in die Eileiter. Die Frau muß ein **reifes Ei** aus den Eierstöcken abgeben. Dieses wandert durch die Eileiter, wird dort befruchtet und gelangt in die Gebärmutter. Die Schleimhaut muß zur Einnistung des Eies **(Nidation)** vorbereitet sein.
Die Schleimhaut der schwangeren Gebärmutter heißt Dezidua. Mit Kapillaren versehene **Zotten** bilden sich an der Anhaftungsstelle des Eies in der Gebärmutterschleimhaut aus. Die mütterliche Schleimhaut wird aufgelöst, so daß die Zotten ins mütterliche Blut tauchen und der **Austauschweg** zum fetalen Blut in den Zottenkapillaren möglichst kurz ist. Die reife Plazenta hat eine Kapillaraustauschfläche von ca. 7 m². Außer den **Gasen** O_2 und CO_2 werden **Elektrolyte** passiv und **Nährstoffe** sowie **Abbauprodukte** teilweise auch aktiv transportiert.
Mißbildungen durch Mangelversorgung oder andere schädigende Einflüsse entstehen vorwiegend während des 1. Drittels der Schwangerschaft. Die O_2-Versorgung wird durch eine höhere **O_2-Affinität** des fetalen gegenüber dem mütterlichen Blut begünstigt.

26.6 Anpassungsvorgänge

Während der Dauer der Schwangerschaft von 280 Tagen, das sind 10 Regelmonate oder etwa 9 Kalendermonate, treten nicht nur an den Genitalorganen, sondern im gesamten Organismus Veränderungen auf. Ein erstes Anzeichen der Schwangerschaft ist meist das **Ausbleiben der Regelblutung**. Das heißt, daß die Funktionalis der Gebärmutterschleimhaut nicht abgestoßen wird, sondern sich zur Dezidua entwickelt. Das Epithel der Schleimhaut wird im Laufe der Schwangerschaft durch zunehmende Dehnung dünner, während die **Gebärmutter**, als **Fruchthalter** und später als **Austreibungsorgan** während der Geburt, beträchtlich an Größe und Gewicht zunimmt (von 60 g bis ca. 1200 g). Dies betrifft vor allem die Muskulatur. Zwar nimmt die Zahl der Muskelzellen nicht zu, doch sie vergrößern sich, besonders in Längsrichtung, bis auf das Zehnfache. Die **Gebärmutterkuppe** (Fundus uteri), die vor der Schwangerschaft leicht nach vorn geneigt war, richtet sich auf und rückt höher, bis sie im 9. Schwangerschaftsmonat ihren höchsten Stand erreicht hat und im 10. Monat, wenn der Kopf des Kindes ins kleine Becken eingetreten ist, wieder etwas tiefer steht. Durch Tasten des Fundus kann der Arzt den Schwangerschaftsmonat mit einiger Sicherheit feststellen.

Der **Gebärmutterhals** (Cervix uteri) wird ausgezogen, der obere, sonst enge Anteil wird in die Fruchthalterung einbezogen; der untere Anteil, **Muttermund**, verdickt sich und bildet reichlich zähen Schleim, zum Schutz der Frucht. Die Haltebänder des Uterus, vor allem das **runde Mutterband**, vergrößern sich, und die **Gelenke des Beckenrings** und die **Schambeinfugen** erfahren eine Auflockerung, was den Beckengürtel dehnbarer und weiter macht.

Die **Brüste** nehmen an Volumen zu, vom 5.–6. Monat an besonders der Drüsenkörper mit seinen Ausführungsgängen, als Vorbereitung für die Milchbildung und das Stillen. Die **Gewebe der Schamlippen** und der Scheide sind aufgelockert, stärker durchblutet, und durch die Erweiterung oberflächlicher Venen erscheinen sie bläulich verfärbt, livide, ein leicht sichtbares, frühes Schwangerschaftszeichen. Die **Basaltemperatur** fällt nicht ab, sondern bleibt während der ganzen Schwangerschaft um ca. 0,5 °C erhöht (s. Abb. 25-18).

Die **Zunahme des Körpergewichts** beträgt bis zum Ende der Schwangerschaft ca. 10 bis 15 kg. Die Hälfte davon entfällt auf die **Gebärmutter mit Inhalt** (Fruchtwasser, Kind, Mutterkuchen) und die **Brüste**, der Rest auf **Gewebswasser** und das **vermehrte Blutvolumen** (Hypervolämie). Die Konzentration der roten Blutkörperchen und des Hämoglobins nehmen nicht entsprechend zu.

Path Wenn die Hb-Konzentration unter 10 g/100 ml Blut absinkt, kann eine Eisenmangelanämie vorliegen, da die Mutter Eisen an den kindlichen Organismus für dessen Hämoglobinsynthese abgibt.

Der **Kreislauf** muß höhere Leistungen vollbringen (Blutvolumenzunahme um 30%). Das Herzminutenvolumen steigt, ebenso die Pulsfrequenz, was eine Vergrößerung (Hypertrophie) der Herzmuskulatur zur Folge hat. Der venöse Druck, vor allem in den Beinen, nimmt zu, es kommt zur Erweiterung von Venen und oft zur Bildung von Krampfadern.

Präv Da außerdem im Blut vermehrt gerinnungsfördernde Faktoren vorhanden sind, sollen Schwangere dazu angehalten werden, Stützstrümpfe zu tragen, besonders wenn sie zu Venenentzündungen neigen.

Atmung: Das Atemminutenvolumen ist gegen Ende der Schwangerschaft um etwa 40% erhöht. Durch den Zwerchfellhochstand am Ende der Schwangerschaft ist das Atmen erschwert (Dyspnoe; s. Kap. 13.9). Der **Stoffwechsel** ist um etwa 10–20% gesteigert. Die **Niere** muß, als Folge der Blutvolumenzunahme, die glomeruläre Filtration sowie die tubuläre Rückresorption wesentlich steigern. Durch Gewebsauflockerung der ableitenden Harnwege können während der Schwangerschaft besonders leicht Keime einwandern und eine Infektion des Nierenbeckens verursachen.

Beim **Mineralstoffwechsel** ist vor allem Calcium wichtig. Sein Bedarf ist erhöht, da dem mütterlichen Blut über die Plazenta Calcium zum Aufbau des kindlichen Skeletts entzogen wird. Zu empfehlen sind Milch und Milchprodukte.

26.7 Schwangerschaftsvorsorge

Nachdem der Arzt die Schwangerschaft festgestellt hat, schließt sich eine **allgemeine** und **gynäkologische Untersuchung** an. Zur ersten gehören: Körpergewicht, Blutdruckmessung, Mittelstrahlurin-Untersuchung auf Eiweiß, Zucker und Niederschlag (Sediment), wenn nötig auf Bakterien. Aus einer Blutprobe werden der Hämoglobingehalt und die Erythrozytenzahl bestimmt.

Die Schwangere sollte alle 4 bis 6 Wochen den Arzt aufsuchen. Gewichtskontrolle, Blutdruckmessung, Stand der Gebärmutter, Kontrolle der kindlichen Herztöne und Lage des Feten sowie Urinuntersuchung sind erforderlich.

Eine Reihe serologischer Tests schließt sich an, z.B. zur Blutgruppenzugehörigkeit (AB0 und Rhesusfaktor). Stellt sich heraus, daß die Schwangere Rh-negativ ist, wird im Verlauf der Schwangerschaft ein- bis zweimal eine Rh-Anti-D-Prophylaxe vorgenommen (s. Kap. 11.11.2). Das Feststellen der Blutgruppe und des Rhesusfaktors des Partners ist ebenfalls von Bedeutung.

Ein Röteln-Antikörper-Suchtest ist obligatorisch. Ein Titer von 1:16 und niedriger (z.B. 1:32) ist ein Beweis für die Immunität gegen Röteln. Einmaliges subkutanes Impfen mit Rötelnvakzinen bei Mädchen bzw. bei jungen Frauen verhindert im Falle einer künftigen Schwangerschaft eine Rötelnembryopathie. Eine Rötelninfektion kurz vor oder während der Schwangerschaft kann – abhängig vom Zeitpunkt der Infektion – schwerwiegende Folgen für das Kind haben: Herzfehler, Innenohrschwerhörigkeit, Katarakt (s. Kap. 18.1) und verzögerte geistige Entwicklung.

Die serologischen Befunde werden in den **Mutterpaß** eingetragen, in dem auch allgemeine Befunde der Anamnese, z.B. Diabetes mellitus, Adipositas, Allergien oder frühere Bluttransfusionen, dokumentiert sind. Der Mutterpaß enthält ein sogenanntes Gravidogramm, in dem der Verlauf der Schwangerschaft mit den ermittelten Werten festgehalten wird.

Präv Außerdem sollte eine **Beratung** der Schwangeren über **Ernährung, Medikamente und Genußmittel** durchgeführt werden (nicht rauchen, kein oder wenig Alkohol, keine anderen Drogen). Ausreichend Eiweiß und Kohlenhydrate sind wichtig, Fett sollte eher reduziert werden. Die Ernährung sollte ausreichend Vitamine enthalten, besonders wichtig ist hier der Vitamin-B-Komplex mit Folsäure, der Bedarf liegt bei 0,4 mg/Tag (s. Kap. 9.2.5). Bei Folsäuremangel besteht ein erhöhtes Risiko von Neuralrohrdefekten. Bei einer Ernährung mit Milch und Milchprodukten, Fleisch (ca. zweimal pro Woche), Fisch, Blattgemüsen und Obst sowie der

Verwendung von jodiertem Speisesalz sind zusätzliche Mineralstoff- und Vitamingaben überflüssig, in manchen Fällen sogar schädlich. (Wegen des hohen Vitamin-A-Gehaltes sollte auf Leber lieber verzichtet werden.) Die Flüssigkeitszufuhr sollte bei mindestens 1,5 Litern pro Tag liegen, während der Stillzeit bei 2 Litern. Einseitige Ernährungsformen, z.B. vegetarisch, Rohkost, sind für Schwangere nicht geeignet und könnten das Kind schädigen.
Der Energiebedarf ist nur leicht erhöht: ab dem 2. Drittel der Schwangerschaft um etwa 200 bis 300 kcal (840 bis 1260 kJ) pro Tag, das entspricht einer Scheibe Brot mit Streichfett und magerem Belag. Die Schwangere sollte also nicht „für zwei essen".

Ultraschall-Diagnostik (Sonographie) wird eingesetzt zum Schwangerschaftsnachweis, zur Lage- und Größenbestimmung des Feten und des Mutterkuchens (Plazenta), zur Mehrlingsbestimmung. Mit dem Ultraschall-Farb-Doppler (s. Kap. 10.9 u. 12.6) können die Herz- und Blutstrombewegung sichtbar gemacht werden. Nützlich ist die Sonographie zur Messung des kindlichen Schädels und des mütterlichen Beckens. Beide Werte miteinander verglichen, lassen Voraussagen über den Geburtsverlauf zu. Abbildung 26-6 zeigt die Möglichkeit der Ultraschalldiagnostik in der Geburtshilfe. Schädigung des Feten oder der Mutter durch Ultraschall kann bei der in der Diagnostik angewandten Schallenergie ausgeschlossen werden.

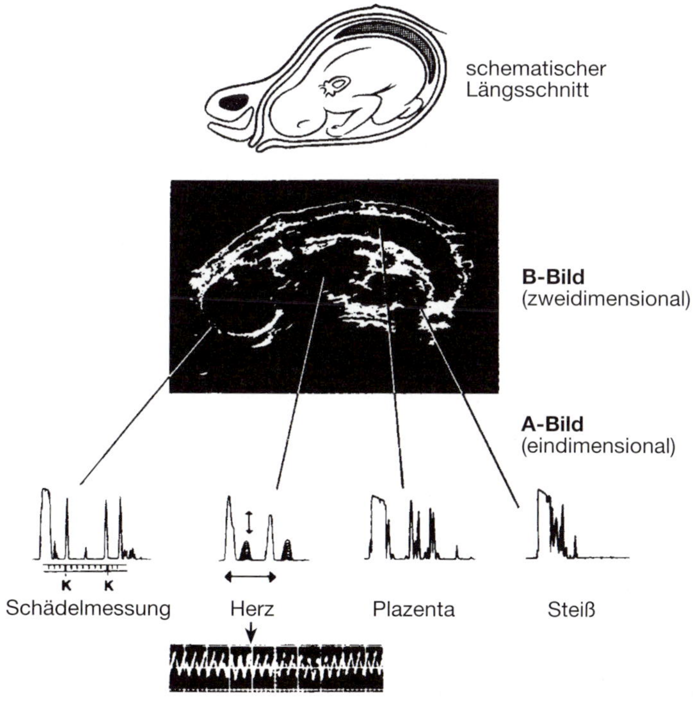

Abb. 26-6 Ultraschalldiagnostik

Möglichkeiten der Ultraschalldiagnostik in der Geburtshilfe: ein- und zweidimensionales Verfahren.

Kurzgefaßt

Während der Schwangerschaft finden bestimmte **körperliche Veränderungen** statt: Die **Gebärmutter** verzwanzigfacht ihr Gewicht, der Gebärmutterhals verlängert sich, der den Muttermund verschließende Schleim wird dickflüssiger. Die Gelenke des Beckenringes und die Schambeinfuge werden dehnbarer. Die **Brüste** nehmen durch Wachstum der Drüsen an Volumen zu. Die **Schamlippen** sind vergrößert, stärker durchblutet und bläulich gefärbt. Die Basaltemperatur bleibt um ca. 0,5 °C erhöht. Das Körpergewicht nimmt um 10 bis 15 kg zu. Der Wasseranteil von Gewebe und Blut ist erhöht, das Blutvolumen vermehrt. Die Hämoglobinkonzentration sinkt häufig infolge Eisenmangels noch unter die durch Hypervolämie verminderte Konzentration. Herzminutenvolumen, Herzfrequenz und Atemminutenvolumen sind am Ende der Schwangerschaft um ca. 30 bis 40% erhöht, der Energiebedarf um 10 bis 20%. Die Neigung zu Krampfadern ist gesteigert. Die Calciumzufuhr muß wegen hohen fetalen Bedarfs (Skelettbildung) erhöht sein.

Im Rahmen der Schwangerenvorsorge wird das Blut der Mutter auf Blutgruppenzugehörigkeit (insbesondere den Rhesusfaktor) und Röteln-Antikörper untersucht. In der Schwangerschaft muß auf eine ausgewogene Ernährung bezüglich Nährstoffzusammensetzung, Mineralstoff- und Vitamingehalt sowie Energiezufuhr geachtet werden.

26.8 Hormonhaushalt

Eine Schwangerschaft wird bereits zu Beginn der zweiten Phase des Menstruationszyklus, der **Sekretionsphase**, hormonell vorbereitet. Der **Gelbkörper** bildet **Progesteron**; unter seiner Einwirkung wird die Gebärmutterschleimhaut für die Einnistung des befruchteten Keimlings aufgebaut. Die Körpertemperatur steigt an und bleibt hoch, wenn eine Empfängnis stattgefunden hat. Dann bildet sich der Gelbkörper nicht zurück, sondern wächst und verstärkt seine Sekretionstätigkeit. Aus dem Corpus luteum menstruationis wird das Corpus luteum graviditatis, der Schwangerschaft. Für diese Umbildung ist beim Menschen ein besonderes Hormon verantwortlich, **HCG** (**H**uman **C**horionic **G**onadotropin), das in den Zotten (Chorion) des Embryos gebildet wird und den Gelbkörper sowie seine volle Hormonproduktion so lange aufrechterhält, bis die Plazenta die Progesteron- und Östrogenbildung übernehmen kann.

Der HCG-Nachweis im Urin, mit modernen immunologischen Methoden durchgeführt, ist bis heute der sicherste Schwangerschafts-Frühtest. Chemisch ist HCG dem Wachstumshormon der Hypophyse verwandt.

Da die **Plazenta** die HCG-Produktion fortsetzt, bleiben der Gelbkörper und seine Hormonproduktion bis zum Ende der Schwangerschaft erhalten; es werden weiterhin Progesteron und Östrogene gebildet, die aber mengenmäßig gegenüber den in der Plazenta gebildeten Hormonen keine so wichtige Rolle spielen wie zu Beginn der Schwangerschaft.

Die Plazenta bildet vorwiegend **Progesteron** und **Östrogene**, also Steroidhormone, die sie jedoch nur in geringen Mengen von Grund auf synthetisieren kann, sondern aus Vorstufen bildet, wie z.B. dem Cholesterin, das aus dem mütterlichen Blut stammt. Man kann die Produktion der Plazentahormone an deren Ausscheidungsformen im Urin verfolgen. Abbildung 26-7 zeigt die Ausscheidung von HCG, Pregnandiol und Östriol (die beiden letzteren sind Abbauprodukte von Progesteron bzw.

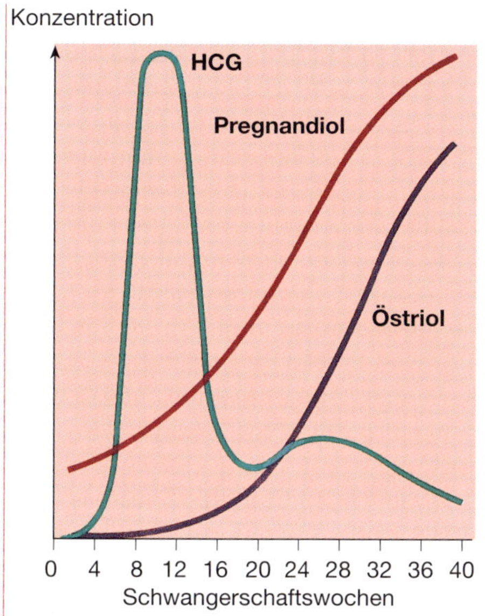

Abb. 26-7 Hormonkonzentrationen

Konzentration der Geschlechtshormone während der Schwangerschaft (HCG = Human Chorionic Gonadotropin).

Oft nimmt z.B. die Schilddrüse derart an Größe zu, daß der Halsumfang der Schwangeren sichtbar größer wird.

Kurzgefaßt

Die Schwangerschaft wird mittels Hormonen vorbereitet. Während der 2. Hälfte des Menstruationszyklus bildet der Gelbkörper **Progesteron**, das die Gebärmutterschleimhaut für die Nidation vorbereitet. Die Umbildung des Gelbkörpers nach der Befruchtung geschieht durch das in den Zotten der Plazenta gebildete Human Chorionic Gonadotropin (HCG). Danach übernimmt die Plazenta die Progesteronbildung; außerdem werden **Östrogene** von ihr gebildet. In den Eierstöcken wird **Relaxin** gebildet, das die Gebärmuttermuskulatur während der Schwangerschaft ruhigstellt und evtl. die Gelenke des Beckenringes auflockert.

Östrogenen) im Laufe der 10 Schwangerschaftsmonate. Man sieht den steilen, aber kurzdauernden Anstieg von HCG sowie die Zunahme der beiden anderen Hormone bis zum Ende der Schwangerschaft.
Relaxin ist ein weiteres, in der Schwangerschaft auftretendes Hormon. Es ist ein niedermolekulares Eiweiß, das in den Eierstöcken produziert wird. Es soll dafür verantwortlich sein, daß die Muskulatur der Gebärmutter während der Schwangerschaft ruhiggestellt ist (engl. relax = entspannen), ein Zusammenziehen der Uterusmuskulatur könnte zum Ausstoßen der Frucht führen. Relaxin soll ferner die Schambeinfugen und Gelenke des Bekkenrings auflockern.
Alle Drüsen mit innerer Sekretion, z.B. die Hypophyse, die Nebennieren, vor allem auch die Schilddrüse, zeigen während der Schwangerschaft eine verstärkte Tätigkeit.

26.9 Die Geburt

Es ist nicht genau bekannt, welche Faktoren die Geburt auslösen. Am meisten diskutiert werden **hormonelle Veränderungen**, z.B. das Nachlassen der Relaxinwirkung, zunehmender Östrogeneinfluß, Anstieg der Prostaglandinkonzentration. Ein spezielles Prostaglandin (s. Kap. 25.11.2), PGF_2, wird in der Plazenta gebildet; es erregt die glatte Muskulatur der Gebärmutter. Prostaglandine werden therapeutisch zur Einleitung von Geburten, besonders von Frühgeburten, verwendet.
Wahrscheinlich ist, daß nicht ein Hormon den Geburtsvorgang auslöst, sondern ein bestimmtes Konzentrationsverhältnis mehrerer Hormone sowie der **Wachstumsdehnungsreiz der Frucht**.
Wehen sind, wie der Name sagt, schmerzhafte Kontraktionen der Gebärmuttermus-

kulatur. Sie setzen vorübergehend bereits vor der Geburt ein. Diese sogenannten Senkungswehen verursachen bei erstgebärenden Frauen den Eintritt des kindlichen Kopfes ins kleine Becken, bei mehrgebärenden werden dadurch die unteren Gebärmutterabschnitte zum Geburtskanal ausgewalzt. Die Geburt setzt aber erst ein, wenn die Wehen in regelmäßigen Abständen, die zunehmend kürzer werden, auftreten. Die Wehentätigkeit wird durch einen Reflex gesteuert. Druckrezeptoren im Gebärmutterhals werden durch den Druck des kindlichen Kopfes erregt, afferente Impulse erreichen ein Ganglion (G. uterovaginale), das efferente Impulse zur Gebärmutterkuppe aussendet, die darauf mit einer Muskelkontraktion (Wehe) reagiert.

Die Eröffnungsperiode

Zunehmende Wehentätigkeit, Häufigkeit und Stärke betreffend, leitet die Geburt ein. Die Schwangere muß sich dann sofort in die Obhut ihrer Geburtshelfer begeben. In der Eröffnungsperiode wird der Gebärmutterhals vollständig zum Geburtskanal ausgewalzt und der Muttermund nach und nach eröffnet. Das Kind ist noch ganz von den Eihäuten umgeben, „schwimmt“ im Fruchtwasser, und der tiefertretende Kopf treibt eine Blase davon vor sich her, die durch zunehmenden Druck platzt. Beim **Blasensprung** wird ein kleiner Teil des Fruchtwassers entleert.

Path Bei manchen Schwangeren kommt es kurz vor der eigentlichen Geburt zum **vorzeitigen Blasensprung**. Sie sollten dann wegen der Infektionsgefahr in Klinikbehandlung.

Die Austreibungsperiode

Die Austreibungsperiode ist dadurch gekennzeichnet, daß die Gebärende während der Wehen, nicht in den Pausen, aktiv durch Anspannen der Bauchmuskulatur mithilft, die Frucht auszutreiben. Nach dem Gebärmutterhals werden auch Scheide (Vagina) und die äußeren Genitalien (Vulva) sowie die Beckenbodenmuskulatur maximal gedehnt und in den Geburtskanal einbezogen, während sich der Gebärmutterkörper mehr und mehr über die Frucht zurückzieht. Durch Überdehnung kann es im Dammabschnitt zwischen Scheide und After zum Einriß kommen. Bei drohender Gefahr macht der Geburtshelfer einen seitlichen Entlastungsschnitt, der nach der Geburt genäht wird und schnell heilt.

Der vorangehende Teil des Kindes ist normalerweise der Hinterkopf; dadurch kann er mit dem kleinsten Schädeldurchmesser den Beckenausgang passieren. Da die Fugen des kindlichen Schädels noch nicht verschlossen sind, kann sich der Kopf dem Geburtskanal anpassen. Bei Neugeborenen kann man den in die Länge gezogenen Hinterkopf noch längere Zeit beobachten. Der Kopf ist stark gebeugt, so daß zuerst der Hinterkopf, dann der Scheitelabschnitt und durch Streckung Stirn und Gesicht geboren werden. Wenn der Kopf geboren ist, wird er von der Hebamme gehalten, der kindliche Rumpf macht eine Drehung zur Seite, eine Schulter (vordere) wird schamfugenwärts, die andere dammwärts geboren. Der Rumpf kommt dann ohne Schwierigkeit nach, begleitet von einem Schwall des restlichen Fruchtwassers, die Beine sind gestreckt, und das Neugeborene wird von der Hebamme durch „Anheben“ zunächst auf den Bauch der Mutter gelegt. Die Geburt dauert bei Erstgebärenden durchschnittlich 6–10, bei Mehrgebärenden 4–6 Stunden.

Die Nachgeburtsperiode

Das Kind wird abgenabelt, d. h., die Nabelschnur wird möglichst nah am Bauch des Kindes abgeklemmt. Etwa 10–20 min nach der Geburt des Kindes wird die Geburt der Plazenta erwartet. Durch die Kontraktionen der Gebärmuttermuskulatur wurde die Plazenta bereits in der Mitte abgelöst, weil sich ihre Haftstelle verkleinert hat. Darunter sammelt sich Blut an, das durch zunehmenden Druck die Ablösung fördert, die Plazenta rückt gegen die Scheide vor. Lösungszeichen sind das Vorrücken der Nabelschnur und das Hochsteigen der Gebärmutterkuppe bis zur Nabelhöhe. Während einer Wehe, bei der die Frau nochmals zum Mitpressen aufgefordert wird, wird die Plazenta geboren. Es muß untersucht werden, ob Eihäute und Plazenta vollständig sind, denn zurückbleibende Reste würden die Blutstillung verzögern und entzündliche Prozesse auslösen. Reste müssen, wenn nötig, in Narkose von Hand entfernt werden. Zunächst blutet es beträchtlich aus Gefäßen der Plazentahaftstelle, die aber durch **Nachwehen** verkleinert wird. Die Gefäße verschließen sich durch Thrombenbildung, die Konzentration an gerinnungsfördernden Faktoren im Blut ist (s. Kap. 26.5) gegen das Ende der Schwangerschaft höher als normal.

Kurzgefaßt

Die Ursachen der **Geburtsauslösung** sind nicht genau bekannt, wahrscheinlich sind es hormonelle- und Dehnungsreize auf die Gebärmutter. Rhythmische Kontraktionen der Gebärmuttermuskulatur, **Wehen**, zuerst in größeren, dann in kürzeren Abständen, treiben den Feten mit dem Kopf ins kleine Becken und weiten den Geburtskanal. Der Muttermund weitet sich aus, die Fruchtblase wird sichtbar. Nach dem **Blasensprung** entleert sich etwas Fruchtwasser in die Scheide. Die **Austreibungsperiode** beginnt, die Gebärene hilft durch Bauchmuskelkontraktion, den Feten weiter durch den Geburtskanal zu treiben; Scheide, äußere Genitalien und Beckenbodenmuskulatur werden stark gedehnt. Bei der **Normalgeburt** wird zuerst der Hinterkopf, dann Stirn und Gesicht geboren. Dann erfolgt eine Drehung um etwa 90°, und die **Schultern** werden geboren. Mit dem Rumpf tritt auch das restliche Fruchtwasser aus. Die **Geburtsdauer** beträgt bei der Erstgebärenden ca. 6–10 Stunden, bei Mehrgebärenden 4–6 Stunden. In der **Nachgeburtsperiode** wird das Kind abgenabelt und die Plazenta geboren, die sorgfältig auf Vollständigkeit geprüft werden muß.

26.10 Wochenbett und Stillen

Im Wochenbett ist der **Ausfluß** (Lochien) noch mehrere Tage blutig, wird dann schleimig-blutig, danach, reichlich mit abgestorbenen weißen Blutkörperchen vermischt, eitrig und wird um die 6. Woche dünnflüssig. Durch Nachgeburtswehen, oft auch durch das Saugen des Kindes beim Stillen ausgelöst (Ocytocinausschüttung, s. Kap. 25.2.2), verkleinert sich die Gebärmutter rasch, der Gebärmutterhals nimmt seine frühere Form an, und der schützende Schleimpfropf bildet sich wieder.

Das Stillen

Die **Milchbildung** wird während der Schwangerschaft durch die hohen Progesteron- und Östrogenkonzentrationen verhindert. Wenn diese nach der Geburt absinken, wird zunächst die Vormilch, das **Kolostrum**, gebildet. Sie ist besonders reich an Eiweiß sowie Mineralstoffen und enthält auch Immunstoffe. Tabelle 26-2 zeigt die Unterschiede der Eiweiß-, Fett- und Kohlenhydratanteile von Kolostrum, Mut-

Tab. 26-2 Eiweiß-, Fett- und Kohlenhydratanteile im Kolostrum, in der Muttermilch und in der Kuhmilch

	g/l		
	Eiweiß	Fett	Kohlenhydrate
Kolostrum	58	10–40	40–50
Muttermilch	12–15	35–40	60–70
Kuhmilch	35–37	33–35	40–50

termilch und Kuhmilch. Die Milchbildung wird gefördert und erhalten durch das Saugen, vor allem aber durch das vollständige Entleeren der Brust. Milchreste müssen, wenn nötig, mit einer Saugpumpe abgesaugt werden. Wenn möglich, soll ein Kind mindestens 1/4 Jahr gestillt werden. Dabei muß die Mutter wissen, daß außer Coffein und Nicotin auch Medikamente in die Muttermilch übergehen und das Kind schädigen können.

Sogenannte **Stillhindernisse**, z.B. Hohlwarzen der mütterlichen Brüste oder Lippenspalte („Hasenscharte") beim Kind, sind relativ selten. Nach neueren Erkenntnissen ist der Saugreflex unmittelbar nach der Geburt am stärksten, daher sollte das Kind sofort und am ersten Tag mehrmals angelegt werden. Das Stillen muß mit Geduld und bei Erstgebärenden unter fachkundiger Anleitung geübt werden. Veraltet ist, eine 24stündige Ruhepause für Mutter und Kind einzulegen oder gar abzuwarten, bis die Milch „einschießt". Abgesehen davon, daß die Säuglinge dann oft „Beruhigungsfläschchen" bekommen, ist nachher für sie das Fassen der Brustwarze und Festsaugen am Warzenhof einer prallgefüllten Brust erschwert und oft unmöglich. Abpumpen einer kleinen Milchmenge kann dann helfen.

Es geht beim Stillen nicht allein um die Ernährung mit Muttermilch mit ihrer optimalen Nährstoffzusammensetzung und Temperatur, sondern vor allem auch um den frühzeitigen, engen Kontakt zwischen Mutter und Kind, der für die weitere Entwicklung des Kindes sehr wichtig ist.

Die erste **Menstruation** (Regelblutung) ist 6–8 Wochen nach der Geburt zu erwarten, falls nicht noch gestillt wird. Bei etwa 75% aller Frauen wird eine erneute Empfängnis durch das Stillen verhindert, weil die Eireifung ausbleibt. Das Stillen bietet also keine 100%ige Sicherheit gegen eine erneute Empfängnis.

26.11 Methoden der Empfängnisverhütung

Die **Knaus-Ogino-Methode** gründet sich darauf, daß eine Empfängnis nur an ganz bestimmten Tagen des Menstruationszyklus möglich ist und daß in dieser Zeit sexuelle Kontakte vermieden werden. Voraussetzung für das Funktionieren dieser Methode ist, daß die fruchtbaren Tage, z.B. anhand von Basaltemperaturmessungen, bestimmt werden (Abb. 26-8). Die fruchtbaren Tage beginnen 3–4 Tage vor dem Eisprung und enden kurz nach der Ovulation. Unsicherheitsfaktoren ergeben sich aus Zyklusstörungen. Diese können durch äußere Einflüsse entstehen, z.B. schwere körperliche Belastungen oder Klimawechsel (Urlaub). Bekanntlich wirken auch psychische Belastungen störend, so daß entweder unerwartet Blutungen auftreten oder eine Verzögerung bzw. Ausbleiben der Regelblutung vorkommt. Wenn zusätzlich zur Basaltemperaturmessung die Veränderung des Schleimpfropfes im Gebärmutterhals beobachtet wird, der sich in der Zeit um den Eisprung verflüssigt, können die fruchtbaren Tage weitaus genauer bestimmt werden.

Auch spezielle Kleincomputer, die alle für die Bestimmung der fruchtbaren Tage wichtigen Informationen auswerten, vermindern die Unsicherheit dieser Methode.

Medikamentös und zuverlässig läßt sich die Ovulation durch pünktliche Einnahme

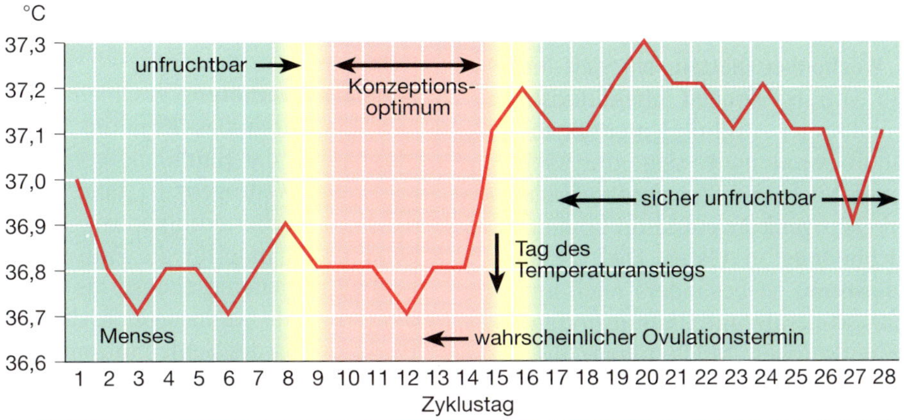

Abb. 26-8 Basaltemperaturverlauf

Typischer Verlauf der Basaltemperaturkurve einer geschlechtsreifen Frau. Während der Follikelphase ist die Temperatur niedrig bei Werten um 36,7–36,8 °C. Im abgebildeten Zyklus steigt die Temperatur am 15. Zyklustag an und bewegt sich während der Gelbkörperphase auf Werten um 37,1 bis 37,2 °C (hypertherme Phase). Vgl. auch Abb. 25-18.

der „Pille" hemmen. Wenn täglich eine bestimmte Menge an **Gestagenen und Östrogenen** eingenommen wird, hemmt der nun erhöhte Hormonspiegel die Gonadotropinfreisetzung (FSH und LH) in der Hypophyse. Es wird sozusagen hormonell eine Schwangerschaft vorgetäuscht und, wie bei der echten Schwangerschaft, die Eireifung unterdrückt. Die zugeführten Gestagene verhindern auch die Auflockerung des Schleimpfropfes im Hals der Gebärmutter und damit das Eindringen von Samenzellen. Die „Morning-after-Pille" wird verordnet, wenn die „Pille" nicht genommen wurde und es zum Beischlaf gekommen war. Die Wirkung beruht auf ihrem hohen Östrogengehalt, der das Ei schneller als normal den Eileiter passieren läßt. Dadurch wird es mangelhaft ernährt und kann nicht ausreifen und befruchtet werden.

Mechanische Hindernisse für das Eindringen von Samenzellen sind **Portiokappen**, die auf den Muttermund gesetzt werden (zusätzliche Anwendung von spermizidem Gel) und ihn verschließen, sowie **Pessare** (Intrauterinpessare), auch **„Spiralen"** genannt, die in die Gebärmutterhöhle eingelegt werden und das Einnisten des befruchteten Eies in die Schleimhaut verhindern sollen. Sekundär ist auch die Umbildung der Schleimhaut während der Proliferations- und Sekretionsphase gestört.

Schaumpräparate sollen einmal das Eindringen von Samenzellen mechanisch verhindern, zum anderen das Schleimhautmilieu chemisch verändern, ansäuern, damit die Spermien zugrunde gehen.

Das **Kondom** (Präservativ) stülpt der Mann über das versteifte Glied. Es verhindert mit ziemlicher Sicherheit das Eindringen des Ejakulats in die Scheide und schützt außerdem vor AIDS und Geschlechtskrankheiten.

Die **operative Sterilisationsmethode für den Mann** besteht in der Durchtrennung der samenableitenden Wege. Danach ist das Ejakulat samenfrei.

Die **operative Sterilisationsmethode für die Frau** ist die Unterbindung oder Durchtrennung der Eileiter. Der Eizelle wird dadurch der Weg in die Gebärmutter versperrt.

Kurzgefaßt

Im **Wochenbett** besteht ein sich innerhalb von 6 Wochen charakteristisch verändernder Ausfluß. Unter Oxytocineinfluß verkleinert sich die Gebärmutter. Nach Absinken der Progesteron- und Östrogenkonzentration kommt die **Milchbildung** in Gang. Die Vormilch **(Kolostrum)** ist besonders reich an Eiweiß, Mineral- und Immunstoffen, in der endgültigen Milch nimmt die Eiweißkonzentration zugunsten derjenigen von Fett ab. Vollständige Entleerung der Brust ist der wichtigste Anreiz für ausreichende Milchbildung. Es soll mindestens 3 Monate gestillt werden.

Empfängnisverhütung geschieht am sichersten durch das Kondom für den Mann oder die Einnahme von Gestagenen und Östrogenen („Pille") durch die Frau. Muttermundkappen, Pessare, Schaumpräparate für die Frau sind erheblich unsicherer, ebenso die Temperaturkontrolle, wenn sie nicht durch die Beobachtung des Schleimpfropfes oder durch den Einsatz spezieller Kleincomputer ergänzt wird. **Sterilisation** von Mann oder Frau ermöglicht meist keine spätere Schwangerschaft mehr.

27 Das Neugeborene

27.1 Atmung und Kreislauf

Der **erste Atemzug** nach der Geburt wird durch Berührungs- und Kältereize sowie durch Reizung des Atemzentrums infolge CO_2-Druckanstiegs im Blut nach der Unterbrechung des Gasaustausches in der Plazenta ausgelöst. Außerdem regen die Chemorezeptoren in den Glomera (s. Abb. 13-28), deren vorgeburtliche Hemmung aufgehoben wird und die jetzt auf den niederen O_2-Druck ansprechen, ebenfalls das Atemzentrum an.
Die flüssigkeitsgefüllte Lunge entleert sich vor allem durch das Zusammenpressen des Brustkorbs beim Durchgang durch den Geburtskanal. Verstärkt wird die Entleerung durch beginnende Atembewegungen. Beim normal entwickelten Neugeborenen treten schon nach etwa einer halben Minute unregelmäßige Atemzüge ein, die nach etwa eineinhalb Minuten auf Frequenzen von 60–80/min ansteigen und durch kurze Schreiperioden unterbrochen sind. Nach der ersten halben Stunde stellt sich die Atmung auf etwa 40 Atemzüge pro Minute ein, also etwa das Dreifache der Frequenz des Erwachsenen.

Path **Atemnotsyndrom**: Bei mangelhafter Bildung der oberflächenspannungsherabsetzenden Substanzen (Surfactant; s. Kap. 13.2) treten Atemstörungen auf, weil die Lungenentfaltung erheblich mehr Kraft erfordert. Dies tritt um so häufiger auf, je unreifer der Fet ist. Man muß die betroffenen Kinder künstlich beatmen.

Die **Lungenentfaltung** führt zu einer Erhöhung des O_2- und Abnahme des CO_2-Druckes in der Lunge und im Blut der Lungengefäße, wodurch sich diese erweitern und der Lungengefäßwiderstand abnimmt. Der Blutdruck im linken Vorhof steigt mit zunehmender Lungendurchblutung, und die ovale Öffnung zwischen beiden Vorhöfen wird verschlossen. Dies geschieht innerhalb der ersten beiden Lebensstunden. Der in der Fetalzeit die Lunge kurzschließende Ductus arteriosus *(Botalli)* schließt sich nach etwa einer Woche, und dann bestehen praktisch die Kreislaufverhältnisse des Erwachsenen (Abb. 27-1).

Path Wenn sich die ovale Öffnung oder der Ductus *Botalli* nicht von selbst verschließen, besteht ein Kurzschluß zwischen venösem und arteriellem Kreislauf. Dadurch fließt ein Teil des Blutes nicht durch die Lunge und es kommt zum Sauerstoffmangel. In diesem Fall wird versucht, den Kurzschluß medikamentös zu schließen, oder es wird ein chirurgischer Eingriff nötig.

27.2 Untersuchung des Neugeborenen

Die **Vitalitätsbeurteilung** des Neugeborenen erfolgt nach 1, 5 und 10 Minuten anhand des von ***Apgar*** 1953 aufgestellten Punktesystems, das Herzschlag, Atmung, Muskeltonus, Reflexe und Hautfarbe mit jeweils 0 bis 2 Punkten bewertet (Tab. 27-1).

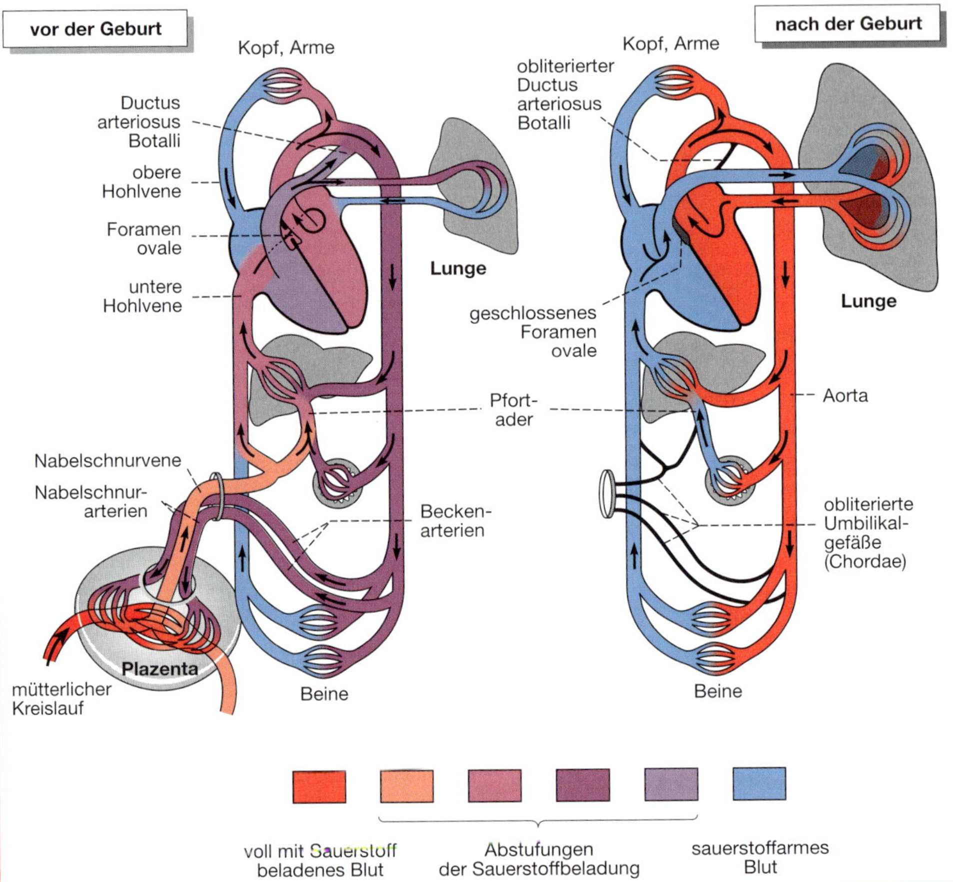

Abb. 27-1 Kreislaufumstellung nach der Geburt

Blutkreislauf vor (links) und nach der Geburt (rechts). Man beachte, daß beim Feten das in der Plazenta arterialisierte Blut (Nabelschnurvene, hellrot) schon in der unteren Hohlvene mit venösem Blut aus der Leber und der unteren Körperhälfte vermischt wird. Dieses Blut gelangt größtenteils aus dem rechten Vorhof durch das ovale Fenster in den linken Vorhof, die linke Kammer und von dort über die Aorta zu Kopf und Armen. Der Ductus arteriosus *Botalli* liefert venöses Blut aus der oberen Körperhälfte zum Blut in die Aorta, nachdem die Gefäße zur oberen Körperhälfte abgegangen sind. Man sieht, daß praktisch kein Organ reines arterialisiertes Blut erhält, Gehirn und obere Körperhälfte erhalten noch das „beste" Blut. Venöses Blut: blau, venöses Mischblut: violett. Schwarze Stränge (Chordae): zurückgebildete fetale Blutgefäße.

Da der *Apgar*-Score zur Erkennung einer **Asphyxie** nicht ausreicht, ist ein Säuren-Basen-Status (s. Kap. 16) erforderlich. Asphyxie bedeutet: Hypoxämie (niederer PO_2), oft mit Hyperkapnie (erhöhter PCO_2), bedingt durch alveoläre Hypoventilation. Sofort nach der Geburt wird aus der Nabelschnurarterie (venöses) Blut entnommen und in ein Blutgasanalysegerät gegeben. Dies mißt pH, PCO_2, PO_2, Bikarbonat und O_2-Sättigung. Der Basenüberschuß (BE) wird anhand eines Nomogramms bestimmt (s. Kap. 16.3). pH-Werte unter 7 sind Zeichen einer Azidose. Sie läßt sich mit einer Bikarbonatlösung als Puffer ausgleichen. Wenn ein Kind nach weniger als 37 Schwangerschaftswochen geboren wird, spricht man von einer **Früh-**

Tab. 27-1 *Apgar*-**Schema**

	0	1	2	Punkte
Herzschlag	fehlt	unter 100	über 100	
Atmung	fehlt	langsam, unregelmäßig	regelmäßig, kräftig schreiend	
Muskeltonus	schlaff	mäßig	aktive Bewegungen	
Hautfarbe	blaß oder blau	Stamm rosig, Akren zyanotisch	rosig	
Reflexe beim Absaugen	keine	„Grimassieren"	Husten oder Niesen	

Gesamtpunktzahl:

Bewertung: Punktzahl 0 bis 3: akute Lebensgefahr
Punktzahl 4 bis 6: verminderte Vitalfunktion, gezielte Beobachtung notwendig
Punktzahl 7 bis 10: normaler Befund, unauffälliges Neugeborenes

geburt. Das Alter eines Frühgeborenen (Gestationsalter) läßt sich nach der ***Finnström***-Methode bestimmen.

Präv **Vitamin K-Prophylaxe**: Vitamin-K-Mangel-Blutungen können durch Vitamin K-Gabe verhindert werden. Neugeborene erhalten gleich nach der Geburt 2 Tropfen einer Vitamin-K-Lösung (ca. 2 mg) eingeflößt, dieselbe Dosis bei den Untersuchungen U2 und U3.

Erstuntersuchung U1
Meßbare Reifezeichen sind:

Körpergewicht:	Normalwert 3000 bis 4000 g
Körperlänge:	Normalwert 48 bis 54 cm
Kopfumfang:	Normalwert 33 bis 37 cm
Reflexe:	Schluck- und Saugreflex, Muskeltonus

Der Kinderarzt kontrolliert die Reifezeichen und fahndet nach Mißbildungen (angeborenen Herzfehlern, Speiseröhrenverschluß usw.).

Zweituntersuchung U2
Sie wird im Laufe der ersten 10 Tage nach der Geburt vom Kinderarzt vorgenommen. Im Vordergrund stehen orthopädische Erkrankungen (Hüftgelenkdysplasien). Die Fontanellen werden abgetastet und eine Reihe weiterer Tests durchgeführt:

- Guthrie-Test: erfaßt Stoffwechselstörungen (Phenylketonurie)
- TSH-Bestimmung zur Kontrolle der Schilddrüsenhormone
- Mekonium-Test: Untersuchung des ersten Stuhls zur Früherkennung der Mukoviszidose.

27.3 Blutbildung

Die Blutbildung erfolgt, wie aus Abbildung 27-2 ersichtlich, im ersten Drittel der Schwangerschaft im Dottersackgewebe. Aber schon im zweiten Monat beginnt die Blutbildung in der Leber, die den

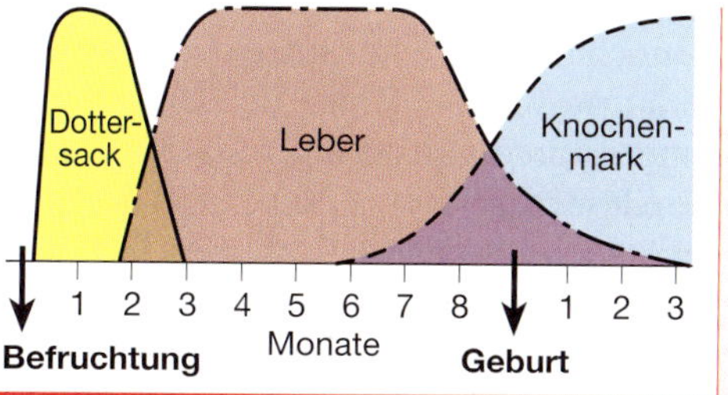

Abb. 27-2 Blutbildung

Die Blutbildungsperioden während der Embryonal-, Fetal- und Nachgeburtsentwicklung.

Hauptanteil daran während der ganzen Fetalperiode hat. Ab 5. Monat beginnt die Blutbildung im Knochenmark, das von der Geburt ab bis zum Lebensende unter normalen Bedingungen die Blutbildung übernimmt. Entsprechend den drei Bildungsorten gibt es embryonales, fetales und Erwachsenen-Hämoglobin (s. Kap. 26.4.1). Zum Zeitpunkt der Geburt hat das Neugeborene noch ca. 75% fetales Hämoglobin (HbF), das im 3. Lebensmonat fast vollständig durch Erwachsenen-Hämoglobin (HbA) ersetzt ist.

Path Die **Neugeborenengelbsucht** (Icterus neonatorum), die normalerweise am 4.–6. Lebenstag am ausgeprägtesten ist, hat ihre Ursache vor allem in der Unreife der Leber, die nicht genügend Enzym bilden kann, um das Abbauprodukt des Hämoglobins, das Bilirubin, das zuvor über die Plazenta abgegeben wurde, ausscheidungsfähig zu machen. Der Abbau von roten Blutkörperchen ist infolge ihrer hohen Zahl (bis 6 Mio/μl) und ihrer verkürzten Lebensdauer während dieser Zeit besonders groß. Eine Bestrahlung der Haut mit blauem Licht (Phototherapie) hilft, die Bilirubin-Ausscheidung zu verbessern.

27.4 Temperaturregulation

Sofort nach der Geburt ist das Neugeborene noch nicht zu einer ausreichenden Temperaturregulation fähig. Bei Umgebungstemperaturen von weniger als 23 °C sinkt die Kerntemperatur (s. Kap. 14.2) des Neugeborenen bis auf 34 °C ab. Bei 33 °C und 60% Luftfeuchtigkeit kann das Neugeborene am ersten Tag seine Kerntemperatur auf etwa 37 °C halten. Eine Auskühlungsgefahr ist nicht nur wegen der noch mangelhaft ausgeprägten Fähigkeit zur Verengung seiner Hautgefäße größer, sondern auch wegen seiner im Vergleich zum Erwachsenen dreimal größeren Oberfläche pro Körpergewicht. Die Aufwärmung eines ausgekühlten Neugeborenen ist schwierig, weil in einer Umgebung mit genügend hoher Temperatur die Hautrezeptoren über das Wärmeregulationszentrum eine Stoffwechselerniedrigung und dadurch eine Verminderung der Wärmebildung veranlassen (s. Kap. 14.2). Bei Frühgeburten ist die Unreife des Temperaturregulationssystems noch ausgeprägter.

Kurzgefaßt

Der **erste Atemzug** des Neugeborenen wird durch Berührungs- und Kältereize der Haut und den Abfall des O_2-Druckes und Anstieg des CO_2-Druckes im Blut über die Chemorezeptoren ausgelöst. Die Atemzüge beginnen etwa ½ min nach der Geburt, sie sind noch unregelmäßig und betragen bis zu 80/min. Nach ca. 30 min ist die Frequenz etwa 40/min. Bei mangelhafter **Surfactantbildung** in den Alveolen, die besonders bei Frühgeborenen häufig ist, tritt das **Atemnotsyndrom** auf. Die mit der Lungenentfaltung zunehmende Arterialisierung des Blutes führt zur Arteriolenerweiterung im **Lungenkreislauf** und einer Widerstandserniedrigung. Die Mehrdurchblutung des Lungenkreislaufs führt zur Drucksteigerung im linken Vorhof, das ovale Fenster schließt sich. Der Lungenkurzschluß **(Ductus arteriosus, *Botalli*)** schließt sich innerhalb der ersten beiden Lebenswochen.
Die **Blutbildung** mit Erwachsenenhämoglobin beginnt im 5. Schwangerschaftsmonat. Bei der Geburt sind 75% HbF und 25% HbA vorhanden, im 3. Lebensmonat fast nur noch HbA. Die **Neugeborenengelbsucht** in der zweiten

Hälfte der 1. Lebenswoche beruht auf einem Enzymmangel der Leber, die deshalb das Bilirubin, das aufgrund erhöhten Erythrozytenabbaus auch vermehrt ist, nicht ausscheidungsfähig machen kann.
Die **Wärmeregulation** ist beim Neugeborenen noch unzureichend, weshalb Auskühlung besonders gefährlich ist.

Die **Vitalität** des Neugeborenen wird bei der Erstuntersuchung (U1) nach dem Punktsystem von *Apgar* angegeben. Zusätzlich werden der Säuren-Basen-Status und der Sauerstoffpartialdruck des Nabelvenenbluts bestimmt. Zwischen dem 3. und 10. Lebenstag erfolgt die Zweituntersuchung (U2), bei der besonders auf orthopädische- und Stoffwechselerkrankungen geachtet wird.

Bild- und Tabellennachweis

Soweit nicht anders angegeben, sind die Bücher im Verlag Urban & Schwarzenberg, München–Wien–Baltimore, erschienen.

Abb. 1-1: n. Sobotta/Hammersen, Histologie, 3. neubearb. und erw. Aufl., 1985.
Abb. 3-4, 4-11, 10-2, 10-15, 10-16, 10-23, 12-7: n. Vander/Shermann/Luciano, Human Physiology, Second Edition, McGraw-Hill, Inc., New York 1975.
Tab. 5-1: n. Harned/Owen, The Physical Chemistry of Electrolytic Solutions, 3rd. ed., Van Norstrand Reinhold, New York 1958; und Tanford, Physical Chemistry of Macromolecules, Wiley, New York 1961.
Abb. 5-3: n. Bessis, in: Thews/Mutschler/Vaupel, Anatomie, Physiologie, Pathophysiologie des Menschen, 3. Aufl., Wissenschaftliche Verlagsgesellschaft, Stuttgart 1989.
Abb. 5-4.: n. J. Bennett, Biophys. Biochem. Catalogy, 2 Suppl. 99 (1956).
Abb. 6-3: n. v. Mayersbach/Reale, Grundriß der Histologie des Menschen, Gustav Fischer, Stuttgart, 1973.
Abb. 7-3: Präparat: Prof. Clemens, München.
Abb. 7-7: n. Bell/Davidson/Scarborough, Textbook of Physiology and Biochemistry, Livingston LTD, Edinburgh 1968.
Abb. 9-5: n. Boothy, W. M., I. Sandiford, J. Biol. Chem. 54 (1922).
Abb. 9-7: Sportphysiologie, Hannover.
Abb. 9-8: n. Schönthal, R., Lungenfunktionsprüfungen, Thomae, Biberach 1966.
Tab. 9-6: n. Prof. Dr. Moll, Deutsches Ärzteblatt, 26(1978).
Abb. 10-1, 10-6: n. Bruggaier/Kallus, Einführung in die Biologie, 1. Aufl., Moritz Diesterweg, Frankfurt/Main 1973.
Abb. 10-4: n. Benninghoff, Anatomie, Band 1, 15. Aufl., 1994.
Abb. 10-11: Schultze, O., Atlas und kurzgefaßtes Lehrbuch der topographischen und angewandten Anatomie, 4. Aufl., bearb. von W. Lubosch, Lehmann, München 1935.
Abb. 10-12: Benninghoff/Goerttler, Lehrbuch der Anatomie des Menschen, Bd. 2, 1967.
Abb. 10-13: Bauer, R., Einführung in die Röntgendiagnostik innerer Organe, 1971.
Abb. 10-18: Thomas, JE u. M. Q. F. Friedmann in: D. J. Sandweiss (Ed.), Peptic ulcer, Saunders, Philadelphia 1951.
Abb. 10-22: n. Frisch, K. v., Biologie, Bayr. Schulbuchverlag, München 1967.
Abb. 10-24: n. Prof. Clemens, München.
Abb. 10-26: Wallraff, J., Leitfaden der Histologie des Menschen, 8. Aufl., 1972.
Abb. 10-27: Mischo-Kelling/Zeidler, Innere Medizin und Krankenpflege, 2. überarb. Aufl., 1992.
Abb. 10-28: Sobotta/Becher, Atlas der Anatomie des Menschen. Herausgegeben von H. Ferner und J. Staubesand, Bd. 2, 17. Aufl., 1972.
Abb, 10-29: Mit freundlicher Genehmigung der Firma Siemens, Werkfoto.
Abb. 10-30: Benninghoff, Anatomie, Bd. 1., 15. Aufl., 1994.
Abb. 11-7: Kaboth, W. u. H. Begemann in Gauer/Kramer/Jung, Physiologie des Menschen 5, 1971.
Abb. 11-8: n. Perutz: Röntgenanalyse des Hämoglobins, Angewandte Chemie 77, 589 (1963), in: Thews/Mutschler/Vaupel, Anatomie, Physiologie, Pathophysiologie des Menschen, 3. Aufl., Wissenschaftliche Verlagsgesellschaft, Stuttgart 1989.
Abb, 11-20: Schneider, K.-D., Abteilung für Immunologie, Medizinische Hochschule, Hannover 1979.
Tab. 11-3: n. Wegmann, Die professionelle Pflege des kranken Kindes, 1997.

Abb. 11-22: Speckmann/Wittkowski, Bau und Funktionen des menschlichen Körpers, 18. Aufl., 1994.
Abb. 11-23 a: Mit freundlicher Genehmigung der Firma Hettich GmbH & Co. KG, Tuttlingen.
Abb. 11-24: Schütz/Caspers/Speckmann, Physiologie, 16. neubearb. Aufl., 1982.
Abb. 12-2: n. Landois-Rosemann, Lehrbuch der Physiologie des Menschen, Bd. 1, 1960; Bd. 2,1962.
Abb. 12-3, 12-4: n. Benninghoff/Goerttler, Lehrbuch der Anatomie des Menschen, Bd. 2, 1975.
Abb. 12-6: n. Sobotta/Becher, Atlas der Anatomie des Menschen, Bd. 3, 6. Aufl., 1962.
Abb. 12-19: n. Witzleb, in: Schmidt/Thews, Physiologie des Menschen, Springer, Heidelberg 1990.
Abb. 12-23: Sobotta, Atlas der Anatomie des Menschen, Band 1, 20. Aufl., 1993.
Abb. 12-29: Mit freundlicher Genehmigung der Firma Siemens, Archivbild.
Abb. 13-2: Benninghoff, Anatomie, Bd. 1, 15. Aufl., 1994.
Abb. 13-3: n. Weibel, E., Physiol. Review, 419–495 (1979).
Abb. 13-9: n. Knowles, I. H., S. K. Hong and H. Rahn, J. appl. Physiol. 14 (1959).
Abb. 13-14: Dr. Reuter, Nuklearmedizin der Medizinischen Hochschule, Hannover.
Abb. 13-15 a: Mit freundlicher Genehmigung der Firma Olympus, Hamburg.
Abb. 13-15 b: G. Primer, Einführung in die Bronchoskopie, 1. Aufl., 1978.
Abb. 14-1: n. Aschoff, J., R. Wever, Naturwissenschaften, 20, 477 (1958), Springer, Heidelberg.
Abb. 18-4: Deetjen-Speckman, Physiologie, 1992

Foto Kapitel I: Reinhard Eisele
Foto Kapitel II: Gabriele Hess
Foto Kapitel III: Andreas Volz

Abb. 18-8: Speckmann/Wittkowski, Bau und Funktionen des menschlichen Körpers, 18. Aufl., 1994.
Abb. 18-9: Dodt, E., in: Keidel, W.-D., Kurzgefaßtes Lehrbuch der Physiologie, 6. Aufl., Thieme, Stuttgart-New York 1985.
Abb. 18-15: Velhagen, Tafeln zur Prüfung des Farbsinnes, 25. Aufl., VEB Thieme, Leipzig 1974.
Abb. 18-18: Mehrle, G., Augenheilkunde für Krankenpflegeberufe, 5. Aufl., 1991.
Abb. 19-3: n. Michels, Atlas zur Musik, DTV Bärenreiter, 1977.
Abb. 20-1, 20-2: n. Bruggaier/Kallus, Einführung in die Biologie, 1. Aufl., Moritz Diesterweg, Frankfurt/Main 1973.
Abb. 21-1: Speckmann/Wittkowski, Bau und Funktionen des menschlichen Körpers, 18. Aufl., 1994.
Abb. 21-2: Präparate: Prof. Clemens, München.
Abb. 21-4: n. Strughold, H. 1924, aus Schmidt-Thews, Physiologie des Menschen, Springer, Heidelberg 1990.
Abb. 22-2: n. Benninghoff/Goerttler, Lehrbuch der Anatomie des Menschen, Bd. 3, 9. Aufl., 1975.
Abb. 23-7: Benninghoff, Anatomie, Bd. 2, 15. Aufl., 1994.
Abb. 23-25: Prof. Dr. Grodd, Universitätsklinikum Tübingen.
Abb. 23-26: n. Tschirgi, in: Handbook of Physiology, 1960.
Abb. 25-3, 25-4: Prof. Dr. med. V. Diehl, Dir. d. Med. Universitätsklinik I, Köln.
Abb. 25-5: Schütz/Rothschuh, Bau und Funktionen des menschlichen Körpers, 17. Aufl., 1982.
Abb. 25-10: Leiber/Olbrich, Die klinischen Syndrome, Bd. 1, 5. Aufl., 1972.
Abb. 26-7: n. Hickl, E.-J., K. Riegel, Angewandte Perinatologie, 1974.

Foto Kapitel IV: Reinhard Eisele
Foto Kapitel V: Reinhard Eisele

Register

Halbfett gesetzte Seitenzahlen beziehen sich auf die Hauptfundstellen

B

N